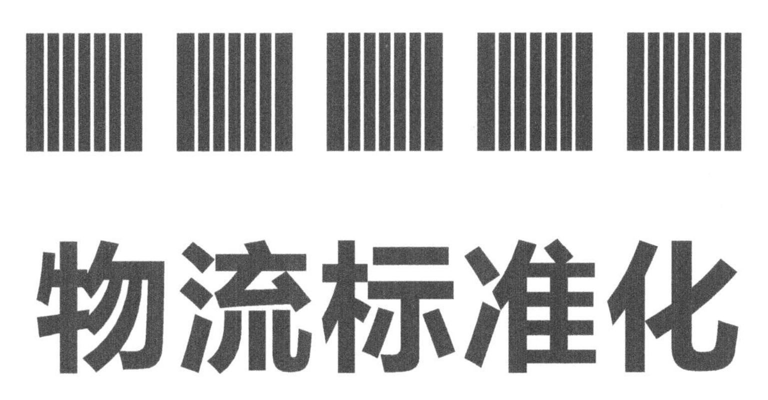

物流标准化

供给侧结构性改革新动力

张成海 李素彩 编著

清華大學出版社
北京

内 容 简 介

随着我国深化标准化工作改革的持续推进,《中华人民共和国标准化法》的重新修订实施,以及我国物流标准化试点和供应链体系试点的全国性展开,标准化已经成为驱动我国物流供给侧结构性改革的重要切入点和强大新动力,物流标准化也进一步促进了我国国民经济各领域的供给侧结构性改革。

本书坚持理论与实践相结合,把握物流标准应用实际情况,深入分析物流标准建设成果,解剖物流标准应用场景案例,旨在突破我国物流标准化研究领域的六项“首次”创新,填补我国物流标准化领域专业工具书的市场空白。与其他物流标准化著作不同的是,本书始终围绕物流供给侧结构性改革,从物流标准化理论、物流标准化政策、物流标准化试点、物流标准体系、物流标准解读、物流标准建设和物流标准实际应用场景等多个维度,进行系统、全面、深入的立体化解析。在我国标准化事业发展到第70年的历史时刻,对物流标准化进行回顾总结和系统研究,全面梳理我国物流标准化发展历程、成果,分析未来发展趋势,对于进一步深化标准化工作改革,促进我国物流标准化事业的发展,均具有十分重要的社会价值和现实意义。

本书适合广大标准化工作者和研究者、物流企业中高层经营管理者、跨界物流的创新创业者与从业者、从事物流标准化教学与理论创新研究的高校教师与研究生,以及物流标准化爱好者等人员学习参考。

图书在版编目(CIP)数据

物流标准化:供给侧结构性改革新动力/张成海,李素彩编著.—北京:清华大学出版社,2021.7
(2023.6重印)
ISBN 978-7-302-58587-9

Ⅰ.①物… Ⅱ.①张… ②李… Ⅲ.①物流—标准化—研究—中国 Ⅳ.①F259.2

中国版本图书馆CIP数据核字(2021)第131301号

责任编辑: 曾 珊
封面设计: 李召霞
责任校对: 郝美丽
责任印制: 宋 林

出版发行: 清华大学出版社
网 址: http://www.tup.com.cn, http://www.wqbook.com
地 址: 北京清华大学学研大厦A座 **邮 编:** 100084
社 总 机: 010-83470000 **邮 购:** 010-62786544
投稿与读者服务: 010-62776969, c-service@tup.tsinghua.edu.cn
质量反馈: 010-62772015, zhiliang@tup.tsinghua.edu.cn
印 装 者: 三河市龙大印装有限公司
经 销: 全国新华书店
开 本: 185mm×260mm **印 张:** 22.5 **字 数:** 551千字
版 次: 2021年9月第1版 **印 次:** 2023年6月第3次印刷
印 数: 2301~2600
定 价: 89.00元

产品编号:090376-01

PREFACE

前言

近年，随着我国深化标准化工作改革的持续推进，《中华人民共和国标准化法》的重新修订实施，以及我国物流标准化试点和供应链体系试点的全国性展开，标准化已经成为驱动我国物流供给侧结构性改革的重要切入点和强大新动力，物流标准化也进一步促进了我国国民经济各个领域的供给侧结构性改革。

当前，物流业早已渗透到国民经济的各个行业、各个领域，物流降本增效、物流节能减排、物流智慧互联已经成为各行各业共同追求的奋斗目标之一。因此，物流标准化不仅要考虑物流行业本身的共性，而且还要兼顾国民经济各行各业的个性。物流业的这种跨行业属性，也决定了物流标准化工作的系统性、复杂性，以及物流标准建设内容的丰富性、专业性。这种特性客观上也带来了我国物流行业标准体系的复杂化、多样化，以及相关物流标准化工作机构的多元化、国际化。

实际上，自 2001 年我国发布国家标准《物流术语》(GB/T 18354—2001)以来，我国物流标准体系不断得到完善，相应的物流标准建设成果不断涌现。中国物流与采购联合会、全国物流标准化技术委员会联合发布的《物流标准目录手册》(2019 版)共收录了物流标准 1112 项，是 2011 年首次收录 601 项的近两倍，涉及基础类、公共类和专业类三大类标准。其中专业类物流标准囊括了粮油、煤炭、钢铁等大宗物资行业，冷链、电商、酒类、进出口等商贸流通业，汽车、家电等先进制造业，以及危化品、烟草、医药、出版物等特殊管理行业等。

与此同时，在“互联网＋”的时代浪潮中，随着我国信息技术与物流科技的发展，我国现代物流业也在持续发生时代变革——物流创新组织快速崛起，物流运作模式不断创新，物流信息平台迅速普及，智慧物流场景不断丰富，新兴物流市场层出不穷，国际物流大通道不断扩展，展开了一幅恢宏的现代物流高质量发展时代画卷。在这幅画卷的背后，标准化已经成为支撑我国现代物流业快速发展演变的重要力量，制定标准已经成为我国物流行业头部发展企业的重要工作，通过制定标准巩固市场地位的经营发展理念深入人心。

因此，在我国标准化事业走过 70 年发展历程的重要时刻，对物流标准化这个专业领域进行系统的回顾和研究，全面地总结梳理我国物流标准化发展历程、成果，分析未来发展趋势，无论是对于物流业本身的发展，还是对于进一步深化标准化工作改革，均具有十分重要的社会价值和现实意义，特别是对我国物流标准化事业的全面促进，具有里程碑式的参考价值。

基于此，中国物品编码中心组织了经验丰富的专家团队，开展物流标准化与物流供给侧结构性改革的专项研究。该研究坚持理论与实践相结合的总体思路，把握物流标准应用实际情况，深入分析物流标准建设成果，解剖物流标准应用场景案例，从理论政策、标准建设、场景案例三个维度进行了较深入的研究。(1)理论政策篇主要对我国物流标准化的基础理论及价值、物流供给侧结构性改革及政策、我国标准化工作与物流标准化政策三个方面进行研究。(2)标准建设篇主要对我国标准化工作机构、物流标准建设成果、物流标准体系建设情况进行系统梳理，对物流业常见通用标准、专业标准等进行了内容解读，对如何建设物流企业标准化体系进行了初步的探讨。(3)场景案例篇主要从智慧物流、精益物流、绿色物流、专业物流四个主要标准应用场景进行简要介绍，并对相关的标准应用案例进行解读，为广大读者展现了一幅各具特色、模式各异的物流标准应用场景卷轴。本书最后对我国物流标准化未来的发展方向提出了建议和展望。通过从不同维度对物流标准化进行深入研究，更加明确了标准化在促进我国物流业供给侧改革发展方面的重要驱动作用。

总体而言，本书在很大程度上填补了我国物流标准化领域专业工具书的市场空白。与同类主题的图书不同，本书始终围绕物流供给侧结构性改革，分别从物流标准化理论、物流标准化政策、物流标准化试点、物流标准体系、物流标准解读、物流标准建设与物流标准实际应用场景等多个维度，坚持理论与实践相结合的研究方法，从宏观、中观、微观不同层面，把物流标准化进行了一次系统、全面、深入的立体化解析，具有比较好的学习参考价值。

具体来看，本书实现了我国物流标准化研究领域的六项“首次”创新。一是首次对我国物流供给侧改革重点领域进行了全面分析，并在此基础上总结提炼了我国物流供给侧改革“2＋3＋5”逻辑框架，即“两大基础体系”“三大核心支柱”“五项发展目标”。二是首次对我国物流标准化政策的发展演变过程进行系统研究，并提出了我国物流标准化事业发展的四个阶段，即“从2000年到2004年的萌芽起步阶段”“从2005年到2009年的探索发展阶段”“从2010年到2014年的科学发展阶段”和“从2015年至今的高质量发展阶段”。三是首次对我国物流标准化工作机构、标准化合作联盟以及物流相关国际标准组织进行梳理，对我国物流业标准建设成果进行了全面深入的多维度分析和研究，总结提出了我国物流标准化发展十件大事和物流标准化工作六大亮点。四是首次对我国现行物流行业相关的标准体系进行了全面的梳理和研究，提出了我国物流标准体系供给渠道多样化、建设市场细分化、内容绿色智慧化、协同顺畅高效化、发展面向国际化等未来展望。五是首次全面系统梳理和详细解读了我国物流行业常见的通用标准和物流细分领域的专业标准，并对物流企业的标准化体系建设与实施进行了初步探讨。六是首次从智慧物流、精益物流、绿色物流和专业物流四个应用场景角度对相关物流标准应用及案例进行了描述，解读了与物流供给侧结构性改革的三大核心支柱的对应关系，用实际物流运作场景案例说明标准化对于物流供给侧结构性改革的驱动力价值。

本书的主要编写人员为张成海、李素彩、罗秋科、陈震宇、解如风等，范荣妹、蒋啸冰、孙小云、邵小景、李铮、王毅、韩树文、杜景荣、李健华、王佩、武松霞、邓惠朋、董晓文、罗雪娟、陈晓荣、黄东、张天仪、黄艳、房艳、张刚、谢武杰、李驰、张海平、王子一等也参与了本书的编写。本书的编写得到了重庆市质量和标准化研究院的大力配合和支持。在所有参编人员的共同努力下，经过一年多的市场调研、内容组织和数易其稿，本书终于可以付梓出版。我们相信，本书的出版发行，不仅是我国物流标准化事业推进过程中的一件大事，也是我国深化标准化工作改革过程中的一件大事。

在本书的编写过程中，作者团队查阅了大量标准化与物流行业的政策资料，借鉴引用了一些物流标准建设及研究成果，在书中及参考文献中未能一一列举。为此，我们对所有为本书内容、观点做出贡献的相关专业组织和专家深表感谢，并致以诚挚歉意。

由于时间仓促，作者水平有限，书中疏漏难免，恳请各界领导、专家、学者和社会各界朋友不吝批评指正。

CONTENTS

目录

理论政策篇

标准建设篇

场景案例篇

理论政策篇

PART

供给侧结构性改革自 2015 年正式提出以来，我国围绕“去产能、去库存、去杠杆、降成本、补短板”重点内容，坚持“巩固、增强、提升、畅通”八字方针，采取了各种有力措施，取得了阶段性成果，同时也是今后一段时期贯穿整个国家经济工作的主线。

在此期间，我国也把现代物流业提升到支撑国民经济发展的基础性、战略性、先导性产业的新高度，并不断出台促进我国现代物流业高质量发展的规划政策文件，持续推进围绕“智慧”“精益”“绿色”这 3 个关键词的物流供给侧改革试点，成效显著。

无论是“智慧物流”“精益物流”还是“绿色物流”，都离不开一个最基本、最核心、最永恒的主题——标准化。物流标准化已经成为驱动我国物流供给侧结构性改革的新动力。

本篇主要对我国物流标准化的基础理论及其价值、物流供给侧结构性改革及政策、标准化工作与物流标准化政策 3 方面进行阐述。

第1章

CHAPTER 1

物流标准化基础理论及其价值理解

目前，我国现代物流业不仅成为国民经济领域的基础性、战略性和先导性的服务业，而且也是支撑和服务世界经济多边贸易与一体化发展的重要基础设施，被誉为全球贸易的"桥梁和纽带"。

众所周知，标准是经济活动和社会发展的技术支撑，在国家治理体系和治理能力现代化建设中发挥着基础性、引领性、战略性作用。同时，标准也是全球治理的重要规制手段和国际经贸往来与合作的通行证，被誉为世界"通用语言"。

基于这两个层面的相似性，物流与标准交叉融合在一起，更能充分体现"物流标准"在我国国民经济发展和国际经贸往来合作中的重要地位。在我国深入推动供给侧结构性改革、全面开展深化标准化改革、加快"一带一路"建设的背景下，结合我国标准化事业三大发展阶段，围绕《中华人民共和国标准化法》(以下简称《标准化法》)的修订实施，深入开展物流标准与物流标准化方面的研究具有十分重要的现实意义和长远战略价值。

1.1 物流标准化的基本概念

1.1.1 我国标准化事业的发展阶段

2019 年 9 月，国家市场监督管理总局副局长、国家标准化管理委员会主任田世宏在国新办新闻发布会上回顾中国标准化事业 70 年来的发展历程，首次系统总结了中国标准化事业所经历的"起步探索""开放发展"和"全面提升"3 个发展阶段。

第一阶段是从新中国成立到改革开放，是我国标准化"起步探索期"。在这个时期，标准主要服务工业生产，由政府主导制定并强制执行。这个阶段诞生了标准化领域的多个第一，例如，第一项标准《工程制图》、第一个标准化管理制度《工农业产品和工程建设技术标准管理办法》、第一个标准化发展规划《1963—1972 年标准化发展十年规划》等。

第二阶段是从改革开放到党的十八大，是我国标准化"开放发展期"。这个时期，中国标准化开始放眼世界走向国际，加大采用国际标准力度，标准化的工作也开始纳入法制管理的轨道，同时确定了强制性标准与推荐性标准并存的标准体系。1978 年，我国恢复国际标准化组织(international organization for standardization,ISO)成员身份,重返国际舞台。1984年,我国首次召开全国采用国际标准工作会议,采用国际标准和国外先进标准成为我国重要的技术经济政策。1988年,我国颁布了《标准化法》,把标准分为强制性和推荐性两类,同时确立了国家标准、行业标准、地方标准和企业标准四级标准体系。2001年为了履行入世承诺、强化统一管理,我国成立了国家标准化管理委员会,2008年和2011年我国相继成为国际标准化组织、国际电工委员会(international electrotechnical commission,IEC)的常任理事国。

第三阶段是党的十八大以来,我国进入新时代中国特色社会主义建设时期,这也是标准化事业的全面提升期。这一时期,党中央国务院高度重视标准化工作,习近平总书记指出"标准助推创新发展,标准引领时代进步;中国将积极实施标准化战略,以标准助力创新发展、协调发展、绿色发展、开放发展、共享发展",要求必须加快形成推动高质量发展的标准体系。基于此中央深改办将标准化工作改革纳入2015年重点工作,国务院相继出台了《深化标准化工作改革方案》和国家标准化体系建设的发展规划。第十二届全国人大常委会审议通过新修订的标准化法,确立了新型标准体系的法律地位,形成了政府主导制定标准与市场自主制定标准协同发展、协调配套的机制。

在此期间,我国更加积极履行国际标准组织成员义务,并与许多区域标准组织、国家标准化机构都建立了广泛的合作机制,我国的专家也相继当选了国际标准化组织、国际电工委员会和国际电信联盟(international telecommunication union,ITU)3大国际标准组织的领导职务,越来越多的中国企业和技术专家深度参与国际标准化活动,我国对国际标准化工作的贡献不断加大。

1.1.2 《标准化法》要点解读

1.《标准化法》修订及其制度创新

2017年11月,我国第十二届全国人民代表大会常务委员会第三十次会议修订通过了1988年版《标准化法》,并于2018年1月1日开始实施。

《标准化法》的修订工作坚持问题导向、改革导向和实践导向,主要针对标准化工作存在的政府与市场角色错位、市场主体活力未能充分发挥、标准体系不完善、管理体制不顺畅等突出问题,旨在构建清晰、适宜、和谐的标准体系,以及协同推进的标准化格局。

2017年11月4日,国家标准化管理委员会副主任于欣丽接受媒体采访时指出新修订的《标准化法》在许多方面都有重大突破,创新了许多重要制度,为我国标准化事业发展提供了强有力的法律保障。具体内容如下。

一是扩大了标准的制定范围。将标准范围扩大到农业、工业、服务业以及社会事业等需要统一技术要求的领域,不再局限于工业领域。

二是强化了强制性标准的统一管理。规定国家标准分为强制性标准和推荐性标准,行业标准、地方标准是推荐性标准;将原来的强制性国家标准、行业标准和地方标准统一为强制性国家标准,并对强制性标准的范围做了严格的限定。

三是建立标准化协调机制。规定国务院建立标准化协调机制,设区、地市级以上地方人民政府可以根据工作需要建立标准化协调机制，首次将标准化协调机制制度化、法治化。

四是赋予设区、地市标准制定权。设区、地市级人民政府标准化行政主管部门经所在省、自治区、直辖市人民政府标准化行政主管部门批准可以制定本行政区域的地方标准。

五是赋予团体标准法律地位。鼓励社会团体组织制定团体标准，构建了政府标准与市场标准协调配套的新型标准体系。

六是设立企业标准自我声明公开和监督制度。要求企业向社会公开所执行的产品和服务标准相关情况，充分释放了企业的创新活力。

七是鼓励积极参与国际标准化活动。推进中国标准与国外标准之间的转化运用，并鼓励企业、社会团体和教育、科研机构等各方参与国际标准化活动。

此外，《标准化法》还在强化标准化工作监督管理制度基础上，建立了标准化奖励制度、标准化军民融合制度、标准实施后评估制度、标准化试点示范制度和强制性标准免费公开制度等一系列具有创新突破意义的制度。

2. "标准""标准化"和"标准化工作"

在2015年开始的全国物流标准化试点过程中，许多物流领域从业人员往往难以理解"标准""标准化"和"标准化工作"之间的区别，经常把"标准托盘"说成"标准化托盘"，把"托盘标准"理解为"托盘标准化"。为了澄清这几个"标准"相关的概念，我们认为有必要对《标准化法》的框架及内容条文进行解读，探寻这些基本概念之间的差别与联系。

《标准化法》第二条指出，"本法所称标准（含标准样品）是指农业、工业、服务业以及社会事业等领域需要统一的技术要求"。这是对"标准"的法律定义，强调标准是一种具有统一性的"技术要求"，这种技术要求应当是科学技术研究成果和社会实践经验的总结。国际标准化组织、国际电工委员会在《ISO/IEC Guide 2：1996，Standardization and related activities—General vocabulary》指南（《标准化工作指南第1部分：标准化和相关活动的通用词汇（GB/T[①] 20000.1—2002）》）第3.2节中规定"标准宜以科学、技术和经验的综合成果为基础"。因此，我们总结认为"标准"是对重复性事物和概念所做的统一规定，它以科学、技术和实践经验的综合成果为基础，经有关方面协商一致，由主管机构批准，以特定形式发布，作为共同遵守的准则和依据。从这个意义而言，"标准"具有科学性、民主性和权威性的特点。

《标准化法》第三条指出，"标准化工作的任务是制定标准、组织实施标准以及对标准的制定、实施进行监督"。该条款表面上只是提出了"标准化工作的任务"，实际上是强调"标准化工作"的范围，涉及3方面，一是制定标准，二是组织实施标准，三是对标准的制定、实施进行监督，涵盖了标准化活动的全过程。这一条也与《标准化法》的内容框架形成对应，《标准化法》总结法律条文45条，分为总则、标准的制定、标准的实施、监督管理、法律责任和附则6个部分，"标准化"的含义似乎也是涵盖了标准化活动的整个过程。

从《标准化法》的内容框架及其第三条可以看出，广义而言，标准化和标准化工作似乎没有太大区别，但严格来讲，标准化和标准化工作是有区别的。"标准化"比较强调"制定标准"这个活动过程，即如何将"科学、技术和经验的综合成果"按照一定的方式方法及法定程

---

① 是推荐性国家标准的代号，后文出现含义与其一致。

序编制转化为“标准”文件的整个活动过程，“标准化”最重要的含义与价值在于“转化”——预研究、立项、起草、征求意见、审查、批准、出版等。

而“标准化工作”则强调在制定标准的基础上，整合人力物力等各方面资源，围绕“标准”的发展规划、审核发布、宣贯实施、评估修订、监督管理、沟通协调、法律惩治、国际合作、系统建设、人才培养等一系列相关事项，以最终实现相关“标准”根本目的与核心价值的各种有价值的活动。从这个角度来看，“标准化”只是一个流程性活动，而“标准化工作”则是一项系统性工程，不同“标准”相关方“标准化工作”的职责、内容与追求的目的、目标和价值是不同的。“标准化”需要遵循统一的科学方法、特定形式和审批程序，而“标准化工作”会根据参与角色及其职责的分工不同，在《标准化法》的框架下遵循各自定义的方式、方法与工作流程。

总之，“标准”是“标准化”的结果，确立“标准”的根本目的和核心价值是“标准化工作”展开的指挥棒；“标准化”是“标准化工作”的重要组成部分；有效的“标准化工作”是确保“标准化”结果实现与“标准”根本目的的实现和核心价值兑现的必然要求。这 3 个重要基本概念之间的关系可以用图 1-1 加以诠释。

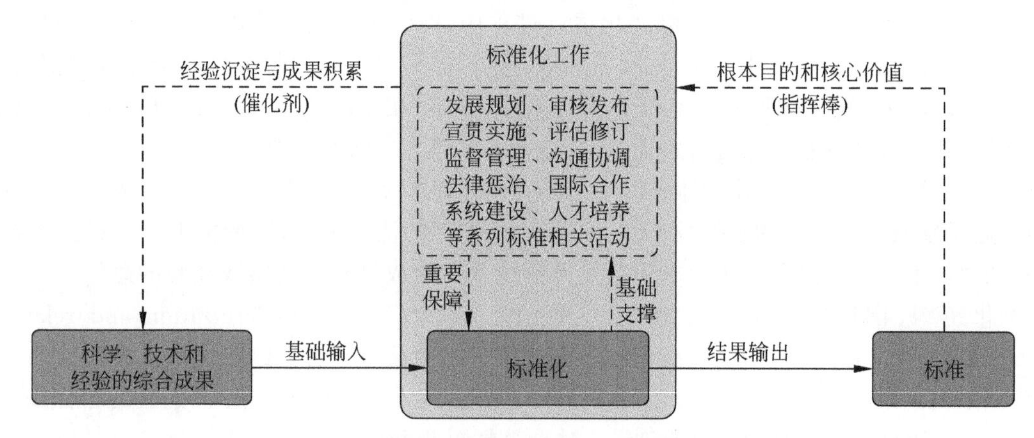

图 1-1　标准、标准化和标准化工作逻辑关系图

基于以上分析，我们可以进一步理解“标准体系”和“标准化体系”之间的区别，“标准体系”是指某个特定范围内的标准按其内在联系形成的科学有机整体，“标准体系”的组成单元是标准本身。“标准体系”具有目的性、层次性、协调性、配套性、比例性和动态性的特点。将一个“标准体系”内的标准按一定的形式排列组合成图表就形成了“标准体系表”。“标准化体系”则是指由发展目标体系、政策制度体系、标准体系、标准国际化体系、实施监督体系和支撑保障体系等多个子体系构成的工作体系，其组成单元远远超出了标准本身，“标准化体系”是一个典型的系统工程。在此基础上，我们可以进一步明确两个容易混淆的常用概念，“标准建设”是指打造标准体系的过程，“标准化建设”是指打造标准化体系的过程。

3.《标准化法》标准分类方法解读

《标准化法》主要从两个维度对我国标准进行了分类，并针对不同类型的标准采取区别化的管理模式。

第一个维度是按标准制定主体。我国标准划分为国家标准、行业标准、地方标准、团体标准和企业标准。其中，国家标准、行业标准和地方标准属于政府主导制定的标准，团体标准、企业标准属于市场主体自主制定的标准。国家标准由国务院标准化行政主管部门制定。行业标准由国务院有关行政主管部门制定。地方标准由省、自治区、直辖市以及设区的市人民政府标准化行政主管部门制定。团体标准由学会、协会、商会、联合会、产业技术联盟等社会团体制定。企业标准由企业或企业联合制定。

第二个维度是按标准实施效力。我国标准划分为强制性标准和推荐性标准。推荐性标准包括推荐性国家标准、行业标准和地方标准，即所有的行业标准、地方标准均只能是推荐性标准。强制性标准必须执行，不符合强制性标准的产品、服务，不得生产、销售、进口或者提供。

此外，《标准化法》第八条规定，“国家积极推动参与国际标准化活动，开展标准化对外合作与交流，参与制定国际标准，结合国情采用国际标准，推进中国标准与国外标准之间的转化运用”，同时“国家鼓励企业、社会团体和教育、科研机构等参与国际标准化活动”。这个条款实际暗藏着第三个标准分类维度——“国际性程度”，即国内标准、国际标准和国外先进标准。

其中，国际标准是ISO、IEC和ITU制定的标准以及ISO确认并公布的其他国际组织制定的标准。根据原国家质量监督检验检疫总局2001年12月出台的《采用国际标准管理办法》，国际标准化组织确认并公布了40个其他国际组织名单，见表1-1。国外先进标准是指在国际上有影响的区域标准、世界主要经济发达国家制定的国家标准、其他国家某些具有世界先进水平的国家标准、国际上通行的团体标准以及先进的企业标准。

表1-1　国际标准化组织确认并公布的其他国际组织名单

序号	简　　称	国际组织名称	备　　注
1	BIPM	国际计量局	
2	BISFN	国际人造纤维标准化局	
3	CAC	食品法典委员会	
4	CCSDS	时空系统咨询委员会	
5	CIB	国际建筑研究实验与文献委员会	
6	CIE	国际照明委员会	
7	CIMAC	国际内燃机会议	
8	FDI	国际牙科联合会	
9	FID	国际信息与文献联合会	
10	IAEA	国际原子能机构	
11	IATA	国际航空运输协会	国际物流相关
12	ICAO	国际民航组织	国际物流相关
13	ICC	国际谷类加工食品科学技术协会	
14	ICID	国际排灌研究委员会	
15	ICRP	国际辐射防护委员会	
16	ICRU	国际辐射单位和测试委员会	
17	IDF	国际制酪业联合会	
18	IETF	万维网工程特别工作组	
19	IFTA	国际图书馆协会与学会联合会	
20	IFOAM	国际有机农业运动联合会	

续表

序号	简　称	国际组织名称	备　注
21	IGU	国际煤气工业联合会	
22	IIR	国际制冷学会	国际物流相关
23	ILO	国际劳工组织	
24	IMO	国际海事组织	国际物流相关
25	ISTA	国际种子检验协会	
26	ITU	国际电信联盟	
27	IUPAC	国际理论与应用化学联合会	
28	IWTO	国际毛纺组织	
29	OIE	国际动物流行病学局	
30	OIML	国际法制计量组织	
31	OIV	国际葡萄与葡萄酒局	
32	RILEM	材料与结构研究实验所国际联合会	
33	TraFIX	贸易信息交流促进委员会	国际物流相关
34	UIC	国际铁路联盟	国际物流相关
35	UN/CEFACT	联合国贸易便利化与电子业务中心	国际物流相关
36	UNESCO	联合国教科文组织	
37	WCO	国际海关组织	国际物流相关
38	WHO	国际卫生组织	
39	WIPO	世界知识产权组织	
40	WMO	世界气象组织	

此外，在具体应用操作层面，我国还习惯采取按标准化对象进行分类，通常把标准划分为技术标准、管理标准和工作标准 3 种类型。其中，技术标准是指对标准化领域中需要协调统一的技术事项所制定的标准，主要包括基础标准、产品标准、方法标准、安全卫生与环境保护标准 4 类，术语、标识、计量、模数、分类等均属于基础标准；对于部分发展变化比较快的技术领域，还可采取指导性技术文件，为仍处于技术发展过程中的标准化工作提供指南或信息以及制定标准文件供科研、设计、生产、使用和管理等有关人员参考使用。管理标准主要是指对标准化领域中需要协调统一的管理事项所制定的标准。工作标准是指对工作的责任、权利、范围、质量要求、程序、效果、检查方法、考核办法所制定的标准。

实际上，标准在不同的行业领域根据该行业的特点与发展需要还存在着更多的标准分类维度与方法。

4.《标准化法》鼓励采用国际标准

《标准化法》第八条提到"结合国情采用国际标准"。这短短几个字的背后，实际上是一个长期以来我国积极推动建设的标准国际化发展的大文章、大格局。

采用国际标准是我国标准建设的重要方法，通常被简称为"采标"。2001 年 12 月，原国家质量监督检验检疫总局出台《采用国际标准管理办法》，提出了我国标准与国际标准的三种对应关系，即等同(identical，代号为 IDT)、修改(modified，代号为 MOD)和非等效(not equivalent，代号为 NEQ)，并明确强调非等效(NEQ)不属于采用国际标准，只是表明一种对应关系。《标准化工作指南 第 2 部分：采用国际标准》(GB/T 20000.2—2009)将国家标准与相应的国际标准的一致性程度也分为等同(IDT)、修改(MOD)和非等效(NEQ)3种,并明确了两种采用国际标准的方法——翻译法和重新起草法。等同采用国际标准时,应使用翻译法。修改采用国际标准时,应使用重新起草法。

其中,等同是指国家标准与国际标准的技术内容和文本结构相同,允许包含指定的最小限度的编辑性修改。修改是指国家标准与相应国际标准存在技术性差异,并且这些差异及其产生的原因被清楚地说明或者文本结构变化,但同时有清楚的比较或包含编辑性修改。非等效(NEQ)是指国家标准与国际标准的技术内容和文本结构不同,同时这种差异在国家标准中没有被清楚地说明,此外还包括在国家标准中只保留了少量或不重要的国际标准条款的情况。

此外,《标准化工作指南 第9部分 采用其他国际标准化文件》(GB/T 20000.9—2014)还规定了我国标准存在的采用国际标准以外的其他类型文件的情形,如ISO或IEC发布的技术规范(technical specification,TS)、可公开获得的规范(publicly available specification,PAS)、技术报告(technical report,TR)、指南(guide)、技术趋势评定(technology trend assessment,TTA)、工业技术协议(industry technical agreement,ITA)、国际研讨会协议(international workshop agreement,IWA)等。

1.1.3 物流标准与物流标准化

1. 现代物流2.0时代已到来

"物流"概念最早形成于20世纪30年代的美国,原意为"实物分配"或"货物配送"。到六七十年代,"物流"概念被引入日本并逐步演化为现有含义。20世纪80年代,我国专家学者将"物流"作为外来词从日文资料中加以直接引用,从此我国逐步产生了物流管理学科及专业。2001年8月1日,中华人民共和国国家标准《物流术语》(GB/T 18354—2001)正式实施,并于2006年进行了修订升级为《物流术语》(GB/T 18354—2006)。该标准对"物流"的定义是"物品从供应地向接收地的实体流动过程。根据实际需要,将运输、储存、装卸、搬运、包装、流通加工、配送、回收和信息处理等基本功能实施有机结合"。国家标准《物流术语》(GB/T 18354—2001)的发布实施标志着我国进入了现代物流发展时代。

根据中国物流与采购联合会公路货运分会特约专家(2016)、《物流实战三部曲》作者蒋啸冰先生的物流实战理论研究,把我国的物流发展划分为传统物流时代、现代物流1.0时代以及现代物流2.0时代。蒋啸冰认为,国家标准《物流术语》(GB/T 18354—2001)的成功开发与颁布实施是我国进入现代物流发展阶段的重要里程碑,20世纪80年代到1999年属于典型的传统物流时代,而2000—2010年属于现代物流1.0时代,2011年及以后则进入了现代物流2.0时代。我国物流发展的3个阶段及其主要特征如图1-2所示。

在现代物流1.0时代,国家层面确立了物流的重要现代服务行业地位,物流外部服务理念深入人心,大量的第三方物流企业应运而生。期间,涌现出了汽车、家电、商超、医药、烟草、快递快运、物流地产等各个细分领域专业化的现代物流企业;以WMS(warehouse management system,仓库管理系统)、TMS(transportation management system,运输管理系统)、OMS(order management system,订单管理系统)、FMS(flexible manufacture

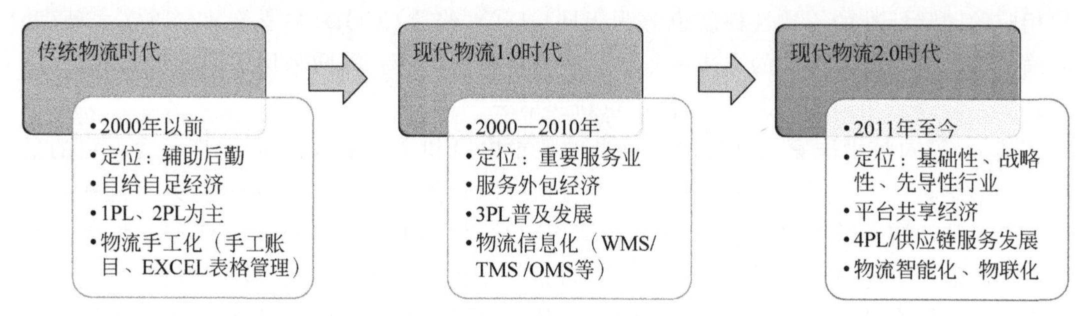

图 1-2　我国物流发展的 3 个阶段及其主要特征

system，柔性制造系统）和 GPS（global positioning system，全球定位系统）为典型代表的物流信息化系统或工具得到大面积推广；动力叉车、立体货架、自动分拣线、升降平台和汽车尾板等提升物流效率的标准化机械化设备得以普及应用；循环取货（Milk-run）、集并运输、JIT/JIS（just in time，时制管理/just in sequence，模块化供货）准时配送、供应商管理库存（vendor managed inventory，VMI）和多式联运（multimodal transport，MT）等先进的物流运作模式得以推广……这些以丰富服务内容、提升服务效率和优化服务模式为导向的物流实践是我国现代物流 1.0 时代的真实写照。

进入现代物流 2.0 时代以后，我国先后提出了京津冀协同发展等一系列国家战略和产业结构调整与转型升级发展规划，为中国经济转型升级、实现“中国梦”擘画了一幅充满希望的、扎实有效的宏伟蓝图。加上我国近年来在移动互联网、物联网、智能制造（中国制造2025）、大数据、区块链、战略新兴产业、新能源和节能减排等方面突飞猛进的发展，我国现代物流发展已经呈现出国家战略主导、产业融合互动、市场创新驱动和商业生态共生的发展态势，呈现出网络化、平台化、智能化（物联化）、高速化、绿色化、金融化、大数据化和生态化等典型特征。

基于以上行业洞察，结合我国近年来的现代物流发展现状，专家预测在未来 5～15 年，我国现代物流发展将整体呈现出以下 6 方面的发展趋势。一是全球化、立体化的国际多式联运大通道体系更完善；二是网格化、高效化的现代物流基础设施能力加速形成；三是绿色化、特色化的物流产业链与产业集群逐步涌现；四是平台化、生态化的物流与供应链管理驱动产业变革；五是金融化、大数据化的现代物流价值链引领行业创新；六是智慧化、标准化的现代物流运营管理成为市场主流。

在以上 6 大发展趋势逐步演变兑现的过程中，我国现代物流将形成一个标准统一、面向全球、技术驱动、创新引领、高效节能，以及价值链内涵丰富、层次分明的现代物流产业链生态体系，并在我国国民经济中发挥更加重要的基础性、战略性和先导性作用。

2. 物流标准及其主要分类

从标准的角度看，我国传统物流时代总体上是缺乏物流标准意识的，即使有相关标准，也是分散在不同的交通运输、商贸流通及相关领域。2000 年进入现代物流 1.0 时代以后，我国现代物流意识迅速萌芽发展，一些基础性的通用物流标准逐步得以建立，并初步形成了物流标准体系框架。由于物流活动包括运输、仓储、包装、流通加工和配送等多个环节，这就需要物流信息系统像纽带一样把供应链上的各个伙伴、各个环节连接成一个整体并在编码、文件格式、数据接口、EDI(electronic data interchange,电子数据交换)和GPS等相关方面实现标准化,以消除不同企业之间的信息交互障碍。为此,中国物品编码中心于2004年发布了《物流信息标准体系表》,全国物流标准化技术委员会、全国物理信息管理标准化技术委员会联合中国物流与采购联合会物理规划研究院、中国物品编码中心、北京物资学院和西安交通大学等于2005年研制了我国第一个《物流标准体系》。2011年步入现代物流2.0时代以后,我国《物流标准体系表》进一步得到修订,结合2009年我国物流业振兴规划,我国物流标准得到了系统的整理和研究,进一步完善了标准体系框架,突出和强调了2009年我国要振兴发展的其他九大行业的物流标准化,我国物流标准化工作开始进入系统化发展的重要阶段。

我国现代物流经过二十余年的探索和发展,在物流标准建设领域已经取得了一定的成绩。2019年7月,中国物流与采购联合会标准工作部、全国物流标准化技术委员会秘书处正式发布了《物流标准目录手册(2019)》(以下简称《物流标准手册》),共收录了1112项物流及相关标准。从《物流标准手册》收录的标准来看,由于物流业不仅本身和国民经济的各行各业供应链有交叉服务关系,而且涉及物流产业链上下游与物流生态链相关方的产品、管理、运营、技术、服务等方面。因此,我国物流标准涉及的范围十分广泛,特别是冷链物流、危化品物流和国际进出口物流等少数细分物流领域,由于对应的生产制造产业与商贸流通业本身范围广泛,所以在与物流业结合实现"两业融合"发展时,对应的专业物流细分领域规模及范围也相当可观。

总之,物流标准是指与物流生产运营、管理和服务直接或间接关联的经法定颁布或备案的标准。这些标准是物流生产经营管理体系与生产制造产业供应链体系、商贸流通供应链体系、物流商业生态链体系,以及物流基础设施与软硬件服务产业链体系实现无缝对接与高效沟通协作的"通用语言"。

《物流标准手册》将其包含内容标准按照功能的角度划分为基础性标准、公共类标准、专业类标准和标准化指导性文件4大部分,每个部分又按照标准化对象划分为基础标准、物流装备、物流技术、物流服务与管理和物流信息等类型。根据《标准化法》,结合《物流标准手册》、我国物流产业特点和发展需要,可以从不同维度进一步对物流标准进行更加细化的分类,具体分类维度及类型见表1-2。

表1-2 物流标准多维度分类表

序号	分类维度	对应分类类型
1	标准制定主体	**政府主导**:国家标准、行业标准、地方标准; **市场主导**:团体标准、企业标准
2	标准实施效力	**强制性**:国家强制性标准; **推荐性**:国家推荐性标准
3	标准化对象	**技术标准**:基础标准、产品标准(含物流设施设备)、信息技术(采集、加工、处理、交换和应用)、方法标准(含技术规范)、安全卫生与环境保护标准; **管理标准**:管理规范、评价体系、服务规范、信息管理; **工作标准**:作业标准、作业规范、单证处理

续表

序号	分类维度	对应分类类型
4	标准功能范围	**基础类标准**：物流术语标准、物流分类标准、物流模数标准、物流图形与标识标准等； **公共类标准**：道路运输标准、铁路运输标准、水路运输标准、航空运输标准、多式联运标准、货运代理标准、仓储标准等； **专业类标准**：冷链物流、医药物流、电商快递物流、汽车物流、钢铁物流、粮油物流、烟草物流、危化品物流、进出口物流等
5	标准所属主体	**行业标准**：交通、铁道、邮政、民航、能源、国内贸易、农业、林业、机械、国内贸易等行业标准； **地方标准**； **团体标准**
6	经营价值理念	精益物流标准，智慧物流标准，绿色物流标准

从表 1-2 来看，物流标准的前 3 种分类方式和其他标准分类方式没有区别，但是后 3 种分类方式则充分体现了物流行业独有的特点。

首先是从标准功能范围维度，物流标准划分为基础类标准、公共类标准和专业类标准。基础类标准是指物流业全局通用功能的术语、分类、模数和图形与标识等相关标准。公共类标准是指提供基础性公共物流运作及服务的相关标准，主要集中于公铁水空等运输方式、多式联运、货运代理和仓储等无差异共性服务领域。专业类标准是指提供行业性、个性化物流运作及服务的相关标准，涉及国民经济的各个领域。专业类标准体现了物流标准可以和其他国民经济细分行业兼容并蓄、融合发展的重要特点。

其次是标准所属主体维度，物流标准划分为行业标准、地方标准和团体标准。也就是说，物流标准可能是以其他行业的行业标准形式而存在、以某个地方政府的地方标准形式而存在或以某个社会团体的团体标准形式而存在。这些拥有物流标准的行业或社会团体并不属于物流业，出台物流标准的地方政府也并不聚焦于物流业，他们制定一个物流相关标准的本身或本意不是要制定一项物流标准，而只是制定一个服务于本行业经济发展、本地区特定领域或本社会团体专业领域的一项标准而已。但是，这样的物流标准依然是我国物流专业类标准的重要来源和组成部分，当这项标准所属的细分领域发展成长到一定的规模，或者这类标准在某个非物流行业、社会团体大量产生时，意味着一个新的物流专业细分市场已经孕育成熟，一个专业细分的物流标准体系即将诞生。

最后是从物流经营价值理念维度，物流标准划分为精益物流标准、智慧物流标准和绿色物流标准。这是一种在我国加快供给侧结构性改革与推进高质量发展过程中形成的基于物流经营发展理念变化的标准分类方式。精益物流的核心关键词是“标准化”“精细化”和“降本增效”，这里的“标准化”是指建立物流运作和管理层面的标准，“精细化”是指以杜绝浪费、精打细算为导向，建立预见性、统筹性和协调性相关标准，旨在通过“标准化”“精细化”实现“降本增效”目标。智慧物流的核心关键词是“智能化”“无人化”和“智能互通”，这里的“智能化”是指基于先进软硬件技术的自动化与无人化运作、智能管理与大数据决策相关物流软硬件产品标准以及数据采集加工处理与交换使用标准等，实现物流信息的透明化、实时化和“智能互通”。绿色物流的关键词是“绿色化”“环保化”和“节能减排”，主要是围绕物流生产运作与管理过程中涉及的能源消耗管控、包装及相关辅助材料消耗管控，以及有利于节能减排的先进物流运作模式、能源使用方式及物流软硬件功能优化等，建立相关的标准，推广应用绿色环保、节能减排的物流经营发展模式。

以上3种物流行业的特色标准分类方式，充分体现了物流业在我国国民经济中的特殊地位。物流行业不仅仅是国民经济发展的基础性、战略性和先导性产业，而且是我国国民经济供给侧结构性改革、高质量发展与可持续发展的重要组成部分和支撑力量。

3. 物流标准化工作主要内容

物流标准的定义、范围及其物流分类的独特性，在一定程度上决定了物流标准化本身的复杂性，并进一步影响了物流标准化工作的艰巨性与长期性。

按照前述对于标准化工作的理解，物流标准化工作是指以物流标准与物流标准化体系建设为基础，以促进物流业（含物流企业）持续盈利（精益物流）、持续赋能（智慧物流）、持续发展（绿色物流）和实现物流业高质量发展为核心目标，开展的与物流标准体系相关的发展规划、制度设计、组织建设、全程管理、监督实施、试点示范、综合保障、教育培训、研究咨询和国际融合发展等一系列有价值的活动。

基于以上定义，我国物流标准化工作至少包含以下7方面的主要内容。

一是物流标准化发展规划及体系建设。物流标准化涉及国民经济各行各业，存在不同行业之间的差异、不同地域之间的差异、物流技术应用水平的差异以及物流业内部本身发展不平衡的差异，这些差异性需要物流标准化发展规划进行统筹考虑和安排。物流标准化发展规划旨在为我国物流标准化事业提供阶段性、纲领性指导，进而有计划、有行动、有步骤地开展物流标准化体系建设。

二是物流标准化制度设计与组织建设。在《标准化法》的框架下，以满足物流供给侧结构性改革和高质量发展为目标导向，建立政府扶持与市场激励相结合的物流标准化制度体系。大力扶持地方政府、社会团体和企业参与物流业国家标准、行业标准、地方标准、团体标准和企业标准的起草，承担物流细分领域技术委员会秘书处工作，担任技术委员会委员，逐步形成包括政府部门、行业商协会及其他社会团体、高等院校、研究咨询机构、甚至国际性物流行业组织等共同构成的多元化的物流标准化建设组织体系。

三是物流标准全生命周期管理与监督。以强化物流标准实际应用价值与效果为导向，对不同编制主体、不同实施效力的物流标准，加强标准预研究、立项、起草、征求意见、修订完善、审查批准或主动备案、出版发布、宣贯实施和评估修订等全生命周期管理，确保物流标准的规范性、严谨性和时效性。对物流标准贯彻实施过程中的实际效果、出现的问题甚至违法行为进行有效的监督管理，确保物流标准的严肃性、权威性与迭代完善的持续性。

四是物流标准化试点示范及经验推广。按照“先试点示范，后复制推广”的思路，聚焦物流行业长期性、基础性和复杂性的标准问题，有针对性地选择部分物流标准、部分物流细分领域、部分省市地区和部分物流功能板块等，深入开展物流标准化试点示范工作，并在试点示范过程中总结形成一批可复制推广的经验。通过形成相关的管理条例、信息平台和标准规范等，形成物流标准化试点示范经验复制推广的长效机制。

五是物流软硬件标准化保障体系建设。以“精益物流”“智慧物流”和“绿色物流”为行业发展价值导向，鼓励扶持开展物流软硬件标准化体系及其对应的标准建设，提升我国物流基础设施设备的标准化、精益化、智慧化和绿色化水平。高度重视物流标准化工作所需的物流信息编码、物流信息系统与平台、创新发展机制、专项发展资金等基础保障体系建设。

六是物流标准化教育培训与研究咨询。建立物流标准化人才培养机制,扶持推动高等院校及高职院校等设立物流标准化专业或课程,支持物流行业商、协会和社会化教育培训机构、研究机构开展物流标准化职业教育培训。鼓励物流标准化研究咨询机构开展物流标准化理论研究、创新研究和国际化研究,探索建立中国特色的精益物流标准体系、智慧物流标准体系和绿色物流标准体系。支持物流企业在物流标准化专业咨询研究机构的指导下,开展企业标准体系建设,并主动开展自我声明公开。

七是物流标准国际化融合发展与创新。强化物流标准化工作组织与国际标准组织及其他国际标准化组织的专业技术对接和国际交流合作。鼓励支持地方政府、社会团体开展物流标准化相关的国际交流与实质性项目合作。扩大我国物流标准,特别是物流技术类标准的采标范围。鼓励扶持将部分在我国贯彻实施效果比较好、影响力比较大的物流标准逐步升级为国际标准,或者上升为"国外先进标准"。鼓励创造性地将物流业国际标准或国外先进标准转化为国家标准。探讨我国物流业标准化工作与国际接轨融合发展的创新模式。

1.2 物流标准化的内涵与外延

物流标准化不仅与现代物流业本身的发展息息相关,而且与国民经济各行各业的供应链、产业链和价值链有着千丝万缕的内在关系,与长期以来的全球经济贸易多边化、一体化发展也密不可分。物流标准化的这种跨行业、跨地域和跨时代的特殊属性,决定了其内涵与外延具有内容丰富、结构复杂和动态发展等特点。

1.2.1 物流标准化的内涵

物流标准化的内涵是指物流标准化内部技术属性、价值追求和协同合作等,强调的是物流标准化自身建设与发展所关注的基本要素及关键要求。增进对物流标准化内涵的理解,有助于我们在开展物流标准化工作时抓住物流标准化的根本,"不忘初心,牢记使命",自始至终地把握物流标准化的"精髓",切实把物流标准化工作做好、做深、做实。

1. 物流技术内涵

物流标准化最重要的内涵是技术内涵,其核心是支撑物流标准化运作和管理的物流基础技术体系。我国近年来开展的物流标准化试点,始终抓住物流标准化最基本、最关键的一项技术参数要求:600mm×400mm 物流标准模数和 1200mm×1000mm 平面尺寸标准托盘。在国家层面所有的物流标准化相关政策文件中,都对这两项技术要求一以贯之,这充分体现了物流技术内涵的重要作用。物流标准模数与标准托盘的关系如图 1-3 所示。

物流标准化的技术内涵主要包括物流基础编码,物流基础模数,物流建筑基础模数,集装模数尺寸,物流术语,物流单据、物流信息编码和票证的标准化,标志、图示和识别标准,专业计量单位标准等物流基础技术参数,也包括物流硬件技术、物流信息技术、物流运作技术和物流管理技术等方面的全局性、基础性的技术参数。这些技术参数一方面是建立我国

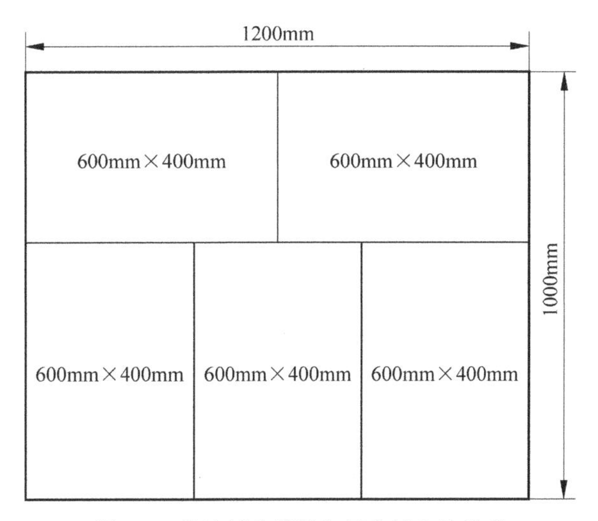

图 1-3 物流标准模数与标准托盘的关系

物流标准体系的重要参考标准，另一方面也是提升我国物流业标准化和运作标准化、高效化的内在要求。

其中，物流硬件设施设备方面围绕船舶、车辆、车板、车皮、集装箱、装卸搬运机具、仓储设施及货架系统等，建立了基于物流基础模数的标准体系，不同的设施设备之间形成了良好的尺寸匹配关系。例如，为了便于开展基于 1200mm×1000mm 标准托盘的带板运输，我国出台的国家强制性标准《汽车、挂车及汽车列车外廓尺寸、轴荷及质量限值》(GB[①] 1589—2016)将货车辆外廓尺寸规定为 2550mm，《系列 2 集装箱分类、尺寸和额定质量》(GB/T 35201—2017)将系列 2 集装箱的宽度规定为 2550mm，以便于公铁联运和中欧班列。

2. 价值理念内涵

物流标准化的价值理念内涵主要表现在精益物流、智慧物流和绿色物流 3 方面，这 3 方面的价值内涵无论对社会、对行业，还是对企业，均具有十分重要的意义，同时也是物流标准化自身发展应当追求的目标。

物流标准化最基本的价值是实现物流精益化管理，使得物流运作有章可循、有据可依，供应链上下游高效协同，从而杜绝物流过程浪费，实现物流降本增效，帮助企业持续盈利。其次，物流标准化的智慧化价值导向有利于依托物流标准化促进信息化、智能化、平台化和物联化等物流软硬件科技应用，并实现这些智慧科技对物流业发展的持续赋能。最后是物流标准化的绿色化价值追求，通过对物流基础设施设备的绿色化设计与应用，规范物流过程包装及耗材的使用方式方法及材质，创新推广绿色化的物流运作模式标准，实现我国物流业的高质量发展和可持续发展。

3. 协同合作内涵

物流标准化的协同合作内涵是在做好物流标准化工作主要内容的基础上，以物流标准

① 这是强制性国家标准的代号，后文若出现，含义一致。

化为抓手，促进物流业的内部协作、跨行业协作和国际业务协作，通过良好的内外部协作促进物流标准化价值目标的达成。

这种物流标准化协作强调合作各方在技术标准、价值导向一致的基础上，进一步加强业务流程、数据信息、系统对接和硬件配套等方面的无缝对接和资源共享，减少物流运作管理过程中的流程断裂、数据混乱、信息孤岛和硬件冲突等现象发生。

因此，推动供应链、产业链和价值链上下游及关联方之间的标准对接、高效协作和互联互通是物流标准化的重要内涵和应有之义。如果物流标准化不能解决协作问题，这样的物流标准化可以说是不成功的。

1.2.2 物流标准化的外延

物流标准化的外延是指通过物流标准化形成的对于外部相关领域的影响。物流标准化的这种外延效应主要体现在产业转型、社会治理功能和国际拓展等3方面。

1. 产业转型外延

我国对于现代物流的认知和重视始于"第三利润源泉"，而随着我国社会经济的发展，人们日益认识到物流对于整个国民经济发展的重要性，物流产业地位逐步得以确立和提升。自从我国开启供给侧结构性改革以后，物流降本增效成为了各行各业供给侧结构性改革的重要举措。物流标准化成为这场供给侧结构性改革的战略切入点和主要阵地。

2014年我国开始商贸物流标准化专项行动，2015年开始物流标准化试点城市建设，2017年升级为供应链体系建设，其中最重要的一点就是推广使用600mm×400mm物流标准模数和1200mm×1000mm标准托盘。通过物流标准化试点和建设，形成对我国商贸流通业与供应链上下游生产制造业的延伸带动效应，在帮助产业物流降本增效的同时，也产生了助推产业转型升级的实际效果，物流标准化成为我国产业转型发展的重要组成部分之一。

此外，物流标准化对于我国现代物流业而言也是一种供给侧结构性改革和转型升级。物流标准化不仅改变了我国传统物流托盘标准大小不一、标准托盘使用比例较低的局面，还提升了我国标准托盘的整体规模，而且以标准托盘为基础载体产生了一大批标准托盘公共租赁运营平台，形成了标准托盘在不同地区与不同物流企业之间的循环共用体系，强化了物流企业与政府之间的标准化物流数据的无缝衔接，这种发展态势本身也是现代物流产业转型发展的重要表现。因此，物流标准化工作的产业转型外延是我国国民经济供给侧结构性改革和高质量发展的重要组成部分，做好物流标准化工作意义重大、影响深远。

2. 社会治理外延

标准是国家治理体系的基础设施，也是国家治理能力现代化的重要表现。物流标准化也是社会治理的一个重要组成部分，物流标准化的社会治理外延突出地表现在物流行业的社会治理、其他产业领域的社会治理以及环境保护治理3方面。

物流行业的社会治理主要是指通过物流标准化及其物流标准化体系建设，可以为物流行业的特种业务准入管理、市场秩序管理、安全生产管理、行业诚信管理和企业分类管理等提供统一的标准规范，为物流行业的健康稳定可持续发展提供标准保障。

其他产业领域的社会治理主要是指基于物流行业和其他不同产业的上下游供应链都有十分紧密的业务联系，通过物流标准化建设，特别是在真实物流数据实时对接、资源共享方面形成标准化接口及合作流程，可以为政府管理部门及相关方提供一个有效研判其他产业数据的维度。基于物流标准化体系及其标准化接口的物流数据、其他行业的安全生产管理、行业诚信管理和市场持续管理等相关社会治理工作也将更加高效、顺畅和到位。

环境保护治理方面主要是指通过围绕绿色环保、节能减排和物流组织模式优化开展的绿色物流标准化建设与实施，有利于缓解我国物流业，特别是交通运输业在燃油消耗与二氧化碳排放方面对环境造成的影响；有助于减少我国物流业一次性物流包装及辅助耗材的使用；有助于我国持续依托技术进步不断创新、优化节能减排效果的物流组织模式，如多式联运、甩挂运输、共同配送、滚装运输和驮背运输等。

物流标准化为物流行业的自身治理、其他行业治理以及环境保护治理均提供了重要的工作抓手，使相关社会治理活动有章可循、执法有据。

3. 国际拓展外延

国际标准不仅是世界通用的“技术语言”，而且在日益注重知识产权保护的国际领域更代表着“话语权”。物流是跨越国界的，从郑和下西洋开始，到麦哲伦发现新大陆，到近现代国际海运的高速发展，以及近年来我国“一带一路”建设中的中欧班列、国际陆海贸易新通道等，无不彰显了国际物流发展的战略价值与重要地位。

物流标准化的国际拓展外延主要是指依托我国“走出去”战略与“一带一路”建设，积极参与物流相关国际标准化活动，开展物流标准化对外合作与交流，推进中国物流标准与国外相关标准间的转化运用，最终输出中国物流标准和中国物流解决方案。

其中，参与物流相关国际标准化活动主要包括开展物流标准化对外合作与交流、参与制定国际物流标准、结合国情采用国际物流标准以及推进中国物流标准与国外标准间的转化运用等。开展物流标准化对外合作与交流包括与其他国际、区域组织和国家标准化机构开展双边、多边合作与交流，密切物流标准化合作伙伴关系，畅通物流标准化合作渠道，推动签署物流标准化合作协议，组织实施物流标准化合作项目，推进物流标准互认，促进物流标准化人员的交流等。总之，物流标准化的国际拓展外延是我国争取物流标准国际话语权必须肩负的重要使命，虽然任重道远，但须戮力前行。

1.3　物流标准化的价值和原则

1.3.1　物流标准化的价值

有人说，物流标准化是现代物流的通行证，是促进物流业转型升级的新引擎和发动机，是实现物流行业价值的试金石。从物流标准化工作内容、物流标准化内涵与外延来看，物流标准化对物流企业、物流行业乃至其他行业与社会治理的确都会带来诸多的价值。从我国近年来供给侧结构性改革背景下的物流标准化探索实践来看，物流标准化的价值主要表现在以下 6 方面。

一是降本增效，塑造品牌。物流标准化会带来整个物流运作体系的革命性变化。以基于托盘标准化的循环共用模式为例，一片小小的标准托盘带动了货架、叉车、货车车厢、周转箱、包装、产品规格和信息编码等上下游及相关装备的整体标准化。这种整体性的物流标准化提高了物流作业效率，加快了商品流通速度，确保了物流质量，减少了物流环节，提升了物流管理效率，降低了物流成本，降本增效的价值显而易见。在此基础上，物流标准化还会促进相关企业带来服务和管理方面的标准化变革与价值提升，特别是客户满意度与市场口碑的形成，将最终沉淀为企业产品与服务的品牌效应。这种品牌塑造是企业核心竞争力的重要标志和企业价值的重要组成部分。

二是引领突破，驱动变革。标准决定质量，有什么样的标准就有什么样的质量，强调的是标准的引领价值。在物流领域，物流标准化意味着物流运作模式、管理、服务和技术等方面的先进经验得到系统化、规范化和权威化的总结提升，如《托盘共用系统信息化管理要求》(GB/T 38115—2019)、《托盘单元化物流系统托盘设计准则》(GB/T 37106—2018)；意味着之前没有实现规范化管理的物流相关领域有了明确、科学、统一的标准，甚至具有突破意义的标准支持，如《车用起重尾板安装与使用技术要求》(GB/T 37706—2019)；意味着部分涉及物流安排、绿色环保、节能减排等方面的内容必须强制执行某些国家强制标准，如《汽车、挂车及汽车列车外廓尺寸、轴荷及质量限值》(GB 1589—2016)。这 3 方面的物流标准为我国物流运作提供了经验，弥补了空白，设定了底线。先进经验引领行业发展，弥补空白实现政策突破，坚持底线思维强力驱动行业变革。

三是行业规范，产业协同。标准是执法监管和消费者维权的依据。监管部门、检测机构能够依标准执法、依标准检验和依标准维护消费者合法权益。物流标准化为物流行业规范发展，特别是市场秩序管理、安全生产管理、行业诚信管理和企业分类管理提供标准依据。与此同时，物流标准化也为其所服务的其他产业提供了业务协同、数据对接和资源共享的标准依据。这些物流标准化成果也成为政府部门、行业协会及相关产业发展服务机构监控监管或服务物流行业及其相关产业的重要依据和工作抓手。

四是精益智慧，绿色发展。标准化是精益物流管理和智慧物流发展的基本前提和关键条件，离开了标准化，精益物流和智慧物流均无从谈起。因此，物流标准化为精益物流和智慧物流创造了最重要的基础条件。基于物流标准化，在政策导向、市场需求和技术创新的合理驱动下，以降本增效为核心的精益物流和以智联互通为核心的智慧物流，在我国得以快速的发展。与此同时，物流标准化也成为我国发展绿色物流的重要驱动力，我国交通运输领域，包括铁路、民航和邮政系统，均明确提出了绿色物流发展计划，出台了《绿色交通标准体系》。基于物流标准化的绿色物流发展已经成为我国物流领域的广泛共识。

五是国际融合，质量强国。标准是国际公认的国家质量基础设施之一，是实施质量兴国、增强自主创新能力的重要内容。长期以来，在物流标准化建设过程中，我国积极参与相关物流基础设施设备标准的制定工作，特别是高速铁路标准和国际标准集装箱相关标准的制定工作；我国积极采纳物流领域国际标准和国外先进标准；《ISO18186：2011 集装箱-RFID 货运标签系统》成功实现了我国物流标准走出国门零的突破；我国部分国家标准成功转化为中亚区域经济合作系列标准(非政府组织部分)。依托物流标准化、深入开展物流标准化工作的国际交流与合作、参与物流相关国际标准的研讨和编制、融入物流领域国际标准组织大家庭、提升我国物流标准的国际话语权，是我国从物流产业角度实现“质量强国”

的重要责任和使命。

六是经验转化,人才育成。众所周知,物流标准化的过程本质上是对相关科学技术研发与物流运作管理经验总结提炼的过程,同时也是一个系统化、规范化和程序化的正式标准形成的过程。从另外一个角度看,这个过程实际上还是一个人才发掘、人才培育、人才炼成和人才输出的过程。在这个过程中,所有标准相关的物流企业人员、标准研制项目成员以及相关专家会有深入的交流研讨与智慧碰撞,从而形成对物流标准研制参与者的培训。经过这些物流标准化项目历练的物流企业人员、标准研制成员无疑是物流标准最忠实的宣传者、实施者和推广者。

1.3.2 物流标准化的原则

物流标准化的内涵、外延和价值决定了物流标准化工作必须讲究方法策略,必须有充分的可行性论证,必须考虑各方面的关联因素。总之,物流标准化是有方法的,必须坚持这些方法背后的基本原则。这些原则包括以下 6 方面。

一是整体规划,分项建设。物流行业本身的复杂性叠加服务对象关联产业行业的复杂性无疑会使得物流标准体系变得十分庞杂。物流行业功能板块、细分市场和所在区域等方面的发展不均衡,也使得物流标准体系建设必须考虑这些客观存在的差异,在此基础上的物流标准体系建设涉及的复杂因素会成倍增长。因此,物流标准化工作的第一个原则是进行基于发展现状、可预见发展需求及前瞻战略的整体规划,并结合物流行业的关键差异特性,提出分项建设、逐步推进的实施路径。通过该原则,首先锁定物流标准化的范围、层次和深度,并且为未来发展指明方向、奠定基础、预留接口。

二是专业细分,界限清晰。在前一原则的基础上,物流标准化在具体推进过程中必须坚持专业细分的原则。应在充分考虑细分物流环节、细分功能板块、细分行业物流、细分市场条件、细分地理区域和细分物流应用场景等关联因素的基础上,对物流标准化的具体实施界限与定位加以清晰界定,确保物流标准化工作的针对性和有效性。这种专业细分对物流标准化工作提出了比较高的要求,但是如果不做这种基于专业细分的标准化定位,则无法保证物流标准化的成果质量和实际应用效果。

三是政府搭台,市场唱戏。尽管我国物流业已经进入了现代物流 2.0 时代,但从总体上来看,我国传统物流行业依然是一个市场准入门槛较低、行业竞争激烈、技术含量不高和物流标准化程度较低的基础性服务业。在供给侧结构性改革的背景下,物流标准化工作已逐步从“行政需求”转变为“市场需求”,物流行业呼唤有利于行业规范和高质量发展的物流标准体系。因此,政府应该改变在物流标准化工作方面的角色,在物流标准化工作中承担更多的顶层设计、服务和监管作用,坚持“政府搭台”原则,同时激发物流行业商协会、高等院校及其他标准化社会组织(含企业本身)在物流标准化建设中的市场积极性,强调“市场唱戏”原则。《标准化法》已经迈出了重要一步,但在各级政府机构的具体落实过程中,还需要更加细化的政策、措施加以保障,把“舞台”扎得更稳更牢靠,让想上“舞台”一展身手的市场主体更加踏实、放心。

四是内外协同,兼容并蓄。从前文的物流标准分类可以看出,不少物流标准本身也是其他某个行业的标准。这种情形的存在给我国物流标准的统一管理、技术参数的统一协调和矛盾冲突的解决都带来了诸多不便。在这种历史背景下，我国物流标准化建设必须讲究内外协同、兼容并蓄，并在这一原则的指导下，体现我国物流标准化的一致性与协调性。其中，内外协同至少包含3方面，首先是物流业内部组成部分之间的内部协同，其次是物流业与其他关联行业甚至产业之间的外部协同，最后是我国物流业和国际物流业之间的国际协同。在这个协同合作的过程中，将其他关联行业、产业和国际物流业的先进技术、模式和经验等融入我国物流标准化体系，促进我国物流标准化工作的科学发展。

五是持续迭代，全程管理。标准是具有时代性、阶段性和局限性的技术成果，会随着社会发展、技术进步、环境变迁和政策调整等诸多内外部因素而削减其有效性。因此，国际标准组织确立了5年复审一次标准的国际惯例，我国《标准化法》也借鉴了这一做法。我国物流行业近年发展速度比较快，涌现出了一些新的物流技术、物流模式和物流组织形态。因此，物流标准化应当坚持持续迭代、全程管理的原则，围绕物流标准的生命周期开展动态化管理。不一定非要按照惯例或《标准化法》规定的每5年对物流标准开展一次评估，只要发现物流标准编制发布时对应的外部因素发生了较大的变化，就应当启动标准修订程序，而且标准管理部门应建立标准修订管理办法，针对不同程度的标准修订提供不同的管理方法和流程。

六是与时俱进，科学发展。与持续迭代、全程管理原则比较类似，但是更强调物流标准化在紧随国家政策导向方面的与时俱进和科学发展。社会文明的进步和国家管理理念的调整应当在物流标准化工作中得以充分体现。我国从2015年开始明确提出“创新、协调、绿色、开放、共享”五大发展理念，体现了对各行各业的发展要求。物流标准化也应当响应这项国家宏观政策导向，并结合物流行业发展的特点，围绕五大发展理念，构建物流行业的标准化体系。其中，融合创新与协调的精益物流、坚持开放共享的智慧物流以及彰显节能减排环保的绿色物流，是切实落实这五大发展理念的重要载体。物流标准化工作同样还需在坚守科学发展原则的基础上，对相应的物流标准体系进行与时俱进地调整和优化。

第2章

CHAPTER 2

我国物流供给侧结构性改革及政策

我国物流领域的供给侧结构性改革是从2014年启动物流标准化试点开始的。以此为起点，我国出台了一系列物流供给侧结构性改革政策，也重点围绕物流标准化工作出台了一系列发展规划及政策，并在落实这些政策的过程中，我国现代物流多个重点领域开展了一系列改革试点工作，取得了良好的效果。可以说，物流标准化是我国物流供给侧结构性改革的重要切入点。

这些改革政策和试点工作都充分体现了标准化在物流供给侧结构性改革中所发挥的引领性和驱动性作用，标准化是物流供给侧结构性改革的崭新动力。

2.1 我国物流供给侧结构性改革

2.1.1 物流发展与供给侧结构性改革的关系

2008年全球金融危机爆发后，我国经济发展面临前所未有的挑战。传统基于消费、投资、出口“三驾马车”的需求侧宏观经济政策，不仅边际效应逐渐下降，而且给国内经济的持续发展带来诸多问题，经济转型升级已成为我国经济发展的必然选择和重中之重。

2015年，以习近平同志为核心的党中央基于对我国现阶段经济运行主要矛盾的深刻分析与准确把握，创造性地提出并实践供给侧结构性改革，并将其作为我国经济工作的主线，打破了过去“高污染”“高排放”“高能耗”的粗放式经济发展模式，为提高社会生产力水平、满足人民日益增长的美好生活需要、解决发展不平衡不充分问题和推动经济高质量发展提供了强有力的理论基础和思想武器。

供给侧结构性改革的主要内容是在适度扩大总需求的同时，通过去产能、去库存、去杠杆、降成本、补短板(即“三去一降一补”)的生产领域加强优质供给，减少无效供给，扩大有效供给。实践证明，“三去一降一补”抓住了供给侧结构性矛盾的要害。为此，2018年年底中央经济工作会议进一步提出了“巩固、增强、提升、畅通”八字方针，明确了我国当前和今后一个时期深化供给侧结构性改革、推动经济高质量发展的总要求。其中，巩固“三去一降一补”成果是供给侧结构性改革再出发的立足点。

由于现代物流具有跨地域、跨行业、跨部门的服务型、基础型和综合型的独特禀赋，几乎涉及全部社会生产与消费领域及其全部过程，因此现代物流业在我国国民经济体系中的价值和地位日益凸显。国家发展改革委等24个部门和单位印发的《关于推动物流高质量发展促进形成强大国内市场的意见》(发改经贸〔2019〕352号)开宗明义指出“物流业是支撑国民经济发展的基础性、战略性、先导性产业。物流高质量发展是经济高质量发展的重要组成部分，也是推动经济高质量发展不可或缺的重要力量”。

基于以上背景，我国现代物流业与以“三去一降一补”为重点内容的供给侧结构性改革产生了密不可分的关系，主要表现为以下4方面。

一是供给侧结构性改革给现代物流业带来巨大的压力。在经济新常态背景下，我国提出的“三去一降一补”，特别是大刀阔斧的“去产能”和“去库存”，意味着大幅度减少对物流行业的货源供给，从而造成物流业传统物流运力资源、仓储资源的大量闲置，给广大物流企业及从业者的生产经营和生存发展带来巨大的压力。

二是供给侧结构性改革需现代物流业提供有力的支撑。供给侧改革明确提出的“降成本”要求，包含的内容十分丰富。由于长期以来我国物流成本占GDP的比例较高(2018年为14.8%)，而且物流成本是各行各业拥有管控话语权所必须要倚重的成本项目，因此，“降成本”需要现代物流业提供强有力的支撑，需要物流行业与时俱进地应对适应。

三是供给侧结构性改革营造了良好物流发展的政策环境。为了推动供给侧结构性改革，国家层面先后出台了一系列促进改革的政策文件，甚至是交通物流领域的专项文件。这一系列政策文件对物流均有所提及，甚至做了专题安排和专项部署，为促进我国物流行业发展营造了良好的政策环境。例如，2016年8月交通运输部印发的《关于推进供给侧结构性改革，促进物流业“降本增效”的若干意见》(交规划发〔2016〕147号)围绕如何切实发挥交通运输在物流业发展中的基础和主体作用，促进物流业“降本增效”，进行了详细的专项工作部署。

四是供给侧结构性改革驱动现代物流业自身内部变革。我国物流行业在“去产能”“去库存”的供给萎缩与“降成本”的市场价格下调的双重挤压下，在供给侧结构性改革系列政策的引导和驱动下，行业自身内部也不可避免地迎来了供给侧结构性改革的挑战，而且只有通过自身的供给侧改革，才能解决我国物流行业存在的诸多问题，特别是物流标准化问题。所以，物流业供给侧结构性改革不仅是国家供给侧结构性改革主题中的应有之义，而且是物流行业自身可持续发展的必然选择。

通过以上梳理，我们认为，我国的供给侧结构性改革与现代物流业关系交错、密不可分，现代物流业已经成为我国供给侧结构性改革的重点领域和不可或缺的组成部分。实际上，物流业供给侧结构性改革一直伴随着国家供给侧结构性改革的同步推进实施。

2.1.2 我国物流供给侧结构性改革重点领域

2006年3月，《国民经济和社会发展第十一个五年规划纲要》将“大力发展现代物流业”单列一节标志着我国确立了现代物流产业的重要地位。2009年是我国现代物流业发展的一个重要转折点，2009年3月，国务院发布《国务院关于印发物流业调整和振兴规划的通知》(国发〔2009〕8号)，意味着我国物流业搭上了国家产业振兴规划的末班车，成为当时我国十大产业振兴计划中唯一一个现代服务领域的产业规划。该规划对物流业的定位是“重要的服务产业”和“国民经济的重要组成部分”,这成为我国现代物流业进入 2.0 时代的重要里程碑。

2012 年 8 月,国务院出台的《关于深化流通体制改革加快流通产业发展的意见》(国发〔2012〕39 号)明确指出流通产业已经成为“国民经济的基础性和先导性产业”。

2014 年 9 月,国务院发布的《物流业发展中长期规划》(国发〔2014〕42 号)首次把物流业定位于“支撑国民经济发展的基础性、战略性产业”。

2019 年 2 月,国家发展改革委等 24 个部门和单位印发的《关于推动物流高质量发展促进形成强大国内市场的意见》(发改经贸〔2019〕352 号)进一步把物流业的定位提升到“支撑国民经济发展的基础性、战略性、先导性产业”的崭新高度。

以上政策发展演变历程表明,我国现代物流业的重要地位和战略价值已经得到了国家的充分肯定与高度重视。为此,自 2009 年以来,我国交通运输部、商务部、国家发展改革委、财政部、工业与信息化部、公安部、生态环境部等相关部门重点围绕城乡配送体系建设、道路运输管理改革创新、绿色物流运作体系建设、物流包装标准化减量化和可循环、电子商务与快递物流协同发展、物流标准化和供应链体系建设、农产品冷链流通标准化与供应链、绿色供应链管理试点示范领域以及物流基础设施规划建设 9 个主要方向,先后出台了一系列政策,开展了一系列试点等,取得了一定的效果,不断推动我国现代物流业供给侧结构性改革与高质量发展。主要表现在以下 9 个方向。

1. 城乡配送体系建设

随着我国城市化、城镇化进程不断推进,城市城镇人口数量不断增长,城市机动车拥有量持续上升,加上电子商务、连锁经营、网约车平台和外卖平台等新兴流通业态与商业模式的兴起和发展,一方面是城乡之间物资上行下行日益频繁,小批量、多批次的配送需求日益旺盛,城市居民对配送时效性、便捷性的期待日益提高;另一方面是城市道路交通资源约束日益明显,城市空气质量与环境治理压力日益增大。

城市配送市场需求与城市可持续发展之间的矛盾,不仅给城市配送带来了“最后一公里”配送车辆通行难、停靠难、装卸难以及配送作业效率低下、物流成本高等问题,而且也给城市经济运行、城乡商贸流通效率、居民生活成本和物价稳定等带来了负面的影响。因此,协同打造集约、高效、绿色、智能、畅通的城乡物流配送体系是最近十余年我国物流供给侧改革的重点方向之一,政府层面主要采取了以下 4 方面的行动。

一是深入推进智慧物流配送体系建设。智慧物流配送体系是一种以互联网、物联网、云计算和大数据等先进信息技术为支撑,在物流的仓储、配送、流通加工和信息服务等各个环节实现系统感知、全面分析、及时处理和自我调整等功能的现代综合性物流系统。2012 年 6 月,商务部出台了《关于推进现代物流技术应用和共同配送工作的指导意见》(商流通发〔2012〕211 号),旨在通过试点形成布局合理、运行高效、通行有序和绿色环保的城市配送网络体系,培育一批运营规范、技术应用水平高、管理有序的商贸物流示范企业。广州、武汉、合肥、成都、南宁、厦门、贵阳、兰州和银川 9 个城市被纳入第一批现代物流技术应用和共同配送综合试点中央财政支持范围。2015 年 7 月,商务部进一步出台了《智慧物流配送体系建设实施方案》,确立了提升物流设施设备智能化水平、物流作业单元化水平、物流流程标准化水平、物流交易服务数据化水平和物流过程可视化水平等重点工作目标。经综合评估，2016 年首批确定智慧物流配送示范城市 5 个(重庆、太原、南昌、无锡、临沂)，智慧物流配送示范基地(园区)20 个，智慧物流配送示范企业 60 家。

二是积极开展城乡高效配送专项行动。开展城乡高效配送专项行动是落实党的十九大关于加强物流基础设施网络建设的重要措施，是发展流通、保障消费和服务民生的重要抓手。为深入贯彻落实《国务院办公厅关于进一步推进物流降本增效促进实体经济发展的意见》(国办发〔2017〕73 号)、《商贸物流发展"十三五"规划》(商流通发〔2017〕29 号)等文件精神，完善城乡物流网络节点，降低物流配送成本，提高物流配送效率，2017 年 12 月，商务部、公安部、交通运输部、国家邮政局和供销合作总社联合出台了《城乡高效配送专项行动计划(2017—2020 年)》(商流通函〔2017〕917 号)，该文件提出到 2020 年，初步建立高效集约、协同共享、融合开放和绿色环保的城乡高效配送体系。2018 年 3 月，商务部等 5 部门开始组织实施城乡高效配送重点工程，重点是完善三级配送网络、推动网络共享共用的城乡配送网络建设工程与加强技术标准应用、推动配送模式创新的技术与模式创新工程，并首批确定了 30 个试点城市①。2019 年 2 月，商务部等 5 部门通过商流通函〔2019〕60 号文件进一步明确了 30 个试点城市的专项行动目标、任务和具体举措，提出了提高认识、务实推动，加强指导、优化环境，落实责任、细化方案，加强总结、组织评估 4 方面的具体要求。

在实施过程中发现由于车用起重尾板能通过举升装置实现货物的快速装卸，能有效提升货物装卸效率、节约人力资源和提升运输组织效率，故被广泛使用。为了规范车用起重尾板的安装使用，交通运输部联合相关单位研究起草并于 2019 年 5 月 1 日发布了国家标准《车用起重尾板安装与使用技术要求》(GB/T 37706—2019)，该标准 2019 年 12 月 1 日起实施。2020 年 1 月，交通运输部联合工业和信息化部、公安部、市场监管总局进一步发出了《关于做好〈车用起重尾板安装与使用技术要求〉贯彻实施工作的通知》(交办运函〔2020〕38 号)，对建立尾板安装使用的协调配合工作机制、尾板产品生产及安装质量监管、安装尾板货车检验及登记管理等事项进行了明确，为城乡高效配送专项行动提供了有力的国家标准支撑。

三是规范优化城市配送车辆通行管理。为了有效解决城市配送车辆"进城难、停靠难、装卸难"以及城市配送客车载货、非法改装、"大吨小标"等问题，2014 年 2 月，交通运输部、公安部和商务部联合印发了《关于加强城市配送运输与车辆通行管理工作的通知》(交运发〔2014〕35 号)。该文件从强化城市配送运力需求管理、加强城市配送车辆技术管理、规范发展城市货运出租汽车、优化城市配送车辆通行管理措施、完善城市配送车辆停靠管理措施、强化城市配送运输市场监督管理、健全城市配送运输和车辆通行管理工作机制 8 方面进行了全面的部署和安排，为加强城市配送运输与车辆通行管理工作了提供了强有力的政策依据。

其中，在加强城市配送车辆技术管理方面明确要求进一步加强城市配送车辆车型及其安全、环保等方面的技术管理，包括：城市配送车辆应当符合《道路货物运输及站场管理规定》的相关要求和《城市物流配送汽车选型技术要求》(GB/T 29912—2013)的具体规定，采

---

① 指北京、天津、上海、重庆、承德、太原、临汾、沈阳、松原、哈尔滨、齐齐哈尔、南京、无锡、徐州、温州、鹰潭、赣州、宜春、烟台、潍坊、淄博、武汉、黄石、湘潭、广州、东莞、成都、贵阳、黔南、兰州共 30 个城市。

用封闭、厢式、罐式等装置,实行无裸露配送运输;从事冷藏保鲜运输的城市配送专用车辆还应当配备全程智能温控车载设备;从事危险货物运输的城市配送车辆应当满足《道路危险货物运输管理规定》的有关技术要求;鼓励城市配送运输企业使用出厂已装备起重尾板的车辆,提升配送车辆装卸效率。

近年,根据我国深入贯彻"放管服"改革[①]部署,优化货车通行管理的公安交管"放管服"改革服务措施不断出台,对于优化城市配送车辆通行管理也发挥了重要作用。例如,按照公安部的统一部署,重庆市在2020年年初开始实施优化货车通行管理5项措施——推行电子货车通行证,取消新能源纯电动轻型货车通行限制,放宽便利皮卡车进城限制,推行限行路段货车预约通行管理,实行重型货车的备案服务管理。

四是复制推广城市共同配送试点经验。及时总结并复制推广城市共同配送试点经验是城乡配送体系建设的重要内容和举措。2013年1月17日,商务部流通发展司印发《全国城市配送发展指引》,阶段性地总结了我国城市配送试点工作的经验。2019年2月,商务部办公厅印发《关于复制推广城市共同配送试点经验的通知》(商办流通函〔2019〕48号)。该通知指出,2012年至2014年商务部会同财政部在南京、武汉、厦门、成都等22个城市开展了城市共同配送试点,在此基础上,各地积极探索创新共同配送模式,构建布局合理、运行有序和绿色环保的城市共同配送服务体系,取得了积极成效并总结形成了5方面共16条典型经验。城市共同配送试点典型经验及代表性地区见表2-1。

表2-1　城市共同配送试点典型经验及代表性地区

类　型	典型经验	代表性地区
完善工作机制	加强组织领导	成都、郑州、广州、南京、南宁、贵阳、海口、乌鲁木齐、厦门、长春、青岛
优化政策环境	制定发展规划	广州、南京、石家庄、南宁、兰州、厦门、襄阳
	完善支持政策	长春、南宁、武汉、厦门、东莞、唐山
	完善标准体系	成都、海口、厦门、太原
提升管理水平	便利车辆通行停靠	成都、贵阳、乌鲁木齐、海口、厦门、长春、太原
	推动绿色发展	成都、太原
	加强宣传培训	太原、合肥
完善配送网络	构建三级配送体系	南京、郑州、海口
	构建冷链物流体系	潍坊、海口、厦门、银川
优化配送模式	物流园区落地配模式	郑州、兰州、石家庄
	连锁经营统一配送模式	太原、南京、武汉
	商圈便利店共同配送模式	银川、合肥、郑州、厦门、太原、哈尔滨
	专业市场商户共同配送模式	石家庄、南宁、广州、长春
	末端资源共享模式	太原、广州、潍坊、南京、厦门、武汉
	统仓统配模式	成都、青岛、武汉、长春、潍坊、合肥
	信息平台整合资源模式	南京、成都、厦门、潍坊

此外,为了配合我国城市共同配送试点的建设,我国2013年就发布了《城市配送统计指

① "简政放权、放管结合、优化服务"改革的简称。2015年5月12日,国务院召开全国推进简政放权放管结合职能转变工作电视电话会议,首次提出了"放管服"改革。

标体系及绩效评估方法》(SB/T[①] 11069—2013)标准，一方面是对相关试点城市共同配送经验的总结，另一方面是为了规范和促进各地城市共同配送体系的建设，对提升服务能力、促进降本增效和供给侧改革均具有十分重要的意义。

2. 道路运输管理改革创新

《2018年交通运输行业发展统计公报》显示，截至2018年年底，我国公路里程达到484.65万千米，其中高速公路里程14.26万千米，我国高速公路里程居世界第一位。与此同时，我国道路运输管理领域仍然存在客货运车辆的不合理审批与乱收费、乱罚款现象，重型货车非法改装与超载超限现象，以及交通安全事故频发与高速公路路面破坏严重等现象。由于公路货运量始终占整体货运量的70%以上，载重货车道路交通事故中有80%以上是由于超限超载运输引起的，再加上其典型的"小散乱差"的行业发展特征，因此，围绕公路道路运输方面的政策改革与市场模式创新也一直是我国现代物流供给侧改革的重中之重，主要集中在公路货车超限超载治理行动、高速公路收费制度改革和网络货运平台创新3方面。

一是强力开展公路货车超限超载治理行动。违法超限超载被称为公路第一杀手，不仅严重破坏公路和桥梁设施、容易引发道路交通事故、危害人民群众的生命财产安全，而且严重扰乱运输市场秩序，造成我国汽车工业畸形发展，依法加强违法超限超载治理刻不容缓。2005年，国务院办公厅印发《关于加强车辆超限超载治理工作的通知》(国办发〔2005〕30号)。2012年7月，国务院出台的《关于加强道路交通安全工作的意见》(国发〔2012〕30号)再次强调严厉整治超限超载等道路交通违法行为。2012年，原国家质检总局、国家标准化管理委员会下达了《道路车辆外廓尺寸、轴荷及质量限值》(GB 1589—2004)的修订计划，拟从道路运输车辆标准修订完善的根本角度治理超限超载问题。在经历4年时间的修订完善和中置轴轿运车试验验证后，由工业和信息化部、交通运输部、公安部、原国家质检总局、国家标准化管理委员会和国家认监委等单位组织全国汽车标准化技术委员会、行业机构和汽车企业共同制定并更名的《汽车、挂车及汽车列车外廓尺寸、轴荷及质量限值》(GB 1589—2016)于2016年7月26日正式实施。

GB 1589—2016明确规定，车宽由2004版的2.5米放宽到2.55米(冷藏车为2.6米)，新增加中置轴车辆运输挂车，半挂车车长由13米变为13.75米，铰接列车长度17.1米(长头铰接列车18.1米)，运送45英尺集装箱的半挂车长度最大限值为13.95米；取消整体封闭式厢式半挂车、低平板半挂车和集装箱半挂车的长度限值特例；半挂车前回转半径不应大于2040mm。GB 1589—2016还对不同轴数的车辆做了最大总重限值的明确规定：二轴货车及半挂牵引车总重限值为18吨，三轴货车及半挂牵引车总重限值为25吨，双转向轴四轴货车总重限值为31吨，四轴汽车列车总重限值为36吨，五轴车总重限值为43吨，六轴车总重限值为49吨。

以GB 1589—2016贯彻实施为战略契机，交通运输部从2016年下半年开始就紧锣密鼓地部署和推进公路货车超限超载治理行动。2016年7月17日，交通运输部、工业和信息化部、公安部、原工商总局和原质检总局联合发布了《关于进一步做好货车非法改装和超限超载治理工作的意见》(交公路发〔2016〕124号)，提出了4方面18条的具体措施。2016年

① 中华人民共和国商务部行业推荐标准，后文若出现与此同意。

8月10日，交通运输部等5部委联合印发《车辆运输车治理工作方案》的通知（交办运〔2016〕107号）提出“标准引领、循序渐进、疏堵结合、协同推进”原则。2016年8月18日，交通运输部办公厅、公安部办公厅联合印发《整治公路货车违法超限超载行为专项行动方案》（交办公路〔2016〕109号），重点整治货车车货总重超过规定限值的行为，以及货车闯卡、拒检、借故堵塞车道和损坏相关设施设备等违法行为。2016年8月19日，交通运输部颁发2016年第62号令，公布了《超限运输车辆行驶公路管理规定》。这些政策文件都明确把2016年9月21日作为全国统一整治公路货车违法超限超载行为的正式启动时间点，从而掀起了我国道路运输超限超载治理史上最著名、最严厉、效果最显著的“921”治限治超大行动。

此后，交通运输部针对治超治限过程中出现的新情况、新问题出台了一系列补充配套的政策文件（见表2-2），涉及货车非法改装专项整治、严重违法失信超限超载运输行为界定和治理车辆超限超载联合执法常态化机制等方面，为我国现代物流供给侧改革和高质量发展营造了严格有效、科学合理的道路运输政策氛围与市场氛围。2016年以来我国发布的道路超限超载治理政策文件一览，见表2-2。

表2-2　2016年以来我国发布的道路超限超载治理政策文件一览

颁布日期	政策文件名称	文　号
2016年7月17日	关于进一步做好货车非法改装和超限超载治理工作的意见	交公路发〔2016〕124号
2016年8月10日	交通运输部等5部委关于印发《车辆运输车治理工作方案》的通知	交办运〔2016〕107号
2016年8月19日	《超限运输车辆行驶公路管理规定》	交通运输部令2016年第62号
2016年8月18日	关于印发《整治公路货车违法超限超载行为专项行动方案》的通知	交办公路〔2016〕109号
2016年10月14日	关于规范治理超限超载专项行动有关执法工作的通知	交办公路〔2016〕130号
2017年1月13日	关于开展货车非法改装专项整治行动的通知	工信厅装函〔2017〕21号
2017年1月17日	关于界定严重违法失信超限超载运输行为和相关责任主体有关事项的通知	交办公路〔2017〕8号
2017年4月24日	关于做好车辆运输车第二阶段治理工作的通知	交办运函〔2017〕546号
2017年11月9日	关于治理车辆超限超载联合执法常态化制度化工作的实施意见（试行）	交公路发〔2017〕173号
2018年5月9日	关于深入推进车辆运输车治理工作的通知	交办运函〔2018〕702号
2019年8月19日	关于进一步加强车辆运输车超长违法运输行为治理的通知	交办运函〔2019〕1198号

二是持续深化收费公路制度改革。我国高速公路长期以来存在收费标准不统一、乱收费乱罚款以及收费闸口排队拥堵等问题，与我国近年来提出的物流降本增效及高质量发展等供给侧改革政策导向很不一致。2019年3月5日，李克强总理在《政府工作报告》中明确提出“深化收费公路制度改革，加快取消全国高速公路省界收费站、实现不停车快捷收费，减少拥堵、便利群众”的决策部署，该决策成为推动我国深化收费公路制度改革的重要动力。

标准建设依然是深化收费公路制度改革的重要基础。结合《机动车运行安全技术条件》(GB 7258—2017)、《汽车、挂车及汽车列车外廓尺寸、轴荷及质量限值》(GB 1589—2016)和《机动车类型术语和定义》(GA[①] 802—2014)等国家标准,2019 年 5 月 30 日,交通运输部修订发布了 2019 版交通运输行业标准《收费公路车辆通行费车型分类》(JT/T[②] 489),该标准于 2019 年 9 月 1 日取代 2003 版 JT/T 489 开始实施。

以新版交通运输行业标准 JT/T 489 的宣贯实施为强大动力,我国开启了基于现代网络信息技术与物联网技术的收费制度重大改革。2019 年 5 月 21 日,国务院办公厅印发《关于印发深化收费公路制度改革取消高速公路省界收费站实施方案的通知》(国办发〔2019〕23 号),成立交通运输部牵头的深化收费公路制度改革取消高速公路省界收费站工作领导小组,要求 2019 年年底前各省(区、市)高速公路入口车辆使用 ETC(electronic toll collection,电子不停车收费系统)比例达到 90%以上,同时调整货车通行费计费方式,从 2020 年 1 月 1 日起,统一按车(轴)型收费,并确保不增加货车通行费总体负担,同步实施封闭式高速公路收费站入口不停车称重检测。2019 年 5 月 28 日,国家发展改革委、交通运输部联合出台《加快推进高速公路电子不停车快捷收费应用服务实施方案》(发改基础〔2019〕935 号),提出要创新 ETC 发展模式,强化 ETC 应用与服务,提升 ETC 使用率,加快推进多种电子收费方式融合协同发展,提高高速公路通行效率。2019 年 7 月 2 日,交通运输部印发《关于贯彻〈收费公路车辆通行费车型分类〉行业标准(JT/T 489—2019)有关问题的通知》(交办公路〔2019〕65 号),重点安排了重新核定车型分类和加快 ETC 车载装置安装两项基础性工作,并明确从 2020 年 1 月 1 日起,启用高速公路电子不停车收费功能。2019 年 7 月 16 日,交通运输部等 3 部门联合印发《关于切实做好货车通行费计费方式调整有关工作的通知》(交公路发〔2019〕93 号),提出了加快货车车型分类调整工作、科学测算大件运输车辆收费系数、加强收费标准调整监管、全面推广高速公路差异化收费和加快货车 ETC 车载装置安装等工作要求。2019 年 12 月 17 日,交通运输部印发《关于进一步规范全国高速公路入口称重检测工作的通知》(交办公路明电〔2019〕117 号),要求严格执行全国统一的违法超限超载认定标准,统一合理误差控制标准,统一两轴货车的通行管理,规范"超限"认定。

此外,交通运输部曾于 2015 年组织专家对 2004 版《收费公路管理条例》进行全面修订,并形成送审稿报送国务院。2018 年,按照"深化收费公路制度改革,降低过路过桥费用"的部署要求,交通运输部进一步深化研究,形成了 2018 版《收费公路管理条例(修订草案)》。目前,该条例的修订已明确纳入《交通运输部 2020 年立法计划》。新版《收费公路管理条例》的颁布实施将成为我国深化收费公路制度改革的重要里程碑,也将为我国现代物流供给侧改革与高质量发展提供坚强的法律保障。

三是创新探索网络货运平台模式。自我国进入现代物流 2.0 时代以来,针对我国现代物流领域中传统公路货运"小散乱差"的现状,交通运输部在 2013 年 5 月颁布的《关于交通运输推进物流业健康发展的指导意见》(交规划发〔2013〕349 号)中就曾提及"无车承运人"一词,要求充分发挥无车承运人对物流资源的整合作用,推进其向现代物流服务商转变。此后,多个国家文件均纷纷提及"无车承运人"。

---

① 指中华人民共和国公共安全行业标准,后文若出现,含义相同。

② 指中华人民共和国交通行业推荐标准,后文若出现,含义相同。

2014 年 12 月，交通运输部印发《关于全面深化交通运输改革的意见》(交政研发〔2014〕242 号)，进一步提出支持无车承运人管理方式的创新。2015 年 2 月，交通运输部办公厅印发《关于印发贯彻实施交通运输部全面深化交通运输改革的意见重要举措分工方案的通知》(交办政研〔2015〕第 25 号)，再次提出支持无车承运人、货运中介等管理方式的创新。2015 年 9 月，国务院办公厅印发《关于推进线上线下互动加快商贸流通创新发展转型升级的意见》(国办发〔2015〕72 号)，明确提出转变物流业发展方式，鼓励依托互联网平台的无车承运人发展。

通过这一系列政策的铺垫，在 2015 年 3 月“互联网＋”理念首次亮相政府工作报告后，随着大力推进大众创业万众创新与“互联网＋”行动计划的浪潮，国际国内社会资本纷纷涌入我国公路货运互联网创新领域，我国涌现出一大批“车货匹配”公路货运平台，开启了我国市场化公路货运服务平台资源整合发展的新纪元。2016 年，随着资本热潮退去，我国公路货运领域的创新创业也进入了理性发展阶段，剩下的“互联网＋”物流创新服务平台屈指可数，公路货运行业发展经历了一场前所未有的创新发展思维洗礼。在这样的背景下，中国物流与采购联合会公路货运分会及有关专家开始总结和探讨公路货源资源整合的可持续发展道路。

经深入研究和总结提炼，业界专家及平台企业达成了普遍共识：借鉴国际海运无船承运人运作方式，推行公路货运“无车承运人”模式，具有较好的政策可行性和市场可行性。于是，在中国物流与采购联合会及专家团队的推动下，2016 年 8 月，交通运输部出台了《关于推进改革试点加快无车承运物流创新发展的意见》(交办运〔2016〕115 号)，同时宣布 10 月正式启动为期一年的无车承运人试点工作，开启了我国公路货运领域推进物流供给侧结构性改革、促进物流业降本增效的又一重大战略行动。2017 年 3 月，交通运输部发布了《关于做好无车承运试点运行监测工作的通知》(交办运函〔2017〕256 号)，公布了在全国 29 个省(区、市)中筛选确定出的 283 个无车承运试点企业名单，以及《部无车承运试点企业运行监测平台接入指南》和《无车承运试点运行监测分析报告编写指南》，要求围绕运输业务监测、运输资质比对、服务质量及信用监测、运行绩效监测等监测内容，采取平台监测、重点督导和企业自律相结合的方式开展。2018 年 2 月 12 日，交通运输部发布了《交通运输部办公厅关于公布无车承运人试点考核合格企业名单的通知》(交办运函〔2018〕235 号)，宣布依据无车承运试点运行监测平台统计数据和各省考核情况对试点企业进行复核，共有 229 家无车承运试点企业考核合格。此后，截至 2019 年 12 月，交通运输部陆续出台了一系列政策文件，见表 2-3。

表 2-3 我国网络货运平台发展重要政策文件一览表(截至 2019 年 12 月)

发布日期	文件名称	发文字号
2016 年 8 月	关于推进改革试点加快无车承运物流创新发展的意见	交办运〔2016〕115 号
2017 年 3 月	交通运输部办公厅关于做好无车承运试点运行监测工作的通知	交办运函〔2017〕256 号
2017 年 11 月	关于进一步做好无车承运人试点工作的通知	交办运〔2017〕1688 号
2017 年 12 月	关于开展互联网物流平台企业代开增值税专用发票试点工作的通知	税总函〔2017〕579 号
2018 年 4 月	关于深入推进无车承运人试点工作的通知	交办运函〔2018〕539 号

续表

发布日期	文件名称	发文字号
2019年9月	关于印发《网络平台道路货物运输经营管理暂行办法》的通知	交运规〔2019〕12号
2019年9月	关于《网络平台道路货物运输经营服务指南》等3个指南的通知	交办运函〔2019〕1391号
2019年12月	关于开展网络平台道路货物运输企业代开增值税专用发票试点工作的通知	税总函〔2019〕405号

2019年3月，交通运输部在系统梳理总结道路货运无承运人试点工作的基础上，起草了《网络平台道路货物运输经营管理办法(征求意见稿)》，并面向社会开展为期一个月的公开征求意见。2019年9月6日，交通运输部和国家税务总局联合出台《网络平台道路货物运输经营管理暂行办法》(交运规〔2019〕12号)，宣布无车承运人试点工作于2019年12月31日结束，并从2020年1月1日起全面放开网络货运经营，该文件标志着我国正式全面开启网络平台道路货物运输新时代。"无车承运人"升级为"网络货运经营"，更加精准、贴切地体现了我国道路运输改革向网络化、平台化、智慧化方向发展的战略意义。

3. 绿色物流运作体系建设

在全球气候变暖、节能减排的大背景下，1992年我国申请成为《联合国气候变化框架公约》(以下简称《公约》)首批缔约方之一，坚持以《公约》和《哥本哈根议定书》为基础，推动全球化节能减排与绿色环保事业。1992年我国发布《中国环境与发展十大对策》，这是中国最早明确提出可持续发展原则的重要文件。2007年我国又发布了发展中国家颁布的首部应对气候变化的国家方案——《中国应对气候变化国家方案》。2009年11月，中国宣布到2020年单位国内生产总值二氧化碳排放比2005年下降40%～45%的行动目标，并将其作为约束性指标纳入国民经济和社会发展中长期规划。2015年6月，中国向《公约》秘书处提交了应对气候变化国家自主贡献文件，进一步提出到2030年单位国内生产总值二氧化碳排放比2005年下降60%～65%等目标。为了实现这些行动目标，2015年10月召开的中共十八届五中全会明确提出绿色发展理念，首次把"绿色发展"提到"五大发展理念"的战略高度。

物流业是我国能源消耗和二氧化碳排放的重点行业之一，在国家节能减排战略实施中居于重要地位。为此，2009年国务院印发的《物流业调整和振兴规划》明确提出鼓励和支持物流业节能减排，发展绿色物流。2014年国务院印发的《物流业发展中长期规划(2014—2020年)》把大力发展绿色物流列为七大主要任务之一，提出大力发展甩挂运输、共同配送和统一配送等先进的物流组织模式。2017年11月交通运输部印发的《交通运输部关于全面深入推进绿色交通发展的意见》(交政研发〔2017〕186号)进一步明确提出大力发展多式联运、江海直达、滚装运输、甩挂运输和驼背运输等先进运输组织方式。总体而言，我国物流业近年来重点围绕多式联运示范工程、甩挂运输试点项目和城市绿色货运配送示范工程3方面推动绿色物流体系建设。此外，共同配送、带板运输、绿色包装、循环共用、滚装运输、驮背运输和江海直达等绿色物流运作模式也取得了一定的发展。主要表现为以下3方面。

一是有序推进多式联运示范工程。 多式联运是一种基于国际标准集装箱单元并通过两种以上运输方式(含不同轨距铁路运输)进行有效衔接,提供全程一体化组织的货物运输服务,其核心前提是使用符合《集装箱运输术语》(GB/T 17271—1998)和《系列 1 集装箱 技术要求和试验方法 第 1 部分:通用集装箱》(GB/T 5338—2002)等国家标准的国际标准集装箱。多式联运具有产业链条长、资源利用率高和综合效益好等特点,对推动物流业降本增效和交通运输绿色低碳发展,完善现代综合交通运输体系具有积极意义。加快多式联运发展是贯彻五大发展理念、推进供给侧结构性改革和促进综合交通运输发展的重要内容,是发挥不同运输方式比较优势与组合效率、推动交通运输行业转型升级的重要途径,是促进资源集约利用、实现交通运输节能减排的重要举措。

为此,根据 2014 年印发的《物流业发展中长期规划(2014—2020 年)》中提出的大力发展多式联运的部署,2015 年 7 月,交通运输部、国家发展改革委联合发出《关于开展多式联运示范工程的通知》(交运发〔2015〕107 号),正式启动了国家多式联运示范工程,并在推进多式联运示范工程过程中,陆续出台了一系列鼓励发展多式联运的政策文件。

2016 年,多式联运示范工程首批启动了 16 个项目,此后 2017 年、2018 年又分别通过评审启动了 30 个和 24 个多式联运示范工程项目。截至 2018 年年底,交通运输部已经组织开展了 3 个批次共 70 个多式联运示范工程项目的建设。

2019 年 9 月,交通运输部与国家发展改革委组织专家组对第一批多式联运示范工程项目展开了验收,并于 2019 年 12 月联合发文(交运函〔2019〕834 号)将通过验收的 12 个项目正式命名为“国家多式联运示范工程”。

在深入推进多式联运示范工程建设中,我国始终将标准规范作为推进多式联运发展的重要抓手。交通运输部等 18 个部门联合印发了《关于进一步鼓励开展多式联运工作的通知》(交运发〔2016〕232 号),明确提出要加快推进不同运输方式在票据单证格式、运价计费规则、货类品名代码、危险货物划分、包装与装载要求、安全管理制度、货物交接服务规范、保价保险理赔标准和责任识别等方面的衔接,制定有利于“门到门”一体化运输组织的多式联运服务规则体系。目前,交通运输部组织研究制定的适用于内陆多式联运集装箱标准《系列 2 集装箱 分类、尺寸和额定质量》(GB/T 35201—2017)以及发布的《货物多式联运术语》(JT/T 1092—2016)、《多式联运货物代码》(JT/T 1110—2017)、《商品车多式联运滚装操作规程》(JT/T 1194—2018)、《多式联运交换箱标识》(JT/T 1195—2018)、《国内集装箱多式联运运单》(JT/T 1244—2019)和《国内集装箱多式联运电子运单》(JT/T 1245—2019)等多项行业标准。填补了我国内贸集装箱领域国家标准的空白,加快了我国集装箱标准化的发展进程。

据交通运输部规划研究院综合运输所统计,我国铁路、水运和公路单位周转量运价(普货)比约为 1∶0.13∶2.6,能耗比约为 1∶0.7∶5.2,碳排放比约为 1∶1.3∶10.9,通过多式联运将更多中长距离公路货运转向铁路和水运能产生非常可观的经济和社会效益。因此,在未来较长一段时间内,我国将持续有序推进多式联运示范工程建设,并依托多式联运示范工程加快建立多式联运服务规则,不断完善多式联运标准规范体系。

二是持续有效开展甩挂运输试点。甩挂运输是指牵引车按照预定的运行计划,在货物装卸作业点甩下所拖地挂车并换上其他挂车继续运行地运输组织方式。与传统运输方式相比,甩挂运输具有 4 大明显优势:一是减少装卸等待时间,加速牵引车周转,提高运输效率和劳动生产率;二是减少车辆空驶和无效运输,降低能耗和废气排放;三是节省货物仓储设施,方便货主,减少物流成本;四是便于组织水路滚装运输、铁路驼背运输等多式联运,促进综合运输的发展。针对我国甩挂运输发展滞后、牵引车和挂车数量少、拖挂比低、道路货物运输仍然以普通单体货车为主的现状，为推动现代物流和综合运输发展、促进节能减排与降本增效、提升经济运行整体质量，我国交通运输部等5部门于2009年年底联合印发了《关于促进甩挂运输发展的通知》(交运发〔2009〕808号)，对完善政策和管理制度、完善枢纽站场设施等软硬件发展环境进行了部署，并宣布选择有条件的地区和企业，组织开展甩挂运输试点，探索和总结经验，发挥示范引导作用。

2010年10月，交通运输部与国家发展改革委联合出台了《甩挂运输试点工作实施方案》(交运发〔2010〕562号)，正式启动公路甩挂运输试点工作，拟选定浙江、江苏、上海、山东、广东、福建、天津、内蒙古、河北、河南10省(区、市)以及中外运长航集团、中国邮政集团等作为首批试点省份(单位)。从2011年开始，交通运输部陆续组织实施了四个批次的甩挂运输试点项目合计155个，其中第一批26个、第二批58个、第三批41个、第四批30个，主要分布在山东、广东、江苏、浙江、河南、湖北、上海等省市。第四批30个项目属于主题性甩挂运输项目，与之对应的子项目合计90个。此外，2012—2015年交通运输部单列确定了178个甩挂运输试点项目(不含子项目)。

为了确保甩挂运输试点效果，交通运输部始终把标准建设作为重点工作来抓。交通运输部牵头制定了《道路甩挂运输货物装载与栓固技术要求》(JT/T 882—2014)、《道路甩挂运输站场设施设备配置要求》(JT/T 1048—2016)和《道路甩挂运输站场作业要求》(JT/T 1047—2016)等交通运输行业标准，并根据需要把《道路甩挂运输车辆技术条件》(JT/T 789—2010)上升为国家标准，部分甩挂运输相关行业标准及国家标准见表2-4。

表2-4 甩挂运输相关行业标准及国家标准(部分)

序号	标准号	名称	发布日期	实施日期	状态备注
1	JT/T 882—2014	道路甩挂运输货物装载与栓固技术要求	2014-04-01	2014-09-01	现行有效
2	JT/T 932.1—2014	甩挂运输数据交换第1部分：运输站场信息	2014-12-10	2015-04-05	现行有效
3	JT/T 932.2—2014	甩挂运输数据交换第2部分：运单信息	2014-12-10	2015-04-05	现行有效
4	JT/T 1048—2016	道路甩挂运输站场设施设备配置要求	2016-04-08	2016-07-01	现行有效
5	JT/T 1047—2016	道路甩挂运输站场作业要求	2016-04-08	2016-07-01	现行有效
6	GB/T 35782—2017	道路甩挂运输车辆技术条件	2017-12-29	2018-07-01	现行有效(替代JT/T 789—2010)
7	JT 2019—47(计划号)	滚装甩挂运输操作规程	—	—	起草过程中

此外，为加快推进甩挂运输和甩箱运输等运输组织模式发展，并与多式联运作业有机融合，交通运输部还在组织研究制定适用于道路运输的标准化集装单元交换箱体(A系列和C系列)作为现有集装箱系列的有益补充。基于甩挂运输相关行业标准和国家标准，交通运输部根据《甩挂运输推荐车型基本要求》坚持开展甩挂运输车型遴选与推荐工作。

三是实施城市绿色货运配送示范工程。推进城市绿色货运配送发展是推进运输结构调整、打赢蓝天保卫战的重要内容，是落实国家新型城镇化战略、缓解交通拥堵和促进城市可持续健康发展的客观要求，是促进物流业降本增效、破解城市配送“三难”问题、更好地保障和改善民生的重要途径。为此，根据有关文件精神及工作要求，交通运输部、公安部和商务部联合行文(交办运〔2017〕191 号)，从 2018 年开始组织实施城市绿色货运配送示范工程，以城市为组织主体，坚持“客货并举、便民高效、综合施策”原则，力争在示范城市建成“集约、高效、绿色、智能”的城市货运配送服务体系，为促进城市可持续发展提供有力支撑。

为加快落实城市绿色货运配送示范工程建设各项工作，切实推动我国城市货运配送绿色高效发展，2019 年 1 月，交通运输部等 3 个部门开始建立动态管理机制(交办运函〔2019〕59 号)，采取“城市自查、省级督导、部级抽查相结合”的方式，围绕工作机制建设运行情况、节点网络规划建设情况、通行政策制定执行情况、新能源车辆推广应用情况、信息资源交互共享情况、组织模式优化创新情况和货运配送运行绩效情况 8 方面，对照《城市绿色货运配送示范工程绩效考核评分细则》，由创建城市依据工作重点进行全面自查，然后省级交通运输、公安和商务等主管部门对本辖区内的示范工程进行全面督导，交通运输部、公安部和商务部最后组织专家进行重点抽查并对考核评估结果予以通报。

截至 2019 年年底，该示范工程已经分两批确定了 46 个城市为绿色货运配送示范工程创建城市。城市绿色货运配送示范工程的建设将为我国城市配送绿色物流标准建设积累丰富的基础素材和经验案例。

4. 物流包装标准化、减量化和可循环

近年，我国快递物流业保持快速发展，业务量从 57 亿件增长到 2018 年的 500 亿件，连续 5 年稳居世界第一，不仅成为推动流通方式转型、促进消费升级的先导性产业，而且在稳增长、调结构和惠民生等方面发挥了重要作用。快递包装使用量随之剧增，由此带来的资源消耗和环境污染问题受到社会各界的高度关注。国家邮政局将“绿色邮政”纳入“五个邮政”建设和邮政业发展“十三五”规划体系，并专门成立了邮政业生态环保工作领导小组，联合其他有关部门，强化统筹协调和工作推进，采取系列措施推动快递业绿色高质量发展。其中持续完善绿色包装相关法律政策体系和持续发布实施绿色包装相关标准是重点。具体内容如下。

一是持续完善绿色包装相关法律政策体系。通过立法、规划、工作指导和实施方案等多种方式，持续完善绿色包装的法律地位和政策体系。2018 年 5 月 1 日起施行的《快递暂行条例》第九条规定，国家鼓励经营快递业务的企业和寄件人使用可降解、可重复利用的环保包装材料，鼓励经营快递业务的企业采取措施回收快件包装材料，实现包装材料的减量化利用和再利用。2019 年 1 月 1 日起开始实施的《中华人民共和国电子商务法》第五十二条规定，快递物流服务提供者应当按照规定使用环保包装材料，实现包装材料的减量化和再利用。第六十五条规定，有关政府部门应当采取措施，支持、推动绿色包装、仓储、运输，促进电子商务绿色发展。这些法律条文规定明确了快递绿色包装的上位法依据。

2016 年 3 月，商务部、国家发改委、交通运输部等 6 部委联合印发《全国电子商务物流发展专项规划(2016—2020 年)》(商流通发〔2016〕85 号)，推广使用新型电商物流包装技术和材料，促进包装减量化和可循环使用，以及包装废弃物易降解和无害化。2016 年 12 月工业和信息化部与商务部联合印发的《关于加快我国包装产业转型发展的指导意见》(工信部联消费〔2016〕397 号)提出促进包装标准体系建设，深入研究标准规范，完善国家、行业、企

业等多层次包装标准体系，推广包装基础模数（600mm×400mm）系列，以包装标准化推动包装的减量化和循环利用。

2017年1月19日，《商贸物流发展“十三五”规划》（商流通发〔2017〕29号）提出积极研发和推广可循环利用、可降解的新型包装材料，鼓励使用绿色循环低碳产品；支持探索产品源头的物流包装解决方案，减少二次包装，推广使用可降解的胶带、环保填充物、可再生纸张和环保油墨印刷的封装物品等物料辅料；全面推进绿色物流包装，在商品仓储、运输、配送、分拣和加工的全过程推进可循环包装、减量包装和可降解包装。2017年11月，国家邮政局、国家发展改革委等9部门联合印发的《关于协同推进快递业绿色包装工作的指导意见》（国邮发〔2017〕86号）提出“十三五”期间快递业绿色包装工作要实现三大目标，即绿色化、减量化和可循环，要实现科技创新和应用水平地大幅提升、治理体系地日益完善，并明确提出依据国务院办公厅2016年12月印发的《关于建立统一的绿色产品标准、认证、标识体系的意见》（国办发〔2016〕86号）要求，开展快递包装产品绿色认证，引导和支持电商企业、快递企业使用通过绿色认证的快递包装产品。

2018年4月19日，国家邮政局印发了《快递业信用体系建设工作方案》，明确将快递绿色包装应用情况纳入行业信用评定指标体系。2018年12月，国家邮政局制定出台了《快递业绿色包装指南（试行）》，提出了快递业绿色包装工作的总体要求，并对绿色包装工作的具体操作、减量化操作和可循环操作等方面做了具体要求。

二是持续发布实施绿色包装相关标准。近年来，国家邮政局坚持以问题为导向，针对快递物流行业标准内容缺失、原有标准运营效率较低和标准协调不一致等问题，持续开展了一系列行业标准与国家标准的研制工作。2018年2月6日，原国家质量监督检验检疫总局和国家标准化管理委员会发布了《快递封装用品 第2部分：包装箱》（GB/T 16606.2—2018）、《快递封装用品 第1部分：封套》（GB/T 16606.1—2018 ）和《快递封装用品 第3部分：包装袋》（GB/T 16606.3—2018）系列国家标准。这是首次对快递封装用品在安全环保和循环利用方面提出要求，是快递业推广绿色包装过程中的关键性一步。

在此过程中，国家邮政局还制修订了《快递电子运单》（YZ/T[①] 0148—2015）、《邮政业封装用胶带 第1部分：普通胶带》（YZ/T 0160.1—2017）、《邮政业封装用胶带 第2部分：生物降解胶带》（YZ/T 0160.2—2017）、《邮件快件包装填充物技术要求》（YZ/T 0166—2018）、《快件集装容器 第1部分：集装笼》（YZ/T 0155—2016）、《快件集装容器 第2部分：集装袋》（YZ/T0 167—2018）和《邮件快件包装基本要求》（YZ/T 0171—2019）等行业标准，以及《绿色包装评价方法与准则》（GB/T 37422—2019）等国家标准。GB/T 37422为进一步规范企业产品绿色包装设计、制造和使用，以及包装废弃物的科学处理和利用提供了评价依据。此外，《冷链快递包装箱技术要求》等多个行业标准正处于编制过程中。

在前两项工作的基础上，国家邮政局坚持创新引领推动行业绿色发展，推进多项绿色包装相关试点，包括快递绿色包装应用试点、可循环中转袋（箱）应用试点、行业绿色采购试点、绿色快递建设综合试点和行业生态环境保护城市综合试点并参与“无废城市”建设试点

① 指中华人民共和国邮政行业推荐标准，后文若出现，含义相同。

等,同时大力推动实施“9571”工程[①],促进快递物流企业参与绿色物流实践。

5. 电子商务与物流快递协同发展

电子商务与快递物流是现代服务业的重要组成部分,与民生息息相关。随着我国电子商务的快速发展,电子商务与物流快递协同发展方面暴露出的一些问题成为制约电子商务发展的重要瓶颈,例如基础设施不配套、配送车辆通行难、快递末端服务能力不足和行业间协调联动不够等。为了解决制约电子商务发展的瓶颈问题、促进电子商务与物流快递的协同发展,财政部、商务部和国家邮政局分别在2014年、2015年联合印发了《关于开展电子商务与物流快递协同发展试点有关问题的通知》(财办建〔2014〕68号)和《关于开展2015年电子商务与物流快递协同发展试点有关问题的通知》(财办建〔2015〕75号),并在天津市、石家庄市、杭州市、福州市、贵阳市、大连市、吉林市、大同市、蚌埠市、洛阳市和株洲市共11个城市开展了两批次的“电子商务与物流快递协同发展试点”。

该项试点明确提出了5项重点任务。一是统筹规划基础设施建设。将电商物流快递需求纳入城市总体规划,完善通道与节点布局,保障城市配送基础设施建设用地,合理布局大型物流中心、分拨中心和“仓配一体化”快件处理中心的建设。二是推行运营车辆规范化。统一城市配送车辆标准、标识管理,消除非标车辆运营,鼓励快递企业使用新能源和清洁能源车辆,加强民生保障车辆通行停靠和新能源汽车充电等配套基础设施建设。逐步规范改造末端配送车辆,鼓励使用轻、微型封闭式货车。三是解决末端配送难题。支持邮政、快递企业按照《快递营业场所技术规范》建设标准化营业网点,引导连锁商业机构、社区服务组织参与建设快递末端投递综合服务点,在试点城市推动“网订店取”、智能快递箱等电商物流配送经营模式创新。四是加强从业人员基本技能培训。加强行业标准规范建设,推动国家标准、行业标准的宣传贯彻和执行,如《快递营业场所设计基本要求》(YZ/T 0137—2015)、《智能快件箱》(YZ/T 0133—2013)和《智能快件箱设置规范》(YZ/T 0150—2015),支持开展从业人员基本技能、职业操守和综合素质培训,推行持证上岗制度。五是鼓励电商企业与物流快递企业合作。鼓励电商企业和快递企业对接系统的建设,统一信息交换和数据接口标准,发挥信息平台在运力调整、交通引导、供给调解和市场服务等方面的作用。

在电子商务与物流快递协同发展试点的过程中,各试点城市的工作取得了积极成效,上述问题得到了较好解决,形成了一批可复制推广的经验和做法。但从全国来看,电子商务与快递物流协同发展仍面临政策法规体系不完善、发展不协调和衔接不顺畅等问题,快递物流制约电子商务发展的问题依然普遍存在。2017年以来,电子商务与快递物流协同发展中又暴露出数据互通共享的矛盾、过度包装影响环境等问题。在这样的背景下,2018年1月,国务院办公厅印发了《关于推进电子商务与快递物流协同发展的意见》(国办发〔2018〕1号),总结试点城市的经验做法,将试点城市已经形成的可落地、可复制、可推广的政策和发展模式由11个城市推广到全国,在更高更广层面促进我国电子商务与快递物流的协同发展。

目前,全国各地均已出台推动电子商务与物流快递协同发展的政策文件,成为深化“放

---

① 指到2019年年底电子面单使用率达到95%,50%以上电商快件不再二次包装,循环中转袋使用率达到70%,在1万个邮政快递营业网点设置包装废弃物回收装置。

管服"改革、强化管理创新、解决突出矛盾、加强短板建设和发展绿色物流的物流供给侧结构性改革的重要抓手。

6. 物流标准化与供应链体系建设

我国进入现代物流2.0时代以后，紧锣密鼓出台了《全国物流标准专项规划》(国标委服务联〔2010〕42号)、《标准化事业发展"十二五"规划》(国标委综合〔2011〕79号)、《商贸物流发展专项规划》(商贸发〔2011〕67号)以及《商务部关于"十二五"时期流通标准化建设的指导意见》(商流通发〔2011〕430号)等一系列促进物流标准化建设的文件，我国现代物流标准制定、修订步伐因此加快，实施力度不断加大，工作基础逐步夯实。但是，由于各种原因依然存在标准体系不尽完善、标准协调配套不强、实施力度不够和评估机制尚不健全等问题。2013年10月，国务院副总理汪洋在京召开的部分城市物流工作座谈会上把"推进物流标准化建设，加快标准的推广和应用"列为第一条重要工作部署。

在这样的背景下，国家标准化管理委员会、商务部在2014年5月专门出台了《关于加快推进商贸物流标准化工作的意见》(国标委服务联〔2014〕33号)，提出完善商贸物流标准体系、加快重点领域标准制定、修订、加强商贸物流标准实施和推广，以及开展商贸物流标准化示范创建工作等举措。要求选取部分基础较好、潜力较大的地区、社团组织和企业开展商贸物流标准化试点工作，选择部分单位重点开展托盘标准化试点，全面推广应用符合国家标准《联运通用平托盘主要尺寸及公差》(GB/T 2934—2007)和《联运通用平托盘 性能要求和试验选择》(GB/T 4995—2014)的标准托盘。在该项政策的引领下，我国自2014年开始，先后启动了商贸物流标准化专项行动和全国物流标准化试点城市建设工作，不断丰富和完善以推广应用1200mm×1000mm标准托盘为重点的物流标准化试点内容，并在经历3个批次全国物流标准化试点的基础上，从2017年开始升级为供应链体系试点，这在我国现代物流供给侧改革与高质量发展过程中发挥了创新引领的重要作用。具体实施如下。

一是持续实施商贸物流标准化专项行动。2014年11月，商务部、国家标准化管理委员会联合发出《关于印发〈商贸物流标准化专项行动计划〉的通知》(商办流通函〔2014〕752号)，正式启动商贸物流标准化专项行动。该专项行动的总体目标是按照"以点带面、由易到难"的总体思路，发挥物流信息服务平台和托盘标准化龙头企业的辐射带动作用，探索成熟路径和商业模式，逐步完善并实施相关标准，促进物流资源整合和行业诚信建设，提高物流信息化和设备设施标准化水平。通过实施专项行动培育10～20个统一标准的、跨区域的物流综合信息服务平台，在快速消费品、农副产品和药品流通领域培育一批标准托盘应用和循环共用重点企业。

该专项行动的主要任务包含托盘共用体系和物流综合信息服务平台两方面。

托盘共用体系方面，主要围绕应用推广符合国家标准《联运通用平托盘主要尺寸及公差》(GB/T 2934—2007)要求的1200mm×1000mm托盘(含托盘笼等)为重点，以重点企业为载体推广标准托盘及循环共用，鼓励对非标准托盘进行标准化更新，增加标准托盘使用量；鼓励托盘生产企业生产符合国家标准的高质量托盘；鼓励探索标准托盘与供应链、共同配送、多式联运和甩挂运输相结合的新路子，形成合力，最终提高商贸物流标准托盘普及率和托盘循环共用水平。在此过程中，以标准托盘应用推广为牵引，促进提升相关配套物流设备设施的标准化水平，逐步形成相互配套、有机结合和互为支撑的托盘应用标准体系，制定相关服务规范，完善包含标准托盘租赁、维修、保养、调度、服务网点建设和信息化管理等方面的托盘公共运营服务体系，推进相关领域标准化进程。

物流综合信息服务平台方面，首先是深入贯彻《物流公共信息平台应用开发指南》(GB/T 22263)、《物流管理信息系统应用开发指南》(GB/T 23830—2009)和《城市地理信息系统设计规范》(GB/T 18578—2008)等国家标准，并参照商务部印发的《第三方物流信息服务平台建设案例指引》统一平台的技术接口标准和建设标准。其次是要求各级商务、标准化工作主管部门把技术创新、模式创新、供应链集成和产业融合并作为重点支持方向，鼓励应用物联网、电子商务等先进技术，完善平台撮合交易、保险、融资、仓储地图、政务资讯和诚信等服务功能，协调政府部门和协会将相关信息系统与平台对接，增强平台的辐射能力、大范围资源整合能力和综合服务能力。最后是要求强化物流信息服务平台的信用评价功能，推动建立以公民身份号码和统一社会信用代码制度，推广实名制、会员制、公证制、实时交易评价制、司法调解制和黑名单制，加快推进物流信息标准化工作和商贸物流信用体系建设。

全国商贸物流标准化专项行动第一批重点推进企业(平台)包括30家重点企业(含中央企业7家)和10家物流信息服务平台企业，其中重点企业有托盘租赁服务企业4家、托盘生产企业3家、大型商贸连锁企业9家、快速消费品生产企业6家、第三方物流企业8家。2016年2月，全国商贸物流标准化专项行动第二批重点推进企业(协会)151家单位公布，包括大型商贸(连锁)企业49家、托盘租赁服务企业3家、快速消费品生产企业4家、托盘生产企业9家、第三方物流企业(含信息平台)62家、地方省级协会24家。2017年7月，第三批90家重点推进企业(协会)出炉，包括商贸企业23家、物流企业38家、快消品生产企业5家、托盘运营企业和生产企业6家、平台类企业11家，以及地方协会、研究机构7家。截至2019年年底，全国商贸物流标准化专项行动已经包含281家重点推进单位，其中第三方物流企业占比35.94%、商贸(连锁)企业占比28.83%、地方协会与研究机构占比11.03%，说明全国商贸物流标准化专项行动高度重视行业协会的重要作用。全国商贸物流标准化专项行动重点推进单位类型及批次分布见表2-5。

表2-5　全国商贸物流标准化专项行动重点推进单位类型及批次分布

序号	单位类型	第一批(2014年)	第二批(2016年)	第三批(2017年)	小计	占比
1	地方协会、研究机构	—	24	7	31	11.03%
2	第三方物流企业	8	55	38	101	35.94%
3	快速消费品生产企业	6	4	5	15	5.34%
4	商贸(连锁)企业	9	49	23	81	28.83%
5	托盘运营企业或生产企业	7	12	6	25	8.90%
6	物流信息服务平台	10	7	11	28	9.96%
7	总计	40	151	90	281	100%

二是扎实推进物流标准化试点城市建设。2014年10月，财政部、商务部和国家标准化管理委员会联合印发《关于开展物流标准化试点有关问题的通知》(财办建〔2014〕64号)，决定北京、上海、广州为首批国家物流标准化试点城市。中央财政安排试点城市各1亿元扶持资金，以托盘标准化及其循环共用、城市配送体系的标准化建设为重点，以大型批发、连锁

零售、第三方物流、快速消费品生产企业、第三方物流标准化设备服务商以及相关行业社会组织为主体，深入开展物流标准化试点，加强物流设施设备标准化的升级改造和普及推广。

2015年7月，财政部等3部门再次联合发出《关于做好2015年物流标准化试点工作的通知》(财办建〔2015〕73号)，围绕京津冀、长三角和珠三角地区确定了石家庄、天津、唐山、杭州、南京、徐州、芜湖、东莞、中山、佛山和肇庆11个城市为第二批国家物流标准化试点城市，每个城市配套扶持资金5000万元。2016年7月，财政部等3部门确定将国家物流标准化试点城市范围扩大到京津冀、长三角、珠三角区域周边以及长江经济带，从而更好地发挥试点带动辐射作用，形成城市间联动互动局面，推动提高区域乃至全国物流标准化水平。财政部等3部门联合下发的《关于2016年开展物流标准化试点的工作通知》(财办建〔2016〕85号)，确定邯郸、承德、德州、临沂、淄博、无锡、合肥、马鞍山、武汉、黄石、怀化、常德、贵阳、遵义、南昌、九江、厦门和三明18个城市为第三批国家物流标准化试点城市，每个城市配套扶持资金8000万元。至此，国家物流标准化试点城市累计达到32个，累计配套扶持资金22.9亿元，每批试点城市建设周期原则上均为两年。

国家物流标准化试点城市建设坚持以标准托盘(1200mm×1000mm)及其循环共用为切入点，带动上下游物流设施设备和包装标准化水平提升；以快消品、农副产品、药品和电商等领域为重点，带动物流服务标准化水平提升；以物联网应用、信息平台为主线，带动物流信息化水平提升，促进构建标准化的智慧物流配送体系，形成标准托盘与物流包装联动以及地区之间互动联动的局面。与全国商贸物流标准化专项行动相比，国家物流标准化试点城市建设内容更加丰富，明确的六项建设任务也更有针对性，主要体现为以下4点创新与突破。第一，将推广应用地国家标准范围进行了适当的扩展和外延，包括《联运通用平托盘主要尺寸及公差》(GB/T 2934—2007)、《联运通用平托盘性能要求和试验选择》(GB/T 4995—2014)、《托盘编码及条码表示》(GB/T 31005—2014)和《硬质直方体运输包装尺寸系列》(GB/T 4892—2008)等国家标准，这意味着将推广应用地物流包装扩大到除标准托盘以外的符合600mm×400mm模数的托盘笼、周转箱、筐和包装等。第二，明确提出构建基于供应链产品包装标准化、减量化、托盘租赁和“带板运输”的社会化标准托盘共用体系，鼓励发展与供应链、共同配送、多式联运和甩挂运输相结合的单元化物流，鼓励企业采用符合GB/T 4892—2008且与标准托盘相匹配的6个规格尺寸(即150×100×100、200×150×150、300×200×200、400×200×200、400×300×300、600×400×400，单位为mm^3)精简包装规格型号，探索建立由运营网络、管理平台和制度规范支撑的社会化公共服务体系。第三，明确推动基于“互联网+”的物流综合信息服务平台、“物联网+托盘”的共用系统平台以及基于物联网、大数据、智能包装等先进技术设备应用的智慧物流配送与共同配送，建设标准化的智慧物流城市、智慧物流园区、智慧仓储配送中心和智慧末端配送站，促进物流精益化管理。第四，明确提出创新循环共用与绿色发展的路径和方法，包括以托盘(周转箱或筐等)为单元订货和收发货，推动供应链全程“不倒盘、不倒筐”；鼓励集团企业内部在全国范围内推行带托盘运输，企业间“结联盟”“结对子”共推标准化；发展园区式托盘服务市场，完善“基地+网点”布局和公共服务，探索社会化开放式托盘共用；鼓励按包装物材质分类探索配送渠道回收、社区便利店回收等模式，促进仓储配送和包装绿色化发展。

截至2019年年底，国家物流标准化试点城市建设大部分均已完成了试点城市最终绩效评价。从全国32个试点城市和前三批重点推进企业情况看，取得了以下几方面的成绩。一是试点城市物流标准化水平继续领跑全国。2017年度，试点城市托盘标准化率高出全国35.4个百分点，标准化包装箱、周转箱使用率较试点前增长35%左右。二是托盘循环共同体系和主干网络初步形成。在试点城市新增标准托盘中，租赁托盘量与自购托盘量之比达到4∶1，试点城市带板运输率达到33.7%，已经形成了以东部沿海城市、长江经济带城市为重点，以商贸物流重要节点城市为依托的全国托盘循环共用主干网络。三是试点政策推动降本增效影响持续放大。不仅试点城市政策效果持续发挥，而且对非试点地区的物流标准化带动作用持续增强。四是经济社会效益日趋明显。通过开展试点，2017年全年创造供应链物流效益95.6亿元，推动CO_2排放减少13万吨，减少砍伐成才树木200万株以上。

三是深入开展供应链体系建设与创新应用。近年来，党中央、国务院高度重视现代供应链的创新发展，党的十九大提出要在现代供应链等领域培育新增长点、形成新动能。2017年8月，为贯彻《国民经济和社会发展十三五规划》及中央经济工作会议关于推进供给侧结构性改革、供应链物流链创新的精神，提高流通标准化、信息化和集约化水平，商务部、财政部联合印发了《关于开展供应链体系建设工作的通知》(商办流通函〔2017〕337号)，决定在天津、上海、重庆、深圳、青岛、大连、宁波、沈阳、长春、哈尔滨、济南、郑州、苏州、福州、长沙、成都和西安市17个重点城市启动为期两年的供应链体系建设。

供应链体系建设的总体思路是依据“市场主导、政策引导、聚焦链条、协同推进”原则，重点围绕物流标准化、供应链平台和重要产品追溯打基础、促协同、推融合；从1200mm×1000mm标准托盘和全球统一编码标识系统(globe standard 1，GS1系统)[①]商品条码切入，提高物流链标准化信息化水平，推动供应链各环节设施设备和信息数据的高效对接；以供应链平台为载体，推动上下游协同发展、资源整合、共享共用，促进供应链发展提质增效；以物流链为渠道，利用物联网、对象标识符(object identifier，OID)等先进技术设备，推动产品从产地、集散地到销地的全链条追溯，促进追溯链与物流链融合。

鉴于以上思路，供应链体系建设在继承和延续物流标准化试点的基础上，增加了建设供应链平台和开展重要产品追溯的新要求。因此，供应链体系建设的主要内容包含物流标准化、供应链平台和重要产品追溯3大板块。

物流标准化方面。主要体现为4个区别于标准化试点的创新点。首先，进一步扩大了推广应用的相关标准的范围，突出了物流标准化与供应链上下游的高效衔接，明确要求重点企业标准托盘使用率要达到80%及以上。其次，明确提出了推广“回购返租”模式，加速非标托盘转换。再次，明确提出了物流标准化与GB 1589—2016和GB/T 35201—2017的有效对接与匹配，即普通厢体外廓2550mm、冷藏厢体外廓2600mm。最后是首次明确提出探索使用全球统一编码标识系统(GS1系统)的托盘条码与商品条码、箱码、物流单元代码的关联衔接，推动托盘、周转箱由包装单元向数据单元和数据节点发展。供应链体系建设重点实施的部分国家标准见表2-6。

---

① GS1系统是国际物品编码协会推出的在全球范围内标识货物、服务、资产、位置和服务关系等的全球统一的标准编码体系。

表 2-6　供应链体系建设重点实施的部分国家标准

序号	标准号	标准名称	备注
1	GB/T 2934—2007	联运通用平托盘主要尺寸及公差	符合 1200mm×1000mm 规格
2	GB/T 4995—2014	联运通用平托盘性能要求和试验选择	
3	GB/T 31005—2014	托盘编码及条码表示	
4	GB/T 33456—2016	商贸托盘射频识别标签应用规范	
5	SB/T 11153—2016	托盘共用系统运营管理规范	
6	SB/T 11152—2016	托盘租赁企业服务规范	
7	SB/T 11154—2016	共用系统托盘质量验收规范	
8	GB/T 4892—2008	硬质直方体运输包装尺寸系列	符合 600mm×400mm 模数系列规格
9	GB 1589—2016	汽车、挂车及汽车列车外廓尺寸、轴荷及质量限值	强制性国家标准
10	GB/T 35201—2017	系列 2 集装箱 分类、尺寸和额定质量	普通厢体外廓 2550mm、冷藏厢体外廓 2600mm，与标准托盘匹配
11	GB/T 28581—2012	通用仓库及库区规划设计参数	
12	GB 12904—2008	商品条码 零售商品编码与条码表示	强制性国家标准
13	GB/T 16830—2008	商品条码 储运包装商品编码与条码表示	
14	GB/T 18127—2009	商品条码 物流单元编码与条码表示	
15	GB/T 18283—2008	商品条码 店内条码	
16	GB/T 16606.2—2017	快递封装用品 第 2 部分：包装箱	符合 600mm×400mm 模数系列规格
17	GB/T 26231—2015	信息技术 开放系统互连 OID 的国家编号体系和注册规程	
18	SB/T 10680—2012	肉类蔬菜流通追溯体系编码规则	
19	SB/T 10683—2012	肉类蔬菜流通追溯体系管理平台技术要求	
20	SB/T 10684—2012	肉类蔬菜流通追溯体系信息处理技术要求	
21	SB/T 11038—2013	中药材流通追溯体系专用术语规范	

供应链平台方面。明确提出建设流通与生产衔接的供应链协同平台、资源高效整合的供应链交易平台、专业化的供应链综合服务平台以及供应链公共服务平台 4 大类供应链平台。以平台为核心完善供应链体系，增强供应链协同和整合能力，创新流通组织方式，提高流通集约化水平。

重要产品追溯方面。主要围绕供应链产品质量保障能力建设，要求在优化提升原有肉菜、中药材流通追溯管理平台的基础上，推进现有各类重要产品追溯体系统一接入重要产品追溯管理平台，并且进一步扩大重要产品追溯覆盖面，将供应链上下游企业全部纳入追溯体系，将相关种植养殖、生产加工、仓储物流和终端消费等供应链环节纳入追溯体系，鼓励供应链核心企业线上线下融合发展，形成全渠道整合、线上线下无缝衔接的追溯网络。与此同时，鼓励供应链核心企业追溯系统创新升级，重点推进二维码、无线射频识别(radio frequency identification，RFID)、视频识别、区块链、GS1 系统、对象标识符(OID)、电子结算和第三方支付等应用；鼓励商超利用 GS1 系统的标准进行结算实现追溯功能，将产品追溯融入现有 ERP(enterprise resource planning,企业资源计划)系统,实现企业信息系统与追溯系统的对接;鼓励第三方追溯平台建设,建立追溯数据对接评价或认证机制等。

在我国推进供应链体系建设过程中,供应链在国家发展战略中的地位持续攀升。2017 年 10 月,国务院出台《关于积极推进供应链创新与应用的指导意见》(国办发〔2017〕84 号),强调供应链创新与应用是落实新发展理念的重要举措、是供给侧结构性改革的重要抓手、是引领全球化和提升竞争力的重要载体,此外还对我国供应链的创新发展作出了全面部署,并提出把中国建设成为"全球供应链创新与应用的重要中心"的目标。该文件是我国首次以国务院名义发布的有关供应链的专题政策,具有里程碑的战略意义,标志着我国进入供应链创新与应用发展的新时代。为此,我国在 2018 年连续开展了两方面的供应链试点工作,一是全国供应链创新与应用试点,二是流通领域现代供应链体系建设。

全国供应链创新与应用试点。2018 年 4 月,商务部、工业和信息化部等 8 部门联合印发《关于开展供应链创新与应用试点的通知》(商建函〔2018〕142 号),在全国范围内开展供应链创新与应用试点,旨在完善产业供应链体系、激发实体经济活力、培育现代供应链领域的新增长点并形成新动能,推动经济高质量发展。此次试点包括城市试点和企业试点。城市试点有 6 大任务,分别是推动完善重点产业供应链体系(包括建立健全农业供应链,积极发展工业供应链,创新发展流通供应链)、规范发展供应链金融服务实体经济、融入全球供应链打造"走出去"战略升级版、发展全过程全环节的绿色供应链体系、构建优质高效的供应链质量促进体系、探索供应链政府公共服务和治理新模式。企业试点有 5 大任务,分别是提高供应链管理和协同水平、加强供应链技术和模式创新、建设和完善各类供应链平台、规范开展供应链金融业务、积极倡导供应链全程绿色化。

供应链创新与应用试点的实施期为两年。力争通过试点打造"五个一批"、强化"三大作用"。"五个一批"是指创新一批适合我国国情的供应链技术和模式;构建一批整合能力强、协同效率高的供应链平台;培育一批行业带动能力强的供应链领先企业;形成一批供应链体系完整、国际竞争力强的产业集群;总结一批可复制推广的供应链创新发展和政府治理经验模式。"三大作用"是指通过试点使现代供应链成为培育新增长点、形成新动能的重要领域;成为供给侧结构性改革的重要抓手;成为"一带一路"建设和形成全面开放新格局的重要载体。

2018 年 10 月 16 日,商务部等 8 部门公布了全国供应链创新与应用的试点城市和试点企业名单,包括 55 个试点城市和 266 家试点企业,主要分布在北京、江苏、广东、浙江、上海、山东、湖北、福建和河南等省市,排名前 10 位的省市约占入选企业数量的 80%。

流通领域现代供应链体系建设。2018 年 5 月,财政部、商务部联合印发《关于开展 2018 年流通领域现代供应链体系建设的通知》(财办建〔2018〕101 号),启动流通领域现代供应链体系的建设。该项工作是 2017 年供应链体系建设的政策延续,但是更加聚焦商贸流通领域的物流标准化与供应链体系建设。

流通领域现代供应链体系建设的总体思路是按照"市场主导、政策引导、聚焦链条、协同推进"原则,以城市为载体,聚焦民生消费行业领域,开展现代供应链体系建设。重点围绕供应链"四化"(标准化、智能化、协同化、绿色化),以"五统一"(统一标准体系、统一物流服务、统一采购管理、统一信息采集、统一系统平台)为主要手段,充分发挥"链主"企业的引导辐射作用和供应链服务商的一体化管理作用,加快推动供应链各主体各环节设施设备衔接、数据交互顺畅、资源协同共享,促进资源要素跨区域流动和合理配置,整合供应链、发展产业链、提升价值链,加快发展大市场、大物流、大流通,实现供应链提质增效降本,促进产业转型优化升级,促进流通领域供给侧结构性改革。

流通领域现代供应链体系建设明确要求试点城市应结合自身实际情况,重点围绕农产品、快消品、药品、日用电子产品、汽车零部件、家电家具、纺织服装、餐饮、冷链、物流快递和电子商务等商贸流通行业领域,加快推进现代供应链体系建设。具体包含5方面的主要任务:第一,强化物流基础设施建设,夯实供应链发展基础。打造跨区域全国性物流枢纽,引导区域性物流配送中心转型升级,加强商业物流基础设施建设改造,完善城乡高效配送体系,推动物流企业向供应链服务商转型。第二,发展单元化流通,提高供应链标准化水平。继续加快推广规格统一(以下均指1200mm×1000mm平面尺寸)、质量合格的标准托盘,推动包装箱(以下均指600mm×400mm包装模数系列)、周转箱(筐)、货运车辆、集装箱等物流载具与标准相衔接;鼓励把标准托盘、周转箱(筐)作为供应链的物流单元、计量单元和数据单元进行采购订货、物流运作、计算运费、收发货和验货,减少中间环节和货物损耗,提升供应链单元化水平。第三,加强信息化建设,发展智慧供应链。加快推广基于全球统一编码标识系统(GS1系统)的商品条码技术体系,规范信息数据和接口;推动大数据、云计算、区块链和人工智能等技术与供应链融合,发展具有供应链协同效应的智慧公共型平台。第四,聚焦4大类重点供应链类型,推动发展农产品供应链,推动快消品、药品和电商等领域发展分销型供应链,推动家电、汽车零部件和日用电子产品等领域发展生产服务型供应链,推动纺织服装、家具等领域发展柔性供应链,提高重点行业领域供应链的协同化水平。第五,推广绿色技术模式,提高供应链绿色化水平。鼓励企业结合供应链战略进行绿色流程再造,推广使用新能源物流车、仓储设施设备节能技术及绿色智能包装新材料,推广共同配送、单元化载具循环共用等先进模式。探索按配送渠道回收、委托回收和集中回收等社会化回收再利用模式,推动减量包装、可循环包装和环保可降解包装等各种绿色包装技术的应用,降低环境负荷和企业成本。

流通领域现代供应链体系建设结合商贸流通领域的特点,在供应链体系建设重点实施的国家标准的基础上,增加了6个国家标准和1个国内贸易行业标准。流通领域现代供应链体系建设重点实施的国家标准(部分)见表2-7。

表2-7 流通领域现代供应链体系建设重点实施的国家标准(部分)

序号	标准号	标准名称
1	GB/T 35319—2017	物联网 系统接口要求
2	GB/T 26337—2011	供应链管理
3	GB/T 25103—2010	供应链管理业务参考模型
4	GB/T 35121—2017	全程供应链管理服务平台参考功能框架
5	SB/T 11164—2016	绿色仓库要求与评价
6	GB/T 31775—2015	中药在供应链管理中的编码与表示
7	GB/T 24420—2009	供应链风险管理指南

2018年6月,商务部公示了流通领域现代供应链体系建设城市名单,北京、石家庄、太原、呼和浩特、南京、徐州、杭州、烟台、潍坊、襄阳、株洲、衡阳、广州、南宁、柳州、昆明、榆林、

兰州18个城市榜上有名。

7. 农产品冷链流通标准化与供应链

近年来,随着农业结构调整和居民消费水平的提高,我国生鲜农产品的产量和流通量逐年增加,全社会对生鲜农产品的安全和品质提出了更高的要求。加快发展农产品冷链物流及其供应链体系对于加快实施乡村振兴战略、深化农业供给侧结构性改革、促进农民持续增收和保障食品消费安全、坚决打赢脱贫攻坚战均具有十分重要的意义。结合《关于积极推进供应链创新与应用的指导意见》(国办发〔2017〕84号)明确提出发展"农业供应链体系"与"加强农产品和食品冷链设施及标准化建设"的要求,我国先后开展了农产品冷链流通标准化示范工作与推动农商互联完善农产品供应链工作。

一是农产品冷链流通标准化示范工作。农产品冷链流通标准化是农产品冷链流通体系的重要组成部分和基础。在当前经济发展进入新常态的背景下,开展农产品冷链流通标准化示范有利于加快完善农产品冷链流通标准体系,促进农产品冷链流通行业的规范化发展,提升农产品流通现代化水平;有利于实现农产品优质优价,推动农业结构优化调整,促进农业现代化和农民增收;有利于推进农产品供给侧结构性改革,补齐农产品流通短板,提高农产品供给质量和效率,满足全面建成小康社会人民生活水平普遍提高的客观需要。为此,2016年8月,商务部、国家标准化管理委员会联合印发《关于开展农产品冷链流通标准化示范工作的通知》,决定联合开展农产品冷链流通标准化示范工作。

农产品冷链流通标准化示范工作着力加强农产品供给侧结构性改革,以提质、降本、增效为导向,按照"以点带链,由易到难"的总体思路,重点围绕肉类、水产、果蔬等生鲜农产品,从建立健全冷链流通标准体系、推动标准化设施设备应用、强化标准化冷链操作管理和创新冷链流通监管体系等方面开展示范工作。示范目标是培育一批设施先进、标准严格、操作规范和运营稳定的农产品冷链流通标准化示范企业和示范城市,发挥示范带动作用,推动完善农产品冷链流通标准体系,探索建立农产品冷链流通监管机制,营造优质优价的市场环境,形成可复制、可推广的农产品冷链流通标准化模式。

农产品冷链流通标准化示范工作确定了31个试点城市以及中粮肉食投资有限公司、海航冷链控股股份有限公司等285家试点企业。2017年7月,经过一年的试点运行后,按照"成熟一批、评估一批"的原则,商务部、国家标准委员会首次启动农产品冷链流通标准化示范城市及企业评估工作。2018年3月,商务部、国家标准化管理委员会联合印发了《关于复制推广农产品冷链流通标准化示范典型经验模式的通知》,该通知指出各试点城市和试点企业通过积极探索,在农产品冷链流通基础设施建设、标准化、信息化、集约化以及构建全程农产品冷链流通链条等5方面形成了17条可复制推广地经验和模式,其中,成都通过试点发布实施了《生鲜农产品城市冷链物流技术规范 第1部分:果蔬》(DB[①] 510100/T 221.1—2017)、《生鲜农产品城市冷链物流技术规范 第2部分:畜禽肉》(DB510100/T 221.2—2017)等9个地方标准。

二是推动农商互联完善农产品供应链。为进一步加强农商互联、完善农产品供应链、提高农产品流通效率、促进农民增收和乡村振兴以及满足农产品消费升级需求,2019年5月,财政部、商务部联合印发《关于推动农商互联完善农产品供应链的通知》(财办建〔2019〕

---

① DB为中华人民共和国地方标准,后文若出现意思相同。

69号),要求坚持新发展理念,落实高质量发展要求,以供给侧结构性改革为主线,按照乡村振兴战略总体要求,通过政策引导、市场参与的方式,开展推动农商互联完善农产品供应链工作。

推动农商互联完善农产品供应链工作主要面向订单农业主体、产销一体主体和股权投资合作主体,支持这些市场主体结合自身实际情况,重点围绕本地特色优势农产品供应链体系的短板和薄弱环节,不断完善基础设施,创新应用新模式、新技术,推动农商互联互动,提升农产品供应链质量和效率。具体包括5方面,一是加强产后商品化处理设施建设,二是发展农产品冷链物流,三是提升供应链末端惠民服务能力,四是提升标准化和品牌化水平,五是优化重点步行街的农产品供应链产销对接功能。

2019年5月,商务部和财政部公布了山东、江苏、四川、河南、辽宁、内蒙古、广东、重庆、广西、湖北、浙江、陕西、湖南、黑龙江和贵州15个推动农商互联完善农产品供应链试点地区。目前,推动农商互联完善农产品供应链已经在15个试点地区全面展开。

8. 绿色供应链管理试点示范

绿色供应链管理是现代物流管理发展的必然趋势。2014年12月,商务部、环护部及工业和信息化部联合发布《企业绿色采购指南》(商流通函〔2014〕973号),首次对"绿色供应链"进行了定义,并提出引导企业积极构建绿色供应链、实施绿色采购。绿色供应链是绿色制造理论与供应链管理技术结合的产物,是将环境保护和资源节约的理念贯穿于企业从产品设计到原材料采购、生产、运输、储存、销售、使用和报废处理的全过程,使企业的经济活动与环境保护相协调的上下游供应关系。

近年,我国高度重视绿色供应链构建工作,并将其纳入供给侧结构性改革等重要战略部署。党的十九大报告明确指出在深化供给侧结构性改革中,要在绿色低碳和现代供应链等领域培育新增长点、形成新动能;在推进绿色发展中要加快建立绿色生产和消费的法律制度和政策导向;在着力解决突出环境问题中要构建政府为主导、企业为主体、社会组织和公众共同参与的环境治理体系。为此,我国陆续出台了一系列鼓励支持绿色供应链管理试点、示范的文件,主要包括环境资源部推行的绿色供应链管理试点、工业和信息化部开展的绿色供应链管理示范以及商务部、环境资源部等8部门联合开展的供应链创新与应用试点。

一是环境资源部推行的绿色供应链管理试点。自2011年起,环境保护部就积极组织专门机构对推动绿色供应链的管理政策和标准进行研究制定,并在上海、天津、深圳和东莞等城市开展绿色供应链环境管理试点。2010年,中国环境与发展国际合作委员会(简称"国合会")开始《绿色供应链的实践与创新》课题的研究工作,并以此为基础,推动天津、上海等地积极开展了绿色供应链试点工作。

天津绿色供应链管理试点。2012年11月天津市发展改革委员会向国合会提交了绿色供应链管理试点申请,"国合会"于2012年12月10日正式函复天津市发改委,同意"天津绿色供应链管理试点"作为国合会政策示范项目(2013—2015年)。2013年,天津市绿色供应链试点工作启动。2014年11月11日,《亚太经合组织第二十二次领导人非正式会议宣言》批准在中国天津市建立首个亚太经合组织绿色供应链合作网络示范中心。2015年12月,天津市发展改革委、工业和信息化委等8部门联合发布《天津市绿色供应链管理暂行办法》,

将绿色供应链管理工作纳入天津市国民经济和社会发展规划及年度计划，全面启动绿色供应链建设工作，成立了全国首个绿色供应链标准化技术委员会，开展绿色供应链标准体系研究、绿色标准制定、修订工作等，组织编制《天津市绿色供应链标准目录》。2015 年 12 月，天津市 8 部门拟定了《天津市绿色供应链管理暂行办法》。2016 年，天津市相继推出《绿色供应链管理体系要求》(DB12/T 632—2016)、《绿色供应链管理体系实施指南》(DB12/T 662—2016)和《绿色供应链标准化工作指南》(DB12/T 669—2016)3 项推荐性标准，均已颁布实施。

上海绿色供应链管理试点。2013 年 1 月，上海绿色供应链管理示范项目开始实施，上海示范项目 2013 年正式启动，百联集团、上海通用汽车和宜家家居(上海)3 家大型企业开展了绿色供应链相关试点工作。三家企业在试点过程中，形成了《宜家供应链节水管理指南》《上海通用汽车绿色供应链管理规范性指南》和《上海商贸企业绿色门店标准框架》等绿色供应链规范性文件。2016 年 1 月，上海在绿色供应链试点的基础上，推出了“2016 上海 100＋企业绿色链动计划”，推动上百家企业开展绿色供应链实践。

深圳绿色供应链管理试点。2014 年 1 月起，深圳市选取华为公司为试点，开展“深圳绿色供应链”试点项目，探索建立“政府指导、大企业采购牵引、中小企业改善环境”的政企合作新模式。深圳环境保护部门指导华为公司通过绿色供应链管理直接推动上游几百家电子制造业供给企业的环境守法、节能减排和绿色化改造进程。目前，深圳已经制定并发布了《深圳市企业绿色供应链试点项目研究报告》和《深圳市企业绿色供应链管理指南》，建立了深圳市绿色供应链信息发布平台，为推行绿色供应链管理的企业查询信息以及公众的参与和监督提供方便。

东莞绿色供应链管理试点。2015 年 12 月 17 日，环境保护部以《关于同意支持东莞市开展绿色供应链环境管理试点工作的复函》的形式，正式批复东莞开展绿色供应链管理试点工作。东莞市先行在家具、制鞋、电子和机械 4 大制造行业以及零售服务业共“4＋1”个行业开展试点工作。2016 年，东莞发布《绿色供应链东莞指数》，研究创立了东莞市绿色供应链管理评价指标体系，通过企业开展评价可以有效识别在环保、节能以及低碳 3 方面的状态及存在问题，这成为绿色供应链管理试点的一大亮点。

2016 年，环境保护部环境发展中心所属中环联合认证中心基于多地绿色供应链管理试点进行实践，编制了《绿色供应链管理体系技术规范》《绿色供应链外部供方评价指南》《绿色供应链组织绿色评级标准》和《绿色供应链绩效评价指南》系列技术规范，并报中国国家认证认可监督管理委员会备案。2017 年 5 月，首个国家绿色供应链标准《绿色制造制造企业绿色供应链管理导则》(GB/T 33635—2017)正式发布，并于 2017 年 12 月 1 日开始实施。该标准在借鉴国际先进经验的基础上，立足于我国的实际情况，提出了制造企业开展绿色供应链管理工作的基本模式，在绿色供应链标准制定工作中具有里程碑式的意义。

2015 年，财政部、国家发改委、工业和信息化部以及环境保护部联合发布的《环保“领跑者”制度实施方案》提出企业只有推行绿色供应链环境管理，才能申报成为环保领跑者。2016 年 4 月《关于积极发挥环境保护作用促进供给侧结构性改革的指导意见》(环大气〔2016〕45 号)明确提出推进以绿色生产、绿色采购和绿色消费为重点的绿色供应链环境管理。鼓励各地学习借鉴上海、天津、深圳、东莞等地的工作经验，选择排污量大、产业链长和绿色转型潜力大的行业、工业园区，充分发挥链主企业和龙头企业的牵头作用，组织推行绿色供应链环境管理试点。鼓励互联网电商推行有各自特色的绿色供应链环境管理，引导有机食品生产和供应，推进绿色消费。2016 年 12 月，国务院《关于印发“十三五”节能减排综合工作方案的通知》(国发〔2016〕74 号)明确提出推动大型商贸企业实施绿色供应链管理。2018 年 12 月，国务院办公厅《关于印发“无废城市”建设试点工作方案的通知》(国办发〔2018〕128 号)强调大力推行绿色供应链管理，发挥大企业及大型零售商的带动作用，培育一批固体废物产生量小、循环利用率高的示范企业。

二是工业和信息化部开展的绿色供应链管理示范。2015 年 5 月，国务院印发了《中国制造 2025》，部署全面推进实施制造强国战略的 9 项战略任务，其中的全面推行绿色制造战略要求打造绿色供应链，加快建立以资源节约、环境友好为导向的采购、生产、营销、回收及物流体系，落实生产者责任延伸制度。国家的“十三五”规划中，加强生态文明建设首度被写入五年规划，并将“加快构建绿色供应链产业体系”写入其中。

2016 年 4 月，工业和信息化部印发的《绿色制造 2016 专项行动实施方案》(工信部节〔2016〕113 号)明确把推进绿色制造体系试点列入重点工作。2016 年 7 月，工业和信息化部印发的《工业绿色发展规划(2016—2020 年)》也把建立绿色供应链纳入主要任务，提出以汽车、电子电器、通信、机械和大型成套装备等行业的龙头企业为依托，以绿色供应链标准和生产者责任延伸制度为支撑，构建以资源节约、环境友好为导向，涵盖采购、生产、营销、回收和物流等环节的绿色供应链，以及绿色原料及产品可追溯的信息系统。

2016 年 9 月工业和信息化部印发的《关于开展绿色制造体系建设的通知》(工信厅节函〔2016〕586 号)明确指出绿色供应链、绿色工厂、绿色产品和绿色园区共同构成绿色制造体系的主要内容。打造绿色供应链，企业要建立以资源节约、环境友好为导向的采购、生产、营销、回收及物流体系，推动上下游企业共同提升资源利用效率，改善环境绩效，达到资源利用高效化、环境影响最小化和链上企业绿色化的目标。同时，提出要在汽车、电子电器、通信、机械和大型成套装备等行业选择一批龙头企业发挥核心龙头企业的引领带动作用，确立企业可持续的绿色供应链管理战略，带动上下游企业实现绿色发展。

按照工信厅节函〔2016〕586 号文的要求，自 2017 年开始，工业和信息化部在全国已经连续 3 年组织开展了 4 个批次的绿色制造体系建设示范，累计评选出 90 家绿色供应链管理示范企业，第一批 15 家、第二批 4 家、第三批 21 家、第四批 50 家，分布在全国 29 个省(市、自治区)，主要分布在浙江、广东、江苏、安徽和北京等省市，前 5 名地区累计占比 45.6%。

三是倡导绿色供应链的供应链创新与应用试点。2017 年 10 月 5 日，国务院办公厅印发的《国务院办公厅关于积极推进供应链创新与应用的指导意见》指出大力倡导绿色制造，推行产品全生命周期绿色管理，在汽车、电器电子、通信、大型成套装备及机械等行业开展绿色供应链管理示范；强化供应链的绿色监管，探索建立统一的绿色产品标准和认证、标识体系，鼓励采购绿色产品和服务，积极扶持绿色产业，推动形成绿色制造供应链体系。

2018 年 4 月，商务部、生态环境部等 8 部门联合印发《关于开展供应链创新与应用试点的通知》(商建函〔2018〕142 号)，将构建绿色供应链列为重点任务，引导地方和企业践行绿色发展理念，促进生态环境质量改善。本次试点包括城市、企业两类主体。其中，试点城市要求从 4 方面构建绿色供应链：一是深化政府绿色采购，二是建立绿色供应链制度，三是推动环境保护行业发展，四是推进绿色消费。试点企业则要求以全过程、全链条和全环节的绿色发展为导向，优先采购和使用节能、节水、节材等环保产品、设备和设施，促进形成科技含量高、资源消耗低和环境污染少的产业供应链。该项试点总体情况前文已有介绍，在此不做赘述。

9. 物流基础设施规划与建设

近年来，随着我国"一带一路"建设、西部大开发战略和长江经济带战略的加快推进，以及京津冀、长三角、粤港澳大湾区3大城市群的建设向世界级城市群的目标发展，我国现代物流基础设施规划建设与国际物流大通道建设已经成为促进我国国民经济供给侧改革与高质量发展的重要组成部分和战略支撑。

在这样的宏观背景下，我国始终坚持稳中求进的工作总基调，坚持新发展理念，坚持推动高质量发展，坚持以供给侧结构性改革为主线，坚持以人民为中心的发展思想加强我国物流基础设施与物流通道的战略布局规划。先后围绕国家物流枢纽、物流园区以及港口以及民航机场等交通基础设施进行了战略部署，围绕中长铁路网、国家公路网、西部陆海新通道以及中欧班列建设等通道基础设施发展进行了战略规划，为我国现代物流供给侧改革提供了坚强的物流硬件基础设施的战略支撑。

其中，物流园区建设方面，中国物流与采购联合会自2013年以来连续每年开展"全国物流园区综合评价"工作。在此过程中，中国物流与采购联合会总结示范物流园区评审和物流园区综合评价工作的数据及经验，先后负责或参与编制了《物流园区统计指标体系》(GB/T 30337—2013)、《物流园区分类与规划基本要求》(GB/T 21334—2017)和《物流园区绩效指标体系》(GB/T 37102—2018)等国家标准，为国家示范物流园区及全优秀物流园区评选增加了公信力和权威性。2019年，中国物流与采购联合会物流园区专委会依据国家标准《物流园区绩效指标体系》(GB/T 37102—2018)组织开展了全国优秀物流园区评选，从物流园区的基础设施、服务能力、运营管理和社会贡献等方面进行综合评价。2019年8月，中国物流与采购联合会印发《关于表彰2019年度优秀物流园区的决定》(物联园区字〔2019〕102号)，将北京普洛斯空港物流园区等120家物流园区评为2019年度优秀物流园区。

中国民航四型机场建设方面，通过多年的发展实践，我国四型机场建设已经走在了世界前列，取得了一定的先发优势。截至目前，我国已确定了乌鲁木齐、长沙、首都、厦门、深圳和广州等23个四型机场标杆示范项目。"具有制定国际民航规则标准的主导权和话语权"是民航强国的关键指标要素，因此，这些示范项目在一定程度上承担着研究制定四型机场建设规则标准的任务，所以在打造四型机场全球标杆的过程中应更加注重标准体系的总结提炼、整合重构和国际推广，将这些成果转化成标准体系，并充分借助参加国际民航组织相关会议和参与国际民航组织事务框架下相关规则、标准制定、修订的有利时机，推动四型机场建设标准走向国际化，向世界展示中国智慧并输出中国经验，展四型机场之本，担民航大国之责。

2.1.3 我国物流供给侧结构性改革的内在规律

通过对我国现代物流供给侧结构性改革9个重点领域的探索分析，我们发现有3个重要内在规律。第一个内在规律是物流供给侧结构性改革政策的关键词高度聚焦。在这些改革方向对应的国家政策和试点行动中，有很多词汇出现的频次很高，而且这些高频次词汇的背后，又集中体现为若干个“关键词”，见表2-8。这种现象从另外一个角度体现了我国现代物流供给侧结构改革的核心理念和战略高度。

表2-8 我国现代物流供给侧结构性改革重点方向常见高频词汇

序号	重点改革方向常见高频词汇	词汇类别	改革理念	战略高度
1	“互联网＋”、物联网、无线射频、智能识别、大数据、云计算、智能化、无人化、数据对接、移动互联、虚拟现实、人工智能、区块链、互联互通等	智能技术智慧类	智慧化	智慧物流
2	降本增效、资源整合、共享经济、标准化、集约化、单元化物流、高效物流、运作模式、共同配送、多式联运、一单制等	资源优化精益类	精益化	精益物流
3	节能减排、低碳排放、绿色环保、经济节能、清洁能源、新能源、混合动力、电动化、蓝天计划、治超行动、循环共用、可循环包装、减量包装、可降解包装等	节能减排环保类	绿色化	绿色物流

第二个内在规律是物流供给侧结构性改革始终坚持把标准化建设放在核心地位。国家标准、行业标准和地方标准始终发挥着十分重要的基础性、引领性和提升性的作用，这些标准是我国现代物流供给侧结构性改革的重要驱动力量，而且一旦离开了这些标准的战略支撑或成果输出，很多改革政策和试点示范就会失去方向，停滞不前。我国现代物流供给侧结构性改革的10个重点改革方向的部分相关国家标准或行业标准见表2-9。

表2-9 我国现代物流供给侧结构性改革重点方向相关国家（行业）标准（部分）

序号	重点方向	相关标准名称及标准号	备注
1	城乡配送体系建设	《车用起重尾板安装与使用技术要求》(GB/T 37706—2019) 《城市物流配送汽车选型技术要求》(GB/T 29912—2013) 《城市配送统计指标体系及绩效评估方法》(SB/T 11069—2013)	
2	道路运输管理改革创新	《机动车运行安全技术条件》(GB 7258—2017)、《汽车、挂车及汽车列车外廓尺寸、轴荷及质量限值》(GB 1589—2016)、《机动车类型 术语和定义》(GA 802—2014)、《收费公路车辆通行费车型分类》(JT/T 489—2019)	国家强制标准引领治超大行动
3	绿色物流运作体系建设	**国家标准**：《集装箱运输术语》(GB/T 17271—1998)、《系列1集装箱 技术要求和试验方法 第1部分：通用集装箱》(GB/T 5338—2002)、《道路甩挂运输车辆技术条件》(GB/T 35782—2017)、《系列2集装箱 分类、尺寸和额定质量》(GB/T 35201—2017) **行业标准**：《货物多式联运术语》(JT/T 1092—2016)、《多式联运货物代码》(JT/T 1110—2017)、《商品车多式联运滚装操作规程》(JT/T 1194—2018)、《多式联运交换箱标识》(JT/T 1195—2018)、《国内集装箱多式联运运单》(JT/T 1244—2019)、《国内集装箱多式联运电子运单》(JT/T 1245—2019)等	主要体现在多式联运、甩挂运输、滚装运输等节能减排运作模式领域

续表

序号	重点方向	相关标准名称及标准号	备注
4	物流包装标准化减量化和可循环	**国家标准**：《快递封装用品 第2部分：包装箱》(GB/T 16606.2—2018)、《快递封装用品 第1部分：封套》(GB/T 16606.1—2018)、《快递封装用品 第3部分：包装袋》(GB/T 16606.3—2018)、《邮件快件包装基本要求》(YZ/T 0171—2019)与《绿色包装评价方法与准则》(GB/T 37422—2019) **行业标准**：《快递电子运单》(YZ/T 0148—2015)、《邮政业封装用胶带 第1部分：普通胶带》(YZ/T 0160.1—2017)、《邮政业封装用胶带 第2部分：生物降解胶带》(YZ/T 0160.2—2017)、《邮件快件包装填充物技术要求》(YZ/T 0166—2018)、《快件集装容器 第1部分：集装笼》(YZ/T 0155—2016)、《快件集装容器 第2部分：集装袋》(YZ/T 0167—2018)	主要体现为邮政快递物流行业包装标准化
5	电子商务与物流快递协同发展	《快递营业场所设计基本要求》(YZ/T 0137—2015)《智能快件箱》(YZ/T 0133—2013)、《智能快件箱设置规范》(YZ/T 0150—2015)	
6	物流标准化与供应链体系建设	《联运通用平托盘主要尺寸及公差》(GB/T 2934—2007)、《联运通用平托盘性能要求和试验选择》(GB/T 4995—2014)、《托盘编码及条码表示》(GB/T 31005—2014)、《硬质直方体运输包装尺寸系列》(GB/T 4892—2008)、《物流公共信息平台应用开发指南》(GB/T 22263)、《物流管理信息系统应用开发指南》(GB/T 23830—2009)、《城市地理信息系统设计规范》(GB/T 18578—2008)、《托盘编码及条码表示》(GB/T 31005—2014)、《商贸托盘射频识别标签应用规范》(GB/T 33456—2016)、《物联网 系统接口要求》(GB/T 35319—2017)、《供应链管理》(GB/T 26337—2011)、《供应链管理业务参考模型》(GB/T 25103—2010)、GS1等20余个标准	试点文件明确要求租赁1.2m×1.0m标准托盘，并推荐应用标准清单
7	农产品冷链流通标准化与供应链	与上述标准化试点参照的标准体系基本相同。输出《生鲜农产品城市冷链物流技术规范 第1部分：果蔬》(DB510100/T 221.1—2017)、《生鲜农产品城市冷链物流技术规范 第2部分：畜禽肉》(DB510100/T 221.2—2017)等9个地方标准	成都市农产品冷链流通标准化试点成果
8	绿色供应链管理试点示范领域	**国家标准**：《绿色制造制造企业绿色供应链管理导则》(GB/T 33635—2017) **地方标准**：《绿色供应链管理体系 要求》(DB12/T 632—2016)、《绿色供应链管理体系 实施指南》(DB12/T 662—2016)、《绿色供应链标准化工作指南》(DB12/T 669—2016)	3个地方标准均为天津市编制发布
9	物流基础设施规划与建设	《物流园区统计指标体系》(GB/T 30337—2013)、《物流园区分类与规划基本要求》(GB/T 21334—2017)、《物流园区绩效指标体系》(GB/T 37102—2018) “四型机场”建设强调要“具有制定国际民航规则标准的主导权和话语权”	

第三个内在规律是我国近年物流供给侧结构性改革走过了从单一性试点到综合性试点、从物流领域改革试点到供应链一体化改革试点的发展道路。特别是2019年年初，我国连续发布《国家发展改革委交通运输部关于开展物流降本增效综合改革试点的通知》(发改经贸〔2019〕325号)、《关于推动物流高质量发展促进形成强大国内市场的意见》(发改经贸〔2019〕352号)和《国家物流枢纽网络建设实施方案(2019—2020)》(发改经贸〔2019〕578号)3个重磅文件，这些文件意味着我国物流供给侧改革从最开始的物流标准化试点阶段逐步演变为供应链体系建设阶段、供应链创新与应用阶段，最终进入一个崭新的聚焦"破难点、通堵点、解痛点"的高质量发展阶段，我国物流供给侧结构性改革试点的发展演变历程如图2-1所示。

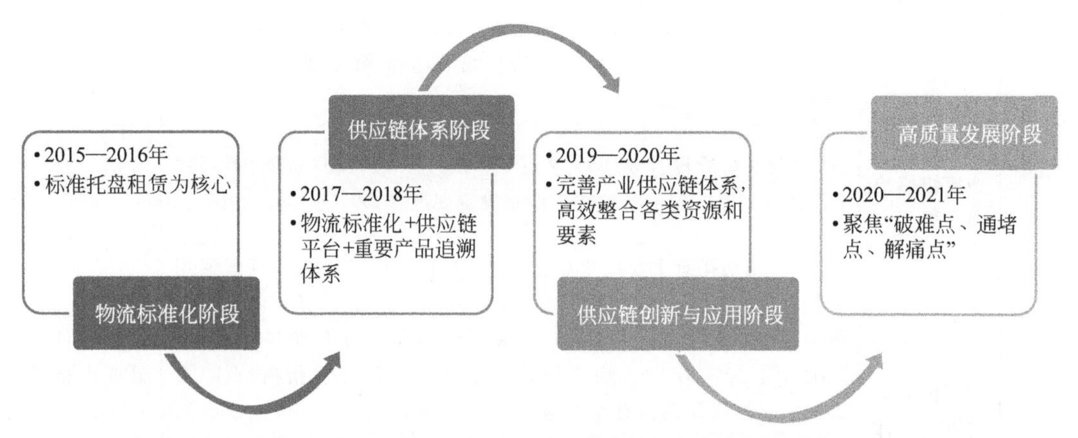

图2-1　我国物流供给侧结构性改革试点的发展演变历程

以上研究表明，我国在深入推进现代物流供给侧结构性改革和降低实体经济企业成本的过程中，始终把握标准化建设这个重要的基础和根本，把现代物流发展的"智慧化""精益化""绿色化"作为政策设计和试点示范的重要理念，从本质上鼓励和驱动传统物流向智慧物流、绿色物流和精益物流转型升级，最终实现我国现代物流的高效能发展、高质量发展、高水平发展、全覆盖发展和可持续发展。

因此，"智慧""精益""绿色"3个关键词集中反映了我国现代物流供给侧结构性改革的精髓，是我国现代物流供给侧结构性改革的三大中流砥柱，物流标准化建设则是这三大中流砥柱的基础性支撑。

2.2　我国物流供给侧结构性改革政策解读

2.2.1　物流供给侧结构性改革逻辑框架概述

通过对我国物流供给侧结构性改革重要领域及其内在规律的研究，结合现代物流本身的生产运作特点及其他相关资源要素，可以形成我国现代物流供给侧结构性改革的基本逻辑框架图如图2-2所示。

总体而言，我国现代物流业供给侧结构性改革基本逻辑框架包含"两大基础体系""三大核心支柱""五项发展目标"，最终的实施落地主要需要政府部门、行业协会、物流企业以

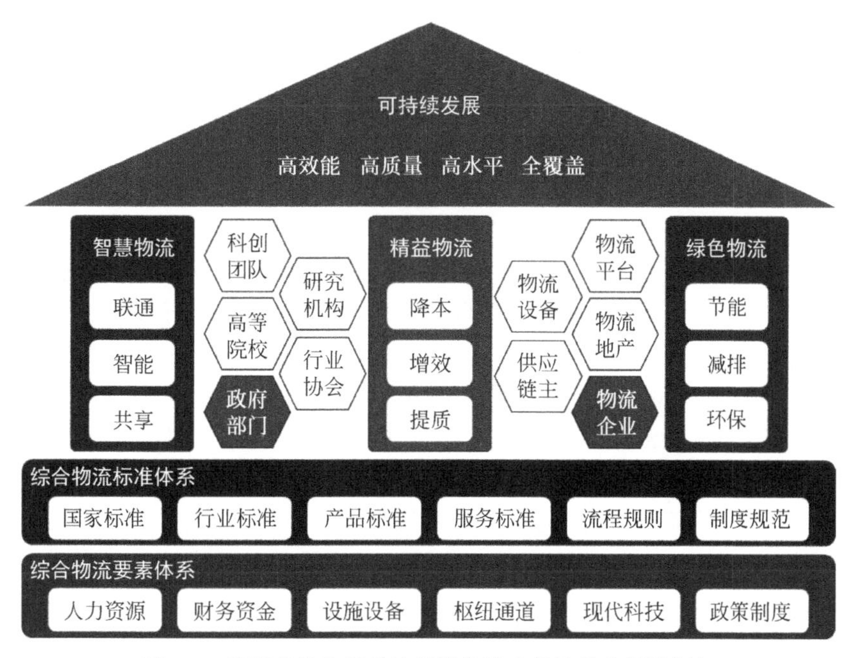

图 2-2 我国现代物流供给侧结构性改革的基本逻辑框架

及现代物流生态等相关方面的共同努力。

1. 两大基础体系

我国现代物流供给侧结构性改革，一方面要基于我国现代物流发展现状，即综合物流要素体系；另一方面要面向未来更高的发展目标，即综合物流标准体系。其中，综合物流要素主要包括人力资源、财务资金、设施设备、枢纽通道、现代科技和政策制度 6 大要素。综合物流标准体系包括国家标准、行业标准（团体标准）、物流产品标准、物流服务标准、物流流程规则以及管理制度规范 6 方面。

从我国现代物流供给侧改革政策导向来看，对物流要素提供转型升级，主要依托政策支持和技术支撑，同时依托我国开展的"一带一路"建设、西部大开发战略及长江经济带战略等。依托"放管服"改革不断完善我国国家级物流枢纽、物流园区、物流大通道，不断创新改革现代物流管理制度，优化行政管理效率，降低制度性政策成本。与此同时，围绕物流标准化工作，我国也出台了《全国物流标准 2005 年—2010 年发展规划》《全国物流标准专项规划》《物流标准化中长期发展规划（2015—2020 年）》等一系列专项规划，推动实施了全国物流标准化试点、商贸物流标准化专项行动、农产品冷链流通标准化示范、供应链体系建设等一系列试点示范工作。在我国持续推进供给侧结构性改革、降低实体经济企业成本的系列政策中，均把物流标准化体系的建设与应用推广作为重要的实施举措。

综合物流要素和综合物流标准两个基础体系的建设和发展，特别是物流标准体系的不断完善与应用推广，有力支撑了智慧物流、精益物流和绿色物流的发展，为我国现代物流供给侧结构性改革创造了良好的基础条件。

2. 三大核心支柱

智慧物流、精益物流和绿色物流体现了我国现代物流供给侧结构性改革的核心理念，是我国现代物流供给侧结构性改革的三大核心支柱。

智慧物流主要表现为基于现代网络、物联网与信息处理等先进技术的供应链上下游、物流生态相关方以及物流软硬件之间的"互联互通"，具体表现为基于智能识别、无线感应、大数据、云计算、人工智能等智能化技术的"无人智能"和基于物流"互联互通""无人智能"以及物流管理模式与商业模式创新的"平台共享"。智慧物流立足于从信息科技的角度实现降本增效，打破物流软硬件之间、我国与世界各国之间的数据孤岛与物理界限，促进我国现代物流的高效能、高质量、高水平、全覆盖和可持续发展。

精益物流主要是从经营管理、生产运作等企业管理角度，充分利用国际国内先进企业、行业精英和专家学者积累沉淀的精益管理技术和方法，通过流程优化、资源整合、改造创新、团队建设、模式转换等方式，促进供应链物流总体成本的下降、总体效率的提升以及总体物流服务质量的提高。精益物流立足于从供应链物流运营管理优化及相关要素资源整合优化的角度实现降本增效，促进我国现代物流的高效能、高质量、高水平和可持续发展。

绿色物流始终坚持以节能、减排和环保为导向，控制物流运作过程的设施设备燃油消耗及其带来的二氧化碳排放，应用节约能源的设施设备或新能源设施设备，应用具有节能环保的仓储设施建设材料和节能建筑技术，应用可回收、可循环利用、可自然降解的物流包装及耗材，推广具有节能减排效果的物流运作模式（如甩挂运输、多式联运、滚装运输和驮背运输等），推广逆向物流模式和回收物资的环保处理技术等。绿色物流立足于从物流相关软硬件体系及运作模式绿色化的角度，在实现物流降本增效的同时，促进我国现代物流高效能、高质量、高水平和可持续发展。

以智慧物流、精益物流和绿色物流为政策导向推进我国现代物流供给侧结构性改革，不仅彰显了现代物流在我国整体经济供给侧结构性改革中的基础性、战略性和先导性地位，体现了我国现代物流供给侧结构性改革的求真务实与高瞻远瞩，而且也充分展现了我国作为《公约》缔约国的责任担当。

3. 五项发展目标

高效能、高质量、高水平、全覆盖和可持续发展是我国现代物流供给侧改革的5项发展目标，分别从不同的角度体现了我国进入现代物流2.0时代以后国家政策目标导向和结果导向的重大变化。

高效能发展强调的是物流的效果、效率和效力，除了确保物流运作体系本身的安全稳定可靠、绩效指标优秀、客户满意度高和降本增效外，还体现在物流对于整个供应链体系、产业链集群高效良性发展的支撑效力与效果。高效能发展与精益物流息息相关，同时也需要智慧物流、绿色物流的协同。

高质量发展与智慧物流、精益物流紧密相关，在强调高效能发展的基础上，进一步强调全社会物流整体的标准化协同发展、物流市场资源的高效整合、物流硬件资源的科学利用、物流信息的互联互通与平台化发展、先进物流科技与智能技术的推广和应用以及物流运作模式与商业模式创新等。高质量发展也离不开绿色物流体系的支撑。

高水平发展是在高质量发展的基础上，重点强调在国家物流宏观发展规划、全球化物流枢纽与物流通道建设、物流发展政策制度体系建设、物流行业营商环境、物流行政管理机制效能、物流标准化体系建设和全球化物流服务品牌建设等方面取得良好效果，推动现代物流业与国民经济各行各业形成良好的融合发展关系，并真正发挥我国国民经济发展的基础性、战略性和先导性行业的作用。高水平发展与政府宏观层面的智慧物流公共平台、精益物流行政管理和绿色物流资源匹配关系密切。

全覆盖发展强调的是物流将全面覆盖产业链全供应链环节、国民经济全领域和国际国内全地理范围。产业链全供应链环节的全覆盖发展意味着现代物流业在沿着产业链和供应链进行细分，并渗透到产业链和供应链的上下游及其各个生产经营环节，包括逆向物流等；国民经济全领域的全覆盖发展意味着现代物流业的市场细分越来越好、物流专业化程度越来越高、物流运作水平越来越精细化以及相应的物流服务品质和水平也越来越高。国际国内全地理范围的全覆盖发展则意味着我国现代物流业的全球化服务网络不断完善、服务能力不断加强以及服务品牌不断建立，将稳定提升我国国际经贸发展的战略支撑能力。全覆盖发展的过程中，同样离不开智慧物流、精益物流和绿色物流的融合发展。

可持续发展不仅是单纯地强调现代物流业发展过程中的节能减排与环保管控等绿色理念，更是强调现代物流业市场主体、政府机构、行业协会等各个物流相关方在推动我国现代物流供给侧结构性改革的过程中持续发力，既不断维持现有物流业供给侧结构性改革的各项发展成果，又持续解决和改善现有物流业发展过程中出现的新情况、新问题，形成一种持续稳定促进我国现代物流业高效能、高质量、高水平和全覆盖发展的精益发展能力。

基于我国现代物流供给侧结构性改革的逻辑框架，我们拟重点围绕“三大核心支柱”做进一步的政策解读，并对为“三大核心支柱”提供强有力内在驱动力的物流标准化体系建设、实际场景案例做深入的探索和研究。

2.2.2 物流供给侧结构性改革政策重点解读

1. 智慧物流概述及其重点政策

“智慧物流”是伴随着物联网概念延伸出来的重要概念。2008年11月，IBM公司提出“智慧地球”，并得到了美国政府的认可。2009年，IBM公司提出建立一个面向未来的具有先进、互联和智能三大特征的“智慧供应链”概念，通过感应器、RFID（radio frequency identification，射频识别）标签、制动器、GPS（global positioning system，全球定位系统）和其他设备及系统生成实时信息“智慧物流”的概念也由此延伸出来。2009年12月，中国物流技术协会信息中心、华夏物联网、《物流技术与应用》编辑部联合明确提出“智慧物流”概念。宁波大学国际交流学院、海运学院的章合杰研究认为，智慧物流是一种以信息技术为支撑，在物流的运输、仓储、包装、装卸搬运、流通加工、配送和信息服务等各个环节实现系统感知、全面分析、及时处理及自我调整功能，实现物流规整智慧、发现智慧、创新智慧和系统智慧的现代综合性物流系统。

结合近年来国家物流政策导向以及物流行业实际发展历程与现状，我国智慧物流从现代物流1.0时代的信息化起步，走过了物流软硬件集成化、物流平台化和物流智慧化3个发展阶段，并逐步向无人化方向发展，我国智慧物流发展演变历程，见图2-3。其中，物流平台化是我国进入现代物流2.0时代的重要里程碑，而物流智慧化、集成化，则是我国现代物流2.0时代的典型特征和标志。

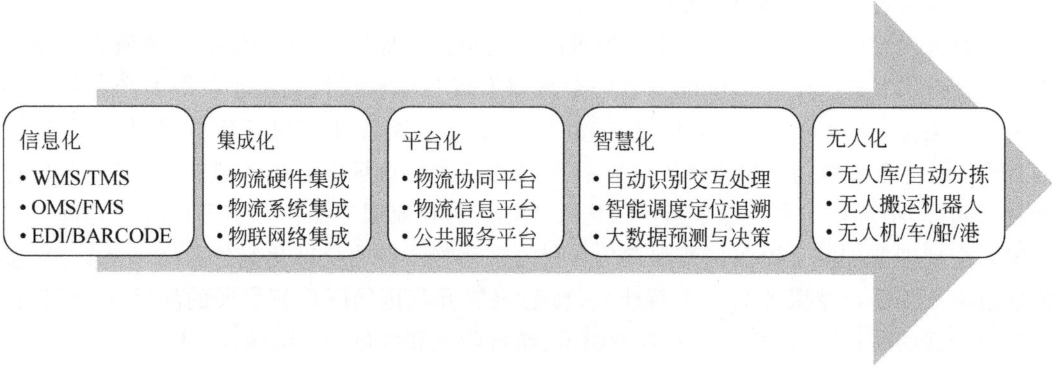

信息化
• WMS/TMS
• OMS/FMS
• EDI/BARCODE

集成化
• 物流硬件集成
• 物流系统集成
• 物联网络集成

平台化
• 物流协同平台
• 物流信息平台
• 公共服务平台

智慧化
• 自动识别交互处理
• 智能调度定位追溯
• 大数据预测与决策

无人化
• 无人库/自动分拣
• 无人搬运机器人
• 无人机/车/船/港

图2-3　我国智慧物流发展演变历程

2015年3月5日，李克强总理在政府工作报告中提出“互联网＋”行动计划，推动移动互联网、云计算、大数据、物联网等与现代制造业结合，以“互联网＋”高效物流为标志的“智慧物流”加速起步，催生了网络货运平台等一批智慧物流的新模式、新企业、新业态。

2015年7月，国务院出台的《关于积极推进“互联网＋”行动的指导意见》(国发〔2015〕40号)指出，随着我国在互联网技术、产业、应用以及跨界融合等方面取得了积极进展，已具备加快推进“互联网＋”发展的坚实基础，决定开展包括“互联网＋”高效物流、“互联网＋”电子商务、“互联网＋”便捷交通、“互联网＋”绿色生态和“互联网＋”人工智能等在内的11项重点行动。其中，“互联网＋”高效物流重点行动要求加快建设跨行业、跨区域的物流信息服务平台，提高物流供需信息对接和使用效率。鼓励大数据、云计算在物流领域的应用，建设智能仓储体系，优化物流运作流程，提升物流仓储的自动化、智能化水平和运转效率，降低物流成本。“互联网＋”高效物流重点行动具体包含构建物流信息共享互通体系、建设深度感知智能仓储系统和完善智能物流配送调配体系3方面的重要内容。

为贯彻落实国发《关于积极推进“互联网＋”行动的指导意见》(〔2015〕40号)，2016年7月29日，国家发展改革委员会会同有关部门研究制定的《“互联网＋”高效物流实施意见》(发改经贸〔2016〕1647号)正式发布，成为我国智慧物流发展的阶段性纲领性文件。在此前后，我国各有关部门出台了一系列与现代物流相关的政策规划文件，大都把物流信息化建设、信息平台建设、数据共享、智慧物流和物流大数据等作为现代物流转型升级与供给侧结构性改革的重要内容，甚至从不同的角度出台了一批促进智慧物流向平台化、智能化、无人化方向发展的政策，表2-10列举了我国近年出台的与智慧物流相关的部分政策文件，可供参考。其中，“互联网＋流通”、无车承运人平台和物流高质量发展等相关政策在智慧物流建设方面具有一定的代表性。

表 2-10 我国近年出台的与智慧物流相关的政策文件(部分)

序号	发布日期	文件名称	文号
1	2013 年 1 月	工业和信息化部关于推进物流信息化工作的指导意见	工信部信〔2013〕7 号
2	2015 年 7 月	国务院关于积极推进“互联网+”行动的指导意见	国发〔2015〕40 号
3	2015 年 7 月	商务部办公厅关于智慧物流配送体系建设实施方案	商办流通函〔2015〕548 号
4	2016 年 4 月	国务院办公厅关于深入实施“互联网+流通”行动计划的意见	国办发〔2016〕24 号
5	2016 年 7 月	国家发展改革委关于印发《“互联网+”高效物流实施意见》的通知	发改经贸〔2016〕1647 号
6	2016 年 8 月	交通运输部办公厅关于推进交通运输行业数据资源开放共享的实施意见	交办科技〔2016〕113 号
7	2016 年 9 月	交通运输部办公厅关于推进改革试点加快无车承运物流创新发展的意见	交办运〔2016〕115 号
8	2016 年 11 月	国家邮政局关于促进邮政行业科技创新工作的指导意见	国邮发〔2016〕101 号
9	2017 年 1 月	交通运输部办公厅关于印发推进智慧交通发展行动计划(2017—2020 年)的通知	交办规划〔2017〕11 号
10	2017 年 8 月	民航局关于在江西省赣州市南康区开展无人机物流配送应用试点的通知	民航函〔2017〕914 号
11	2017 年 11 月	交通运输部办公厅关于进一步做好无车承运人试点工作的通知	交办运〔2017〕1688 号
12	2017 年 12 月	民航局关于在陕西省使用无人机开展物流配送经营活动试点的通知	民航函〔2017〕1372 号
13	2018 年 4 月	交通运输部办公厅关于深入推进无车承运人试点工作的通知	交办运函〔2018〕539 号
14	2019 年 3 月	国家发改委等 24 部门关于推动物流高质量发展促进形成强大国内市场的意见	发改经贸〔2019〕352 号
15	2019 年 6 月	国家邮政局、商务部关于规范快递与电子商务数据互联共享的指导意见	国邮发〔2019〕54 号
16	2019 年 7 月	交通运输部关于印发《数字交通发展规划纲要》的通知	交规划发〔2019〕89 号
17	2019 年 9 月	交通运输部办公厅关于《网络平台道路货物运输经营服务指南》等 3 个指南的通知	交办运函〔2019〕1391 号
18	2019 年 9 月	交通运输部办公厅关于印发《网络平台道路货物运输经营管理暂行办法》的通知	交运规〔2019〕12 号
19	2019 年 11 月	交通运输部等 7 部门关于印发《智能航运发展指导意见》的通知	交海发〔2019〕66 号
20	2019 年 12 月	国家税务总局关于开展网络平台道路货物运输企业代开增值税专用发票试点工作的通知	税总函〔2019〕405 号
21	2019 年 12 月	交通运输部关于印发《推进综合交通运输大数据发展行动纲要(2020—2025 年)》的通知	交科技发〔2019〕161 号

“互联网+流通”方面。2016 年 4 月,国务院出台的《关于深入实施“互联网+流通”行动计划的意见》(国办发〔2016〕24 号)要求加强智慧流通基础设施建设。一是加大对物流基地建设、冷链系统建设等的政策性扶持力度,科学规划和布局物流基地、分拨中心、公共配送中心和末端配送网点,加大流通基础设施投入。二是加大流通基础设施信息化改造力

度，充分利用物联网等新技术，推动智慧物流配送体系建设，提高冷链设施的利用率，科学发展多层次物流公共信息服务平台，整合各类物流资源，提高物流效率，降低物流成本。三是推进电子商务与快递物流协同发展，及时总结协同发展试点成果，形成可复制、可推广的制度、做法和经验。

无车承运人平台方面。通过三年的无车承运人试点探索，我国已经成功推出网络货运平台“互联网＋”物流新模式。2016年8月26日，交通运输部办公厅印发的《关于推进改革试点加快无车承运物流创新发展的意见》(交办运〔2016〕115号)正式启动了无车承运人试点工作。2017年11月15日，交通运输部办公厅印发的《关于进一步做好无车承运人试点工作的通知》(交办运〔2017〕1688号)进一步明确了试点企业考核标准。2018年4月，交通运输部办公厅出台的《交通运输部办公厅关于深入推进无车承运人试点工作的通知》(交办运函〔2018〕539号)指出了无车承运试点的重点物流领域。2019年9月6日，交通运输部出台的《网络平台道路货物运输经营管理暂行办法》(交运规〔2019〕12号)鼓励网络货运经营者利用大数据、云计算、卫星定位和人工智能等技术整合资源，应用多式联运、甩挂运输和共同配送等运输组织模式，实现规模化、集约化运输生产；鼓励组织新能源车辆、中置轴模块化汽车和列车等标准化车辆运输；鼓励发展网络货运，促进物流资源集约整合和高效利用。2019年9月24日，交通运输部办公厅发布的《网络平台道路货物运输经营服务指南》《省级网络货运信息监测系统建设指南》和《部网络货运信息交互系统接入指南》(交办运函〔2019〕1391号)成为我国网络货运平台建设的技术纲领。期间，国家税务总局还积极配套出台了一系列网络平台道路货物运输企业代开增值税专用发票政策。

物流高质量发展方面。2019年3月，国家发改委等24个部门联合发布的《关于推动物流高质量发展促进形成强大国内市场的意见》(发改经贸〔2019〕352号)提出，要大力发展数字物流，加强数字物流基础设施建设，推进货、车(船、飞机)和场等物流要素数字化。加强信息化管理系统、云计算和人工智能等信息技术应用，提高物流软件智慧化水平。支持物流园区和大型仓储设施等应用物联网技术，鼓励货运车辆加装智能设备，加快数字化终端设备的普及应用，实现物流信息采集标准化、处理电子化和交互自动化。发展机械化、智能化立体仓库，加快普及“信息系统＋货架、托盘、叉车”的仓库基本技术配置，推动平层仓储设施向立体化网格结构升级。

2019年6月，我国正式发放5G商用牌照，标志着中国正式进入了5G(5th generation mobile networks，第五代移动通信技术)商用时代。在商用5G环境下，物联网、大数据、云计算和人工智能等新一代信息技术将成为我国智慧物流发展的新引擎。目前，我国的智慧物流正朝着无人化迈进，智能化无人自动化智慧码头、无人智慧仓库、智能搬运机器人、无人化自动分拣、无人驾驶配送和无人机配送等先进的智慧物流场景的推广应用，标志着我国现代物流供给侧结构性改革走向高质量发展、高水平阶段发展。

2. 精益物流概述及其重点政策

根据《物流术语》(GB/T 18354—2006)，精益物流是指消除物流过程中的无效和不增值作业，用尽量少的投入满足客户需求，实现客户的最大价值，并获得高效率、高效益的物流。

长期以来，社会各界对精益物流的定义和理解，往往局限于生产制造业内部与生产车间、生产线物料供应紧密相关的厂内物流范畴；局限于5S(seiri、seiton、seiso、seiketsu、 shitsuke，整理、整顿、清扫、清洁、素养）现场管理、物料看板、JIT（just in time，时制管理）供料和 JIT 排序等方面；或者认为精细化物流就是精益物流，把精益物流局限在精细化管理层面。这些片面的理解源于对于"精益"概念的错误认知。正本清源，按照我国精益大师蒋维豪老师的人本精益观点，精益其实是一种以丰田汽车公司为学习标杆，指导企业从自己的现状出发，借鉴 TPS（toyota production system，丰田生产系统）原理、转型的经验、过程与方法，一步一步地打破制约，持续改进自身运营管理章法，直到得到与丰田汽车公司一样卓越的方法论。在这种方法论的框架下，精益物流应当是基于物流产品生产体系的精益运营、价值兑现和人才育成体系，这个体系以标准化物流产品为基础，采取一系列持续改善精益运营的手法和工具，在物流产品生产与价值兑现的过程中，实现物流产品生产过程的降本增效，实现物流产品价值的最大化，并最终实现物流人才育成的可持续化。

具体而言，物流企业要实践精益物流，就必须采取各种方法和工具，切实做到以下 6 方面的"有机统一"，这也是评价一个企业的物流运作是否达到"精益物流"的重要标准，如图 2-4 所示。

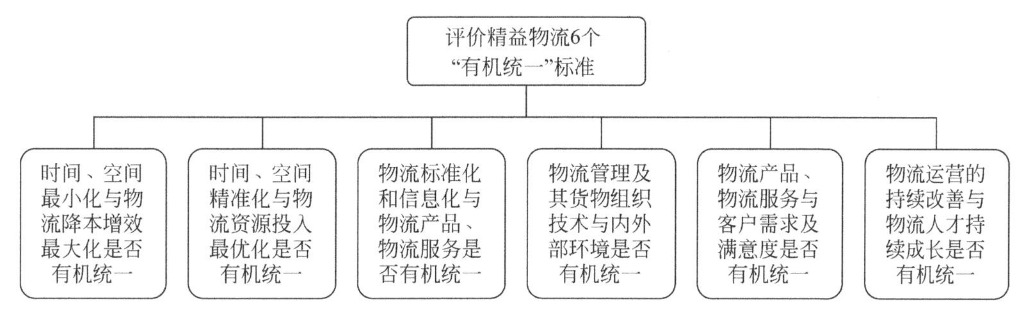

图 2-4　评价精益物流的 6 个"有机统一"标准

从国家政策层面来看，物流业在国内引起政府及社会各界的关注，始于其"第三利润源泉"的价值认知。随着现代物流业的发展，我国已经日益认识到物流业对于整个国民经济和相关产业的"降本增效"价值，并将其作为我国近年供给侧结构性改革的重要战略抓手。从本质上来看，"降本增效"是精益管理追求的重要目标之一，实行精益物流管理是其中的重要措施。因此，从这个意义而言，我国围绕"降本增效"为目标的各项政策，本质上就是"精益物流"导向，因为只要做到了精益物流，就一定能够降本增效，而且是系统化、持续化地降本增效。

2014 年 10 月 4 日，国务院印发的《物流业发展中长期规划（2014—2020 年）》（国发〔2014〕42 号）首次提出"物流业是支撑国民经济发展的基础性、战略性产业"和"以提高物流效率、降低物流成本、减轻资源和环境压力为重点"的指导思想。

此后，我国明确将供给侧结构性改革作为经济工作的主线，并作出了推进供给侧结构性改革和降低实体经济企业成本的决策部署。我国自 2016 年开始陆续出台了一系列以物流业"降本增效"为核心理念的政策文件（见表 2-11），这意味着推动物流"降本增效"对于促进我国产业结构调整和区域协调发展、培育经济发展新动能、提升国民经济整体运行效率具有重要的战略意义。

表 2-11 我国近年物流业"降本增效"相关政策文件一览表

发布日期	文件名称	发文字号
2016 年 8 月	交通运输部关于推进供给侧结构性改革促进物流业"降本增效"的若干意见	交规划发〔2016〕147 号
2016 年 9 月	国务院办公厅关于转发国家发改委物流业降本增效专项行动方案(2016—2018 年)的通知	国办发〔2016〕69 号
2017 年 8 月	国务院办公厅关于进一步推进物流降本增效促进实体经济发展的意见	国办发〔2017〕73 号
2019 年 2 月	国家发展改革委交通运输部关于开展物流降本增效综合改革试点的通知	发改经贸〔2019〕325 号
2019 年 9 月	国家发改委交通运输部关于做好物流降本增效综合改革试点工作的通知	发改经贸〔2019〕1537 号

3. 绿色物流概述及其重点政策

人类的绿色发展认知与理念随着时代的进步逐渐升级。1989 年,英国环境经济学家皮尔斯等人在《绿色经济蓝图》中首次提出了"绿色经济"的概念。2012 年,党的十八大报告把生态文明建设纳入中国特色社会主义事业"五位一体"总体布局,并首次提出把"美丽中国"作为生态文明建设的目标。2015 年,被称为"史上最严"的新《环境保护法》正式实施,国家意志落实成法律,规模最大、范围最广、持续性最强的"绿色保卫战"正式打响。2015 年 4 月,中央发布就生态文明建设作出全面专题部署的第一个文件,即《关于加快推进生态文明建设的意见》(中发〔2015〕12 号)。2015 年 10 月,中共十八届五中全会首次提出"创新、协调、绿色、开放、共享"五大发展理念,强调绿色发展是指以效率、和谐、持续为目标的经济增长和社会发展方式,强调以人与自然和谐为价值取向。2017 年,十九大报告进一步指出,必须坚持节约优先、保护优先、自然恢复为主的方针,形成节约资源和保护环境的空间格局、产业结构、生产方式和生活方式,还自然以宁静、和谐、美丽。

在绿色理念发展过程中,我国逐步形成了包含结构性、管理性和技术性节能减排 3 方面的绿色物流发展体系,并在我国近年来出台的现代物流规划政策以及创新试点政策中都得到了充分的体现,甚至将绿色物流作为专项试点在全国进行普及推广,例如国家邮政局提出的"绿色邮政"以及在邮政快递物流领域开展一系列快递包装改革试点行动。从近年我国现代物流领域绿色物流实践与国家政策鼓励导向来看,我国的"绿色物流"主要涉及 5 大领域,一是绿色园区与仓储设施,二是绿色能源物流车辆,三是绿色物流包装与耗材,四是绿色物流运营模式,五是绿色回收与逆向物流。我国绿色物流政策导向与实践的重点领域如图 2-5 所示。

图 2-5 我国绿色物流政策导向与实践的重点领域

其中，绿色园区与仓储设施主要强调绿色物流园区的建设，绿色仓库的规划设计与建设以及太阳能、光伏等绿色能源的应用推广等。绿色能源物流设备主要聚焦节能型物流汽车、新能源物流车、电瓶驱动叉车、托盘搬运车和智能搬运机器人等。绿色物流包装与耗材主要包括可降解材料的使用、可回收再利用、可循环使用以及基于包装标准模数的包装标准化与减量化。绿色物流运作模式主要包括共同配送、多式联运、甩挂运输、滚装运输和驮背运输等先进物流组织方式。绿色回收与逆向物流主要包括绿色利废回收、集中加工处理、包材循环共用逆向物流和销售维保逆向物流等。

2009 年 3 月，国务院重磅出台的《物流业调整和振兴规划》(国发〔2009〕8 号)对发展绿色物流有比较系统的规划：鼓励和支持物流业节能减排，发展绿色物流，推动物流园区工程、城市配送工程、物流标准与技术推广工程和多式联运、转运设施工程 4 大绿色物流相关工程；大力推广集装技术和单元化装载技术，推行托盘化单元装载运输方式；大力发展大吨位厢式货车和甩挂运输组织方式，推广网络化运输；鼓励企业加快发展产品与包装物回收物流和废弃物物流，促进资源节约与循环利用。在此基础上，我国近年来持续围绕绿色物流体系进行建设，从绿色园区、仓储设施、绿色能源物流车辆、绿色物流包装与耗材、绿色物流运营模式、绿色回收和逆向物流等不同的角度出台了一系列相关的绿色物流发展政策，相关清单见表 2-12。

表 2-12 近年来我国发布的绿色物流相关的政策文件(部分)

序号	类型	发布日期	文件名称	文号
1	绿色园区	2014 年 9 月	关于促进商贸物流发展的实施意见	商流通函〔2014〕790 号
2		2014 年 10 月	物流业发展中长期规划(2014—2020 年)	国发〔2014〕42 号
3		2016 年 11 月	国内贸易流通“十三五”发展规划	商建发〔2016〕430 号
4		2017 年 1 月	商贸物流发展“十三五”规划	商流通发〔2017〕29 号
5		2019 年 2 月	推动物流高质量发展促进形成强大国内市场的意见	发改经贸〔2019〕352 号
6	绿色能源物流车辆	2016 年 7 月	关于进一步做好货车非法改装和超限超载治理工作的意见	交公路发〔2016〕124 号
7		2017 年 2 月	关于印发“十三五”现代综合交通运输体系发展规划的通知	国发〔2017〕11 号
8		2017 年 9 月	促进道路货运行业健康稳定发展行动计划(2017—2020 年)	交运发〔2017〕141 号
9		2017 年 12 月	关于组织开展城市绿色货运配送示范工程的通知	交办运〔2017〕191 号
10		2018 年 1 月	关于推进电子商务与快递物流协同发展的意见	国发〔2018〕22 号
11		2018 年 9 月	关于印发推进运输结构调整三年行动计划(2018—2020 年)的通知	国办发〔2018〕91 号
12		2018 年 10 月	关于进一步规范和优化城市配送车辆通行管理的通知	公交管〔2018〕552 号
13		2018 年 12 月	柴油货车污染治理攻坚战行动计划	环大气〔2018〕179 号
14		2019 年 2 月	推动物流高质量发展促进形成强大国内市场的意见	发改经贸〔2019〕352 号

续表

序号	类型	发布日期	文件名称	文号
15	绿色包装	2014年10月	关于开展物流标准化试点有关问题的通知	财办建〔2014〕64号
16		2014年11月	商务部办公厅 国家标准委办公室关于印发《商贸物流标准化专项行动计划》的通知	商办流通函〔2014〕752号
17		2016年3月	关于印发《全国电子商务物流发展专项规划(2016—2020年)》的通知	商流通发〔2016〕85号
18		2016年7月	财政部办公厅等3部门关于2016年开展物流标准化试点工作的通知	财办建〔2016〕85号
19		2016年11月	关于印发《国内贸易流通"十三五"发展规划》的通知	商建发〔2016〕430号
20		2017年1月	关于印发《商贸物流发展"十三五"规划》的通知	商流通发〔2017〕29号
21		2017年8月	关于开展供应链体系建设工作的通知	商办流通发〔2017〕337号
22		2017年8月	关于进一步推进物流降本增效促进实体经济发展的意见	国办发〔2017〕73号
23		2017年10月	关于积极推进供应链创新与应用的指导意见	国办发〔2017〕84号
24		2017年10月	关于协同推进快递业绿色包装工作的指导意见	国邮发〔2017〕86号
25		2017年12月	商务部等5部门关于印发《城乡高效配送专项行动计划(2017—2020年)》的通知	商流通函〔2017〕917号
26		2018年1月	关于推进电子商务与快递物流协同发展的意见	国办发〔2018〕1号
27		2018年4月	关于开展供应链创新与应用试点的通知	商建函〔2018〕142号
28		2018年5月	关于开展2018年流通领域现代供应链体系建设的通知	财办建〔2018〕101号
29		2018年12月	快递业绿色包装指南(试行)	
30		2019年2月	国家发展改革委等24个部门关于推动物流高质量发展促进形成强大国内市场的意见	发改经贸〔2019〕352号
31	绿色物流运营模式	2013年6月	关于交通运输推进物流业健康发展的指导意见	交规划发〔2013〕349号
32		2014年10月	物流业发展中长期规划(2014—2020年)	国发〔2014〕42号
33		2015年9月	关于推进线上线下互动加快商贸流通创新发展转型升级的意见	国办发〔2015〕72号
34		2016年7月	综合运输服务"十三五"发展规划	
35		2016年8月	关于推进供给侧结构性改革促进物流业"降本增效"的若干意见	交规划发〔2016〕147号
36		2016年9月	物流业降本增效专项行动方案(2016—2018年)	国办发〔2016〕69号
37		2016年12月	关于进一步鼓励开展多式联运工作的通知	交运发〔2016〕232号
38			关于鼓励支持运输企业创新发展的指导意见	交运发〔2016〕227号
39		2018年8月	深入推进长江经济带多式联运发展三年行动计划	交办水〔2018〕104号
40		2018年9月	推进运输结构调整三年行动计划(2018—2020年)	国办发〔2018〕91号
41		2019年9月	交通强国建设纲要	
42	绿色逆向物流	2014年9月	关于促进商贸物流发展的实施意见	商流通函〔2014〕790号
43		2016年3月	全国电子商务物流发展专项规划(2016—2020年)	商流通发〔2016〕85号
44		2017年1月	商贸物流发展"十三五"规划	商流通发〔2017〕29号

通过对以上相关现代物流发展重点政策的进一步梳理，我们发现，在我国深入推进供给侧结构性改革的背景下，国家层面不同部门从各自不同的功能职责角度，围绕现代物流供给侧结构改革与“五个发展”目标（即高效能、高质量、高水平、全覆盖和可持续发展）出台了一系列以智慧物流、精益物流和绿色物流为价值理念的发展规划与政策措施，特别是围绕智慧物流、精益物流和绿色物流持续开展并不断推进完善的系列专项试点，为我国现代物流领域广泛深入开展供给侧结构性改革注入了强劲的内动力，同时也大大地激发了我国传统物流企业加速迈进现代物流 2.0 时代的步伐。与此同时，这些发展规划与政策措施也进一步强化和奠定了以标准化为基础的智慧物流、精益物流和绿色物流作为我国现代物流供给侧结构性改革的三大核心支柱的地位。

我们相信，随着我国现代物流供给侧结构性改革的不断深入，一定能够形成对于我国现代物流标准化体系建设的强大助推力量。

第3章

CHAPTER 3

我国标准化工作与物流标准化政策

3.1 我国标准化工作相关政策概述

2016年5月，中共中央、国务院出台的《国家创新驱动发展战略纲要》提出实施知识产权、标准、质量和品牌战略。2016年8月，国家主席习近平在发给第39届国际标准化组织(international organization for standardization，ISO)大会的贺信中表示“标准助推创新发展，标准引领时代进步”，并特别宣告“中国将积极实施标准化战略，以标准助力创新发展、协调发展、绿色发展、开放发展、共享发展”。李克强总理在给此次大会的致辞中强调“标准化水平的高低，反映了一个国家产业核心竞争力乃至综合实力的强弱”，提出“把标准化放在更加突出的位置，以标准全面提升推动产业升级，形成新的竞争优势，促进经济中高速增长、迈向中高端水平”，要求“必须聚焦关键、突出重点”“鼓励企业做标准的领跑者，在追求高标准中创造更多优质供给，更好地满足消费升级需求”。标准化在推进我国家治理体系和治理能力现代化中的基础性、战略性的重要地位越发凸显。

2017年9月发布的《中共中央、国务院关于开展质量提升行动的指导意见》强调“提高供给质量是供给侧结构性改革的主攻方向，全面提高产品和服务质量是提升供给体系的中心任务，提出大力实施标准化战略，深化标准化工作改革，建立政府主导制定的标准与市场自主制定的标准协同发展、协调配套的新型标准体系”。标准、计量、认证认可和检验检测共同构成了国家的质量基础设施，是经济社会活动的技术依据，在国家治理体系和治理能力现代化建设中发挥着基础性、引领性、战略性作用。为此，十八大以来，我国一方面积极推动深化标准化工作改革，另一方面加快修订《标准化法》步伐，并于2017年11月修订发布，2018年1月1日开始实施，从而开启了我国标准化事业供给侧结构性改革发展的新时代。

3.1.1 我国标准化工作管理体系

根据《标准化法》，我国标准化工作实行“统一管理、分工负责”的管理体制。在该体制框架下，我国标准化管理组织体系可以从行政管理、专业管理和分类管理3个维度进行概括解读。

1. 标准化工作行政管理体系

从标准化行政管理层级的角度，我国的标准化工作首先是国务院授权国家市场监督管理总局设立国家标准化管理委员会（standardization administration，SAC，以下简称“国家标准委”）作为国家级统一管理全国标准化工作的主管机构，履行行政管理职能。国务院还授权国务院有关行政主管部门负责相关专业领域的标准化管理工作。国务院的这两项授权形成了国家行政层面标准化工作的“统一管理、分工负责”管理机制。

在国家层面，由国家市场监督管理总局对标准化工作行使行政执法职能，并对 SAC 实施管理。SAC 作为国务院授权履行行政管理职能，统一管理全国标准化工作的主管机构。

同时，国家市场监督管理总局还设立或管理多个标准化工作相关的事业单位，包括负责认证认可行业标准化管理工作的国家认证认可监督管理委员会（certification and accreditation administration of the People's Republic of China，CNCA），从事国家标准技术审评的国家级专业评估与咨询的国家标准技术审评中心，开展基础性、通用性和综合性标准化科研和服务的中国标准化研究院，接受国家市场监督管理总局的领导和业务指导的全国性标准化行业协会——中国标准化协会等。

国务院有关行政主管部门分工管理本部门的标准化工作。国务院有关行政主管部门也会设有标准化管理机构分工管理本部门的标准化工作。

从地方层级来看，根据《标准化法》，由各省、自治区和直辖市及市、县市场监督管理局统一管理本行政区域的标准化工作。与之相对应，各省、自治区、直辖市和市、县政府部门也设有标准化管理机构。国家标准委对省、自治区和直辖市市场监督管理局的标准化工作实行业务领导。与此同时，国家级标准化相关事业单位及全国性标准化行业协会在国内各地的下属组织和分支机构协同标准化行政管理部门提供区域性的标准化服务工作。

2. 标准化工作专业管理体系

由于标准化各项具体工作都具有比较强的行业性、专业性特点，因此在标准化工作的具体推动和实施管理方面需要一套以细分行业导向和专业技术导向的管理组织体系。我国为此建立了一套专业标准化技术归口单位与专业标准化技术委员会相结合的标准化工作专业管理体系。这两个专业管理组织发挥着联系国家标准委、国务院有关行政主管部门与国家标准起草单位之间的桥梁纽带作用。

其中，专业标准技术归口单位是专业性的标准化业务管理机构，其任务是协助国务院有关行政主管部门赋予自身的权利和承担的责任，在有关法律和规范的框架下，按特定的管理渠道和方式对专业领域的标准建设工作实施管理。技术归口单位首先是接受国务院有关行政主管部门转发国家标准化管理委员提出的编制国家标准计划项目的原则、要求，然后根据这些原则、要求提出国家标准计划项目的建议，报其主管部门。最后受国家标准项目主管部门的委托，承担未成立技术委员会的国家标准送审稿的审查任务等。

全国专业标准化技术委员会由国家标准委批准组建，是在一定专业领域内从事国家标准起草和技术审查等标准化工作的非法人技术组织，也是国家标准制定修订的主要力量。国家市场监督管理总局负责技术委员会的统一管理，国家标准化委负责技术委员会的规划、协调、组建和管理。国务院有关行政主管部门、有关行业协会受国家标准委委托，管理本部门、本行业的技术委员会，对技术委员会开展的国家标准制定、修订以及国际标准化等工作进行业务指导。我国技术委员会体系由全国专业标准化技术委员会、分技术委员会和直属标准化工作组构成，由国家标准委统一顺序编号，分别为 SAC/TC×××、SAC/TC××/SC××、SAC/WG×××。其中标准化工作组由国家标准委发起成立和直接管理，主要负责有标准化需求但暂不具备组建技术委员会或者分技术委员会条件的新技术新产业新业态的国家标准制定、修订的相关工作。

截至 2019 年年底，我国共有全国专业标准化技术委员会、分技术委员会和标准化工作组 1300 多个，涵盖了国民经济和社会发展的各方面。其中，和现代物流相关的全国专业技术委员会有 32 个，见表 3-1。

表 3-1　我国现代物流相关的全国专业技术委员会名单一览表

序号	编　　号	委员会名称	秘书处所在单位
1	TC269	物流	中国物流与采购联合会
2	TC269/SC1	物流作业	中国仓储与配送协会
3	TC269/SC2	托盘	中国物流与采购联合会托盘专业委员会
4	TC269/SC3	第三方物流服务	上海市质量和标准化研究院
5	TC269/SC4	物流管理	中国科学院研究生院管理学院
6	TC269/SC5	冷链物流	中国物流技术协会
7	TC269/SC6	仓储技术与管理	湖北物资流通技术研究所
8	TC267	物流信息管理	中国物品编码中心
9	TC268	智能运输系统	交通运输部公路科学研究院
10	TC521	道路运输	交通运输部公路科学研究院
11	TC571	综合交通运输	交通运输部科学研究院
12	TC462	邮政业	国家邮政局发展研究中心
13	TC464	航空运输	中国航空运输协会
14	TC359	航空货运及地面设备	中国民航科学技术研究院
15	TC489	国际货运代理	中国国际货运代理协会
16	TC576	道路交通管理	公安部交通管理科学研究所
17	TC530	港口	交通运输部水运科学研究院
18	TC6	集装箱	交通运输部水运科学研究院
19	TC227	起重机械	北京起重运输机械设计研究院有限公司
20	TC499	物流仓储设备	北京起重运输机械设计研究院有限公司等四家单位
21	TC335	升降工作平台	北京建筑机械化研究院有限公司
22	TC331	连续搬运机械	北京起重运输机械设计研究院有限公司
23	TC428/SC1	输送带	青岛科技大学
24	TC270/SC3	粮食储藏及流通	河南工业大学
25	TC501/SC1	贮藏加工	中华全国供销合作总社济南果品研究院
26	TC37/SC3	种子包装贮藏运输	全国农业技术推广服务中心
27	TC355/SC8	油气储运	中国石油天然气股份有限公司管道分公司管道科技研究中心

续表

序号	编　号	委员会名称	秘书处所在单位
28	TC251	危险化学品管理	中国石油和化学工业联合会
29	TC114	汽车	中国汽车技术研究中心
30	TC114/SC7	专用汽车	汉阳专用汽车研究所
31	TC114/SC13	挂车	交通运输部公路科学研究院
32	TC83	电子业务	中国标准化研究院

3. 标准化工作分类管理体系

近年来，我国通过标准化改革已经构建了政府主导制定和市场自主制定的协同发展、协调配套的新型标准体系。根据《标准化法》，我国标准分为国家标准、行业标准、地方标准、团体标准和企业标准5个层级类别。其中，国家标准分为强制性标准、推荐性标准，行业标准、地方标准均为推荐性标准。《标准化法》还对5类标准的制定均有明确的规定和要求，我国标准制定的基本要求和制定单位见表3-2。

表3-2　我国标准制定的基本要求和制定单位一览表

序号	标准类型	基本要求	制定单位
1	国家强制性标准	对保障人身健康和生命财产安全、国家安全、生态环境安全以及满足经济社会管理基本需要的技术要求，应当制定强制性国家标准	国务院有关行政主管部门依据职责负责强制性国家标准的项目提出、组织起草、征求意见和技术审查。由国务院批准发布或者授权批准发布
	国家推荐标准	对满足基础通用、与强制性国家标准配套、对各有关行业起引领作用等需要的技术要求，可以制定推荐性国家标准	由国务院标准化行政主管部门制定
2	行业标准	对没有推荐性国家标准、需要在全国某个行业范围内统一的技术要求，可以制定行业标准	由国务院有关行政主管部门制定，报国务院标准化行政主管部门备案
3	地方标准	为满足地方自然条件、风俗习惯等特殊技术要求，可以制定地方标准	地方标准由省、自治区、直辖市人民政府标准化行政主管部门制定，报国务院标准化行政主管部门备案，由国务院标准化行政主管部门通报国务院有关行政主管部门
4	团体标准	国家鼓励学会、协会、商会、联合会、产业技术联盟等社会团体协调相关市场主体共同制定满足市场和创新需要的团体标准	国务院标准化行政主管部门会同国务院有关行政主管部门对团体标准的制定进行规范、引导和监督
5	企业标准	企业可以根据需要自行制定企业标准，或者与其他企业联合制定企业标准	企业

此外，为了加强对不同类型标准的管理，我国建立了一套标准管理办法体系，并不断完善修订，以及根据各自行业特点分别制定出台了细分行业与专业领域的标准管理办法。

1990年，我国原国家技术监督局先后组织制定出台了《国家标准管理办法》《行业标准管理办法》《地方标准管理办法》和《企业标准管理办法》。2018年新版《标准化法》正式实施后，根据标准化工作供给侧结构性改革的需要，对以上各类标准管理办法进行了修订完善，先后修订出台了新的《国家强制标准管理办法》《行业标准管理办法》和《地方标准管理办法》，新版《企业标准管理办法》还在修订过程中，此外还增加出台了《团体标准管理规定》。

与此同时，与现代物流紧密相关的交通运输物流领域也分别出台了交通运输、铁道行业、邮政业和民用航空等行业标准化管理办法或规定，中国物流与采购联合会2015年出台了《中国物流与采购联合会团体标准管理办法》(物联标字〔2015〕107号)，并于2019年根据《团体标准管理规定》做了修订并发布。我国标准化工作分类管理现行制度体系(含现代物流相关领域)见表3-3。

表3-3 我国标准化工作分类管理现行制度体系(含现代物流相关领域)

序号	管理制度名称	发布文号	发布日期	实施日期
1	国家标准管理办法	国家技术监督局令第10号	1990年8月24日	自发布之日起实施
2	行业标准管理办法	国家技术监督局令第11号	1990年8月14日	自发布之日起实施
3	全国专业标准化技术委员会管理办法	国家质量监督检验检疫总局令第191号	2017年10月30日	2018年1月1日起
4	强制性国家标准管理办法	国家市场监督管理总局令第25号	2020年1月6日	2020年6月1日起
5	地方标准管理办法	国家市场监督管理总局令第26号	2020年1月16日	2020年3月1日起
6	团体标准管理规定	国标委〔2019〕1号	2019年1月9日	自发布之日起实施
7	企业标准化管理办法	国家技术监督局令第13号	1990年8月3日	自发布之日起实施
8	交通运输标准化管理办法	交通运输部令2019年第12号	2019年5月13日	2019年7月1日起
9	铁道行业标准化管理办法	铁科教〔2001〕34号	2001年4月22日	自发布之日起实施
10	邮政业标准化管理办法	交通运输部令2012年第7号	2012年11月17日	2013年1月1日起
11	民用航空标准化管理规定	中国民用航空局令第227号	2015年2月26日	2015年5月1日起
12	铁路运输企业标准化管理实施办法	铁科技〔1991〕123号	1991年12月31日	自发布之日起实施
13	中国物流与采购联合会团体标准制定、修订管理办法	物联标字〔2019〕62号	2019年5月22日	自发布之日起实施

在标准化工作分类管理中，还有一个十分重要的板块是行业标准的分类管理。1999年8月24日，原国家质量技术监督局印发了《关于规范使用国家标准和行业标准代号的通知》(质技监局标发〔1999〕193号)，再次强调并重新公布了GB和GB/T两个国家标准代号和NY(农业)、SC(水产)等57个行业标准代号。截至目前，我国已经细分出67个行业标准代号，这些行业标准代号、类别及标准组织制定机构见表3-4。

表 3-4 我国行业标准代号、类别及标准组织制定机构一览表

序号	代号	标准类别	序号	代号	标准类别	序号	代号	标准类别
1	AQ	安全生产	24	JC	建材		SJ	电子
2	BB	包装	25	JG	建筑工业		SL	水利
3	CB	船舶	26	JGJ	建工行标	47	SN	商检
4	CH	测绘	27	JR	金融	48	SY	石油天然气
5	CJ	城镇建设	28	JT	交通	49	SY(10000号以后)	海洋石油天然气
6	CY	新闻出版	29	JY	教育	50	TB	铁道
7	DA	档案	30	LB	旅游	51	TD	土地管理
8	DB	地震	31	LD	劳动和劳动安全	52	TJ	铁道交通
9	DL	电力	32	LS	粮食	53	TY	体育
10	DZ	地质矿产	33	LY	林业(LYJ)	54	WB	物资管理
11	EJ	核工业	34	MH	民用航空	55	WH	文化
12	FZ	纺织	35	MT	煤炭	56	WJ	兵工民品
13	GA	公共安全	36	MZ	民政	57	WM	外经贸
14	GBJ	建工国标 5 万号以上	37	NB	能源	58	WS	卫生
15	GH	供销	38	NY	农业	59	WW	文物保护
16	GJB	国军标	39	QB	轻工	60	XB	稀土
17	GY	广播电影电视	40	QC	汽车	61	YB	黑色冶金
18	HB	航空	41	QJ	航天	62	YC	烟草
19	HG	化工	42	QX	气象	63	YD	通信
20	HJ	环境保护	43	SB	国内贸易	64	YS	有色冶金
21	HS	海关	44	SBJ	国内贸易行标	65	YY	医药
22	HY	海洋	45	SC	水产	66	YZ	邮政
23	JB	机械	46	SH	石油化工	67	ZY	中医药

3.1.2 深化标准化工作改革政策

自党的十八大以来，我国将标准化提升到支撑全面建成小康社会、提高经济社会发展质量和效益的战略高度。2013 年 3 月，《国务院机构改革和职能转变方案》强调加强技术标准体系建设。2015 年 3 月，《国务院关于促进市场公平竞争维护市场正常秩序的若干意见》(国发〔2014〕20 号)指出，强化依据标准监管，加快推动修订标准化法，推进强制性标准体系改革，强化国家强制性标准管理；鼓励行业协会商会制定发布产品和服务标准，参与制定国家标准、行业规划和政策法规；建立企业产品和服务标准自我声明公开和监督制度。2013 年 11 月，《中共中央关于全面深化改革若干重大问题的决定》提出，政府要加强发展战略、规划、政策和标准等的制定和实施，加强市场活动监管，加强提供各类公共服务。在此背景下，2015 年 3 月，国务院以国发〔2015〕13 号文印发《深化标准化工作改革方案》(国发〔2015〕13 号)(以下简称《方案》)，拉开了标准化工作改革帷幕，开启了标准化科学发展新征程。

1. 深化标准化工作改革方案

《方案》要求标准化工作改革要充分依靠市场在资源配置中的决定性作用，同时更好地发挥政府的指导作用，着力解决标准体系不完善、管理体制不顺畅和社会主义市场经济发展不适应的问题，改革标准体系和标准化管理体制，改进标准制定工作机制，强化标准的实施与监督，更好地发挥标准化在推进国家治理体系和治理能力现代化中的基础性、战略性作用，促进经济持续健康发展和社会全面进步。

《方案》强调在坚持"简政放权、放管结合，国际接轨、适合国情，统一管理、分工负责，依法行政、统筹推进"四项原则开展改革的基础上，建立政府主导制定的标准与市场自主制定的标准协同发展、协调配套的新型标准体系，健全统一协调、运行高效、政府与市场共治的标准化管理体制，形成政府引导、市场驱动、社会参与和协同推进的标准化工作格局，有效支撑统一市场体系建设，让标准成为对质量的"硬约束"，推动中国经济迈向中高端水平。

《方案》明确了6方面的改革措施。一是建立高效权威的标准化统筹协调机制，统筹标准化重大改革，研究标准化重大政策，对跨部门跨领域、存在重大争议标准的制定和实施进行协调。二是整合精简强制性标准。逐步将现行强制性国家标准、行业标准和地方标准整合为强制性国家标准。强制性国家标准由国务院批准发布或授权批准发布。三是优化完善推荐性标准。进一步优化推荐性国家标准、行业标准和地方标准体系结构，推动向政府职责范围内的公益类标准过渡，逐步缩减现有推荐性标准的数量和规模。四是培育发展团体标准。鼓励具备相应能力的学会、协会、商会和联合会等社会组织和产业技术联盟，协调相关市场主体共同制定满足市场和创新需要的标准，增加标准的有效供给。五是放开搞活企业标准。建立企业产品和服务标准自我声明公开和监督制度，逐步取消政府对企业产品标准的备案管理，落实企业标准化主体责任。六是提高标准国际化水平。积极参与国际标准化活动，推动与主要贸易国之间的标准互认，大力推广中国标准，以中国标准"走出去"带动我国产品、技术、装备和服务"走出去"。

《方案》明确将改革分3个阶段组织实施。第一阶段为2015—2016年，主要是积极推进改革试点工作，修改完善《标准化法》等相关法律法规和管理制度，同时对现行标准体系进行全面清理和复审，开展团体标准试点、企业产品和服务标准自我声明公开试点以及监督制度改革试点，主导和参与制定国际标准数量达到年度国际标准制定总数的50%。

第二阶段为2017—2018年，主要是稳妥向新型标准体系过渡。重点围绕国家强制性标准管理、团体标准制定机构培育、团体标准建设与评价监督、企业产品和服务标准自我声明公开，以及监督制度的基本完善与全面实施等方面扎实稳妥地改革过渡。同时，国际国内标准水平一致性程度显著提高，主要消费品领域与国际标准一致性程度达到95%以上。

第三阶段为2019—2020年，基本建成结构合理、衔接配套、覆盖全面和适应经济社会发展需求的新型标准体系，我国标准国际化水平大幅提升，完成各项改革任务。一是理顺并建立协同、权威的强制性国家标准管理体制；二是形成协调配套、简化高效的推荐性标准管理体制；三是市场自主制定的团体标准、企业标准发展得较为成熟；四是参与国际标准化治理的能力进一步增强，承担国际标准组织技术机构和领导职务的数量显著增多，与主要贸易伙伴国家标准互认的数量大幅增加，我国标准的国际影响力不断提升，已迈入世界标准强国行列。

2. 深化标准化工作的改革推进

《国务院办公厅关于印发贯彻实施〈深化标准化工作改革方案〉行动计划(2015—2016年)的通知》(国办发〔2015〕67号)《国务院办公厅关于印发强制性标准整合精简工作方案的通知》(国办发〔2016〕3号)《国务院办公厅关于印发贯彻实施〈深化标准化工作改革方案〉重点任务分工(2017—2018年)的通知》(国办发〔2017〕27号)和《市场监管总局关于印发贯彻实施〈深化标准化工作改革方案〉重点任务分工(2019—2020年)的通知》(国市监标技〔2019〕88号)等阶段性的指导文件与国家标准化管理委员会(SAC)每年发布的《国家标准项目立项指南》《全国标准化工作要点》相结合,为我国深化标准化工作改革提供了制度保障。

自2015年开始,我国深化标准化工作改革总体进展比较顺利,取得了积极的成效。

一是完成了强制性标准的整合精简。根据2017年11月修订发布、2018年1月1日开始实施的《标准化法》,按照"一个市场、一个底线、一个标准"的改革目标,经过评估清理,将原有的11224项强制性标准,包括强制性国家标准、强制性行业标准、强制性地方标准,除了部分领域(例如食品安全、工程建设、环境保护),强制性的行业标准和强制性地方标准都已废止或转化为推荐性标准。精简后,强制性国家标准从原来的3600项压缩至2111项。2020年1月6日,《国家强制性标准管理办法》颁布,并于2020年6月1日开始实施。

二是开展了推荐性标准集中复审。截至2019年9月,完成了对10万余项推荐性国家标准、行业标准和地方标准以及计划项目的全面集中复审,确定了需要废止的国家标准及计划2355项、行业标准及计划4886项、地方标准及计划5130项,标准滞后和交叉重复矛盾的问题基本得到了解决。

三是培育发展了一批团体标准。2015年,中国标准化协会、中国汽车工程学会、中华中医药学会、中国土木工程学会、中国电子学会、中国机械工程学会、中国公路学会和中国铁道学会等12家单位成为团体标准试点单位。2018年,中关村材料试验技术联盟、中国特钢企业协会、山东标准化协会和中国交通企业管理协会等144家单位纳入第二批团体标准试点。《团体标准管理规定》历经2017年12月15日发布试行版后,2019年1月9日正式颁布实施。截至2019年年底,我国已有3000多家社会团体发布了1.2万项团体标准,涵盖了智慧交通、高端制造、共享经济、消费用品和养老服务等领域。

四是放开搞活了企业标准。全面取消企业标准的备案,建立企业标准自我声明公开和领跑者制度。截至2019年年底,已有24万多家企业以自我声明的形式公开了126万多项标准,涵盖217万多种产品,通过第三方评估机构开展的企业标准水平评估,我国全年发布相关产品及服务360多个,245家企业、315项标准和342个产品型号进入2019年企业标准"领跑者"名单,企业以高标准引领产品和服务高质量发展的标杆示范作用越发凸显。

五是推动开展地方标准化改革。根据新修订的标准化法的规定,赋予设区的市地方标准制定权,增强地方标准供给与服务能力,推动各级地方政府建立标准化工作协调推进机制。2018年3月,国务院批准了浙江、江苏、广东、山东和山西5省开展地方标准化综合改革试点,获得了积极的成效。2020年1月16日正式发布《地方标准管理办法》,并于2020年3月1日起正式实施。

此外,深化标准化工作改革的其他各项任务进展顺利,而且国家标准化管理委员会正坚定不移地推进深化标准化工作改革，狠抓改革措施的落地，一方面确保到2020年年底前完成改革方案提出的各项目标任务，另一方面积极为我国国家标准化体系建设创造良好的内生机制和外部条件。

3.1.3 国家标准化体系建设政策

国家标准化体系建设是深化标准化工作改革的重要内容之一。国家标准化体系包括标准体系、标准实施体系、标准监督体系、标准化服务体系、标准化保障体系，以及国际标准化工作体系6方面。2015年12月，国务院办公厅以国办发〔2015〕89号文印发了我国标准化领域第一个国家专项规划——《国家标准化体系建设发展规划(2016—2020年)》(国办发〔2015〕89号)(以下简称《规划》)，专项部署推动实施标准化战略，加快完善标准化体系，全面提升我国标准化水平。

1. 国家标准化体系建设发展规划

《规划》坚持需求导向与问题导向相结合，国际接轨与适合国情相结合，继承与发展相结合，基础性与战略性相结合，近期与长远相结合以及点线面相结合的务实思路，对我国国家标准化体系进行了整体规划，要求按照“四个全面”战略布局，落实深化标准化工作改革的要求，加快标准化在经济社会各领域的普及应用和深度融合，充分发挥“标准化＋”效应，为我国经济社会创新发展、协调发展、绿色发展、开放发展和共享发展提供技术支撑。

在规划发展目标方面，基于发展现状和可行性综合平衡，提出了4方面的总体目标。一是到2020年，基本建成支撑国家治理体系和治理能力现代化的具有中国特色的标准化体系。二是标准化战略全面实施，标准有效性、先进性和适用性显著增强。三是标准化体制机制更加健全，标准服务发展更加高效，基本形成市场规范有标可循、公共利益有标可保、创新驱动有标引领和转型升级有标支撑的新局面。四是“中国标准”国际影响力和贡献力大幅提升，我国迈入世界标准强国行列。同时，《规划》还把定性和定量相结合地提出了4方面的发展子目标。

《规划》的主要内容可以概括为“部署6项主要任务，聚焦5大重点领域，实施10大标准化工程，提供5项保障措施”。具体内容如下。

6项主要任务包括，一是优化标准体系，深化标准化工作改革，完善标准制定程序，落实创新驱动战略，发挥市场主体作用，加快建立由政府主导制定的标准和市场自主制定的标准共同构成的新型标准体系；二是推动标准实施，完善标准实施推进机制，强化政府在标准实施中的作用，充分发挥企业在标准实施中的作用，提升标准化服务发展的质量和效益；三是强化标准监督，建立标准分类监督机制，建立标准实施的监督和评估制度，加强标准实施的社会监督；四是提升标准化服务能力，建立完善标准化服务体系，加快培育标准化服务机构；五是加强国际标准化工作，积极主动参与国际标准化工作，深化标准化国际合作，提升我国对国际标准化活动的贡献度和影响力；六是夯实标准化工作基础，加强标准化人才培养，加强标准化技术委员会管理，加强标准化科研机构建设与标准化信息化建设等自身能力建设。

5大重点领域涉及，一是经济建设领域，以统一市场规则、调整产业结构和促进科技成果转化为着力点，通过加强经济建设标准化支撑转型升级；二是社会治理领域，以改进社会治理方式、优化公共资源配置和提高民生保障水平为着力点，通过加强社会治理标准化保障改善民生；三是生态文明领域，以资源节约、节能减排、循环利用、环境治理和生态保护为着力点，通过加强生态文明标准化服务绿色发展；四是文化建设领域，以优化公共文化服务、推动文化产业发展和规范文化市场秩序为着力点，通过加强文化建设标准化促进文化繁荣；五是政府管理领域，以推进各级政府事权规范化、提升公共服务质量和加快政府职能转变为着力点，通过加强政府管理标准化提高行政效能。

10大标准化工程包括，一是农产品安全标准化工程，以保障粮食等重要农产品安全为目标，全面提升农业生产现代化、规模化和标准化水平；二是消费品安全标准化工程，以保障消费品安全为目标，建立完善消费品安全标准体系；三是节能减排标准化工程，落实节能减排低碳发展有关规划及《国家应对气候变化规划(2014—2020年)》，以有效降低污染水平为目标，开展治污减霾、碧水蓝天标准化行动；四是基本公共服务标准化工程，聚焦城乡一体化发展中的基层组织和特殊人群保护等重点领域，加快推进基本公共服务标准化工作；五是新一代信息技术标准化工程，编制新一代信息技术标准体系规划，建立面向未来、服务产业、重点突出和统筹兼顾的标准体系；六是智能制造和装备升级标准化工程，围绕"中国制造2025"，立足国民经济发展和国防安全需求，制定智能制造和装备升级标准的规划，研制关键技术标准；七是新型城镇化标准化工程，依据《国家新型城镇化规划(2014—2020年)》，建立层次分明、科学合理和适用有效的标准体系；八是现代物流标准化工程，落实《物流业发展中长期规划(2014—2020年)》，系统推进物流标准研制、实施、监督、国际化等各项任务；九是中国标准走出去工程，按照"促进贸易、统筹协作、市场导向、突出重点"的要求，大力推动中国标准走出去，支撑我国产品和服务走出去；十是标准化基础能力提升工程，以整体提升标准化发展的基础能力为目标，推进标准化核心工作能力、人才培养模式和技术支撑体系的建设。

为确保完成规划目标任务，《规划》还提出了加快标准化法治建设、完善标准化协调推进机制、建立标准化多元投入机制、加大标准化宣传工作力度和加强规划组织实施**5项保障措施**。

2. 国家标准化体系建设相关政策

根据《国家标准化体系建设发展规划(2016—2020年)》，我国围绕十大标准化工程部署的工作事项，在所提及的标准化体系建设相关政策文件的基础上，国家标准化管理委员会同各有关部门陆续出台了一系列与我国标准化体系建设相关的政策文件(见表3-5)，为完善我国国家标准化体系、深化标准化工作改革不断添砖加瓦。

表3-5　我国国家标准化体系建设相关政策文件清单(不完全统计)

序号	发布日期	文件名称	文号
1	2014年9月	《物流业发展中长期规划(2014—2020年)》	国发〔2014〕42号
2	2016年8月	《装备制造业标准化和质量提升规划》	国质检标联〔2016〕396号
3	2016年9月	《消费品标准和质量提升规划(2016—2020年)》	国办发〔2016〕68号
4	2017年11月	《社会管理和公共服务标准化发展规划(2017—2020年)》	国标委服务联〔2017〕129号

续表

序号	发布日期	文件名称	文号
5	2018年2月	《关于培育发展标准化服务业的指导意见》	国标委服务联〔2018〕18号
6	2018年3月	《关于开展农产品电商标准体系建设工作的指导意见》	—
7	2018年7月	《关于建立健全基本公共服务标准体系的指导意见》	—
8	2018年10月	《国家智能制造标准体系建设指南(2018年版)》	工信部联科〔2018〕154号
9	2019年9月	《生产性服务业标准化三年行动计划(2019—2021年)》	国市监标技〔2019〕173号

其中,部分国家标准化体系文件提及物流标准化及其体系建设问题,包括《物流业发展中长期规划(2014—2020年)》《消费品标准和质量提升规划(2016—2020年)》《关于开展农产品电商标准体系建设工作的指导意见》和《生产性服务业标准化三年行动计划(2019—2021年)》等,充分体现了我国现代物流对于我国农产品、消费品商贸流通领域及生产制造领域的基础性、战略性和先导性地位。

我国标准化法律修订完善、标准化工作管理体系优化调整、深化标准化工作改革和国家标准化体系建设等一系列由内而外的变革不仅是我国标准化工作领域供给侧结构改革的内在需求,也为我国包括现代物流领域在内的其他各个领域的供给侧结构性改革创造了良好的基础条件,提供了高质量发展的内在动力。

3.2 我国物流标准化政策发展概述

3.2.1 我国物流标准化总体政策回顾

现代物流在我国各行业的发展普遍开始于20世纪90年代后半期。在20世纪末之前的长期发展过程中,我国物流标准化问题尚未从国家层面提出,运输、仓储、信息、邮政、商贸和机械制造等物流相关行业按照传统生产流通方式制定本行业的技术装备和作业环节标准,没有充分考虑行业衔接与整合运作的需要。1997年电子商务在我国萌芽,物流问题成为有关政府部门、企业和学术研究机构关注的焦点,原国内贸易部产业发展司决定对物流的定义展开研究。由于物流术语涉及相关行业多,所以原国家科委、原国家质量技术监督局批准将其作为国家标准研究项目,先后由北京工商大学、原中国物资流通协会物流技术经济委员会牵头负责《物流术语》的研究与编制工作。

进入21世纪以后,随着我国现代物流意识的萌芽与物流产业的逐步形成,物流业在国民经济中的地位日益凸显,物流标准化问题开始受到有关方面的重视。按照供应链管理理论和现代物流发展的内在规律,建立完整、系统相互衔接和相互联系的物流标准科学体系,推进物流业的健康发展,成为迫切需要解决的问题。2001年4月17日,经过多年研究,由原中国物资流通协会物流技术经济委员会(现中国物流与采购联合会)负责起草的我国第一个物流基础性标准《物流术语》(GB/T 18354—2001)发布,并于2001年8月1日起实施。该标准的发布实施,对于当时我国界定"物流"这个新兴业态、规范物流全链条活动以及推动物流业的快速发展起到了重要作用。

以《物流术语》(GB/T 18354—2001)为重要标志,我国进入了现代物流 1.0 时代,物流标准化工作也从此被正式提上重要议程。2001 年,原国家经贸委等 6 个部门联合印发的《关于加快我国现代物流发展的若干意见》提出要大力加强我国的物流标准化工作。2003 年 12 月,全国政协在向中办和国办报送了《关于我国现代物流情况的调研报告》,针对我国物流信息化、标准化程度不高的问题,建议加强物流标准化和信息化建设,国务院领导专门批示有关部门进行研究。

2003 年 8 月,全国物流信息管理标准化技术委员会(SAC/TC267)经国家标准委批准成立,负责物流信息基础、物流信息系统、物流信息安全、物流信息管理和物流信息应用等领域的标准化工作,秘书处设在中国物品编码中心。同年 9 月,全国物流标准化技术委员会(SAC/TC269)经国家标准委批准成立,负责在物流领域内从事全国性标准化技术组织的工作,秘书处设在中国物流与采购联合会,主要负责物流基础、物流技术、物流管理和物流服务等标准化技术工作。

2004 年 1 月,国家标准委《关于下达物流标准研究课题的通知》(标委计划函〔2004〕1 号)将研究编制物流标准体系表列入国家标准委标准化研究项目。2004 年 8 月,经国务院批准,国家发改委、商务部等 9 部委联合印发了《关于促进我国现代物流业发展的意见》(发改运行〔2004〕1617 号),其中明确提出:要建立和完善物流技术标准化体系,加快制定和推进物流基础设施、技术装备、管理流程和信息网络的技术标准,尽快形成协调统一的现代物流技术标准化体系。

基于这一系列现代物流发展政策和两个物流标准化技术委员会组织保障的支撑,从 2005 年开始,国家标准委、国家发改委等 9 部门联合出台了我国首个物流标准化相关的规划文件——《全国物流标准 2005 年—2010 年发展规划》(国标委计划联〔2005〕52 号)。此后,为贯彻落实《国务院关于印发物流业调整和振兴规划的通知》(国发〔2009〕8 号)的要求,2010 年 6 月,国家标准委、国家发改委等 11 部门再次联合编制印发了《全国物流标准专项规划》(国标委服务联〔2010〕42 号)。为贯彻落实《物流业发展中长期规划(2014—2020 年)》(国发〔2014〕42 号),2015 年 7 月,国家标准委、国家发改委等 15 部门联合编制出台了《物流标准化中长期发展规划(2015—2020 年)》(国标委服务联〔2015〕54 号)。这 3 个专项规划文件成为我国现代物流不同发展阶段物流标准化工作的基本框架和重要指南。

1.《全国物流标准 2005 年—2010 年发展规划》要点

2005 年 6 月,国家标准委、国家发改委等 9 部门出台的《全国物流标准 2005 年—2010 年发展规划》(国标委计划联〔2005〕52 号,以下简称《发展规划》)的文件标志着我国物流标准化工作进入体系化发展时代。

《发展规划》以加快制定和推进物流基础设施、技术装备、管理流程、信息网络技术标准,尽快形成协调统一的现代物流技术标准体系为目标,以"物流标准体系表"为中心和突破口,提出了我国物流标准 2005—2010 年发展规划的工作目标、重点项目、实施阶段、主要措施、物流标准体系框架及具体项目,奠定了我国现代物流标准化体系建设的基础。

《发展规划》设定了 3 方面的工作目标。一是对现有分散在各部门的涉及物流活动的标准按物流内在联系进行梳理之后,依据"物流标准体系表"的结构和层次提出各阶段需要制、修订的物流标准项目。二是到 2010 年完成 300 项左右的物流标准制定、修订工作,使物流活动部门之间标准相互交叉重复、不协调的问题得到基本解决，使与国际接轨的业务活动中标准的一致性获得满足。三是在实践的基础上，在2010年前完成对现有“物流标准体系表”的修订、完善工作，形成一个以新制定和修订的物流标准为核心的、具有推动物流行业创新发展作用的物流标准体系表。

《发展规划》明确了3个规划实施阶段。第一阶段：2005—2006年，以物流通用基础类标准和社会急需的物流标准的制定、修订为主。第二阶段：2007—2008年，主要考虑物流技术、信息、服务质量和安全操作等方面的系列标准的制定、修订，涉及物流统计方面的标准也要在这一阶段加紧进行。第三阶段：2009—2010年，重点围绕物流创新一体化服务及其相应的配套标准开展标准制定、修订活动。

《发展规划》明确了5类重点标准项目。按照国家标准体系表编制的要求，结合物流领域各相关行业的标准，在已有相关工作的基础上，将物流标准体系表分为物流通用基础标准、物流技术标准、物流信息标准、物流管理标准和物流服务标准5部分，并分别明确了33个修订标准项目，275个制定标准项目。

通用基础类标准。包括术语类标准、综合物流服务的单证类标准、物流标志和标识等方面的标准，修订标准项目1个，制定标准项目2个。

物流技术类标准。包括综合物流作业技术规范、物流集成优化技术标准、各种物流操作设施设备的接口和集成化所用的工具等，修订标准项目2个，制定标准项目53个。

物流信息类标准。包括信息类的基础标准、物流信息分类与编码标准、物流信息采集标准、物流电子单证及信息交换平台标准和物流信息管理及物流信息服务类的标准等，修订标准项目20个，制定标准项目73个。

物流管理类标准。包括物流企业分类、物流规划和园区建设的基础标准，物流中心、配送中心、仓库和设施的设计规范，物流安全标准、物流环保标准和特殊物品物流业务安全标准，以及宏观管理与企业内部科学化管理共同需要的统计等方面的标准，修订标准项目10个，制定标准项目81个。

物流服务类标准。包括物流服务基础标准、综合物流服务质量标准、物流环节作业服务标准、专业物流服务标准和物流从业人员资质标准等，含制定标准项目66个。

《发展规划》首次提出了我国物流标准体系整体框架。我国物流标准体系建设从零起步，开展了大量的前期研究和范围界定工作，主要包括以下5方面。一是研究并充分吸收涉及物流领域各相关行业标准和各有关方面已有的工作成果；二是对物流现代经营理念、操作方式和运营模式进行了较为系统的分析、研究，并组织专家进行反复讨论、修改完善；三是突出物流具有系统资源整合、集成、优化的特点，重点放在涉及相互接口和物流需求派生的新物流服务方式的标准制定上；四是坚持突出现代物流特征的原则，对原有的分属不同部门管理并正在实施的传统物流服务的质量标准统一归纳为“物流环节作业服务标准”，包括各种运输服务、仓储服务和货运代理服务等；五是对于物流活动采用的技术装备和设施的标准，除安全、作业衔接要求等通用的基础标准外，均不单独列出，由企业自行制定。同时，《发展规划》明确提出，由于涉及物流的标准在国家工业、农业、交通、商贸、建筑和军事等各部门领域中均有体现，因此物流标准体系表所列标准应适用于农业、建筑业、加工制造业、交通运输业、商贸流通业、采矿业、邮政业、金融与保险业以及军事后勤等各行业领域。

在以上前期工作的基础上，按照国家标准体系表编制的要求，首次规划设计了我国物流标准体系表的整体框架，主要包含以下6个层次：第一层为物流通用基础标准层，主要包括物流术语标准、物流企业分类标准、物流标志标识标准等；第二层根据物流标准化对象的不同特性分成4个专业类别，其中物流技术又分成两部分，即技术方法和设施设备；第三和第四层除物流技术部分以外，其他部分分为3个标准体系层次；第五层为物流技术部分专业的进一步细划；第六层为个性标准。

2.《全国物流标准专项规划》要点

为贯彻落实《国务院关于印发物流业调整和振兴规划的通知》(国发〔2009〕8号)在新形势下进一步推进物流标准化工作的要求，针对其中提出的“制定物流标准专项规划”任务，2010年6月，国家标准委联合国家发改委等10部门以及全国物流标准化技术委员会(SAC/TC269)、全国服务标准化技术委员会(SAC/TC264)、全国物流信息管理标准化技术委员会(SAC/TC267)、全国国际货运代理标准化技术委员会(SAC/TC489)印发了《全国物流标准专项规划》(国标委服务联〔2010〕42号)(以下简称《专项规划》)。

《专项规划》从我国物流业发展的实际需要出发，提出了物流技术、物流信息、物流服务、道路运输、铁路运输、国际货运代理、仓储、粮食物流、冷链物流、医药物流、汽车和零部(配)件物流、邮政(含快递)物流和应急物流等13个物流重点领域、137项标准的制定、修订任务，旨在推动物流业基础性、通用性标准和急需标准的制定、修订工作，健全并完善重点突出、结构合理、层次分明、科学适用和基本满足物流业发展需要的物流标准体系，充分发挥物流业相关部门、行业和技术组织的作用，共同推进物流业标准化工作的深入开展。《专项规划》的编制出台是对《全国物流标准2005年—2010年发展规划》的及时补充和有益完善，有效地促进了物流业的规范运行和全面健康发展。

《专项规划》设定了为期3年的主要目标。通过3年的努力建立和完善重点突出、结构合理、层次分明、科学适用和基本满足物流业发展需要的物流标准体系；在加快专业类物流标准制定、加强基础性研究、强化标准宣贯实施等方面取得阶段性成果。并明确要求，到2011年年底基本实现以下目标：一是完成制定、修订物流标准137项(国家标准122项，行业标准15项)，以及2010年下达的标准制定、修订项目计划；二是将国家标准制定、修订周期控制在2年以内，标龄控制在4.5年以内；三是冷链物流、医药物流、汽车和零部(配)件物流和应急物流等重点物流领域标准化基础性研究取得重要成果；四是重点物流领域的物流作业、信息、管理、服务、安全等运作环节和设备设施有标准可依，标准实施取得成效。

《专项规划》明确了13个重点领域及主要任务。一是基础通用标准的3个重点领域规划完成50项标准。其中，物流技术领域规划完成物流自动化、仓储设备设施、托盘、货架、分拣和装卸机械等方面标准共27项；物流信息领域规划完成电子数据交换、条码、物流信息平台建设、移动物流信息技术和道路运输卫星定位监管等方面标准共20项；物流服务领域规划完成物流园区服务、媒介购物物流服务和物流服务合同准则方面标准共3项。

二是公共类物流标准的4个重点领域规划完成49项标准。其中，道路运输领域规划完成运输作业、道路货运管理和卫星定位监管系统等方面标准共12项；铁路运输领域规划完成铁路运输行包分类、包装铁路集装箱2项标准；国际货运代理领域规划完成术语、责任保险、风险评估、绩效评估、作业规范、服务质量、信息交换、企业信用、货物包装、加工贸易、合同和货运单证等方面标准共 31 项；仓储领域规划完成仓储绩效、仓单要素、配送作业等方面标准共 4 项。

三是专业类物流标准的 6 个重点领域规划完成 38 项标准。其中，粮食物流领域规划完成粮食产品物流基础管理、规划设计、装卸作业、信息技术和专用设施设备等方面标准共 19 项；冷链物流领域规划完成冷链作业、冷库管理、企业评估、水产品和畜禽产品运作规范等方面标准共 5 项；医药物流领域规划完成运作规范、服务规范和冷链专用箱方面标准共 3 项；汽车和零部(配)件物流领域规划完成术语、零部件周转箱、运输乘用车捆绑和信息模块方面标准共 5 项；邮政(含快递)物流领域规划完成快递运单、安全作业和信息技术方面标准共 3 项；应急物流领域规划完成企业评估、包装标识和仓储设备方面标准共 3 项。

《专项规划》对物流标准体系框架图进行调整优化。除了继续保留物流基础、物流技术、物流信息、物流管理和服务 5 个基本部分以外，还根据我国现代物流行业发展的现状及趋势增加了公共类物流标准和专业类物流标准。其中公共类物流标准包括道路运输、铁路运输、水路运输、航空运输、多式联运、货运代理、仓储和其他标准共 8 大类。专业类物流标准包括钢铁物流煤炭物流铁矿石等重要矿产品物流、石油石化物流、建材物流、粮食物流、棉花物流、冷链物流、医药物流、汽车和零部(配)件物流、邮政(含快递)物流、应急物流、其他物流等 13 类子体系，鉴于有关标准项目仍需做进一步的研究和论证，暂未提出具体项目，只在物流标准体系框架中列出，待后续补充完善。

《专项规划》还同步发布了《全国物流标准 2009 年—2011 年专项规划计划项目汇总表》，提出了 13 方面的物流制定、修订计划。其中物流技术标准 27 项、物流信息标准 20 项、物流服务标准 3 项、道路运输标准 12 项、铁路运输标准 2 项、国际货运代理标准 31 项、仓储标准 4 项、粮食物流标准 19 项、冷链物流标准 5 项、医药物流标准 3 项、汽车和零部标准配项件物流标准 5 项、邮政标准含快递项物流标准 3 项、应急物流标准 3 项。

3.《物流标准化中长期发展规划(2015—2020 年)》要点

2014 年 9 月，国务院出台的《物流业发展中长期规划(2014—2020 年)》(国发〔2014〕42 号)首次提出："物流业是支撑国民经济发展的基础性、战略性产业，加快发展现代物流业对于促进产业结构调整、转变发展方式、提高国民经济竞争力和建设生态文明具有重要意义。"并明确强调"加强物流标准化建设、加紧编制并组织实施物流标准中长期规划，按照重点突出、结构合理、层次分明、科学适用和基本满足发展需要的要求，完善国家物流标准体系框架，推动物流标准化重点工程。"

为贯彻落实《物流业发展中长期规划(2014—2020 年)》精神，结合国际国内经济、技术与市场的发展变革趋势，同时结合我国 2015 年开始的深化标准化工作改革，2015 年 7 月，国家标准委、国家发改委等 15 部门联合编制印发了《物流标准化中长期发展规划(2015—2020 年)》(国标委服务联〔2015〕54 号)，以下简称《中长期规划》。

《中长期规划》要求以促进物流标准化升级为主线，创新物流标准化工作机制，完善物流标准体系，加强重点标准研制，积极探索团体标准，强化标准推广实施，提高标准评估监督水平，提升实质性参与国际标准化活动的能力，增强我国物流标准竞争力，为促进国民经济转型升级和物流业可持续发展提供有力支撑。

《中长期规划》明确了到 2020 年的物流标准化工作发展目标。一是物流标准体系进一步优化。建成强制性标准与推荐性标准相互协调，与国家标准、行业标准、团体标准协同有序发展的物流标准体系。二是物流标准化机制更加完善，初步建立分工明确、协调有序和高效运作的物流标准化管理机制。三是物流标准水平明显提高。物流标准科学性、有效性和实用性显著增强，科学研究与标准研制的结合更加紧密，标准在国际竞争中的影响力显著提升。四是物流标准实施效果显著增强。物流标准的宣传推广渠道和手段不断拓展，物流标准实施信息反馈机制进一步完善，在重点领域开展100个物流标准化试点，物流标准化示范项目成效显著，在促进物流运行效率提高方面的作用进一步显现。

《**中长期规划**》**提出了物流标准化工作6项主要任务**。一是完善物流标准体系。在整合精简物流强制性标准的同时，科学有序发展国家标准、行业标准、团体标准和企业标准，逐步形成政府主导制定的标准与市场自主制定的标准协同发展、协调配套的新型物流标准体系。二是提高物流标准制定、修订水平。鼓励企业、社团组织积极参与物流标准化工作，加强物流标准研制全过程管理，逐步形成物流标准持续完善的内生动力。三是加大物流标准实施监督力度。加强物流强制性标准实施监督，建立和完善多方监督机制，加大物流标准宣贯力度，开展企业产品和服务标准自我声明公开。四是深化物流标准化试点示范，围绕物流关键设施设备、运营模式推进物流标准化综合试点，同时选取部分节点城市开展重点领域的物流标准化专项试点。五是积极参与国际标准化工作，推动先进国际标准“引进来”以及中国标准“走出去”。六是强化物流标准基础研究，特别是物流标准基础理论、新兴领域和重点项目物流标准化的前期研究、物流领域团体标准的研究，以及物流标准实施效用机理与效用评价等综合性研究。

《**中长期规划**》**指定了3大类标准制定、修订重点领域**。一是基础类物流标准。重点开展物流术语、物流标识等标准的制定、修订，逐步探索物流模数标准制定。二是通用类物流标准。重点开展物流诚信标准、应急物流标准，绿色物流指标及评价、绿色仓储及设备、绿色包装、逆向物流等绿色物流标准的制定、修订，以及物流信息共享交换标准、物流效率相关标准的制、修订。三是专业类物流标准，重点开展食品物流、医药物流、汽车物流、家电物流、电子商务物流、冷链物流、烟草物流和危化品物流标准的制定、修订工作，加快各领域物流装备标准化进程。

《**中长期规划**》**提出了物流标准化建设8大重点工程**。一是托盘标准应用推广及循环共用体系建设工程。二是冷链物流标准体系建设及应用推广工程。三是物流信用标准体系建设工程。四是物流信息标准化工程。五是电子商务物流标准化工程。六是物流服务标准化综合试点工程。七是物流标准国际化培育工程。八是物流标准化基础能力建设工程。

总之，3个物流标准化建设相关规划以5年一个周期的频次迭代更新，不仅实现了我国物流标准化体系框架从无到有和从有到优，而且具有良好的未来发展可扩展性，通过紧扣我国社会经济发展的客观需求，坚持创新机制、协同推进、突出重点和注重实效的基本原则，成为我国深化标准化工作改革与国家标准化体系建设的重要组成部分，并取得了良好的建设成效，为我国现代物流的高质量发展与供给侧结构性改革提供了层次分明、结构合理、重点突出、衔接配套和科学适用的物流标准供给。

3.2.2　我国物流标准化相关政策概要

除了以上《全国物流标准2005年—2010年发展规划》等3个具有标志性意义的物流标

准化总体规划之外，我国近年出台的物流业领域的相关政策中，始终把物流标准建设及标准化工作作为重要的政策导向，为促进我国国民经济转型升级和物流业可持续发展提供了有力支撑。这些涉及物流标准化工作的相关政策总体上可以划分为4大类，一是全局性物流工作类政策，二是交通运输物流类政策，三是商贸流通物流类政策，四是供应链体系类政策。通过对这些政策有关物流标准化工作安排与部署的概要分析，我们可以更进一步地看到，我国物流标准化工作的重点领域、重点内容和发展趋势。

1. 我国物流标准化相关全局性政策

我国近年出台的现代物流发展相关的全局性政策文件中，物流标准建设和物流标准化工作是其中必不可少的内容之一，从不同的高度和角度对物流标准化工作提出发展方向、具体要求或者行动部署，成为我国物流标准化发展规划、专项规划编制的重要依据，成为我国物流标准化工作落地实施地重要政策保障，促进形成了深化标准化工作改革、国家标准化体系建设与全局性现代物流发展工作高效协同推进的良好局面。近年，我国印发的物流标准化工作相关的现代物流发展全局性文件见表3-6。

表3-6 我国全局性物流标准化工作相关政策清单(不完全统计)

发布日期	文件名称	发文字号
2009年3月	国务院关于印发物流业调整和振兴规划的通知	国发〔2009〕8号
2011年8月	国务院办公厅关于促进物流业健康发展政策措施的意见	国办发〔2011〕38号
2013年9月	国家发展改革委等12个部门关于印发全国物流园区发展规划的通知	发改经贸〔2013〕1949号
2014年10月	国务院关于印发物流业发展中长期规划(2014—2020年)的通知	国发〔2014〕42号
2016年9月	国务院办公厅关于转发国家发改委物流业降本增效专项行动方案(2016—2018年)的通知	国办发〔2016〕69号
2017年3月	国家质检总局等11部门关于推动物流服务质量提升工作的指导意见	国质检质联〔2017〕111号
2017年8月	国务院办公厅关于进一步推进物流降本增效促进实体经济发展的意见	国办发〔2017〕73号
2018年12月	国家发展改革委交通运输部关于印发《国家物流枢纽布局和建设规划》的通知	发改经贸〔2018〕1886号
2019年2月	国家发展改革委交通运输部关于开展物流降本增效综合改革试点的通知	发改经贸〔2019〕325号
2019年2月	国家发展改革委等24部门关于推动物流高质量发展促进形成强大国内市场的意见	发改经贸〔2019〕352号

2009年3月，在国际金融危机对我国实体经济造成了较大冲击的背景下，国务院印发的《物流业调整和振兴规划》(国发〔2009〕8号)系统全面地对我国物流标准化工作进行了战略部署。首先，把“建立技术标准，推进一体化运作”确立为规划发展原则，要求“按照现代物流理念，加快技术标准体系建设，综合集成仓储、运输、货代、包装、装卸、搬运、流通加工、配送和信息处理等多种功能，推进物流一体化运作，提高物流效率”。其次，把“完善物流标准化体系”纳入10大主要任务，要求“根据物流标准编制规划，加快制定、修订物流通用基础

类、物流技术类、物流信息类、物流管理类和物流服务类等标准，完善物流标准化体系”，并做了详细任务安排。再次，把“物流标准和技术推广工程”列为9大重点工程之一，对物流硬件标准化、标准化托盘循环共用和物流标准化试点示范工作等进行了部署。最后，把“制定物流标准专项规划”明确写入相关政策措施，作为7大专项规划之一，由国家标准委会会同有关部门制定落实。此外，规划还明确提出了3方面的标准化工作专项要求：一是加强农产品质量标准体系建设，发展农产品冷链物流；二是尽快制定物流信息技术标准和信息资源标准；三是加大对RFID和移动物流信息服务技术、标准的研发和应用的投入。以此规划为依据，国家标准委会联合国家发改委等10部门联合编制的《全国物流标准专项规划》于2010年6月正式出台。

2011年8月国务院印发的《关于促进物流业健康发展政策措施的意见》在当时被誉为推动落实《物流业调整和振兴规划》的“物流国九条”。该文件对物流标准化工作提出了四方面的要求：一是加强物流标准的制定和推广，促进物流标准的贯彻实施；二是研究制定城市配送管理办法，确定城市配送车辆的标准环保车型；三是推动农产品包装和标识的标准化，完善农产品质量安全可追溯制度；四是提高棉花包装质量和物流技术装备水平与标准化程度。

2013年9月印发的《全国物流园区发展规划》虽然是一个物流领域的专项规划，但与现代物流各个环节息息相关。该项规划提出“建立适应物流园区发展的规范和标准体系”，要求按照适用性强、涵盖面广、与国际接轨的要求，建立和完善物流园区标准体系；修订《物流园区分类与基本要求》(GB/T 21334—2008)国家标准，制定《物流园区服务规范及评估指标》(GB/T 30334—2013)国家标准；按照既要保障物流园区发展又要节约利用土地的原则，建立物流园区规划设计、建设和服务规范，明确园区内部各功能区建设标准和要求。此外，规划还特别强调“统一铁路、公路、水运和民航各种运输方式一体化相关基础设施和运输装备的标准”。

2014年9月，国务院印发的《物流业中长期发展规划(2014—2020年)》是我国现代物流业发展史上的又一个转折性、标志性大事件。该规划不仅首次确立了物流业作为“支撑国民经济发展的基础性、战略性产业”的重要地位，而且对于我国物流标准化工作再次进行了更加深入务实明确的部署安排，成为《物流标准化中长期发展规划(2015—2020年)》出台的重要依据和政策动力。该项规划从4方面对物流标准化工作进行了部署：一是确立“完善标准，提高效率”的基本原则，推动物流业技术标准体系建设；二是明确“加强物流标准化建设”重点任务，要求加紧编制并组织实施物流标准中长期规划，完善物流标准体系，并对物流标准化工作内容做了详细安排；三是提出建设“物流标准化工程”，明确重点推进物流技术、信息等14类物流标准制定、修订工作和钢铁、机械等7类大宗产品物流标准研究制定工作；四是要求从保障措施方面完善物流标准化工作体系，建立相关部门、行业组织和标准技术归口单位的协调沟通机制。此外，该规划还提出了4项具体的标准化工作关注点，一是完善城市配送车辆标准和通行管控措施，二是加快建立绿色物流评估标准和认证体系，三是提高托盘等标准化器具和包装物的循环利用水平，四是提升应急物流设施设备的标准化。

《物流业降本增效专项行动方案(2016—2018年)》(国办发〔2016〕69号)是根据《物流业发展中长期规划(2014—2020年)》出台的我国首个明确以降本增效为导向的物流专项文件。该方案把“健全有效衔接的物流标准体系”作为5大重点行动的21项措施之一，详细部署了标准梳理、标准制定、物流团体标准、企业标准培育发展、物流服务规范、标准托盘推广应用和试点以及物流标准宣贯等相关具体工作。

《关于推动物流服务质量提升工作的指导意见》(国质检质联〔2017〕111号)重点强调"健全物流服务质量标准体系",围绕物流服务质量标准体系建设、集装单元化器具和相关设施设备标准修订、物流团体标准培育发展、物流管理技术和服务标准推广应用、物流企业标准领跑者制度、标准国际化以及物流行业国家服务业标准化试点等方面进行了工作部署。

2017年8月,按照党中央、国务院关于深入推进供给侧结构性改革、降低实体经济企业成本的决策部署,国务院出台了《关于进一步推进物流降本增效促进实体经济发展的意见》(国办发〔2017〕73号)。该文件提出了7方面21条具体意见,"加快推进物流仓储信息化、标准化和智能化,提高运行效率"是其中的一个重要方面,特别强调实施"加强物流装载单元化建设"和"推进物流车辆标准化"两项措施。

《国家物流枢纽布局和建设规划》(发改经贸〔2018〕1886号)的出台是我国加强物流等基础设施网络建设的战略举措。该规划强调在依托国家物流枢纽加快多式联运发展方面,创新标准形成和应用衔接机制。在规划推动的3大工程及其所属的10大子工程中,国家物流枢纽联盟工程强调积极推进标准协同合作机制建设;内陆集装箱体系建设工程强调结合我国国情和物流业发展实际研究推广尺寸和类型适宜的内陆集装箱,完善相关技术标准体系;枢纽国际物流功能提升工程强调积极推进中国标准"走出去"并与国际标准对接;标准化装载器具推广应用工程强调重点加强集装箱、集装袋、周转箱等载运工具和托盘(1200mm×1000mm)、包装基础模数(600mm×400mm)在国家物流枢纽的推广应用;智能快递公共枢纽建设工程强调依托国家物流枢纽建设一批标准化的国际和国内快递公共枢纽。

2019年2月,国家发展改革委、交通运输部联合发布的《关于开展物流降本增效综合改革试点的通知》把提高物流标准化水平列为7大试点领域之一,并且指出了物流标准化试点的3个方向。一是适应物流业发展实际,研究完善地方物流标准体系,并与物流国家标准、行业标准有效衔接。二是指导地方企业加强物流标准应用,使用标准化装载工具、载运设备等。三是探索解决物流不同领域、不同运输方式向标准衔接的问题。

《关于推动物流高质量发展促进形成强大国内市场的意见》(发改经贸〔2019〕352号)是我国现代物流承担促进形成强大国内市场使命、走向高质量发展的标志性文件。该文件在物流标准化工作方面重点围绕"促进标准化单元化物流设施设备应用"和"健全物流标准规范体系"做了详细的工作部署,主要涉及货运车辆标准化、单元化装载器具循环共用、托盘服务运营体系建设、物流标准修订转化或废止、深入推进物流标准化相关试点示范和物流标准推广应用等方面。此外,还特别提及健全完善以网络为依托的货运新业态相关法规制度和标准规范,完善多式联运转运、装卸场站等物流设施标准,加快研究建立物流行业统计分类标准,明确严重失信企业标准,实现物流信息采集标准化等物流标准化工作内容。

通过对我国物流标准化工作相关全局性政策的深入解读,我们发现,物流标准化工作贯穿我国现代物流发展的各个领域与各个环节,我国物流业具有转折性、标志性的重要发展规划往往把物流标准化工作摆在十分重要的位置。由此可见,标准化不仅是实现物流转型升级、互联互通和降本增效的有力武器,还是我国现代物流供给侧结构性改革与高质量发展的基础动力。

2. 我国交通运输领域标准化相关政策

据调研统计表明，运输成本占物流总成本的70%以上，而且交通运输领域是我国现代物流的重点建设领域。2013年3月，《国务院机构改革和职能转变方案》拉开了我国交通运输领域的“大部制”改革的序幕。其中一个重大突破是实行铁路政企分开，将铁道部拟定铁路发展规划和政策的行政职责划入交通运输部，由交通运输部统筹规划铁路、公路、水路和民航的发展，形成了由交通运输部负责管理国家铁路局、中国民用航空局和国家邮政局的交通运输大部门管理架构格局。这样的历史背景导致我国交通运输领域标准化工作一直分布在原交通部、原铁道部、中国民用航空局、国家邮政局4个部门，而目前我国铁路、公路、水路、民航和邮政等领域均已各自形成了比较成熟的标准化体系和管理制度。

在落实国务院深化标准化工作改革精神和“大部制”改革要求方面，交通运输部推动综合交通运输标准化工作取得了明显成效。一是在体制机制方面，组建了标准化管理委员会，主要领导同志任主任，分管部领导和铁路局、民航局、邮政局领导任副主任，统筹协调综合交通运输、铁路、公路、水路、民航和邮政标准化工作。组建了全国综合交通运输标准化技术委员会，负责综合交通运输技术标准归口管理工作。二是在规划政策体系方面，印发了《交通运输标准化“十三五”发展规划》《交通运输标准化体系》等系列重要文件，推动各种运输方式标准协调衔接和加速融合。三是在技术标准体系建设方面，发布了综合交通运输、绿色、安全、物流和信息化5部专业标准体系，全行业现有标准3600余项，综合交通运输标准化工作基础更加牢固。

在推动上述工作的过程中，交通运输部一直致力于《交通运输标准化管理办法》(以下简称《办法》)的编制工作。2015年，交通运输部组建了《办法》起草组。在编制的过程中，《办法》起草组始终把握“大交通”的总体定位，把《办法》作为立足综合交通运输范畴的交通运输行业标准化管理的基础性制度，坚持与上位法协调衔接、与现行各领域标准化管理制度充分衔接以及突出标准化工作“全链条”管理的编制原则。2017年8月和2018年3月，《办法》分两次公开征求了社会意见。2019年5月，交通运输部正式对外发布的《交通运输标准化管理办法》(交通运输部令2019年第12号)成为我国首个全面统筹推进综合交通运输、铁路、公路、水路、民航和邮政标准化工作的标志性文件。

《办法》明确规定，由交通运输部负责综合交通运输和公路、水路领域标准化的相关管理工作，国家铁路局、中国民用航空局和国家邮政局按照各自职责分别负责铁路、民航和邮政领域标准化的相关管理工作，并可以根据工作需要制定本领域标准化规划、标准体系和年度计划，可以依据本办法制定铁路、民航和邮政领域标准化具体管理规定。交通运输部标准化管理委员会负责指导交通运输标准技术体系建设，统筹协调衔接综合交通运输、铁路、公路、水路、民航和邮政领域的标准，研究审核交通运输标准化发展的重大政策和重要事项等工作。

以上分析表明，《办法》在保持铁路、民航和邮政领域标准化工作相对独立的同时，重点强调了铁路、公路、水路、民航和邮政领域的标准应当与综合交通运输标准协调衔接，并对相关衔接机制进行明确的规定。在这种管理机制和“大交通”发展趋势之下，我们进一步回顾近年来交通运输领域的相关政策文件，包括铁路、民航和邮政领域的相关政策文件，可以更加深入地了解我国交通运输物流领域标准化工作的有关情况。我国交通运输领域标准化工作相关政策的不完全统计表见表3-7。

表3-7 我国交通运输领域标准化工作相关政策不完全统计表

发布日期	文件名称	发文字号
2013年9月	交通运输部办公厅关于加强交通运输标准化工作的意见	厅科技字〔2013〕237号
2014年8月	交通运输部关于加强和改进交通运输标准化工作的意见	交科技发[2014]169号
2015年5月	交通运输部办公厅关于发布《综合交通运输标准体系(2015年)》的通知	交办科技〔2015〕80号
2016年1月	交通运输部关于印发交通运输标准化"十三五"发展规划的通知	交科技发〔2016〕15号
2016年8月	关于推进供给侧结构性改革促进物流业"降本增效"的若干意见	交规划发〔2016〕147号
2016年8月	交通运输部办公厅关于组织开展交通运输标准实施效果评价试点工作的通知	交办科技函〔2016〕945号
2017年4月	交通运输部 国家标准化管理委员会关于印发《交通运输标准化体系》的通知	交科技发〔2017〕48号
2018年9月	关于推进运输结构调整三年行动计划(2018—2020年)的通知	国办发〔2018〕91号
2018年11月	交通运输部办公厅关于发布《交通运输物流标准体系(2018年)》的通知	交办科技函〔2018〕154号
2019年4月	交通运输部办公厅关于发布《交通运输信息化标准体系(2019年)》的通知	交办科技〔2019〕49号
2019年5月	《交通运输标准化管理办法》	交通运输部令2019年第12号
2012年11月	《邮政业标准化管理办法》	交通运输部令2012年第7号
2014年5月	国家铁路局关于印发《铁道行业技术标准管理办法》的通知	国铁科法〔2014〕23号
2017年2月	国家铁路局关于印发《铁路标准化"十三五"发展规划》的通知	国铁科法〔2017〕15号
2016年3月	《民用航空标准化管理规定》	CCAR-375SE-R2

通过对表3-7进行研究分析,我们有4方面的发现。一是我国交通运输领域近年来出台了3个标准化专项发展规划,分别是2011年出台的《邮政业标准化"十二五"发展规划》、2016年出台的《交通运输标准化"十三五"发展规划》以及2017年出台的《铁路标准化"十三五"发展规划》;二是交通运输部近年持续更新发布交通运输相关标准化体系,其中2017年《交通运输标准化体系》(交科技发〔2017〕48号)比较系统地梳理了"大交通"下的交通运输标准化体系;三是在《交通运输标准化管理办法》出台之前,邮政、铁路和民航领域均制定出台了各自行业的标准化管理办法,分别为《邮政业标准化管理办法》《铁道行业技术标准管理办法》和《民用航空标准化管理规定》;四是交通运输标准化已经成为推进供给侧结构性改革、促进物流业"降本增效"的重要抓手。下面重点介绍标准化发展规划、标准化体系规划和标准化推动供给侧结构性改革3方面。

标准化发展规划方面。《邮政业标准化"十二五"发展规划》以转变邮政业发展方式为主线，以加快构建邮政普遍服务体系和快递服务体系为目标，着力建立健全标准化"三大体系"，即完善邮政业标准体系、健全邮政业标准实施监督体系和夯实邮政业标准化工作运行体系。为此，该规划明确了7项主要任务，一是完善标准体系，支撑邮政业"十二五"战略目标；二是及时研制基础通用类标准，推动行业转型升级；三是制定、修订邮政普遍服务相关标准，推动邮政公共服务均等化；四是拓展研制快递服务标准，促进快递服务水平；五是全面提升标准实施力度，确保标准实施效果；六是扎实推进企业标准化工作，提升企业管理和服务水平；七是积极参与国际标准化工作，提升国际竞争力，并且提出了"十二五"邮政业重点制定、修订标准项目34个。

《交通运输标准化"十三五"发展规划》则立足于深入落实国务院深化标准化工作改革的总体要求，以满足交通运输发展需求为主线，明确提出了到2020年建成适应交通运输发展需要的标准化体系(见图3-1)的目标，并部署了管理制度机制建设，强制性标准制定、修订，推荐性标准制定、修订，标准国际化，标准实施，计量体系建设，工程、产品和服务质量监督，以及标准化基础能力建设8项重点任务。交通运输标准化体系框架规划如图3-1所示。

《铁路标准化"十三五"发展规划》重点围绕铁路发展规划的要求，全面深化标准化工作改革，推动实施国家标准化战略，优化完善标准体系，夯实基础，提升服务，在加快推进中国铁路标准国际化等方面，部署了完善铁路标准体系，加强重点领域标准制定、修订，完善铁路标准化工作机制，推进铁路标准国际化工作，深化标准化基础性研究工作，以及强化重要标准宣贯、实施监督及评估工作6项主要任务，提出了到2020年形成完善的适应不同铁路运输方式的标准体系的发展目标。具体内容如下。

标准化体系规划方面。为落实《深化标准化工作改革方案》《国家标准化体系建设规划(2016—2020年)》等文件精神，在《交通运输标准化"十三五"发展规划》的基础上，《交通运输标准化体系》(交科技发〔2017〕48号)首次对我国交通运输标准化体系进行了顶层设计，强调交通运输标准化体系是按照交通运输行业发展的需求，围绕标准化工作的全要素、全过程及其内在联系构建而成的科学有机整体，是统筹协调铁路、公路、水运、民航和邮政标准化工作的基础，具体内容包括政策制度体系、技术标准体系、标准国际化体系、实施监督体系和支撑保障体系5方面。《交通运输标准化体系》对我国交通运输标准化体系的5方面进行了详细阐述，并设计规划了交通运输标准化体系、交通运输标准化政策制度体系、交通运输技术标准体系、综合交通运输技术标准体系、铁路技术标准体系、公路技术标准体系、水运技术标准体系、民航技术标准体系和邮政技术标准体系9个标准体系结构图，为我国交通运输标准化体系建设奠定了坚实的基础。

在深化交通运输行业供给侧结构性改革，促进物流业"降本增效"的背景下，交通运输部对《交通运输物流标准体系(2012)》(厅科技字〔2012〕136号)进行修订并发布了《交通运输物流标准化体系(2018)》，旨在有效解决2012版交通运输物流标准体系与加快交通强国建设、推动行业高质量发展要求与现代物流业发展新形势新业态不相适应以及部分标准滞后、标准缺失、引领性不强等方面问题，进一步明确了当前和今后一段时期标准制定、修订任务，为交通运输物流健康稳定地发展提供标准支撑。该体系的范围包括综合交通运输、公路和水路领域标准，含现行有效和待制定的国家标准和行业标准，包括与交通运输物流

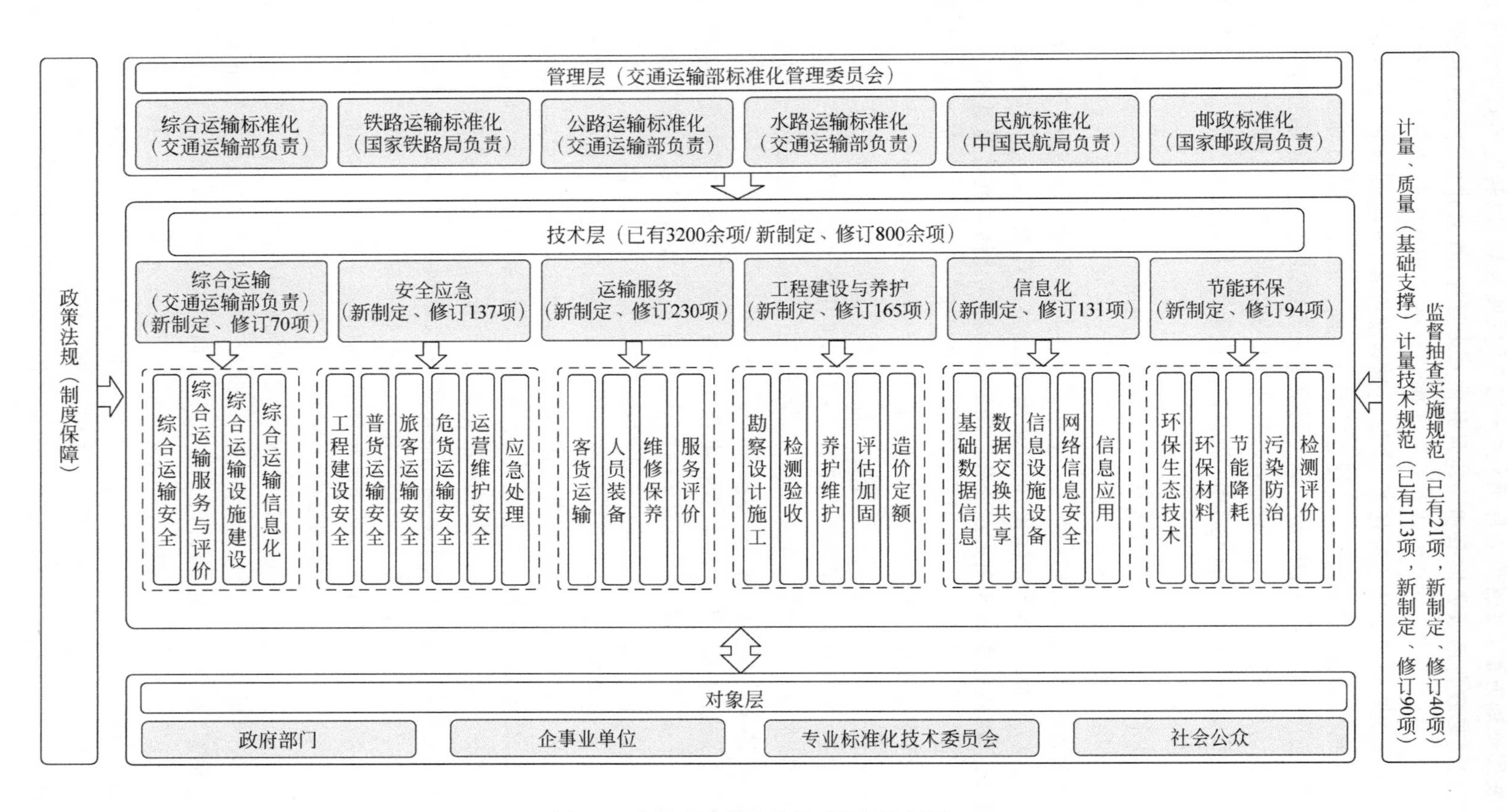

图 3-1 交通运输标准化体系框架规划图

设施设备、运输作业、服务管理和信息化等活动直接相关的标准，不包含铁路、民航和邮政单一领域的标准。

为加快交通强国建设、推动行业高质量发展以及适应信息技术发展新形势，交通运输部对《交通运输信息化标准体系表(2013年)》(厅科技字〔2013〕111号)进行了修订并发布《交通运输信息化标准化体系(2019)》，旨在有效解决部分标准滞后、引领性不强等方面问题，进一步明确当前和今后一段时期标准制定、修订任务，为交通运输信息化发展提供标准支撑。纳入体系的标准包括综合交通运输、公路、水路领域与信息化直接相关的现行有效的以及列入近3年制定、修订计划的国家标准与交通运输行业标准，以及公路工程、水运工程现行标准中的信息化标准，不包含铁路、民航和邮政单一领域的标准。

此外，在新的发展形势下，我国2015年5月发布的《综合交通运输标准体系(2015年)》也可能需要开展修订完善工作。该体系主要包含两种及以上运输方式协调衔接和共同使用的标准，涵盖铁路、公路、水路、民航及邮政等交叉领域，而各运输方式单独使用和单一服务所涉及的标准不纳入综合交通运输标准体系范畴。

标准化推动供给侧结构性改革方面。2016年8月，交通运输部出台的《关于推进供给侧结构性改革 促进物流业"降本增效"的若干意见》(交规划发〔2016〕147号)提出了交通运输促进物流业"降本增效"的5项工作任务。"健全匹配协调的标准体系"是其中的一项基础性任务，主要围绕"推进货运车型标准化"与"建立多式联运标准体系"开展工作，重点推进货运车型标准化，引导现存非标车辆提前退出市场；推动建立多式联运技术标准体系，包括装备技术标准、综合货运枢纽标准、信息接口标准、数据交换标准和单证票据标准等内容，制定货运枢纽(物流园区)标准规范，破解多式联运发展中的标准难题。2018年9月开始出台的《推进运输结构调整三年行动计划(2018—2020年)》以优化全国货物运输结构为导向，提出了铁路运能提升行动、水运系统升级行动、公路货运治理行动、多式联运提速行动、城市绿色配送行动和信息资源整合行动6大行动。其中，标准是支撑这些行动的重要基础，包括合理确定新建及改扩建铁路专用线建设等级和技术标准、大力推进货运车型标准化、统一公路货运车辆超限超载认定标准、完善内陆集装箱配套技术标准以及加快完善铁水联运信息交换接口标准体系等。

总体来看，交通运输标准化体系是一个庞大而复杂的系统工程，多种形式的运输方式不仅需要投资巨大的基础设施，还需要持续技术更新的运输设备协同，加上不断创新的运输模式和信息化需求，各方面的标准化体系都在为我国交通运输服务的高质量发展与供给侧结构性改革提供强有力的支撑。

3. 商贸流通领域物流标准化相关政策

商贸流通产业是国民经济的先导性产业，是连接社会生产与市场消费的纽带，也是衡量一个地区社会经济发展水平的晴雨表。近年来，随着我国物质生活水平的不断提高，商贸流通领域已成为我国供给侧结构性改革的重点领域，这在第1章提及的物流供给侧结构性改革重点领域已有所体现。从我国近年出台的商贸流通物流标准化工作相关的政策(见表3-8)可以看出，除了第1章我国商贸流通领域的物流标准化相关政策外，总体上可以概括为3种类型，一是商贸流通发展与变革，二是商贸物流发展与标准化，三是商贸产品质量与追溯。这3种类型政策均对物流标准化工作进行了相关部署安排，这不仅是对我国商贸流通领域供给侧结构性改革的重要支撑，而且极大地丰富了我国物流标准化工作的内容与内涵。

表 3-8 我国近年出台的商贸流通物流标准化工作相关的政策不完全统计表

发布日期	文件名称	发文字号
2011 年 11 月	商务部关于“十二五”时期流通标准化建设的指导意见	商流通发〔2011〕430 号
2012 年 5 月	《商务领域标准化管理办法(试行)》	商务部令 2012 年第 5 号
2012 年 8 月	国务院关于深化流通体制改革加快流通产业发展的意见	国发〔2012〕39 号
2014 年 5 月	国家标准委商务部关于加快推进商贸物流标准化工作的意见	国标委服务联〔2014〕33 号
2014 年 9 月	商务部关于促进商贸物流发展的实施意见	商流通函〔2014〕790 号
2014 年 9 月	商务部关于大力发展绿色流通的指导意见	商流通函〔2014〕792 号
2014 年 11 月	国务院办公厅关于促进内贸流通健康发展的若干意见	国办发〔2014〕51 号
2014 年 11 月	商务部办公厅国家标准委办公室关于印发《商贸物流标准化专项行动计划》的通知	商办流通函〔2014〕752 号
2014 年 12 月	商务部办公厅关于加快推进中药材现代物流体系建设指导意见的通知	商办秩函〔2014〕809 号
2015 年 9 月	国务院办公厅关于推进线上线下互动加快商贸流通创新发展转型升级的意见	国办发〔2015〕72 号
2015 年 9 月	商务部等 10 部门关于印发《全国农产品市场体系发展规划》的通知	商建发〔2015〕276 号
2015 年 12 月	国务院办公厅关于加快推进重要产品追溯体系建设的意见	国办发〔2015〕95 号
2016 年 2 月	国家发改委等 10 部门关于加强物流短板建设促进有效投资和居民消费的若干意见	发改经贸〔2016〕433 号
2016 年 4 月	国务院办公厅关于深入实施“互联网＋流通”行动计划的意见	国办发〔2016〕24 号
2016 年 9 月	国务院办公厅关于印发《消费品标准和质量提升规划(2016—2020 年)》的通知	国办发〔2016〕68 号
2016 年 11 月	商务部等 10 部门关于印发《国内贸易流通“十三五”发展规划》的通知	商建发〔2016〕430 号
2016 年 12 月	商务部 国家标准委关于印发《国内贸易流通标准化建设“十三五”规划(2016—2020 年)》的通知	商流通发〔2016〕85 号
2017 年 1 月	商务部等 5 部门关于印发《商贸物流发展“十三五”规划》的通知	商流通发〔2017〕29 号
2017 年 12 月	商务部等 10 部门关于推广标准托盘发展单元化物流的意见	商流通函〔2017〕968 号
2019 年 9 月	国家粮食和物资储备局 国家标准化管理委员会《关于改革粮食和物资储备标准化工作 推动高质量发展的意见》	国粮发〔2019〕273 号

商贸流通发展与变革方面。长期以来，随着我国科学技术、社会文化和市场环境的变化，我国一直致力于商贸流通体系的发展建设和创新变革，并因时、因地制宜地出台不同的政策。其中，越来越多的政策都把物流及其标准化作为商贸流通发展的基础要素和创新点，甚至编制专门的标准化发展规划。2012 年 5 月，《商务领域标准化管理办法(试行)》正

式发布，并于当年7月1日开始实施，为我国商务领域标准化工作发展，包括制定和修订商务领域标准、组织实施商务领域标准以及对商务领域标准的实施进行监督等方面提供了制度保障。

2011年3月，商务部出台的《关于"十二五"时期流通标准化建设的指导意见》(商流通发〔2011〕430号)，以提升流通管理与服务水平为根本目的，以促进流通业科学发展和方式转变为主线，以标准制定、修订工作为基础，以标准宣传贯彻和推广应用为重点，提出了加快建立健全流通标准体系、着力抓好标准制定、修订工作、大力推进标准宣传贯彻和示范建设、强化标准工作支撑体系4大主要任务，明确到2015年建成覆盖整个流通领域的标准体系发展目标。2016年12月发布的《国内贸易流通标准化建设"十三五"规划(2016—2020年)》是我国内贸流通标准化领域的又一个重要发展规划文件，在首次提出了流通标准体系结构的基础上，明确了加快建立健全流通标准体系、着力抓好标准制定、修订工作、加强标准宣传贯彻和应用实施、完善标准管理制度和工作机制、增强流通标准化基础能力建设、深化国际交流与合作6项主要任务，并提出把加强商贸物流标准化、降低物流成本作为5大重点领域之一，同时要求配套开展有关专题行动方向，包括实施冷链标准化工程、推进商贸物流标准化专项行动计划以及开展商务领域大数据标准体系建设等。此外，我国近年来还有部分商贸流通全局性政策文件均有提及商贸流通物流标准化工作的相关要求，见表3-9。

表3-9　我国近年商贸流通全局性政策文件对物流标准化工作的有关要求

文件名称	文　号	有关内容
《国务院关于深化流通体制改革加快流通产业发展的意见》	国发〔2012〕39号	积极完善流通标准化体系，加大流通标准的制定、实施与宣传力度
《商务部关于大力发展绿色流通的指导意见》	商流通函〔2014〕792号	完善流通领域重点行业节能减排的标准体系，并不断根据实际提升相关标准，将绿色流通纳入制度化、标准化发展轨道
《国务院办公厅关于促进内贸流通健康发展的若干意见》	国办发〔2014〕51号	加强物流标准化建设，加快推进以托盘标准化为突破口的物流标准化试点
《国务院办公厅关于推进线上线下互动加快商贸流通创新发展转型升级的意见》	国办发〔2015〕72号	转变物流业发展方式，运用互联网技术大力推进物流标准化，重点推进快递包裹、托盘、技术接口、运输车辆标准化，推进信息共享和互联互通，促进多式联运发展
《国务院办公厅关于深入实施"互联网＋流通"行动计划的意见》	国办发〔2016〕24号	健全包括物流在内的商务服务领域标准体系，加强适应电子商务发展需要的农产品生产、采摘、检验检疫、分拣、分级、包装、配送和"互联网＋回收"等标准体系建设
《国内贸易流通"十三五"发展规划》	商建发〔2016〕430号	提出流通升级战略，实施消费促进、流通现代化和智慧供应链三大行动；加强流通标准化建设，健全流通标准体系，强化流通标准实施应用，完善流通标准管理；商贸物流标准化与农产品冷链物流标准化开展流通标准化建设工程

商贸物流发展与标准化方面。商贸物流是指与批发、零售、住宿、餐饮、居民服务等商贸服务业及进出口贸易相关的物流服务活动，涉及面广，直接关系到商品价值实现和居民生活。在我国深入推进商贸流通领域供给侧结构性改革的过程中，商贸物流近年来已经成为促进商贸流通供给侧结构性改革和高质量发展的热点领域和重要抓手。为此，在衔接以往商贸物流发展政策的基础上，我国以标准化为切入点，重点围绕商贸物流标准化出台了一系列政策，全面推动商贸物流标准化试点示范，为我国物流标准化供给侧结构性改革注入了新的内涵与活力。

2014 年 5 月，国家标准委、商务部联合印发的《关于加快推进商贸物流标准化工作的意见》是我国近年来比较系统部署商贸物流标准化工作的纲领性文件。该文件提出了 5 方面共 16 条意见，主要内容摘要见表 3-10。

表 3-10 《关于加快推进商贸物流标准化工作的意见》内容摘要

主要意见	具体要求	详细内容摘要
完善商贸物流标准体系	健全标准体系框架	重点加强基础性、通用性和关键领域的标准制定、修订，逐步形成覆盖商贸物流全过程和各环节的标准体系
	加强标准的衔接配套	进一步明确不同层次、不同维度、不同性质标准的范围，强化衔接与配套，及时修订或废止不符合经济建设和科学技术发展需要的标准
	提高标准科学性、有效性和适用性	加强前期调研，严格立项审查；广泛听取利益相关方意见，强化标准试验验证；对重要标准关键技术内容开展科学性研究，及时推动创新成果转化
加快重点领域标准制定、修订	大力强化基础类、服务类标准制定	着力推进商贸物流术语、分类、信息编码等基础类标准和运营规范、配送流程、质量控制等服务类标准制定、修订，为促进商贸物流业健康发展提供基础支撑
	重点抓好托盘等物流装备标准制定	树立单元化理念，以托盘、周转箱和标准箱等为突破口，抓好商贸物流装备单元化标准制定、修订，带动上下游及横向各环节装备的衔接
	积极推动新兴领域标准制定	要加快制定适应电子商务、网络零售、城市共同配送等流通现代化发展，符合绿色发展、安全发展和节能环保要求的商贸物流标准
加强商贸物流标准实施和推广	充分发挥企业在标准实施中的重要作用	通过组织协调、政策引导，鼓励各类企业贯彻和实施现有商贸物流标准；鼓励企业制定严于国家标准、行业标准或者地方标准要求的企业标准等
	调动行业协会等组织在标准化工作中的积极性	充分发挥行业协会、标准化技术组织等的组织、服务和协调功能，采取多种形式面向物流从业人员开展关键标准宣贯，促进标准有效实施
	建立标准实施评估和促进机制	建立标准实施监督检查和评估工作机制，开展标准实施的后评估。各级地方商务、标准化主管部门要依靠当地政府制定商贸物流标准化实施促进办法
开展标准化试点示范工作	开展商贸物流标准化示范创建工作	开展商贸物流标准化试点工作，大力推进基础设施、装备技术、服务流程和内部管理等标准的实施应用，在上述试点工作基础上开展示范创建工作
	重点推动托盘标准化试点工作	重点开展托盘标准化试点，在生产、运输、仓储、配送、销售、回收、再利用等环节，推广应用符合《联运通用平托盘主要尺寸及公差》《联运通用平托盘 性能要求》要求的托盘，优先推广 1200mm×1000mm 的“日”字底、“川”字底标准托盘

续表

主要意见	具体要求	详细内容摘要
完善保障措施	加强指导和组织协调	加强对商贸物流标准化工作的指导，明确各项工作要求。依托全国流通工作部际协调会议机制，强化对全国商贸物流标准化工作的组织协调
	加大政策和资金支持	积极协调有关部门支持商贸物流标准化工作，按照一定标准给予政策支持或奖励，并鼓励地方政府提供相应的配套资金
	强化标准化基础科研	鼓励相关组织联合开展商贸物流标准化共性问题研究；支持和鼓励围绕商贸物流领域关键技术、新兴业态、创新服务等开展标准前期研究；加强商贸物流技术、设施等领域国际标准和其他国家先进标准的跟踪研究；等等
	加强人才队伍建设	建立商贸物流标准化专家库。加大标准化人才引进力度，为商贸物流标准化提供咨询和服务。依托社团组织、科研院所、大专院校和职业技术学院，加快技术型、管理型和操作型标准化人才培养
	开展国际交流与合作	建立全国商贸物流标准信息数据库。加强与相关国际组织、国外行业协会的沟通交流，积极参与国际标准制定。加大国际标准采标力度，推进我国商贸物流标准与国际接轨、与国外标准互认

商贸产品质量与追溯方面。商贸流通产品的质量安全保证与全过程可追溯离不开商贸物流运作体系的支撑，同样也是物流标准化工作的重要关联因素。特别是追溯体系的建设，是实现产品来源可查、去向可追、责任可究以及强化全过程质量安全管理与风险控制的有效措施，需要采集记录产品生产、流通、消费和物流等各环节信息。因此，我国商务部门在出台以商贸流通产品管理为中心的政策时，依然会关注物流标准化工作和追溯体系的建设。

2014 年年底，为促进中药材流通现代化、提升中药材质量安全保障能力，商务部出台了《关于加快推进中药材现代物流体系建设指导意见》(商办秩函〔2014〕809 号)。该指导意见提出了到 2020 年基本建立中药材物流的标准体系、流通追溯体系全面发挥作用的发展目标，并强调健全中药材物流标准体系主要包括以下 3 方面：一是组织宣传贯彻商务部公布的《中药材仓库技术规范》《中药材仓储管理规范》等行业标准，二是动员行业组织和企业参与制定中药材气调养护、产地加工、包装、运输等行业标准，三是研究制定有关中药材物流质量管理的国家标准并尽快形成覆盖中药材物流全过程的标准体系。

2015 年 9 月商务部等 10 部门联合印发的《全国农产品市场体系发展规划》(商建发〔2015〕276 号)提出加快农产品流通标准体系建设，制定和推广主要农产品冷链物流操作规范和技术标准，加强农产品批发市场、零售市场、仓储物流、冷藏运输和包装标识等各系统标准化建设，推进农产品质量等级化、包装规格化、标识规范化和产品品牌化，积极推进农产品质量安全追溯管理。

国务院 2015 年年底发布了《关于加快推进重要产品追溯体系建设的意见》(国办发〔2015〕95 号)。该文件提出“到 2020 年，追溯体系建设的规划标准体系得到完善”的目标，要求结合追溯体系建设实际需要，科学规划食用农产品、食品和药品等 7 大类重要产品追溯标准体系及其追溯方式，并以确保不同环节信息互联互通、产品全过程通查通识为目标，抓紧制定实施一批关键共性标准，统一数据采集指标、传输格式、接口规范及编码规则。该文件还特别要求批发、零售和物流配送等流通企业要发挥供应链枢纽作用，带动生产企业共同打造全过程信息化追溯链条。

2016年9月，国务院出台的《关于印发消费品标准和质量提升规划(2016—2020年)》(国办发〔2016〕68号)提出优化物流标准体系，完善消费品仓储配送、供应链管理和线上线下协同服务等标准体系，促进消费品流通模式创新；加大面向农村地区的消费品流通基础设施标准化改造力度，推动物流配送标准的实施与推广，大力支持快递物流发展。与此同时，强化质量安全风险管理、推广应用物品编码和射频识别等技术手段，建立主要消费品质量安全追溯体系。

2016年12月发布的《国内贸易流通标准化建设"十三五"规划(2016—2020年)》提出加强重要产品追溯体系标准化，提升消费安全保障能力，并实施重要产品追溯体系标准化工程。该工程包括加强追溯标准化基础研究、建立完善重要产品追溯标准体系、研制一批重要产品追溯基础共性标准和探索开展重要产品追溯标准化试点示范4项主要内容。

2017年年底，商务部等10部门联合出台的《关于推广标准托盘发展单元化物流的意见》提出拓展标准托盘、周转箱(筐)的信息承载功能，从集装单元提升为数据单元，应用全球统一编码标识系统(GS1系统)，探索托盘条码与商品条码、箱码、物流单元代码的关联衔接，推动物流链上下游企业数据传输交换顺畅。

从以上商贸流通领域政策来看，标准化也是一项十分重要的基础性、先导性的工作，不仅有助于商贸流通体制改革创新与新时期供给侧结构性改革，而且也有利于商贸物流体系的提质增效与高质量发展，为物流供给侧结构性改革提供了广阔的商业前景和内在动力。

4. 供应链体系物流标准化相关政策

供应链是以客户需求为导向，以提高质量和效率为目标，以整合资源为手段，实现产品设计、采购、生产、销售和服务等全过程的高效协同地组织形态。供应链具有创新、协同、共赢、开放和绿色等特征，推进供应链创新发展有利于加速产业融合、深化社会分工、提高集成创新能力，有利于建立供应链上下游企业合作共赢的协同发展机制，有利于建立覆盖设计、生产、流通、消费和回收等各环节的绿色产业体系。2014年11月，国家主席习近平在2014年亚太经合组织(APEC)领导人非正式会议记者会上发表讲话，首次提出实施全球价值链、供应链合作倡议。特别是2017年10月通过的十九大报告，首次提出把现代供应链作为深化供给侧结构性改革重点培育的新增长点，之后，我国相继出台的一系列与供应链相关的政策成为落实新发展理念的重要举措、供给侧结构性改革的重要抓手以及引领全球化提升竞争力的重要载体。

2017年8月，商务部、财政部率先联合印发《关于开展供应链体系建设工作的通知》(商办流通发〔2017〕337号)，物流标准化依然作为供应链体系建设的重要内容，主要包括加快标准托盘应用、支持建立社会化托盘循环共用体系、支持与标准托盘相衔接的设施设备和服务流程标准化以及支持物流链数据单元的信息标准化4方面。其中，特别支持探索基于全球统一编码标识系统(GS1系统)的技术应用和商业场景应用，支持对标准托盘进行GS1赋码，并与商品条码、箱码、物流单元代码关联衔接，推动托盘、周转箱由包装单元向数据单元和数据节点发展，支持使用包括GS1系统在内的先进技术应用，推动城市重要产品追溯管理平台建设与创新升级，鼓励商超利用GS1系统进行结算实现追溯功能，将产品追溯融入现有ERP系统，实现企业信息系统与追溯系统的对接，形成全渠道整合、线上线下无缝衔接的追溯网络。

2017年10月，国务院出台了我国供应链发展历史上具有里程碑意义的《关于积极推进供应链创新与应用的指导意见》(国办发〔2017〕84号)，该文件首次对供应链创新发展作出了全面部署，从农业、工业和流通业3个实体产业的角度提出了供应链创新发展的方向、任务和重要举措，对供应链金融服务于实体经济、促进绿色供应链发展以及构建全球供应链提出了一系列政策措施。其中，推进供应链标准体系建设被纳入重点保障措施，要求加快制定供应链产品信息、数据采集、指标口径、交换接口和数据交易等关键共性标准，加强行业间数据信息标准的兼容，促进供应链数据高效传输和交互；推动企业提高供应链管理流程标准化水平，推进供应链服务标准化，提高供应链系统集成和资源整合能力；积极参与全球供应链标准制定，推进供应链标准国际化进程。该文件还特别提出加强农产品和食品冷链设施及标准化建设，降低流通成本和损耗。

2018年4月，商务部等8部门联合发出《关于开展供应链创新与应用试点的通知》(商建函〔2018〕142号)，采取城市试点和企业试点相结合的方式，旨在将现代供应链成为培育新增长点、形成新动能的重要领域，成为供给侧结构性改革的重要抓手，成为"一带一路"建设和形成全面开放新格局的重要载体。该文件提出了加强供应链质量标准体系与供应链标准体系建设等标准化工作要求。

2018年5月，财政部、商务部联合印发的《关于开展2018年流通领域现代供应链体系建设的通知》(财办建〔2018〕101号)把"统一标准体系"放在供应链"五统一"[①]首位，明确提出了物流标准化的工作目标，一是托盘、周转箱(筐)等物流单元标准化率达到80%以上，二是单元化物流占供应链物流比例同比提高10%以上。该通知继续鼓励支持发展单元化流通，提高供应链标准化水平；聚焦重点行业领域，以物流标准化为基础，推动发展农产品供应链、分销型供应链、生产服务型供应链和柔性供应链；支持规范信息数据和接口，加快推广基于全球统一编码标识系统(GS1系统)的商品条码体系，推动托盘条码与商品条码、箱码、物流单元代码关联衔接，实现商品和集装单元的源头信息绑定，并沿供应链顺畅流转。

物流是供应链不可分割的重要组成部分，供应链体系的标准化离不开物流标准化的支撑与协同。在我国产业经济与商贸流通向供应链体系转型升级并逐步实现高质量发展的背景和趋势下，物流供给侧结构性改革也同步得以提升，而标准化始终是这个发展过程中的重要内容与驱动力量。

3.2.3　我国物流标准化政策演变历程

通过以上对我国20年来物流标准化相关政策的梳理和研究，我们发现，从我国2000年左右着手研究物流术语的基础性国家标准开始，以《物流术语》(GB/T 18354—2001)国家标准和《全国物流标准2005年—2010年发展规划》等3项物流标准发展政策规划为标志，我国物流标准化发展大概可以概括为4个阶段。

---

① 供应链"五统一"是指统一标准体系、统一物流服务、统一采购管理、统一信息采集、统一系统平台。

第一个阶段是从2000年到2004年的萌芽起步阶段。主要开展了物流领域基础通用标准的研制工作与物流标准化技术委员会的建设工作。在此期间，主要编制发布了我国物流领域的第一个国家标准《物流术语》(GB/T 18354—2001)，成立了全国物流标准化技术委员会(SAC/TC269)和全国物流信息管理标准化技术委员会(SAC/TC267)，发布了我国物流行业首个标准体系表——《物流信息标准体系表》。在这个阶段，我国没有形成统一的物流标准化政策，主要分散在公路、水路、铁路、民航和邮政等交通运输细分领域以及商贸流通等相关领域。

第二阶段是从2005年到2009年的探索发展阶段。以出台并推动实施《全国物流标准2005年—2010年发展规划》为标志，建立了我国首个物流标准体系表，并拟定了详细的物流标准修订、制定项目计划，为我国物流标准化建设奠定了基础。这个阶段我国的物流标准化政策依然比较少，但是在统一的发展规划和物流标准化体系表的指引下，加快了我国物流标准建设的步伐，并开始关注不同物流方式之间的标准衔接问题。

第三阶段是从2010年到2014年的科学发展阶段。以出台并贯彻实施《全国物流标准专项规划》为标志，对我国物流标准化体系表进行了科学的修订，提出了更系统更务实的物流标准修订、制定项目计划。在这个阶段，我国交通运输领域、商贸流通领域以及综合物流领域都出台了相关政策，编制或修订了各自的标准化管理办法，完善了物流标准化体系，加快推动了物流标准化工作，开展了物流标准化试点及商贸物流标准化行动等，营造了良好的促进我国物流标准化发展的政策环境。

第四阶段是从2015年至今的高质量发展阶段。以出台并深入推进《物流标准化中长期发展规划(2015—2020年)》为标志，对促进我国物流标准化升级发展和高质量发展进行了系统、全面及深入的部署和规划。在科学发展阶段的基础上，随着我国对现代物流在国民经济中基础性、战略性和先导性地位认知的提升，加上我国提出了推动经济供给侧结构性改革的战略思路，标准化作为经济发展和经营管理提质增效、提档升级和高质量发展的基础性、引领性战略抓手和手段迅速成为包括物流业在内的各个行业供给侧结构性改革的重要组成部分和强大动能。因此，在这个阶段，我国不仅出台了物流标准化专项规划政策、以物流标准化为核心的试点示范建设政策以及物流业供给侧结构性改革政策，而且在大部分产业经济(特别是商贸流通领域)的供给侧改革与高质量发展相关的政策中，都把物流业及其标准化工作作为重要的支撑要素，我国物流标准化也因此进入了高质量发展时期。

总之，我国物流标准化政策经过20余年的发展演变，不仅越来越融入“全球命运共同体”的社会治理可持续发展理念和全球化、一体化市场经济发展理念，而且越来越与国际国内先进科学技术发展保持同步、越来越契合我国国民经济各个细分行业的降本增效和高质量发展的需求、越来越贴近现代物流自身供给侧结构性改革的需要、越来越接近具体物流运营管理体系与模式的真实现状和发展趋势，已经成为推动我国现代物流发展的不可或缺的中坚力量。

标准建设篇

PART

在我国积极实施标准化战略、推动深化标准化工作改革的宏观政策背景下，我国物流标准建设和标准化工作日益受到重视和发展，物流标准化成果显著，为促进国民经济转型升级和物流业可持续发展提供了强有力的支撑。

在多方的共同努力下，我国物流标准化建设工作全面推进，物流标准化研究机构、协会、工作组不断涌现，重点细分领域物流标准体系逐步完善，关键基础物流标准不断扩展，企业标准化意识逐渐提升，物流标准化应用“遍地开花”。

本篇主要对我国标准化工作机构、物流标准建设成果、物流标准体系建设进行系统梳理，对物流业常见通用标准、专业标准等进行了内容解读，对如何建设物流企业标准化体系进行了初步的探讨。

第4章

CHAPTER 4

我国物流标准化工作发展简述

4.1 我国物流标准化工作机构简介

在2015年开始的深化标准化工作改革的推动下，我国标准化管理机制发生了积极的变化。以2018年1月1日开始实施的《标准化法》为标志，我国从法律制度层面进一步巩固了改革成果，特别是赋予设区的市地方标准制定权，增强了地方标准供给与服务能力，推动各级地方政府建立标准化工作协调推进机制。通过整合精简强制性标准，科学有序发展国家标准、行业标准，培育发展团体标准，建立企业标准自我声明公开和领跑者制度，我国正在逐步形成政府主导制定标准与市场自主制定标准协同发展、协调配套的新型标准体系。

在这种背景下，我国物流领域的物流标准化工作机构也呈现出明显的多元化特点，除了全国性和地方性物流专业标准化技术委员会之外，还涌现出了一批物流相关行业协会、物流标准化研究机构和物流标准化合作联盟，甚至出现了行业交叉型的物流工作组。

4.1.1 全国性物流专业标准化技术委员会

从全国性物流相关标准化工作机构来看，截至目前软硬件相关的机构大约有30个。其中，全国物流信息管理标准化技术委员会（SAC/TC267）、全国物流标准化技术委员会（SAC/TC269）、全国综合交通运输标准化技术委员会（SAC/TC571）及全国道路运输标准化技术委员会（SAC/TC521）等机构在我国现代物流领域拥有较大的规模和影响力。

目前，大部分全国性物流相关标准化技术委员会都侧重于邮政业、航空运输、国际货运代理、集装箱、物流设备、粮食、油气以及危化品等专业物流领域，在不同的物流细分领域发挥着重要的作用。以下简要对部分全国性专业标准化工作机构进行简要的介绍。

1. 全国物流信息管理标准化技术委员会

2003年8月，全国物流信息管理标准化技术委员会（SAC/TC267，简称“物流信标委会”）经国家标准化管理委员会批准正式成立，是负责全国现代物流信息方面标准化技术归口工作的组织,委员会秘书处设在中国物品编码中心,受国家标准化管理委员会的直接领导。经全国标准信息公共服务平台查询,截至2019年年底,已有物流信标委会相关的国家标准123项(其中含已被废止18项),行业标准2项以及国标计划130项(其中含已终止18项)。

作为综合性、基础性和跨部门的标准化技术委员会,SAC/TC267主要负责物流信息基础、物流信息系统、物流信息安全、物流信息管理和物流信息应用等领域的标准化工作,具体包括:为国家物流信息标准化提供技术支持;组织本专业标准的制定、修订;向国际标准组织提出国际标准;为信息技术在物流领域的应用提供技术支持;对口国际对应机构,组织推动国内物流信息方面的标准化工作。

物流信标委会目前归口管理的标准主要包括商品条码系列标准、物流信息交换标准、物流信息系统(平台)标准,以及钢铁、服装、电子商务、冷链等行业或领域的物流信息分类编码、物流条码技术应用、RFID技术应用等标准,为相关领域的健康有序发展提供了有力的标准化支撑。其中《商品条码 零售商品编码与条码表示》(GB 12904—2008)《商品二维码》(GB/T 33993—2017)等国家标准的制定和实施,对于推动我国市场流通信息化、规范市场流通秩序发挥了重要作用。

2. 全国物流标准化技术委员会

2003年9月,全国物流标准化技术委员会(SAC/TC269,简称"物流标委会")经国家标准化管理委员会批准成立,是由国家标准化管理委员会直属管理、在物流领域内从事全国性标准化工作的技术组织,秘书处设在中国物流与采购联合会。

物流标委会的主要职责:为国家物流信息标准化提供技术支持;组织本专业标准的制定、修订;向国际标准组织提出国际标准;为信息技术在物流领域的应用提供技术支持;对口国际对应机构,组织推动国内物流信息方面的标准化工作。经全国标准信息公共服务平台查询,截至2019年年底,已有物流标委会相关的国家标准80项(其中含已被废止10项)、行业标准60项及相关国标计划152项(其中含已终止57项)。

物流标委会下设6个分技术委员会、4个标准化工作组。6个分技术委员会分别是物流作业分技术委员会(SAC/TC269/SC1)、托盘分技术委员会(SAC/TC269/SC2)、第三方物流服务分技术委员会(SAC/TC269/SC3)、物流管理分技术委员会(SAC/TC269/SC4)、冷链物流分技术委员会(SAC/TC269/SC5)及仓储技术与管理分技术委员会(SAC/TC269/SC6);4个标准化工作组分别为化工物流标准化工作组(SAC/TC269/WG1)、医药物流标准化工作组(SAC/TC269/WG2)、钢铁物流标准化工作组(SAC/TC269/WG3),以及逆向物流标准化工作组(TC/269/WG4)。

其中,化工物流标准化工作组成立于2015年4月20日,医药物流标准化工作组成立于2015年6月19日,钢铁物流标准化工作组于2016年11月15日成立,逆向物流标准化工作组成立于2018年5月25日。四个标准化工作组主要在全国物流标准化技术委员会的指导下,负责开展化工、医药、钢铁物流与逆向物流相关的国家标准、行业标准、团体标准及其对应领域的标准化工作。

此外,2014年7月,物流标委会冷链物流分技术委员会(SAC/TC269/SC5)成立了下属的两岸食品冷链物流标准化工作组(SAC/TC269/SC5/WG1),秘书处设在两岸冷链物流合作试点城市之一的厦门市标准化研究院。该工作组的设立旨在解决两岸食品冷链物流合作过程中标准缺失、标准滞后、标准技术指标不协调和两岸标准不统一等问题，夯实两岸食品冷链物流标准化工作基础，共建食品冷链物流标准体系，确保两岸贸易更好更快发展。

3. 全国综合交通运输标准化技术委员会

为了促进综合交通运输体系的建设，更好地开展综合交通运输标准化工作，2018 年 5 月，交通运输部决定成立全国综合交通运输标准化技术委员会(SAC/TC571，简称“综合运输标委会”)，并于 2018 年 5 月经国家标准化管理委员会批准成立，秘书处设在交通运输部科学研究院，负责 2 种及以上运输方式协调衔接和共同使用领域的国家和行业标准的制定、修订工作，共有来自铁路、公路、水路、民航和邮政等领域政府部门、研究机构、企业、高校等 56 名委员组成。2015 年 8 月，综合交通运输标准化技术委员会(SAC/TC571)召开成立大会，秘书处设在交通运输部科学研究院。经全国标准信息公共服务平台查询，截至 2019 年年底，综合运输标委会尚未有相关的国家标准和行业标准，但有相关国标计划 3 项。

综合运输标委会由交通运输部管理，为非法人组织，负责综合交通运输领域标准化技术归口管理工作，负责统筹开展综合交通运输领域的标准制定、修订工作，主要包括 2 种及以上运输方式协调衔接和共同使用，包括综合客运枢纽、综合货运枢纽、复合通道及交叉设施、旅客联程运输、货物多式联运衔接、运载单元、专用载运工具、快速转运设备、换乘换装设备以及统计、安全应急与信息化等领域。

综合运输标委会下设货物多式联运、旅客联程联运、工程设施 3 个专业组。综合交通运输标准体系由综合交通运输基础设施、运输装备、运输服务和支持保障领域标准组成。综合运输标委会需要有效协调整合与铁路、公路、水路、民航、邮政等行业有关的技术力量，调动各方积极性，开展综合交通运输标准体系规划和顶层设计，提升综合交通运输国家标准及行业标准的制定、修订速度和质量，促进标准的实施、评估和监督效果，促进各种交通运输方式的深度融合，为我国综合交通运输体系建设提供了有力支撑。

此前，2012 年 3 月成立的全国道路运输标准化技术委员会(SAC/TC521)已对客货运输管理的运输企业、运输从业人员、运输生产组织及运输场建设等管理方面提出了技术要求，对道路运输装备和产品提出了使用要求，对运输作业及监管装备提出了相关要求等。

4. 全国集装箱标准化技术委员会

为了充分发挥集装箱生产、运输、管理、科研教学和监督检验等方面专家的作用，更好地开展集装箱专业领域内的标准化工作，1980 年 3 月，全国集装箱标准化技术委员会(SAC/TC6，简称“集装箱标委会”)在原国家质量技术监督局标准化司主持下正式成立，秘书处设在北京交通运输部水运科学研究院。经全国标准信息公共服务平台查询，截至 2019 年年底，集装箱标委会已有相关的国家标准 63 项(其中含已被废止 12 项)、行业标准 4 项以及相关国标计划 65 项(其中含已终止 5 项)。

集装箱标委会是我国最早的物流相关标准化机构，主要负责组织制定、修订、审查和研究有关集装箱的国家标准，研究提出集装箱标准化工作的方针、政策和技术措施，此外，还负责国际标准化组织的有关集装箱标准的技术归口工作，对口国际组织为国际集装箱标准化技术委员会(ISO/TC104)。

2001年以来,集装箱标委会由国家标准化管理委员会统一主管领导,并受国家标准化管理委员会委托由交通运输部进行行业归口管理。2000年5月30日—6月1日,国际标准化组织集装箱技术委员会第四分技术委员会第二工作组(ISO/TC104/SC4/WG2)第四次会议在美国达拉斯召开,集装箱标委会组团代表中国标准化协会出席了会议,这是中国代表团作为观察员第一次参加ISO/TC104/SC4/WG2的工作组会议。

长期以来,集装箱标委会积极参与对口的国际集装箱标准化技术委员会(ISO/T104)的各项工作与国际标准的制定、修订工作,积极推荐我国专家担任国际标准化组织集装箱技术委员会(ISO/TC104)主席、秘书和工作组召集人等国际标准化组织中高级管理人员,提出国际标准新提案,主导智能集装箱、环保集装箱等国际标准的制定、修订,为我国实施"一带一路"倡议做好技术支撑。2010年,原集装箱标委会SAC/TC6秘书长、交通运输部水运科学研究院副院长、总工费维军成功竞聘为ISO/TC104/SC4/WG主席,成为国际标准化组织(ISO)交通运输领域第一个来自中国的工作组召集人。

目前,集装箱标委会已经加强了实质性参与国际标准化的工作,国际话语权不断提升。2010年,集装箱标委会与韩国、日本协商建立了"东北亚标准化合作论坛——中日韩集装箱工作组",合作效果良好。2017年,集装箱标委会参加国际集装箱标准化技术委员会(ISO/TC104)巴黎全会,完成了我国主导的IS01496/5标准《系列1集装箱 技术要求与试验 第5部分:平台式和台架式集装箱》和国际技术文件提案投票,同时还承担了ISO/TC104/SC4/WG1(代码、标记和通信)和ISO/TC104/SC2/WG6(特种集装箱平板式和台架式集装箱)工作组的工作。2018年,与全球智能集装箱产业联盟实现合作,建立了智能集装箱标准体系,开展了智能集装箱应用二维码、NFC(near field communication,近距离无线通信技术)手机等标准制定工作,智能应用标准化建设显著加强。

5. 全国邮政业标准化技术委员会

2008年12月,全国邮政业标准化技术委员会(SAC/TC462,简称"邮政标委会")正式成立,主要负责邮政领域的标准化技术归口管理工作,以及邮政领域基础、安全、管理、服务及相关技术等领域的标准化工作。邮政标委会的成立为邮政业标准化工作提供了强有力的组织保障,标志着邮政业标准化工作步入快速发展的轨道。

邮政标委会秘书处设在国家邮政局发展研究中心。主要职能和工作包括以下5方面:一是开展国家标准和行业标准立项评审;二是推动标准研制,组织国家标准和行业标准送审稿和报批稿的技术审查与复核;三是负责国家标准和行业标准的复审工作;四是提出标准化工作的政策和措施建议;五是做好邮标委委员管理和会议组织。

经全国标准信息公共服务平台查询,截至2019年年底,已有邮政标委会相关的国家标准1项、行业标准24项及相关国标计划11项(其中含已终止4项)。

6. 全国物流仓储设备标准化技术委员会

全国物流仓储设备标准化技术委员会是于2011年根据国家标准化管理委员会印发的《关于成立全国物流仓储设备标准化技术委员会(SAC/TC499)等4个技术委员会和分技术委员会的批复》(国标委综合〔2011〕42号)成立的,由中国机械工业联合会和江苏省市场监督管理局联合筹建，中国机械工业联合会进行业务指导，中国机械工业联合会同江苏省质量技术监督局负责指导和日常管理。该技术委员会是在物流仓储设备专业领域内从事全国标准化工作的技术工作组织，负责全国物流仓储设备标准化的技术归口工作，主要负责物流仓储设备领域的标准化工作。

第一届全国物流仓储设备标准化技术委员会于2012年4月7日在江苏省南京市成立，共由35名委员组成，其中主任委员1人，副主任委员5人，秘书长1人，副秘书长3人，秘书处设在北京起重运输机械设计研究院，秘书处由北京起重运输机械设计研究院、南京市产品质量监督检验院、南京音飞货架制造有限公司和江苏六维物流设备实业有限公司组成。秘书处工作由北京起重运输机械设计研究院牵头负责。

经全国标准信息公共服务平台查询，截至2019年年底，已有仓储设备标委会相关的国家标准6项，相关国标计划9项。

7. 物流相关跨专业标准化工作组

由于物流业的跨行业特征明显，物流技术创新不断涌现，我国部分全国性物流标准化技术委员会为了促进本专业领域标准化工作，也会根据需要设立相应的物流关联性标准化工作组。比较典型的是粮食储藏及流通分技术委员会(SAC/TC270/SC3)、全国物流标准化技术委员会医药物流标准化工作组(SAC/TC269/WG2)和机器人装备分技术委员会物流机器人工作组(SAC/TC159/SC2/WG15)。

2006年3月，全国粮油标准化技术委员会在河南工业大学成立粮油储藏及物流技术工作组，开始粮油储藏及物流技术相关标准化工作。2016年10月，该工作组升级为全国粮油标准化技术委员会粮食储藏及流通分技术委员会(TC270/SC3)，秘书处设在河南工业大学。作为国家粮油标准委员会下设的4个分技术委员会之一，也是在粮食行业负责标准化建设工作的最大的分技术委员会，TC270/SC3主要负责粮食储藏、粮食流通、粮油信息、粮仓建设类等标准的制定、修订及审查工作。

2018年7月19日，在海南召开的第四届中国医疗器械供应链峰会暨第三届医院内部物流会议期间，全国物流标准化技术委员会医药物流标准化工作组秘书处联合中国物流与采购联合会医药物流分会等8家单位，牵头成立了隶属于中国物流与采购联合会医药物流分会的第三方医学检验工作组，是第三方医学检验机构人员以及上下游供应链配套服务提供商自愿组成的非营利性组织，旨在推动建立我国医学检验生物样本物流规范化运作标准体系。

2018年12月，全国自动化系统与集成标准化技术委员会(SAC/TC159)成立了机器人装备分技术委员会物流机器人工作组(SAC/TC159/SC2/WG15)，主要负责物流机器人国家标准的制定、修订，范围包含国际机器人联合会(international federation of robotics, IFR)规定的快递/邮件系统用机器人、工厂物流用机器人(包括自动导引车)、货物搬运用机器人、户外物流用机器人及其他机器人。该工作组由19个成员单位构成，包括北京机械自动化研究所、浙江大学、华为、中邮、浙江省物联网产业协会和快仓等，秘书处设在杭州海康机器人技术有限公司。

这种跨专业、跨学科物流工作组的设立，以及后续的升级发展，不仅丰富了我国现代物流业与其他行业融合发展的标准化体系内容，而且为我国现代物流业的标准化发展提供了供给侧结构改革的新方向、新技术和新动力，也代表了我国物流标准化工作发展的重要方向。

4.1.2 地方性物流专业标准化技术委员会

在我国深化标准化改革的背景下，随着《中华人民共和国标准化法》的修订发布与正式实施，赋予了区、市及地方标准制定权，进一步激发了地方政府标准化工作活力。2018年3月，国务院印发的《国务院办公厅关于同意山西、江苏、山东、广东省开展国家标准化综合改革试点工作的复函》(国办函〔2018〕25号)同意在我国山西、江苏、山东、广东省开展国家标准化综合改革试点工作，意味着我国地方性标准化工作将在试点的基础上不断取得可复制、可推广的经验，进而全面深化标准化工作改革，加快提升标准化总体水平，优化我国标准供给结构。

特别是2014年我国确立了现代物流业在我国国民经济中的基础性、战略性地位以来，我国各省市自治区更加重视物流标准化工作，加快了成立省市级物流标准化技术委员会的步伐，部分省市还在某些细分物流领域建立了专门的标准化技术委员会。这些地方性物流专业标准化技术委员会大部分承担着当地省市物流标准化技术归口工作、物流标准化发展规划、标准化体系建设以及物流标准化管理、培训与应用推广等工作，在全国物流标准化工作体系中发挥着承上启下的重要作用，是深入开展地方标准、行业标准、团体标准和企业标准建设以及促进我国物流标准供给侧改革的重要力量，我国地方性物流专业标准化技术委员会见表4-1。

表4-1 我国地方性物流专业标准化技术委员会一览表(不完全统计)

序号	组织机构名称	成立时间	标准化技术委员基本情况介绍
1	山东省服务标准化技术委员会物流分技术委员会	2009年3月	由山东省服务标准化技术委员会发起成立，秘书处设在青岛职业技术学院物流商会，主要从事山东省物流行业标准化工作的组织，负责全省物流行业领域的标准化技术归口工作，负责提出有关物流行业标准化工作的方针、政策和技术措施的建议
2	浙江省物流信息技术标准化技术委员会(ZJQS/TC35)	2009年12月	由原浙江省质量技术监督局牵头成立，秘书处设在浙江省物品编码中心。 主要负责物流信息标准化技术研究、建设规划、信息发布和咨询服务，推动全省开展物流行业信息标准化工作，形成和全国以及国际接轨的标准化体系，鼓励和帮助传统物流企业通过物流标准化建设，向现代物流企业转型
3	广东省物流标准化技术委员会(GD/TC4)	2010年	由广东省质量技术监督局批准成立，秘书处设在广东省物流行业协会。 负责全省物流标准的技术归口工作，提供标准制定、修订、复审、评估实施与改进、技术咨询等基础服务。下设冷链物流分技术委员会、肇庆市物流标准化产学研基地和东莞市智能物流标准化实验基地等相关机构

续表

序号	组织机构名称	成立时间	标准化技术委员基本情况介绍
4	湖南省物流标准化技术委员会(HUN/TC9)	2011年4月	由湖南省标准化研究院作为秘书处承担单位,负责全省现代物流方面标准化技术归口工作的组织,宣传贯彻国家和省的物流标准;为全省物流技术标准化工作提供技术支持;向国家和省标准化主管部门提出相关标准制定、修订建议;组织本专业标准的制修订;为物流领域提供物流技术标准支持;对口国家相应的机构,组织推动国内物流技术方面的标准化工作
5	安徽省物流信息标准化技术委员会	2012年3月	主要承担全省物流信息领域标准化技术工作,具体涉及物流信息标准制定、修订及推广应用、标准项目进程监督、标准申报、标准评审、信息发布、标准检验、培训、技术咨询与服务等;统筹制定全省物流信息标准化建设规划,协调部门、行业、国家与地方标准之间的衔接,维护物流信息标准的统一并与国内外接轨
6	广东省食品冷链物流标准化技术委员会	2012年11月	由广州大学物流与运输研究中心、广州市标准化研究院、聚氨酯科技有限公司等多家单位联合申请成立,主要负责食品冷链物流领域的标准化工作计划与建议;食品冷链物流专业地方标准制定、审查、宣讲,开展本专业标准化范围内产品质量标准的水平评价等;与国外标准化组织的合作与交流,跟踪和研究食品冷链物流专业领域国际标准、国外先进标准及广东省主要出口贸易国的技术性贸易措施等;与食品冷链物流专业标准化工作有关的其他事宜
7	内蒙古自治区医药物流标准化技术委员会(SAM/TC09)	2013年7月	由通辽东方利群药品有限公司作为秘书处承担单位,由自治区质量监督局标准化处负责对其委员会的标准立项、审查、报批等业务工作进行监督管理。主要负责建立完善自治区医药物流标准体系,医药物流地方标准的制度修订、技术审查,有关政策的宣传贯彻及咨询工作
8	内蒙古自治区装备机电物流标准化技术委员会(SAM/TC08)	2014年2月	由内蒙古北方风驰物流港有限公司作为秘书处承担单位,由自治区质量监督局标准化处负责对其委员会的标准立项、审查、报批等业务工作进行监督管理。主要负责建立完善自治区装备机电物流标准体系,提出自治区装备机电物流标准化工作的方针政策和技术措施的建议,提出装备机电物流地方标准的制定、修订计划,进行有关政策的宣贯及咨询工作等
9	贵州省物流标准化技术委员会	2015年7月	由贵州省商务厅会同贵州省物流行业协会组建,负责全省物流领域的标准化技术归口工作,从事物流标准起草、技术审查、复审、标准解释等标准化技术工作,编制地方标准,团队及联盟标准,做好物流标准的培训、宣贯、推广应用

续表

序号	组织机构名称	成立时间	标准化技术委员基本情况介绍
10	湖北省物流标准化技术委员会(HUBS/TC29)	2015年12月	湖北省标准化与质量研究院首批筹建的五大重点专业标准化研究所之一，从事物流标准化研究、物流信息化与物流技术优化服务，履行全省物流行业领域的标准技术归口职能，管理全省物流标准的申报、研究论证、技术审查和宣贯实施，适时提出物流业标准化方面的政策建议和工作措施，并指导省内企业采用国内、国外先进物流标准，促进物流业转型升级
11	山东省商贸物流标准化技术委员会	2016年8月	由山东省商务厅流通业发展处作为秘书处承担单位、山东省标准化研究院协办组建，主要负责制定山东省的商贸物流相关技术标准，开展商贸物流标准化的宣贯和培训等工作
12	云南省物流标准化技术委员会(YNTC22)	2017年3月	由云南省物流学会作为秘书处承担单位，负责建立和完善我省物流领域标准体系，开展物流领域的标准化工作(包括物流地方标准的制定、技术审查、标准宣贯等)
13	温州市物流标准化技术委员会	2017年6月	由浙江东方职业技术学院作为秘书处承担单位，主要负责开展物流标准制定、修订、推广应用工作，加强技术交流及人员培训，完善温州市物流标准化体系，提升温州市物流业标准化水平，以标准化推动物流产业转型升级
14	江西省物流标准化技术委员会(JX/TC028)	2017年12月	由江西省物流与采购联合会作为秘书处承担单位。 主要负责物流(除物流园区外)领域江西省地方标准的提出、起草、技术审查等工作
15	江西省物流园区标准化技术委员会(JX/TC029)	2018年4月	由江西省交通运输与物流协会作为秘书处承担单位。 主要负责物流园区领域江西省地方标准的提出、起草、技术审查等工作
16	福建省物流包装产品标准化技术委员会(SAFJ/TC23)	2018年5月	由厦门市产品质量监督检验院作为秘书处承担单位。 主要负责全省物流包装产品等领域地方标准制定、修订工作。
17	辽宁省物流标准化技术委员会(筹建中)	2018年8月(筹)	根据辽质监发〔2015〕92号文及相关秘书处承担单位调整文件，由鞍山钢铁集团有限公司作为该技术委员会秘书处单位开展技术委员会筹建工作。主要负责物流领域标准化工作
18	山西省物流标准化技术委员会(筹建中)	2020年1月(筹)	根据山西省市场监督管理局晋市监标管函〔2019〕454号文要求，由山西省工业和信息化厅组织筹建该委员会，秘书处承担单位设在山西省交通运输协会，主要负责全省现代物流领域地方标准制定、修订及相关标准化技术的归口管理工作

续表

序号	组织机构名称	成立时间	标准化技术委员基本情况介绍
19	陕西省物流与供应链标准化技术委员会(筹建中)	2020年1月(筹)	由陕西省物流学会作为秘书处承担单位,开展行业标准化制定、健全行业标准体系,建立行业监管等领域的标准化工作。研究提出专业领域标准化工作的规划、计划和标准体系、政策措施的建议;负责相关地方标准归口管理工作;开展或参与本专业领域内标准宣贯、培训;推动本专业领域技术创新成果转化为标准;等等

从表4-1可以看出,我国各级市场监督管理部门(原质量技术监督管理局)、各级商务部门、中国物品编码中心及各地分支机构、中国标准化研究院、各省标准化与质量研究院、当地物流行业协会(学会)组织,以及当地代表性物流企业等是我国地方性物流专业标准化工作的主要推动力量。特别是山东、广东、内蒙古、江西等地区结合当地物流发展的实际情况,分别成立的商贸物流、冷链物流、医药物流、装备机电物流和物流园区等具有市场特色的专业化物流标准化技术委员会也是我国物流标准化工作领域的重要发展趋势。

4.1.3 我国物流行业其他标准化工作组织

长期以来,行业协会、高等院校和行业领先品牌企业也是我国物流标准化工作的重要参与者、组织者和推动者。2017年3月,《关于推动物流服务质量提升工作的指导意见》(国质检质联〔2017〕111号)明确提出了培育发展物流团体标准、推行物流企业标准领跑者制度等工作部署。2017年12月,原国家质检总局、国家标准委、民政部联合发布了《团体标准管理规定(试行)》,明确实行团体标准自我声明公开和监督制度。2019年1月17日,国家标准化管理委员会、民政部印发了《团体标准管理规定》,原《团体标准管理规定(试行)》废止。团体标准管理制度的创新改革、企业标准的自我声明公开和领跑者制度的实施大大激发了我国物流行业市场层面的标准化发展活力。

近年来,随着我国物流标准化试点工作的全面推进,我国出现了部分物流行业协会成立物流标准化委员会的现象,不同技术导向的物流标准化实验室也初现端倪,我国近年出现的局域性物流标准化委员会与物流标准化实验室见表4-2。

表4-2 我国近年出现的局域性物流标准化委员会与物流标准化实验室

类型	机构名称	成立时间	标准化工作相关介绍
社会团体	山东省仓储与配送协会物流标准化委员会	2018年8月	主要负责贯彻落实好国家现有标准并制定系统内部各个分系统的技术标准;制定系统内各分领域的工作标准;以系统为出发点,研究各分系统与分领域中技术标准与工作标准的配合性要求,统一整个物流系统的标准;研究物流系统与相关其他系统的配合性,实现全省物流大系统的标准统一
	河南省城乡高效配送与物流标准化专业工作委员会	2019年11月	主要负责贯彻落实国家和河南省关于开展城乡高效配送及物流标准化工作的指示精神,深入开展调查研究,积极开展各项工作;不断壮大会员队伍,努力为政府、为行业、为企业提供优质、高效的服务;推进全省城乡高效配送与物流标准化工作取得新成效

续表

类型	机构名称	成立时间	标准化工作相关介绍
研究机构	东莞智能物流标准化实验室	2017年3月	由广东省标准化技术委员会联合广东顺力智能物流装备股份公司联合组建，开展无人化生产系统标准化设计并启动标准研制工作，旨在加快推进广东物流标准化建设，推广应用智能化物流装备技术，促进物流信息互联共享
	河北省标准化研究院物流标准化实验室	2017年10月	实验室基于全球统一标识系统(GS1)和物联网技术，选取物流供应链典型节点，建有生产制造、自动分拣、智能仓储、在途运输、商业零售以及产品追溯展示区6个功能区，示范实现物品跟踪与追溯功能，同时建有多媒体区、科普长廊等辅助功能区，形成面向政府的物联网应用演示示范中心，形成面向应用的物联网技术方案测试中心，形成面向科研的标准研制、标准技术服务中心，形成面向社会的物流人才培养基地

此外，在2017年我国团体标准改革政策的刺激下，我国以各级物流行业商协会为代表的团体标准服务机构异军突起。据初步统计，我国2017年完成全国团体标准信息平台(http://www.ttbz.org.cn)公示的社会团体就达到13个，包括中国物流与采购联合会、中国仓储与配送协会等国家级行业协会。2018年增加了13个，2019年再次增加11个，截至2019年年底，完成公示的物流相关社会团体总计达到37个，见表4-3。

表4-3　我国物流行业团体标准平台社会团体备案名单一览表

序号	团体代号	团体名称	年度	序号	团体代号	团体名称	年度
1	CFLP	中国物流与采购联合会	2017	20	CATAGS	中国航空运输协会	2018
2	WD	中国仓储与配送协会	2017	21	CXMLI	厦门市现代物流业商会	2018
3	CCCA	中关村绿色冷链物流产业联盟	2017	22	TJWL	天津市交通与物流协会	2018
4	YLA	烟台市物流协会	2017	23	AHWLXH	安徽省物流协会	2018
5	SYWLXH	沈阳物流行业协会	2017	24	YNWLXH	云南省物流学会	2018
6	SCLOG	深圳市物流与供应链管理协会	2017	25	SXRTA	山西省道路运输协会	2018
7	NWL	宁夏物流与采购联合会	2017	26	ZJRTA	浙江省道路运输协会	2018
8	JSATL	江苏省交通物流协会	2017	27	SHJX	上海市交通运输行业协会	2019
9	JLWL	吉林省物流行业商会	2017	28	DLWL	大连市物流协会	2019
10	GZWL	贵州省物流行业协会	2017	29	NJLA	宁波江北现代物流业协会	2019
11	GDLIA	广东省物流行业协会	2017	30	SHWL	上海市物流协会	2019
12	DAWS	大连市仓储与配送协会	2017	31	GDCCA	广东省冷链协会	2019
13	GDGC	广东省团餐配送行业协会	2017	32	SCSDX	四川省道路运输协会	2019
14	DGSWLHYXH	东莞市物流行业协会	2018	33	HFLP	河南省物流与采购联合会	2019
15	CQLC	重庆市冷藏冷链行业协会	2018	34	JLYSXH	吉林省运输协会	2019
16	WXLWA	无锡市物流与仓储协会	2018	35	CCTAS	中国交通运输协会	2019
17	WXLWA	无锡市物流与仓储协会	2018	36	JSCTS	江苏省综合交通运输学会	2019
18	PWL	盘锦市物流协会	2018	37	ZIFA	浙江省国际货代物流协会	2019
19	JFLP	江西省物流与采购联合会	2018	—	—	—	—

4.1.4 我国现有物流标准化合作联盟组织

2014年是我国物流标准化工作一个重要的新起点。2014年5月，国家标准化管理委员会、商务部出台了《关于加快推进商贸物流标准化工作的意见》(国标委服务联〔2014〕33号)，提出完善商贸物流标准体系、加快重点领域标准制定、修订、加强商贸物流标准实施和推广，以及开展商贸物流标准化示范创建工作等举措。2014年10月，财政部、商务部、国家标准化管理委员会联合印发《关于开展物流标准化试点有关问题的通知》(财办建〔2014〕64号)，拉开了全国性物流标准化试点城市建设的序幕。2014年11月，商务部、国家标准化管理委员会联合印发《关于印发〈商贸物流标准化专项行动计划〉的通知》(商办流通函〔2014〕752号)，正式启动商贸物流标准化专项行动。

这些切实落实到地方政府、物流行业和实体企业的试点政策和补贴措施通过一张小小的“标准托盘”撬动了我国各行各业的物流标准化工作浪潮，相应的物流标准化合作联盟迅速得以组建和发展，成为我国物流标准化建设发展过程中值得浓墨重彩地靓丽风景线。据初步统计，2015—2019年，我国累计成立的物流标准化合作联盟达12个以上(见表4-4)。其中，覆盖面比较广、影响力比较大的联盟组织有中国商贸物流标准化行动联盟、京津冀物流标准化联盟、泛粤港澳大湾区物流标准化托盘共用联盟和南京都市圈物流标准化联盟等，其余的大部分属于省级或地市级的物流标准化合作联盟组织。

表4-4 我国近年成立的物流标准化合作联盟组织一览表

序号	联盟名称	成立时间	相关基本情况
1	中国商贸物流标准化行动联盟	2015年1月27日	由中国仓储与配送协会、商务部研究院和中国包装总公司联合发起成立，由全国商贸流通企业、仓储物流企业、物流技术与设备企业及相关检测认证机构等单位自愿组成的标准化合作组织，接受商务部流通司的业务指导
2	浙江省物流标准化与物流新技术应用联盟	2015年6月14日	由浙江经济职业技术学院发起成立，联合了浙江省标准化研究院、浙江物产物流等10余家省内知名物流企业、高校、科研机构共同成立，致力于推动浙江省物流行业标准化提升与物流新技术的应用推广工作
3	南京都市圈物流标准化联盟	2016年4月20日	由江苏省质量和标准化院、中储智运、六维物流、苏宁物流等12家单位联合发起成立，旨在加强通过标准化建设推动区域物流一体化发展。围绕智慧物流、城市共同配送、商贸物流标准化、内贸流通体制改革等重点领域和关键环节，在标准制定、标准体系完善等方面开展工作，推动资源要素畅快流动，降低企业综合物流成本，在长三角物流一体化发展中起到示范效应
4	京津冀物流标准化联盟	2016年11月24日	京津冀三地商务部门指导物流行业组织牵头，以各地物流标准化联盟为基础联合成立。主要任务是围绕托盘循环共用、物流标准的推广应用和降低商贸物流成本，提升联盟成员群体竞争力；助力物流标准化在京津冀区域内协同实施，加强供应链上下游企业对接合作，搭建企业交流合作平台

续表

序号	联盟名称	成立时间	相关基本情况
5	武汉物流标准化联盟	2017年3月3日	在各武汉市商务部门支持下成立，旨在联合多方力量，实现优势互补、互相协作、抱团发展，通过充分发挥标准化对于物流业发展的支撑和引领作用，降低物流成本，提高流通效率，以标准化助推武汉物流产业持续、快速、健康发展
6	广东省物流产业标准化联盟	2017年3月30日	由广东省标准化技术委员会（TC/4）联合广东省南方物流集团等30家优质物流企业成立，立足物流产业升级发展的需要，强化物流标准基础研究，健全现代物流标准体系，以标准提升引领质量提升，推动物流业降本增效与可持续发展
7	厦门-三明物流标准化联盟	2017年4月13日	由厦门、三明两地商务局联合发起成立，旨在加快推进物流标准化进程，构建标准托盘循环共用体系，建设区域物流信息服务平台，促进包装标准化、减量化，推动区域间、企业间合作与交流，推进区域间、企业间托盘交换、托盘异地回收，促进两地物流行业降本增效，为开创海西物流标准化新局面奠定基础
8	淄博市商贸物流标准化行动联盟	2017年5月27日	由山东新星集团等物流标准化试点企业牵头成立，以标准托盘、周转箱为切入点，做实做强，探索有效的发展创新模式，持续深入推动物流标准化工作，力争打造物流标准化的淄博模式
9	黄石市物流标准化联盟	2017年9月22日	由黄石市商务委、市质监局牵头成立，旨在推动黄石市物流标准化交流与合作，以标准化助推物流产业持续快速健康发展，形成龙头企业带动，上下游互动，区域间联运的物流标准化体系，推动物流行业规范化、专业化、协同化、网络化发展
10	山东省标准托盘（周转箱）循环共用联盟	2017年12月18日	山东省商贸物流标准化技术委员会倡导成立，以推进全省商贸物流标准化建设为根本宗旨，以组织推动全省托盘（周转箱）标准化及托盘（周转箱）循环共用体系建设为核心目的，通过建立企业互联、信息互通、信用互认、规则共建、资源共享、互利共赢的合作机制，系统推进标准托盘（周转箱）循环共用，以及相关领域标准化创新，促进商贸物流提质降本增效，推动内贸流通供给侧结构性改革
11	泛粤港澳大湾区物流标准化托盘共用联盟	2018年9月20日	由广东省物流标准化技术委员会发起成立，依托合作共建“一带一路”国际物流大通道，全力打造资源共享的合作平台、优势互补的互助平台、项目协作的共赢平台，在物流标准化托盘共用方面发挥示范性、引领性、标志性作用
12	佛山市供应链物流产业标准联盟	2019年12月25日	由佛山市供应链物流协会牵头成立，重点围绕泛家居产品配送、生鲜冷链配送制定相关标准，推动佛山市供应链物流行业的标准化工作，以标准引领行业发展

其中，中国商贸物流标准化行动联盟作为全国性的联盟组织，拥有广泛而深入的专业影响力，而且在物流标准化的深化和创新上有所突破。针对商贸物流标准体系中的问题及

标准空白,联盟组织专家积极申报并推动与物流标准化,尤其是与托盘循环相关的新标准的研究制定推动了《物流企业标准化实施与评估》《电子商务物流可循环包装管理规范》等行业标准的正式立项。2017年,该联盟启动了《物流企业标准化实施与评估》《电子商务物流可循环包装管理规范》等行业标准的起草编制工作。2018年5月,该联盟与商务部流通业发展司、商务部研究院联合编制完成并发布了《中国物流标准化发展监测分析报告(2017年度)》,这是总结我国2015—2017年物流标准化试点工作成果的重要文献资料。

4.1.5 我国参与的物流行业相关国际标准组织

我国物流领域的国际化探索始于1914年我国加入万国邮政联盟(universal postal union,UPU),然后加入1922年成立的国际铁路联盟(international union of railways,UIC),1953年加入国际铁路货物联合运输协定(agreement on international railroad through transport of goods,简称《国际货协》)。由于历史原因,我国1972年正式恢复与万国邮政联盟的关系,1979年开始恢复在国际铁路联盟(UIC)内的活动。20世纪70年代,国际集装箱运输作为先进的多式联运运输组织方式被引入中国,逐步打开了我国国际多式联运发展新局面。1979年,原国家物资部派出代表团到日本考察流通行业,并引入“物流”概念,开启了我国现代物流业发展的大门。

据初步统计,截至目前,我国参与的物流相关国际标准组织主要涉及国际物品编码组织(GS1)、国际标准化组织(ISO)、万国邮政联盟(UPU)、国际海事组织(international maritime organization,IMO)、国际铁路联盟(UIC)、国际民航组织(international civil aviation organization,ICAO)、国际航空运输协会(international air transport association,IATA)、联合国贸易便利化与电子业务中心(united nations centre for trade facilitation and electronic business,UN/CEFACT)和国际电工委员会(international electro technical commission,IEC)等。这些物流相关的国际标准组织大都在国内有相应的技术对口或业务对口单位,我国物流相关标准化技术委员会对口国际标准化组织情况见表4-5。这些对口单位成为我国物流业标准化工作国际化的重要力量,也是我国新形势下物流供给侧结构性改革的重要组成部分,承担着中国物流标准“走出去”和国际先进标准“引进来”的重要使命,同时也承担着我国物流标准上升为国际标准以及在物流相关国际标准建设中掌握“话语权”的重要使命。

表4-5 我国物流相关标准化技术委员会对口国际标准化组织情况

序号	物流相关国际标准组织名称	编号/代码	国内对口单位	编号/缩写
1	Global Standards 1	GS1	中国物品编码中心	ANCC
2	The United Nations Centre for Trade Facilitation and Electronic Business	UN/CEFACT	中国标准化研究院	CNIS
3	Railway applications	ISO/TC269	中国铁道科学研究院集团有限公司	CARS
4	Union Internationaledes Cheminsdefer	UIC	国家铁路局	NRA
5	Electrical equipment and systems for railways	IEC/TC9	中国南车集团株洲电力机车研究所	CRRCGC
6	Universal Postal Union	UPU	全国邮政业标准化技术委员会	TC462
7	International Civil Aviation Organization	ICAO/OACI	中国民航总局	CAAC

续表

序号	物流相关国际标准组织名称	编号/代码	国内对口单位	编号/缩写
8	International Air Transport Association	IATA	中国航空运输协会	CATA
9	International Maritime Organization	IMO/OMI	中华人民共和国海事局	MSA
10	World Customs Organization	WCO	中华人民共和国海关总署	GAC
11	Freight containers	ISO/TC104	全国集装箱标准化技术委员会	TC6
12	Packaging	ISO/TC122	全国包装标准化技术委员会	TC49
13	Processes, data elements and documents in commerce, industry and administration	ISO/TC154	全国电子业务标准化技术委员会	TC83
14	Road vehicles, electric road vehicles and electric industrial trucks	ISO/TC22 IEC/TC69	全国汽车标准化技术委员会	TC114
15	Road vehicles	ISO/TC22/SC4	全国挂车标准化技术委员会	TC114/SC13
16	Transformers, reactors, power supply units, and combinations thereof	ISO/TC96	全国起重机械标准化技术委员会	TC227
17	Intelligent transport systems	ISO/TC204	全国智能运输系统标准化技术委员会	TC268
18	Pallets for unit load method of materials handling	ISO/TC51	全国托盘标准化技术委员会	TC269/SC2
19	Cereals and pulses	ISO/TC34/SC4	全国粮油标准化技术委员会	TC270
20	Animal and vegetable fats and oils	ISO/TC34/SC11		
21	Continuous mechanical handling equipment	ISO/TC101	全国连续搬运机械标准化技术委员会	TC331
22	Elevating work platforms	ISO/TC214	全国升降工作平台标准化技术委员会	TC335
23	Air cargo and ground equipment	ISO/TC20/SC9	全国航空货运及地面设备标准化技术委员会	TC359
24	Conveyor belts	ISO/TC41/SC3	全国输送带标准化技术委员会	TC428/SC1

以下结合我国近年来现代物流业的发展，对我国参与规模比较广泛、参与贡献度比较大的国际标准化组织(ISO)、国际物品编码组织(GS1)、国际铁路联盟(UIC)、联合国贸易便利化与电子业务中心(UN/CEFACT)和国际电工委员会(IEC)等物流相关国际标准组织进行简要介绍。

1. 国际标准化组织(ISO)与国际电工委员会(IEC)

ISO与IEC是全球最有影响力的两大国际标准化机构，总部均设在瑞士日内瓦。其中，ISO是世界上最大的国际标准化机构，成立于1947年，总部设在瑞士日内瓦。其前身是国际标准化协会国际联合会和联合国标准协调委员会。IEC成立于1906年，是世界上成立最早的国际性电工标准化机构，负责有关电气工程和电子工程领域中的国际标准化工作。ISO和IEC使用共同的技术工作导则，遵循共同的工作程序。1947年ISO成立后，双方曾将IEC作为电工部门并入ISO但保持技术与财政独立性的协议。1976年，ISO与IEC达成新的分工合作协议，IEC负责电工电子领域的国际标准化工作，其他领域则由ISO负责，双方保持法律上的独立并自愿合作。

我国1957年加入IEC并成为IEC的执委会成员。1979年9月，我国以中国标准化协会(China association for standardization，CAS)的名义加入ISO。目前，中国是ISO和IEC两个国际标准组织的常任理事国。

IEC于1987年成立了联合技术委员会(joint technical commission 1，JTC1)负责制定信息技术领域中的国际标准，秘书处由美国标准学会(American national standards institute，ANSI)担任，它是ISO、IEC最大的技术委员会。1995年，为保证ISO和IEC间的技术协调，ISO成立了一个联合技术顾问委员会(ISO/IEC joint technical advisory board，JTAB)。ISO/IEC下设了多个物流标准化的技术委员会负责全球的物流相关标准的制定、修订工作，目前已经制定了200多项与物流设施、运作模式与管理、基础模数、物流标识和数据信息交换相关的标准。

在现代物流领域，两个国际标准组织均没有设立专门的物流标准化技术委员会，但围绕集装箱、托盘、包装、起重机、搬运、输送、智能运输系统等软硬件设施设备系统，以及铁路、航空、海运和公路运输等物流运输方式相关的基础设施设备领域设立了相应的标准化技术委员会，成为我国物流行业相关的标准化技术委员会参与物流领域国际性标准组织的重要切入点。其中，ISO/TC104(货运集装箱)、ISO/TC269(铁路应用)、IEC/TC9(铁路牵引电气设备与系统)和ISO/TC51(托盘)等技术委员会是我国物流业发展技术对口合作或借鉴较多、影响范围较广的专业技术领域。

ISO/TC104技术委员会成立19年后，全国集装箱物流标准化技术委员会(TC6)于1980年3月正式成立，对口ISO/TC104。2000年，ISO/TC104/SC4/WG2第四次会议在美国达拉斯召开，我国集装箱标准化技术委员会组团代表中国标准化协会出席了会议，这是中国代表团作为观察员第一次参加的ISO/TC104/SC4/WG2的工作组会议。2011年12月，ISO 18186标准正式发布，实现了我国交通运输领域主导起草国际标准零的突破，并且通过了5年后的复审投票，该标准已在世界范围内开始实施，中国北斗卫星技术也因通过该标准进入国际视野，打破了GPS在国际定位技术领域的垄断。

2012年3月，国际标准化组织成立铁路应用技术委员会(ISO/TC269)，中国作为积极成员国，参与了ISO/TC269及其分委员会自成立以来的主要工作，成为ISO/TC269最为活跃和最具影响力的国家。在承担ISO/TC269领导职务方面，中国承担了基础设施分技术委员会(SC1)联合秘书处工作，中国专家任机车车辆分技术委员会(SC2)副主席职务。此外，中国4名专家担任ISO/TC269主席顾问组(chairman's advisory group，CAG)成员，使中国在TC269全局性及战略性问题上具有话语权。中国专家承担ISO/TC269 3个特别工作组的召集人，主持相关标准的前期研究及推进工作。

国际电工委员会铁路牵引电气设备与系统技术委员会(IEC/TC9)成立于1924年4月，现有28个积极成员和14个观察成员，我国是IEC/TC9的积极成员，并于1991年成立国内技术对口单位正式开展工作。截至2019年，IEC/TC9已发布国际标准113项，其中我国主持了11项标准，参加了101项标准的编制工作。目前我国主持IEC国际标准的数量占已发布国际标准的比例为1.9%，而我国铁路主持制定IEC/TC9国际标准的比例已达到9.7%，位居第5，仅次于意大利、德国、法国和日本。IEC/TC9现有工作组和特别工作组29个，其中由中国专家担任召集人的有5个，占17%，位居第4。

我国研制国家标准的原则是与国际接轨。在有 ISO 标准的情况下首先采用 ISO 标准，在没有对应的 ISO 标准时，采用其他先进的国际组织研制发布的标准，如：UN/CEFACT 标准等。我国《系列 1 集装箱 技术要求和试验方法 第 1 部分：通用集装箱》(GB/T 5338—2002)、《联运通用平托盘 主要尺寸及公差》(GB/T 2934—2007)和《联运通用平托盘 性能要求和试验选择》(GB/T 4995—2014)等基础性物流设备基础性国家标准的编制分别借鉴了 ISO 1496—1：1990、ISO 6780：2003 和 ISO 8611—2：2011 等国际标准。

2. 国际物品编码协会(GS1)

GS1 系统起源于美国，由美国统一代码委员会(uniform code council，简称 UCC，于 2005 年更名为 GS1 US)于 1973 年创建。UCC 创造性地采用 12 位的通用商品代码数字标识代码(universal product code，UPC)。1974 年，标识代码和条码首次在开放的贸易中得以应用。继 UPC 系统成功之后，欧洲物品编码协会，即早期的国际物品编码协会(international article numbering association，简称 EAN，2005 年更名为 GS1)于 1977 年成立并开发了与之兼容的系统并在北美以外的地区使用。EAN 系统设计意在兼容 UCC 系统，主要用 13 位数字编码。2005 年 2 月，EAN 和 UCC 正式合并更名为国际物品编码协会(GS1)。

1991 年 4 月，统一组织、协调、管理我国商品条码、物品编码和自动识别技术的中国物品编码中心代表我国加入国际物品编码组织(GS1)，负责推广国际通用的、开放的、跨行业的全球统一标识系统和供应链管理标准，向社会提供公共服务平台和标准化解决方案。

GS1 系统建立了一套在全球范围内标识货物、服务、资产和位置的物品编码标准体系，这是整个 GS1 系统的核心，是对流通领域中所有产品与服务(包括贸易项目、物流单元、资产、位置和服务关系等)的标识代码及附加属性代码，如图 4-1 所示。附加属性代码不能脱离标识代码独立存在。

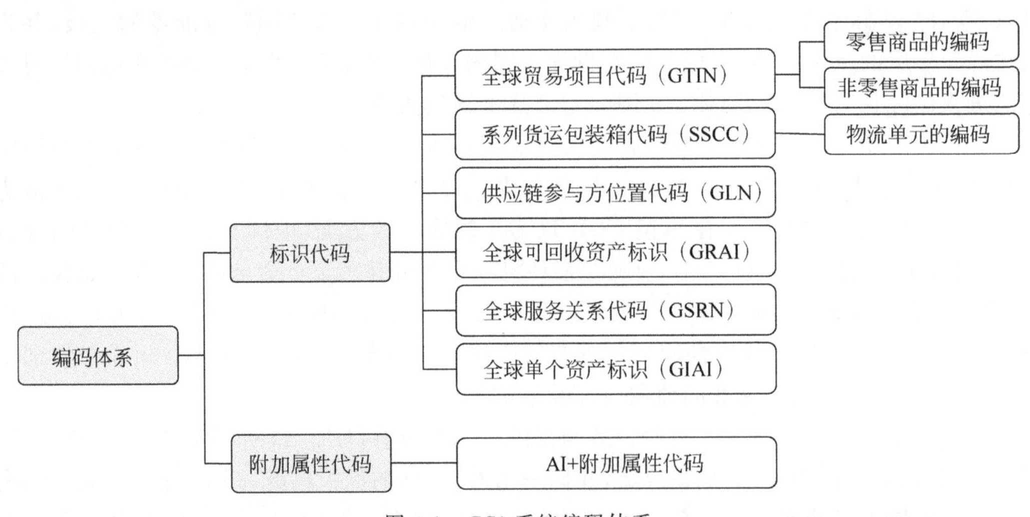

图 4-1　GS1 系统编码体系

GS1 编码体系分为标识代码和附加属性代码。其中，全球贸易项目代码(global trade item number，GTIN)是编码系统中应用最广泛的标识代码。贸易项目是指一项产品或服务。GTIN 是为全球贸易项目提供唯一标识的一种代码(即代码结构)。GTIN 有 4 种不同的编码结构：GTIN-13、GTIN-14、GTIN-8 和 GTIN-12。这 4 种结构可以对不同包装形态的商品进行唯一编码。标识代码无论应用在哪个领域的贸易项目上，每一个标识代码必须以整体方式使用。完整的标识代码可以保证在相关的应用领域内全球唯一。对贸易项目进行编码和符号表示能够实现商品零售、进货、存补货、销售分析及其他业务运作的自动化。GS1 系统编码体系如图 4-1 所示。

与物流运作紧密相关的是系列货运包装箱代码（serial shipping container code，SSCC）。SSCC 是为物流单元（运输和/或储藏）提供唯一标识的代码，同样具有全球唯一性。物流单元标识代码由扩展位、厂商识别代码、系列号和校验码 4 部分组成，是 18 位的数字代码，采用 GS1-128 条码符号表示。

参与方位置代码（global location number，GLN）也是一个与供应链物流运作相关的重要代码，可以实现对参与供应链等活动的法律实体、功能实体和物理实体进行唯一标识。如法律实体相关的供应商、客户、银行和承运商等，与功能实体相关的法律实体内的具体的部门以及与物理实体相关的建筑物的某个房间、仓库或仓库的某个门、交货地等。通过 GLN，可以从不同参与方的维度对供应链物流过程中的物品进行全球唯一性的管理。GLN 由厂商识别代码、位置参考代码和校验码组成，用 13 位数字表示。

此外，由于部分商品需要进行一些特殊的参数管理，在供应链流通过程中可能需要了解它的附加信息，如生产日期、有效期、批号及数量等，此时可采用应用标识符（application identifier，AI）来满足附加信息的标注要求。应用标识符由 2～4 位数字组成，用于标识其后数据的含义和格式。

由于这些 GS1 编码均能够以条码符号来表示，或以射频标签作为载体，在全球供应链物流过程中均可以实现自动识别。因此，使用者可以设计应用程序来自动处理 GS1 系统数据，GS1 编码可以广泛用于 EDI（electronic data interchange，电子数据交换）、XML（extensible markup language，可扩展标记语言）、全球数据同步网络（global data synchronization network，GDSN）系统和 GS1 网络系统。

目前，我国开始依托物流标准化试点和供应链体系建设等国家政策导向，面向我国现代物流业相关的标准托盘管理、商超快消品结算等商业场景推广应用 GS1 标准技术。

3. 联合国贸易便利化与电子业务中心（UN/CEFACT）

联合国贸易便利化与电子业务中心（the united nations centre for trade facilitation and electronic business，UN/CEFACT）成立于 1960 年，是联合国成立的以国际贸易便利化为目标的标准化机构，负责制定全球统一的标准解决国际贸易中的技术性贸易壁垒（technical barriers to trade，TBT）问题。2010 年 12 月，中国标准化研究院成立国际贸易便利化标准化研究中心，承担 UN/CEFACT 中国代表团秘书处工作，并依托全国电子业务标准化技术委员会（SAC/TC83）研制与 UN/CEFACT 对口的标准和措施。

UN/CEFACT 职权范围包括国际贸易纸面单证的简化与标准化，国际贸易过程、程序和信息流的标准化与规范化，以及开发用于贸易数据自动处理和传输的统一系统。UN/CEFACT 主要围绕国际贸易中过程、程序和交易环节的信息交换，通过研制发布、推荐使用和持续维护国际贸易便利化建议书、电子业务标准以及技术规范来提高不同国家之间的行政、商业和运输业的能力，以促进国际贸易便利化发展。这些贸易便利化标准与我国对外贸易国际物流的实体单证(如提单、装箱单)流转及其电子信息流转紧密相关,因此,我国在整体推动深化标准化工作改革与物流供给侧结构性改革的过程中,国际贸易物流相关的标准化工作也是不容忽视的组成部分。

UN/CEFACT 与 ISO 等国际组织有着紧密的合作关系。UN/CEFACT 和 ISO/TC154 存在业务对口关系,这两个标准化机构之间的标准经常会相互引用。例如,1985 年 ISO /TC154 就采纳了 1981 年发布的 UN/CEFACT1 号建议书《联合国贸易单证样式(UNLK)》,并将其作为国际标准《ISO6422:1985 贸易单证样式》,ISO1000 发布后被 UN/CEFACT 采纳作为建议书 20,等等。UN/CEFACT 还会引用其他国际标准化机构的先进标准,UN/CEFACT 第 5 号建议书就是引用了国际商会(international chamber of commerce,ICC)的国际贸易术语解释通则(international rules for the interpretation of trade terms,INCOTERMS)。

到目前为止,UN/CEFACT 给出了 35 个建议书、7 套标准和 5 套技术规范(见表 4-6),对国际贸易程序及电子商务进行了约束和规范,并得到了大部分国际组织的支持和参与。目前,UN/CEFACT 刚刚发布第 34 和 35 号建议书,同时正在研究第 36、37 和 38 号建议书。由于 UN/CEFACT 是一个联合国下属的官方机构,与 ISO、IEC 等非政府性国际组织不同,它所研制和推荐使用的建议书、标准以及技术规范都会在联合国框架内向其成员国推广使用。其中,建议书、标准和技术规范分别类似于强制性标准、推荐性标准和技术指导文件。

表 4-6 UN/CEFACT 发布的标准、技术规范以及对应的国家标准

序号	类型	标准或技术规范英文名称	中文名称	对应我国国家标准号
1	标准 1	UN/EDIFACT-ISO 9735 Electronic Data Interchange for Administration, Commerce and Transport (EDIFACT) Application level syntax rules Part 1~Part10.	行政、商业和运输业电子数据交换(EDIFACT)应用级语法规则 第 1 部分~第 10 部分	GB/T 14805.1~GB/T 14805.10
2	标准 2	UN/EDIFACT Directories(UNTDID)	联合国贸易数据交换目录	GB/T 15947,GB/T 15635.1 GB/T 15635.2,GB/T 15634.1 GB/T 15634.2,GB/T 16833 GB/T 17699, GB/T 17629
3	标准 3	Business Requirement Specification(BRS)	业务需求规范	—
4	标准 4	Requirement Specification Mapping(RSM)	需求规范映射	—
5	标准 5	Core Components Library(UN/CCL)	核心构件库	—
6	标准 6	UNTDED-ISO7372 Trade Data Elements Directory	贸易数据元目录	GB/T 15191
7	标准 7	XML Schema	XML Schema	—
8	技术规范 1	UN/CEFACT Modelling Methodology	UN/CEFACT 建模方法技术规范	GB/Z 20539—2006
9	技术规范 2	UN/CEFACT Core Components Technical Specifications	UN/CEFACT 核心构件技术规范	GB/T 19256.9—2006

续表

序号	类型	标准或技术规范英文名称	中文名称	对应我国国家标准号
10	技术规范 3	UN/CEFACT XML Naming and Design Rules	UN/CEFACT XML 命名和设计规则	GB/T 19256.8—2009
11	技术规范 4	UN/CEFACT UML Profile for Core Components	UN/CEFACT 核心构件的 UML 轮廓	—
12	技术规范 5	UN/CEFACT CCTS Data Type Catalogue	UN/CEFACT 核心构件数据类型目录	GB/T 20538.1—2006

注：资料来源于 http://tradedoc.mofcom.gov.cn(中华人民共和国商务部贸易单证指南)。

总之，在我国进一步扩大对外开放与加快建设"一带一路"的背景下，充分利用 UN/CEFACT 建立全球统一的贸易物流标准不仅有利于我国供应链与物流标准"走出去"，而且有利于我国现代物流业在全球市场格局下的供给侧结构性改革和可持续发展。

4. 国际铁路联盟(UIC)

国际铁路联盟(international union of railways，UIC)成立于 1922 年，是全球铁路行业历史最悠久、最具影响力的国际组织，总部设在法国巴黎，UIC 有包括我国在内的 90 多个成员国、200 多个成员单位(其中活跃会员 72 个)。1979 年 6 月我国作为创始国恢复在 UIC 的席位而成为正式成员。目前，国家铁路局、中国国家铁路集团、中国铁道科学研究院和北京交通大学等均为 UIC 成员单位。

UIC 核心宗旨是促进铁路成员之间的合作，开展铁路标准化工作，以及规划与发展国际联运。UIC 下设客运、货运、财政、运营、牵引与机车车辆、固定设备、信息与科研及战略规划等 10 个工作机构以及欧洲、北美、亚太、中东、非洲和拉丁美洲 6 个特别区域组织。在货运部门下，划分为铁路运营和物流两大板块，其中，多式联运工作组(the combined transport group，CTG)是物流板块之下的特别工作组，定期发布《欧洲多式联运报告》是其工作内容之一。CTG 倡导铁路企业在国际及区域组织间的合作，推进多式联运技术发展，使其可靠、具有竞争力，并能更好地适应市场和环境的要求，为此 UIC 发布了相应地多式联运相关标准，见表 4-7。

表 4-7 UIC 发布的多式联运相关标准不完全统计

序号	UIC 标准号	标准名称
1	UIC 599：1986	用在联运货车中的集装箱或车辆的装卸设备
2	UIC 293：2002	国际联运质量手册的制定和管理摘要
3	UIC 596-6：2006	货车运输公路车辆 技术组织 联合运输装载单元及联运线路的编码技术条件
4	UIC 426：2007	铁路密封标准化 标准密封件 协调货车密封和多式联运单元(ITU)的指导方针
5	UIC 290：2009	多式联运定义
6	UIC 291：2009	国际联运中铁路各企业之间的合作
7	UIC 592：2010	用于垂直转运和适合货车的联合运输单元(半挂车除外)最低要求
8	UIC 292：2010	在国际联运中铁路企业和铁路运输服务顾客之间的关系
9	UIC 571-4：2011	标准货车 铁路公路联运货车特性

UIC 标准规范划分为 10 个部分，598 分册，涵盖铁路技术规章、客货运输、财务统计结算、运营维护、机车车辆、基础设施、信息化、高速铁路体系及建设等方面，成为规范世界各国铁路运营与基础设施管理以及各国铁路标准制定、修订的重要参考依据。近年来，UIC 已经提出了详细的标准化战略：采取适当方式提高活页标准（Leaflet）的价值推进其向国际铁路行业标准（international railway industry standard，IRIS）或联合标准的转化。

长期以来，中国铁路深度参与 UIC 国际标准制定工作，并且已经成为 UIC 国际标准制定的主要依靠力量。截至 2017 年年底，中国铁路共主持 40 多项、参与 20 多项 UIC 标准的制定、修订工作，重点涵盖高速铁路、列车制动、列车网络与控制和电力牵引等技术领域。其中，我国主导制定的《高速铁路实施》（IRS 70100～70105）系列标准已成为指导和规范各国开展高速铁路建设的重要基础标准。

早在 2000 年，UIC 世界运输分部负责人 Vipin Sharma 先生在分析国际产业经济发展趋势后明确提出，远离海岸的中国西北部、中西欧、中亚地区、中国、哈萨克斯坦、土库曼和伊朗都需要发展铁路联运大通道，并形成全球海陆运输走廊。因此，UIC 提出研究建立东日本—中国—中亚—欧洲、中国—中东—欧洲、南亚—中东—中亚、北非马格里布—欧洲、南非—东非和北美—欧洲 6 条海铁联合运输走廊。这项富有远见卓识的提议正是我国“一带一路”建设过程中一直在探索实践与持续推动的工作。从这个角度而言，我国更加深入参与 UIC 这个铁路专业领域的国际标准组织，在引领国际铁路运输及多式联运标准建设方面，可以为我国现代物流高质量发展提供强劲的支撑力量。

4.2 我国物流业标准发展现状分析

在《全国物流标准 2005—2010 年发展规划》出台之前，我国物流业标准化工作处于比较离散的状态，相应的物流标准建设也零散地分布在交通运输业、商贸流通业、邮政业、加工制造业、农业、建筑业、采矿业和军事后勤等不同的细分行业领域。2005 年出台的这份发展规划，不仅明确提出了我国物流标准体系整体框架，而且为我国物流业标准发展指明了发展方向。此后，2010 年的《全国物流标准专项规划》和 2015 年的《物流标准化中长期发展规划（2015—2020）》，在不同的重要时间节点，为我国物流业标准发展提供了新的指引。

在此期间，中国物流与采购联合会作为国内唯一一家物流领域的综合性社团组织，其标准工作部作为全国物流标准化技术委员会秘书处承担单位，充分发挥自身全国性物流企业会员优势与综合服务网络优势，以及下属各细分物流领域的分会与专门委员会的专业优势，开始从零起步，对我国历年来的物流相关标准进行了系统整理，自 2011 年开始连续整理更新发布《物流标准目录手册》，其下属冷链物流专门委员会自 2014 年开始连续整理更新发布《中国冷链物流标准目录手册》，中国物流与采购联合会医药物流分会、全国物流标准化技术委员会医药物流标准化工作组 2020 年首次完成了《中国医药物流标准目录手册》的整理发布。

这些物流标准目录手册的持续更新发布为我们回顾和研究我国物流业标准发展历程及发展现状提供了宝贵的参考素材。

4.2.1 我国物流标准总体发展情况

2003 年，经国家标准化管理委员会批准，全国物流信息管理标准化技术委员会、全国物流标准化技术委员会相继成立。自此，在国家标准化管理委员会的直接领导和国家相关部门的大力支持下，我国物流标准化工作取得了显著进展和阶段性成果。从历年发布的《物流标准目录手册》收录的标准条数来看（见表4-8），呈现出快速增长的态势，2019年已经收录了物流标准1112项（不含41项标准化工作指导性标准），是2011年首次收录的601项的将近两倍。《物流标准目录手册》历年收录标准项目统计见表4-8。

表4-8　《物流标准目录手册》历年收录标准项目统计

年度	发布日期	收录标准项目	收录截止日期	备注
2011	2011年9月	601	—	2019年版比2018年版新增91条标准，其中85项为制定标准，6项为修订标准，国家标准30项，行业标准61项
2012	2012年8月	667	—	
2014	2014年6月	794	2014年5月31日	
2015	2015年6月	835	2015年5月31日	
2016	2016年7月	952	2016年6月30日	
2017	2017年6月	1013	2017年6月30日	
2018	2018年7月	1093	2018年6月30日	
2019	2019年7月	1112	2019年6月30日	

为了客观地反映我国物流标准化的现状，有效地发挥现有标准在行业中的引导和规范作用，2019年7月，中国物流与采购联合会标准工作部、全国物流标准化技术委员会秘书处正式发布《物流标准手册》（2019版），共收集了我国已颁布的现行物流国家标准、行业标准和地方标准目录共计1112项，比上一年新增91条标准，其中85项为制定标准、6项为修订标准、国家标准30项、行业标准61项。

由于2016年国家标准委开始全面复审清理国家标准和行业标准，通过对《物流标准手册》收录的各类现行物流标准进行重新分类整理后的1102项标准进行分析，我们可以发现我国物流标准的总体发展情况。具体内容如下。

1. 四个发展阶段

从物流标准发布和实施两个时间维度看，我国物流标准建设的数量规模明显可以划分为3个梯级：第一梯级为1978—1994年，17年时间内累计发布49项标准，开始实施39项标准（均按现行，不考虑部分标准已废止情形，下同），年均数量不到4项标准；第二梯级为1995—2004年（“十五”期间），10年时间内累计发布155项标准，开始实施158项标准，年均突破15项标准；第三梯级为2005—2019年（“十一五”到“十三五”期间），15年时间内累计发布标准898项标准，开始实施905项标准，年均达到60项标准，我国不同发展时期物流标准发布和实施数量见图4-2。

从该图中还可以发现，2005—2009年间的标准发布和实施数量是1978—2004年间总和的1.28倍。这充分说明了我国2005年出台的《全国物流标准2005—2010年发展规划》为推动我国物流标准建设输入了强劲的发展动力。此外，我们还可以看到，2015—2019年，我国物流标准发布数量和开始实施数量略有回调，这说明我国2015年开始的深化标准化工作改革以及2015年出台的《物流标准化中长期发展规划（2015—2020年）》进一步加强了标准建设的供给侧结构性改革与高质量发展。特别是国家标准委2016年3月发布的《关于做好2016年国家标准立项工作的通知》（标委办〔2016〕30号），开始对国家标准立项项目进行

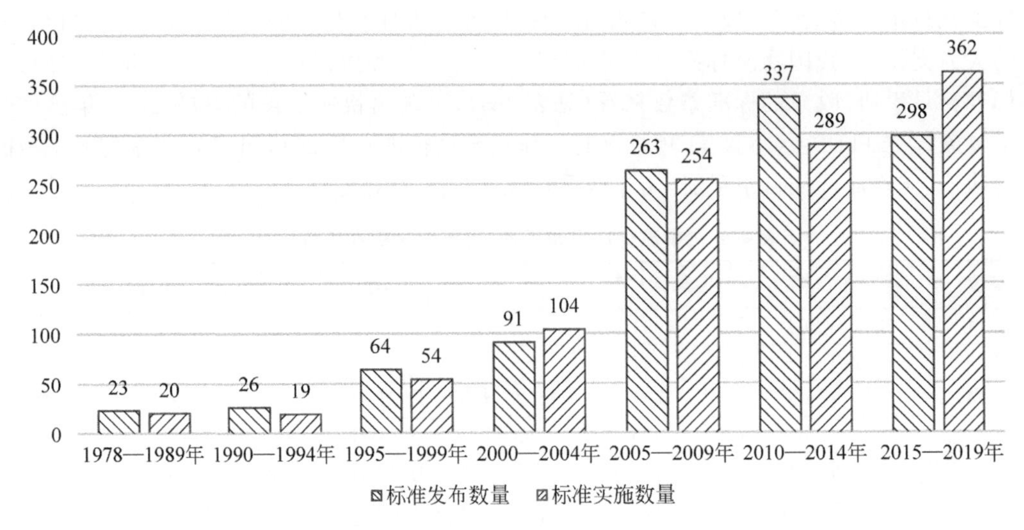

图 4-2 我国不同发展时期物流标准发布和实施数量(1978—2019 年)

了改革,并且首次引入专家评估机制进行评估,从标准化方针政策、法律法规以及国家产业政策、规划等方面进行把握,进一步强调从源头上确保标准质量和协调性,从严把控项目质量和数量,加强技术标准体系建设。所以,从 2015 年开始,我国物流行业标准建设在数量规模略有下降的情况下,逐步转向一个寻求更高质量水平的发展阶段。

综上所述,我国物流标准建设 40 余年的发展历程,在前述 3 个梯级的基础上可以进一步划分为 4 个不同的发展阶段,如图 4-3 所示。

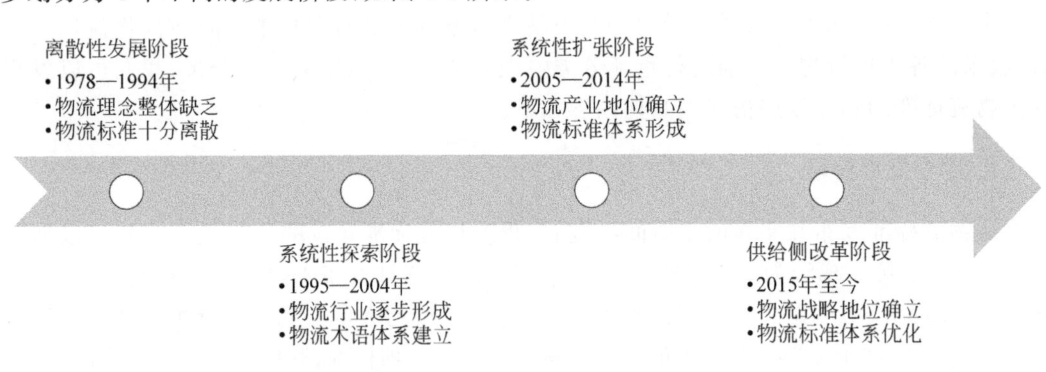

图 4-3 我国物流标准建设的 4 个发展阶段

总之,我国物流标准建设经历了离散性发展、系统性探索、系统性扩展和供给侧改革 4 个发展阶段。其中,系统性探索阶段以我国发布实施《物流术语》(GB/T 18354—2001)为代表,建立起了我国现代物流业的系统全局观;系统性扩张阶段以我国出台的《物流业调整振兴规划》《全国物流标准 2005—2010 年发展规划》《全国物流标准专项规划》《社会物流统计指标体系》(GB/T 24361—2009)、《联运通用平托盘主要尺寸及公差》(GB/T 2934—2007)、《联运通用平托盘性能要求和试验选择》(GB/T 4995—2014)、《物流企业分类与评估指标》(GB/T 19680—2013)和《物流管理信息系统应用开发指南》(GB/T 23830—2009)等基础性物流标准为代表,明确了我国物流产业在国民经济发展中的重要地位,并形成了我国物流标准体系；供给侧改革阶段的代表性政策包括我国出台的《物流标准化中长期发展规划(2015—2020)》《关于推进供给侧结构性改革促进物流业"降本增效"的若干意见》《物流业降本增效专项行动方案(2016—2018年)》《关于进一步推进物流降本增效促进实体经济发展的意见》《关于做好物流降本增效综合改革试点工作的通知》和《关于推动物流高质量发展促进形成强大国内市场的意见》等，代表性的物流标准包括《物流园区分类与基本要求》(GB/T 21334—2017)、《物流园区绩效指标体系》(GB/T 37102—2018)、《系列2集装箱分类、尺寸和额定质量》(GB/T 35201—2017)、《汽车、挂车及汽车列车外廓尺寸、轴荷及质量限值》(GB 1589—2016)、《道路运输车辆综合性能要求和检验方法》(GB 18565—2016)、《货运挂车系列型谱》(GB/T 6420—2017)、《绿色仓库要求与评价》(SB/T 11164—2016)、《绿色物流指标构成与核算方法》(GB/T 37099—2018)和《车用起重尾板安装与使用技术要求》(GB/T 37706—2019)等国家标准或行业标准。

2. 分类结构特征

根据第1章总结的物流标准分类维度，结合全国物流标准化技术委员会秘书处发布的《物流标准目录手册(2019)》，可以进一步了解我国物流标准的基本结构特征。

第一，从标准的制定主体和实施效力来看，我国大约6%的物流标准属于国家强制性标准，国家推荐性标准大约占比51%，行业标准大约占比43%。其中，由于现有手册还存在部分物流相关行业强制标准和指导性标准，按照《标准化法》的分类及标准发展趋势，统一按上升为国家强制性标准、国家推荐性标准或行业标准进行计算(下同)。结合时间维度看，在我国物流标准建设的离散性发展阶段，基本上以研制发布行业标准为主导，随后国家推荐性标准大幅超过行业标准，但行业标准的发展趋势近年来保持直线上升并超越国家推荐标准的趋势；国家强制性标准在系统性扩张阶段累计研制发布39项，占物流行业现行强制性标准的60%，这说明我国物流业发展正步入快速轨道，我国物流业国家标准、行业标准研制发布数量趋势如图4-4所示。

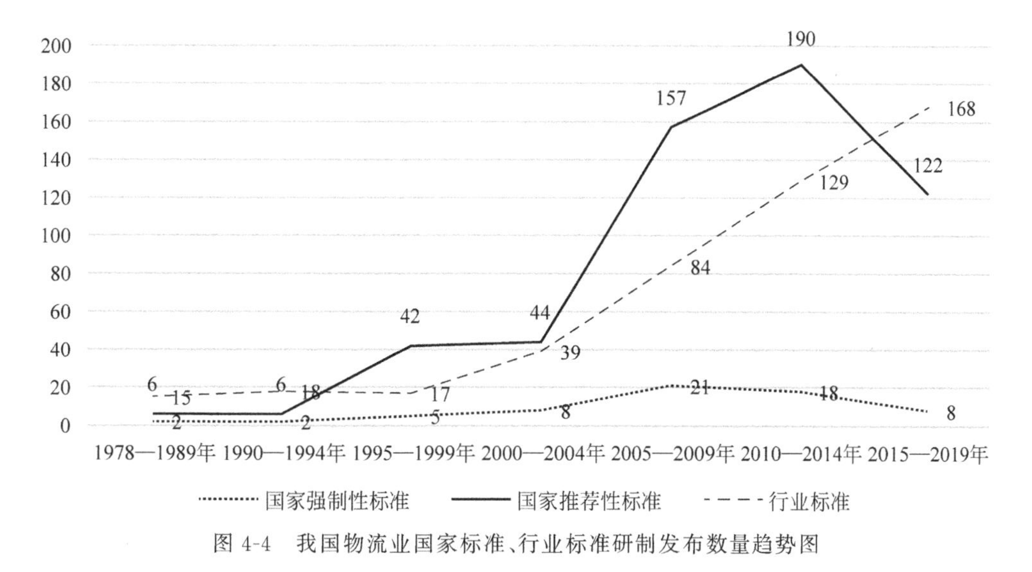

图4-4 我国物流业国家标准、行业标准研制发布数量趋势图

第二，从我国物流标准体系层次来看，在不考虑标准化指导性文件的情况下，基础类标准大约占比 5.5%，公共类标准大约占比 44%，专业类标准大约占比 50.5%。从这类标准的适用范围和影响力看，基础类标准和公共类标准均以国家推荐性标准为主，占比在 70%左右，国家强制性标准占比在 3%～5%的水平；专业类标准虽然也以行业标准（推荐性）为主，占比 56%，国家推荐标准只占 35%，但国家强制性标准占比高达 9%，是基础类标准和公共类标准的两倍左右（我国物流标准体系不同层级标准的适用范围与影响力结构见表 4-9），这些数据说明专业物流领域是我国国家强制性标准的重点分布领域，占全部国家强制性标准的 75%以上。随着我国专业类物流的快速发展，预计我国专业类物流标准的比重及其对应国家强制标准数量都将进一步增加。

表 4-9　我国物流标准体系不同层级标准的适用范围与影响力结构

标准类型	基础类标准	比例 1	公共类标准	比例 2	专业类标准	比例 3
国家强制性标准	3	5%	13	3%	49	9%
国家推荐性标准	47	77%	326	67%	194	35%
行业标准	11	18%	144	30%	315	56%
总计	61	—	483	—	558	—

从时间维度来看，在离散性发展阶段，我国以研制发布公共类和专业类标准为主，基础类标准极少。系统性探索阶段拉开了我国基础类标准、公共类标准和专业类标准整体建设的帷幕，其中，专业类标准在系统性扩张阶段呈现出爆发式增长态势，累计研制发布 332 项；其次是公共类标准，累计研制发布 231 项；基础类标准只累计研制发布了 36 项。进入高质量发展阶段以来，基础类标准基本保持原有发展态势，公共类标准和专业类标准保持齐头并进趋势。我国物流标准体系不同层次类型标准发展趋势如图 4-5 所示。

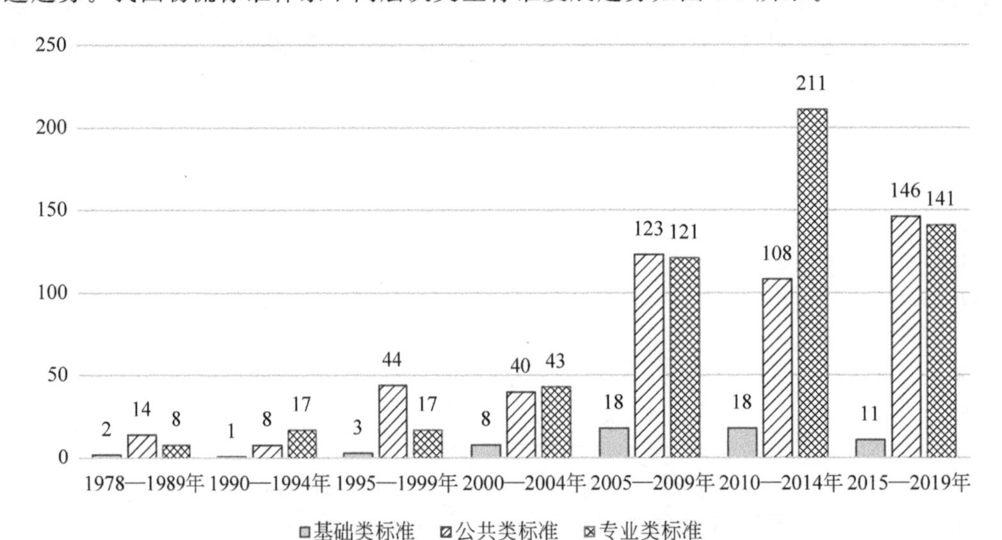

图 4-5　我国物流标准体系不同层次类型标准发展趋势图

第三，从我国物流标准核心内容属性并结合物流经营理念导向来看，我国物流标准主要侧重于物流技术（含物流设备及装备）、物流基础和物流管理类标准的建设，分别占比达到37%、24%和18%(合计占比接近80%),产品、服务、信息和作业类占比总体处于10%以下,我国不同核心内容属性物流标准的层次与适应范围分布见表4-10。从表中还可以发现,我国的公共类标准和国家推荐性标准主要集中技术、基础和管理3个领域,专业类标准和国家强制性标准主要侧重于技术领域,行业标准也十分偏重技术领域,其次是管理、基础、作业和信息领域,行业标准和专业类标准比国家标准和公共标准更加侧重于作业层面。

表4-10 我国不同核心内容属性物流标准的层次与适应范围分布

类型	基础类标准	公共类标准	专业类标准	合计	国家强制性标准	国家推荐性标准	行业标准	合计比例
基础	61	159	41	261	7	191	63	24%
产品		17	9	26		16	10	2%
服务		1	41	42		19	23	4%
管理		103	94	197	14	94	89	18%
技术		184	228	412	35	194	183	37%
信息		2	66	68	1	17	50	6%
作业		17	79	96	8	36	52	9%
总计	61	483	558	1102	65	567	470	—

以我国物流标准集中度比较高的技术、基础和管理3大关键发展领域对应的发展时间轴来看(我国关键发展领域物流标准发展趋势,如图4-6所示),在系统性探索阶段,我国主要以编制发布物流基础类标准为主,其次是物流技术类标准,物流管理类标准极少;进入系统性扩张阶段以后,物流技术类标准异军突起,成为我国物流业标准的主力军,其次是物流基础类标准和物流管理类标准;随着我国高质量发展阶段的到来,我国基础类标准数量在下调,整体形成物流技术标准领先,物流管理标准、物流基础标准随后的"三足鼎立"格局。

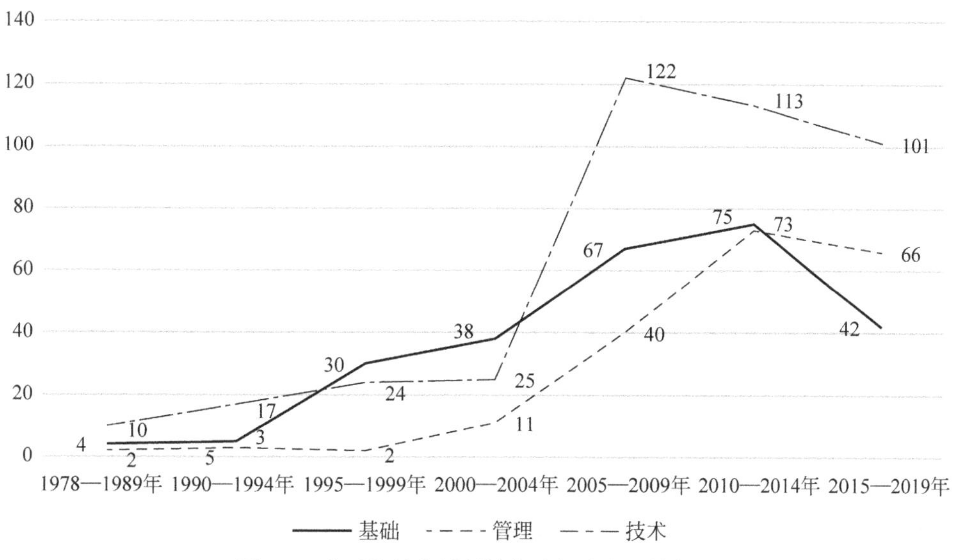

图4-6 我国关键发展领域物流标准发展趋势图

第四,从我国物流标准关键内容背后隐藏的物流经营理念来看,精益物流类标准主要侧重于基于标准的产品、管理、服务和作业,实现降本增效;智慧物流类标准主要侧重物流信息和物流技术两方面；绿色物流类标准主要涉及节能减排、绿色环保、循环共用、逆向物流、多式联运、共同配送、滚装运输和驼背运输等相关方面。从这个维度划分，可以看到，我国精益物流类标准大约占比 53%，以国家推荐性标准和公共类标准为主；智慧物流类标准大约占比 41%，以行业标准、国家推荐性标准和专业类标准为主；而绿色物流类标准所占比例仅为 6%，以行业标准、专业类标准和公共类标准为主，我国物流经营理念导向的物流标准比例结构分析见表 4-11。

表 4-11 我国物流经营理念导向的物流标准比例结构分析

标准类型		精益物流类	比例	智慧物流类	比例	绿色物流类	比例
第一类别	国家强制性标准	26	4%	37	8%	4	6%
	国家推荐性标准	341	58%	202	45%	24	38%
	行业标准	222	38%	211	47%	35	56%
第二类别	公共类标准	284	48%	171	38%	28	44%
	基础类标准	57	10%	—	—	4	6%
	专业类标准	248	42%	279	62%	31	49%
总计(项)		589	—	450	—	63	—
比例分布		53%	—	41%	—	6%	—

从这 3 类标准发布的时间轴来看(我国物流经营理念导向的物流标准发展态势如图 4-7 所示)，我国精益物流类标准自系统性探索阶段开始发展十分迅猛，而智慧物流类标准在进入系统性扩张阶段后处于稳定发展状态，绿色物流则起步较晚，从系统性扩张阶段开始呈现缓慢增长态势。

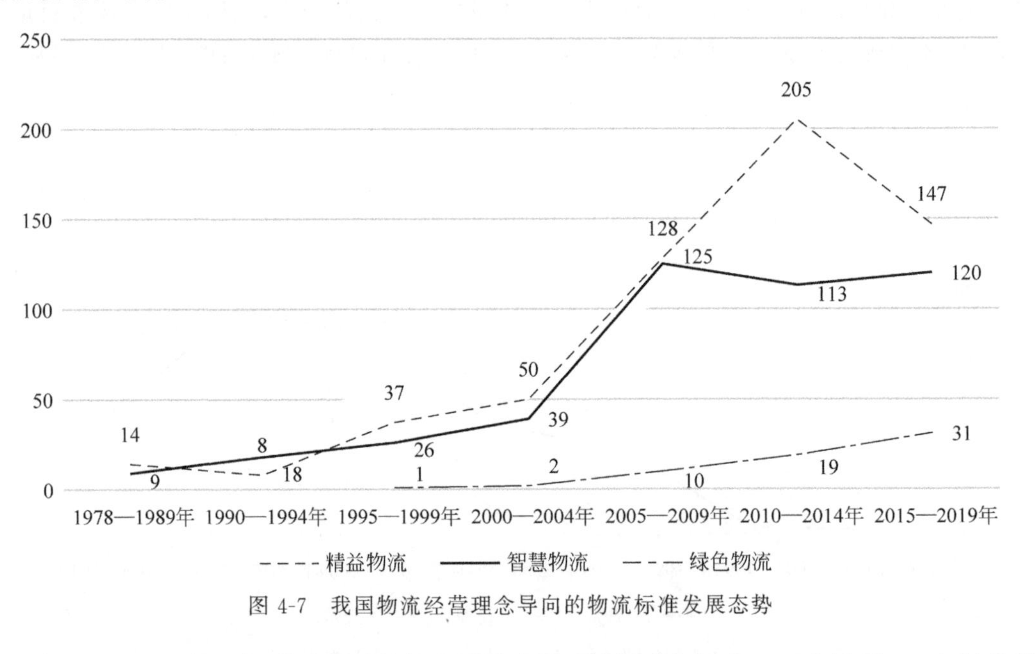

图 4-7 我国物流经营理念导向的物流标准发展态势

第五，从我国物流标准所涉及的行业属性来看(不含国家标准)，至少涉及 30 个行业领域，其中物流相关标准占比较高的是国内贸易、交通、物资管理、邮政、烟草、粮食、铁道、民用航空、机械和农业等行业，特别是国内贸易、交通和物资管理领域，分别占比 18.2%、

17.4%和11.3%。我国物流标准行业来源分布结构见表4-12。

表4-12 我国物流标准行业来源分布

序号	标准代码	行业属性	标准数量	比例
1	SB	国内贸易	89	18.2%
2	JT	交通	85	17.4%
3	MB	物资管理	55	11.3%
4	YZ	邮政	44	9.0%
5	YC	烟草	36	7.4%
6	LS	粮食	28	5.7%
7	TB	铁道	26	5.3%
8	MH	民用航空	23	4.7%
9	JB	机械	21	4.3%
10	NY	农业	15	3.1%
11	合计	—	422	86.5%

从表4-12也可以看出,我国现代物流与传统的国内贸易、交通、物资管理和邮政等相关行业密不可分。因此,以国内贸易、交通、物资管理3大重点物流行业标准输出领域为例,可以看出我国物流标准的发展历程。总体而言,我国行业标准在系统性扩张阶段之前,均处于十分缓慢的增长状态,进入系统性扩展阶段以后,国内贸易类行业标准爆发性地增长,而交通运输领域和物资管理领域行业标准在进入供给侧改革阶段后迅速增加,如图4-8所示。这样的发展态势说明我国物流行业标准供给能力长期没有受到应有的重视,直到2009年国家明确物流业在国民经济中的重要地位以后,才有比较大的改观。

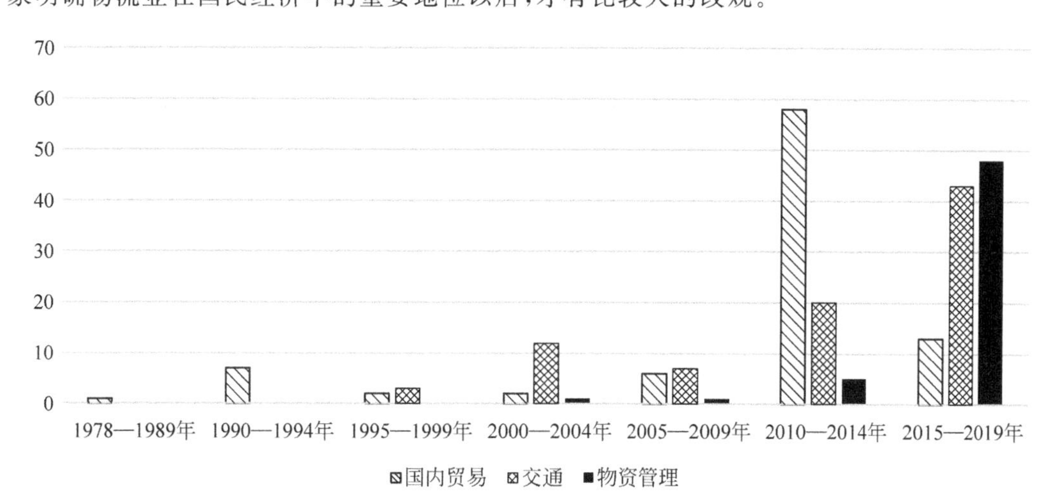

图4-8 我国物流行业标准三大重点领域的标准输出发展态势

总之,通过以上5个不同维度的分析,我国物流标准目前的总体结构特征是:国家推荐性物流标准为主导,专业类物流标准发展速度快空间大,绿色物流类标准发展十分缓慢,技术、管理和基础类标准是物流标准研制的主要方向,物流行业标准侧重于国内贸易、交通运输和物资管理3个重点领域。

3. 细分物流领域

我国现代物流业的市场细分化是近年来越来越明显的发展趋势。我国起步比较早、发展比较成熟的细分物流市场包括粮油物流、烟草物流、邮政快递物流、汽车物流、家电物流、危化品物流和进出口物流等。这些细分物流市场是我国专业类物流标准的主要输出领域，根据2019年版《物流标准手册》收录的16个细分物流领域及其他物流对应的标准数量可以看出，农副产品与食品冷链物流、电子商务物流与快递、化工和危险货物物流、粮油物流、进出口物流、烟草物流对应标准数量分别占标准总量的15.34%、5.72%、5.72%、5.08%、4.45%和3.63%，合计占专业类标准接近80%。我国细分物流市场领域物流标准结构分析表见表4-13。其中，我国现有专业类物流标准以行业标准为主，占比56%；其次是国家推荐标准，占比35%；行业强制性标准(将有序转化为国家强制性标准)占比9%，高于整体强制性标准占比约3个百分点。

表4-13　我国细分物流市场领域物流标准结构分析表

序号	细分物流市场领域	涉及行业领域数量	国家强制性标准	国家推荐性标准	行业标准	标准总计	占标准总量的比例
1	农副产品与食品冷链物流标准	12	9	81	79	169	15.34%
2	电子商务物流与快递标准	3	3	11	49	63	5.72%
3	化工和危险货物物流标准	10	24	8	31	63	5.72%
4	粮油物流标准	5	7	17	32	56	5.08%
5	进出口物流标准	4	—	37	12	49	4.45%
6	烟草物流标准	1	2	2	36	40	3.63%
7	汽车物流标准	4	—	7	14	21	1.91%
8	医药物流标准	4	1	5	10	16	1.45%
9	出版物物流	1	—	11	3	14	1.27%
10	木材物流标准	4	2	7	5	14	1.27%
11	酒类物流标准	1	—	—	10	10	0.91%
12	煤炭物流标准	4	1	1	6	8	0.73%
13	钢铁类物流标准	2	—	—	6	6	0.54%
14	家电物流标准	1	—	2	3	5	0.45%
15	应急物流标准	1	—	2	2	4	0.36%
16	棉花物流标准	1	1	—	2	3	0.27%
17	其他物流标准	6	—	3	14	17	1.54%
18	合计	—	50	194	314	558	50.64%
19	比例结构	—	9%	35%	56%	100%	—

此外，从表中也可以看出，我国细分物流市场涉及其他相关行业领域最多的是农副产品与食品冷链物流，涉及至少15个行业领域；其次是化工和危险货物物流，涉及10个行业领域；粮油物流、进出口物流、医药物流、汽车物流、木材物流和煤炭物流涉及4～5个行业领域；剩余的基本上只涉及1～3个行业领域。从细分物流市场所涉行业领域数量与其对应标准数量来看，基本上可以形成这样的判断：细分物流市场涉及相关行业领域越多其对应标准数量就越多、相对发展越成熟；细分物流市场涉及相关行业领域越少，但对应标准数量越多，说明该细分市场发展越成熟，例如汽车物流、烟草物流、医药物流和出版物物流等。

我们进一步选取发展相对比较成熟的农副产品与食品冷链物流、电子商务物流与快递、化工和危险货物物流、粮油物流、进出口物流5个细分物流市场，对其相关物流标准的发展历程做相关的发展阶段分析。农副产品与食品冷链物流、粮油物流和危化品物流是我国发展比较早的专业物流领域，而且在不同的物流标准发展时期均有比较稳定的标准发布和实施，特别是冷链物流板块，在进入系统性扩张时期，呈现出爆发式增长态势，10年时间内发布了63项标准，进入供给侧改革阶段后才有所下调；而危化品物流在进入系统化探索阶段后，一直保持稳定发展态势，进入供给侧改革阶段后，危化品物流标准出现陡然上升趋势，这意味着我国在发展绿色经济的背景下，进一步加强了对于危化品物流的标准化管控；电商物流和危险品物流有类似的发展轨迹，但近年来电商物流与快递领域标准增速比危化品物流更加迅猛，这与电子商务高速发展带来的一次性包装包材浪费问题息息相关，我国邮政部门及快递企业共同致力于电商物流及快递过程中的电子面单、环保材料和可循环包装的标准化使用。我国典型细分物流市场领域的标准输出发展态势如图4-9所示。

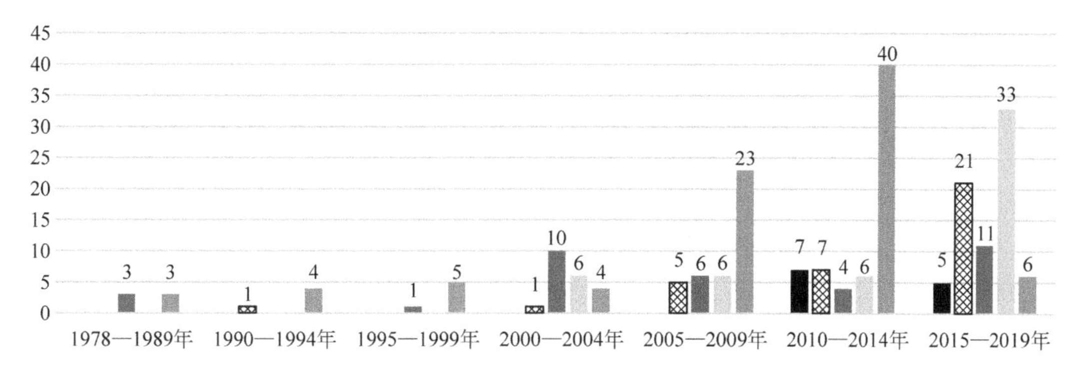

图4-9 我国典型细分物流市场领域的标准输出发展态势

总体来看，我国细分物流市场标准建设已经呈现出稳步快速增长的趋势，细分物流市场成为我国专业类物流标准发展的重要"后备军"。随着我国深化标准化工作改革的推进、国家物流标准化体系建设的深入，以及我国物流市场细分化要求的提高，细分物流领域的标准建设将为我国物流标准发展提供数量更多、来源结构更丰富的国家标准、行业标准、团体标准和企业标准。

4.2.2 我国冷链物流标准发展概况

中国物流与采购联合会冷链物流专业委员会（以下简称"冷链委"）系隶属于中国物流与采购联合会（具有全国性社团法人资格的社会团体）的分支机构，是该社会团体的组成部分，从成立以来一直非常重视冷链物流标准化工作。全国物流标准化技术委员会冷链物流分技术委员会（以下简称"冷标委"）是由国家标准化行政主管部门批准成立，是全国物流标准化技术委员会业务指导下的专业标准化技术组织，负责冷链物流领域内的标准化工作，冷标委与冷链委采取合署办公的方式开展工作。

自2014年开始，冷链委与冷标委连续6年完成《冷链物流标准目录手册》的整理和更新工作。2019 年 9 月发布的《中国冷链物流标准目录手册(2019 版)》(以下简称《冷链标准手册》)收集了我国已颁布的现行农副产品、食品冷链物流国家标准、行业标准和团体标准共计 283 项,是 2014 年首次发布 64 项的 4.4 倍,比《物流标准手册》提及的 169 项多 114 项,见表 4-14。该目录手册内容按基础性标准、设施设备相关标准、技术作业与管理标准进行分类。

表 4-14　中国冷链物流标准目录手册历年收录标准项目统计

年　　度	发布日期	标准收录项目	收录截止日期
2014	2014 年 7 月	64	2014 年 7 月
2015	2015 年 6 月	155	2015 年 6 月
2016	2016 年 6 月	184	2016 年 6 月
2017	2017 年 7 月	193	2017 年 7 月
2018	2018 年 9 月	230	2018 年 9 月
2019	2019 年 9 月	283	2019 年 9 月

《冷链标准手册》收录内容不断增加,充分体现了我国农副产品、食品冷链物流标准建设的快速增长。参照我国物流业标准建设 4 个发展阶段,我国农副产品、食品冷链物流标准建设也大致可以划分为 4 个发展阶段,对应离散发展阶段(1992—2004 年)、系统性探索阶段(2005—2009 年)、系统化扩张阶段(2010—2014 年)和供给侧改革阶段(2015—2019 年),前两部分阶段的起止时间比整个物流业标准建设的发展阶段有所延后。我国农副产品、食品冷链物流标准在离散发展阶段增长比较缓慢,进入系统化探索阶段后取得持续稳定的发展。我国农副产品、食品冷链物流标准的 4 个发展阶段见图 4-10(不含 24 项正处于研制和发布流程中的标准)。

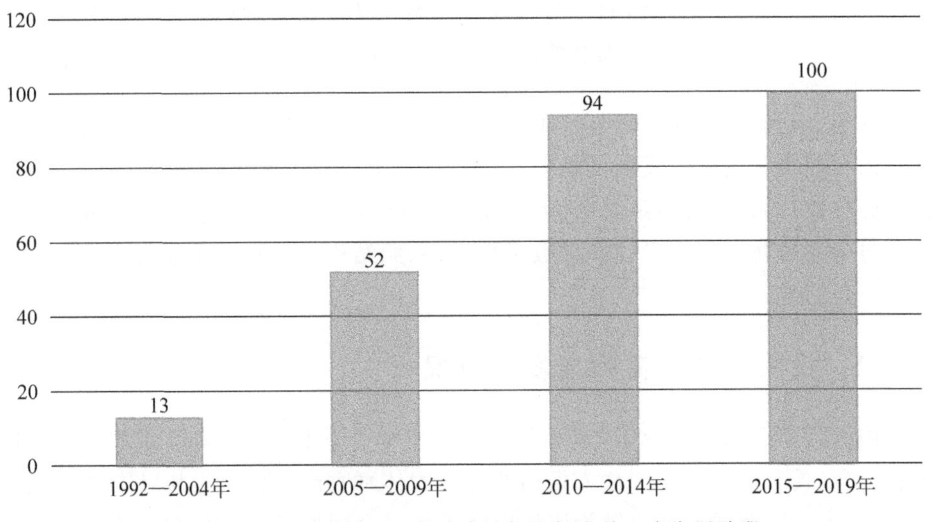

图 4-10　我国农副产品、食品冷链物流标准的 4 个发展阶段

据统计,《冷链标准手册》收录了中国认证认可协会(china certification and accreditation association,CCAA)标准、地方标准、团体标准以及正在开发的标准合计 72 项,比较全面地反映了我国农副产品、食品冷链物流行业的标准建设现状。从表 4-15 可以看出,在冷链物流领域,

行业标准处于主流地位，占比 42.4%；其次是国家推荐标准，占比 28.98%；然后就是团体标准，占比达到 16.25%。从标准的内容来看，技术与管理类标准以 69%的比例处于主导地位，然后依次是设施设备相关标准和基础类标准。

表 4-15 我国农副产品、食品冷链物流标准分类统计

序号	标准类型	基础标准	技术与管理标准	设施设备相关标准	总计	占比结构
1	国家强制性标准	1	4	4	9	3.18%
2	国家推荐标准	15	52	15	82	28.98%
3	行业标准	9	89	22	120	42.40%
4	地方标准		1		1	0.35%
5	团体标准	1	32	13	46	16.25%
6	CCAA 标准		1		1	0.35%
7	正在开发标准	2	17	5	24	8.48%
8	总计	28	196	59	283	100%
9	比例结构	10%	69%	21%	100%	—

从我国农副产品、食品冷链物流涉及对象类型来看，《冷链标准手册》将其划分为公共基础类、果蔬、冷藏保温箱（厢）、冷库和冷冻饮品等 12 类，其中果蔬类物流相关标准占比最高，达到 31.8%，其次依次是综合类、公共基础类、水产品类和冷库类，分别为 18%、9.9%、8.8%和 6%。从标准的使用范围和强制性来看，国家强制性标准主要分布在冷链物流设施设备与肉乳制品、果蔬类国家推荐标准、行业标准和团体标准关注的热点领域。从标准的内容属性来看，果蔬、水产品和肉制品类是技术和管理标准研究的主要对象，冷库、冷藏车和冷藏保温箱（厢）则是设施设备类标准青睐的对象。我国农副产品、食品冷链物流涉及对象类型标准的具体分布见表 4-16。

表 4-16 我国农副产品、食品冷链物流涉及对象类型标准分布

序号	标准涉及对象类型	CCAA 标准	国家强制性标准	国家推荐性标准	行业标准	地方标准	团体标准	开发中标准	总计	基础标准	技术/管理标准	设施设备标准	占比结构
1	公共基础类		1	15	9		1	2	28	28			9.9%
2	冷藏保温箱(厢)			2	5		3		10			10	3.5%
3	冷藏车		2	2	7		2		13			13	4.6%
4	冷库		2	7	6		2		17			17	6.0%
5	果蔬			22	52		9	7	90		90		31.8%
6	冷冻饮品	1		1					2		2		0.7%
7	肉制品		1	6	8		1		16		16		5.7%
8	乳制品		1		2		1		4		4		1.4%
9	水产品			9	9		6	1	25		25		8.8%
10	速冻食品		2	2	4				8		8		2.8%
11	综合			12	14	1	15	9	51		51		18.0%
12	其他			4	4		6	5	19			19	6.7%
13	总计	1	9	82	120	1	46	24	283	28	196	59	100%

从我国农副产品、食品冷链物流涉及的行业领域来看(不含国标部分),冷链物流标准主要来源于国内贸易、社会团体、农业、商检、机械和物资管理等近20个领域,分别占目前收录冷链物流标准的比例为17.31%、16.25%、7.42%、3.89%、2.47%和2.47%,合计接近占比50%。从这些标准的时间分布看,系统性探索阶段主要集中于农业领域,系统性扩张阶段主要聚焦于国内贸易领域,进入供给侧改革阶段后,社会团体主导的团体标准受政策放开的影响异军崛起,其他标准主要来源于物资管理和供销领域,我国农副产品、食品冷链物流涉及行业领域及其标准时间分布见表4-17。

表4-17 我国农副产品、食品冷链物流涉及行业领域及其标准时间分布

序号	标准代码	涉及行业领域	离散性发展阶段(1992—2004年)	系统性探索阶段(2005—2009年)	系统性扩张阶段(2010—2014年)	供给侧改革阶段(2015—2019年)	总计	占总比例
1	SB	国内贸易	4	7	37	1	49	17.31%
2	—	社会团体				46	46	16.25%
3	NY	农业		11	8	2	21	7.42%
4	SN	商检	1	8	1	1	11	3.89%
5	JB	机械	1	2		4	7	2.47%
6	WB	物资管理			1	6	7	2.47%
7	GH	供销				5	5	1.77%
8	LY	林业		5			5	1.77%
9	SC	水产	1	2		1	4	1.41%
10	JT	交通		1		1	2	0.71%
11	QC	汽车			2		2	0.71%
12	QB	轻工			1	1	2	0.71%
13	BB	包装				1	1	0.35%
14	CB	船舶			1		1	0.35%
15	MH	民用航空			1		1	0.35%
16	—	地标标准			1		1	0.35%
17	YZ	邮政				1	1	0.35%
18	CCAA	中国认证认可协会			1		1	0.35%
19	总计	—	7	36	54	70	167	59.01%

通过以上对《冷链标准手册》的研究分析,我们可以看到农副产品、食品冷链物流标准建设已经步入了稳步发展的轨道,是我国物流标准化建设效果比较领先的细分物流市场。特别是近年来的快速发展,不仅实现了不同品类、不同行业的融合发展与标准数量上的突破,而且实现了标准结构与质量层面的优化提升。随着我国《标准化法》及相关配套法律对地方标准、团体标准和企业标准的政策放开与激励,与老百姓居家饮食和身体健康安全息息相关的农副产品、食品冷链物流标准将会取得更好、更快的发展。

4.2.3 我国医药物流标准发展概况

在深化标准化工作改革的背景下,2015年6月,全国物流标准化技术委员会批准成立

全国物流标准化技术委员会医药物流标准化工作组(以下简称"工作组")。工作组秘书处设在中国物流与采购联合会医药物流分会,负责开展医药物流相关国家标准、行业标准和团体标准的制定、修订以及推广工作。工作组由来自协会、疾控、医院终端、医药生产、经营批发、物流和信息化等部门的29名委员组成,目前已牵头制定12项标准,涉及设施设备验证、药品物流、冷链物流、医药冷藏车、阴凉箱、保温箱、IVD(in vitro diagnostic products,体外诊断产品)、医学检验、院内物流、承运商审计、冷藏车认证和医药物流人才等方面。

2019年12月,中国物流与采购联合会医药物流分会联合工作组首次整理发布了《中国医药物流标准目录手册》(以下简称《医药标准手册》),内容按医药物流基础性标准、技术作业与管理标准、设施设备相关标准进行分类,收录了我国2007年到2019年12月1日颁布的现行医药物流国家标准、行业标准、团体标准和地方标准共计96项,涉及国标委、国家药监局、国家卫计委、国家环境保护总局、发改委、商务部、工信部、中国物流与采购联合会、中国中药协会以及部分省份等制定的相关标准。我国历年发布的医药物流标准的数量统计如图4-11所示。

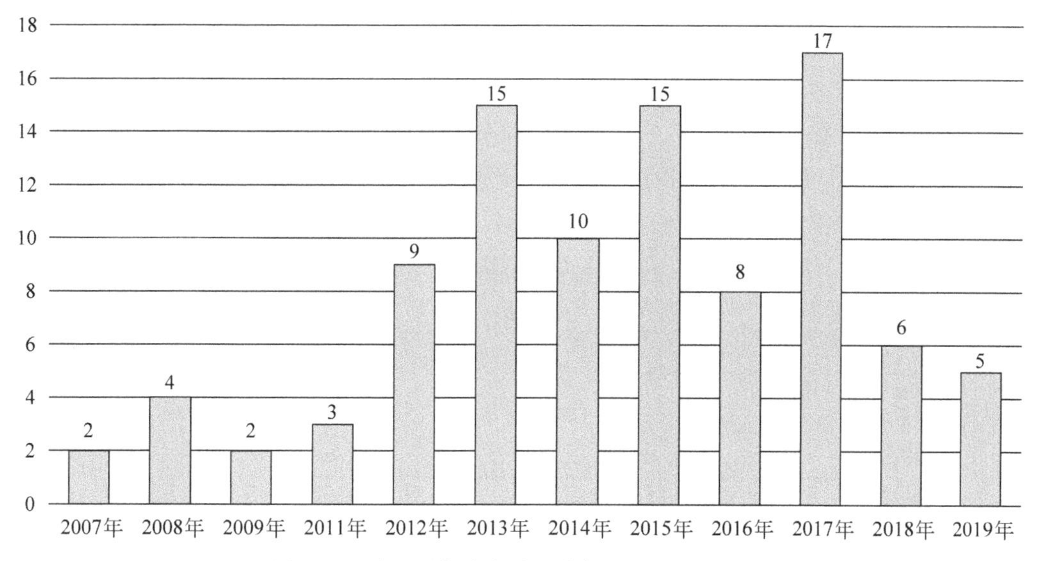

图4-11 我国历年发布的医药物流标准数量统计

图4-11表明,我国医药物流标准化工作起步较晚,以2012年为转折点,特别是2015年工作组成立以后,医药物流标准建设逐步进入相对稳定的发展阶段,2015—2019年年底,这期间发布的医药物流相关标准达51项,占《医药标准手册》收录标准量的一半以上。

实际上,《医药标准手册》收录的标准比《物流标准手册(2019版)》多出90项,主要是考虑到医药物流行业的特点以及更深层次的涉及面,增加了国家药品监督管理局信息化标准(含NMPAB① 和CFDAB②)、地方标准和团体标准等标准项目,以及更多相关的行业标准,见表4-18。

注:①为我国医药物流标准所涉及的领域代码。②为国家药监局信息化标准代码,于2018年9月1日变更为"NMPAB"。

表 4-18 我国医药物流标准分类统计

标准类型	基础标准	技术作业与管理相关标准	设施设备相关标准	小计	比例
NMPAB标准	8		1	9	9%
国家强制性标准	2	1	3	6	6%
国家推荐性标准	8	2	2	12	13%
行业标准	6	15	8	29	30%
地方标准	2	30	5	37	39%
团体标准		2	1	3	3%
总计	26	50	20	96	100%

通过表 4-18 可以看到，我国医药物流标准按其内容划分也是以技术作业与管理相关标准为主，占比 52%，其次是占比 27%的基础标准和占比 21%的设施设备相关标准；同时，从标准的适用范围与强制性的角度看，我国医药物流标准中地方标准相对处于领头地位，占比 39%，其次是占比 30%的行业标准以及占比 13%的国家推荐性标准。国家强制性标准(含可能逐步升级的行业强制性标准)占比 6%，与物流行业总体水平相当，医药物流独有的 NMPAB 标准主要以基础标准为主。

从医药物流标准所涉及的行业领域看，至少涉及 10 个相关行业领域。其中，标准数量最多的行业是国内贸易板块(SB①)，占总体收录标准量的 17%；其次是国家药监局信息化标准板块(NMPAB)板块和医药板块(YY②)，分别占比 9%和 7%。我国医药物流标准分类统计如表 4-19 所示。

表 4-19 我国医药物流标准分类统计

标准代码	标准涉及领域	NMPAB 标准	国家强制性标准	行业标准	团体标准	总计	占总体比例
JJG	国家计量技术规范		1			1	1%
NMPAB	国家药监局信息化标准	9				9	9%
SB	国内贸易			16		16	17%
HJ	环境保护		1			1	1%
NY	农业			1		1	1%
QB	轻工			1		1	1%
SN	商检			2		2	2%
—	社会团体				3	3	3%
WS	卫生		2	1		3	3%
WB	物资管理			2		2	2%
YY	医药		1	6		7	7%
—	总计	9	5	29	3	46	48%

总体而言，我国医药物流标准仍然以地方标准和技术作业与管理类标准为主，涉及国内贸易领域较多，反而涉及医药行业本身的比例不大。加上目前医药物流标准规模还比较小、国家标准数量不多以及标准发布数量还不太稳定等现状，因此，我国医药物流标准化工作尚处于起步阶段，任重而道远。

注：①、②均为我国医药物流标准所涉及的领域代码。

4.2.4 其他专业物流标准发展概况

到目前为止，全国物流技术标准化委员会只发布了前述3项物流标准的目录手册，但从总体的《物流标准手册》中可以看到，我国部分细分物流市场相关的标准数量规模比较大，发展还比较成熟，虽然没有形成独立的标准目录手册，但依然看出这些专业物流领域的标准发展情况。其中，电商快递物流、粮油物流、危化品物流和进出口物流具有一定的代表性。以下主要从标准基本分类结构和发展阶段演变2个维度对其进行概述。

1. 电商快递物流领域

电商快递物流是伴随我国电子商务发展而迅速成长的新兴物流细分市场，是我国邮政业社会化发展的重要组成部分。因此，自从2003年我国电子商务迅速崛起以后，与之相适应的电商快递物流标准化问题得到社会的关注，对应的电商物流标准开始发布，并保持比较稳定的增长。进入我国物流标准发展的物流供给侧改革阶段(2015年)以后，电商快递物流标准出现爆发式增长，《物流标准手册》收录的63项标准有62%是在这个阶段研制发布的。我国电子商务物流与快递领域历年标准发布情况如图4-12所示。

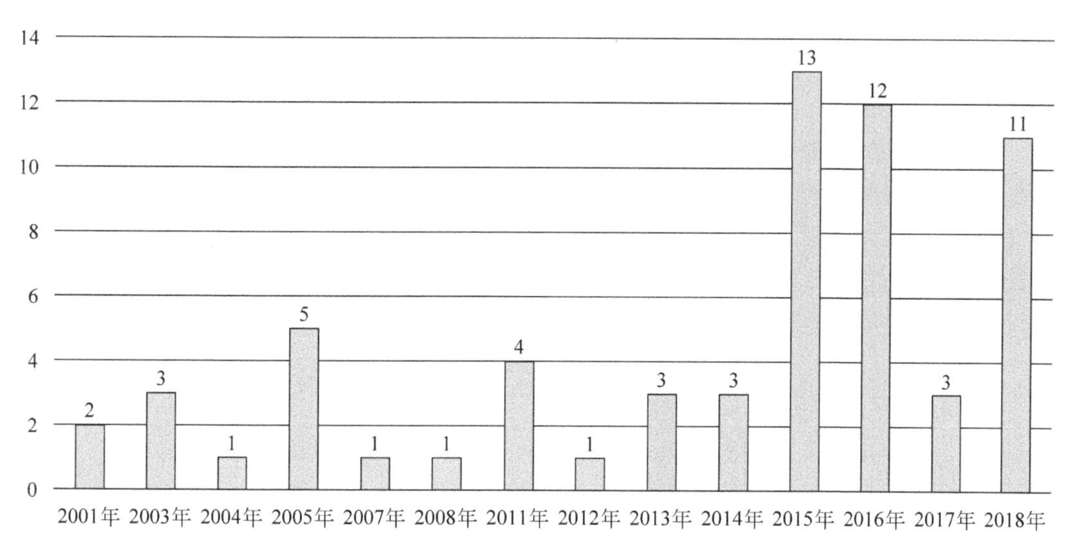

图4-12 我国电子商务物流与快递领域历年标准发布情况

从标准类型结构来看，电商快递物流标准以行业标准为主，主要涉及邮政业、交通和国内贸易，邮政业占比70%；其次是国家推荐性标准，占比17%；国家强制性标准占比5%。我国电子商务物流与快递领域标准的分类统计见表4-20。

表4-20 我国电子商务物流与快递领域标准的分类统计

标准类型	服务	管理	基础	技术	信息	作业	总计	比例
国家强制性标准				1	1	1	3	5%
国家推荐性标准	2		2	4	1	2	11	17%
行业标准	7	2	1	17	18	4	49	78%
总计	9	2	3	22	20	7	63	100%

从标准内容及其内含经营价值理念来看，我国电商快递物流标准以技术类和信息类为主，分别占比35%和32%；其次是服务类与作业类，分别占比14%和11%；管理和基础类标准占比较低。我国电子商务物流与快递领域标准内容及内含经营价值理念的分类统计见表4-21。从标准内含的经营价值理念看，我国电商快递物流标准以智慧物流类为主，占比达到60%，说明我国电商快递物流业信息化与科技发展水平较高；其次是精益物流类和绿色物流类，分别占比33%和6%，说明我国电商快递物流业已经开始着力发展精益物流和绿色物流。

表4-21　我国电子商务物流与快递领域标准内容及内含经营价值理念分类统计

标准类型	精益物流	绿色物流	智慧物流	总计	比例
服务	9			9	14%
管理	2			2	3%
基础	3			3	5%
技术		4	18	22	35%
信息			20	20	32%
作业	7			7	11%
总计	21	4	38	63	100%

2. 粮油物流领域

从"兵马未动，粮草先行"到"民以食为天"，粮油物流自古以来就是社会民生的重要组成部分。从粮油物流标准的发布时间轴来看，在物流标准的离散发展阶段就有相关标准出台，而进入21世纪以后，随着我国物流标准发展进入系统化探索阶段，粮食物流标准持续稳定地保持平均每年2～3项标准的发布频次，其中2004年发布了10项标准，2017年发布了7项标准。我国粮油物流领域历年标准的发布情况如图4-13所示。

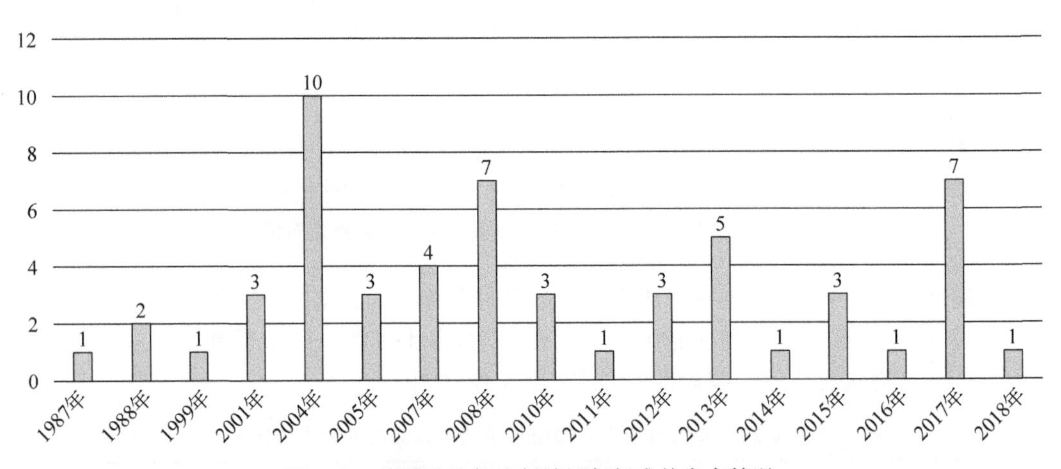

图4-13　我国粮油物流领域历年标准的发布情况

在我国粮油标准波浪式发展态势的背后，可以看到，粮油物流相关标准仍然以行业标准为主，占比57%；其次是国家推荐性标准，占比30%；国家强制性标准占比高达13%，说明我国对于粮油食品安全标准化管控力度很大。其中，行业标准以信息类标准为主，国家标准以技术类标准为主。我国粮油物流标准的分类统计见表 4-22。

表 4-22 我国粮油物流标准的分类统计

标准类型	管理	基础	技术	信息	作业	总计	比例
国家强制性标准	1		5		1	7	13%
国家推荐性标准		1	15		1	17	30%
行业标准	2	1	8	20	1	32	57%
总计	3	2	28	20	3	56	100%

从我国粮油物流标准内容及内含价值理念的维度看，技术和信息类标准是主导，分别占比 50%和 36%，其余的总体占比均在 4%左右，没有服务类标准的出现，说明粮油物流市场是一个垄断度比较高的领域，见表 4-23。此外，该表显示，我国粮油物流标准以智慧物流类为主，精益物流类次之，绿色物流类极少。

表 4-23 我国粮油物流标准内容及内含经营价值理念分类统计

标准类型	精益物流	绿色物流	智慧物流	总计	比例
管理	2	1		3	5%
基础	2			2	4%
技术			28	28	50%
信息			20	20	36%
作业	3			3	5%
总计	7	1	48	56	100%

此外，我国粮油物流标准主要涉及粮食、农业、商检、国内贸易和汽车等不同行业领域，其中以粮食业为主，占比 50%。

3. 危化品物流领域

化工和危险货物物流是一个市场准入门槛与安全管控要求极高的特殊物流领域。因此，危化品物流标准建设起步相对比较早，在我国物流标准发展的离散性发展阶段（1978—1994 年）和系统化探索阶段（1995—2004 年），该领域每年均有 1～2 项标准发布，直到进入系统化扩张阶段（2005—2014 年）后期，标准数量才开始快速增长，特别是进入供给侧改革阶段的 2018 年，就研制发布了 11 项相关标准。我国化工和危险货物物流领域历年标准的发布情况如图 4-14 所示。

这样的发展态势表明我国危化品物流长期以来处于一个相对比较粗放和缓慢的发展状态，直到我国《中华人民共和国安全生产法》修订版 2014 年 12 月正式实施后，强化了对相关市场主体的安全责任，加上中国物流与采购联合会发起成立了危化品物流分会，大大推动了我国危化品物流标准化工作的开展。

从标准适用范围和强制性角度看，我国危化品物流现行标准也是以行业标准为主，比例达到 49%；同时由于危化品物流行业的特殊性，其对应的国家强制性标准占比高达 38%，远远高于物流行业 6%左右的水平，居于第二位；最后才是国家推荐性标准，仅占 13%。我国化工和危险货物物流领域标准的分类统计见表 4-24。其中，国家强制性标准和国家推荐性标准均以技术类标准为主，而行业标准则在技术、管理和作业 3 类标准建设方面齐头并进。

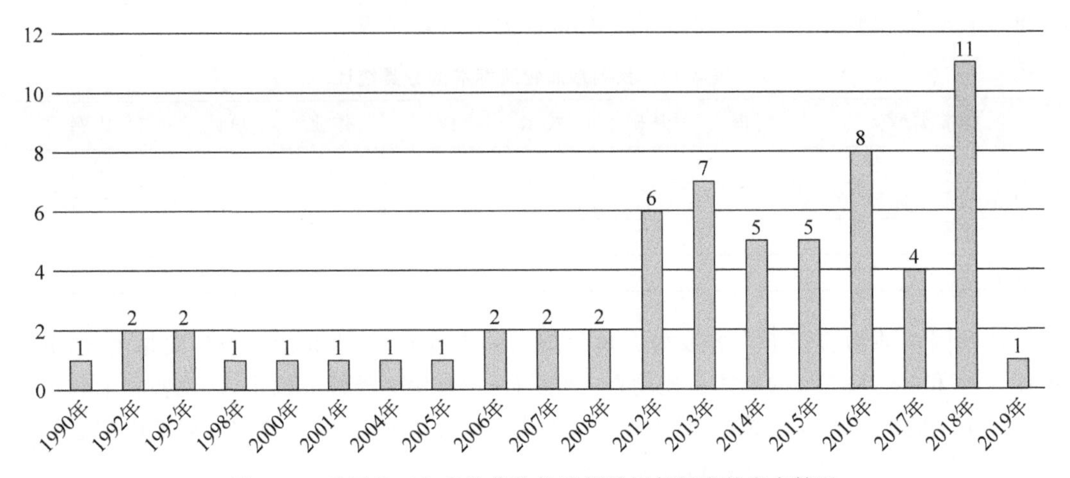

图 4-14　我国化工和危险货物物流领域历年标准的发布情况

表 4-24　我国化工和危险货物物流领域标准的分类统计

标准类型	服务	管理	基础	技术	信息	作业	总计	比例
国家强制性标准		5	3	11		5	24	38%
国家推荐性标准	1	1		4	1	1	8	13%
行业标准	1	9	4	10		7	31	49%
总计	2	15	7	25	1	13	63	100%

从物流标准内容及内含经营价值理念来看，我国危化品物流现行标准中，技术类占比40%，管理类占比24%，作业类占比21%，基础类占比11%，其余的服务、信息类标准占比在2%～3%的水平。这种结构形态充分说明危化品物流行业是一个相对垄断度较高的市场，重技术、重管理，轻服务、轻信息。从标准的内涵经营价值理念看，危化品物流标准以精益物流类和智慧物流类为主，占比48%、38%，但同时兼顾绿色物流类，占比14%，说明我国危化品物流行业在环境保护领域的管控力度比较大。我国化工和危险货物物流领域标准内容及内涵经营价值理念的分类统计见表4-25。

表 4-25　我国化工和危险货物物流领域标准内容及内涵经营价值理念的分类统计

标准类型	精益物流	绿色物流	智慧物流	总计	比例
服务	1	1		2	3%
管理	10	5		15	24%
基础	7			7	11%
技术		2	23	25	40%
信息			1	1	2%
作业	12	1		13	21%
总计	30	9	24	63	100%

此外，由于化工和危险货物物流行业的特殊性，我国现行的63项标准所涉及的相关领域比较多，至少包含交通、化工、汽车、能源、兵工民品、民用航空、物资管理、环境保护、石油天然气、物资管理和安全生产等10多个行业领域，其中交通领域相关标准占比27%左右，

其次是物资管理领域和石油天然气领域，说明危化品物流中运输风险是最高的，为此国家也加大了对化危品运输领域的管理力度。

4. 进出口物流领域

进出口物流是我国外贸进出口息息相关的重要物流细分领域，不仅包括传统的国际海运、国际航空货运、国际铁路联运、国际道路运输和国际管道输送等多种跨国运输方式，而且包括与之相配套的国际性港口、码头、场站、线路和国际货运代理业。因此，进出口物流也是我国与国际物流标准对接最为密切、频繁的领域，前文提及的所有国际标准组织，均和进出口物流有着密不可分的关系。

实际上，不同的国际标准组织围绕国际贸易进出口及其物流早已建立起了一套标准体系和国际惯例。因此，我国进出口物流早期发展均以遵循国际标准或惯例为主，自有的标准化工作起步比较晚。从《物流标准手册》收录的相关标准可以看出，我国自2008年才开始发布进出口物流相关标准。此后，在进入我国物流标准发展的系统化扩张阶段后，才有突破性的增长；但进入供给侧改革阶段后，相应的标准建设力度有所下降，这种现状表明我国进出口物流标准建设没有保持与国家加快"一带一路"建设的同步发展。我国进出口物流领域历年标准的发布情况如图4-15所示。

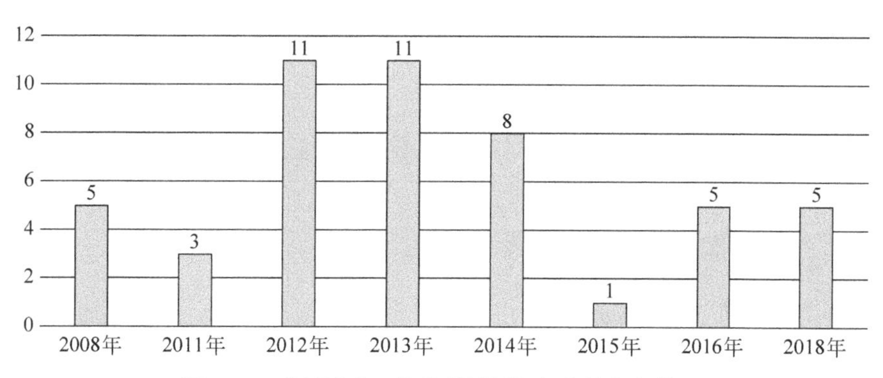

图4-15 我国进出口物流领域历年标准的发布情况

从现行的进出口物流相关标准类型、覆盖适用范围和强制性来看，我国进出口物流标准结构以国家推荐性标准为主导，占比高达76%，行业标准仅占24%，这与我国其他细分物流市场的标准结构呈相反的局面。我国进出口物流标准类型及覆盖范围分类统计见表4-26。与此同时，我们还发现我国进出口物流领域没有国家强制性标准，这说明该物流领域是一个与世界接轨的完全开放的市场。尽管如此，我们认为，我国进出口物流标准建设依然存在明显的不足和短板，供给侧结构性改革的发展空间很大，行业标准、地方标准和团体标准的供给大有可为。

表4-26 我国进出口物流标准类型及覆盖范围分类统计

标准类型	服务	管理	技术	信息	作业	总计	比例
国家推荐性标准	11	10		7	9	37	76%
行业标准			5	3	4	12	24%
总计	11	10	5	10	13	49	100%

从标准内容及其经营内含价值理念来看，我国进出口物流标准内容也与众不同，最多的是作业类标准，占比27%，其次是服务类、管理类和信息类标准，分别占比22%、20%和20%，技术类占比10%，呈现出各类标准并驾齐驱的格局。我国进出口物流标准内容及经营价值理念的分类统计见表4-27。从标准内含的经营价值理念看，精益物流类占比高达63%，智慧物流类占比为31%，绿色物流占比6%。这些比例关系充分说明，我国进出口物流行业受国际贸易市场影响较大，是一个十分强调操作管理细节、关注信息与技术沟通与协同效果以及强调客户服务理念的十分成熟的细分市场。

表4-27 我国进出口物流标准内容及经营价值理念的分类统计

标准类型	精益物流	绿色物流	智慧物流	总计	比例
服务	11			11	22%
管理	9	1		10	20%
技术			5	5	10%
信息			10	10	20%
作业	11	2		13	27%
总计	31	3	15	49	100%

此外，我国进出口物流标准涉及的行业领域包括交通、海关和国内贸易等方面，其中交通运输和海关领域比较大。

4.3 我国近年物流标准化工作成效

4.3.1 我国物流标准化发展十件大事

进入21世纪以后，我国物流标准化工作逐步被提上重要议程。我国从加强了物流标准化工作的组织建设、物流标准化体系建设、物流标准化专项规划、物流标准化试点推动、物流标准目录手册、物流相关国家强制标准修订与贯彻实施以及物流行业团体标准制定、修订单位发展等方面的工作，取得了良好的效果，推动我国物流标准化迅速走出物流标准离散性发展阶段(1978—1994年)进入物流标准系统化探索阶段(1995—2004年)，并快速进入物流标准系统化扩张阶段(2005—2014年)，目前已经随着社会经济的发展踏进物流标准供给侧结构性改革的新阶段。

在此过程中，我国物流标准化工作硕果累累、亮点纷呈，至少有以下10个重要的标志性事件，不仅成为我国物流标准化工作的重要里程碑，而且成为我国现代物流科学发展与供给侧结构性改革的重要驱动力量。

一是2001年物流基础性标准《物流术语》(GB/T 18354—2001)的发布实施，标志着我国物流业进入系统化发展的现代物流1.0时代，确立了物流业作为一个国民经济行业的地位。

二是2003年全国物流信息技术标准化委员会(SAC/TC267)和全国物流技术标准化委员会(SAC/TC269)的先后成立，确立了物流业在国家标准化工作体系中的专业地位，标志着我国物流标准化工作进入体系化发展时代。

三是2004年中国物品编码中心联合全国物流信息管理标准化技术委员会发布的我国物流行业的首个标准体系表——《物流信息管理标准体系表》。

四是2005年出台的《全国物流标准2005年—2010年发展规划》，成为我国现代物流领域首个物流标准化工作发展规划，首次系统梳理并提出了我国的物流标准体系。

五是2010年我国主导的ISO/PAS 18186《集装箱RFID货运标签系统》成为物流领域首个ISO认可的国际公共规范，成为我国物流业首个走出国门的重量级标准。

六是2010年出台的《全国物流标准专项规划》(2009—2011年)，进一步在实践探索总结的基础上优化完成了我国物流标准体系，完善了我国物流标准体系的最终框架。

七是2011年全国物流技术标准化委员会发布的我国首个《物流标准目录手册》，首次对我国物流业相关的标准目录进行了全面、系统、专业的整理分类。

八是2015年出台的《物流标准化中长期发展规划(2015—2020年)》，确立了新时期促进物流标准化升级与供给侧结构性改革的主导思想，为我国物流标准化工作指明了方向。

九是2016年修订出台的强制性国家标准《汽车、挂车及汽车列车外廓尺寸、轴荷及质量限值》(GB 1589—2016)，以此为契机，在全国掀起了著名的“921”治超大行动，从根本上精准打击“超载超限”顽疾，彻底扭转了我国公路运输长期存在的“治超难”的局面。

十是2017年我国首批物流行业团体标准制定、修订单位完成全国团体标准信息平台备案，大大激发了我国物流行业团体组织参与物流团体标准建设的潜能与市场活力。

我国物流标准化发展20年的历程，同时也是我国现代物流不断转型升级和自我革命的过程。特别是2010年以来，随着我国物流业在国民经济中重要产业地位的确立，我国现代物流业进入了以网络化、平台化、智能化(物联化)、高速化、绿色化、金融化、大数据化和生态化为典型特征的现代物流2.0时代。在这个现代物流业迭代升级的过程中，以上这些物流标准化突出事件不仅仅是工作亮点，而且是我国现代物流供给侧结构性改革的内生动能。

4.3.2　我国物流标准化工作六大亮点

实际上，我国物流标准化发展的十件大事的背后，还隐藏着我国物流标准化工作的突出亮点，主要体现在物流标准体系不断完善，物流标准制定、修订力度不断增强，物流标准供给结构不断优化，物流标准化试点影响力广泛，物流标准革命性驱动力强劲，以及我国物流标准逐步走出国门6方面。

1. 我国物流标准体系不断完善

截至目前，通过二十余年的发展，我国已经形成了比较完善的物流标准体系。既有统筹整个物流行业标准化发展的《物流标准体系》，又有指导物流细分领域的公共类物流标准体系和专业类物流标准体系，而且部分标准体系仍然保持修订更新，这些标准体系成为我国物流行业标准化工作的重要指导依据，我国物流领域历年标准体系(表)的建设成果见表4-28。

表 4-28 我国物流领域历年标准体系(表)的建设成果

序号	编制单位或体系出处	标准体系名称	制定年度	修订年度	备　注
1	全国物流信息管理标准化技术委员会	物流信息管理标准体系表	2004		
2	全国物流标准化技术委员会	物流标准体系	2005	2010	2005 发展规划首次系统提出,2010 年专项规划修订
3	交通运输部	交通运输信息化标准体系	2005	2019	2013 年修订交办科技〔2019〕49 号
4	全国集装箱标准化技术委员会	集装箱标准体系表	2009	2014	取代 2009 年版本
5	全国物流标准化技术委员会托盘标准分技术委员会	托盘标准体系	2010	2014	研究始于 2008 年
6	交通运输部、国标委	交通运输标准化体系	2017		交科技发〔2017〕48 号
7	交通运输部	综合交通运输标准体系	2015		交办科技〔2015〕80 号
8	交通运输部	交通运输物流标准体系	2012	2018	交办科技函〔2018〕154 号
9	交通运输部	道路运输标准体系	2015		交办科技〔2015〕157 号
10	交通运输部	交通运输安全应急标准体系	2016		交办科技〔2016〕192 号
11	原铁道部(国家铁路局)	铁道标准体系表 铁路运输	1993		铁道行标 TB/T 2458.15—1993
12	原中国民用航空总局(国家民航局)	民用航空标准体系表	1995		民航行标 MH/T 0004—1995
13	交通运输部国家民航局	民用机场专用设备标准框架体系表	2018		局发明电〔2018〕2841 号
14	交通运输部国家邮政局	邮政业标准体系	2008	2014	
15	《关于水路运输标准体系框架的探讨》	水路运输标准体系	2018		
16	全国物流仓储设备标准化技术委员会	物流仓储设备标准体系表	2014		
17	国家烟草专卖局	烟草行业物流标准体系	2008		烟草行标 YC/Z260—2008
18	原国家粮食局(国家粮食和物资储备局)	粮油仓储技术标准体系表	2005		
19	《关于改革粮食和物资储备标准化工作 推动高质量发展的意见》	物资储备标准体系	2019		国家粮食和物资储备局、国标委联合印发的国粮发〔2019〕273 号
20	《国内贸易流通标准化建设“十三五”规划(2016—2020 年)》	国内商贸流通标准体系	2016		商务部、国家标准委联合印发的商流通发〔2016〕85 号
21	《关于开展农产品电商标准体系建设工作的指导意见》	农产品电子商务标准体系	2018		国家质检总局、工信部、农业部、商务部、林业局、邮政局、供销合作总社等七部委联合印发

这一系列物流领域本身或与其紧密相关的标准化体系(表)的建设与修订基本上覆盖了我国现代物流业的重点公共型物流板块和部分发展比较成熟的专业物流板块,我国物流标准化体系已经初具规模,并处于不断完善、优化的上升轨道。

2. 物流标准制定、修订力度不断增强

在我国整体性或专业性的物流标准体系(表)框架下,大部分对具体物流标准的制定、修订计划进行了具体的安排,这也为我国物流标准的制定、修订发展指引了方向、注入了动力。在这个过程中,我国也已经形成了一套成熟、完整的从预研究、立项、起草、征求意见、审查、批准、出版、复审到最终废止的物流标准制定流程。

通过对我国物流领域国家标准项目数量的下达情况看,近年来呈现出明显增多的趋势,2013—2015 年,通过国家标准化管理委员会审核通过下达的物流标准项目保持在每年 10 个左右,2017 年到 2019 年,这个数字已经快速上升到平均每年 20 个的水平,在我国深化标准化工作改革和加强国家标准化体系建设的背景下,说明国家标准化管理委员会加大了我国现代物流业制定、修订力度,近年来我国物流领域国家标准项目计划的下达情况见表 4-29。

表 4-29 近年来我国物流领域国家标准项目计划的下达情况

序号	发文日期	文件名称	文　　号	数量	主要内容
1	2013 年 10 月 11 日	关于下达 2013 年物流行业标准制定、修订计划项目的通知	发改办经贸〔2013〕2492 号	11	物流包装、物流管理以及物流从业人员要求等物流技术、管理和服务标准
2	2013 年 7 月、12 月	《2013 年国家标准制定、修订项目计划》(第一批、第二批)	国标委综合〔2013〕56 号、90 号	7	铁矿石、煤炭、棉花仓储服务,煤炭仓储设备、物流园区分类、整车出口标识等相关标准
3	2014 年 9 月 22 日	关于印发 2014 年物流行业标准项目计划的通知	发改办经贸〔2014〕2253 号	8	物流装备、化工物流、医药物流、冷链物流、采购供应链管理以及物流从业人员要求等
4	2015 年 12 月 25 日	关于印发 2016 年物流行业标准项目计划的通知	发改办经贸〔2015〕3436 号	3	应急物流、家具物流以及物流从业人员要求等物流管理、服务标准
5	2017 年 6 月 1 日	关于印发 2017 年推荐性物流行业标准项目计划的通知	发改办经贸〔2017〕950 号	10	汽车物流、医药物流、石油化工物流、钢铁物流、物流装备等相关标准
6	2018 年 1 月 5 日	关于印发 2018 年推荐性物流标准项目计划的通知	—	28	物流统计、逆向物流、物流装备以及家电、煤炭、钢铁、铁矿石、棉花物流等相关标准
7	2018 年 7 月 11 日	关于印发 2018 年推荐性物流标准项目计划(第二批)的通知	发改办经贸〔2018〕813 号	11	电商物流、医药物流、汽车物流、应急物流、大宗物流、货架等相关标准
8	2019 年 8 月 15 日	关于印发 2019 年推荐性物流行业标准项目计划的通知	发改办经贸〔2019〕852 号	18	逆向物流、快递物流、数字仓库、医药物流、应急物流、出版物流、托盘和货架等相关标准

同时，结合《物流标准手册》对我国近年物流标准发布数量进行分析，也能看到我国物流标准制定、修订成果一直保持在较高发展水平，平均每年72项标准发布，我国近年来物流领域标准的发布情况见图4-16。

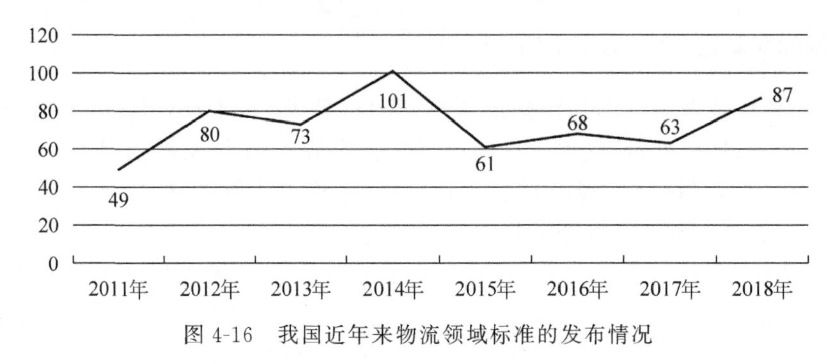

图4-16　我国近年来物流领域标准的发布情况

3. 物流标准供给结构不断优化

在我国深化标准化工作改革的进程中，随着《中华人民共和国标准化法》的正式实施，以及配套的《地方标准管理办法》《团体标准管理规定》的修订实施，我国物流标准供给结构正在不断优化。这不仅表现在我国近年物流标准项目计划内容结构逐步往专业物流领域和绿色物流领域发展，而且更加突出地表现在我国物流行业团体标准的迅速扩增，地方标准紧随其后也将取得快速发展。

据全国团体标准信息平台公布，截至2019年12月31日，我国共有3042家社会团体在全国团体标准信息平台注册，共计公布了12195项团体标准，其中4422项团体标准公布了全文。其中，我国物流业相关的团体标准从2017年首批备案通过的12家已经发展到2019年年底的37家，包括全国性的中国物流与采购联合会、中国仓储与配送协会以及各地方性物流相关的行业协会。

同时，通过查询全国团体标准信息平台与全国地方标准信息平台，截至2019年12月，我国已经完成相关团体标准备案321项，物流相关地方标准备案854项。结合我国现有《物流标准手册》的相关数据，物流标准供给结构图如图4-17所示。总体上，我国物流业已经形成了地方标准、推荐性国家标准和行业标准协同发展的格局，地方标准和团体标准发展趋势将继续保持增长的势头。

这种基于物流行业市场需求的地方标准与团体标准，极大地丰富了我国物流行业标准的供给结构，而且还吸引了更多其他非物流行业的社会团体出台细分行业领域的物流标准，这也是对我国物流业标准供给结构改善优化的又一大成果贡献。

例如，广东省木材行业协会(GTIA)备案发布了《服务体系第1部分》(T/GTIA 6.1—2016)到《服务体系第11部分》(T/GTIA 6.11—2016)，聚焦的就是库存管理、换货管理、退货管理、补货管理、运输调度管理、运输作业管理、运力管理、终端分拨配送管理、中断送管理以及信息安全管理与保障等物流服务过程。常德市质量协会(CDZX)则备案发布了《商贸物流仓储货架管理规范》(T/CDZX 005—2019)、《商贸物流绿色仓储管理规范》(T/CDZX 004—2019)以及《商贸物流周转箱使用规范》(T/CDZX 008—2019)等团体标准，弥补了我国商贸物流、绿色物流等领域标准稀缺的结构性不足。据初步统计，截至2019年

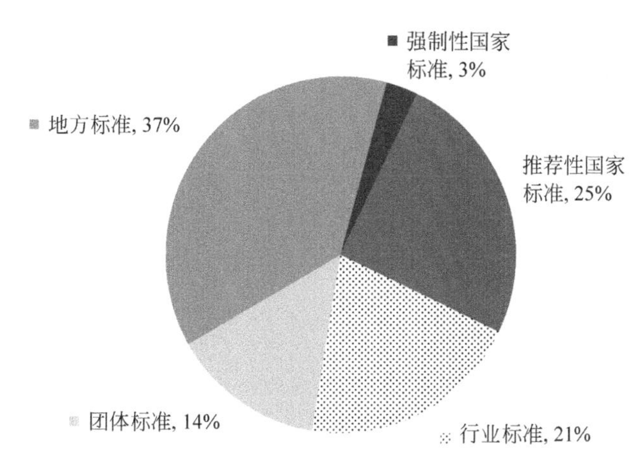

图 4-17 我国物流标准供给结构图

年底,大约有 120 家社会团体备案了物流相关的团体标准。这种发展趋势,加上后续地方标准政策刺激下的物流领域地方标准和企业标准输出,我国物流标准供给结构将发生可喜的变化。

4. 物流标准化试点影响力广泛

2014 年开始的商贸物流标准化专项行动、2015 年开始的全国物流标准化试点城市建设、2017 年进一步升级的供应链体系试点城市建设与 2018 年开始的供应链创新与应用试点建设,把我国物流标准化工作推向了一个前所未有的高度,而且切实把物流标准化通过一片片标准托盘,在 960 万平方千米的土地上谱写出了一曲物流标准化的时代之歌。

通过物流标准化试点建设大力推进托盘标准化和托盘的循环共用,不仅带动了物流周转箱、货运车辆车厢、货运集装箱、货架货位、装卸设备以及包装箱等产品尺寸规格标准化,而且推动了产品包装模数标准化,激活了单元化物流发展的市场机制,为全面实施单元化物流打下了良好的基础。2018 年,商务部在围绕"货物"的标准化基础上,又以"货物"的单元标准为载体,推动标准化工作由货物单元标准化向计量单元、信息单元和订货单元方向发展,通过给标准单元赋码,推进 GS1 系统编码标准全面实施,推动了物流、信息流、商流三流合一,促进了以单元化为基础的供应链体系建设。

根据 2018 年 5 月商务部流通业发展司、商务部研究院以及中国商贸物流标准化行动联盟联合发布的《中国物流标准化发展监测分析报告(2017 年度)》,随着我国物流标准化试点城市建设的推进,截至 2017 年年底,中国托盘市场保有量达到 12.63 亿片,同比增长 8.0%,我国近年标准托盘市场保有量趋势见图 4-18。其中 1200mm×1000mm 标准托盘市场占比达 28%左右,较 2016 年年底提高 1 个百分点,重点商贸物流领域托盘标准化率达到 65%。2017 年,标准托盘租赁池规模达到 1770 万片,较 2016 年年底(1700 万片)增长 4.1%。

此外,2018 年 11 月,第 13 届中国托盘国际会议暨 2018 全球托盘企业家年会在山东济南召开。来自中国、韩国、日本、马来西亚、德国、丹麦、瑞士、拉脱维亚、西班牙、乌克兰、芬兰、新西兰、澳大利亚、美国及港澳台地区的企业、科研院所 650 余名代表共聚济南,大会以

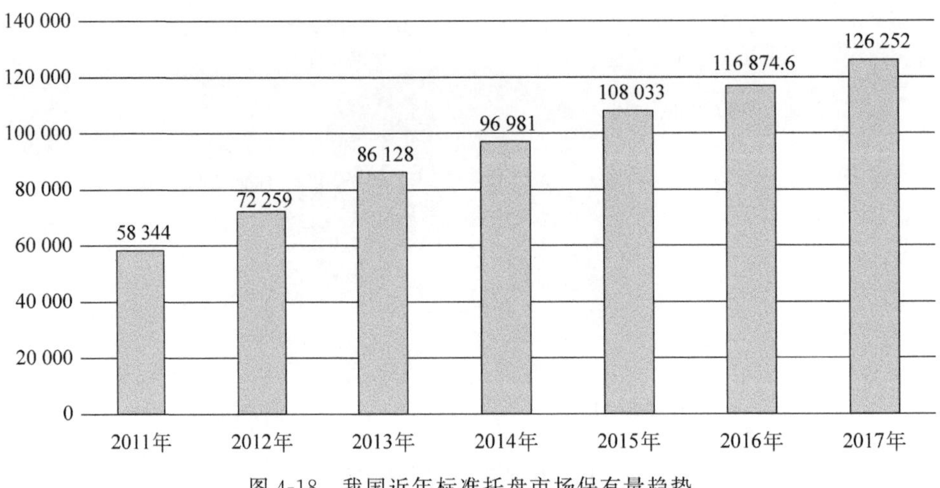

图 4-18　我国近年标准托盘市场保有量趋势

“标准、共享、链接、合作”为主题，围绕托盘行业发展、使用、运营和技术等方面，欧洲托盘协会、韩国托盘与物流箱协会、日本物流搬运协会、日本托盘协会以及马来西亚托盘协会等国外相关协会领导出席会议并做了专业分享。

期间，山东省标准托盘(周转箱)循环共用联盟与韩国 LogisALL 众力物流在本次大会上举行签约仪式，致力于推动山东省与韩国在国际贸易中的托盘与周转箱循环共用及标准衔接工作。这也意味着我国物流标准化试点已经影响到周边国家和地区，物流标准化合作联盟已经步入国际化发展阶段。

5. 物流标准革命性驱动力强劲

近年来，以物流标准的制定、修订与颁布实施为重要切入点和契机，借力国家标准的力量破解制约和困扰我国现代物流业发展的疑难问题、实现物流发展重点难点领域的革命性突破、驱动我国现代物流业健康有序可持续发展也是我国物流标准化工作的一大亮点。

2014 年，《联运通用平托盘　性能要求和试验选择》(GB/T 4995—2014)和《联运通用平托盘　试验方法》(GB/T 4996—2014)等国家标准相继颁布，加上 2007 年颁布的《联运通用平托盘　主要尺寸及公差》(GB/T 2934—2007)，一举扭转了我国长期存在的托盘标准空白多、标准老龄化严重的局面。托盘标准体系建设初具规模并日趋完善，客观上成为驱动我国 2014 年深入开展物流标准化试点的强大动力。除了标准托盘贯彻实施带来的广泛影响，最具有代表性的是强制性国家标准《汽车、挂车及汽车列车外廓尺寸、轴荷及质量限值》(GB 1589—2016)和推荐性国家标准《车用起重尾板安装与使用技术要求》(GB/T 37706—2019)的制定、修订与颁布实施。

强制性国家标准《汽车、挂车及汽车列车外廓尺寸、轴荷及质量限值》(GB 1589—2016)于 2016 年 7 月 26 日正式颁布实施，对我国车辆外廓尺寸等技术参数进行了重新明确。作为强制性国家标准，在贯彻实施方面，交通运输部联合多部门发文，展开了高强度的精准打击公路运输“超载超限”顽疾的舆论宣传和有礼有节的“治超行动”实施方案。2016 年 8 月 19 日发布的《超限运输车辆行驶公路管理规定》(交通运输部 2016 年第 62 号令)明确把 2016 年 9 月 21 日作为全国统一整治公路货车违法超限超载行为的正式启动时间点。加上

2016 年 7 月 26 日同时发布的《车辆运输车通用技术条件》(GB/T 26774—2016)、《道路车辆牵引杆连接器的互换性》(GB/T 32860—2016)以及《道路车辆牵引车与挂车之间的电气和气功连接位置》(GB/T 32861—2016)的配合宣贯实施,掀起了我国道路运输超限超载治理史上具有革命性影响力和驱动力的"921"治限治超大行动。通过持续不断的贯标实施,到目前为止,已经彻底扭转了我国公路运输长期存在的"越治越超""治超难"的被动局面。这在一定程度上也是 2016 版 GB 1589 国家标准的巨大成功。

另外,城市配送车辆车用起重尾板安装问题也是一直困扰我国城市配送物流领域的"老大难"问题。长期以来,虽然我国 2004 年就发布了《车用起重尾板》(QC/T 699—2004)行业规范、广东省 2016 年出台了《汽车垂直升降尾板》(DB44/T 1819—2016)地方标准,但是我国城市配送行业由于实际运作的需要,在对现有城配车辆安装车用起重尾板以后,会被公路、交通部门认定为非法改装,不予以年检或办理变更手续,部分地区的城配物流企业不得不将尾板拆除来进行年检。城配物流行业面临如此被动的局面,有关部门也是有据可依,根据《中华人民共和国道路交通安全法》第十六条明确规定,"任何单位或者个人不得有下列行为:(一)拼装机动车或者擅自改变机动车已登记的结构、构造或者特征"。同时,《机动车登记规定》第十五条规定,"有下列情形之一的,不予办理变更登记:(二)改变已登记的机动车外形和有关技术数据的,但法律、法规和国家强制性标准另有规定的除外"。因此,长期以来,如何实现我国城配物流领域车用尾板安装合法化成为一个挑战两项国家法律制度的"老大难"问题。

在中国物流采购联合会公路货运分会及行业专家的大力推动下,交通运输部在 2015 年 4 月出台了《车用起重尾板加装与使用技术要求》(JT/T 962—2015),在一定程度上使车用起重尾板安装合法化问题得以缓解,部分地区交通管理部门认可按照该标准加装的车用起重尾板,但依然存在部分地区不认可的问题。为此,2019 年 5 月,在各方的共同努力下《车用起重尾板加装与使用技术要求》(GB/T 37706—2019)正式发布,并于 2019 年 12 月 1 日开始实施。与此同时,全国汽车标准化技术委员会对《车用起重尾板》(QC/T 699—2004)进行修订,《车用起重尾板》(QC/T 699—2019)于 2019 年 8 月发布、2020 年 1 月 1 日开始实施。

以这两项国家标准的宣贯实施为契机,2020 年 1 月,交通运输部办公厅、工业和信息化部办公厅、公安部办公厅和市场监管总局办公厅联合发布了《关于做好〈车用起重尾板安装与使用技术要求〉贯彻实施工作的通知》(交办运函〔2020〕38 号,以下简称《通知》),进一步从车型规范和车用起重尾板生产源头遏制非法改装。该《通知》明确指出自 2020 年 2 月 10 日起,对于新申报《车辆生产企业及产品公告》(以下简称《公告》)及 CCC(china compulsory certification,中国强制性产品认证)认证安装或者选择尾板的车型,其总质量和整备质量不计尾板质量,但应在《公告》参数其他栏和《机动车整车出厂合格证》备注栏中注明尾板质量,尾板安装应符合《车用起重尾板安装与使用技术要求》(GB/T 37706)相关要求。而 2020 年 2 月 10 日前已登录《公告》并获得 CCC 认证的相关车型,车辆生产企业应在 2020 年 7 月 1 日前完成车型参数的调整工作。

至此,困扰我国多年的车用起重尾板加装规范化、合法化的问题彻底得以解决,也进一步彰显了物流相关标准在破解我国物流行业发展过程中所遇到困难的革命性驱动力,为我国现代物流业的高质量发展与供给侧结构性改革又树立了新的典范。

6. 我国物流标准逐步走出国门

标准作为世界"通用语言",是国际贸易的通行证。在我国加快推进"一带一路"建设,以及加大中远海运、招商局物流等大型国有物流企业集团内部整合与全球化发展的背景下,加上我国近年来国际快递与跨境物流市场的全球化扩张,我国"一带一路"建设工作领导小组办公室高度重视标准在"一带一路"建设中的作用,先后在2015年和2017年两次印发了《标准联通共建"一带一路"行动计划》,强力推动标准化在"一带一路"建设中的政策沟通、设施联通、贸易畅通、资金融通以及民心相通方面所发挥的技术基础的作用。我国物流标准也因此加快了走出国门的步伐,也成为了新时期下我国物流标准化工作的亮点之一。

我国物流领域首次走出国门的国际标准是《ISO 18186：2011 集装箱-RFID货运标签系统》国际标准。该标准由我国上港集团原副总裁、原技术中心主任包起帆自2008年开始主导研制,在集装箱标委会的支持下,历时两年半的研制和5年的精心维护拓展,经过13次国际会议的交锋、交融和7轮投票,2011年11月30日,《ISO 18186：2011 集装箱-RFID货运标签系统》国际标准终于在日内瓦正式发布,并通过了标准发布5年后2016年的复审投票。目前,该标准已被英国、荷兰、丹麦、捷克、法国、沙特和波黑采纳为国家标准;日本和俄罗斯也计划采纳为国家标准;美国、德国确认已在本国得到实际应用;全球智能集装箱产业联盟也证明采纳了该标准ISO 18186。该标准由我国领衔制定,这是自1978年我国参与国际标准化组织活动以来,在物流智能标签、物联网领域的第一个由中国专家发起和主导的国际标准,实现了我国物流领域国际标准"零的突破"。

我国还积极参与国际标准化组织(ISO)、国际电工委员会(IEC)和国际铁路联盟(UIC)等国际组织的相关活动,主持或参与国际标准制定工作(包含物流基础设施和技术),取得了良好的效果。2015年10月,我国成功承办ISO/TC269第四届全体大会,中国铁路专家和机构担任了机车车辆分委员会副主席职务和承担了基础设施分委员会联合秘书处工作,实现了中国铁路在国际标准化领域的又一次突破。国际铁路联盟(UIC)方面,中国铁路专家同样发挥着重要的作用,其中,由于我国主导制定的《高速铁路实施》(IRS 70100～70105)系列标准,已成为指导和规范各国开展高速铁路建设的重要基础标准,我国还将其翻译为英文版本,进行对外推广。2016年10月,非洲埃塞俄比亚"亚吉铁路"正式通车,这是中国企业首次在海外采用全套中国标准建造的第一条现代化铁路。

我国国家级物流行业协会与大型国际物流企业也是国家物流标准"走出去"的重要力量。中国物流与采购联合会作为国际采购与供应管理联盟全球主席国、亚洲托盘系统联盟主席国、亚太物流联盟副主席国,长期与全球50多个国际组织和行业机构保持良好的合作关系,发出"中国声音",提出"中国方案"。中远海运、招商局物流、中国邮政等大型央企,以及近年来快速发展的国际快递物流企业与跨境物流企业,如中国邮政已建设邮政跨境电商仓储和产业园144个,在美国、英国、澳大利亚、日本等国家和地区建设有11个海外仓;顺丰速运开通多条国际货运航线并投资国际航运物流服务平台;中通快递与土耳其航空、太平洋航空在香港成立合资公司布局全球航空运输服务;圆通速递联合中国航空等企业在香港国际机场建设世界级物流枢纽,持续不断地把建立在中国标准基础上的运作模式和方案输出到海外。

在中国物流标准"走出去"升级为国际区域性标准方面，我国依托亚洲开发银行所属中亚区域经济合作(the Central Asia Regional Economic Cooperation，CAREC)框架下的中亚区域经济合作承运人和货运代理人协会联合会(CAREC Federation of Carrier and Forwarder Associations，CFCFA)，由中国国际货代协会委派联合会执行主席，并积极开展以区域性国际物流标准化为核心的贸易便利化工作。2016—2019年，我国依托CFCFA协会组织及CAREC合作平台已经成功实现了我国跨境物流服务标准走进中亚11国，已有20项跨境物流服务国家标准顺利转化为中亚区域经济合作系列标准(非政府组织部分)，我国通过CFCFA成功转化的中亚区域经济合作系列标准见表4-30。这些标准被翻译为英文和俄文，在中亚区域经济合作的11个国家内推广运用，这标志着中国跨境物流服务标准已经达到国际水平。

表4-30 我国通过CFCFA成功转化的中亚区域经济合作系列标准清单

序号	标准号	标准名称	颁布日期
1	CFCFA/T-001	国际货运代理单证缮制规范	2016年9月20日
2	CFCFA/T-002	国际物流责任险-承运人责任保险要素	2016年9月20日
3	CFCFA/T-003	国际物流责任险-货运代理人责任保险要素	2016年9月20日
4	CFCFA/T-004	国际货运代理拼箱服务质量要求	2016年9月20日
5	CFCFA/T-005	国际货运代理标准交易条件	2016年9月20日
6	CFCFA/T-006	国际货运代理合同条款和条件规范	2016年9月20日
7	CFCFA/T-007	运输通道绩效评估与监控规范	2016年9月20日
8	CFCFA/T-008	承运人标识符编码规则	2016年9月20日
9	CFCFA/T-009	国际货运代理单证标识符编码规则	2016年9月20日
10	CFCFA/T-010	托盘射频识别标签应用规范	2016年9月20日
11	CFCFA/T-011	基于ebXML国际多式联运提单报文	2017年9月19日
12	CFCFA/T-012	基于ebXML货物运输保险保单报文	2017年9月19日
13	CFCFA/T-013	基于ebXML运费及其他费用报文	2017年9月19日
14	CFCFA/T-014	基于ebXML托运单报文	2017年9月19日
15	CFCFA/T-015	基于ebXML提货单报文	2017年9月19日
16	CFCFA/T-016	基于ebXML国际道路运输公路运单报文	2018年8月27日
17	CFCFA/T-017	基于ebXML装箱单报文	2018年8月27日
18	CFCFA/T-018	基于ebXML基于ebXML询价单(报价申请/邀约邀请)报文	2018年8月27日
19	CFCFA/T-019	基于ebXML订舱申请报文	2018年8月27日
20	CFCFA/T-020	基于ebXML一般原产地证明书报文	2018年8月27日

第5章

CHAPTER 5

我国物流标准体系建设之现状

5.1 我国物流标准体系介绍

5.1.1 物流标准体系发展回顾

自从国家标准《标准体系构建原则和要求》(GB/T 13016—1991)发布实施以后,我国标准体系建设进入了一个有章可循的规范化时期,该项标准历经 2009 年、2018 年的两次修订,目前为《标准体系构建原则和要求》(GB/T 13016—2018)。

在该项国家标准的指导下,我国物流标准体系的建设始于 20 世纪 90 年代的铁道运输及航空运输领域,《铁道标准体系表 铁路运输》(TB/T 2458.15—1993)和《民用航空标准体系表》(MH/T[①]00004—1995)是典型代表。进入 21 世纪以后,随着我国《物流术语》(GB/T18354—2001)的发布实施,在此后的 10 年内,我国物流领域先后制、修订了《物流信息管理标准体系表》《物流标准体系》《交通运输信息化标准体系》《托盘标准体系》《粮油仓储技术标准体系表》《烟草行业物流标准体系》《邮政业标准体系》和《集装箱标准体系表》等系列标准体系(表)。

2010 年以来,随着我国物流标准进入系统化扩张和供给侧改革阶段,我国物流标准体系制定、修订力度逐步加大,除了对之前的《物流标准体系》《集装箱标准体系表》和《邮政业标准体系》等部分标准体系(表)进行修订完善外,特别是在我国交通运输领域,开展了大面积的行业性标准体系(表)的制定和修订工作,先后制定、修订《交通运输标准化体系》《综合交通运输标准体系》《交通运输物流标准体系》《交通运输信息化标准体系》《道路运输标准体系》《交通运输安全应急标准体系》和《绿色交通标准体系》7 项物流相关的标准体系。与此同时,我国商贸流通领域也开始启动物流相关的标准体系建设,明确提出开展《国内商贸流通标准体系》《农产品电子商务标准体系》和《物资储备标准体系》等标准体系建设。

---

① 中华人民共和国民用航空行业推荐性标准,后文若出现,含义相同。

通过对我国物流领域历年标准体系(表)的建设成果做进一步梳理,总体上可以把我国物流标准体系的建设划分为3个不同的发展阶段:行业主管部门主导阶段、国家标准委专业标委会主导阶段和部门与专业标委会联合主导阶段。由于专业标委会成立时间与行业管理特点,这3个阶段在具体时间上有大约10年的交错关系,但总体上的发展趋势是专业主管部门与国家标准委专业标委会共同主导,见表5-1。

表5-1　我国物流标准体系发展演变阶段及管理趋势

序号	阶段类型	制定年度	标准体系名称	体系编制方
1	行业主管部门主导	1993	铁道标准体系表 铁路运输	原铁道部(交通运输部国家铁路局)
2		1995	民用航空标准体系表	原中国民用航空总局(交通运输部国家民航局)
3		1997	邮政技术标准体系	邮电部
4		2005	粮油仓储技术标准体系表	原国家粮食局(国家粮食和物资储备局)
5		2005	交通运输信息化标准体系	交通运输部
6		2008	烟草行业物流标准体系	国家烟草专卖局
7		2008	邮政业标准体系	交通运输部、国家邮政局
8	国标委专业标委会主导	2004	物流信息标准体系表	全国物流信息标准化技术委员会
9		2005	物流标准体系	全国物流标准化技术委员会
10		2009	集装箱标准体系表	全国集装箱标准化技术委员会
11		2010	托盘标准体系	全国物流标准化技术委员会托盘标准分技术委员会
12		2014	物流仓储设备标准体系表	全国物流仓储设备标准化技术委员会
13	部门及专业标委会联合主导	2012	交通运输物流标准体系	交通运输部
14		2015	综合交通运输标准体系	交通运输部
15		2015	道路运输标准体系	交通运输部
16		2016	交通运输安全应急标准体系	交通运输部 交办科技〔2016〕192号
17		2016	绿色交通标准体系	交通运输部
18		2016	国内商贸流通标准体系	商务部、国家标准委
19		2017	交通运输标准化体系	交通运输部、国标委
20		2018	民用机场专用设备标准框架体系表	交通运输部、国家民航局
21		2018	农产品电子商务标准体系	国家质检总局等七部委
22		2019	物资储备标准体系	国家粮食和物资储备局、国标委联合等

行业主管部门主导阶段始于20世纪90年代,到2010年基本结束。这个时期,我国1988年版《中华人民共和国标准化法》自1989年4月1日起施行,《标准体系构建原则和要求》(GB/T 13016—1991)于1991年7月发布,自1992年4月开始实施。在此背景下,我国传统物流领域,以铁路、航空、邮政为代表的公共物流服务板块,在各自行政主管部门的主

导下，率先建立起了行业性的标准体系，铁路和航空把运输板块作为其中的一个子项纳入其中，并以行业标准的形式加以正式发布；而邮政系统则独立发布了《邮政技术标准体系》，包含总体说明、结构图、标准明细表、邮政技术标准统计表4部分；2000年《邮政技术标准体系》进行了一次修订发布。2008年，烟草系统、邮政系统分别按照行业主管部门主导的思路建立行业性物流标准体系，其中烟草行业物流标准体系也是以行业标准的形式予以发布。

国家标准委专业标委会主导阶段始于2000年，到2015年基本结束。这个时期我国物流行业的地位逐步得以确立，并在2003年国标委同时成立了物流方向的2个标准化技术委员会——全国物流信息管理标准化技术委员会(SAC/TC267，以下简称"TC267")和全国物流标准化技术委员会(SAC/TC269，以下简称"TC269")。TC269后续又设立了6个分技术委员会、4个标准化工作组。此后，全国邮政业标准化技术委员会(SAC/TC462)、全国航空货运与地面设备标准化技术委员会(SAC/TC359)、全国物流仓储设备标准化技术委员会(SAC/TC499)、全国道路运输标准化技术委员会(SAC/TC521)、全国综合交通运输标准化技术委员会(SAC/TC571)等标准化技术委员会先后成立。在这些标委会的主导下，我国《物流标准体系》的宏观框架得以确立，并在这个大的框架体系，部分子项物流标准体系也建立起来，而且这些标准体系经常是在国家标准化管理委员会的主导下，以国家层面联合行文的发展规划、标委会专题报告等形式予以正式发布。我国物流行业标准体系呈现出更加系统化、专业化、协同化的发展态势。

部门及专业标委会联合主导阶段始于2005年，2015年是重要转折点。2005年6月，国家标准委、国家发改委等8部门《关于印发〈全国物流标准2005年—2010年发展规划〉的通知》(国标委计划联〔2005〕52号)，这是国家标准委首次联合相关部门发布物流标准发展规划，并首次提出了我国物流标准体系，开启了联合主导物流标准化体系建设阶段。2015年，国务院连续印发《深化标准化工作改革方案》(国发〔2015〕13号)、《国家标准化体系建设发展规划(2016—2020年)》(国办发〔2015〕89号)等标准化工作改革文件，国家标准委再次联手国家发改委等15部门编制出台了《物流标准化中长期发展规划(2015—2020年)》(国标委服务联〔2015〕54号)，把我国物流标准体系建设推向了一个崭新的阶段。《国内商贸流通标准体系》(2016)、《交通运输标准化体系》(2017)、《农产品电子商务标准体系》(2018)、《物资储备标准体系》(2019)等标准化体系均有国家标准化管理委员会的主导或参与。其中，交通运输部、国标委联合发布的《交通运输标准化体系》(交科技发〔2017〕48号)首次实现了对公路、水运、铁路、民航、邮政等多个交通运输功能板块标准体系的整体整合，成为这个发展阶段具有标志性意义的重要文件。这种常态化联合行文发布物流标准体系的方式也意味着我国物流标准体系地位的提升。

总之，我国物流标准体系发展从20世纪90年代开始起步，历经了3个时间交错的发展阶段以后，我国物流标准化体系步入了更加系统科学、更加全面深入、更加绿色协调的高质量发展时期。

5.1.2 物流标准体系主要内容

我国物流标准体系最早于2005年发布的《全国物流标准2005年—2010年发展规划》

(国标委计划联〔2005〕52 号)系统中提出。在经过 5 年时间的应用实践后,2010 年 6 月出台的《全国物流标准专项规划》(国标委服务联〔2010〕42 号)对物流标准体系及其框架图进行了调整优化,根据《物流业调整和振兴规划》,国家标准委会同国家发改委等 10 部门联合印发了《全国物流标准专项规划》,确立了以物流基础通用类、公共类和专业类物流标准为主体结构的物流标准体系总体框架,从而奠定了我国物流标准体系的总体发展框架和方向。2017 年,TC269 对物流标准体系进行进一步修订完善。以下对物流标准体系及其框架体系进行简要解读。

我国物流标准体系分为 2 个层级。"相关法律法规"是物流标准制定、管理所依据的基础;"物流相关标准"主要为非 TC269 归口管理的、物流或与物流相关的国家和行业标准,是作为 TC269 制定标准的参考依据。

物流标准体系第 1 层级将物流标准分为 3 大类:基础类物流标准、通用类物流标准以及专业类物流标准,对应的编号为 101、102 和 103,"基础类物流标准"为"通用类物流标准"和"专业类物流标准"的指导性标准。第 2 层级编号以"2"开头,第二层级在第一层级的基础上进行了细化。

第一层级中"基础类物流标准"包括了物流术语标准、物流分类标准、物流导则与指南标准、物流图形与标识标准、物流模数标准和物流其他基础标准;

第二层级中"通用类物流标准"包括了通用物流设施设备标准、通用物流作业及服务标准、通用物流信息标准、通用物流服务保障标准、通用物流服务保障标准、通用物流管理标准,以及其他物流通用标准。"通用物流设施设备标准"主要包括物流设施设备包装产品标准,物流装备选型标准,物流作业与服务技术标准;"通用物流作业及服务标准"主要包括通用仓储作业与服务,通用运输作业与服务,多式联运,通用物流配送作业与服务,物流中心、物流园区、物流枢纽等物流节点的作业与服务标准;"通用物流信息标准"主要包括物流信息应用、服务与管理等标准;"通用物流服务保障标准"主要包括物流从业人员、物流企业和组织等要求标准;"通用物流管理标准"主要包括物流作业与服务管理与管理技术,与物流相关的环保、统计、安全、质量等管理标准;"其他物流通用标准"主要包括不属于以上类别的通用标准。

第二层级中"专业类物流标准"包括了钢铁物流标准、煤炭与铁矿石物流标准、粮食物流标准、棉花物流标准、汽车物流标准、家电物流标准、建材物流标准、食品及农副产品物流标准、医药物流标准、出版物物流标准、电子商务与快递物流标准、物流金融标准、应急物流标准和其他专业类物流标准。"专业类物流标准"的分类主要考虑了物流所服务的产业中物流外包的情况,以专业物流服务中所使用装备的特殊性和物流服务的流程、物流管理节点的差异化为依据,其中"其他专业类物流标准"主要为未分类但已有标准化需求并制定了专业类的标准。

根据以上物流标准内容的组成部分和层次划分关系,我国物流标准体系的框架结构如图 5-1 所示。

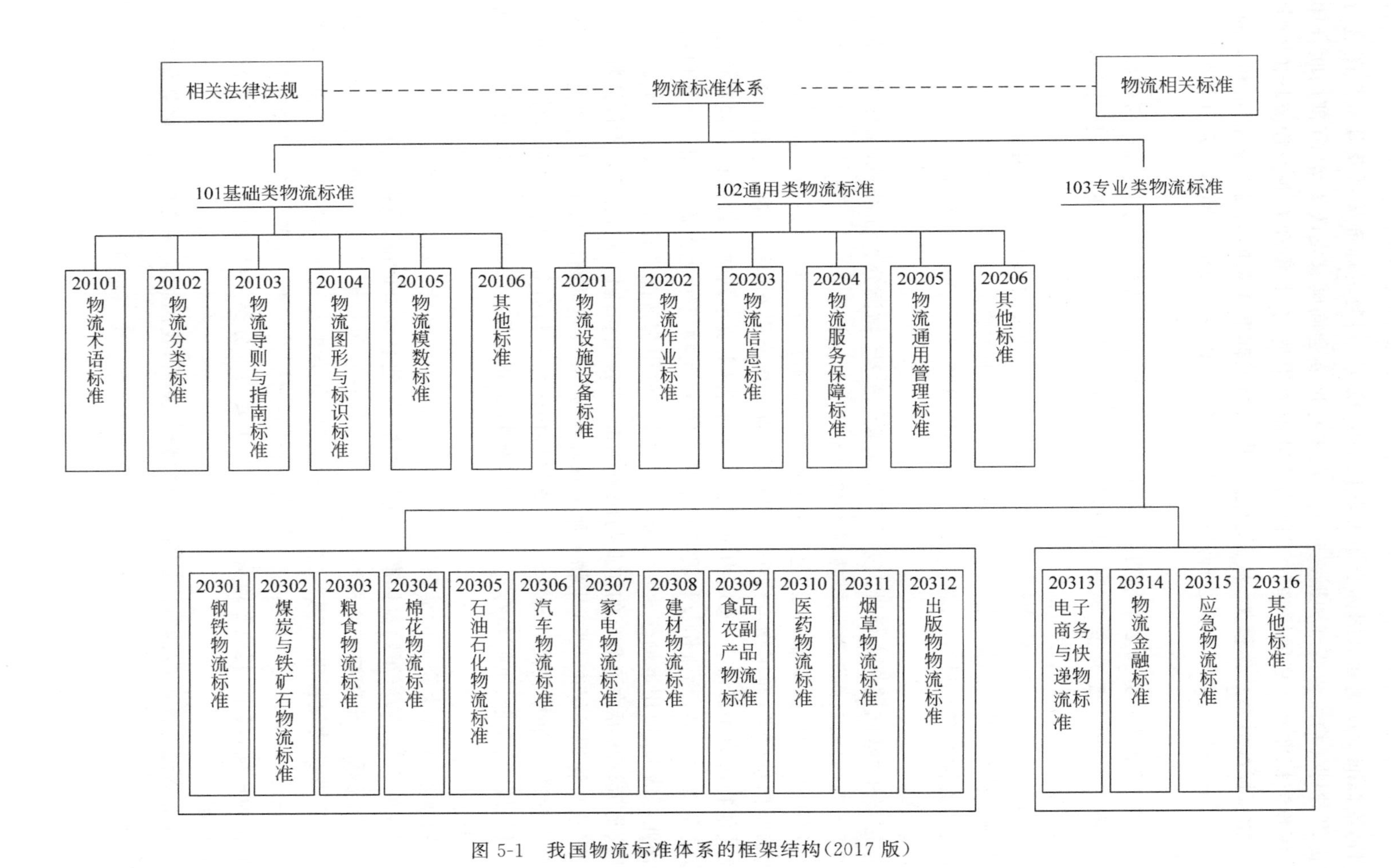

图 5-1　我国物流标准体系的框架结构（2017 版）

5.1.3　物流信息标准体系表

2004 年 8 月 18 日，TC269、中国物品编码中心联合编制发布了《物流信息管理标准体系表》，提出了物流信息方面的国家标准体系，确立了建立以“物流信息技术、物流信息管理、物流信息服务”为主体结构的物流信息管理标准体系，给出了物流信息管理国家标准体系框架、国家标准明细表及国家标准体系表说明，并纳入 TC267、中国物品编码中心牵头组织制定的《物流标准 2005 年—2010 年发展规划》。

2005 版的《物流信息管理标准体系表》自发布实施以来，较好地指导了物流行业信息标准的制定和修订工作。但是，随着经济全球化的快速发展，物联网、云计算、大数据等信息技术逐步成熟，物流业也面临着转型升级的新要求，2005 版的《物流信息管理标准体系表》到目前为止已有十余年，不再完全适应当前的政策及行业需求。为了贯彻落实《关于印发物流业发展中长期规划(2014—2020 年)的通知》《关于积极推进“互联网＋”行动的指导意见》《关于加强供应链体系建设的通知》和《关于积极推进供应链创新与应用的指导意见》精神，充分发挥信息化支撑和引领现代物流发展的重要作用，促进经济发展方式转变和产业结构优化升级，全国物流信息管理标准化技术委员会、中国物品编码中心对物流信息管理标准体系表进行了修订。

新修订的物流信息管理标准体系表分为 2 层。第 1 层为基础通用标准，是标准体系的基础性标准；按照物流信息标准化对象特征的不同，第 2 层分为物流信息技术标准、物流信息管理和服务标准、物流信息应用标准和其他 4 大类。

基础通用标准主要研究制定基础性的术语性标准，如物流信息术语标准等相关标准，是物流信息标准中总体性、基础性的标准。物流信息技术标准从信息的采集、加工、处理、交换入手，分为物流信息编码标准、物流信息采集标准、物流信息交换与共享标准和物流信息系统及信息平台标准。物流信息采集标准可根据信息采集技术发展及应用情况分为一维码技术标准、二维码技术标准、射频识别技术标准、传感技术标准和其他技术标准。物流信息交换与共享标准主要从物流信息基础数据元、物流作业单证标准及物流数据共享接口规范等由点到面的方式来制定相关标准。物流信息系统及平台标准着重研究制定物流信息系统及信息平台设计原则、功能和作用等相关系列标准，如物流公共服务平台、物流信息系统共享平台、统一技术标准建设共享信息的技术接口以及第三方物流信息平台，实现物流信息平台及物流企业信息系统的规范化和通用性。我国物流信息标准体系框架结构如图 5-2 所示。

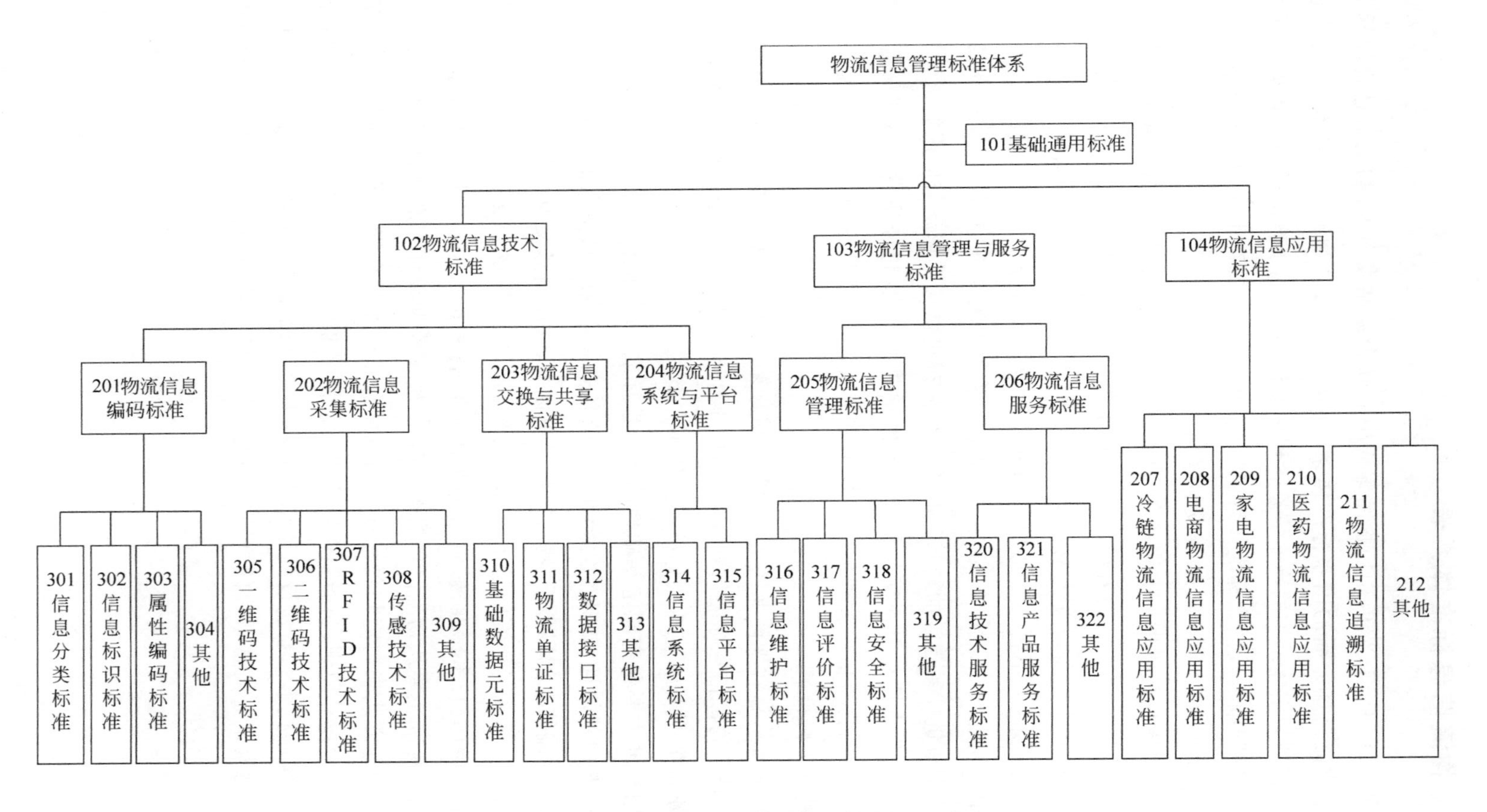

图 5-2　我国物流信息标准体系框架结构（2020 版）

5.2　通用设施设备标准体系

5.2.1　托盘标准体系

托盘是物流运作中最重要的基础单元和物流设备。2007年10月，采标修改ISO6780：2003的《联运通用平托盘 主要尺寸及公差》(GB/T 2934—2007)正式颁布，取代原有1996年版本，2008年3月1日开始实施。该项标准的修订确定了我国联运通用平托盘国家标准的两种规格，即1200mm×1000mm和1100mm×1100mm，并明确优先推荐1200mm×1000mm，从而从根本上促进了我国联运通用平托盘规格的统一。以此为基础，我国托盘标准体系研究在2008年年初开始，并作为全国物流标准化技术委员会申请托盘分技术委员会的研究成果提交给国家标准化管理委员会。

最初的托盘标准体系设计了托盘通用基础标准、托盘技术标准、托盘信息标准和托盘管理标准4个部分。后续根据《全国物流标准专项规划》和《标准化事业发展“十二五”规划》，此前的托盘标准体系经过两次修订，作为国家物流标准体系的组成部分，并增加了托盘服务标准板块，突出托盘的社会服务功能。这两次修订后的托盘标准体系表分别收录于2010年5月出版的《中国托盘手册》(第一版)和2014年11月出版的《中国托盘手册》(第二版)。因此，托盘标准体系是目前相对比较成熟的标准体系，主要分4个组成部分和3个层次。

托盘标准体系的4个组成部分包括托盘基础标准、托盘通用技术标准、托盘产品标准和托盘服务及管理标准。

托盘标准体系的第一个组成部分是托盘基础标准。该标准是支撑托盘标准化建设所必需的、最基础的标准，主要包括术语、指南、圈形符号以及分类等相关标准。

托盘标准体系的第二个组成部分是托盘通用技术标准。该标准包括托盘通用技术基础标准和托盘信息技术标准两方面，托盘技术基础标准主要涉及托盘产品整体及其构件和连接件(包括配件及紧固件)的规格尺寸、性能要求、试验方法以及托盘作业等相关技术参数及标准，而托盘信息技术标准则主要涉及托盘日常流通管理过程中相关数据及信息处理(编码、识别、储存、交换、传递等)对于数据结构、一致性、稳定性等方面的要求和标准，比较常见的有GS1系列货运包装箱代码(serial shipping container code，SSCC)、托盘编码技术、条码及射频等信息采集技术、托盘公共管理信息系统及服务平台标准等。

托盘标准体系的第三个组成部分是托盘产品标准。该标准涉及对于托盘产品本身的生产材质、设计、工艺、性能等方面的技术条件。托盘标准体系主要按托盘产品的结构进行分类，包括平托盘、带有上部结构的托盘(箱式托盘、立柱式托盘、围板箱、可折叠托盘等)以及滑板托盘等。在相同托盘产品结构类型下，由于生产材质的差异，如木质、塑料、金属、纸质、环保可降解材料等，不同结构与不同材料组合下的托盘产品标准均会有所差异。

托盘标准体系的第四个组成部分是托盘服务及管理标准。这类标准主要围绕托盘进入市场后，相关市场参与方围绕托盘的正常使用与生命周期状态所开展的租赁、共享、回收、信息系统建设、维护保养、报废处理等相关方面设立的相关要求与规范。我国近年来深入开展的物流标准化试点，其核心就是鼓励发展以标准托盘为基础的循环共用服务，建立托盘循环共用管理信息系统或平台，促进我国物流业降本增效与供给侧结构性改革。

以上4个组成部分可以划分为3个层次，第1层次包括托盘基础标准、托盘通用技术标准、托盘产品标准和托盘服务及管理标准；第2层次是以上4个组成部分的向下延展项目，其中托盘通用技术标准可以划分出托盘通用技术基础标准和托盘信息技术标准两部分；第3层次是托盘通用技术标准下属2个子项的再次延展分类，其中托盘通用技术基础标准的下一层次主要包括托盘整体技术标准、托盘构建及连接件技术标准、托盘作业技术标准及其他相关标准，托盘信息技术标准的下一层次主要包括托盘编码标准、托盘信息采集技术标准、托盘信息系统及平台技术标准以及其他相关标准。我国托盘标准体系的层次结构图如图5-3所示。

5.2.2 集装箱标准体系

集装箱和托盘一样，属于物流业发展的重要通用设备，并且在贸易全球化的趋势下，基于标准托盘与集装箱的国际集装箱海运、铁路联运和空运均已经发展得比较成熟，相应的集装箱标准体系也成为我国集装箱产业发展的重要指南。

1981年3月，国家标准委(原质检技术监督局标准化司)建立了集装箱技术委员会(SAC/TC6，以下简称“TC6”)，启动了我国集装箱标准制定、修订工作。在TC6的组织下，我国集装箱标准化工作以ISO标准为基础全面展开，注重国际标准的转化，积极推进集装箱原材料和配件标准的自主创新，经过30多年的发展，逐步形成了标准覆盖全面的标准体系，并逐步完善了以“智能集装箱”“安全集装箱”“绿色集装箱”“集装箱运输方式优化”为核心的集装箱标准体系，并建立了标准体系动态维护机制。2014年1月，TC6在2008版《集装箱标准体系表》的基础上发布了修订版，充分反映了我国近年来在构建“安全、高效、节能、环保”的集装箱运输体系、促进综合运输和现代物流发展方面的成果。

随着现代网络技术、信息技术、自动识别技术和传感技术的快速发展，集装箱运输的观念、方法和手段也在不断地发生变化。为此，集装箱标准体系框架设计必须考虑集装箱标准化对象的不断拓展，所以，我国对标准化对象和标准化要素进行了系统的分析。在此基础上，我国集装箱标准体系将其框架内容划分为4个组成部分和5个框架层次。

集装箱标准体系4个组成部分包括集装箱通用标准、集装箱服务标准、集装箱技术标准和集装箱产品标准，各组成部分项下还有细分子项和标准类别，我国集装箱标准体系4个组成部分标准分类及说明见表5-2。

表5-2 我国集装箱标准体系4个组成部分标准分类及说明

分类	分类号	标准类别	标准类别说明内容
100通用标准	101	术语和符号	集装箱生产与运输中使用的词汇和相关的术语标准
	102	分类和编码	集装箱常用的分类代码和相关的编码标准
	103	标识和标记	集装箱的标识和标记相关的标准
200服务标准	201	信息服务	集装箱数据交换相关电子报文标准
	202	装卸作业	集装箱装卸作业等标准
	203	运输安全	集装箱作业安全、交接检查等相关标准
	204	环保节能	集装箱环保要求、节能相关标准
	205	维修与质量评价	集装箱维护保养和质量评价标准

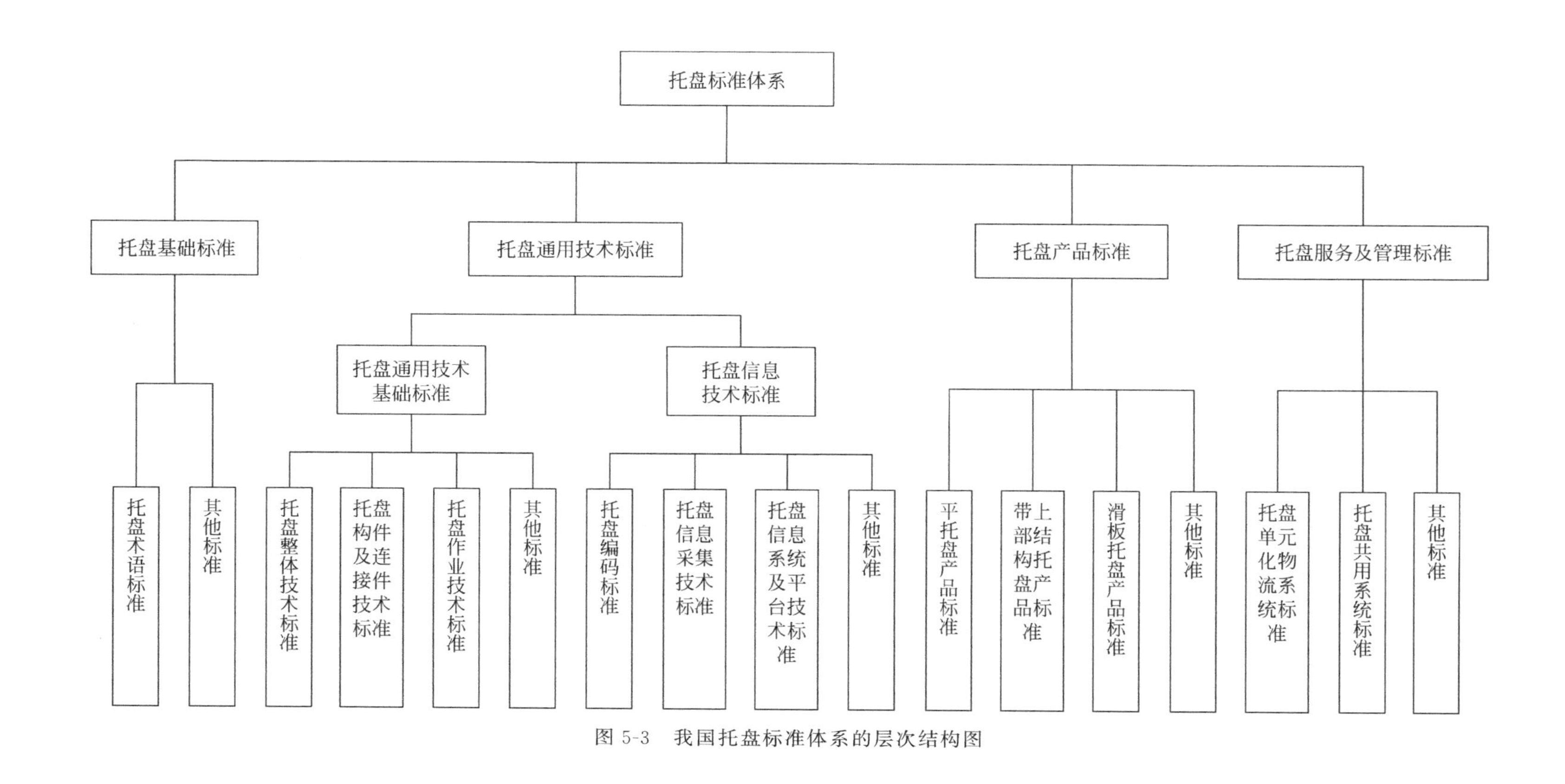

图 5-3 我国托盘标准体系的层次结构图

续表

分类	分类号	标准类别	标准类别说明内容
300 技术标准	301	生产工艺	集装箱生产工艺相关技术标准
	302	运输作业	集装箱运输作业等相关技术标准
	303	试验检测	集装箱作业安全、交接检查等相关标准
400 产品标准	401	集装箱	不同类型集装箱产品标准，如保温集装箱，罐式集装箱等
	402	运输设备	集装箱运输作业装卸设备和辅助设备标准，如：集装箱吊具、集装箱绑扎件标准
	403	材料和配件	集装箱材料、部件和配件标准，如角件、箱封等

集装箱标准体系的 5 个框架层次包括基础标准层、服务标准层、技术标准层、产品标准层和相关标准层。

第一层基础标准层包括术语和缩略语、分类和编码、标识和标记。

第二层服务标准层包括装卸作业标准、信息服务标准、运输安全标准、环保节能标准、维修与质量评价标准。

第三层技术标准层包括生产工艺标准、运输作业标准、检测与试验标准。

第四层产品层包括集装箱标准、运输设备标准、材料和配件标准。

第五层相关标准层包括军用和铁路集装箱相关标准。

此外，我国集装箱行业目前仍面临较大的节能环保压力，安全、绿色、智能成为我国未来集装箱发展的方向。因此，安全智能集装箱标准、绿色集装箱标准和特种集装箱标准将成为我国集装箱标准体系建设的重要发展方向。特别是随着我国集装箱生产工艺的提高、装卸技术的不断发展、适箱货种类的不断增加（如谷物、豆类，甚至煤炭、焦炭和矿石）以及特种货物集装箱运输的与日俱增，相应的特种集装箱标准亟须制定。

5.2.3 物流仓储设备标准体系

物流仓储设备是物流标准体系重要的组成部分，也是我国物流标准化、信息化和智能化发展的重要支撑。先进的物流仓储设施设备已经成为我国现代物流业供给侧改革的重要方向，基于智能化物流仓储设施设备的无人化、少人化智慧仓储已经成为我国物流业发展的重要趋势。

在这样的背景下，中国机械工业联合北京起重运输机械设计研究院、南京市产品质量监督检验院、南京音飞货架制造有限公司和江苏六维物流设备实业有限公司等物流仓储设施设备设计研发和生产制造企业向国家标准化管理委员会提出了组建全国物流仓储设备标准化技术委员会的申请，并于 2011 年获得批准，由中国机械工业联合会同江苏省质量技术监督局负责指导和日常管理。该标准化技术委员会于 2012 年正式成立后，通过一段时间的研发，2014 年正式提出了我国物流仓储设备标准体系框架。

物流仓储设备标准体系框架总体上以物流仓储设备产品分类为核心，将标准体系划分为 8 个组成部分，每个组成部分向下进行产品类型细分，然后对最终物流仓储设备产品从通用类标准和产品类标准 2 个层次进行标准体系展开。其中，8 个组成部分包括物流仓储系统、货架和货柜、存取类设备、单元货物输送设备、分类筛选设备、搬运设备、辅助设备，以及托盘和周转箱。我国物流仓储设备标准体系 8 个组成部分及其产品细分见表 5-3。

表 5-3　我国物流仓储设备标准体系 8 个组成部分及其产品细分

产品分类	产品类型	产品细分子项
物流仓储系统	立体仓库	
	物流仓储中心	
货架和货柜	货架	
	货柜	
存取类设备	巷道堆垛起重机	
	巷道堆垛叉车	纳入工业车辆标准体系
	航空集装器堆垛起重机	
	桥式堆垛起重机	
	超低温立体仓库用堆垛机	
	小件货巷道堆垛起重机	
单元货物输送设备（通用部分纳入连续搬运机械标准体系）	库用辊子输送机	
	库用带式输送机	
	库用链式输送机	
	库用板式输送机	
	库用伸缩式输送机	
	库用单元货物悬挂输送机	
	冷链输送设备	
	超低温冷库用输送系统	
	单元货物提升机	
	移载机	
	转向输送机	
分类筛选设备	分拣机	托盘式分拣机、交叉式分拣机、翻盘式分拣机、滑靴式分拣机、斜导轮式分拣机、排式分拣机
	自动拣选机	立式分拣机、通道式分拣机
搬运设备	有轨制导车(rail guided vehicle,RGV)	直行有轨导向车、环形有轨导向车
	自动导引车(automatic guided vehicle,AGV)	
	地链拖动运输车	
	航空集装货转运机	
	空中搬运车	
辅助设备	转轨车	巷道堆垛起重机转轨车
	转向台	
	升降台	
	升降柜	
	单元货物拆码堆垛机	
	托盘码分机	
	登车机	

续表

产品分类	产品类型	产品细分子项
托盘和周转箱	托盘	木质平托盘、金属平托盘、塑料平托盘、纸基平托盘、厢式托盘、立柱式托盘、推拉式托盘(薄板托盘)
	周转箱	
	金属平托盘	带插孔金属货箱、轮式金属货箱
	航空货运集装箱	
	其他单元化集装箱器具	
	空托盘码/拆垛机	
	充填机	
	码包机	

资料来源:物流工程学会官网 http://www.lei.org.cn/biaozhunfagui/list_21_1.html。

在上述物流仓储设备层次分类的基础上,物流仓储设备体系再根据不同物流仓储设备的设计、生产、加工、安装、调试、使用、维护保养等角度,从基础、方法和安全3方面构建通用类标准体系和产品类标准体系。

5.3 交通运输领域标准体系

长期以来,特别是在2014年交通运输系统大部门体制改革之前,我国交通运输行业按照不同领域、不同专业已形成比较完善的技术标准体系,如《综合交通运输标准体系》《铁路行业技术标准体系》《公路工程标准体系》《水运工程标准体系》《民用航空标准体系》《邮政业标准体系》等,以及各专业标准化技术委员会编制的技术标准体系。公路、水路、铁路、民航和邮政系统在各自的行政主管部门主导下开展相应的标准体系建设,没有形成统一的大交通运输系统的标准体系。

2017年4月,交通运输部、国家标准化管理委员会联合印发了《关于印发〈交通运输标准化体系〉的通知》(交科技发〔2017〕48号),首次全面完成对我国交通运输标准体系的系统梳理和整合。该文件明确指出,交通运输标准化体系是按照交通运输行业发展需求,围绕标准化工作的全要素、全过程及其内在联系构建而成的科学有机整体,包括政策制度、标准研究、制定、修订、国际化、实施监督、支撑保障等内容,涵盖铁路、公路、水运、民航和邮政各个领域。

交通运输标准化体系具有系统性、协调性、前瞻性3大特征,而且作为行业标准化工作的顶层设计是对今后一段时期标准化政策制度建设、标准制定、修订、标准国际化活动、标准实施监督及支撑保障工作的宏观布局,是统筹协调铁路、公路、水运、民航和邮政标准化工作的基本依据。因此,交通运输标准化体系定位于宏观布局,是对较长一段时期标准化工作的整体设计,标准化规划是按照标准化体系框架和发展方向,立足交通运输阶段性发展要求,制订的具有一定时效和范围的工作计划,提出阶段性发展目标和重点任务。

2017年版《交通运输标准化体系》将交通运输标准化体系划分为标准化政策制度体系、技术标准体系、标准国际化体系、实施监督体系和支撑保障体系5个部分,覆盖交通运输各领域标准化工作的全过程。其中,政策制度体系是交通运输标准化体系的基础,技术标准体系是交通运输标准化体系的核心，标准国际化体系是交通运输标准化体系的窗口，标准实施监督体系是交通运输标准化体系的重点，标准支撑保障体系是交通运输标准化体系的保证。交通运输标准化体系结构图如图5-4所示。

其中，技术标准体系作为交通运输标准化体系的核心，既是开展标准制定、修订工作的重要依据，也是我国物流标准体系中公共类物流标准的重要支撑。主要根据标准体系编制的原则和要求，按照综合交通运输、铁路、公路、水运、民航和邮政不同的运输方式，围绕综合运输、安全应急、运输服务、工程建设与养护、信息化、节能环保等重点领域构建技术标准体系框架，包含现行有效的国家标准、行业标准和标准制定、修订需求。

5.3.1 交通运输技术标准体系

交通运输技术标准体系是按照国家深化标准化工作改革精神，根据交通运输标准制定、修订管理的实际情况，充分吸收以往各领域、各专业技术标准体系建设成果，构建的包含综合交通运输、铁路、公路、水运、民航、邮政标准的集合，绘制了一定范围内现有、应有和预计制定标准的蓝图，是编制交通运输领域标准制定、修订计划的依据。交通运输技术标准体系结构图如图5-5所示。

交通运输技术标准体系以《综合交通运输标准体系》《铁路行业技术标准体系》《公路工程标准体系》《水运工程建设标准体系》《民用航空标准体系》和《邮政业标准体系》等技术标准体系为基础构建，包括6489项标准，其中现行有效3475项，需求计划3014项。

交通运输技术标准体系通过整合促进各领域、各专业技术标准体系的标准协调衔接和融合发展，有助于明确交通运输行业不同类型标准的边界，减少标准间的重复、交叉、矛盾等问题，厘清政府与市场标准制定、修订范围，规范标准的制定、修订管理，提高标准的整体质量和水平，对于完善各领域、各标准化技术委员会标准体系的布局具有指导作用。同时，通过交通运输部标准化管理委员会建立动态管理机制，交通运输技术标准体系将随着技术和业务需求的发展而不断更新。

以下根据2017年版《交通运输标准化体系》，结合交通运输相关行业领域标准体系的建设成果，对交通运输技术标准体系和物流标准化有关的内容进行整合和解读。

1. 综合交通运输技术标准

综合交通运输标准包括涉及2种及2种以上交通运输方式协调衔接的相关标准，各运输方式单独使用和单一服务所涉及的标准不纳入综合交通运输标准体系范畴。2015年5月22日，交通运输部办公厅印发《关于发布〈综合交通运输标准体系(2015年)〉的通知》(交办科技〔2015〕80号)，确定了综合交通运输标准体系框架，形成了综合交通运输领域基础标准、运输服务标准、工程设施标准、安全应急标准、信息化标准、统计评价标准、运输装备和产品标准7个层次的标准体系。

2017年版《交通运输标准化体系》将综合交通运输标准分为基础(101)、运输服务(102)、运输装备与产品(103)、工程设施(104)、安全应急(105)、信息化(106)、节能环保(107)和统计评价(108)8类，在《综合交通运输标准体系(2015年)》的标准内容上增加了“节能环保”标准，同时将“运输装备与产品”向前提升到第3位，综合交通运输技术标准体系结构图如图5-6所示。

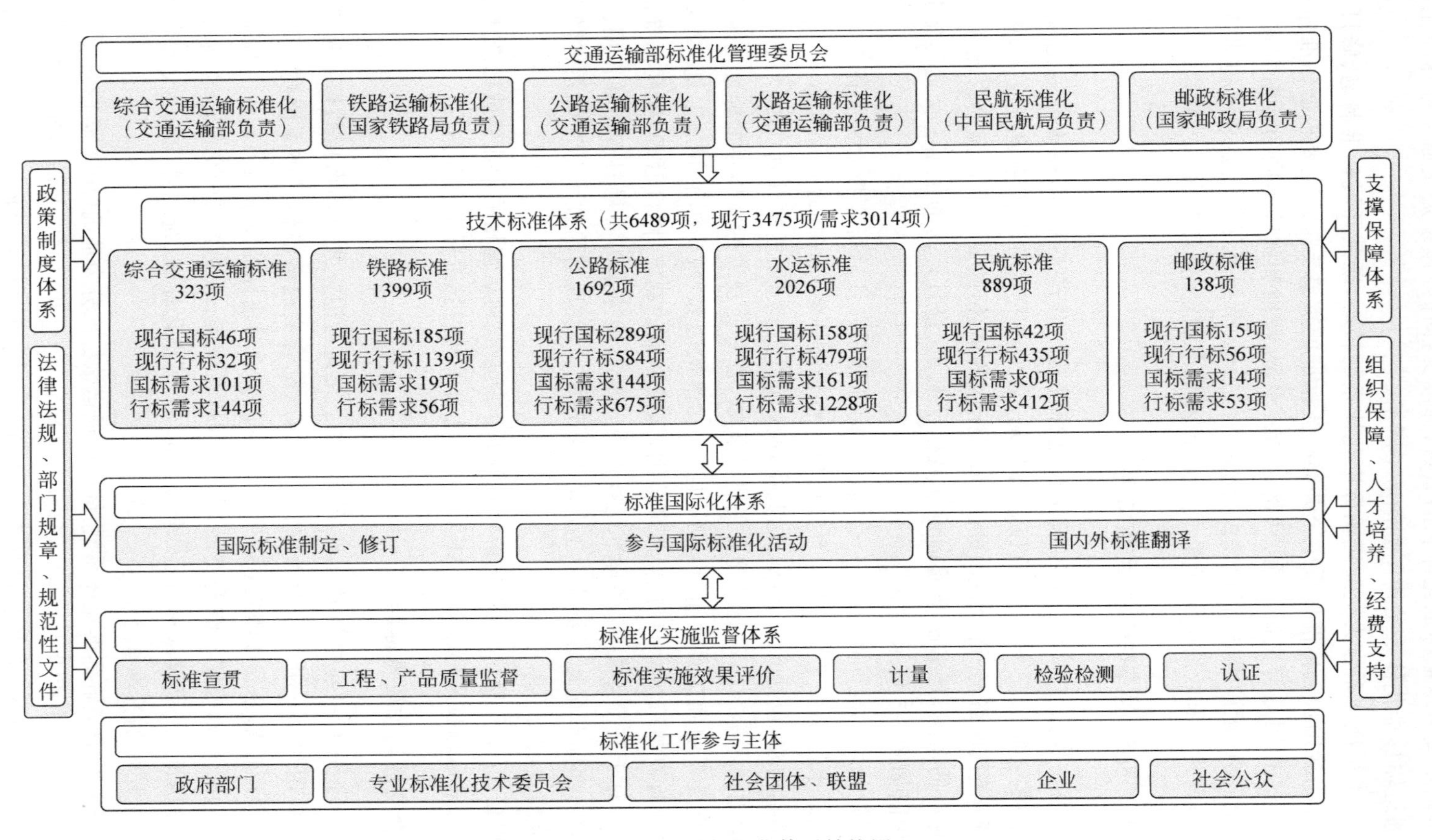

图 5-4 交通运输标准化体系结构图

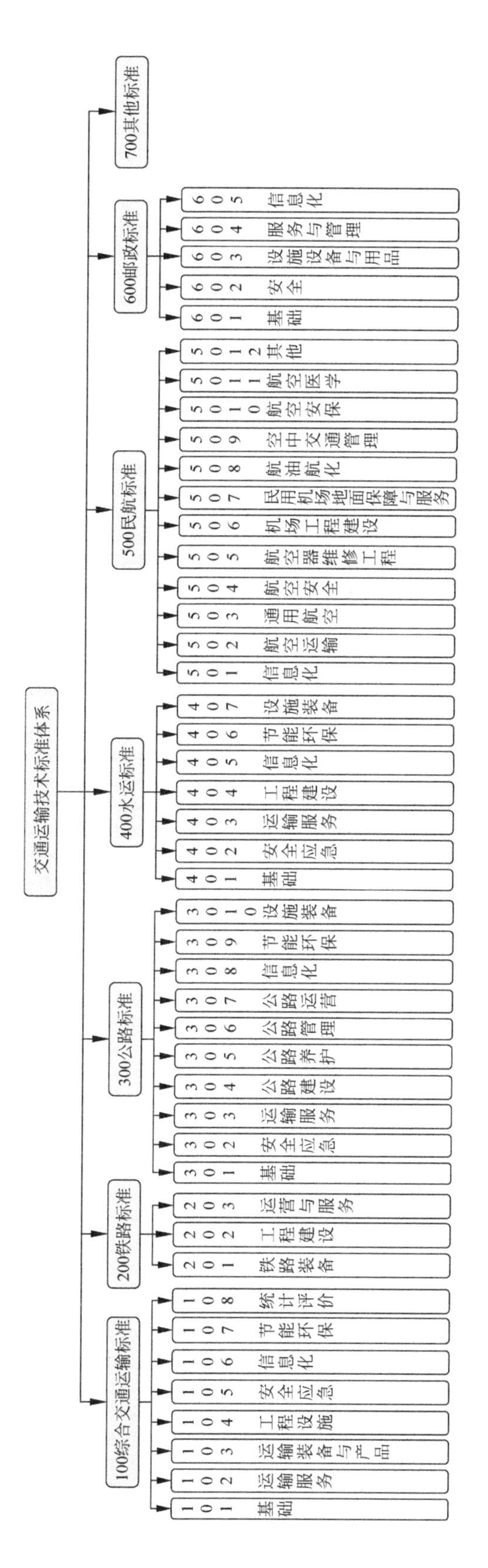

图 5-5 交通运输技术标准体系结构图

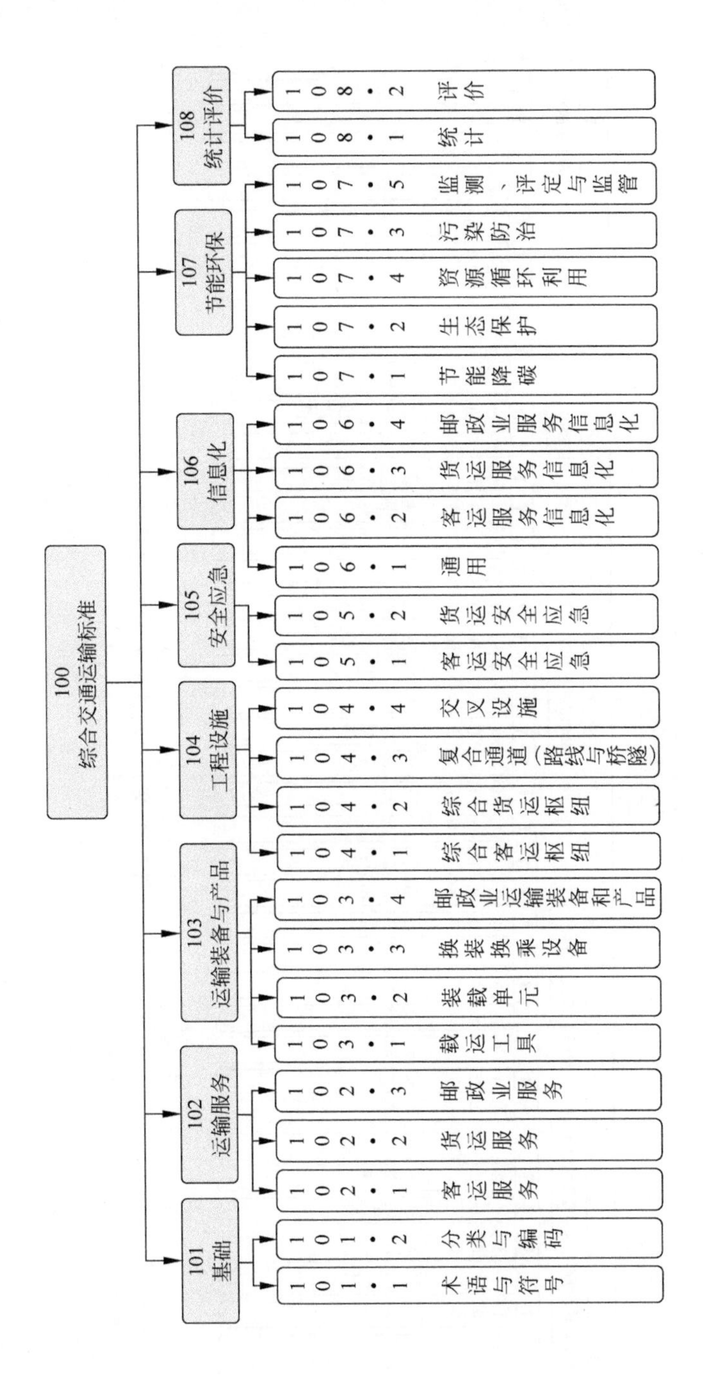

图 5-6 综合交通运输技术标准体系结构图

综合交通运输8大类标准中，每一类均与物流业生产经营和发展有着紧密的关系。截至2016年年底，综合交通运输标准合计323项，包括已发布国家标准46项、行业标准32项、拟制定国家标准101项以及行业标准144项。

2. 铁路技术标准

铁路运输长期以来是我国长途干线运输，特别是大宗物资干线运输的主力军。近年来，我国在加快高铁建设力度的同时，“公转铁”“水转铁”“散改集”以及以铁路运输为导向的政策不断出台，特别是铁路集装箱运输已经成为铁路运输的重点发展方向，也是我国“一带一路”建设输出铁路物流标准的重要舞台。

铁路标准分为铁路装备、工程建设和运营与服务3类。铁路装备标准包括通用与综合、机车车辆、工务工程、通信信号、牵引供电等；工程建设标准包括基础、综合、勘察、设计、施工、验收等；运输服务标准包括基础通用、行车组织、客运与服务、货运与服务、治安防控等。铁路技术标准体系结构图如图5-7所示。

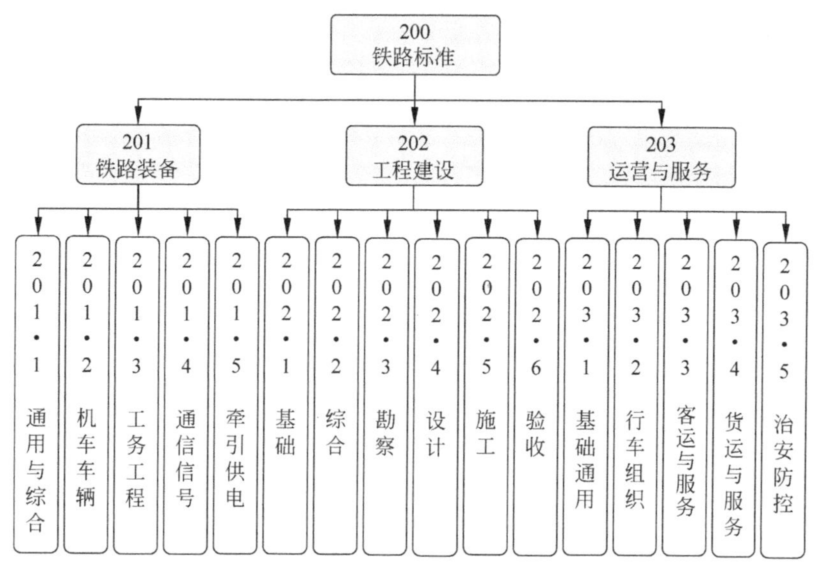

图5-7 铁路技术标准体系结构图

铁路技术标准中，和物流业发展关联度最大的是运营与服务标准(203)，并且在相关的铁路装备和工程建设领域，作为支撑铁路运输的基础，也是我国铁路物流领域国家标准产生和国际化转化输出的重要领域。截至2016年年底，铁路标准合计1399项，包括已发布国家标准185项、行业标准1139项、拟制定国家标准19项以及行业标准56项。

3. 公路技术标准

公路运输是我国运输领域的主要方式，特别是随着我国高速公路网络的不断完善以及卡车技术的提升，公路运输不仅是中短途运输与城市配送的主力军，而且呈现出超长距离公路运输的发展趋势，这对我国公路建设、管理以及货运经营均提出了新的要求与挑战。

公路标准分为基础、安全应急、运输服务、公路建设、公路养护、公路管理、公路运营、信息化、节能环保和设施装备10类。公路技术标准体系结构图如图5-8所示。

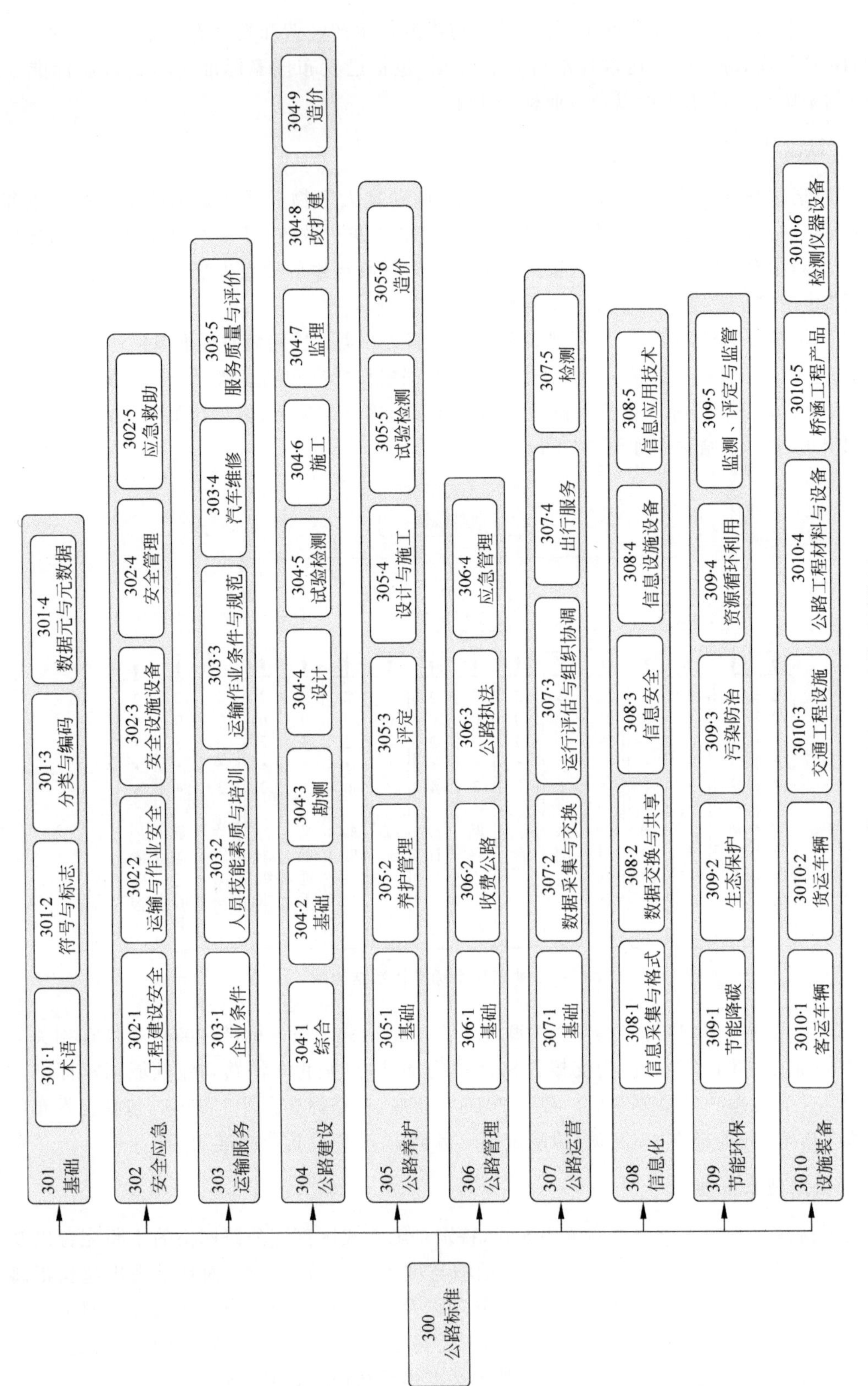

图 5-8　公路技术标准体系结构图

公路技术标准体系的基础标准包含术语、符号与标识、分类与编码等；安全应急标准包含道路工程建设安全、道路运输与作业安全、安全管理、应急救助等；运输服务标准包含道路运输作业条件与规范、汽车维修、服务质量与评价等；公路建设标准包括勘测、设计、施工、监理、改扩建、造价等；公路养护标准包括养护管理、评定、设计与施工等；公路管理标准包括收费公路、公路执法等；公路运营标准包括运行评估与组织协调、出行服务等；信息化标准包含信息采集与格式、数据交换与共享等；节能环保标准包含生态保护、污染防治等；设施装备标准包含运输车辆、交通工程设施产品等标准。这些标准与公路运输物流发展息息相关。截至2016年年底，我国公路标准合计1692项，包括已发布国家标准289项、行业标准584项、拟制定国家标准144项和行业标准675项。

此外，2015年10月，交通运输部印发了《关于发布〈道路运输标准体系(2015年)〉等四项标准体系的通知》(交办科技〔2015〕157号)，旨在合理规划和提出道路运输领域的标准制定、修订需求，合理确定道路客货运输企业、从业人员、生产组织及运输场站建设等管理方面的技术要求，合理安排道路运输装备和产品的使用要求，合理制定运输作业及监管装备要求等标准。

综合考虑道路运输的特点、行业管理职能分工及标准化发展需求，道路运输标准体系将道路运输领域标准划分为基础标准、服务标准、技术标准、产品标准和相关标准5个组成部分。其中，服务标准、技术标准按照道路运输的特点还进行了下一层次的划分。道路运输标准体系结构图见图5-9。

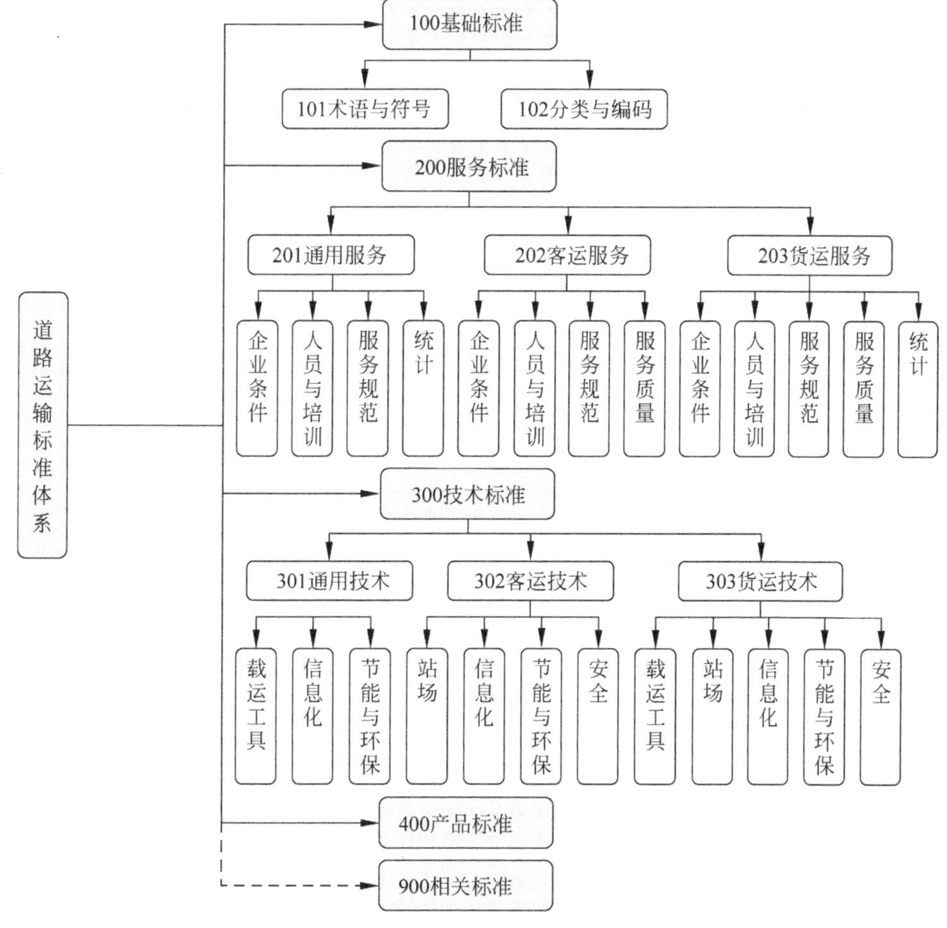

图5-9 道路运输标准体系结构图

4. 水运技术标准

水路运输以其运量大、运距长、成本低等优势，成为全球国际贸易物流的主导力量，而基于低成本的国内沿海及内河运输方案也是沿海、沿江经济带生产制造企业的物流方案优选，水路运输及其背后的船舶装备制造业、集装箱生产制造业等是支撑我国国民经济发展的重要力量。

水运标准分为基础、安全应急、运输服务、工程建设、信息化、节能环保、设施设备7类。基础标准包含术语、符号与标识、分类与编码等；安全应急标准包含水路运输与作业安全、航海安全、救助打捞、事故应急等；运输服务标准包含水路运输作业条件与规范、测绘服务、服务质量与评价等；工程建设标准包括综合、规划、勘测、设计、施工、试验、检测与监测、监理、安全、工程造价、环保、工程信息等；信息化标准包含信息采集与格式、数据交换与共享等；节能环保标准包含生态保护、污染防治等；设施装备标准包含运输船舶、港口设施设备、疏浚装备等标准。水运技术标准体系结构图如图5-10所示。

截至2016年年底，水运标准合计2026项，包括已发布国家标准158项、行业标准479项、拟制定国家标准161项和行业标准1228项。

5. 民航技术标准

民航货运也是我国物流业的重要组成部分，特别是在商务快件、电商物流、冷链物流、应急物流以及高价值货物、活体动物运输等领域发挥着无可替代的作用。民航标准包括民用航空领域的各类标准，分为信息化、航空运输、通用航空、航空安全、航空器维修工程、机场工程建设、民用机场地面保障与服务、航油航化、空中交通管理、航空安保、航空医学和其他12类。民航技术标准体系结构图如图5-11所示。

截至2016年，民航标准合计889项，包括已发布国家标准42项、行业标准435项和拟制定行业标准412项。

6. 邮政技术标准

邮政业是最古老的物流行业之一，在我国的现代物流体系中发挥着独特的作用，也是我国较早进行行业标准化体系研究的领域。1977年，邮电部发布了我国第一个邮政标准《邮电日戳技术条件》(YDT 574—1997)，之后，邮政生产、管理、技术和工程建设急需的一系列标准相继问世。1997年，为了加强邮政标准化的组织管理，邮电科学技术司印发了《邮政技术标准体系》，该部分包括邮政技术标准体系的总结构图；邮政通信网基础通用标准分体系结构图；邮件分拣处理标准分体系结构图；邮政运输标准分体系结构图；邮政营业投递标准分体系结构图；邮政通用设备用品用具标准分体系结构图和邮政综合计算机网标准分体系结构图。

2014年，《邮政业标准体系》获审议通过，该标准体系是《邮政业“十二五”发展规划》中提出的将着力建立健全的标准化“三大体系”之一，由基础标准、安全标准、设施设备与用品标准、服务与管理标准以及信息化标准5部分组成。邮政业标准体系结构图如图5-12所示。

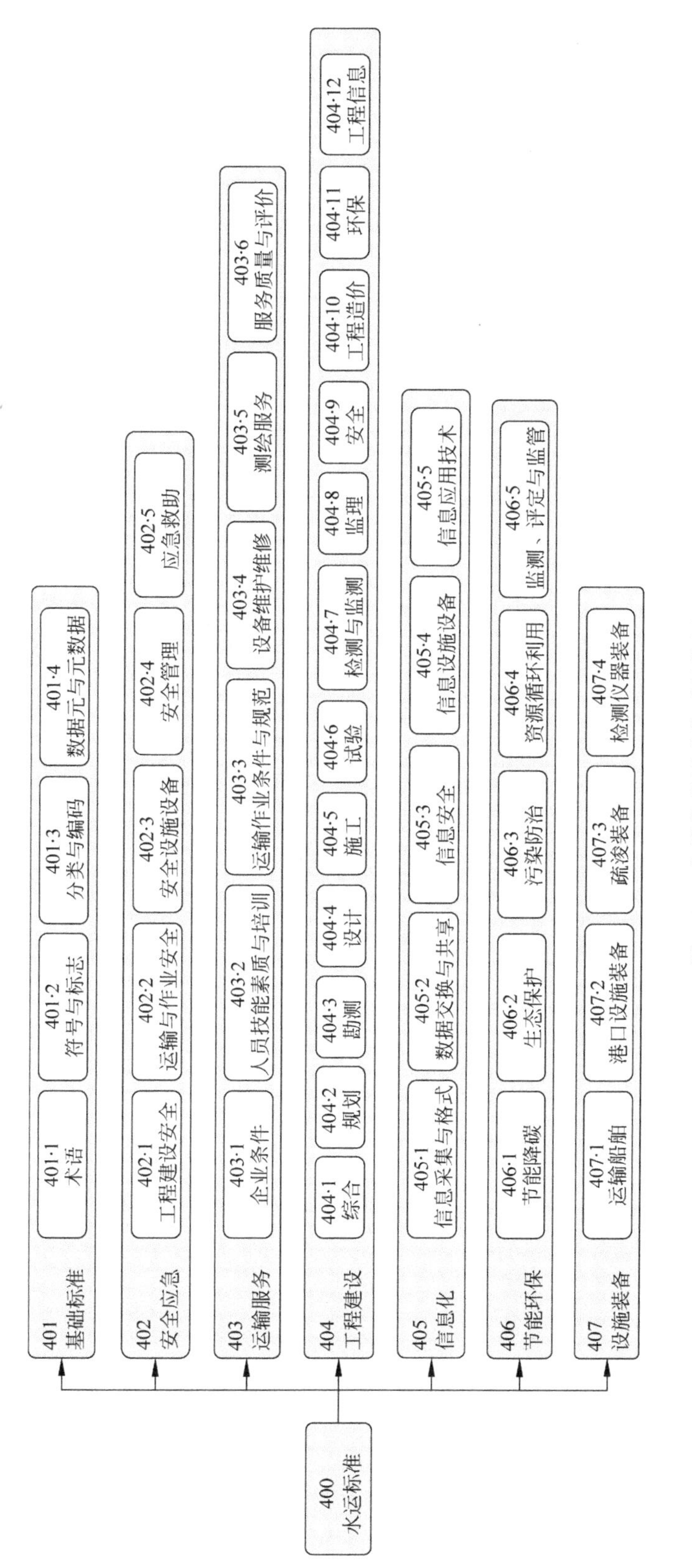

图 5-10 水运技术标准体系结构图

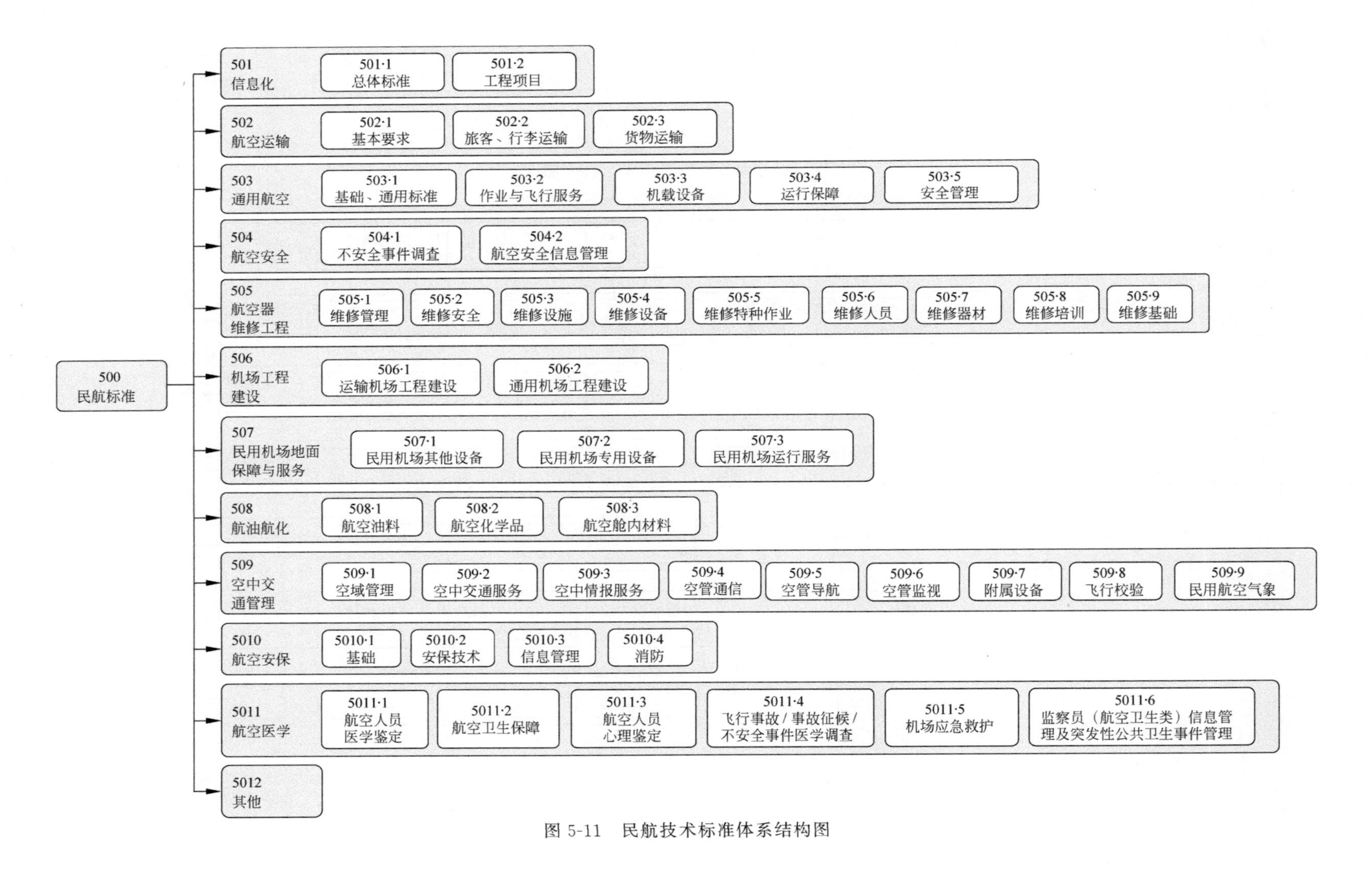

图 5-11　民航技术标准体系结构图

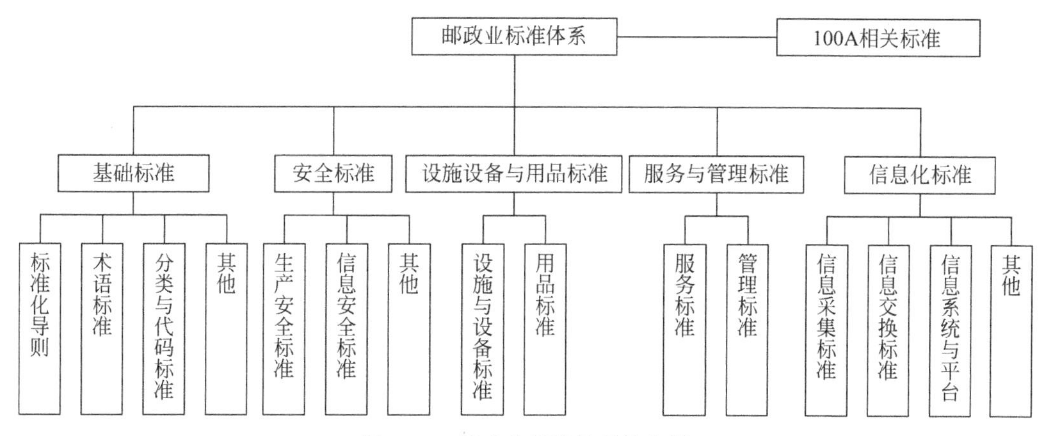

图 5-12 邮政业标准体系结构图

截至 2016 年年底，邮政标准合计 138 项，包括已发布国家标准 15 项、行业标准 56 项、拟制定国家标准 14 项和行业标准 53 项。

根据《邮政业标准体系》规划，基础类标准、安全生产和信息安全相关标准、终端服务相关标准、信息采集和信息交换相关标准、新技术（如射频识别技术、物联网技术）在邮政业中的应用标准等将是未来邮政技术标准建设的重点领域。

5.3.2 交通运输物流标准体系

物流业是支撑国民经济发展的基础性、战略性和先导性产业，交通运输是物流业的基础环节和重要载体，交通运输物流标准对于推动物流行业稳定快速地发展具有重要的支撑作用。交通运输物流标准是在物品从供应地向接收地的实体流动过程中，围绕交通运输全过程，涵盖储存、装卸、搬运、配送及信息处理等环节，为满足用户需求制定的技术和管理要求。交通运输物流标准体系范围包括综合交通运输、公路、水路领域标准，含现行有效和待制定的国家标准和行业标准。纳入体系的标准为与交通运输物流设施设备、运输作业、服务管理、信息化等活动直接相关的标准。铁路、民航和邮政单一领域的标准不纳入体系。以下对相关内容加以介绍。

1. 体系编制背景与原则

2012 年，交通运输部发布了《关于发布交通运输物流标准体系表的通知》（厅科技字〔2012〕136 号），并据此组织编制了一大批交通运输物流领域的基础、设备设施、装卸作业和管理标准，为推进行业物流发展发挥了重要的指导性作用。

2017 年，为了推进交通运输供给侧结构性改革，促进物流业降本增效，有效解决 2012 版交通运输物流标准体系与加快交通强国建设、推动行业高质量发展要求和现代物流业发展新形势新业态不相适应、部分标准滞后、标准缺失和引领性不强等方面的问题，进一步明确当前和今后一段时期标准制定、修订任务，为交通运输物流的健康稳定发展提供标准支撑，交通运输部启动了《交通运输物流标准体系》的修订编制工作。2018 年 11 月，交通运输部正式发布《交通运输物流标准体系（2018 年）》（交办科技函〔2018〕154 号）。

交通运输物流标准体系的构建与编制总体上遵循以下几项原则：

一是注重体系的协调性。体系与国家和行业相关法规制度协调衔接，与2017年版《交通运输标准化体系》及综合交通运输、安全应急、绿色等重点领域标准体系相协调，为相关标准制定打好基础。

二是突出体系的系统性。围绕促进物流业“降本增效”，聚焦物流活动的基本要素组成，系统考虑基础通用、物流设施设备、运输作业、管理服务和信息化等方面，构建标准体系框架。

三是强化体系的专业性。聚焦交通强国和现代综合交通运输体系的建设要求，重点考虑多式联运、冷链物流、甩挂运输、危险货物运输和大件货物运输等专业领域的标准需求，体现交通运输行业的特点。

四是发挥体系的引领性。服务物流业发展的新模式、新业态，以促进物流业“降本增效”、营造良好的营商环境为重点，充分吸纳智慧物流、物流诚信、网络货运、农村物流等方面标准的需求，引领交通运输行物流业发展。

2. 标准体系内容及结构

根据《标准体系构建原则和要求》(GB/T 13016—2018)，按照交通运输物流活动基本要素和管理流程，交通运输物流体系划分为物流基础标准100、物流设施设备标准200、运输作业标准300、物流服务与管理标准400、物流信息化标准500五个组成部分。

其中，物流基础标准100，包括术语标准和分类、代码与标志标准2类；物流设施设备标准200，包括多式联运设施设备标准、道路运输设施设备标准和水路运输设备标准3类；运输作业标准300，包括多式联运作业标准、道路运输作业标准和水路运输作业标准3类；物流服务与管理标准400，包括物流服务标准和物流管理标准2类。物流信息化标准500，包括元数据与数据元标准、信息格式标准、信息交换与共享标准和信息系统与平台标准4类。交通运输物流标准体系结构关系与类别说明见表5-4。

表5-4 交通运输物流标准体系结构关系与类别说明

分类号		标准类别	标准类别内容说明
物流基础标准100	**100**	**物流基础标准**	与交通运输物流活动直接相关，并在该领域具有广泛适用范围的通用基础标准，主要包括术语、分类、代码与标志
	101	术语	与交通运输物流活动术语相关的标准
	102	分类、代码与标志	与船舶、车辆、集装箱、港口、场站枢纽等分类、编码、标志标识相关的标准
物流设施设备标准200	**200**	**物流设施设备标准**	与交通运输物流活动直接相关，涉及货物运输车辆、船舶、集装箱、装卸等设备工具和场站枢纽等基础设施的技术标准
	201	多式联运设施设备	与多式联运运载单元、综合货运枢纽场站建设相关的技术标准
	201.1	运输设备	与多式联运运载单元相关的技术标准
	201.2	货运枢纽	与多式联运枢纽、场站、堆场等设施相关的技术标准
	202	道路运输设施设备	与道路货物运输车辆、场站等设施设备相关的技术标准
	202.1	运输设备	与道路货物运输工具如货车、挂车、半挂车等相关的技术标准，包括通用运输工具、危货运输工具和冷链货物运输工具
	202.2	货运场站	与道路货运场站、堆场等设施相关的技术标准
	203	水路运输设备	与水路货物运输船舶等相关的技术标准

续表

分类号		标准类别	标准类别内容说明
运输作业标准 300	**300**	**运输作业标准**	与交通运输物流活动直接相关，围绕货物运输全过程，涵盖储存、装卸、配送等其他物流环节的技术标准
	301	多式联运作业	与多式联运货物运输、装卸等作业相关的标准，按照货物类型分为普通货物运输和冷链货物运输
	301.1	普通货物运输	与多式联运普通货物运输、装卸等环节作业相关的技术要求
	301.2	冷链货物运输	与多式联运冷链货物运输相关的技术要求
	302	道路运输作业	与道路运输货物运输、装卸等作业相关的标准，按照货物类型分为普通货物运输和危险货物运输
	302.1	普通货物运输	与普通货物道路运输、装卸、绑扎、配送等作业相关技术要求
	302.2	危险货物运输	与危险货物道路运输相关的技术要求
	303	水路运输作业	与货物水路运输、装卸、堆存、理货等作业相关的标准，按照货物类型分为普通货物运输、危险货物运输和大件货物运输
	303.1	普通货物运输	与普通货物水路运输、装卸、堆存、理货等作业相关的技术要求
	303.2	危险货物运输	与危险货物水路运输、装卸、堆存、理货等作业相关的技术要求
	303.3	大件货物运输	与大件货物水路运输装卸作业相关的技术要求
物流服务与管理标准 400	**400**	**物流服务与管理标准**	与交通运输物流直接相关，涉及统计、诚信评价、质量评价、等级评定、运营服务等方面的标准
	401	物流服务	与交通运输物流运营服务相关的标准
	402	物流管理	与交通运输物流统计指标、质量评价、企业等级评定、诚信评价等相关的标准
物流信息化标准 500	**500**	**物流信息化标准**	与交通运输物流直接相关的，涉及信息基础元数据与数据元、信息格式、信息交换共享、信息系统平台的技术标准
	501	元数据与数据元	与货物运输物流信息基础元数据与数据元相关的标准
	502	信息格式	与货物运输电子单证、条码等数据格式相关的技术标准
	503	信息交换与共享	与货物运输信息数据交换共享相关的技术标准
	504	信息系统与平台	与货物运输信息应用系统、平台相关的技术标准

本次修订中，交通运输物流标准体系共收集标准 182 项，包括物流基础标准 23 项、物流设施设备标准 55 项、运输作业标准 56 项、物流服务与管理标准 20 项和物流信息化标准 28 项。

5.3.3 交通运输信息化标准体系

交通运输信息化标准是指交通运输行业在信息化咨询、设计、建设、实施、运行和维护等活动中，为满足管理需要和用户需求，结合行业特点制定的可重复使用的规则、准则、规范和要求。纳入交通运输信息化标准体系的标准是指综合交通运输、公路、水路领域与信息化直接相关的现行有效的以及列入近 3 年制定、修订计划的国家标准与交通运输行业标准，以及公路工程及水运工程现行标准中的信息化标准，铁路、民航、邮政的单一领域标准不纳入。

1. 体系编制的背景与原则

交通运输信息标准化工作起步较早，2005 年，《交通信息化标准体系表》就已经正式发布，并对我国交通信息化标准的制定、修订工作起到了很强的指导作用。在此基础上，以《“十二五”公路水路交通运输信息化发展规划》为指导，交通运输部对交通运输行业信息化标准进行了重新梳理，并于 2013 年 4 月正式发布了《交通运输信息化标准体系表（2013年）》（厅科技字〔2013〕111 号文），重新确定了交通运输信息化标准体系框架，形成了公路建设与管理、水路建设与管理、运输及物流、安全应急、综合事务共 5 个领域的信息基础设施、信息应用、信息资源、信息安全和信息工程的标准，确定了今后一段时期交通运输信息化标准制定、修订的主要内容。

随着我国信息技术的高速发展，以及对信息化服务效能要求与网络信息安全要求的提升，为加快交通强国建设，推动行业高质量发展，有效解决部分标准滞后、引领性不强等方面的问题，确保交通运输行业信息化建设规范有序，并进一步明确当前和今后一段时期标准的制定、修订任务，2019 年 4 月，交通运输部办公厅正式出台了《交通信息化标准体系表（2019 年）》（交办科技〔2019〕49 号），对 2013 年的版本进行了再次的修订完善。

本轮最新修订的标准体系是在认真分析国家及交通运输各专业标准体系、广泛了解信息技术与行业融合发展情况的基础上提出的，总体上遵循以下 3 项基本原则：

一是先进性原则。体系的制定遵循国家信息化、标准化发展战略，适应综合交通运输现代化发展需要，促进云计算、大数据、物联网、移动互联网、人工智能等信息技术在交通运输行业的创新应用和发展，并为后续进行业务领域、重点技术领域的扩展留有空间。

二是协调性原则。体系与国家和行业信息技术标准化有关的法律法规和规章制度相衔接，与《交通运输标准化体系》及重点领域标准体系相协调，为促进交通运输领域业务协同发展提供支撑。

三是系统性原则。体系聚焦信息化硬件设施、信息资源管理、信息化技术应用、网络安全和信息化工程等重点信息技术领域，按照交通运输信息化标准的内在联系系统性地构建标准体系框架。

2. 标准体系内容及结构

根据《标准体系构建原则和要求》（GB/T 13016—2018），体系按照交通运输行业在信息化咨询、设计、建设、实施、运行、维护等活动中产生和制定的信息化标准内容及其内在联系进行划分，划分为基础通用标准 100、基础设施标准 200、数据资源标准 300、信息应用标准 400、网络安全标准 500 和工程规范标准 600 六个部分。其中，基础通用标准 100，包括术语及符号、分类与代码、数据元与元数据和通用规则 4 类；基础设施标准 200，包括硬件设备、网络与通信 2 类；数据资源标准 300，包括数据表示、数据采集、数据交换和数据管理 4 类；信息应用标准 400，包括功能架构、技术要求和测试维护 3 类；网络安全标准 500，包括安全技术、安全管理、网络信任和安全服务 4 类；工程规范标准 600，包括工程建设、工程管理、工程运维 3 类。交通运输物流标准体系结构关系与类别说明见表 5-5。

表 5-5 交通运输物流标准体系结构关系与类别说明

分 类 号		标准类别	标准类别内容说明
基础通用标准 100	**100**	**基础通用**	在综合交通运输、公路、水路信息化(表中以下简称交通运输信息化)领域,具有广泛适用范围的基础性或特定领域的通用条款的标准。主要包括术语、符号、分类、代码、数据元、元数据、规则等
	101	术语及符号	交通运输信息化及其应用涉及的相关术语类及符号类标准
	102	分类与代码	交通运输信息化及其应用涉及的分类标准、代码标准
	103	数据元与元数据	交通运输信息化领域的数据元与元数据标准
	104	通用规则	交通运输信息化领域普遍适用的规范、规则等技术要求
基础设施标准 200	**200**	**基础设施**	交通运输信息化领域的硬件设备、有线(无线)通信、卫星通信技术类标准。主要包括硬件设备、网络与通信技术标准
	201	硬件设备	交通运输信息化领域的硬件设备类标准。主要包括电子收费、IC卡类、卫星定位类、监测信息采集类、基础设施装备类、移动终端类、物联传感设备等技术标准
	202	网络与通信	交通运输信息化领域的网络与通信技术类标准。主要包括电子收费专用短程通信类、高速公路监控设施通信规程类、高速公路电话及信号机类、公交调度车载信息终端通信类、VHF类、移动通信类、船舶雷达类、无线电通信类、RFID、物联网传感通信类等技术标准
数据资源标准 300	**300**	**数据资源**	交通运输信息化领域以信息为核心的各类活动所涉及的数据资源类标准。主要包括数据表示、数据采集、数据交换、数据管理等技术标准
	301	数据表示	交通运输信息化领域对数据存储及其表示进行规范化描述的标准。主要包括数据格式、数据字典和数据指标、数据要素等技术标准
	302	数据采集	交通运输信息化领域规范专业领域数据采集活动的技术标准。主要包括采集数据指标与格式、采集数据范围、采集频率与时效等技术标准
	303	数据交换	交通运输信息化领域规范数据交换活动技术标准。主要包括报文、交换指标与格式、交换接口等技术标准
	304	数据管理	交通运输信息化领域规范数据管理活动的技术标准。数据管理标准主要包括数据管控、数据评估、数据评价等技术标准
信息应用标准 400	**400**	**信息应用**	交通运输信息化领域专业应用系统的技术标准、规范。信息应用标准主要包括系统功能、性能、架构、流程、方法等技术标准
	401	功能架构	交通运输信息化领域专业应用系统总体框架、功能要求、视图等技术标准
	402	技术要求	交通运输信息化领域专业应用系统技术要求、流程规范等标准
	403	测试维护	交通运输信息化领域专业应用系统检验检测、运行维护、测试管理等标准

续表

分类号		标准类别	标准类别内容说明
网络安全标准 500	**500**	**网络安全**	交通运输信息化领域专业应用系统建设、运行、运营所需遵循的安全类技术标准。主要包括技术、管理、网络信任及服务等标准
	501	安全技术	交通运输信息化领域专业应用系统主要涉及的物理、环境、主机、存储、网络、数据等安全技术标准
	502	安全管理	交通运输信息化领域专业应用系统建设、运营、维护管理需要遵循的安全类管理规程等标准
	503	网络信任	交通运输信息化领域专业应用系统利用密码、数字证书认证等安全技术建立网络与应用身份信任源点的相关技术标准
	504	安全服务	交通运输信息化领域专业应用系统面向公共服务、部门应用以及跨部门业务交互时所需遵循的安全类标准
工程规范标准 600	**600**	**工程规范**	公路和水运工程建设、管理、养护、运营领域涉及交通运输信息化所需遵循的业务流程、要素把控、质量控制等技术类标准。此类标准来源于《公路工程标准体系》(JTG 1001—2017)及《水运工程标准体系》
	601	工程建设	工程建设领域各环节角色所需遵循的交通运输信息化相关的工程咨询、设计、实施过程中的要素把控类标准
	602	工程管理	工程管理领域各环节角色所需遵循的交通运输信息化相关的工程监理、业务流程管理、质量控制等技术类标准
	603	工程运维	交通运输信息化工程运行、维护中各环节角色所需遵循的业务流程、要素把控、质量控制等技术类标准

本次修订中交通运输信息化标准体系共收集标准 495 项,包括基础通用标准 73 项、基础设施标准 81 项、数据资源标准 90 项、信息应用标准 195 项、网络安全标准 11 项以及工程规范标准 45 项。

5.3.4 绿色交通标准体系

交通运输是国家节能减排和应对气候变化的重点领域之一。加快发展绿色交通是建设生态文明的基本要求,是转变交通运输发展方式的重要途径,是深入发展绿色物流的重点领域,也是实现交通运输与资源环境和谐发展的应有之义。加强绿色交通标准化工作的统筹规划、合理提出绿色交通领域的标准制定、修订需求以及建立绿色交通标准体系,有利于更好地指导有关单位有计划、有步骤地开展绿色交通标准化工作;充分发挥标准化在规范公路、水路交通运输节能降碳、生态保护、污染防治、资源循环利用、监督管理等方面的支撑作用;全面落实绿色发展理念;为交通运输主管部门科学、规范地管理提供依据。为此,交通运输部 2016 年年底首次发布了《绿色交通标准体系》(交办科技〔2016〕191 号)。

1. 绿色交通标准化需求

交通运输部一贯重视绿色交通标准化工作,近年来在公路、水运领域制定、修订了多项环境保护、节能减排标准,这些标准在交通基础设施建设、公路运输、水路运输等领域均有涉及,对推广应用先进的节能环保产品、技术发挥了重要作用,在一定程度上降低了环境影响，提高了能源利用效率，改善了交通运输能源结构，促进了交通基础设施建管养运的绿色化。

但是总体上看，我国绿色交通标准化工作还不能全面支撑行业环境保护和节能减排工作发展的需要。一是亟待制定交通基础设施建设生态方面的标准，为提高交通基础设施土地、岸线利用效率以及保护交通基础设施周边生态环境等提供技术支撑；二是亟须加强行业污染控制有关的标准化工作，制定交通基础设施建设运营过程的污水及固废防治标准、营运车辆船舶燃料消耗限值等有关标准；三是亟待制定交通运输节能环保监督管理的有关标准并加强实施，为建立行业节能环保监测考核体系提供技术支撑。

"十三五"时期是我国交通运输业转型升级、提质增效的关键时期，行业发展面临日益趋紧的资源环境约束，必须依靠科技进步和行业治理能力建设，不断提升绿色交通标准化水平。今后绿色交通标准化应着眼于以下 4 方面开展相关工作，完善绿色交通标准体系：

首先，完善交通运输用能设备、设施的能效和碳排放管理标准，如营运车辆能效与 CO_2 排放强度等级及评定方法系列标准、码头单位产品能源消耗限额和 CO_2 排放强度等级及评定方法系列标准、集装箱码头装卸设备能效等级及评定方法系列标准、港口节能产品技术评定方法、港口企业能源审计以及碳排放核查技术导则等。

其次，完善交通运输资源循环利用标准，如制定港口码头污水再生利用标准，废弃轮胎橡胶、隧道洞渣、建筑废弃物、废弃植生材料循环利用标准。加强公路沥青路面、水泥混凝土路面再生技术标准的应用。

再次，完善交通运输污染防治标准，研究制定码头油气回收安全操作技术和管理要求、港口码头溢油事故污染防治系列标准、港口船舶污水处理技术要求和废弃物处置技术要求以及封闭通航水域船舶污染物接收要求等标准。

最后，完善交通运输节能环保评定与统计标准，如交通运输节能评定、能耗统计分析标准，交通运输专项规划环境影响评价技术规范，绿色交通设施评估技术要求，交通运输环境保护统计指标与核算方法等标准。

2. 体系编制背景与原则

2013 年 12 月，时任交通运输部部长的杨传堂在 2014 年全国交通运输工作会议上明确提出"四个交通"：综合交通、智慧交通、绿色交通和平安交通。为此，交通运输部高度重视绿色交通标准化工作，对绿色交通标准体系建设及标准制定、修订工作进行了重要部署。

《交通运输部办公厅关于加强交通运输标准化工作的意见》（厅科技字〔2013〕237 号）提出了建立绿色交通标准体系的重点工作任务，包括"组织开展绿色交通标准体系研究工作，重点加强节能减排、资源节约、环境保护、循环利用等方面的标准制定、修订，提高交通运输绿色发展的水平"。《加快推进绿色循环低碳交通运输发展指导意见》（交政法发〔2013〕323 号）明确提出"积极推进绿色循环低碳交通运输法律法规和标准体系建设，着力改善法制环境，建立健全目标责任制和考核评价制度，加强监督检查，加大奖惩力度，增强绿色循环低碳发展的目标责任与制度约束"。《交通运输标准化"十三五"发展规划》（交科技发〔2016〕15 号）推荐性标准制定、修订任务中，设置了"节能环保重点领域"，明确了绿色交通标准的制、修订发展方向。《交通运输节能环保"十三五"发展规划》（交规划发〔2016〕94 号）明确了

“绿色交通制度和标准规范体系进一步完善”的发展目标，并发布了《绿色交通标准体系》的工作任务。

在这样的背景下，交通运输部组织开展了绿色交通标准体系的编制工作，并遵循以下4方面的重要原则。

一是协调性原则。绿色交通标准体系的制定必须服从于国家和行业的相关法律法规，确保节能环保标准与法律法规相衔接，为交通运输法律、法规的实施提供技术支撑。

二是先进性原则。绿色交通标准体系的制定必须适应综合交通运输的现代化发展，满足行业节能环保工作的需要，促进节能环保新材料、新技术的应用，提高标准体系的先进性。

三是系统性原则。绿色交通标准体系的制定必须全面体现各交通运输方式节能环保标准的发展要求，框架合理、层次清晰、内容完整、数量精简，形成标准间相互协调、相互补充的有机整体。

四是指导性原则。绿色交通标准体系的制定必须适应交通环境保护和节能减排的工作要求，体现各交通运输方式的特点，重点突出环保技术、能耗要求、节能核算等标准，增强对绿色交通标准化工作的指导、监督、管理。

3. 标准体系的内容及结构

绿色交通标准体系包括了交通运输部负责制定的与公路水路节能环保领域的产品、服务标准以及工程建设标准。绿色交通标准体系的设计还综合考虑了《交通运输节能环保“十三五”发展规划》(交规划发〔2016〕94 号)节能环保的主要任务、《交通运输标准化“十三五”发展规划》(交科技发〔2016〕15 号)节能环保重点领域标准制定、修订的技术分类，并参考了生态环境部标准体系，对公路水路交通运输节能环保工作提出了技术和管理的标准化需求。

《绿色交通标准体系》将体系表结构划分为 7 个组成部分，分别为基础标准 100、节能降碳标准 200、生态保护标准 300、污染防治标准 400、资源循环利用标准 500 和监测、评定与监管标准 600，以及相关标准 900。其中，基础标准 100 包括术语、标志标识两方面；节能降碳标准 200 包括能耗强度、碳排放强度和能源节约 3 方面；生态保护标准 300 包括环境保护设计、资源保护利用和生态修复技术 3 方面；污染防治标准 400 包括大气污染防治、污水排放处理、噪声污染防治、固体废弃物处置、船舶污染物综合排放和水上溢油污染防治 6 方面；资源循环利用标准 500 包括污水再生利用、废旧材料循环利用两方面；监测、评定与监管标准 600 包括监测检测、统计核算、节能评定和监督管理 4 方面；相关标准 900 包括与交通运输建设运营生态保护、节能降碳和污染物排放相关的国家标准，绿色交通标准的体系结构图如图 5-13 所示。

虽然绿色交通标准体系为首次编制，但收集的相关标准已达 221 项，其中基础标准 3 项、节能降碳标准 48 项、生态保护标准 14 项、污染防治标准 52 项、资源循环利用标准 14 项和监测、评定与监管标准 54 项，以及国家节能环保相关标准 36 项。

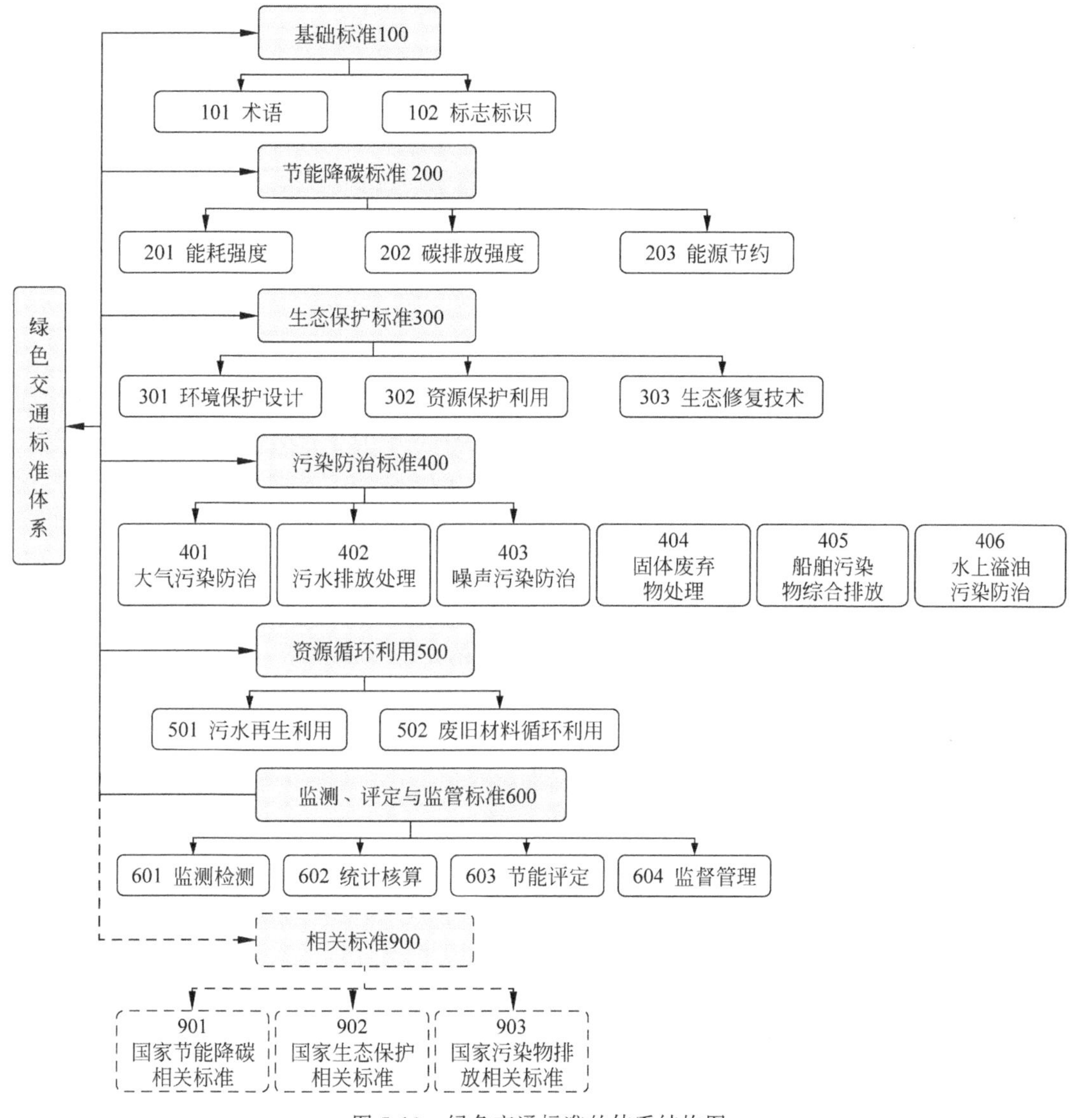

图 5-13　绿色交通标准的体系结构图

5.4　商贸物流相关标准体系

商贸流通领域是我国物流标准化工作的又一个重要阵地。近年来，我国推动的商贸物流标准化专项行动、物流标准化试点、供应链体系建设、农商互联供应链试点，以及供应链创新与应用试点等全国性的以标准化为基础的重大行动把主战场始终放在商贸流通领域，无论是繁华都市，还是广袤农村；无论是线下批发零售，还是线上电子商务。我国商贸物流领域因此也掀起了一阵阵的标准化试点示范浪潮，取得了前所未有的成效，商贸流通标准化为我国国民经济供给侧结构性改革注入了崭新的动力。

5.4.1 国内贸易流通标准体系

2016 年 12 月，商务部、国家标准委联合出台了《国内贸易流通标准化建设“十三五”规划(2016—2020 年)》(商流通发〔2016〕85 号)，在总结分析了“十二五”时期我国流通标准化工作成效的基础上，首次框架性地提出了流通标准体系，为我国流通标准化体系建设指明了方向，奠定了良好的基础。

1. 流通标准体系的建设背景

国家层面专门出台流通标准化建设专项规划与我国全面启动国民经济供给侧结构性改革，寻求高质量发展的战略政策导向息息相关。《深化标准化工作改革方案》《国家标准化体系建设发展规划(2016—2020 年)》《商务发展第十三个五年规划纲要》和《国内贸易流通“十三五”发展规划》等一系列相关政策的出台，加上“十二五”时期我国流通标准化各项工作所取得的积极成效，特别是物流标准化试点工作的广泛深入推动，为我国流通标准体系的提出创造了良好的条件。

据统计，在“十二五”末，我国已经初步建立了以批发零售、商贸物流、居民生活服务等重点领域标准为主体，覆盖 27 个主要行业流通领域的流通标准体系。截至 2015 年年底，共有流通标准 1301 项，其中，国家标准 273 项、行业标准 1028 项。其中，基础类标准占 7.1%、管理类标准占 43.2%，标准结构进一步优化。

2012 年 5 月，商务部出台了《商务领域标准化管理办法(试行)》(商务部令 2012 年第 5 号)，《国内贸易部标准化管理实施办法》(内贸科字〔1997〕第 135 号)和《外经贸行业标准化管理办法》(外经贸技发〔1999〕第 103 号)同时废止，确立了流通标准化工作职责分工、工作规则、管理要求等流通标准化的基本制度。2012 年 10 月，商务部紧接着出台了《流通行业标准制定、修订流程管理规范》(商办流通函〔2012〕1038 号)，进一步细化流通行业标准制定、修订工作程序。“十二五”期间，商务部还建设了流通标准化信息系统，实现标准立项、制定、审查、发布的在线管理，为依法依规推进流通标准化建设提供了技术保障；商贸流通领域成立了连锁经营、拍卖、国际货运代理等 16 个全国专业标准化技术委员会，加强对地方标准化工作的指导。

2015 年 7 月，国务院发文同意在上海、南京、郑州、广州、成都、厦门、青岛、黄石和义乌 9 个城市开展国内贸易流通体制改革发展综合试点。在国家标准委的积极推动下，由以上 9 个试点城市市场监督管理部门联合发起的“城市标准化创新联盟”于 2015 年 12 月在京成立，秘书处设在上海质监局。2016 年年初，该联盟确定在本年度首先聚焦内贸流通标准化领域，选取农产品城市配送、城市配送智能终端、跨境电子商务、食品冷链物流 4 个社会普遍关注领域的重点项目先行先试。

尽管我国流通标准化建设在“十二五”期间取得了长足发展，但仍存在一些亟待解决的问题，一是标准有效供给不足，部分领域标准缺口较大，标准制定、修订进度难以适应市场变化和新兴行业发展需要；二是标准体系不够完善，围绕流通主体、载体、行为等方面的管理类标准比重还有待进一步提高；三是标准应用实施机制还不健全，标准宣传贯彻方式仍较单一、力度不够；四是企业自主开展标准化工作的意识与能力不强，部分标准应用还不普及。

鉴于标准化是流通现代化的基础，加强标准化工作对于全面推进内贸流通供给侧结构性改革以及促进产业转型升级、降低流通成本、提高流通效率、维护市场秩序、提升监管水平、优化营商环境等具有重要意义，从宏观层面对商贸流通标准化体系进行统筹规划势在必行。

2. 流通标准体系的结构与定位

流通标准体系是围绕批发零售、商务服务、居民服务、商贸物流、电子商务等行业制定，以国家标准、行业标准为基础，与地方标准、团体标准、企业标准相配套，涉及流通主体、载体、客体和行为的标准总和。流通标准化是流通业转型创新的技术基础，是规范经营行为和市场秩序、推动我国流通业信息化、集约化发展的有效保障。

《国内贸易流通标准化建设"十三五"规划(2016—2020年)》首先通过三维结构图描述流通标准体系结构，确定内贸流通标准的基本边界，为下一步深入研究细化各行业(领域)的标准体系框架、编制标准制定、修订计划和目录提供依据。

根据当前流通的重点工作任务，将标准所涉及的行业分为批发零售、商务服务、居民服务、商贸物流、电子商务和其他行业6个类别；根据标准化对象分为主体、客体、载体、行为、综合5个类别；根据标准性质分为管理标准、工作标准、基础标准、技术标准4个类别。"十三五"期间拟制定的标准按其行业、对象和性质分别对应结构图的不同层次和位置，流通标准的体系结构图如图5-14所示。

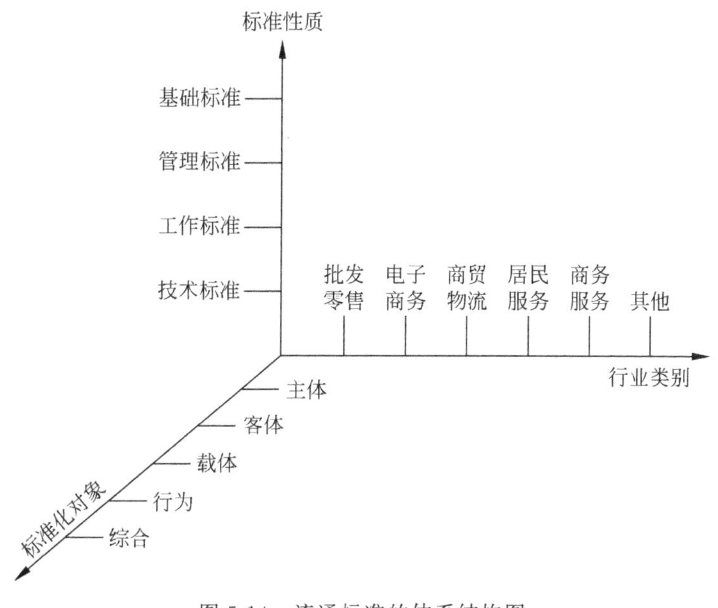

图5-14 流通标准的体系结构图

一是行业类别定位。参照国民经济行业分类，将流通标准分为批发零售、商贸物流、电子商务、居民服务、商务服务和其他6个行业，其中商贸物流业包括仓储、配送。每个行业类别下设相对独立的子体系以反映各细分行业的特点和需求。

二是标准化对象定位。按照标准化对象分为主体、客体、载体、行为、综合5类。同一行业内标准化对象可按照流通主体(包括批发商、零售商、餐饮企业等服务组织)、流通客体

(农产品、工业消费品、生产资料等商品和服务)、流通载体(商品交易市场、超市、便利店等服务设施)、流通行为(销售、服务、包装、运输、维修等活动)以及综合上述方面形成的共性和综合管理要素来界定。

三是标准性质定位。按照标准性质分为基础标准、管理标准、工作标准、技术标准 4 个类别。基础标准在一定范围内作为其他标准的基础而普遍使用,包括分类、术语、流通技术及分析方法等,如《零售业态分类》(GB/T 18106);管理标准是对标准化领域中需要协调统一的管理事项所制定的标准,主要规定经济活动中的组织结构、职责权限、过程方法、程序文件等,如《网络团购企业管理规范》(SB/T 10821—2012);工作标准是针对具体岗位活动而规定人员和组织在生产经营活动中的职责和权限,对各种过程的定性定量要求、活动程序和考核评价要求,如《特许连锁企业督导岗位职责规范》(SB/T 10809—2012);技术标准是对标准化领域中需要协调统一的技术事项而制定的标准,如《电子商务商贸服务标价通用技术条件》(SB/T 11157—2016)。

3. 地方性商贸物流标准体系

天津是 2015 年商务部围绕京津冀、长三角、珠三角等重点区域开展物流标准化试点的城市之一。在试点过程中,广泛深入地开展物流标准体系及相关物流标准建设是天津市物流标准化试点的一大特色,而《商贸物流标准化工作指南》(DB12/T 719.1～3—2016)系列地方标准则是其中典型代表。

《商贸物流标准化工作指南》(DB12/T 719.1～3—2016)系列地方标准由天津市标准化研究院、商务部国际贸易经济合作研究院和山东省标准化研究院联合起草开发,包含基本要求、标准体系、标准实施与评价 3 个组成部分,其中的商贸物流标准体系走在了全国商贸流通标准体系建设的前列。

《商贸物流标准化工作指南 第 2 部分：标准体系》(DB12/T 719.2—2016)明确了该标准体系采用的层次结构,第一层为法律、法规,主要包括国家法律、法规以及商贸物流相关行业的法律法规;第二层为标准大类共由 4 个部分组成,具体包括商贸物流通用基础标准子体系、商贸物流技术标准子体系、商贸物流管理标准子体系和商贸物流服务标准子体系。其中,商贸物流通用基础标准子体系包括商贸物流术语与缩略语、商贸物流符号与标志、商贸物流数值和数据、商贸物流量和单位、商贸物流测量 5 方面;商贸物流技术标准子体系包含商贸物流设施设备、商贸物流用品用具、商贸物流技术方法和商贸物流信息 4 方面;商贸物流管理标准子体系包括商贸物流中心(含园区)分类、商贸物流安全与应急、商贸物流从业人员管理、商贸物流统计、环境管理、绿色商贸物流和商贸物流绩效评估 7 方面;商贸物流服务标准子体系包括商贸物流作业环节服务规范、商贸物流服务提供规范、商贸物流运行管理规范、商贸物流服务质量控制规范以及服务评价与改进规范 5 方面;商贸物流标准体系结构图如图 5-15 所示。

5.4.2 农产品电子商务标准体系

1. 提出标准体系框架的背景

农产品电商是促进农业发展、农村繁荣、农民增收的重要途径。为了落实中央关于农

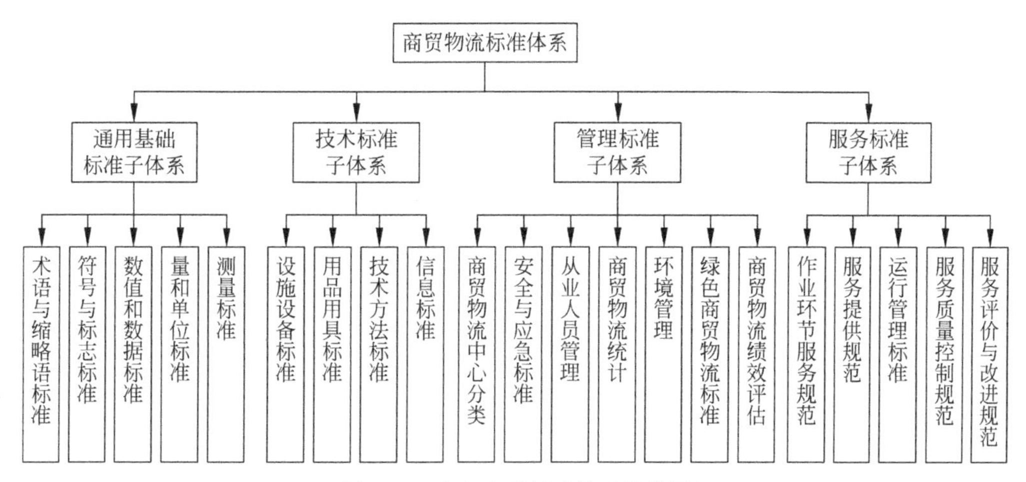

图 5-15 商贸流通标准体系结构图

业农村工作部署实施乡村振兴战略，可通过标准化手段规范农产品电商的行为，引领农产品电商健康可持续地发展。2018 年 3 月，原国家质检总局、工信部、农业部、商务部、林业局、邮政局和供销合作总社 7 部门联合印发了《关于开展农产品电商标准体系建设工作的指导意见》(以下简称《指导意见》)；这是我国首次围绕农产品电商建设标准体系提出的指导性文件。

《指导意见》要求农产品电商标准体系建设工作要围绕积极实施乡村战略，根据“系统规划，持续优化；因地制宜，协同推进；问题导向，突出重点”原则科学构建农产品电商体系。《指导意见》还提出了到 2020 年在农产品电商标准化工作机制、体系建设、标准实施等方面的发展目标，规划了 3 方面的重点任务：

一是建立农产品电商标准体系，重点围绕农产品质量分级、采后处理、包装配送等内容，提出农产品电商标准体系框架；

二是加强农产品电商标准制定、修订，主要是围绕农产品质量提升和发展需要，根据农产品电商标准体系表，部署和安排标准制定、修订工作，按照需求在国家标准、行业标准、地方标准、团体标准和企业标准几个层级全方位开展标准制定、修订工作；

三是推动农产品电商标准的实施推广，主要通过加大农产品电商标准宣贯培训力度加强农产品电商标准服务，开展农产品电商标准化试点示范，总结推广示范成功经验，强化农产品电商标准的推广应用。

2. 标准体系内容及框架结构

为了适应农产品电商发展需要，统筹考虑农产品电商相关的工业和信息化、农业、商务、林业、邮政、供销等部门职责，重点围绕农产品质量分级、采后处理、包装配送等内容，《指导意见》特别提出了农产品电商标准体系框架，标准体系框架共分为 3 个层级：

第一个层级包括基础通用标准子体系、支撑技术标准子体系、管理服务标准子体系和安全标准子体系；

第二个层级中基础通用标准子体系包括基础术语、分类与编码和信息描述，支撑技术标准子体系包括分等分级、采后处理、储藏保鲜、包装和运输与配送，管理服务标准子体系包括主体管理和服务评价，安全标准子体系包括质量安全和信息安全；

第三个层级中储藏保鲜包括储藏和保鲜，包装包括包装材料和填充物，运输与配送包括冷链运输和末端配送，主体管理包括平台管理、销售商管理和服务商管理，服务评价包括服务质量和反馈评价，质量安全包括认证、检验检测、质量追溯和质量监管，信息安全包括信息系统安全和个人信息安全。

农产品电子商务的标准体系结构图如图 5-16 所示。

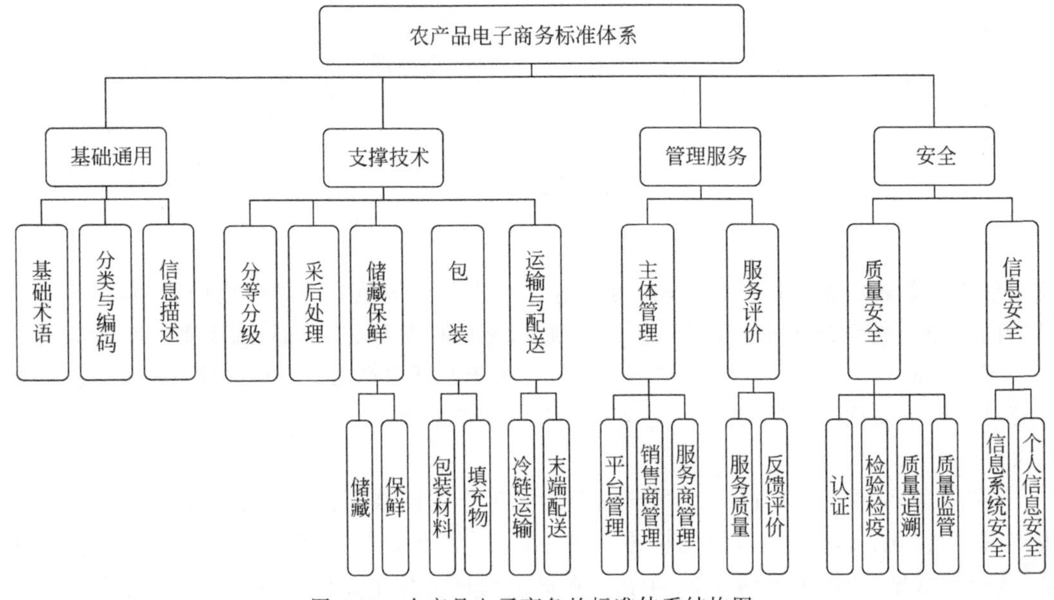

图 5-16　农产品电子商务的标准体系结构图

从图中可以看出，运输与配送，特别是冷链运输与末端最后一公里配送是农产品电商标准体系的重要技术支撑环节、是农产品电商价值兑现的重要载体。为此，《指导意见》指出，“下一步还将对农产品电商标准体系框架进行不断的补充完善，并在此基础上建立农产品电商标准体系表。同时，要求各地政府从本地区实际情况出发，在满足国家标准和行业标准的基础上制定具有特色的地方标准，各相关学会、协会、商会、联合会等社会组织和产业技术联盟等可根据市场实际需要制定团体标准，农产品电商各相关企业可以根据市场需求制定企业标准”。

5.4.3　烟草行业的物流标准体系

由于烟草行业在国民经济中的重要地位，所以烟草物流是我国比较早实现标准化、系统化和智能化管理的细分物流领域。通过几十年的沉淀与发展，我国烟草物流组织体系不断健全，业务体系涵盖了原辅料和卷烟成品，涉及仓储、养护、运输、分拣、配送等各个环节，从“坐商”到“行商”、从分散到统一、从传统到现代、从单点物流到供应链物流，烟草行业各级工商企业从核心业务视角理解物流、从发展战略高度谋划物流、从竞争实力角度建设物流，烟草物流将继续引领我国现代物流供给侧结构性改革和高质量发展。

2008年4月，国家烟草专卖局正式发布了《烟草行业物流标准体系》(YC/Z[①] 260—2008)行业指导性技术文件。该文件指出，烟草行业物流标准体系是烟草行业标准体系的重要组成部分之一，是烟草行业物流系统建设的主要技术依据。

《烟草行业物流标准体系》(YC/Z 260—2008)强调标准体系的组成单元是标准，而不是产品、过程、服务或管理项目，因此，该标准体系以技术标准为主体，其包括5方面的标准，分别为物流通用基础标准、物流技术标准、物流信息标准、物流管理标准和物流服务标准。这5方面的标准依据层次结构进行设计，共分为5层，分别为法律法规层、标准大类层、标准中类层、标准小类层和个性标准层，层与层之间是包含与被包含关系。

第一层为法律法规层。主要包括国家法律、法规和烟草行业法律、法规。

第二层为标准大类层。由5个部分组成，第一部分为物流基础标准，第二部分为物流技术标准，第三部分为物流信息标准，第四部分为物流管理标准，第五部分为物流服务标准。

第三层为标准中类层。由第二层扩展而成，共由5个部分17方面组成。第一部分是物流基础标准，主要包括物流术语、物流标识、物流计量、物流模数、物流中心分类5方面；第二部分是物流技术标准，主要包括物流设施设备、物流用品用具、物流技术方法3方面；第三部分是物流信息标准，主要包括物流信息资源、物流信息应用技术两方面；第四部分是物流管理标准，主要包括物流安全、物流环保、物流统计、物流绩效评估4方面；第五部分是物流服务标准，主要包括物流环节作业服务、物流一体化服务、物流从业人员职业资质3方面。

第四层为标准小类层。由部分第三层标准类目扩展而成，共由7种类别的29方面组成。一是物流设施设备，包括物流设施工程设计、物流设施工程验收、物流存储设备、物流搬运车辆、物流分拣设备、物流包装设备、物流装卸输送设备、其他物流设备8方面；二是物流技术方法，包括物流综合技术方法、物流作业两方面。三是物流信息资源，主要涉及烟草行业物流活动有关的信息基础标准，包括物流编码、物流数据元两方面；四是物流信息应用技术标准，主要是指烟草行业物流活动中应用信息技术的标准，包括物流识别技术、物流运输系统应用、物流电子数据交换、物流数字化仓库、物流信息系统、物流信息系统安全技术6方面；五是物流安全标准，主要是针对烟草行业物流活动中的参与者和对象制定的安全标准，包括物流设施设备安全、物流货物安全、物流作业人员安全3方面；六是物流统计标准，主要是针对在烟草行业物流活动中涉及的人、财、物、业务、安全环保进行统计的标准，包括物流从业人员统计、物流费用统计、物流设施设备统计、物流业务活动统计、物流安全与环保统计5方面；七是物流绩效评估标准，主要是针对烟草行业物流活动中的项目建设和活动业绩的评估标准，包括物流项目评估、物流环节绩效评估、物流综合绩效评估3方面。

第五层为个性标准层。由第四层标准小类的扩展而成。

根据以上主要内容及层次设计，烟草行业物流标准的体系结构图如图5-17所示。

---

① 指中华人民共和国烟草行业标准，后文类似。

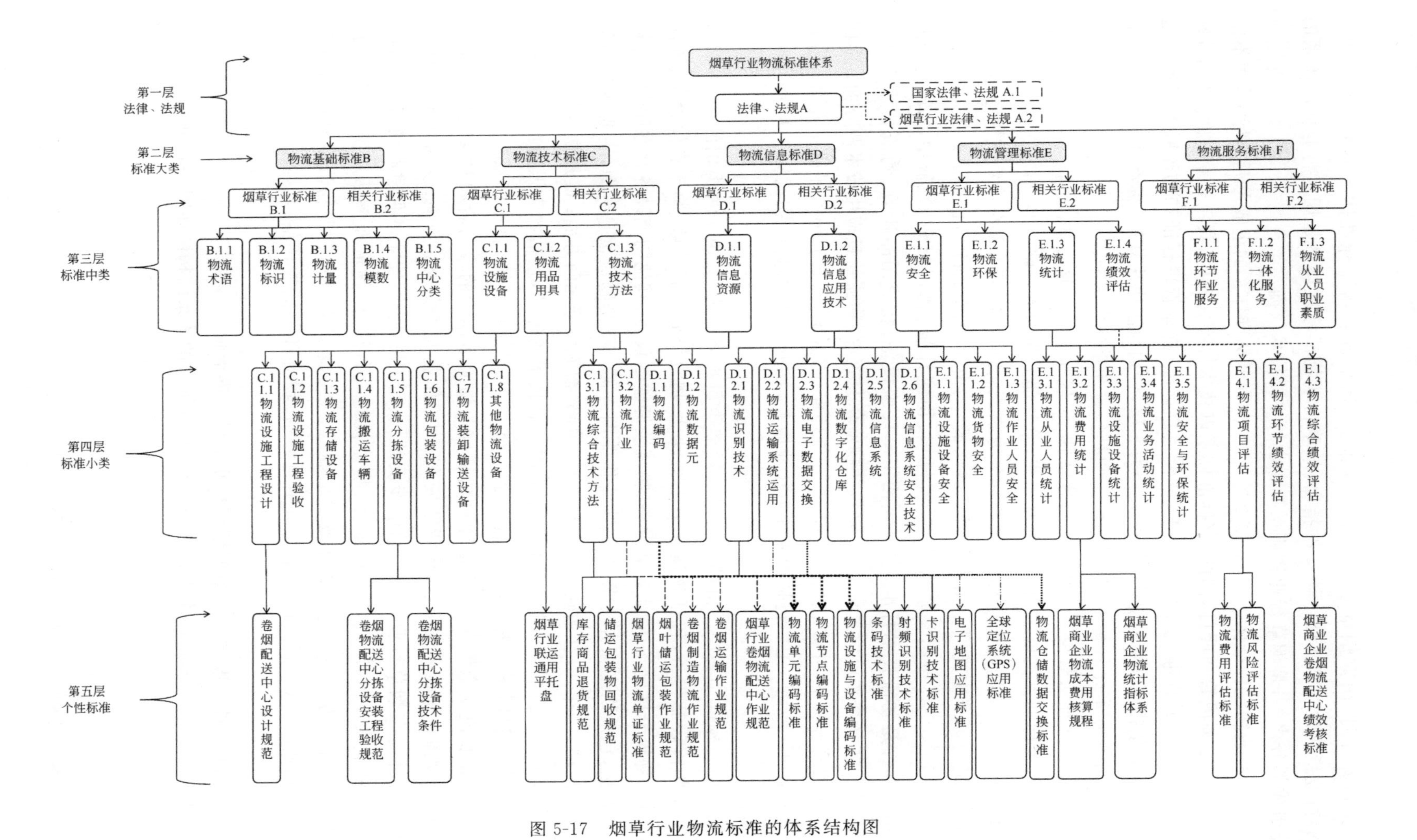

图 5-17　烟草行业物流标准的体系结构图

按2008年当时的统计，烟草行业物流标准现行仅有9项(含法律法规4项、行业标准5项)，正在制定的行业标准10项，计划制定的行业标准59项，相关现行标准111项(含国际标准3项、国家标准95项、行业标准2项、法律法规11项)，总计标准数量为189项。根据《物流标准目录手册(2019)》，40项烟草物流标准中，烟草行业标准达到36项，占比达到90%。

近年来，我国烟草行业在“两烟”物流一体化、工商物流一体化、工业企业间物流协作上进行了局部探索和实践，产生了积极效果。烟草物流行业已经建成了工业企业的产供销物流网络、商业企业的卷烟终端配送网络及烟叶生产物流网络3大物流服务网络，已基本建成以国家级烟草物流综合监管调度系统为中心，以省级物流综管系统为支撑，以地市级公司和卷烟生产点物流管理系统为运行保障的行业3级物流信息化基础体系，并且通过采取“小快灵”调运，探索“T＋0”送货模式，应用电子地图、RFID、二维码等先进技术，有效形成了辐射全国、布局合理的烟草物流网络，搭建起“工商零”共同面向消费者的烟草物流服务体系。

烟草行业物流标准体系作为我国最早的商贸流通系统的标准建设成果，为我国流通标准体系建设，乃至国家物流标准体系中的专业类物流标准体系建设提供了重要的经验参考。

5.5 物流标准体系未来展望

总体来看，目前我国物流标准体系的建设已经处于一个稳步健康发展的爬坡阶段，一方面已经有了比较成熟而清晰的物流标准体系框架，有了部分专业化物流细分领域的标准体系，有了比较清晰明确的物流标准化工作改善发展方向。但是，另一方面我国物流标准体系建设的专业发展还很不平衡，结构性问题还比较多，标准体系协同还存在不足，国际化发展尚处于起步阶段。因此，展望未来，在我国深入推进深化标准化改革、国家标准化体系建设以及供给侧结构性改革的背景下，我国物流标准体系建设将呈现出以下5方面的发展趋势，并逐步发展成为推动我国现代物流高质量发展与供给侧结构性改革的中流砥柱。

1. 体系供给渠道多样化

目前，我国的物流标准体系绝大部分是由国家宏观决策政府部门主导，或者国家标准化管理委员会及下属相关专业标准化技术委员会主导，极少数的地方政府也在主导推动物流标准体系建设。这种物流标准体系供给渠道的单一性与我国《中华人民共和国标准化法》及现有深化标准化改革的政策要求有差距，同时也与我国现代物流业及广大供应链企业和物流企业对物流标准体系的市场需求不匹配。

因此，随着我国进一步深化标准化工作改革、切实放开地方政府在标准化工作的管理权限、切实激活行业商业协会等社会团体与企业自主开发应用标准的市场活力，加上鼓励发展社会化标准化服务研究机构、商业组织和创新机构，我国物流领域的标准化工作将呈现出市场主体更加多样化的发展格局，并由此带动我国物流标准体系供给渠道的多样化，为不断完善我国物流标准化体系贡献各自的智慧和力量。

2. 体系建设市场细分化

物流业作为国民经济的基础性、战略性和先导性行业，与国民经济的各个行业都有着十分紧密的联系，这就决定了我国物流业标准体系建设的复杂性与长期性。虽然我国已经从总体上研制开发了具有普适性的物流标准体系总体框架，但是在这个总体框架之下，无论是物流基础通用类标准、公共类物流标准还是专业类物流标准都面临一个基于行业差异性、特殊性的市场细分问题，以及随着我国科学技术发展、管理模式创新、新兴行业崛起等外部环境变化带来的迭代变更调整问题。这些问题使得我们必须始终用市场细分、动态发展的眼光看待物流标准体系的建设与发展问题。

特别是在我国专业类物流标准体系领域，目前只有极少数物流细分领域建立了标准体系，且处于比较初级的发展水平，更多的物流细分领域并没有形成具有自身行业特色的标准体系。如前文提到的钢铁物流、煤炭物流、棉花物流、家电物流、汽车物流等均已被明确写入国家物流标准体系建设的框架中，而且它们本身的市场整体规模、行业运作能力、先进科技应用、产业经济影响力等各方面均表现突出，尽管这些物流细分领域发展历史悠久，但这些领域的国家标准和行业标准屈指可数，相应的标准体系建设工作甚至还未开始。

因此，从我国现代物流业供给侧结构性改革的角度，充分发挥标准化工作的引领作用、着力激发物流细分市场的标准体系建设和标准研制开发的积极性与市场活力是我国物流标准体系发展的一个必然的趋势。我国将最终呈现出专业细分物流领域标准体系百花齐放、百家争鸣的发展局面。

3. 体系内容绿色智慧化

通过对现有物流标准内容的研究可以看出，标准内容的主题为绿色物流、智慧物流，但是能够体现绿色物流与智慧物流经营发展理念的物流标准所占的不多，特别是绿色物流方面，所占比例更是微乎其微。目前，我国始终坚持“创新、协调、绿色、开放、共享”五大发展理念，积极倡导“金山银山，不如绿水青山，而且绿水青山就是金山银山”的绿色发展观，主动面向世界提出建设“全球命运共同体”。

在这种背景下，我国物流业在绿色物流发展方面还处于起步阶段。在作为节能减排重要战场的交通运输领域，我国已经采取了一系列有效的行动，包括提出建设绿色交通、开展绿色邮政行动、建设“四型机场”(即人文机场、绿色机场、智慧机场和平安机场)等；在标准化工作方面，借力车辆国家强制性标准根治道路超载超限问题，在邮政快递系统推行绿色包装标准，在交通运输技术标准体系中增加“节能环保”标准专门章节，出台《绿色交通标准体系》和《交通运输信息化标准体系》等，引领我国物流标准体系向绿色化、智慧化发展。

总之，我国物流标准化体系的内容结构将随着时代进步、理念进步和科技进步而发生调整变化，不仅关注物流生产经营及管理层面的标准化、精益化内容，而且会在做好物流运营管理基础性标准建设的同时，始终坚持以绿色物流和智慧物流为导向，丰富我国物流标准体系的内容结构，提升我国物流标准体系的价值高度。

4. 体系协同顺畅高效化

虽然我国物流标准体系建设的时间不长，但由于各种机制体制等方面的历史原因，部分物流标准会出现标龄过长、更新不及时、参数落后不合理、不同标准之间表述不一等现象。这样的情况会大大影响我国物流标准体系及其标准的贯彻实施效果和效率。

在新的历史发展时期，特别是《标准化法》的修订实施，明确了标准每5年需要进行一次复审的法律要求，对于新发布的标准提出了更高的要求，对既往发布的标准发出了修订的声音，客观上有利于我国各行各业标准体系建设的高效协同与可持续发展。我国物流标准化体系建设在此背景下，也应当在对内对外协同方面有所作为。对内，主要是在国家物流标准体系的总体框架下，按照统一的物流行业术语、基础技术、业务逻辑等开展细分物流领域的标准体系建设，形成顺畅高效的内部协同环境；对外，主要是在建设行业细分型物流标准体系时，合理借鉴相关行业，特别是服务对象所处行业的标准体系及标准，形成顺畅高效的外部协同环境。从这个意义而言，我国物流标准体系建设将通过构建良好的内外部协同机制，更进一步地促进我国现代物流业以及国民经济的供给侧结构性改革与可持续发展。

5. 体系发展面向国际化

长期以来，美国、德国、日本等发达国家控制着全球绝大多数的标准化组织，他们互相争夺相关标准化领域的话语权，想要引导和控制产业发展。近十余年来，我国标准国际化水平不断提高，在高速铁路、家用电器、移动通信等领域已处于国际领跑地位。这意味着，我国在这些领域的标准已经开始影响世界，对应的标准体系已经具备了走向国际化的实力。

在我国物流领域，虽然有极少数物流设备标准和跨境物流标准已经走出了国门，但总体而言，我国物流标准离走向"国际化"还有很长的一段路程要走。这种发展现状，实际上与我国近年来积极推动的"一带一路"建设不相适应，也没有跟上"一带一路"建设的发展步伐。因此，我国应充分发挥国家标准化管理委员会管辖的物流相关标准化技术委员会及其他专业化研究机构对口各个国际性标准化组织的作用，通过国家政策引导与扶持政策支持，加大我国物流标准体系及其标准国际化的转化力度，提升我国物流标准的国际采标转化能力，鼓励各类标准研究开发机构积极参与国际标准的制定、修订工作。

与此同时，还可以重点鼓励本身具有国际服务网络和国际业务往来的央企、国企等大中型企业，率先参与到我国物流标准的国际化转化与国际化采标工作中来，推动其优势技术的转化，制定出兼具技术创新和民用适用性的国际标准，增加我国物流标准体系的国际化元素，形成与国际接轨的高水平物流标准体系。

第6章

CHAPTER 6

我国物流行业常见的通用标准

尽管我国《物流标准手册》收录的标准已经达到1100项，但在物流业实际运营操作和管理实践中，大部分物流标准只是作为物流管理办法、业务运作流程建设或物流软硬件采购文件的编制依据或参考文件，仅仅引用这些物流标准中的重要技术参数或管理要求。

另外，还有一些物流标准是可以在物流运作现场和物流管理过程中“看得到”“摸得着”的。这些标准的表现形式包括实体物品、固定资产、工作内容或企业荣誉证明等。例如，托盘、条码、集装箱、车辆、库房、物流园区、信息平台、统计指标、绿色物流以及企业分类评估等级证书等。这种“看得到”“摸得着”的物流标准就是我国物流行业常见的通用标准。

6.1 物流标准化之“排头兵”——托盘

托盘作为物流产业中最基础的集装作业单元和搬运器具，是实现静态货物转变为动态货物的基础，是物流机械化与自动化搬运最主要的作业单元，是仓储系统最基本的储存单元，也是物流信息系统最基本的记录单元，在运输、仓储、装卸搬运、配送等物流各环节中起着有效衔接、顺畅贯通的关键作用，对提高物流作业效率、降低物流成本也至关重要。无论是从国内看还是从全球范围看，托盘都是当之无愧的物流标准化的“排头兵”。

长期以来，我国高度重视托盘标准化工作，围绕托盘开展的标准化建设主要包括3大方面，首先是托盘规格尺寸及公差标准、试验方法、性能要求和试验选择等技术类标准建设，其次是不同类型的托盘产品标准建设，最后是基于托盘而延伸出来的应用标准、信息标准和管理标准的开发建设。目前，我国现行托盘相关国家标准见表6-1。

表6-1 我国现行托盘相关国家标准

序号	标准编号	标准名称	序号	标准编号	标准名称
1	GB/T 15234—1994	塑料平托盘	6	GB/T 2934—2007	联运通用平托盘主要尺寸及公差
2	GB/T 3716—2000	托盘术语	7	GB/T 21943—2008	钢纸砂盘支撑托盘
3	GB/T 18832—2002	箱式、立柱式托盘	8	GB/T 4892—2008	硬质直方体运输包装尺寸系列
4	GB/T 19450—2004	纸基平托盘	9	GB/T 16470—2008	托盘单元货载
5	GB/T 20077—2006	一次性托盘	10	GB/T 23898—2009	木质平托盘用人造板

续表

序号	标准编号	标准名称	序号	标准编号	标准名称
11	GB/T 27915—2011	组合式塑料托盘	18	GB/T 34394—2017	平托盘最大工作载荷
12	GB/T 31148—2014	联运通用平托盘木质平托盘	19	GB/T 35412—2017	托盘共用系统电子标签(RFID)应用规范
13	GB/T 4996—2014	联运通用平托盘试验方法	20	GB/T 34397—2017	托盘共用系统管理规范
14	GB/T 4995—2014	联运通用平托盘性能要求和试验选择	21	GB/T 34396—2017	托盘共用系统木质平托盘维修规范
15	GB/T 31081—2014	塑料箱式托盘	22	GB/T 35781—2017	托盘共用系统塑料平托盘
16	GB/T 31005—2014	托盘编码及条码表示	23	GB/T 37106—2018	托盘单元化物流系统托盘设计准则
17	GB/T 33459—2016	商贸托盘射频识别标签应用规范	24	—	—

其中，在我国近年深入开展的物流标准化试点中，重点推进实施的托盘相关标准主要有我国现行的国家标准：《联运通用平托盘 主要尺寸及公差》(GB/T 2934—2007)、《联运通用平托盘 性能要求和试验选择》(GB/T 4995—2014)、《联运通用平托盘 试验方法》(GB/T 4996—2014)、《联运通用平托盘 木质平托盘》(GB/T 31148—2014)、《硬质直方体运输包装尺寸系列》(GB/T 4892—2008)，以及《托盘单元化物流系统托盘设计准则》(GB/T 37106—2018)。

我国《联运通用平托盘 主要尺寸及公差》(GB/T 2934—2007)历经了3次标准制定、修过程。

第1次是1982年首次发布的《联运平托盘外部尺寸系列》(GB 2934—1982)，规定了我国联运平托盘外部尺寸为800mm×1000mm、800mm×1200mm、1200mm×1000mm 3种类型。

第2次是1996年12月修订发布的《联运通用平托盘主要尺寸及公差》(GB/T 2934—1996)，规定了4种托盘尺寸规格，即1200mm×800mm、1200mm×1000mm、1219mm×1016mm和1140mm×1140mm。此次修订由原交通部标准计量研究所根据IS0 6780：1988《联运通用平托盘主要尺寸及公差》采标修改。

第3次是2007年10月修订发布的采标修改ISO 6780：2003的《联运通用平托盘 主要尺寸及公差》(GB/T 2934—2007)，由交通部科学研究院、中国物流与采购联合会托盘专业委员会联合起草，取代1996年版本，并于2008年3月1日开始实施。此次修订规定了我国联运通用标准托盘只有1200mm×1000mm和1100mm×1100mm两种平面尺寸规格，且明确提出1200mm×1000mm为优先推荐的标准托盘规格，允许的制造公差范围为－6mm～3mm。该标准还明确了标准托盘与托盘搬运车搬运、叉车搬运、自动控制搬运、提升等不同应用场景对于托盘相关尺寸规格的要求，包括托盘叉孔的竖向尺寸、托盘叉孔的水平尺寸、底铺板倒棱尺寸、托盘铺板突出尺寸、底铺极支承面、对角线偏差和平面度等。至此，我国标准托盘规格在与国际接轨的基础上，经过持续多年的探索实践，最终从根本上解决了标准托盘平面尺寸的问题。

《联运通用平托盘性能要求和试验选择》(GB/T 4995—2014)是在GB 4995—1985、GB/T 4995—1996的基础上,参考ISO 8611-2:2011《物料搬运托盘平托盘第2部分:性能要求和试验选择》修订而成。GB/T 4995—2014统一规定了联运通用平托盘的试验要求,不再将其按照性能要求分为N级和S级,但是对19个试验项目明确划分为额定载荷试验、最大工作载荷试验和耐久性试验3大类,不同的托盘用途和使用场景对应于不同的试验项目。此外,《联运通用平托盘性能要求和试验选择》(GB/T 4995—2014)明确通过试验确定托盘的极限载荷的原则,打破了《联运通用平托盘性能要求和试验选择》GB/T 4995—1996对额定载荷没有说明、由用户按经验自行决定额定载荷为1000kg或500kg的做法,把托盘的安全系数提高到2。

《联运通用平托盘试验方法》(GB/T 4996)于1985年首次发布,在1996年进行了第一次修订,2014年进行了第二次修订发布,修改采用了ISO 8611-1:2011《物料搬运托盘 平托盘 第1部分:试验方法》。该标准提供了14项联运通用平托盘性能试验方法,为我国联运通用平托盘的设计、生产、检验及使用提供了标准依据,对于提升标准托盘性能质量和使用寿命、减少物流过程中托盘及所承载的货物所受的损坏均具有十分重要的意义。同时,由于GB/T 4995—2014和GB/T 4996—2014均采用或参考了ISO国际标准的技术内容,易于避免国际合作时的贸易壁垒。这不仅有利于我国物流标准化工作的推动和物流业降本增效,而且对于标准托盘生产租赁、托盘循环共用、进出口贸易等各方面均有裨益。

《联运通用平托盘 木质平托盘》(GB/T 31148—2014)规定了木质平托盘的术语、定义、样式、要求、试验方法、检验规则、标志、包装、运输与储存,适用于联运通用木质平托盘和托盘共用系统中反复使用的木质平托盘,一次性托盘也可参照使用。该标准主要明确了托盘平面尺寸为1200mm×1000mm的4种样式:川字式托盘、周底式托盘、纵梁式托盘和双面式托盘。本标准还对木质平托盘的木材许用强度、木材树种、含水率、除害处理、托盘钉、部件、尺寸公差、订接、布钉、倒棱、平面对角线、外观质量、额定载荷及相关性能等提出了具体要求。

2008年2月发布的《硬质直方体运输包装尺寸系列》(GB/T 4892—2008)非等效采用ISO国际标准ISO 3394:1984,经历了首次发布GB 4892—1985和一次修订发布GB/T 4892—1996两个发展阶段。该标准规定了用纸、木、塑、金属等各种材质包装的硬质直方体运输包装最大的平面尺寸,适用于公路、铁路和水路运输单货物的运输包装件,非单货物的运输包装件可参照执行。GB/T 4892—2008最主要的贡献是规定了我国运输包装件的包装模数尺寸为600mm×400mm和500mm×366mm,运输包装件的高度尺寸可自行选定。其中600mm×400mm模数与《联运通用平托盘 主要尺寸及公差》优先推荐的1200mm×1000mm标准托盘有着良好的倍数关系,是我国物流标准化试点重点推荐实施的物流模数。我国物流标准化政策还推荐实施和600mm×400mm有约数关系的6种平面尺寸规格,包括150mm×100mm、200mm×150mm、300mm×200mm、400mm×200mm、400mm×300mm、600mm×400mm。

《托盘单元化物流系统 托盘设计准则》(GB/T 37106—2018)规定了托盘单元化物流系统中流通的平托盘、箱式托盘、立柱式托盘和滑板托盘的设计准则、射频识别标签(RFID)及条码符号的基本要求,适用于托盘单元化物流系统内的平面尺寸为1200mm×1000mm,也可供其他平面尺寸托盘的设计和生产参考使用。托盘单元化物流系统托盘分类及设计准则概要见表 6-2。

表 6-2 托盘单元化物流系统托盘分类及设计准则概要

托盘分类	托盘类型划分	设计准则概要
平托盘	木质托盘,塑料托盘,金属托盘,纸基托盘和复合材料托盘	主要规定了托盘单元化物流系统中平托盘材质分类以及各材质平托盘在尺寸及公差、形式、额定载荷以及在性能要求和试验方法等方面的要求
箱式托盘	分为不带轮箱式托盘和带轮箱式托盘两类,从形式上分为固定式、可折叠式和可拆卸式	主要规定了托盘单元化物流系统中箱式托盘在形式、尺寸、额定载荷、性能要求和试验方法等方面的要求
立柱式托盘	按形式分为固定式、可折叠式和可拆卸式	主要规定了托盘单元化物流系统中立柱式托盘在形式、尺寸、额定载荷、性能要求和试验方法等方面的要求
滑板托盘	按形式分为单翼板滑板托盘、双翼板滑板托盘(对边双翼滑板托盘和临边双翼滑板托盘)、三翼滑板托盘和四翼滑板托盘	主要规定了托盘单元化物流系统中滑板托盘在形式、尺寸、额定载荷、性能要求和试验方法等方面的要求

此外,《托盘单元化物流系统 托盘设计准则》GB/T 37106—2018 还规定了托盘单元化物流系统对射频识别标签(RFID)及条码符号在安装质量、标识位置以及两者匹配关系等方面的要求。

总之,托盘标准化已成为我国物流标准化工作的“排头兵”,已初步形成了比较完善的标准托盘体系。特别是“联运通用平托盘”系列标准的修订发布,完全确立了 1200mm×1000mm 平面尺寸托盘作为我国标准托盘尺寸的重要地位,不仅为我国近年来积极开展的全国性物流标准化试点和供应链创新与应用试点提供了标准支撑,而且为推广应用条码、RFID 等先进信息储存、采集、识别、处理和应用技术创造了良好的市场条件。

6.2 物流标准化之“小精灵”——条码

条码是由一组规则排列的条、空组成的符号,可供机器识读,用以表示一定的信息,包括一维条码和二维条码。条码技术是一种经济、简便、高效的信息自动识别技术。条码是可自动识别信息的重要载体,通过条码光电扫描识别技术可以解决数据自动录入和数据自动采集等简单、初级、低效的数据处理问题,为物流管理提供了高效的技术支持。常见的一维条码有 EAN 条码、UPC 条码、25 条码、交叉 25 条码、库德巴条码、Code 39 条码和 Code 128 条码;常见的二维条码主要有 PDF 417 码、Code 49 码、Code 16K 码、Data Matrix 码和 Maxiocle 码等。条码主要分为堆积或层排式、棋盘或矩阵式两大类。在现代生活中,一张小小的条码往往承载着一个行业的解决方案、一个改革创新的实践、一个庞大的商业生态体系,就像一个可爱的“小精灵”,谁拥有它谁就拥有了改变世界的“魔法”。

长期以来,中国物品编码中心一直致力于我国条码技术在商贸流通及现代物流领域的应用推广,依托中国 ECR 委员会组织行业活动扩大 GS1 标准在零售行业的影响力,并借鉴国际物品编码协会(GS1)的先进标准和经验,主导了“商品条码”系列国家标准的建设和其他条码应用标准的建设，为我国物流标准化工作做出了重要贡献。其中，GS1 系统已经全面纳入我国物流标准化试点和供应链与创新试点的重要内容，GS1 托盘编码作为管理手段推动 GS1 标准在我国供应链体系建设中的深度应用。条码相关的部分现行国家标准见表 6-3。

表 6-3 条码相关的部分现行国家标准

序号	标准编号	标准名称
1	GB/T 17172—1997	四一七条码
2	GB/T 18347—2001	128 条码
3	GB/T 19946—2005	包装用于发货、运输和收货标签的一维条码和二维条码
4	GB/T 16828—2007	商品条码 参与方位置编码与条码表示
5	GB/T 21335—2008	RSS 条码
6	GB/T 16830—2008	商品条码 储运包装商品编码与条码表示
7	GB/T 18283—2008	商品条码 店内条码
8	GB 12904—2008	商品条码 零售商品编码与条码表示
9	GB/T 23832—2009	商品条码 服务关系编码与条码表
10	GB/T 14257—2009	商品条码 条码符号放置指南
11	GB/T 18127—2009	商品条码 物流单元编码与条码表示
12	GB/T 16986—2009	商品条码 应用标识符
13	GB/T 15425—2014	商品条码 128 条码
14	GB/T 31005—2014	托盘编码及条码表示
15	GB/T 31006—2014	自动分拣过程包装物品条码规范
16	GB/T 33257—2016	条码技术在仓储配送业务中的应用指南
17	GB/T 36078—2018	医药物流配送条码应用规范
18	GB/T 36080—2018	条码技术在农产品冷链物流过程中的应用规范
19	GB/T 12905—2019	条码术语

其中，《条码术语》(GB/T 12905—2019)、《商品条码 储运包装商品编码与条码表示》(GB/T 16830—2008)、《商品条码 物流单元编码与条码表示》(GB/T 18127—2009)和《托盘编码及条码表示》(GB/T 31005—2014)是物流标准化工作中应用推广比较多的国家标准。

《条码术语》(GB/T 12905—2019)界定了条码基础、码制、条码识读、条码符号制作、条码符号检测等方面的术语及定义，适用于与条码技术有关的研究和应用。该标准是在 GB/T 12905—1991 和 GB/T 12905—2000 基础上，由中国物品编码中心主导完成的第 2 次修订版本。本标准由范围、基础术语、码制、条码识读、条码符号制作、条码符号检测 6 个部分组成，增加了二维条码、商品条码等相关术语，共增加 75 个条目，删除了上一个版本的 34 个非通用术语，并修订了 43 个条目的解释。截至目前版本，条码术语总计 201 个，其中基础术语部分 76 个，码制部分 23 个，条码识读部分 33 个，条码符号制作部分 5 个，条码符号检测 64 个。《条码术语》的第 2 次修订发布为我国物流标准化工作与物流供给侧结构性改革提供了与时俱进的条码标准参考。

《商品条码 储运包装商品编码与条码表示》(GB/T 16830—2008)规定了储运包装商品的术语和定义、编码、条码表示、条码符号尺寸与等级要求及条码符号放置，适用于储运包装商品的条码标识。该标准规定，储运包装商品的编码采用 13 位或 14 位数字代码结构。其中，13 位储运包装商品的代码结构与 13 位零售商品的代码结构相同，14 位储运包装商品的代码由 1 个储运包装商品包装指示符、内部所含零售商品代码前 12 位和 1 个校验码组成。13 位代码采用 EAN/UPC、ITF-14 或 GS1-128 条码表示，14 位代码采用 ITF-14 条码或 GS1-128 条码表示。本标准参照《GS1 通用规范》（第八版），并结合我国条码在储运包装商品中的实际应用情况，对 GB/T 16830—1997（储运单元条码）进行了修订。

《商品条码 物流单元编码与条码表示》（GB/T 18127—2009）规定了物流单元的编码、条码表示以及物流单元标签的技术要求和位置，适用于开放的贸易环境中物流单元的标识与数据自动采集。本标准是参照国际物品编码协会（GS1）制定的《GS1 通用规范》（第八版）有关章节，并结合我国的实际情况起草的，在技术内容上符合《GS1 通用规范》（第八版）的技术要求。

根据《商品条码 物流单元编码与条码表示》（GB/T 18127—2009）规定，物流单元标识代码是标识物流单元身份的唯一代码，具有全球唯一性。物流单元标识代码采用 SSCC（serial shipping container code，系列货运包装箱代码）表示，由扩展位、厂商识别代码、系列号和校验码 4 个部分组成，是 18 位的数字代码，分为 4 种结构，见表 6-4。其中，扩展位由 1 位数字组成，取值 0～9；厂商识别代码由 7～10 位数字组成；系列号由 6～9 位数字组成，校验码为 1 位数字。系列货运包装箱代码的结构见表 6-4。

表 6-4 SSCC（系列货运包装箱代码）的结构

结构种类	扩展位	厂商识别代码	系　列　号	校验码
结构一	N_1	$N_2N_3N_4N_5N_6N_7N_8$	$N_2N_3N_4N_5N_6N_7N_8N_9N_{10}N_{11}N_{12}N_{13}N_{14}N_{15}N_{16}N_{17}$	N_{18}
结构二	N_1	$N_2N_3N_4N_5N_6N_7N_8N_9$	$N_{10}N_{11}N_{12}N_{13}N_{14}N_{15}N_{16}N_{17}$	N_{18}
结构三	N_1	$N_2N_3N_4N_5N_6N_7N_8N_9N_{10}$	$N_{11}N_{12}N_{13}N_{14}N_{15}N_{16}N_{17}$	N_{18}
结构四	N_1	$N_2N_3N_4N_5N_6N_7N_8N_9N_{10}N_{11}$	$N_{12}N_{13}N_{14}N_{15}N_{16}N_{17}$	N_{18}

SSCC 采用 GS1-128 条码符号表示。条码标签可以根据需要选择尺寸为 105mm×148mm 或 148mm×210mm。一个完整的 SSCC 物流单元标签包括 3 个标签区段，从上到下的顺序通常为承运商区段、客户区段和供应商区段。每个区段均采用 2 种基本形式表示一类信息的组合。标签文本内容位于标签区段的上方，条码符号位于标签区段的下方。其中，SSCC 条码符号应位于标签的最下端。SSCC 是所有物流单元标签的必备项，其他信息如果需要应配合应用标识符 AI 使用。

此外，SSCC 可以根据需要使用附加信息代码。附加信息代码是标识物流单元相关信息的代码，如物流单元内贸易项目的 GTIN（global trade item number，全球贸易项目代码）、贸易与物流量度、物流单元内贸易项目的数量等，由 AI（application identifier，应用标识符）和编码数据组成。如果使用物流单元附加信息代码，则需与 SSCC 一并处理。

《托盘编码及条码表示》（GB/T 31005—2014）规定了单个可重复使用托盘的编码规则、编码信息的符号表示、数据自动采集的技术要求及标签的位置，适用于物流作业中对可重复使用托盘的编码和标识，以便在使用、租赁托盘的过程中对其进行管理，实现托盘的自动化识别，不适用于托盘上贸易项目或物流单元的标识。该标准由中国物品编码中心、浙江省物品编码中心等 6 家单位联合起草，参考了国际物品编码协会（GS1）制定的《GS1 通用规范》（第 10 版），在技术内容上与国际规范的技术要求一致。2018 年，全国物流信息管理标准化技术委员会已经启动对该标准的修订工作，拟解决标准适应 1200mm×1000mm 平面尺寸标准托盘广泛使用的现状，以及明确划分托盘的具体种类（如日字底、田字底、川字底）等问题。

目前，条码已经成为我国现代物流业生产运营管理的根本性需求和基础性配置。在现代物流领域，条码广泛用于各种物流实战场景，包括库房库位管理、物流包装器具管理、标准托盘管理、货物标签化管理、收发货管理、库存盘点管理、物流费用结算和各种物流单证快速处理等等。物流的各个环节、各个流程、各个角落都有一片片条码的身影，就像一个个"小精灵"快乐地跳跃在现代物流大家庭，条码不仅是推进物流标准化管理、信息化管理和目视化管理的"小精灵"，而且是促进物流业运作体系变革、物流技术装备升级和物流高质量发展的"小精灵"。

6.3　物流标准化之"大哥大"——集装箱

集装箱无疑是国际物流发展史上最伟大的发明之一。集装箱运输从 20 世纪上半叶开始起步，于 20 世纪 70 年代开始广泛进入国际贸易领域，于 20 世纪 80 年代进入迅猛发展时期。集装箱运输方式最大的成功来源于集装箱的标准化以及由此建立的一整套遍布全球的物流体系，甚至集装箱生产制造产业体系，包括集装箱船舶、港口码头、国际航线、高速公路、集装箱堆场、多式联运模式、集装箱制造产业链、集装箱装卸装备产业链等。集装箱以其发展起步较早的集装化技术、突出的单元化自身重量、庞大的市场规模以及广泛的产业链带动能力成为物流领域标准化的"实力担当"，不愧被称为物流标准化领域的"大哥大"。

集装箱的成功始于标准化。货运集装箱技术委员会（ISO/TC104）于 1961 年成立后对集装箱国际标准作过多次补充、增减和修改，形成了 3 个系列的集装箱标准。1980 年，全国集装箱标准化技术委员会成立以后，作为 ISO/TC104 技术委员会的技术对口单位，也一直致力于国际标准集装箱标准的研制、修订工作，在国际集装箱标准化领域已经有了一定的行业地位，不仅实现了我国集装箱标准领域国际标准零的突破，而且在积极推动国内集装箱标准化建设方面成效显著，先后主导发布了一系列集装箱相关的技术标准和应用标准。集装箱相关部分现行国家标准见表 6-5。

表 6-5　集装箱相关部分现行国家标准

标准编号	标准名称
GB/T 1992—2006	集装箱术语
GB/T l7271—1998	集装箱运输术语
GB/T 1413—2008	系列 1 集装箱分类、尺寸和额定质量
GB/T 1836—2017	集装箱代码、识别和标记
GB/T 16563—2017	系列 1 集装箱技术要求和试验方法液体、气体及加压干散货罐式集装箱
GB/T 17770—1999	集装箱空/陆/水（联运）通用集装箱技术要求和试验方法
GB/T 17274—1998	系列 1 无压干散货集装箱技术要求和试验方法
GB/T 17382—2008	系列 1 集装箱装卸和栓固
GB/T 29752—2013	集装箱安全智能锁通用技术规范
GB/T 33573—2017	集装箱安全智能锁阅读器通用技术规范
GB/T 34594—2017	射频识别在供应链中的应用集装箱
GB/T 35201—2017	系列 2 集装箱分类、尺寸和额定质量

其中,《系列 1 集装箱分类、尺寸和额定质量》(GB/T 1413—2008)和《系列 2 集装箱分类、尺寸和额定质量》(GB/T 35201—2017)两项标准在我国集装箱物流领域得到了广泛的认可与应用。

《系列 1 集装箱分类、尺寸和额定质量》(GB/T 1413—2008)等同采用 ISO 668：1995《系列 1 集装箱 分类、尺寸和额定质量》,包括其修正案 ISO 668：1995/Amdl：2005 和 ISO 668：1995/Amd2：2005，并全部代替 GB/T 1413—1998、GB/T 1413—1985 和 GB 1834—1980。

《系列 1 集装箱分类、尺寸和额定质量》(GB/T 1413—2008)根据集装箱外部尺寸确定了系列 1 集装箱的分类,并规定了相应的额定质量,同时确定了部分型号集装箱的最小内部尺寸和门框开口尺寸,同时扼要地规定了系列 1 集装箱的外部尺寸和部分内部尺寸。其所列的集装箱适用于国际联运。每种型号集装箱的具体尺寸已列入 ISO1496 的相应标准中。

《系列 1 集装箱分类、尺寸和额定质量》(GB/T 1413—2008)在 1998 年的版本上增加了公称长度为 45ft 集装箱的相关内容和具体技术数据,将 1BBB、1BB、1B、1BX、1CC、1C 和 1CX 型集装箱的最大额定质量由原来的 24000kgs、25 400kgs 统一修订为 30 480kgs,将 1BBB、1BB、1B、1BX 型集装箱长度公差由原来的 0in～$\frac{3}{16}$in 调整为 0in～$\frac{3}{8}$in。具体规定如下,系列 1 各种型号集装箱的高度和宽度的公差统一为 0in～$\frac{3}{16}$in,长度的公差分为 3 种,E 系列、A 系列和 B 系列长度公差统一为 0in～$\frac{3}{8}$in,C 系列长度公差为 0in～$\frac{1}{4}$in,D 系列长度公差 0in～$\frac{3}{16}$in。

《系列 1 集装箱分类、尺寸和额定质量》(GB/T 1413—2008)规定了系列 1 各种型号集装箱的宽度均为 2438mm(8ft),长度分为 13 716mm(45ft)、12000mm(40ft)、9000mm(30ft)、6000mm(20ft)、3000mm(10ft)5 种,高度划分为 2896mm(9ft 6in)、2591mm(8ft6in)、2438mm(8ft)3 种,其中：

(1) 箱高为 2896mm(9ft6in)的集装箱,其型号定为 1EEE、1AAA 和 1BBB 型。

(2) 箱高为 2591mm(8ft6in)的集装箱,其型号定为 1EE、1AA、1BB 和 1CC 型。

(3) 箱高为 2438mm(8ft)的集装箱,其型号定为 1A、1B、1C 和 1D 型。

(4) 箱高小于 2438mm(8ft)的集装箱,其型号定为：1AX、1BX、1CX 和 1DX 型。

以上参数详见表 6-6,其中在国际海上集装箱运输中采用最多的是 1AA 型(即 40ft)和 1C 型(即 20ft)两种。

表 6-6　系列 1 集装箱外部尺寸和额定质量

序号	集装箱型号	长度 L		宽度 W		高度 H		额定总质量 Q（总质量）	
		mm	ft	mm	ft	mm	ft	kg	lb
1	1EEE	13 716	45	2438	8	2896	96	30480	67200
2	1EE					2591	86		

续表

序号	集装箱型号	长度 L		宽度 W		高度 H		额定总质量 Q（总质量）	
		mm	ft	mm	ft	mm	ft	kg	lb
3	1AAA	12192	40	2438	8	2896	96	30480	67200
4	1AA					2591	86		
5	1A					2438	8		
6	1AX					＜2438	＜8		
7	1BBB	9125	29　$11\frac{1}{4}$	2438	8	2896	96	30480	67200
8	1BB					2591	86		
9	1B					2438	8		
10	1BX					＜2438	＜8		
11	1CC	6058	19　$10\frac{1}{2}$	2438	8	2591	86	30480	67200
12	1C					2438	8		
13	1CX					＜2438			
14	1D	2991	9　$9\frac{3}{4}$	2438	8	2438	8	10160	22400
15	1DX					＜2438	＜8		

注：根据 GB/T 1413—2008 标准内容整理，长度、高度、高度的允许公差从略。

《系列 2 集装箱分类、尺寸和额定质量》(GB/T 35201—2017)规定了系列 2 集装箱的分类和型号、尺寸代码、尺寸、公差和额定质量等，适用于内陆多式联运集装箱。本标准和系列 1 集装箱标准实现了两个重要的突破，一是系列 2 集装箱的宽度统一为 2550mm，大于系列 1 集装箱的宽度 2438mm，与我国公路运输车辆宽度标准《汽车、挂车及汽车列车外廓尺寸、轴荷及质量限值》(GB 1589—2016)保持一致；二是系列 2 集装箱的额定质量一般为 30480kg，但允许最高达到 35000kg，载重量提高了 14.8%，但是对于额定质量大于 30480kg 但不大于 35000kg 的系列 2 集装箱，做出了应设置与 GB/T 1413 定义的系列 1 集装箱不同标记的规定。这体现了我国基于自身基础设施技术条件，选择发展大容量、大载重内陆集装箱的发展趋势。系列 2 集装箱的尺寸代码见表 6-7。

表 6-7　系列 2 集装箱的尺寸代码

序号	集装箱型号	宽度(W)/mm	长度(L)/mm	高度(H)/mm	尺寸代码
1	2CCC	2550	6058	2896	2N
2	2CC			2591	2L
3	2C			2438	2R
4	2BBB		9125	2896	3N
5	2BB			2591	3L
6	2B			2438	3R
7	2AAA		12192	2896	4N
8	2AA			2591	4L
9	2A			2438	4R
10	2EEE		13716	2896	LN
11	2EE			2591	LL

与《系列 2 集装箱 分类、尺寸和额定质量》(GB/T 35201—2017)同步发布的还有《系列

2 集装箱 技术要求和试验方法 第 1 部分：通用货物集装箱》(JT/T 1172.1—2017)、《系列 2 集装箱 吊具尺寸和起重技术要求》(JT/T 1173—2017)2 项交通运输行业标准。这 3 项标准是我国内陆集装箱运输的重要基础性技术标准，填补了我国内陆集装箱运输领域标准的空白，标志着我国内陆集装箱标准体系初具雏形，对于有效支撑和保障我国内陆集装箱的多式联运发展、推动我国集装箱物流降本增效等方面具有重要意义。

近年来，我国一直致力于大力发展基于内陆集装箱运输的多式联运体系，广泛开展多式联运示范工程建设，充分发挥集装箱运输高效环保、安全可靠、标准便捷等方面的优势，在主动推动交通运输领域供给侧结构性改革、调整运输结构方面取得了良好的成效。

6.4　物流标准化之"王牌军"——车辆

车辆是道路运输最基本、最重要的基础设备，同时也是进入物流领域最简单、最直接的工具。物流行业的准入门槛低，大量个体运输车辆、中小微运输公司进入物流领域，并造成运输行业"小散乱差"的发展局面，并长期存在"超载超限"的运输现象，经常出现大型道路交通事故，这些均与运输车辆有着密不可分的关系。也正是如此，道路运输的业务规模占整个运输市场规模的 70%以上，是运输领域的"王牌军"。

与此同时，这个巨大的运输车辆队伍和我国汽车制造、交通管理、道路设计、物流运输、工程机械、石油勘探开采等多个行业密不可分，其本身的运输服务又渗透到国民经济的各行各业。因此，对于车辆及道路运输的标准化管理一直是我国交通运输部门的重点工作之一，其他各紧密相关的行业也注重围绕车辆及道路运输开展标准化工作，出台了一系列和道路运输车辆有关的国家标准，见表 6-8。

表 6-8　道路运输车辆及其相关的部分国家标准

序号	标准编号	标准名称
1	GB/T 3730.3—1992	汽车和挂车类型的术语和定义车辆尺寸
2	GB/T 3730.1—2001	汽车和挂车类型的术语和定义
3	GB/T 5620—2002	道路车辆汽车和挂车制动名词术语及其定义
4	GB 13392—2005	道路运输危险货物车辆标志
5	GB/T 23914.2—2009	道路车辆装载物固定装置安全性第 2 部分：合成纤维栓紧带总成
6	GB/T 29912—2013	城市物流配送汽车选型技术要求
7	GB/T 13873—2015	道路车辆货运挂车试验方法
8	GB 1589—2016	汽车、挂车及汽车列车外廓尺寸、轴荷及质量限值
9	GB 18565—2016	道路运输车辆综合性能要求和检验方法
10	GB/T 26774—2016	车辆运输车通用技术条件
11	GB/T 32860—2016	道路车辆牵引杆连接器的互换性
12	GB/T 32861—2016	道路车辆牵引车与挂车之间的电气和气动连接位置
13	GB/T 6420—2017	货运挂车系列型谱
14	GB/T 35782—2017	道路甩挂运输车辆技术条件
15	GB/T 37706—2019	车用起重尾板安装与使用技术要求
16	GB/T 17275—2019	货运牵引杆挂车通用技术条件

其中，最具有行业影响力和突破变革意义的即前文提及的《汽车、挂车及汽车列车外廓尺

寸、轴荷及质量限值》(GB 1589—2016)和《车用起重尾板安装与使用技术要求》(GB/T 37706—2019)。这两个国家标准是我国近年来道路运输领域最具有革命意义的标志性国家标准,在我国物流业高质量发展与供给侧结构性改革中发挥着重要的政策引领和行业变革驱动的作用。这也从另一个层面彰显了车辆标准在我国物流标准化工作中的"王牌军"地位。

《汽车、挂车及汽车列车外廓尺寸、轴荷及质量限值》(GB 1589—2016)代替《道路车辆外廓尺寸、轴荷及质量限值》(GB 1589—2004)规定了汽车、挂车及汽车列车的外廓尺寸及质量限值,适用于在道路上使用的所有车辆,是汽车行业最基本的技术标准之一。《汽车、挂车及汽车列车外廓尺寸、轴荷及质量限值》(GB 1589—2016)标准对于各类货车长度、宽度、载重限制等方面都结合我国道路运输现状和发展需求进行了较大幅度的调整,主要表现在以下 5 方面:

一是调整半挂车长度限值。半挂车长度限值由 2004 版的 13m 增加到目前的 13.75m,运送 45ft 集装箱的半挂车长度的最大限值为 13.95m;取消整体封闭式厢式半挂车、低平板半挂车、集装箱半挂车的长度限值特例;半挂车前回转半径不应大于 2040mm。

二是新增中置轴车辆运输车挂车。新增中置轴车辆运输车挂车,规定长度限值为 12m,中置轴车辆运输列车的长度限值为 22m,能够装载 8m(中小型)～10m(大中型)的乘用车在法规标准允许范围内相比于原有的半挂车辆运输车运输效率高 67%左右。

三是调整挂车、车厢、货车列车长度限值。规定中置轴、牵引车挂车长度为 12m,车厢长度限值为 8m(不包含中置轴车辆运输挂车),规定有牵引杆挂车组成的列车属于货车,货车列车长度限值为 20m。

四是调整汽车列车长度限值。规定铰接列车长度限值为 17.1m,比 16.5m 的标准增加了 0.6m;规定长头铰接列车(长头牵引车+半挂车)长度限值为 18.1m,这对于国内市场发展有一定的促进作用。栏板式、仓栅式、平板式、自卸式货车及其半挂车外廓尺寸的最大限值见表 6-9、表 6-10、表 6-11。

五是明确调整最大总重限值。对于不同轴数的车辆进行了明确的规定,二轴货车及半挂牵引车总重限值 18t,三轴货车及半挂牵引车总重限值 25t,双转向四轴货车总重限值 31t,四轴汽车列车总重限值 36t,五轴车总重限值 43t,六轴车总重限值 49t。

表 6-9 栏板式、仓栅式、平板式、自卸式货车及其半挂车外廓尺寸的最大限值

(注:单位为 mm)

车辆类型			长度	宽度	高度
仓栅式货车 栏板式货车 平板式货车 自卸式货车	二轴	最大设计总质量≤3500kg	6000	2550	4000
		最大设计总质量>3500kg,且≤8000kg	7000		
		最大设计总质量>8000kg,且≤12000kg	8000		
		最大设计总质量>12000kg	9000		
	三轴	最大设计总质量≤20000kg	11000		
		最大设计总质量>20000kg	12000		
	双转向轴的四轴汽车		12000		
仓栅式半挂车 栏板式半挂车 平板式半挂车 自卸式半挂车	一轴		8600		
	二轴		10000		
	三轴		13000		

表 6-10 其他汽车、挂车及汽车列车外廓尺寸的最大限值

（注：单位为 mm）

<table>
<tr><th colspan="3">车辆类型</th><th>长度</th><th>宽度</th><th>高度</th></tr>
<tr><td rowspan="6">汽车</td><td colspan="2">三轮汽车[1]</td><td>4600</td><td>1600</td><td>2000</td></tr>
<tr><td colspan="2">低速货车</td><td>6000</td><td>2000</td><td>2500</td></tr>
<tr><td colspan="2">货车及半挂牵引车</td><td>12000[2]</td><td>2550[3]</td><td>4000</td></tr>
<tr><td rowspan="3">乘用车及客车</td><td>乘用车及二轴客车</td><td>12000</td><td rowspan="3">2550[5]</td><td rowspan="3">4000[4]</td></tr>
<tr><td>三轴客车</td><td>13700</td></tr>
<tr><td>单铰接客车</td><td>18000</td></tr>
<tr><td rowspan="2">挂车</td><td colspan="2">半挂车</td><td>13750[5]</td><td rowspan="2">2550[5]</td><td rowspan="2">4000</td></tr>
<tr><td colspan="2">中置轴、牵引杆挂车</td><td>12000[6]</td></tr>
<tr><td rowspan="3">汽车列车</td><td colspan="2">乘用车列车</td><td>14500</td><td rowspan="3">2550</td><td rowspan="3">4000</td></tr>
<tr><td colspan="2">铰车列车</td><td>17100[7]</td></tr>
<tr><td colspan="2">货车列车</td><td>20000[8]</td></tr>
</table>

注：① 当采用方向盘转向，由传动轴传递动力，具有驾驶室且驾驶员座椅后设计有物品放置空间时，长度、宽度、高度的限值分别为 5200mm、1800mm、2200mm。

② 专用作业车车辆长度限值要求不适用，但应符合相关标准要求。

③ 冷藏车宽度最大限值为 2600mm。

④ 定线行驶的双层城市客车高度最大限值为 4200mm。

⑤ 运送 45ft 集装箱的半挂车长度最大限值为 13950mm。

⑥ 车厢长度限值为 8000mm（中置轴车辆运输挂车除外）。

⑦ 长头铰接列车长度限值为 18100mm。

⑧ 中置轴车辆运输列车长度最大限值为 22000mm

《汽车、挂车及汽车列车外廓尺寸、轴荷及质量限值》(GB 1589—2016)对于我国货运车辆体系技术参数和产品类型的大幅调整不仅适应了我国物流业供给侧结构性改革发展的需要，而且作为路政、交管等部门公路超载超限治理的基本技术依据，对于解决我国长期以来道路运输的“非法改装”“超载超限”问题提供了根本上的技术解决方案，特别是标准新增的有着较强载运能力的中置轴挂车，可大大缓解车辆运输企业的压力，解决治理整顿后物流运力问题，规范企业产品走向正轨。因此，该标准的出台直接促成了我国 2016 年开始的“921”车辆运输车治理、货车非法改装整治和货车超载超限行为整治的专项行动，通过连续两年的治超行动，基本上根治了困扰我国多年的道路运输“非法改装”与“超载超限”治理难题。

此外，由于运输车辆专项治理工作逐步淘汰违规车辆，推广符合标准要求的铰接挂车和中置轴挂车。因此，《汽车、挂车及汽车列车外廓尺寸、轴荷及质量限值》(GB 1589—2016)促进了符合标准要求新车型的推广、拉动了物流业的生产消费、有效满足了特种作业车辆的研发生产和上路使用的需求，这必将在引导汽车和挂车的设计制造升级、加强道路交通安全管理、规范运输市场发展、提高道路运输效率、维护经济秩序等方面发挥重要作用。

正是由于《汽车、挂车及汽车列车外廓尺寸、轴荷及质量限值》(GB 1589—2016)对于物流行业及相关产业转型升级发展的重要价值，所以 GB 1589 成为了我国近年来物流标准化工作中知名度最高、影响力最大、宣贯实施效果最好的国家标准，可以说是我国物流标准化领域的一张“王牌”。

表 6-11 汽车、挂车及汽车列车最大允许总质量限值

（注：单位为 kg）

车辆类型			最大允许总质量限值
汽车	三轮汽车		2000[①]
	乘用车		4500
	二轴客车、货车及半挂牵引车		18000[②]
	三轴客车、货车及半挂牵引车		25000[③]
	单铰接客车		28000
	双转向轴四轴货车		31000
挂车	半挂车	一轴	1 8000
		二轴	35000
		三轴	40000
	牵引杆挂车	二轴，每轴每侧为单轮胎	12000[④]
		二轴，一轴每侧为单轮胎、另一轴每侧为双轮胎	16000
		二轴，每轴每侧为双轮胎	18000
	中置轴挂车	一轴	10000
		二轴	18000
		三轴	24000
汽车列车		三轴	27000
		四轴	36000[⑤]
		五轴	43000
		六轴	49000

注：① 当采用方向盘转向、由传动轴传递动力、具有驾驶室且驾驶员座椅后设计有物品放置空间时，最大允许总质量限值为 3000kg。

② 低速货车最大允许总质量限值为 4500kg。

③ 当驱动轴为每轴每侧双轮胎且装备空气悬架时，最大允许总质量限值增加 1000kg。

④ 安装名义断面宽度不小于 425mm 的轮胎，最大允许总质量限值为 18000kg。

⑤ 驱动轴为每轴每侧双轮胎并装备空气悬架且半挂车的两轴之间的距离大于或等于 1800mm 的铰接列车，最大允许总质量限值为 37000kg

除此以外，我国交通物流领域还打出了一张小“王牌”——《车用起重尾板安装与使用技术要求》(GB/T 37706—2019)。正如前文介绍，该项标准的发布也从根本上解决了我国城市配送领域长期存在的车用起重尾板安装被认定为“非法改装”“安全隐患”“不予年审”等“老大难”问题。

车用起重尾板是一种安装在车辆上用于装、卸货物的举升装置。汽车安装尾板及其安装后的尺寸与质量参数会给车辆纵梁强度、车长尺寸、离去角及轴荷分配等产生影响，涉及车辆的运行安全。目前，我国市场上尾板的结构、质量等参差不齐，迫切需要通过标准来规范车辆生产企业及物流企业对尾板的选择和安装，同时也可作为车辆管理部门对车辆注册变更的技术依据。为此，《车用起重尾板安装与使用技术要求》(GB/T 37706—2019)规定了车用起重尾板的选型与车辆相关设计要求、安装技术要求、使用要求以及检验等方面的内容。其中，尾板选型包含尾板与车辆的适配性要求、安装工艺要求；安装技术包含了安装的基本要求和工艺、液压和电控系统安装与布置、试验和标识的要求等；尾板使用要求则包括尾板使用前检查、尾板操作要求等；检验则包括检验类型及适用范围、检验项目、检验方法与要求等。此外,该标准还提供了资料性附录,用于指导加装后尾板的相关具体技术要求,提供了尾板承载曲线图与安全作业区域标识图、车辆后部标志板、后部车身反光标识、警示标识和放大牌号布置区域示例,要求定期检验记录表以便规范尾板的安装与检验。

该标准规范了尾板的生产、安装,保证了尾板安装、使用的安全性,有利于切实支撑物流业的降本增效,适用范围主要是参与城市物流配送的厢式货车,以及未来可在货运站场实现自主装卸的 O_3 类厢式挂车、O_4 类厢式挂车。危险品运输车、冷链运输车或其他类型车辆在安装尾板时,可根据车辆结构参照标准中的相关条款进行安装与检验,但还应满足其对应强制性标准、法规的要求。

随着《车用起重尾板》(QC/T 699—2019)的修订、发布和实施,加上交通运输部、工业和信息化部、公安部和市场监管总局联合发布的《关于做好〈车用起重尾板安装与使用技术要求〉贯彻实施工作的通知》(交办运函〔2020〕38 号)文件指引,道路运输领域和车辆紧密相关的又一项国家标准《车用起重尾板安装与使用技术要求》(GB/T 37706—2019)成为了物流业家喻户晓、尽人皆知的通用标准。

6.5 物流标准化之“展览馆”——仓库

仓库是提供仓储物流服务的重要基础设施,其价值就像车辆之于道路运输一样,离开了仓库,仓储物流服务就失去了根基。但与车辆投资明显不同的是,仓库作为固定资产投资的准入门槛比车辆要高出许多倍。但是,从提供服务的角度看,即使自身没有拥有仓库的固定资产,仍然可以通过租赁运营的方式获得仓库的使用权,为客户提供仓储物流服务。这种市场租赁需求刺激了我国物流地产行业的崛起,物流园区也因此迅速发展起来。

在现代物流领域,仓库作为库存物资的集结地,无论是在生产制造型供应链中,还是在商贸流通型供应链中,均处于十分重要的物流节点地位,发挥着承前启后的物流作业枢纽作用。根据这种仓库作业模式的不同与发挥作用的差异可以划分出不同的仓库类型,如中转仓与前置仓、中心仓与分拨仓、普通仓与特种仓、平面仓与立体仓、储存仓与加工仓、丙二类仓与丁类、戊类仓等,不一而足。

正是由于仓库在物流环节中的特殊地位与多功能性,决定了仓库本身的设计、建造、运营、维护管理等需配置的物流相关参数及设施设备的不同,例如柱网密度、净空高度、雨棚、作业月台宽度、月台离地高度、液压升降板、自动滑升门、隔热保温层、防火墙、消防系统、CCTV 系统和强弱电系统等,同时也决定了仓库内部仓储服务运作设施设备配置的多样性,例如标准托盘、条码及识别设备、普通高位货架、阁楼式货架、悬臂式货架、其他各种货架、物流周转器具、燃油叉车、电瓶叉车、手动搬运叉车、托盘搬运机、自动分拣系统、自动立体货架系统和物流管理信息系统等,以及在提供仓储服务过程中每天必须接触的各种包装标准的货物、不同标准类型的运输车辆与集装箱……因此,仓库可以说是物流设施设备最齐备的场所,从标准化的角度看就是物流标准化的“展览馆”,物流业的许多通用、非通用的标准都能在仓库内看到真真切切的实物,都能在仓库内得到实实在在的应用,甚至可以进行不同标准之间的对比体验。

从我国物流标准建设来看,仓库相关的物流标准主要分布在国内贸易、机械、粮食、化工、烟草等细分行业领域,仓库相关的国家标准相对而言数量不多,如《数码仓库应用系统规范》(GB/T 18768—2002)、《通用仓库等级》(GB/T 21072—2007)、《仓储人员从业职业资质》(GB/T 21070—2007)、《通用仓库及库区规划设计参数》(GB/T 28581—2012)和《自动化立体仓库的安装与维护规范》(GB/T 30673—2014)等。其中,与物流行业相关程度较高的国家标准是《通用仓库等级》(GB/T 21072—2007)和《通用仓库及库区规划设计参数》(GB/T 28581—2012)。

《通用仓库等级》(GB/T 21072—2007)规定了通用仓库等级的划分条件及设施要求,适用于具有仓储服务营业资质的通用仓库。标准内容分为术语、总则、通用仓库等级划分条件和管理制度要求 4 方面。根据该标准,按设施条件、员工素质、服务功能、管理水平的不同,通用仓库分为一至五星共 5 个等级,五星级为最高级。其中,仓库设施是划分通用仓库等级的基本条件,重点考察内容包括仓库面积、装卸机具、库内通道、信息系统等设施数量与质量等。通用仓库等级条件见表 6-12。目前,中国仓储与配送协会负责我国"中国星级仓库"等级的评定工作。

表 6-12　通用仓库等级条件

<table>
<tr><th colspan="2">划分指标</th><th colspan="5">仓库等级</th></tr>
<tr><th>项目</th><th>类别</th><th>一星</th><th>二星</th><th>三星</th><th>四星</th><th>五星</th></tr>
<tr><td rowspan="9">设施条件</td><td rowspan="3">仓库</td><td rowspan="3">建筑总面积在 5000m^2 以上的普通平房或楼房仓库</td><td rowspan="3">建筑总面积在 5000m^2 以上的普通平房或楼房仓库</td><td rowspan="3">建筑总面积在 10000m^2 以上的普通平房或楼房仓库</td><td colspan="2">建筑总面积在 10000m^2 以上</td></tr>
<tr><td>立体库所占比例达 30%</td><td>立体库所占比例达 50%</td></tr>
<tr><td colspan="2">有一定数量的站台登车桥</td></tr>
<tr><td>装卸机具</td><td>有必要的装卸机具</td><td>机械装卸作业量超过 30%</td><td>机械装卸作业量超过 50%</td><td>机械装卸作业量超过 70%</td><td>机械装卸作业量超过 90%</td></tr>
<tr><td>库内通道</td><td>—</td><td>库区通道、作业区满足一般货运车辆通行及作业要求</td><td>库区通道、作业区满足一般货运车辆通行及作业要求</td><td colspan="2">库区通道及作业区能满足 12.192m (40ft)集装箱卡车作业要求,拥有与业务规模相适应的停车场</td></tr>
<tr><td rowspan="4">信息系统</td><td rowspan="4">—</td><td>具有单机版仓储管理信息系统或用客户系统进行管理</td><td>具有仓储管理信息系统,库区仓储业务实现信息化管理</td><td colspan="2">企业全部仓储业务实现信息化管理</td></tr>
<tr><td rowspan="3">进行相关数据查询和传递</td><td rowspan="3">提供电子数据交换服务</td><td>与重点客户能够实现网络对接,客户能够及时获得数据查询结果</td><td>具有数据交换平台、实时可视监控体系</td></tr>
<tr><td>具有条码数据扫描与处理能力</td><td>具有数据自动采集、处理能力或一定自动分拣能力</td></tr>
<tr><td colspan="2">满足客户电子单证管理需求</td></tr>
</table>

续表

<table>
<tr><th colspan="2">划分指标</th><th colspan="5">仓库等级</th></tr>
<tr><th>项目</th><th>类别</th><th>一星</th><th>二星</th><th>三星</th><th>四星</th><th>五星</th></tr>
<tr><td rowspan="3">员工素质</td><td>管理层</td><td>经过必要的专业培训</td><td>大专以上文化程度在50%或中级职称、行业认可的职业资质在60%以上</td><td>大专以上文化程度在60%或中级职称、行业认可的职业资质在70%以上</td><td colspan="2">大专以上文化程度在70%或中级职称、行业认可的职业资质在80%以上</td></tr>
<tr><td>操作人员</td><td colspan="2">仓储一线操作人员执证上岗率在50%以上</td><td>仓储一线操作人员执证上岗率在60%以上</td><td>仓储一线操作人员执证上岗率在70%以上</td><td>仓储一线操作人员执证上岗率在80%以上</td></tr>
<tr><td colspan="6">需执证操作的设备，执证上岗率达100%</td></tr>
<tr><td colspan="2" rowspan="3">服务功能</td><td colspan="2" rowspan="3">仓储基本作业</td><td>仓储基本作业及简单加工、包装服务</td><td colspan="2">仓储基本作业与流通加工、包装、配送及信息服务等增值服务</td></tr>
<tr><td rowspan="2">提供全天24h服务</td><td colspan="2">不受一般天气影响，提供全天24h服务</td></tr>
<tr><td colspan="2">满足客户差异化服务需求</td></tr>
<tr><td rowspan="7">管理水平</td><td rowspan="3">安全管理</td><td colspan="5">有健全的安全管理制度</td></tr>
<tr><td colspan="5">仓库建筑、相关器材经过病虫害防治处理，如白蚁的防治</td></tr>
<tr><td colspan="3">—</td><td colspan="2">有自动报警系统，立体库有喷淋灭火系统</td></tr>
<tr><td>管理制度</td><td colspan="5">有健全的运作、考核、客户服务、持续改进和培训制度</td></tr>
<tr><td rowspan="2">制度落实</td><td colspan="5">各项制度得到贯彻落实，运作、质量、客户投诉管理及培训记录、档案完整</td></tr>
<tr><td colspan="3">—</td><td colspan="2">通过ISO 9000质量管理体系认证</td></tr>
<tr><td>作业现场</td><td colspan="5">库容库貌整洁；各种标志规范、清晰、易辨，符合GB 2894、GB 16169、GB 13495的规定；作业规范；物品堆码整齐</td></tr>
</table>

该标准一方面为货主企业选择不同等级的仓库提供依据，节省考察与交易成本；另一方面为仓储(物流)企业提高仓库的技术条件与管理水平提供了目标，有助于企业发现管理薄弱环节并进行改进，有利于仓储服务的优质优价，培养企业核心竞争力。同时，对于物流行业，该标准有利于改变物流企业市场定位不准确、服务水平不合格、经营运作不规范等问题，引导整个行业的健康发展。

《通用仓库及库区规划设计参数》(GB/T 28581—2012)规定了通用仓库及库区规划设计中基于现代物流运作需要的基本要求与参数，适用于单层通用仓库及库区的新建、改建或扩建，多层仓库、低温仓库、危险品仓库等可参照执行。该标准被列入2017年《商务部办公厅 财政部办公厅关于开展供应链体系建设工作的通知》(商办流通发〔2017〕337号)建议推广应用的国家标准之列。

GB/T 28581—2012由中国仓储协会组织，由普洛斯投资管理(中国)有限公司、深圳赤湾石油基地股份有限公司等单位参与起草，2012年6月29日发布，2012年10月1日起实施。该标准针对目前我国没有统一的通用仓库设计规范的状况，根据仓储与物流作业流程的实际情况，从库区选址、库区布局规划、仓库设计、仓库相关设施4方面提出进行现代通用仓库与库区规划时应考虑的基本因素及主要参数。

具体参数主要包括：装卸作业区宽度应满足12.192m(40ft)集装箱卡车作业的需要；单侧装卸作业时，宽度(含车辆通道)不宜小于30m；相向作业时，宽度(含车辆通道)不宜小于45m；库区通道的宽度、承重、转弯半径应满足12.192m(40ft)集装箱卡车通行的要求，一般为双车道，宽度不小于9m，如主通道设计为单向通行时，其宽度不小于5m；库区通道及作业区上方如需架设管线架或其他障碍物时，其净高应高于运输车辆和消防车辆要求高度的1m以上；单体仓库的面积不宜小于10000m^2；仓库跨度宜为20～30m，柱距宜为9～12m；库内净高宜为9m；地面承重不宜小于3t/m^2；仓库平台高度宜为1～1.4m；仓库平台宽度不宜小于4.5m；当站台登车桥不设在库门时，不宜小于5m；库门数量每万平方米库门不宜少于6扇；库门宽不小于2.75m，高度不小于3.5m；防雨棚的有效宽度(库门或仓库平台外沿至防雨棚外沿)应不小于2.5m，距离地面净高不宜小于5m；屋顶坡度不宜小于3%，采光板占屋面面积比例不宜小于2%。这些参数为我国通用仓库建设提供了重要的标准依据。

目前，该标准已列入科技部NQI项目“物流转型升级基础共性技术标准研究”(项目编号：2017YFF0208700)和2019年国家推荐标准修订项目(20190921-T-469)。拟修订增加立体库、楼房库、平房库、多层物流建筑、高层物流建筑的术语定义，优化完善库区选址、库区布局章节的表述形式，增加关于仓库结构形式、占地面积要求、防火分区要求等内容。同时增加库区标志标识规划设计章节和信息化规划设计章节。修订后的版本适用范围将扩大到单层及多层通用仓库及库区的新建、改建或扩建。

6.6 物流标准化之“大本营”——物流园区

物流园区是为了实现物流设施集约化和物流运作共同化，按照城市空间合理布局的要求，集中建设并由统一主体管理，为众多企业提供物流基础设施和公共服务的物流产业聚集区。为此，物流园区成为我国近年来鼓励发展的重点领域。《物流业调整振兴规划》(国发〔2009〕8号)、《全国物流园区发展规划》(发改经贸〔2013〕1949号)和《物流业发展中长期规划(2014—2020年)》(国发〔2014〕42号)等均把物流园区建设作为重点内容。

物流园区和仓库有着明显的区别。仓库只是一个建筑体，最多形成建筑群而构成物流中心，但物流园区不仅仅是拥有仓库及提供仓储服务功能，而是可以提供包括运输、仓储、配送、装卸搬运、流通加工、信息服务、金融物流服务、增值服务、基础性生产、生活配套服务和政务与商务服务等全链条、全生态服务的综合体。因此，从物流标准化的角度看，物流园区拥有比仓库更多的标准化软硬件设施设备、更多的标准化应用场景以及更多的标准化协同合作方。因此，物流园区可以说是物流标准化的“大本营”。

在这样的背景下，全国物流标准化技术委员会和中国物流与采购联合会高度重视物流园区的标准建设，早在2008年就发布实施了《物流园区分类与基本要求》(GB/T 21334—2008)。随后在2013年发布了《物流园区服务规范及评估指标》(GB/T 30334—2013)和《物流园区统计指标体系》(GB/T 30337—2013)两项国家标准。2017年，《物流园区分类与基本要求》(GB/T 21334—2008)修订发布,2018 年发布了《物流园区绩效指标体系》(GB/T 37102—2018)。这 4 项标准初步构成了我国物流园区的系列国家标准,并且均得到很好的宣贯实施,在物流行业内享有较好的知名度和影响力。

《物流园区分类与规划基本要求》(GB/T 21334—2017)规定了物流园区的分类和基本要求,适用于对物流园区的界定及物流园区的规划与建设。标准内容分为术语和定义、物流园区分类、物流园区规划要求 3 方面。该标准按依托的物流资源和市场需求特征为主要原则,以某一服务对象为主要特征,并将延伸服务合并为同一类型,以物流园区服务功能为导向,对物流园区进行了分类,分为货运服务型、生产服务型、商贸服务型、口岸服务型和综合服务型,详见表 6-13。

表 6-13 物流园区分类及标准要求

类　　型	应符合的标准要求
货运服务型	依托空运、水运或陆运节点(枢纽)而规划建设
	为大批量货物分拨、转运提供配套设施
	主要服务于区域性物流转运及运输方式的转换
	注 1:空港物流园区依托机场,以空运、快运为主,衔接航空与公路转运 注 2:港口物流园区依托海港或河港,衔接水运、铁路、公路转运 注 3:陆港(公路港、铁路港)物流园区依托公路枢纽或铁路场站,衔接公路与铁路转运
生产服务型	依托经济开发区、高新技术园区、工业园区等制造业集聚园区而规划建设
	为生产型企业提供一体化物流服务
	主要服务于生产企业物料供应、产品生产、销售和回收等
商贸服务型	依托各类批发市场,专业市场等商品集散地而规划建设
	为商贸流通企业提供一体化物流服务及配套商务服务
	主要服务于商贸流通业商品集散
口岸服务型	依托对外开放的海港、空港、陆港及海关特殊监管区域及场所而规划建设
	为国际贸易企业提供国际物流综合服务
	主要服务于进出口货物的报关、报检、仓储、国际采购、分销和配送、国际中转、国际转口贸易、商品展示等
综合服务型	具备上述两种及两种以上服务功能的物流园区

《物流园区服务规范及评估指标》(GB/T 30334—2013)的主要内容包括基本要求、服务保障、服务提供和评估指标。该标准重点提出了评估物流园区的 2 类指标:一是基本要求指标,主要包括占地面积不小于 0.5km^2(750 亩),物流运营面积比例不小于 50%,具备 2 种及以上运输方式或毗邻 2 条及以上高速公路、国道,货物吞吐量不小于 200 万 t/年(按 JT/T 402 给出的方法计算);二是服务要求指标,主要包括管理制度覆盖率 100%,商务服务至少包含指定的服务项目范围内的 8 项,信息服务至少包括指定服务项目内的 2 项,信息平台每日发布的有效信息数量不少于 200 条,投诉响应时间在 48h 以内,有效投诉办结率为 100%,入驻企业满意率达 90%。

《物流园区统计指标体系》(GB/T 30337—2013)则主要给出了物流园区运营基础和运营状况 2 大类指标体系,见表 6-14。

表 6-14　物流园区运营基础与运营状况类指标体系

体系类型	一级指标	二级指标	三级指标
1. 物流园区运营基础类指标体系	园区基本情况	园区基本类型	
		园区建设状态	
		园区地理分布	行政地域
			物流节点城市
		园区开发方式	
		园区投资方式	投资建设主体
			建设资金来源
	园区等级与定位	建设等级	
		服务定位与特色	产业物流
			公路物流
			铁路物流
			空港物流
			港口物流
			保税物流
		辐射区域	
	开发建设规模	规划建设规模	规划占地面积
			规划建筑面积
		实际开发规模	开发占地面积
			物流作业面积
			开发建筑面积
		开发投资规模	固定资产投资总额
			基础设施投资额
	物流服务设施	仓库设施	库房面积
			仓储容积
			立体仓库货位
			冷库容量

体系类型	一级指标	二级指标	三级指标
2. 物流园区运营状况类指标体系	物流服务设施	货场设施	散货堆场面积
			集装箱堆场面积
		运输相关设施	停车区域面积(含停车位)
			铁路装卸线(含铁路专用线)
	物流服务设备	运输设备	货运车辆数
			货运车辆载重吨数
			其他运输工具
		装卸设备	
		其他设备	
	园区信息化水平	物流服务信息化水平	物流公共信息平台
			入驻企业信息化投入
		园区管理信息化水平	园区管理信息系统
	物流作业量	货运服务	货物吞吐量
		仓储服务	平均库存量
		流通加工服务	流通加工量
	物流服务能力	物流企业数量	
		规模以上物流企业数量	
		A 级物流企业数量	
	经济与社会效益	营业收入	园区经营实体营业收入
			入驻企业营业收入总额
		税收总额	园区经营实体税收总额
			入驻企业税收总额
		人员就业	从业人员数量
			物流师数量
	辐射带动效应	国际物流规模	进口货物总额
			出口货物总额

《物流园区绩效指标体系》(GB/T 37102—2018)于 2018 年 12 月发布，2019 年 7 月 1 日开始实施，规定了物流园区绩效指标体系、指标内涵，适用于各类物流园的绩效管理与评价，也可作为各类示范物流园区评价的参考论据。该标准重点给出了物流园区绩效指标体系，从园区的物流基础设施、服务能力、运营管理和社会贡献 4 方面给出了 52 项绩效指标要求，详见表 6-15。该标准还给出了每一个三级绩效指标内涵、指标说明、评价要求和计算方法。

表 6-15　物流园区绩效指标体系

一级指标	二级指标	三级指标
基础设施（9个）	基础设施水平	园区实际占地面积
		物流运营面积占比
		建筑面积
		建筑占地面积
		投资强度
	交通设施衔接	公路设施衔接
		铁路设施衔接
		航空设施衔接
		港口设施衔接
服务能力（22个）	仓储服务能力	仓储面积
		仓储容积
		年货物吞吐量
	运输服务能力	运载工具数
		运载工具载重吨数
		年货运量
		年货物周转量
	装卸搬运服务能力	装卸搬运设备数量
		装卸搬运设备新度系数
		单机最大起重能力
		总起重能力
		分拣能力
	流通加工服务能力	年流通加工量
	信息服务能力	园区信息化发展水平
		公共信息平台注册账号量
		公共信息平台日均访问量
		公共信息平台网页级别（PR值）
		公共信息平台功能完备性
	金融物流服务能力	仓单质押、提单质押、保兑仓、代理采购、垫付货款、代收货款、保理等
	增值服务能力	货运代理、咨询与方案设计、市场交易、贸易代理、口岸、保税等
	基础配套服务能力	停车、住宿、餐饮、加油（加气、充电）、物业、修理、购物、娱乐等
	政务和商务服务能力	工商、税务、金融、保险、海关、国检、财务、财政服务等
运营管理（13个）	作业效率	人均作业量
		自动化处理效率
		物流强度
		园区发送量占地区运量比例
	经营效率	投入产出率
		劳动生产率
	综合服务质量	客户满意度
		入驻企业数量
		入驻企业质量
	安全管理	安全管理体系
		安全生产事故数量
		连续安全生产天数
		环境事件数量
社会贡献（8个）	社会责任	从业人员数量
		单位面积税收额
	生态责任	单位收入（作业）耗电量
		可再生能源使用率
		新能源汽车使用率
		绿色建筑覆盖率
	土地集约	建筑密度
		容积率

以物流园区系列国家标准为参考基础，国家发改委于2015年开始委托中国物流与采购联合会开展物流园区的示范工作。2019年开始，中国物流与采购联合会物流园区专委会开始以《物流园区绩效指标体系》（GB/T 37102—2018）为参考标准组织开展全国优秀物流园区评选活动。

此外，根据《第五次全国物流园区（基地）调查报告（2018）》数据，2015—2018年，我国物流园区个数年均增长10.7%，其中综合服务型园区占比60.6%，商贸服务、货运服务、口岸服务和生产服务等类型园区占比分别为17.1%、12.3%、5.5%和4.5%。这种物流园区发展趋势与类型结构表明，随着我国物流业供给侧结构性改革的深入，各个地方政府部门也将物流园区作为推进物流业降本增效的重要抓手，而这些物流园区国家标准的编制、修订出台为各地政府开展物流园区规划和管理提供了重要的参考依据。

6.7 物流标准化之“数字官”——系统平台

物流信息化是现代物流的重要标志。物流信息化意味着物流标准流程的再造优化、物流运作经验的总结提炼、物流运作模式的优化调整和物流组织结构的重新配置，以及纸质单证的减少使用、绿色化电子单证的广泛流传。因此，物流信息化可以说是精益物流的重要表现形式，是发展智慧物流的重要前提基础，是开展绿色物流实践的重要组成部分。

由于物流信息化的这些突出价值，在物流标准化建设领域，物流信息及相关的标准建设也是一个广受关注的热点。从现行的物流信息化相关标准看，主要包括4个类别，一是物流管理信息系统类，二是物流公共信息平台类，三是物流软硬件应用软件类，四是电子报文信息交换类。物流企业直接接触和应用最多的是物流管理信息系统和物流公共信息平台，在广大现代物流业从业者看来，系统平台是掌控着日常物流运作管理及相关公共信息服务的“数字官”，与之相关的部分国家标准见表6-16。

表6-16　物流管理信息系统与公共信息平台相关标准（部分）

序号	标准编号	标准名称
1	GB/T 18768—2002	数码仓库应用系统规范
2	GB/T 22263.1—2008	物流公共信息平台应用开发指南第1部分：基础术语
3	GB/T 22263.2—2008	物流公共信息平台应用开发指南第2部分：体系架构
4	GB/T 18578—2008	城市地理信息系统设计规范
5	GB/T 23830—2009	物流管理信息系统应用开发指南
6	GB/T 26318—2010	物流网络信息系统风险与防范
7	GB/T 22263.8—2010	物流公共信息平台应用开发指南第8部分：软件开发管理
8	GB/T 22263.7—2010	物流公共信息平台应用开发指南第7部分：平台服务管理
9	GB/T 26821—2011	物流管理信息系统功能与设计要求
10	GB/T 31874—2015	基于ebXML的运输费用询价与报价
11	GB/T 31877—2015	基于ebXML的整车/零担运输状态查询与答复
12	GB/T 31875—2015	基于ebXML的仓储库存状态通知
13	GB/T 31876—2015	基于ebXML的销售数据报告
14	GB/T 31872—2015	基于ebXML的收货通知
15	GB/T 31871—2015	基于ebXML的越库配送通知
16	GB/T 31878—2015	基于ebXML的发货通知
17	GB/T 31873—2015	基于ebXML的仓库装运通知
18	GB/T 31865—2015	基于ebXML的运输路线指令
19	GB/T 32827—2016	物流装备管理监控系统功能体系
20	GB/T 32828—2016	仓储物流自动化系统功能安全规范

续表

序号	标准编号	标准名称
21	GB/T 35399—2017	基于 ebXML 的补货请求
22	GB/T 35405—2017	基于 ebXML 的运力预订和应答
23	GB/T 35406—2017	基于 ebXML 的仓储入库指令和通知
24	GB/T 35404—2017	基于 ebXML 的仓储出库指令和通知
25	GB/T 34111—2017	钢铁物流互联网公共商务信息平台建设
26	GB/T 34113—2017	钢铁物流互联网信息交互技术规范
27	GB/T 37017—2018	物流公共信息平台应用开发指南 信息编码规则
28	GB/T 36076—2018	自动作业仓储配送包装箱信息标识通用规范
29	GB/T 37060—2018	农产品流通信息管理技术通则
30	GB/T 36088—2018	冷链物流信息管理要求
31	GB/T 37503—2019	物流公共信息平台服务质量要求与测评
32	GB/T 38115—2019	托盘共用系统信息化管理要求

在以上现行的标准中,《物流管理信息系统应用开发指南》(GB/T 23830—2009)、《物流管理信息系统功能与设计要求》(GB/T 26821—2011)、《物流公共信息平台应用开发指南第2部分:体系架构》(GB/T 22263.2—2008)和《物流公共信息平台服务质量要求与测评》(GB/T 37503—2019)比较系统、全面地对物流管理系统及物流公共信息平台建设做出了相关规定。其中,物流公共信息平台类标准是我国商贸物流标准化专项行动、物流标准化试点、供应链体系试点和供应链创新与应用试点建议推广应用的国家标准。

《物流管理信息系统应用开发指南》(GB/T 23830—2009)比较系统地给出了物流管理信息系统的应用原则、功能、技术架构、系统集成和开发方法,适用于物流管理信息系统的规划、开发和应用,可供各种类型的物流企业和信息系统供应商参考使用。该标准重点给出了物流管理信息系统构造模型(如图6-1所示),并对物流管理信息系统的作业层、管理层和决策层功能模块组成进行了规定。其中,作业层主要包括采购管理、仓储管理、运输管理、货运代理管理、配送管理、销售管理、报关报检管理、回收物流管理和资源管理9个子系统;管理层主要包括合同管理、客户关系管理、客户服务管理、结算管理、统计报表、系统管理6个子系统;决策层主要包括统计分析、决策支持2个子系统。此外,该标准还对物流管理信息系统的网络结构、信息交换模型、系统集成和开发方法进行了规定。

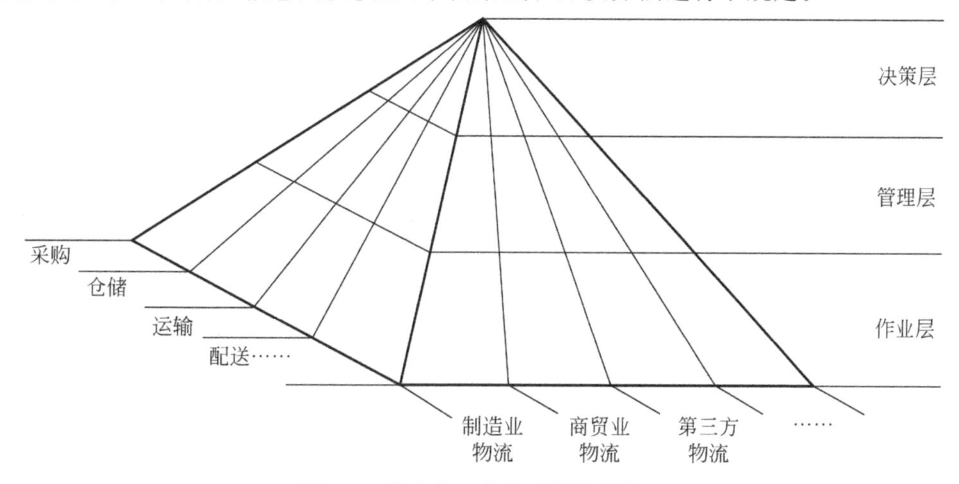

图6-1 物流管理信息系统构造模型

《物流管理信息系统功能与设计要求》(GB/T 26821—2011)由中国物品编码中心、山东省标准化研究院等4家单位联合编制,规定了物流管理信息系统的功能构成和设计要求,适用于物流管理信息系统的设计。其中,该标准规定,物流管理信息系统功能模块包括4个组成部分,分别是客户服务管理、作业管理、综合管理和决策管理,不同物流企业可根据自身业务需求选择或增加模块及其子模块。该标准还对仓储管理、运输管理、配送管理、货运代理管理、报关报检管理等作业管理功能及其具体功能架构进行详细的规定。

《物流公共信息平台应用开发指南第2部分:体系架构》(GB/T 22263.2—2008)给出了物流公共信息平台体系架构、设计要求和体系安全,适用于行业、区域类型的物流公共信息平台的规划、设计和开发。该标准首先给出了物流公共信息平台体系架构,主要分为应用扩展层、服务支持层和平台基础层,并对不同层级的功能设计进行了规定。物流公共信息平台的体系架构如图6-2所示。该标准还提出了平台设计在安全性、可靠性与稳定性、可扩展性、先进性与成熟性、数据标准化和系统性能6方面的具体要求。

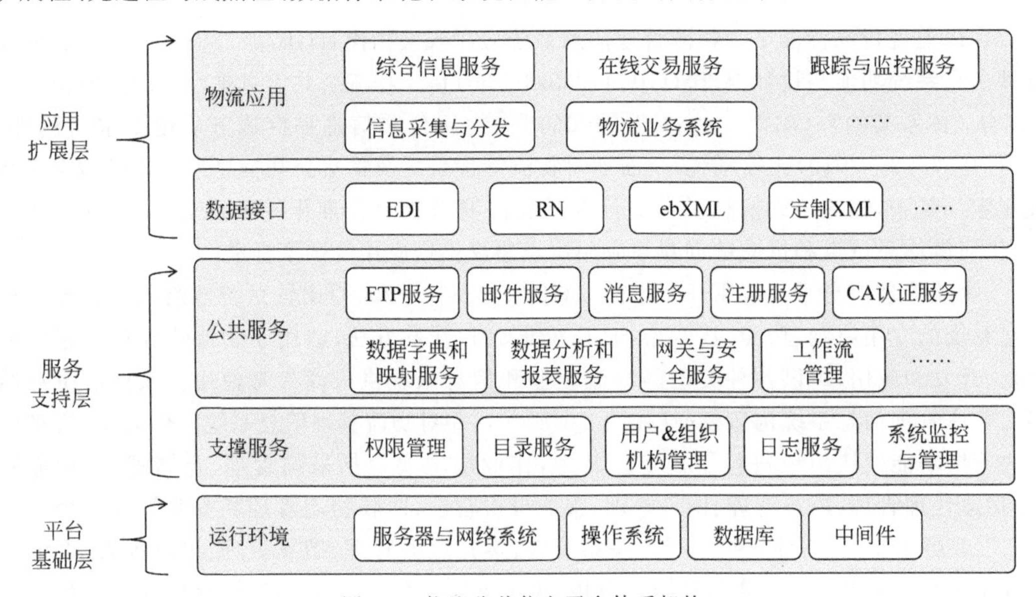

图6-2 物流公共信息平台体系架构

《物流公共信息平台服务质量要求与测评》(GB/T 37503—2019)由中国标准化研究院等9家单位联合编制,于2019年5月10日发布,2019年12月1日开始实施,规定了物流公共信息平台的类型、服务质量要求以及服务质量测评,适用于物流公共信息平台的服务和测评。该标准将物流公共信息平台划分为信息资讯型、资源配置和交易型、技术服务型、政务服务和监管服务型以及综合型5个类型,并重点提出了物流公共信息平台8方面的通用服务质量要求,即系统功能、平台管理、客户协议、业务运营服务、客户服务、客户信息保护、信用管理、业务风险与应急管理。对不同类型物流公共信息平台服务质量也分别给出了要求,并规定从功能性、可靠性、经济性、安全性和满意度5方面进行平台评价。

近年来,我国物流公共信息平台取得了快速的发展,这也是我国进入现代物流2.0时代的重要标志之一。其中,国家交通运输物流公共信息平台(http://www.logink.cn)、交通运输部无车承运人监测平台以及众多市场化的车货信息匹配交易平台均得到了市场的广泛认可。与此同时,企业级物流管理信息系统也全面进入 SaaS(software-as-a-service,软件即服务)模式时代,并且也有形成“小平台”与相关政府公共平台数据动态对接共享的发展趋势。

6.8 物流标准化之“执行官”——企业评估

物流企业是现代物流运作、管理和创新发展的市场主体和基本单元。加强物流企业的管理和发展是国家促进现代物流业发展的最具能动性价值的内容。标准化是实现物流企业管理的重要手段,主要是通过建立相关的评价评估标准及指标为物流企业的生产运营管理及经营发展提供参考依据,并作为评价物流企业综合表现的重要标准。从这个角度而言,物流企业首先是物流标准化推动落地的“执行官”,同时也是接受相关标准评价管理的“被执行者”。

我国物流企业综合评价管理的相关标准主要侧重于 3 种类型,一是物流企业分级分类标准,二是物流企业信用评价标准,三是物流企业特定能力(要求)评估标准。对应的标准主要有《物流企业分类与评估指标》(GB/T 19680—2013)、《国际货运代理企业资质和等级评价指标》(GB/T 22155—2008)、《道路货物运输企业等级》(JT/T 631—2017)等。物流企业综合评价管理的相关标准见表 6-17。

表 6-17 物流企业综合评价管理的相关标准

标准号	标准名称
GB 18265—2000	危险化学品经营企业开业条件和技术要求
GB/T 22155—2008	国际货运代理企业资质和等级评价指标
GB/T 28836—2012	国际物流企业信用评价指标要素
GB/T 19680—2013	物流企业分类与评估指标
GB/T 30345—2013	国际物流企业信用管理规范
GB/T 30674—2014	企业应急物流能力评估规范
GB/T 35434—2017	商贸物流企业信用评价指标
JT/T 631—2017	道路货物运输企业等级

《物流企业分类与评估指标》(GB/T 19680—2013)是在 GB/T 19680—2005 基础上修订而成的,规定了物流企业的分类原则、物流企业类型和评估指标,适用于物流企业的界定、分类和评估,也适用于物流企业的规范与管理。该标准是我国最早一批公共类物流标准之一,是目前我国最具影响力的物流企业分类评估标准。在该标准发布实施后,2005 年中国物流与采购联合会就首次开展了 A 级物流企业评估工作。截至 2020 年 3 月,已经完成了 29 个批次 6432 家 A 级物流企业的评估。拥有物流企业 A 级认证证书已经成为评定一个物流企业经营管理和发展实力的重要标志,甚至成为许多大中型物流项目公开招标的重要准入条件之一。

《物流企业分类与评估指标》(GB/T 19680—2013)将物流企业按其主营业务类型划分为运输型、仓储型和综合型 3 种,然后按照不同评估指标分为 AAAAA、AAAA、AAA、AA、A 5 个等级,AAAAA 级最高,依次降低。物流企业分类及其基本要求见表 6-18～表 6-21。

表 6-18　物流企业分类及其基本要求

物流企业类型	对应类型企业应同时符合以下要求
运输型物流企业	以从事运输业务为主，具备一定规模；可为客户提供运输服务及其他增值服务；自有一定数量的运输工具和设备；具备信息服务功能，应用信息系统可对运输货物进行状态查询、监控
仓储型物流企业	以从事仓储业务为主，具备一定规模；可为客户提供分拨、配送、流通加工等服务，以及其他增值服务；自有一定规模的仓储设施、设备，自有或租用必要的货物运输工具；具备信息服务功能，应用信息系统可对仓储货物进行状态查询、监控
综合型物流企业	从事多种物流服务业务，可以为客户提供运输、仓储、货运代理、配送、流通加工信息服务等多种物流服务，具备一定规模；可为客户制定系统化的物流解决方案；可为客户提供综合物流服务及其他增值服务；自有或租用必要的运输工具、仓储设施及相关设备；具有一定市场覆盖面的货物集散、分拨、配送网络；具备信息服务功能，应用信息系统可对物流服务全过程进行状态查询、监控

表 6-19　运输型物流企业评估指标

评估指标		级别				
		AAAAA 级	AAAA 级	AAA 级	AA 级	A 级
经营状况	年物流营业收入/元*	16.5 亿以上	3 亿以上	6000 万以上	1000 万以上	300 万以上
	营业时间*	5 年以上	3 年以上		2 年以上	
资产	资产总额/元*	11 亿以上	2 亿以上	4000 万以上	800 万以上	300 万以上
	资产负债率*	不高于 70%				
设施设备	自有货运车辆/辆*（或总载重量/t）*	1500 以上（7500 以上）	400 以上（2000 以上）	150 以上（750 以上）	80 以上（400 以上）	30 以上（150 以上）
	运营网点/个	50 以上	30 以上	15 以上	10 以上	5 以上
管理及服务	管理制度*	有健全的经营、作业、财务、统计、安全、技术等机构和相应的管理制度				
	质量管理	通过国家或行业相关认证			具有规范的质量管理体系	
	业务辐射面*	跨省区以上			—	
	物流服务方案与实施	提供物流系统规划、资源整合、方案设计、业务流程重组、供应链优化、物流信息化等方面服务			提供整合物流资源、方案设计等方面的咨询服务	
	客户投诉率（或客户满意度）	≤0.05%（≥98%）	≤0.1%（≥95%）		≤0.5%（≥90%）	
人员管理	中高层管理人员*	80%以上具有大专及以上学历，或全国性行业组织物流师认证	60%以上具有大专及以上学历，或全国性行业组织物流师认证		30%以上具有大专及以上学历，或全国性行业组织物流师认证	
	基层物流业务人员	60%以上具有中等及以上学历或物流职业资格	50%以上具有中等及以上学历或物流职业资格		30%以上具有中等及以上学历或物流职业资格	

续表

评估指标		级别				
		AAAAA 级	AAAA 级	AAA 级	AA 级	A 级
信息化水平	信息系统*	物流经营业务全部信息化管理			物流经营业务部分信息化管理	
	电子单证管理	90%以上	70%以上		50%以上	
	货物物流状态跟踪*	90%以上	70%以上		50%以上	
	客户查询*	建立自动查询和人工查询系统			建立人工查询系统	

注：标注 * 的指标为企业达到评估等级的必备指标项目，其他为参考指标项目。

表 6-20　仓储型物流企业评估指标

评估指标		级别				
		AAAAA 级	AAAA 级	AAA 级	AA 级	A 级
经营状况	年物流营业收入/元*	7.2 亿以上	1.2 亿以上	2500 万以上	500 万以上	200 万以上
	营业时间*	5 年以上	3 年以上		2 年以上	
资产	资产总额/元*	11 亿以上	2 亿以上	4000 万以上	800 万以上	200 万以上
	资产负债率*	不高于 70%				
设施设备	自有仓储面积/m^2*	20 万以上	8 万以上	3 万以上	1 万以上	4000 以上
	自有/租用货运车辆/辆(或总载重量/t)*	500 以上(2500 以上)	200 以上(1000 以上)	100 以上(500 以上)	50 以上(250 以上)	30 以上(150 以上)
	配送客户点/个	200 以上	150 以上	100 以上	50 以上	30 以上
管理及服务	管理制度*	有健全的经营、作业、财务、统计、安全、技术等机构和相应的管理制度				
	质量管理	通过国家或行业相关认证			具有规范的质量管理体系	
	物流服务方案与实施	提供物流系统规划、资源整合、方案设计、业务流程重组、供应链优化、物流信息化等方面服务			提供整合物流资源、方案设计等方面的咨询服务	
	客户投诉率(或客户满意度)	≤0.05%(≥98%)	≤0.1%(≥95%)		≤0.5%(≥90%)	
人员管理	中高层管理人员*	80%以上具有大专及以上学历或全国性行业组织物流师认证	60%以上具有大专及以上学历或全国性行业组织物流师认证		30%以上具有大专及以上学历或全国性行业组织物流师认证	
	基层物流业务人员	60%以上具有中等及以上学历或物流职业资格	50%以上具有中等及以上学历或物流职业资格		30%以上具有中等及以上学历或物流职业资格	
信息化水平	信息系统*	物流经营业务全部信息化管理			物流经营业务部分信息化管理	
	电子单证管理*	100%以上	70%以上		50%以上	
	货物物流状态跟踪	90%以上	70%以上		50%以上	
	客户查询*	建立自动查询和人工查询系统			建立人工查询系统	

注：标注 * 的指标为企业达到评估等级的必备指标项目，其他为参考指标项目。

表 6-21 综合型物流企业评估指标

评估指标		级别				
		AAAAA 级	AAAA 级	AAA 级	AA 级	A 级
经营状况	年物流营业收入/元*	16.5 亿以上	2 亿以上	4000 万以上	800 万以上	300 万以上
	营业时间*	5 年以上	3 年以上		2 年以上	
资产	资产总额/元*	5.5 亿以上	1 亿以上	2000 万以上	600 万以上	200 万以上
	资产负债率*	不高于 75%				
设施设备	自有/租用仓储面积/m^2	10 万以上	3 万以上	1 万以上	3000 以上	1000 以上
	自有/租用货运车辆/辆(或总载重量/t)*	1500 以上(7500 以上)	500 以上(2500 以上)	300 以上(1500 以上)	200 以上(1000 以上)	100 以上(500 以上)
	运营网点/个*	50 以上	30 以上	20 以上	10 以上	5 以上
管理及服务	管理制度*	有健全的经营、作业、财务、统计、安全、技术等机构和相应的管理制度				
	质量管理	通过国家或行业相关认证			具有规范的质量管理体系	
	业务辐射面*	跨省区以上			—	
	物流服务方案与实施*	提供物流系统规划、资源整合、方案设计、业务流程重组、供应链优化、物流信息化等方面服务			提供整合物流资源、方案设计等方面的咨询服务	
	客户投诉率(或客户满意度)	≤0.05%(≥99%)	≤0.1%(≥95%)		≤0.5%(≥90%)	
人员要求	中高层管理人员*	80%以上具有大专及以上学历或全国性行业组织物流师认证	70%以上具有大专及以上学历或全国性行业组织物流师认证		50%以上具有大专及以上学历或全国性行业组织物流师认证	
	基层物流业务人员	60%以上具有中等及以上学历或物流职业资格	50%以上具有中等及以上学历或物流职业资格		40%以上具有中等及以上学历或物流职业资格	
信息化水平	信息系统*	物流经营业务全部信息化管理			物流经营业务部分信息化管理	
	电子单证管理*	100%	80%以上		60%以上	
	货物物流状态跟踪*	100%以上	80%以上		60%以上	
	客户查询*	建立自动查询和人工查询系统			建立人工查询系统	

注：标注 * 的指标为企业达到评估等级的必备指标项目，其他为参考指标项目。

《道路货物运输企业等级》(JT/T 631—2017)在交通运输物流领域也拥有广泛的知名度和影响力。该标准规定了道路货物运输企业的分级及等级条件，适用于从事营业性道路货物运输的企业，包括道路普通货运、道路货物专用运输、大型物件运输、危险货物运输等运输型物流企业。该标准将货运企业分为特级、一级、二级、三级、四级、五级，规定了从运输能力、资产规模、车辆条件、经营业绩、安全状况、服务质量、人员素质和科技应用 8 个维度进行综合评估的具体要求。

此外，我国围绕物流企业管理建立的资质评估、信用评价、能力评价和从业技术要求等标准，特别是细分物流领域的相关标准，为我国现代物流业健康可持续发展和供给侧结构性改革提供了重要的工作抓手和工具。

6.9　物流标准化之“主考官”——统计指标

统计工作是衡量工作结果的重要工具，是对各项工作进行多维度数据采集、加工、处理和分析的过程。在行业统计和企业统计方面，物流行业(企业)统计均在一定的范围内开展，并成为行业或企业内部进行业绩对比和绩效考核的重要基础性工作。统计指标在一定程度上就是一位公正无私的“主考官”，用数据说话，并最终作出客观的评价。

为贯彻落实《关于促进我国现代物流业发展的意见》文件精神，国家发展改革委和国家统计局于2004年10月联合印发了《关于组织实施〈社会物流统计制度及核算表式(试行)〉的通知》(发改运行〔2004〕2409号)，建立了全国社会物流统计核算制度。2006年4月，国家发展改革委印发《关于组织实施社会物流统计核算与报表制度的通知》(发改运行〔2006〕625号)，确定自2006年起将社会物流统计核算试行制度转为正式制度，定期开展社会物流统计核算工作。从此，我国社会物流统计进入制度化发展阶段。

在建立社会物流统计制度的同时，我国还陆续发布了一批物流统计相关标准，见表6-22。其中具有广泛影响力的标准包括《社会物流统计指标体系》(GB/T 24361—2009)、《物流景气指数统计指标体系》(GB/T 30336—2013)和《城市配送统计指标体系及绩效评估方法》(SB/T 11069—2013)。

表6-22　物流统计指标体系及相关标准

标准号	标准名称
GB/T 22152—2008	国际货运代理业务统计导则
GB/T 24361—2009	社会物流统计指标体系
GB/T 30336—2013	物流景气指数统计指标体系
GB/T 30337—2013	物流园区统计指标体系
SB/T 11069—2013	城市配送统计指标体系及绩效评估方法
WB/T 1070—2018	汽车物流统计指标体系
YC/T 303—2009	烟草商业企业卷烟物流统计指标体系
WB/T 1071—2018	钢铁物流统计指标体系

《社会物流统计指标体系》(GB/T 24361—2009)确定了社会物流统计指标的基本概念及计算方法。该标准主要给出了社会物流宏观统计指标体系和社会物流企业统计指标体系，并对统计指标的内涵与计算方法进行了详细的介绍。

该标准在广泛调查研究、吸收并借鉴国内外相关经验的基础上，通过对社会物流统计指标体系作出相关规定，为我国物流统计提供技术支撑，使统计数据能全面、科学地反映我国现代物流业的运行特点、发展趋势和经营效益，使各地区、各部门、各企业的物流统计工作进一步规范，从而推动我国物流统计工作不断向前发展，更好地适应我国现代物流业发展与国际接轨的需要。

我国社会物流宏观统计指标体系采用三级指标架构，主要包括社会物流总费用、社会物流总收入、社会物流总额、物流业增加值和物流业固定资产投资5个一级指标。其中，社会物流总费用主要包括运输、保管和管理3类费用，社会物流总收入主要包括运输收入和保管收入，社会物流总额主要包括工业品物流总额、外部流入货物物流总额、再生资源物流总额、单位与居民物品物流额，物流业增加值和物流业固定资产投资均按交通运输业、仓储业、邮政业、批发业、零售业、商务服务业进行统计增加值和固定资产投资。社会物流宏观统计指标体系见表6-23。

表6-23 社会物流宏观统计指标体系

一级指标	二级指标	三级指标
社会物流总费用	运输费用	铁路运输费用
		道路运输费用
		水上运输费用
		航空运输费用
		管道运输费用
		其他运输费用
	保管费用	仓储费用
		配送费用
		包装费用
		流通加工费用
		货物损耗费用
		货代业务费用
		保险费用
		信息及相关服务费用
		利息费用
		其他保管费用
	管理费用	物流管理人员报酬
		其他管理费用
社会物流总收入	运输收入	铁路运输收入
		道路运输收入
		水上运输收入
		航空运输收入
		管道运输收入
		其他运输收入
	保管收入	仓储收入
		配送收入
		包装收入
		流通加工收入
		货代业务收入
		信息及相关服务收入
		其他保管收入
社会物流总额	农产品物流总额	农业
		林业
		畜牧业
		渔业

一级指标	二级指标	三级指标
社会物流总额	工业品物流总额	1.采掘业
		(1)煤炭开采和洗选业
		(2)石油和天然气开采业
		(3)黑色金属矿采选业
		(4)有色金属矿采选业
		(5)非金属矿采选业
		(6)其他采矿业
		2.制造业
		(1)农副食品加工业
		……
		(43) 废弃资源和废旧材料回收加工业
	外部流入货物物流总额	
	再生资源物流总额	
	单位与居民物品物流额	
物流业增加值	交通运输业	铁路运输业
		道路运输业
		水上运输业
		航空运输业
		管道运输业
		装卸搬运和其他运输服务业
	仓储业	
	邮政业	其他寄递服务业
	批发业	物流部分
	零售业	物流部分
	商务服务业	包装服务业
物流业固定资产投资	交通运输业	铁路运输业
		道路运输业
		水上运输业
		航空运输业
		管道运输业
		装卸搬运和其他运输服务业
	仓储业	
	邮政业	其他寄递服务业
	批发业	物流部分
	零售业	物流部分
	商务服务业	包装服务业

社会物流企业统计指标体系采取两级架构，主要包括8个一级指标，即物流业务运营、物流业务收入、物流业务成本、物流服务价格、物流经营效益、物流资产、物流基础设施与装备、物流从业人员，一级指标又分别对应77个物流企业二级指标和52个企业物流二级指标。

《物流景气指数统计指标体系》(GB/T 30336—2013)由中国物流信息中心等4家单位联合编制，规定了物流景气指数统计指标体系的概念、基本原则及体系框架，给出了物流景气指数统计指标的内涵及指数计算方法，适用于全国、区域、行业的物流运行统计监测和预警。该标准规定物流景气指数(logistics prosperity index,LPI)是一个综合反映物流业运行状况与趋势的综合指数，是由若干个扩散指数加权平均而成。LPI如果在50%以上，反映了物流业扩张；反之，如果低于50%，通常反映其在衰退。物流景气指数(LPI)指标体系见表6-24。

表6-24 物流景气指数(LPI)指标体系

一级指标	二级指标	指标说明
物流业务指数	订单指数	物流企业承接客户业务的订单数量变化情况
	业务量指数	物流企业完成物流业务活动的数量变化情况
	库存指数(平均库存量指数、库存周转次数指数)	平均库存量指数，物流企业储存保管的客户货物数量变化情况 库存周转次数指数，物流企业储存保管的客户货物周转次数变化情况
物流效率指数	资金周转率指数	物流企业在一定时间内流动资金周转次数变化情况
	设备利用率指数	物流企业在经营活动中相关设备、设施的利用程度变化情况
物流效益指数	物流服务价格指数	物流企业从事物流活动所收取的费用变化情况
	主营业务利润指数	物流企业主营业务利润增减变化情况
	主营业务成本指数	物流企业完成物流服务活动所花费的成本增减变化情况
物流投入指数	从业人员指数	物流企业对从业人员需求的增减变化情况
	固定资产投资指数	物流企业为满足经营活动需要而新增的固定资产投入变化情况
物流发展预期指数	业务活动预期指数	物流企业在未来3个月内业务活动整体水平变化情况

在该标准编制的过程中，中国物流信息中心通过广泛地调查研究，吸收并借鉴国内外相关经验，结合我国国情，启动了我国物流景气指数的发布。2013年3月5日，中国物流与采购联合会协同中国物流信息中心首次对外发布我国物流业景气指数(LPI)，并宣布中国物流业景气指数将于每月5日对外发布。物流业景气指数由中国物流与采购联合会具体组织实施，采用PPS(probability proportional to size，概率比例规模抽样)抽样方法，按照各物流行业对物流业主营业务收入的贡献度，确定各行业的样本数，兼顾样本的区域分布、企业类型分布、规模分布，利用中国物流信息中心统计联网直报系统对企业物流业务经理进行月度问卷调查。

《城市配送统计指标体系及绩效评估方法》(SB/T 11069—2013)规定了城市配送的统计指标体系、指标计算方法、绩效评估内容、绩效评估体系及绩效评估方法，适用于城市配送活动的统计管理和绩效评估。该标准主要给出了城市配送统计指标体系见表6-25，城市绩效评估指标体系如图 6-3 所示。此外，该标准还给出了各项统计指标的内涵及计算方法。

表 6-25　城市配送统计指标体系

一级指标	二级指标	三级指标	一级指标	二级指标	三级指标
设施设备	网络节点数量	一级网络节点数量	运营状况	二级网络节点货物周转率	
		二级网络节点数量		三级网络节点社会开放数量	
		三级网络节点数量		配送车辆百吨千米燃料消耗	
	网络节点占地面积	一级网络节点占地面积		配送车辆实载率	
		二级网络节点占地面积		平均配送成本	快速消费品平均配送成本
	网络节点总投入	一级网络节点总投入			电子产品平均配送成本
		二级网络节点总投入			冷冻食品平均配送成本
	配送车辆数量	普通厢式货车数量			冷藏食品平均配送成本
		城市配送标准车数量			生鲜食品平均配送成本
		冷藏/冷冻车数量			药品平均配送成本
		其他配送车辆数量			其他商品平均配送成本
	托盘数量	托盘总数量			
		标准托盘数量			
		共用托盘数量			

城市共同配送绩效评估主要从管理、设施设备、运营和服务 3 方面进行定性和定量分析，如图 6-3 所示。其中管理指标主要评估政府在开展城市共同配送过程中的组织管理水平；设施设备指标主要评估城市共同配送标准化设备的使用情况；运营指标主要评估城市共同配送的效率和实施效果，服务指标主要评估城市共同配送的服务水平。

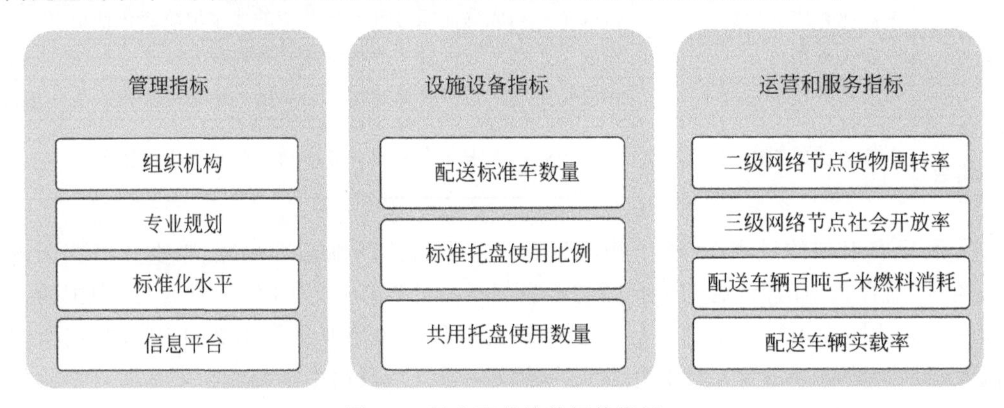

图 6-3　城市配送绩效评估指标

城市共同配送是我国近年来持续推进的城市物流解决方案。2012 年起，商务部启动了城市共同配送试点项目，全国有 22 个城市作为试点城市开展城市共同配送工作。该标准为考核商务部城市共同配送试点项目提供了依据，同时也为各地政府统计城市配送业务提供了依据。

6.10 物流标准化之“环保控”——绿色物流

绿色物流是通过充分利用物流资源，采用先进的物流技术，合理规划和实施运输、储存、装卸、搬运、包装、流通加工、配送和信息处理等物流活动，降低物流活动对环境影响的过程。绿色物流也是我国近年来物流供给侧结构性改革的重点方向，特别是在交通运输领域和邮政快递物流领域，已经深入开展了相关试点的建设，推进了“绿色交通”“绿色邮政”等实质性行动。这意味着我国现代物流发展逐步进入了“绿色环保”时代，“绿色控”也成为了物流标准化工作的基本原则。

总体来看，我国绿色物流刚刚起步，相关的标准也比较少，《通用仓库及库区规划设计参数》(GB/T 28581—2012)有提到绿色仓库的基本要素，《绿色仓库要求与评价》(SB/T 11164—2016)、《绿色物流指标构成与核算方法》(GB/T 37099—2018)和《绿色包装评价方法与准则》(GB/T 37422—2019)则重点从绿色仓库、绿色物流和绿色包装的角度提出了相关指标体系、核算方法及准则等。

《通用仓库及库区规划设计参数》(GB/T 28581—2012)首次给出了资料性附录《绿色仓库基本要素》。该附录强调，仓库的设计应统筹考虑仓库全寿命周期内，节能、节地、节水、节材、保护环境和满足仓库功能之间的辩证关系，应依据因地制宜的原则，结合所在地域的气候、资源、自然环境、经济、文化等特点，符合国家的法律法规和相关的标准，体现经济效益、社会效益和环境效益的统一，并提出了绿色仓库对于库房选址与规划、材料选用、节能、节水、库区环境5方面的具体要求。

《绿色仓库要求与评价》(SB/T 11164—2016)给出了绿色仓库的定义、评价体系和评价方法，适用于新建、改建、扩建通用型常温仓库及库区，其他各类专业仓库可参照执行。该标准定义的绿色仓库是指在建筑的全寿命周期内，最大限度地节约资源(节能、节地、节水、节材)、保护环境和减少污染，提供健康、适用和高效的使用空间，并与自然和谐共生的仓库建筑。绿色仓库评价体系由基本要求、库区选址与规划、节地与土地利用、节能与能源利用、节水与水资源利用、节材与材料资源利用以及环境组成，鼓励采用新技术与创新。其中基本要求有4项，一是应符合国家现行有关建筑标准及仓库建设方面的规定，二是绿色仓库设计应符合GB/T 28581中A.1的规定，三是绿色仓库的综合能耗应低于同类常规仓库的综合能耗，四是根据仓库的使用要求进行建筑及工艺设备一体化设计。

SB/T 11164—2016规定，绿色仓库的评价分为设计和运行2个阶段，设计阶段在施工图完成后评价，运行阶段应在项目建成并运营后进行。绿色仓库评价划分为3个等级，分别是一级绿色仓库、二级绿色仓库和三级绿色仓库。其中一级为最高等级，三级为最低等级。

《绿色物流指标构成与核算方法》(GB/T 37099—2018)则规定了企业的绿色物流指标构成与指标核算方法，适用于绿色物流的建设、评价和考核，为政府、行业管理部门、第三方评价机构以及企业绿色物流水平的评估提供依据，弥补了我国绿色物流相关标准的空白。该标准重点给出了绿色物流指标体系，包括资源、运作和环境3方面的一级指标，以及对应的设施、设备、能源、物流包装材料、管理、设施设备利用与物流作业、温室气体、大气污染、固液体污染和噪声污染等11个二级指标，三级指标共34个。绿色物流指标体系见表6-26。

表 6-26　绿色物流指标体系

一级指标	二级指标	三级指标
资源指标	设施	物流节点选址
		容积率
		建筑节能率
		库区绿地率
	设备	清洁能源装卸设备占比
		标准化周转容器占比
		场库高效灯具占比
		新能源车或符合国家最新环保要求车辆(铁路货车/船舶/货运飞机)占比
	能源	场库单位容积能耗
		载运工具百吨(立方米/车)千米燃料消耗量
		使用可再生能源电量占比
	物流包装材料	生物降解塑料包装材料使用率
		可再利用包装材料使用率
		减量化包装材料使用率
	管理	物流管理体系
		物流运营方案
		物流信息化水平

一级指标	二级指标	三级指标
运作指标	设施设备利用	场库单位面积(容积)吞吐量
		周转容器循环使用占比
		载运工具载重量(容积)利用率
		机械设备使用率
	物流作业	集装单元化运输占比
		共同配送占比
		货损率
		物流包装回收率
		不合格品(含废弃物)合规处理率
环境指标	温室气体	单位业务量温室气体排放量
	大气污染	单位业务量载货汽车大气污染物排放量
		单位业务量柴油叉车大气污染物排放量
		单位业务量锅炉大气污染物排放量
	固液体污染	单位业务量固体污染物产生量
		单位业务量液体污染物排放量
		固液体污染物合规处理率
	噪声污染	噪声排放值

《绿色包装评价方法与准则》(GB/T 37422—2019)规定了绿色包装评价准则、评价方法以及评价报告的内容和格式,适用于绿色包装的评价,也适用于各类绿色包装评价规范的编制。该标准首次构建了绿色包装评价标准体系,围绕资源、能源、环境和产品4大指标,重点依据"六减六增"原则,采用计分制评价方法,对绿色包装产品综合评分定级。绿色包装评价指标体系的要求见表6-27。其中,六减,即减少包装品用料、层数,简化包装结构,降低生产过程中温室气体、有害物质、废弃物的排放等;六增,即增加再生原料添加率、实际回收利用率、清洁能源使用率、水重复利用率、产品重复使用性和材料可降解性等。

表 6-27　绿色包装评价指标体系的要求

一级指标	二级指标	指标要求
资源属性	包装系统优化	满足客户需求,根据具体产品界定关键项目和数值
	包装材质种类	单一材质,或易于分离的两种及两种以上材质
	包装层数或包装空隙率	根据行业和包装特点确定,食品和化妆品包装应符合GB 23350的规定
	再生原材料添加率	根据行业和包装特点确定
	实际回收利用率	根据行业和包装特点确定
	单位产品取水量	根据行业和包装特点确定
	其他指标	根据行业和包装特点确定
能源属性	综合能耗	根据行业和包装特点确定
	余热回收	根据行业和包装特点确定

续表

一级指标	二级指标	指 标 要 求
能源属性	清洁能源或可再生能源	鼓励采用清洁能源或可再生能源
	其他指标	根据行业和包装特点确定
环境属性	温室气体排放	鼓励核算温室气体排放量
	生产单元环境质量	粉尘浓度,噪声等分别符合相关标准规定
	环境有害物质	符合相关限量要求
	水的重复利用率	≥90%,或不用水
	生产废弃物处置	应有效处置
	其他指标	根据行业和包装特点确定
产品属性	重复使用性能	符合 GB/T 16716.3 标准要求,考虑重复使用次数和周期
	包装产品可回收利用率	根据行业和包装特点确定
	可回收利用标志	采用可回收利用标志
	降解性能	降解塑料制品应符合 GB/T 20197—2006 的技术要求

与物流的跨行业特性相匹配,绿色物流不仅是物流行业本身的事情,而且是国民经济各行各业密切关联的事情,是和绿色供应链体系发展紧密融合在一起的事情。因此,从这个角度来看,我国的绿色物流发展前景可期,但任重道远。

实际上,我国物流行业常见的通用标准还远不止前述的 10 方面,只是这 10 方面的标准在比较公共化的物流日常运作场景、商业场景和管理场景中有更多的“曝光”机会,因为标准最重要的价值在于实施应用。通过这 10 方面的标准也可以看出我国物流行业标准化建设的成果,以及物流行业标准化工作对于我国现代物流业供给侧结构性改革与高质量发展带来的巨大变化。

当然,这种物流标准化带来的行业驱动力,不仅仅局限于公共型物流服务领域,而且更加深入地渗透到了不同的国民经济细分行业领域,在驱动着这些国民经济细分领域的供给侧结构性改革与转型升级的同时,也实现了这些细分领域物流市场的发展壮大与高质量发展。

第7章

CHAPTER 7

物流细分领域常见的专业标准

从《物流标准手册》收录的16个物流细分领域的标准来看，首先是不同物流细分领域的标准化建设规模与水平参差不齐，体现了发展的不均衡；其次是不同物流细分领域的标准构成也存在跨行业的现象，体现的是一种行业间交互融合的关系；最后是虽然这些不同物流细分领域及标准众多，但总体上仍然可以划分为大宗物资物流领域、商贸流通物流领域、先进制造物流领域和特殊管理物流领域4大类。

这4大专业物流领域是我国专业物流标准的"主产区"。其中大宗物资物流领域主要包括粮油、煤炭、钢铁、棉花和木材，商贸流通物流领域主要包括冷链、电商、酒类及进出口，先进制造物流领域主要集中在汽车与家电，特殊管理物流领域主要涉及危化品、烟草、医药、出版物和应急物流等。本章将对这些细分领域的标准加以介绍。

7.1 大宗物资物流领域

7.1.1 粮油物流标准

从《物流标准手册》已收录的56项粮油物流标准看，粮食物流标准化建设起步比较早，在离散性发展阶段就有多项行业标准发布，并持续运行至今。进入系统性探索阶段以后，我国粮食物流标准化建设保持稳定发展的态势见表7-1。粮食物流标准大致分为基础标准、作业技术标准、设施设备标准、作业服务标准、管理标准和信息标准6大类，主要涉及粮油分类与编码、仓储设备、储存及加工技术规范、包装、运输、仓储等方面的质量与方法标准。

表7-1 粮食物流标准发展与分布结构

标准发布时间	发展阶段名称	国家强制性标准	国家推荐性标准	行业标准	总计
1978—1989年	离散性发展阶段			3	3
1995—1999年	系统性探索阶段			1	1
2000—2004年	系统性探索阶段	2	1	10	13

续表

标准发布时间	发展阶段名称	国家强制性标准	国家推荐性标准	行业标准	总计
2005—2009 年	系统性扩张阶段	5	6	3	14
2010—2014 年	系统性扩张阶段		9	4	13
2015—2019 年	供给侧改革阶段		1	11	12
总计	—	7	17	32	56

在粮油物流系列标准中,《粮油储藏技术规范》(GB/T 29890—2013)由国家粮食局、国家粮食储备局成都粮食储藏科学研究所负责起草编制,具有很强的行业代表性。该标准在粮食行业标准《粮油储藏技术规范》(LS/T 1211—2008)的基础上,根据多年的实践,对粮食和油料储藏内容进行了充实和完善,特别是根据粮油储藏生态系统理论,参照国际相关技术标准,对粮油储藏技术进行了规范,为我国粮油储藏安全提供重要的技术保障。

该标准规定了粮油储藏的术语和定义、粮食与油料储藏的总体要求、仓储设施与设备的基本要求、粮食与油料进出仓、粮食与油料储藏期间的粮情与品质质量检测、粮食与油料储藏技术、储粮有害生物控制技术。

该标准提出了粮油储藏的基本要求:具备必要的储藏设施,严格控制入仓粮食、油料的质量和水分含量,采用合理的技术措施,减少损失、损耗,防止污染,延缓品质下降,以此确保粮食、油料储藏安全。

该标准根据气候环境条件把我国共划分为 7 个储粮生态区域:①高寒干燥储粮区;②低温干燥储粮区;③低温高湿储粮区;④中温干燥储粮区;⑤中温高湿储粮区;⑥中温低湿储粮区;⑦高温高湿储粮区。在不同的生态区域粮油储藏有不同的要求。在①、②区应重点防止粮食过度失水造成重量损失从而影响储粮加工品质;在③区应重点做好降水和微生物的控制;在第④、⑥区应迅速将粮食与油料水分含量降到安全水分以内,防止虫害感染;在第⑤、⑦区应重点防止储粮品质的下降和有害生物的危害。

该标准还鼓励结合实际情况采取储藏技术优化组合。一是根据不同储粮生态条件,在不同时期组合应用密闭、压盖隔热、通风降温、储粮化学药剂防治储粮害虫等技术,形成"双低储藏""三低储藏""四合一储藏"等储藏技术优化组合,以达到安全储粮的目的。二是对于长期储藏的粮食、油料宜采用通风降温、压盖隔热、密闭和气调等技术组合。三是在第二至第七区可综合采用机械通风、环流熏茶、粮情测控、谷物冷却、气调等技术组合。

7.1.2 煤炭物流标准

虽然煤炭产业是我国发展起步较早的行业,曾经还是供应链关注的重点大宗物资之一,但在煤炭物流标准化建设方面却显得比较落后,《物流标准手册》只收录到 8 项煤炭物流标准。这些标准主要涉及煤炭的分类、专用运输、仓储设施设备及技术要求、煤炭管理服务规范等方面。其中,2018 年发布的《煤炭仓储服务规范》(WB/T 1086—2018)具有一定的代表性。

《煤炭仓储服务规范》(WB/T 1086—2018)规定了煤炭仓储服务的基本要求、作业流程要求、煤炭检验要求、环保要求和安全要求。

其中,出入库作业流程要求从入库、储存和养护、出库 3 方面进行详细的规定:

入库方面,应根据入库信息提前安排设备及作业人员,在送货运输工具到达后,检查并记录货物单据;作业人员应核对单据的有效性,并核对单据与实际是否相符;煤炭入库前应计量称重,并记录;应在卸货过程中采取防尘等环保措施;应按照客户、品种、质量分别存放的原则安排煤炭入库,并放在指定货位;卸车或卸船结束应进行收尾检查,对撒漏煤炭进行清理,清理后的煤炭应协商处理;北方寒冷地区冬季作业时宜解冻、破冻后进行卸煤,卸煤作业时应随时清理残留煤炭;入库信息应电子化并及时传递给相关部门或单位,应将入库单据存档备查。

储存和养护方面,应合理安排储煤场货位,留出作业通道、防火间距,煤堆之间分界明确,煤炭存储区应避免存放杂物;储煤场应设置清晰明显的区位号标志;必要时宜对煤堆进行苫盖;应采取安全防盗措施,按盘点方案进行盘点。

出库方面,应根据出库信息,提前安排煤炭作业人员,在提货运输工具到达后,对运输工具进行检查并记录;应根据客户要求的煤炭数量和等级出库;应审核出库单据;煤炭等级、发货数量等应准确无误;应在出库过程中采取环保措施,严禁超载;出库信息应电子化并及时传递给相关部门或单位,应将出库单据存档备查。

此外,在安全要求方面,每天应定时对储煤场进行巡查,查看煤堆是否有自燃、滑坡、坍塌等异常情况;每天应定时监测煤堆温度,温度过高时,宜加大测温频率和测温点密度,必要时应采取降温措施;储煤场禁止存放、装卸、输送非煤产品;储煤场内禁止吸烟等动用明火的行为;应制定雨季防塌方措施;设置合理的煤堆间距,防止煤炭塌垛,造成损害人身安全和煤炭混质;煤堆与架空电力线应保持安全的水平距离,最近水平间距不宜小于电杆(塔)高度的 1.5 倍。

7.1.3 钢铁物流标准

钢铁物流标准化建设与煤炭物流相差无几,《物流标准手册》仅收录了 6 项钢铁物流标准,而且其中的 4 项均于 2018 年集中发布,主要内容涉及钢铁物流作业技术规范、企业管理、统计指标体系等方面。其中,《钢铁物流统计指标体系》(WB/T 1071—2018)和《钢铁物流作业规范》(WB/T 1091—2018)具有一定的行业代表性。

《钢铁物流作业规范》(WB/T 1091—2018)详细规定了钢铁产品在仓储、装卸、运输、加工和配送等物流环节的作业内容和作业要求。由于钢铁物流运作的对象主要是钢卷、钢板、钢条等超重、超限货物,所以该标准重点围绕货物在公路运输、水路运输和铁路运输方式下的装卸、堆码及运输装载、配载、摆放、加固等具体作业给出了详细的技术规定,确保物流过程安全与货物安全。此外,还对钢铁物流紧密相关的流通加工与配送作业作出了相应的要求。

《钢铁物流统计指标体系》(WB/T 1071—2018)在广泛调查研究、吸收并借鉴国内外相关经验的基础上,明确了钢铁物流统计指标体系,全面考虑了钢铁生产企业和流通企业、钢铁物流企业以及钢铁物流行业的现状,并且确定了钢铁物流统计指标的基本概念及计算方法。

根据该标准，钢铁物流统计指标体系由钢铁物流企业统计指标体系和钢铁企业物流统计指标体系构成。其中，钢铁物流企业统计指标体系主要包括钢铁物流业务运营、钢铁物流收入、钢铁物流成本、钢铁物流价格、物流资产、钢铁物流设施与设备、钢铁物流从业人员7个一级指标，以及对应的47个二级指标。钢铁物流企业统计指标体系见表7-2。

表7-2 钢铁物流企业统计指标体系

一级指标	二级指标	一级指标	二级指标
	物流企业		物流企业
钢铁物流业务运营	货运量	钢铁物流成本	装卸搬运成本
	铁路货运量		包装成本
	公路货运量		配送成本
	水路货运量		管理成本
	皮带货运量		利息成本
	管道货运量	钢铁物流价格	运输平均价格
	货物周转量		仓储平均价格
	流通加工量		流通加工平均价格
	包装量		包装平均价格
	装卸搬运量		配送平均价格
	吞吐量		装印平均价格
	期末库存量		订单处理时间
	期末库存额		主营业务利润
钢铁物流收入	物流业务收入		主营业务税金及附加
	运输收入	物流资产	资产总计
	仓储收入		流动资产合计
	流通加工收入		固定资产投资完成额
	装卸搬运收入		固定资产折旧
	包装收入	钢铁物流设施与设备	自有仓储面积
	配送收入		租用仓储面积
	信息及相关服务收入		装卸设备
	货代业务收入		货运车辆
	一体化物流业务收入		船舶数量
钢铁物流成本	物流业务成本		铁路专用线
	运输成本	钢铁物流从业人员	全部物流从业人员
	仓储成本		具有大学本科及以上学历人员
	流通加工成本		具有行业水平认证的物流从业人员

钢铁企业物流统计指标体系主要包括钢铁物流业务运营，钢铁物流成本，钢铁物流运营效率、质量，钢铁物流设施与设备，钢铁物流从业人员5个一级指标，38个二级指标。钢铁企业物流统计指标体系见表7-3。

表 7-3　钢铁企业物流统计指标体系

<table>
<tr><th rowspan="2">一级指标</th><th>二级指标</th><th rowspan="2">一级指标</th><th>二级指标</th></tr>
<tr><th>企业物流</th><th>企业物流</th></tr>
<tr><td rowspan="8">钢铁物流业务运营</td><td>购进总额</td><td rowspan="10">钢铁物流运营效率、质量</td><td>原燃料直付率</td></tr>
<tr><td>销售总额</td><td>原燃料在途损耗率</td></tr>
<tr><td>货运量</td><td>原燃料库存损耗率</td></tr>
<tr><td>铁路货运量</td><td>产成品直供比例</td></tr>
<tr><td>公路货运量</td><td>钢材送达周期(铁路)</td></tr>
<tr><td>水路货运量</td><td>钢材送达周期(公路)</td></tr>
<tr><td>皮带货运量</td><td>钢材送达周期(水路)</td></tr>
<tr><td>管道货运量</td><td>库存周转率</td></tr>
<tr><td rowspan="3">钢铁物流业务运营</td><td>货物周转量</td><td>厂内运输时间</td></tr>
<tr><td>期末库存量</td><td>厂外在途时间</td></tr>
<tr><td>期末库存额</td><td rowspan="5">钢铁物流设施与设备</td><td>自有仓储面积</td></tr>
<tr><td rowspan="9">钢铁物流成本</td><td>企业物流成本</td><td>租用仓储面积</td></tr>
<tr><td>运输成本</td><td>装卸设备</td></tr>
<tr><td>仓储成本</td><td>货运车辆</td></tr>
<tr><td>流通加工成本</td><td>铁路专用线</td></tr>
<tr><td>装卸搬运成本</td><td rowspan="5">钢铁物流从业人员</td><td rowspan="2">全部物流从业人员</td></tr>
<tr><td>包装成本</td></tr>
<tr><td>配送成本</td><td>具有大学本科及以上学历人员</td></tr>
<tr><td>管理成本</td><td rowspan="2">具有行业水平认证的物流从业人员</td></tr>
<tr><td>利息成本</td></tr>
</table>

本标准通过对钢铁物流统计指标体系进行规定为我国钢铁物流统计提供技术支撑，使统计数据能全面、科学地反映我国现代钢铁物流业的运行特点、发展趋势和经营效益，使钢铁物流统计工作能有进一步地规范，从而推动我国钢铁物流统计工作不断向前发展，更好地适应我国现代钢铁物流业发展与国际接轨的需要。

通过建立科学、合理、完整、可操作的钢铁物流统计指标体系以及形成科学完备的钢铁物流统计数据，可以为钢铁物流统计工作提供依据，为政府、行业、企业制定发展战略、发展规划和工作改进计划提供更加有针对性的依据。

7.1.4　棉花物流标准

棉花作为我国长期重点发展的大宗商品，其对应的物流标准建设显得极其薄弱，基本上在 2018 年才集中发布仓储服务与运输服务规范，纳入《物流标准手册》的标准仅 3 项。我们可以从其最新发布的《棉花仓储服务规范》(WB/T 1095—2018)和《棉花运输服务规范》(WB/T 1096—2018)大致了解棉花物流的特点。

《棉花仓储服务规范》(WB/T 1095—2018)规定了棉花仓储服务的基本要求、入库、存储、出库、信息服务和安全要求，适用于成包皮棉仓储服务。其中基本要求主要包括基础设施设备要求、从业人员要求和棉花包装要求。由于棉花成包皮棉的特殊性，该标准特别强调了相关仓储区布局规划、保管要求、安全设施设备和防火防雷等安全要求。

棉花仓储区布置方面。对于库房堆码存放的棉花，垛与垛之间应留出通道，通道不应存放其他物品；安全通道宽度不应小于 2m，墙距不应小于 0.5m，距柱不应小于 0.5m，距顶梁不应小于 1m，棉垛之间距离不应小于安全通道宽度；库房主通道宽度不应小于安全通道宽度。对于露天堆场存放的棉花，宜采用“人”字顶，并进行苫盖，每个棉垛的占地面积不宜超过 $120m^2$，货垛垫基不宜低于 0.2m，垛高不宜超过 8m，堆码宜分组，每组宜为 8 个棉垛；主安全通道宽度不宜小于 4m，棉垛之间的防火间距不应小于 2m，组与组之间的防火间距不应小于 10m，垛与围墙的同距不宜小于 6m。

棉花保管要求方面。棉花应按批堆码和存放；堆码时棉包应平放，不应竖放，应逐层堆码，交叉压缝；露天棉垛苫盖应做到上不漏雨、下要通风，雨雪后应及时清扫，棉垛苫布应满足防火、防雨要求；各棉垛前宜设垛位卡，垛位卡信息包括批号（集装箱号）、产地、等级、件数、重量、货权人、生产年度、仓库保管员等；棉花取样面宜朝外，棉花取样应符合《棉花 第 1 部分：锯齿加工细绒棉》（GB 1103.1—2012）和《棉花 第 2 部分：皮辊加工细绒棉》（GB 1103.2）的要求，进口棉花应符合检验检疫相关标准要求；库房保管应指定到人，宜每日进库查验盘点，做好记录，核对实物账、明细表、平面图、垛位卡等；棉花库房应有温湿度监控系统，库内温度宜保持在 30℃以下，相对湿度不超过 70%，超标时应采取通风、散湿措施，库房宜配置强制通风排湿设备。

《棉花运输服务规范》（WB/T 1096—2018）规定了棉花运输服务基本要求、运输作业流程、信息服务和安全要求。该标准适用于成包皮棉运输服务。该标准在给出设备、从业人员和责任界定等基本要求的基础上，重点对棉花运输作业流程进行了规定。

运输前要求方面。棉花运输包装应符合《棉花包装》（GB 6975）的规定；棉花标识应内容完整、字迹清晰，并符合 GB 1103.1 和 GB 1103.2 的规定；进出口棉花应符合检验检疫相关规定的要求；收到棉花装车信息后应填写相关单据，符合合同要求；棉花装运前应办理保险或铁路保价运输；铁路运输棉花时，装运前其回潮率应符合《原棉回潮率试验方法 烘箱法》（GB/T 6102.1）和《原棉回潮率试验方法 电阻法》（GB/T 6102.2）的要求。

装车要求方面。运输工具不得对棉花造成污染；可能存在阴燃危险的棉花不得装车；棉花装车、装船应采取苫盖、防火、防水、防污等措施，不应与其他物品混装；使用装卸设备装棉花时，操作人员应稳夹稳放，禁止砸、摔、拖棉花，禁止使用装卸设备强行顶、撞、挤、塞棉花，应匀速运行平稳作业；采用集装箱运输进口棉花时，应保护好集装箱封识；道路运输时，应做到苫布加盖严密紧固，装车实重不能超过有关法律法规规定的范围；铁路运输棉花时，严禁装运潮湿、油污、破损和回潮率未达到铁路部门要求的棉花，棉花装载技术要求应符合《铁路货物装载加固技术要求》（TB/T 3304）。

在途管理方面。棉花运输应包装完整，货证相符，货证同行；对出发地、目的地、中途站（点）、车辆、人员等棉花运输在途信息进行管理；做到在途棉花运输信息及时反馈给托运人，发生散包、破损、火灾、丢失等情况时，应立即通知托运人；出现意外时要保护好现场，尽可能地做好相关记录，以备取证，同时要及时通知托运人。

卸车作业要求方面。棉花卸车、卸船时，应避免对棉花造成破损、污染，应采取防火、防水等措施；使用装卸设备对棉花进行卸车作业时，操作人员应稳夹稳放，禁止砸、摔、拖棉花；禁止使用装卸设备强行顶、撞、挤、塞棉花，应匀速运行平稳作业；采用集装箱运输进口棉花时，应保护好集装箱封识；苫盖不严的车辆应在观察场观察，无异常后方可允许入库区卸车；卸车后应观察棉花，发现水渍、阴燃、污染、霉变、包装破损严重和货证不符等情况，应单独存放，并详细记录；卸车时，收货人应派专人现场监卸，并认真核对棉花的产地、等级、批号、件数；卸车后应严格按批堆码；发现棉花数量不符时，应按规定明确记录。

7.1.5 木材物流标准

木材行业也是一个发展较早的大宗物资行业，《物流标准手册》收录了14项木材物流标准，其中国家标准8条，行业标准6条。标准大致可以划分为基础标准、作业技术标准、管理标准和信息标准4大类，主要涉及木材分类、标志存储、运输技术及管理等内容。其中，《木材采伐运输安全通则》(GB 14192—2005)总体上反映了木材物流的过程、特点及有关要求。

《木材采伐运输安全通则》(GB 14192—2005)是在1993版本的基础上修订而来的，规定了木材采伐、集材、伐区归楞、伐区装车、汽车运材、森铁运材和木材水运的各项基本安全规则和要求，适用于从事木材采伐和木材运输生产活动的企事业单位和个体经济组织。

该标准详细规定了从木材采伐到通过汽车、铁路和水路3种运输方式完成运输交付过程中相关环节的具体要求。

木材采伐方面。包含基本要求，伐木作业要求，打枝要求，伐区造材要求等。

集材方面。包括拖拉机集材，畜力集材，人力串坡和滑道集材要求等。

伐区装车方面。包括架杆、缆索起重机装车要求，汽车起重机装车要求，人力装车要求，装森铁车辆要求，装汽车要求。

汽车运材方面。包括运材道路要求，运材车辆要求，运材汽车驾驶员要求，汽车运行要求。

森铁运材方面。包括线路要求，机车、车辆要求，人员要求，列车编组要求，调车作业要求，列车运行要求，机车、车辆检修要求，防火要求。

木材水运方面。包括渠道运材要求，单漂流送要求，拆垛的规定，木材收贮要求，木材出绠、出河要求，人工扎排(筏)要求，人力放排(筏)要求，轮拖大型木排要求，船运要求。

从标准内容来看，本标准主要涉及木材物流从林区采伐原始木材的运输过程，其中有大量体现木材物流特色的专业术语，而且不涉及后续商品木材物流领域，因此，在现有大力发展绿色经济的情况下，木材物流标准化的市场空间和技术空间还很大，而且对于我国绿色经济的可持续发展十分关键、重要。

7.2 商贸流通物流领域

7.2.1 冷链物流标准

冷链物流是我国近年来国家政策支持力度比较大、社会关注度比较高、整体发展速度比较快的关系国计民生的重要商贸物流板块。《冷链标准手册》目前共收集我国已颁布的现行农副产品、食品冷链物流国家标准、行业标准和团体标准共计283项，是2014年首次发布64项的4.4倍。这说明我国冷链物流标准化建设也处于高速发展的状态。

由于冷链物流同样涉及农副产品、速冻食品、冷冻饮品、综合食品、乳制品、水产品、肉制品、果蔬和部分医药制品等诸多商贸流通行业，而且每个不同品类产品的具体冷链物流要求各有差异，因此，本节重点介绍几个具有冷链物流行业常识性和通用性的标准。如《冷链物流分类与基本要求》(GB/T 28577—2012)、《冷库管理规范》(GB/T 30134—2013)、《物流企业冷链服务要求与能力评估指标》(GB/T 31086—2014)等。

《冷链物流分类与基本要求》(GB/T 28577—2012)规定了冷链物流的相关术语和定义、冷链物流分类和冷链物流的基本要求。该标准从2个维度对冷链物流进行分类，一是按温度适用范围将冷链物流划分为超低温物流(−50℃以下)、冷冻物流(−18℃以下)、冰温物流(−2℃～2℃)、冷藏物流(0℃～10℃)和其他控温物流(10℃～25℃)5大类；二是按照所服务的物品对象将冷链物流划分为9种类型，见表7-4。该标准还从设施设备、温度控制、物品保护、人员要求、质量管理等方面提出了基本要求。

表7-4 冷链物流按照所服务的物品对象分类

类　型	主要服务对象及说明
肉类冷链物流	主要为畜类、禽类等初级产品且其加工制品提供冷链物流服务
水产品冷链物流	主要为鱼类、甲壳类、贝壳类、海藻类等鲜品及其加工制品提供冷链物流服务
冷冻饮品冷链物流	主要为雪糕、食用冰块等物品提供冷链物流服务
乳品冷链物流	主要为液态奶及其乳制品等物品提供冷链物流服务
果蔬花卉冷链物流	主要为水果、蔬菜和花卉等鲜品及其加工制品提供冷链物流服务
谷物冷链物流	主要为谷物、农作物种子、饲料等提供冷链物流服务
速冻食品冷链物流	主要为米、面类等食品提供冷链物流服务
药品冷链物流	主要为中药材、中药饮片、中成药、化学原料药及其制剂、抗生素、生化药品、放射性药品、血清、疫苗、血液制品和诊断药品等物品提供冷链物流服务
其他特殊物品冷链物流	主要为胶卷、定影液、化妆品、化学危险品、生化试剂、医疗器械等提供冷链物流服务

《冷库管理规范》(GB/T 30134—2013)规定了冷库制冷、电气、给排水系统、库房建筑及相应设备设施运行管理、维护保养和食品储存管理的要求，适用于储存肉、禽、蛋、水产及果蔬类的食品冷库，储存其他货物的冷库可参照执行。该标准详细给出了冷库管理基本要求、冷库运行管理要求(制冷系统、给排水系统、电气系统)、库房管理要求、食品储存管理要求、冷库安全设施管理要求和冷库建筑维护要求。其中，在冷库管理最重要的温度管理方面，规定应在库房内适当的位置设置至少1个温度测量装置，冻结物冷藏间的温度测量误差不大于1℃，冷却物冷藏间的温度测量误差不大于0.5℃；如需要测量湿度，相对湿度测量误差不大于5%；应定期检查并记录库房温度，记录数据的保存期应不少于2年。

食品储存管理的要求包括：应对入库食品进行准入审核，合格后入库，并做好入库时间、品种、数量、等级、质量、温度、包装、生产日期和保质期等信息的记录；入库前，应检查并确保库房的温湿度符合要求，并做好记录；宜遵循先进先出、分区存放的原则；在冷库中储存的食品，应满足储存食品整体有效保质期的要求，储存时间不得超过该食品的协议保存期，并定期进行质量检查，发现问题及时处理；清真食品的储存应符合民族习俗的要求，库房、搬运设备、计量器具、工具等应专用；具有强烈挥发气味和相互影响(如乙烯)的食品应设专库储存，不得混放；食品堆码时，宜使用标准托盘(1200mm×1000mm(优先推荐使用)、1100mm×1100mm)，且托盘材质应符合食品卫生标准；食品堆码时，应稳固且有空隙，便于空气流通，维持库内温度的均匀性；食品堆码应符合下列要求：距冻结物冷藏间顶棚≥0.2m，距冷却物冷藏间顶棚≥0.3m，距顶排管下侧≥0.3m，距顶排管横侧≥0.2m，距无排管的墙≥0.2m，距墙排管外侧≥0.4m，距风道≥0.2m，距冷风机周边≥1.5m；应对出库食品进行检验，办理出库手续；应做好出库时间、品种、数量、等级、质量、温度、包装、生产日期和保质期等信息的记录。

《物流企业冷链服务要求与能力评估指标》(GB/T 31086—2014)由中国物流与采购联合会冷链委、国家农产品现代物流工程技术研究中心等单位共同起草，规定了物流企业从事农产品、食品冷链服务应满足的基本要求，以及物流企业冷链服务类型、能力级别划分及评估指标，2015 年 7 月 1 日正式实施。

该标准是《物流企业分类与评估指标》(GB/T 19680—2013)的子标准，进一步规范了大物流框架下冷链物流领域的专业要求，主要从组织、设施设备、信息化、人员、流程管理、应急预案、冷链物流辅助服务功能 7 方面对物流企业的冷链服务能力提出要求。该标准重点提出了和《物流企业分类与评估指标》GB/T 19680－2013 保持一致的 3 种物流企业分类——仓储型、运输型和综合型，对具备冷链服务能力的物流企业，按照其服务能力的高低，分为五星、四星、三星、二星、一星 5 个等级，五星级最高，依次降低。运输型、仓储型、综合服务型 3 种企业类型的评估指标体系见表 7-5～表 7-7，分别从温控设施设备要求、信息化监控追溯水平、客户认可度、社会认可度、流程管理水平 5 方面，13～19 个指标及项目对物流企业冷链服务能力进行评估。

表 7-5 运输型冷链服务要求与能力评估指标

评估指标		级别				
项目	类别	五星	四星	三星	二星	一星
设施设备	自有冷藏(冻)车数量*/辆(或总载重量/t)	≥400 (≥2000)	≥200 (≥1000)	≥100 (≥500)	≥50 (≥250)	≥20 (≥100)
	租用冷藏(冻)车数量*/辆(或总载重量/t)	≥150 (≥750)	≥90 (≥450)	≥60 (≥300)	≥30 (≥150)	≥10 (≥50)
	冷藏(冻)车厢(箱)	干净整洁，符合 QC/T 449 中对冷藏(冻)车厢(箱)的要求				
	数据采集终端*	冷藏(冻)车(厢、箱)内、外有必要的温度数据采集终端，并有定期检查校正记录				
信息化	温度监测系统*	冷藏(冻)车(厢、箱)内测温点分布均匀，温度实时监测并记录	冷藏(冻)车(厢、箱)内测温点分布均匀，温度定时监测并记录			
	温度数据*	自物品交与委托方之日起应保存不低于 6 个月的温度数据，且数据应保存完整，可查询				
	运输管理系统(TMS)*	有运输管理系统及相关温控模块				
	货物跟踪*	自有/租用车辆 100%装有冷链运输跟踪设备				

续表

评估指标			级别				
项目	类别		五星	四星	三星	二星	一星
管理与服务	客户投诉率(或客户满意度)		≤0.05%(≥98%)	≤0.1%(≥95%)		≤0.5%(≥90%)	
	管理制度*		有健全的物品交接制度、清洁卫生制度、冷链通用流程关键点控制操作规范制度,有效运行				
	应急预案*		包括但不局限于:冷机故障预案,在途车辆故障预案				
	冷链操作人员	人员结构*	60%以上具有中等以上学历或专业资格	50%以上具有中等以上学历或专业资格		30%以上具有中等以上学历或专业资格	
		培训	全员经过上岗专业培训,有培训计划及定期培训记录				
		健康要求	农产品、食品的装卸、搬运等作业人员应持有相关部门发放的健康证明				
		执证上岗*	制冷工、叉车工、电工、驾驶员等应执证上岗,执证上岗率100%				
	冷链物流辅助服务功能		可为委托方优化冷链业务流程,制定冷链物流综合解决方案,提供增值服务				

注:标注*的指标为企业必备指标,其他为参考指标。

表 7-6 运输型冷链服务要求与能力评估指标

评估指标			级别				
项目	类别		五星	四星	三星	二星	一星
设施设备	自有冷库标准及容积*/m³		冷库建设应按 GB 50072 执行				
			≥300000	≥120000	≥60000	≥30000	≥15000
	租用冷库标准及容积/m³		≥200000	≥80000	≥40000	≥20000	≥15000
	冷库功能区*		建有满足物品时空温度要求的功能区,包括但不限于低温穿堂或封闭月台、预冷间或复冻间				
	冷库门气密性		作业时冷库门完全开启时间大于5s的应设置冷风幕和耐低温透明门帘			有必要的密封装置	
			配备有与运输车辆对接的密封装置				
	搬运装卸设备*/台		≥15	≥8		≥3	
	数据采集终端*		冷库内、外有必要的温度数据采集终端,并有定期检查校正记录				
信息化	温度检测系统*		冷库内测温点分布均匀,温度实时监测并记录				
	温度数据*		自物品交与委托方之日起应保存不低于6个月的温度数据且数据应保存完整,可查询				
	仓库管理系统(WMS)*	系统	有仓库管理系统,冷链业务进销存实现信息化管理,对库内温度数据实时掌控		库内有温度测量装置,温度记录完善		
		库区监控	具备对库区主通道、货物交接区的监控能力,影响资料保存6个月				

续表

评估指标			级别				
项目	类别		五星	四星	三星	二星	一星
管理与服务	客户投诉率(或客户满意度)		≤0.05% (≥98%)	≤0.1% (≥95%)		≤0.5% (≥90%)	
	管理制度*		有健全的物品交接制度、清洁卫生制度、冷链通用流程关键点控制操作规范制度,落实到位				
	节能制度		有节能降耗措施及改进计划,有效运行				
	应急预案*		包括但不局限于:水灾、火灾、虫害、鼠害预案,断电应急预案,冷机故障预案;凡是用氨制冷的企业,建立液氨突发泄露的应急预案				
	冷链操作人员	人员结构*	60%以上具有中等以上学历或专业资格	50%以上具有中等以上学历或专业资格		30%以上具有中等以上学历或专业资格	
		培训	全员经过上岗专业培训,有培训计划及定期培训记录				
		健康要求	农产品、食品的装卸、搬运等作业人员应持有相关部门发放的健康证明				
		执证上岗*	制冷工、叉车工、电工、驾驶员等应执证上岗,执证上岗率100%				
	冷链物流辅助服务功能		可为委托方优化冷链业务流程,制定冷链物流综合解决方案,提供增值服务				

注1:标注*的指标为企业必备指标,其他为参考指标。

2:冷库包括冷藏库、冷冻库和气调冷藏库等低温仓库。

表7-7 综合型冷链服务要求与能力评估指标

评估指标			级别				
项目	类别		五星	四星	三星	二星	一星
设施设备	自有/租用冷库标准及容积*/m^3		冷库建设应按GB 50072执行				
			≥300000	≥150000	≥50000	≥20000	≥10000
	自有/租用冷藏(冻)车数量*/台(或总载重量/t)		≥400 (≥2000)	≥200 (≥1000)	≥80 (≥400)	≥50 (≥250)	≥20 (≥100)
	冷库功能区*		建有满足物品时空温度要求的功能区,包括但不限于低温穿堂或封闭月台、预冷间或复冻间				
	气密性*	冷库门	作业时冷库门完全开启时间大于5s的应设置冷风幕和耐低温透明门帘				
			配备有与运输车辆对接的密封装置				
		冷藏(冻)车厢(箱)	干净整洁,符合QC/T 449中对冷藏(冻)车厢(箱)的要求				
	搬运装卸设备*/台		≥12	≥6		≥2	
	数据采集终端*		冷库、冷藏(冻)车(厢、箱)内、外有必要的温度数据采集终端,并有定期检查校正记录				

续表

评估指标			级别				
项目	类别		五星	四星	三星	二星	一星
信息化	温度监测系统*		冷藏(冻)车(厢、箱)内测温点分布均匀，温度实时监测并记录			冷库、冷藏(冻)车(厢、箱)内测温点分布均匀，冷库内温度实时监测并记录，冷藏(冻)车(厢、箱)内温度定时监测、记录	
	温度数据*		自物品交与委托方之日起应保存不低于6个月的温度数据，且数据应保存完整，可查询				
	仓库管理系统(WMS)*	系统	冷链业务进销存实现信息化管理，对库内温度数据实时掌控			库内有温度测量装置，温度记录完善	
		库区监控	具备对库区主通道、货物交接区的监控能力，影响资料保存6个月				
	运输管理系统(TMS)*	货物跟踪	有运输管理系统				
			自有涉冷车辆100%以上装有冷链运输跟踪设备				
管理与服务	客户投诉率(或客户满意度)		≤0.05%(≥98%)	≤0.1%(≥95%)		≤0.5%(≥90%)	
	节能制度		有节能降耗措施及改进计划，有效运行				
	管理制度*		有健全的物品交接制度、清洁卫生制度、冷链通用流程关键点控制操作规范制度，有效运行				
	应急预案*		包括但不局限于：水灾、火灾、虫害、鼠害预案，断电应急预案，冷机故障预案；凡是用氨制冷的企业，建立液氨突发泄露的应急预案				
	冷链操作人员	人员结构*	60%以上具有中等以上学历或专业资格	50%以上具有中等以上学历或专业资格		30%以上具有中等以上学历或专业资格	
		培训	全员经过上岗专业培训，有培训计划及定期培训记录				
		健康要求	农产品、食品的装卸、搬运等作业人员应持有相关部门发放的健康证明				
		执证上岗*	制冷工、叉车工、电工、驾驶员等应执证上岗，执证上岗率100%				
	冷链物流辅助服务功能*		可为委托方优化冷链业务流程，制定冷链物流综合解决方案，提供增值服务				

注1：标注*的指标为企业必备指标，其他为参考指标。
2：冷库包括冷藏库、冷冻库和气调冷藏库等低温仓库。

截至2019年年底，中国物流与采购联合会依据《物流企业冷链服务要求与能力评估指标》(GB/T 31086—2014)已经完成了8个批次共81家星级冷链物流企业的评审，其中，五星级19家、四星级35家、三星级24家、二星级3家。

7.2.2 电商物流标准

电子商务及快递物流是我国近年来高速发展的细分物流市场，也是我国邮政系统深入推进“绿色邮政”的重要业务领域。《物流标准手册》共收录了电子商务物流与快递服务标准 63 条，其中国家标准 14 条、行业标准 49 条。标准主要分为基础标准、设施设备标准、作业服务与管理标准和信息标准 4 大类。主要涉及设施设备(快递封装用品、智能柜、快递汽车等)、技术服务要求及规范(快递、电商物流、网络零售仓储等)、信息技术(产品信息、产品分类编码、电商模式、信息交换)等相关内容。其中，《快递安全生产操作规范》(YZ 0149—2015)和《电子商务物流信用评价体系》(SB/T 11156—2016)具有一定代表性。

《快递安全生产操作规范》(YZ 0149—2015)规定了快递安全生产操作的基本要求、收寄安全生产操作、分拣安全生产操作、运输安全生产操作、投递安全生产操作、重大活动时期安全生产操作及安全事件处理等要求，适用于快递服务组织从收寄到投递各个环节的安全生产操作。其中，基本要求包括完善制度、强化培训、即查即停、文明操作、以人为本、全程管控 6 方面。收寄安全生产操作包括验视、封装、信息核对、特殊要求 4 方面。分拣安全生产操作包括操作准备、装卸、分拣、安全检查 4 方面。运输安全生产操作包括车辆检查、车辆驾驶和其他 3 方面。投递安全生产操作包括快件携带、快件投递 2 方面，并对重大活动时期安全生产操作及安全事件处理做了要求。

《电子商务物流信用评价体系》(SB/T 11156—2016)在广泛调查研究、吸收并借鉴国内外相关经验的基础上，建立了电子商务物流信用评价体系。该标准旨在推进我国电子商务物流行业信用体系的建设，其实施将有效推动电子商务物流行业在企业信用征集、信用评价、信用信息披露以及守信奖励、失信惩戒等方面形成比较完备的管理机制，对促进我国电子商务物流的发展和改善行业环境具有现实意义。

该标准规定了电子商务物流信用评价指标体系，适用于对从事电子商务物流服务的企业进行信用评价。电子商务物流信用评价指标体系由信用基础能力、日常信用表现和外部信用记录 3 方面组成，反映企业信用状况的评价指标权重与评分要求见表 7-8。

表 7-8　指标权重与评分要求

指标名称与权重			得分	评分要求
信用基础能力(0.16)	财务指标(0.08)	总资产增长率(0.02)		根据企业财务报表，依据国有资产监督管理委员会《企业绩效评价标准值》中运输仓储行业的财务标度对企业财务状况进行评分
		总资产报酬率(0.02)		
		资产负债率(0.04)		
	经营管理水平(0.04)	企业劳动生产率(0.02)		根据企业员工人均创造营运收入或净利润进行评分
		从业人员素质(0.02)		根据达到一定学历水平或专业技能水平的企业物流从业人员所占比率进行评分
	作业安全水平(0.04)	信息安全水平(0.02)		根据《信息系统安全等级保护基本要求》(GB/T 22239—2008)评定的企业信息安全等级进行评分
		生产安全水平(0.02)		根据《仓储物流企业安全生产标准化评定标准》评定的企业生产安全等级进行评分

续表

指标名称与权重			得分	评 分 要 求
日常信用表现（0.54）	服务履约能力（0.25）	线路准点率（0.02）		由电商平台根据每单交易状况进行数据统计，作为评分依据
		未妥投率（0.07）		由电商平台根据每单交易状况进行数据统计，作为评分依据
		当日派件成功率（0.05）		由电商平台根据每单交易状况进行数据统计，作为评分依据
		虚假签收率（0.11）		由电商平台根据每单交易状况进行数据统计，作为评分依据
	作业信息管理（0.06）	揽派签信息完整率（0.03）		由电商平台根据每单交易状况进行数据统计，作为评分依据
		揽派签信息及时率（0.03）		由电商平台根据每单交易状况进行数据统计，作为评分依据
	电子商务用户评价（0.23）	电子商务用户星级评价（0.05）		根据交易结束后电子商务用户的在线星级评价进行评分
		电子商务用户异常投诉（0.11）		根据12305邮政行业电话和网站等平台所获得的投诉及处理情况的数据进行评分
		投诉处理满意率（0.07）		根据12305邮政行业电话和网站等平台所获得的投诉及处理情况的数据进行评分
外部信用记录（0.30）	工商信用记录（0.09）			根据中华人民共和国国家工商行政管理总局（http://www.saic.gov.cn）的全国企业信用信息公示系统（http://gsxt.saic.gov.cn）中可查询的企业工商信用记录评分
	海关信用记录（0.06）			根据中国海关企业进出口信用信息公示平台（http://credit.customs.gov.cn）中可查询的企业海关信用记录等级评分
	纳税信用记录（0.07）			根据国家税务局网站（http://hd.chinatax.gov.cn）中可查询到的企业纳税信用记录等级评分
	法院信用记录（0.08）			根据中国执行信息公开网（http://shixin.court.gov.cn）和信用中国网（http://www.creditchina.gov.cn）中可查询到的最高人民法院公布的待评企业信用记录进行评分

续表

指标名称与权重	得分	评分要求
计算方法及说明： ① 各级指标得分满分均为100分，根据评分要求按规则计算得出； ② 指标权重由专家给出比较矩阵，使用层次分析法（AHP，Analytic Hierarchy Process）计算得到。在标准执行过程中，可由电子商务物流行业协会组织专家对指标权重进行修订； ③ 电子商务物流信用评价计算方法采用加权求和法，根据指标得分值和指标对应权重加权得到电子商务物流信用评价总得分。即： 电子商务物流信用评价总得分 $= \sum$ 指标得分 $\times$ 权重		

根据信用评级最终得分，该标准将电子商务物流企业信用等级划分为5级：AAA级，90～100（含90），优；AA级，80～90（含80），良；A级，70～80（含70），中；B级，60～70（含60），差；C级，60以下，黑名单。

7.2.3 酒类物流标准

尽管我国酒文化源远流长，但酒类物流在我国尚处于初级发展阶段，国内专业从事酒类物流的企业尚未形成规范化与行业化。《物流标准手册》共收录了酒类物流标准10项，标准主要涉及酒类产品流通、运输、储存技术规范、信息追溯等标准。其中，《酒类行业流通服务规范》（SB/T 11000—2013）、《葡萄酒运输、储存技术规范》（SB/T 10712—2012）和《白酒原酒及基酒流通技术规范》（SB/T 10713—2012）可供学习参考。

《酒类行业流通服务规范》（SB/T 11000—2013）规定了酒类流通的术语和定义、经营、服务、流通信息、酒类商品保护、宣传、监督与评价等方面的要求，适用于酒类行业的流通服务。其中，包装与储运方面规定，酒类商品应适度包装，降低成本，减少资源消耗；酒类商品包装应符合品质保证、运输安全、存储条件等方面的要求；需要重新分装或预包装的应有该酒类生产企业的授权，并在履行相关手续后再重新包装；批量运输酒类商品时，应符合《中华人民共和国道路运输条例》《中华人民共和国水路运输管理条例》《中国民用航空货物国内运输规则》《中国民用航空危险品运输管理规定》等法规的要求；鼓励酒类流通和生产企业建立或委托建立统一的物流配送体系。

《葡萄酒运输、储存技术规范》（SB/T 10712—2012）规定了葡萄酒产品运输、储存的要求。该标准从产品质量、产品追溯、标识、包装、运输、储存6方面提出了相关技术要求。其中，运输方面，葡萄酒在陆路运输和海运过程中应采取避免高温和冰冻的措施，保障葡萄酒品质；运输时应保持清洁、避免强烈震荡、日晒、雨淋、防止冰冻，装卸时应轻拿轻放；运输温度宜保持在5℃～35℃。储存方面，葡萄酒应根据产品类型独立分类存放，产品应摆放整齐，标志明显；葡萄酒应储存在干燥、通风、阴凉和清洁的库房中，避光保存；配备相应的“防鼠”“防虫”设施；葡萄酒应“倒放”或“卧放”，严防日晒、雨淋；严禁火种，防止冰冻；库内温暖宜保持在5℃～35℃，温度宜恒定；库房宜保持湿度在60%～70%；葡萄酒不得与有毒、有害、有异味、有腐蚀性的物品和污染物混贮混运。

《白酒原酒及基酒流通技术规范》（SB/T 10713—2012）规定了白酒原酒及基酒流通领域的术语定义、技术指标和操作要求，适用于白酒原酒及基酒的流通及监督检查。该标准从一般要求、援救及基酒属性要求、食品安全标准、产品追溯、包装容器、运输、储存、从业人员要求8方面提出了技术要求。其中,运输要求方面,运输时应用篷布遮盖,避免强烈震荡、日晒、防止冰冻;在运输过程中,罐的关闭和封闭装置不得漏气或漏液;应使用无衬里的不锈钢罐车,允装量不得超过允许的最大充装重量,罐车上配备不少于两个与载运介质相适的灭火器或有效的灭火装置,并对罐车的注入口和排出口加封。储存方面,存放地点应保持清洁、阴凉、干燥,严防日晒、雨淋;严禁火种,周围应划定警戒区,设置明显警告标志;配备充足有效的消防器材,进入存放点的机动车辆应采取防火措施;不得与有腐蚀性、有毒物品堆放在一起。

7.2.4　进出口物流标准

我国进出口物流在一定程度上又可以称之为国际货运代理物流,是我国开展国际贸易过程中产生的一个市场规模较大、行业化程度十分成熟、服务专业化和国际化要求比较高的细分物流领域。《物流标准手册》收录了进出口物流标准共49条,其中国家标准37项,行业标准12项。标准主要分为作业服务标准、管理标准、信息标准和技术服务标准4大类。主要涉及国际货代相关作业及服务规范、质量要求、信息技术要求、货代单证、包装检验等内容。我们可以通过《国际货运代理通用交易条件》(GB/T 22153—2008)、《国际货运代理作业规范》(GB/T 22151—2008)和《国际货运代理企业资质和等级评价指标》(GB/T 22155—2008)增进对这个行业的了解。

《国际货运代理通用交易条件》(GB/T 22153—2008)确立了国际货运代理企业和客户的合约地位,并规定了有关责任保险、免责范围、责任限制、费用和实效,适用于国际货运代理企业承接的所有业务。该标准包含运用规则;客户和公司的合约地位;集装箱运输的特殊规定;费用;有关责任保险、免责和责任限制;通知、保险、时效以及争议解决7方面的内容。该标准采用国际惯例,在法律上的性质是格式合同(或称示范合同),供当事人自愿采用,可通过书面协议约定选择或部分选择适用以及变更或放弃,一方面,作为合同的组成部分对合同当事人有相应的约束力;另一方面,为合同当事人提供了谈判的框架和基准,省去了当事人逐条谈判、磋商的烦琐过程,降低了交易双方的谈判成本,提高了效率,有利于双方迅速达成共识。

《国际货运代理作业规范》(GB/T 22151—2008)规定了国际货运代理企业的作业范围、各主要业务环节中的作业流程和作业规范要求,适用于国际货运代理行业和与其行业有关的企业,也可作为对企业进行规范与管理的依据。该标准重点介绍了国际货运代理作业范围、作业风险和主要业务环节作业规范要求。其中,"主要业务环节作业规范要求"是该标准的重点,分别从委托代理、订舱、托运、货物收受、运输中转集运、成本费用分析、代理报关报验、业务单证、仓储物流服务、装拆箱、货物交付、责任风险管理、货物保险与索赔、运费核算管理、客户的信用管理、信息服务与管理、长江内河支线运输作业规范特殊要求17方面对各业务环节的作业规范进行了详细阐述。该标准提供了大量的附录资料,包括主要业务单证流程、业务环节流程、企业职能管理部门流程等,内容丰富翔实,实用性和可操作性强,对企业实际操作具有十分重要的参考价值。

《国际货运代理企业资质和等级评价指标》(GB/T 22155—2008)规定了国际货运代理

业的相关术语和定义、国际货运代理企业资质认定和等级评价指标，适用于我国各类国际货运代理企业的界定和国际货物流通市场对企业的评价和选择，也可作为对国际货运代理企业进行规范与管理的依据。该标准共分为5个部分，其中第4部分介绍了企业资质要求和企业类型，将国际货运代理企业划分为海运型企业、陆运型企业、空运型企业、国际快递型企业、仓储型企业、综合型企业6大类。第5部分为企业等级评价指标，分别从评价方法、等级分类、等级评价指标、企业资质和等级评价指标内容予以介绍，给出了基础设施、运输工具设备、营运状况、信息网络系统、财务指标、业务指标、从业人员、综合服务能力、风险控制能力、客户服务、信用管理、服务体系12个一级评价指标，针对不同类型的国际货运代理企业制定了不同的评价指标要求，为开展企业等级评价提供了客观、可靠的依据。

7.3 先进制造物流领域

7.3.1 汽车物流标准

汽车物流是我国汽车生产制造业剥离物流功能、挖掘"第三方利润源泉"的产物，同时由于汽车产业链的范围广、链条长、影响力大等因素，汽车物流是最早形成比较社会化的标准化物流运作体系的专业细分物流领域，成为许多生产制造产业剥离物流发展第三方物流的标杆领域。

尽管如此，《物流标准手册》仅收录到汽车物流标准21项，其中国家标准7项，行业标准14项。这些标准可以分为基础标准、技术标准、作业标准、管理标准和信息标准5大类。主要涉及汽车零部件（编号、储存和保管）、物流器具（分类、编码、尺寸和技术要求）、运输服务规范、整车物流要求与规范等方面。其中，《汽车零部件的储存和保管》（QC/T 238—1997）、《乘用车仓储服务规范》（WB/T 1034—2018）、《汽车物流服务评价指标》（GB/T 31149—2014）和《汽车物流统计指标体系》（WB/T 1070—2018）具有较好的行业代表性。

《汽车零部件的储存和保管》（QC/T 238—1997）是我国比较早的汽车物流标准，由原机械工业部汽车工业司提出，全国汽车标准化技术委员会归口。该标准规定了汽车（含摩托车）零部件商品的储存场所及条件、储存保管要求及储存期内的检查，适用于流通领域中汽车零部件商品的储存和保管，生产领域及运输、维修企业可参照执行。储存场所及条件方面，标准规定，储存零部件的仓库应有比较严密的门窗和通风孔道用以保管防尘、防潮和不宜日晒、雨淋的产品，且应控制库内的相对湿度和温度，一般相对湿度不应超过70%，温度在10℃～30℃范围内。储存轴承、工具、精密仪表的仓库相对湿度不应超过60%，储存软木质产品的仓库相对湿度应为40%～70%；胶塑制品，特别是火补胶应在温度不超过25℃的专用仓库内储存。储存易吸潮生锈的零部件，应在零部件跺底铺设离地面至少15cm的架空垫板，必要时还应在地面铺少量生石灰，在堆垛的适当位置放置氯化钙、氯化锂等吸潮剂。化学易燃品、易自然品或危险品应在符合要求的专库内存放。易碎品或玻璃制品应单独存放。

《乘用车仓储服务规范》（WB/T 1034—2018）规定了在乘用车仓储过程中的仓储方要求、仓储服务要求、接车与交车等，适用于乘用车的仓储服务。该标准主要从仓储方要求、仓储服务要求（含仓储服务、仓储作业、仓储场地和仓储安全）、接车与交车、信息联络保证、异常事件处理、违约责任和仓储服务评价7方面作出了相应规定。其中,标准对仓储安全提出了5方面的具体要求,一是乘用车仓储应符合国家对安全生产的要求并设置安全警示标识及必要的监控设备。二是防火通道露天库宽度不应小于6m,全封闭、半封闭库不应小于4m,消防通道的宽度和净空高度均不小于4m,尽量设立单行通道;存放区应设立紧急车辆出口;停车数量超过20辆的机械式停车装置与建筑物之间的防火间距不应小于6m。三是乘用车宜分组停放,每组的停车数量室外不宜超过50辆,车前后间距不小于0.15m、左右间距不小于0.5m,全封闭室内库应根据当地消防部门的要求设有火灾自动报警系统、自动喷水灭火系统和排烟设施。四是室内无车道且无人员停留的机械式汽车库,停车单元内的车辆数不应超过3辆,单元之间需留有汽车出入口和必要的检修通道,停车单元与其他部位之间用防火隔墙和耐火极限不低于1.0h的不燃烧体楼板分隔时,一个防火分区内最多允许停车数量可为300辆。五是仓库内移动(存货转移,即存货变换储存的位置)车速应限速,在库区路面条件良好的通道上行驶时,限速20km/h。该标准还特别规定了乘用车仓储过程中的碰伤、划伤、磨损、污染、遗失及出现非原厂规定部件等情形。

《汽车物流服务评价指标》(GB/T 31149—2014)规定了汽车物流服务的评价指标及其具体的计算方法,包括整车物流服务评价指标、零部件物流服务评价指标和售后服务备件物流服务评价指标,适用于对从事经营性汽车物流服务企业的仓储、运输、装卸作业、流通加工等物流服务能力进行评价,具体见表7-9。

表7-9 汽车物流服务评价指标

评价指标类型	主要指标项目
整车物流服务评价指标(18个)	下线检查漏检率、交付质损率、运输质损率、仓储质损率、运输工具检验不合格率、仓储设施不合格率、单车物流质损成本率、订单及时率、调度及时率、发运及时率、备车及时率、到场及时率、装车及时率、运输及时率、收车及时率、运力保障率、运输监控设备完好率、返单及时率
零部件物流服务评价指标(12个)	运输货损率、运输货差率、设备完好率、仓储货损率、仓储货差率、流通加工合格率、交付及时率、物流停线时间、运输车辆符合率、运输车辆装载率、仓储库位摆放准确率、先进先出执行率
售后服务备件物流服务评价指标(9个)	入库及时率、账实符合率、保质期件占有率、售后服务备件包装破损率、订单满足率、出库及时率、仓库服务交付差错率、售后服务备件紧急订单运输及时率、售后服务备件普通订单及时率

《汽车物流统计指标体系》(WB/T 1070—2018)规定了汽车物流统计指标体系的构成、统计指标内涵及计算方法,适用于汽车物流活动的统计和管理。该标准将汽车物流统计指标体系划分为汽车物流企业统计指标体系和汽车生产企业物流统计指标体系2种类型。其中,汽车物流企业统计指标体系包含规模、效益、成本、效率、质量5个一级指标和13个二级指标,汽车生产企业物流统计指标体系包含规模、成本、效率、质量4个一级指标和10个二级指标。汽车物流企业统计指标体系见表7-10,汽车生产企业物流统计指标体系见表7-11。

表 7-10　汽车物流企业统计指标体系

一级指标分类	二级指标	三级指标
规模	零部件货运量	公路货运量
		铁路货运量
		水运货运量
		航空货运量
	整车货运量	公路货运量
		铁路货运量
		水运货运量
		航空货运量
	售后服务备件货运量	公路货运量
		铁路货运量
		水运货运量
		航空货运量
	营业收入	零部件物流营业收入
		整车物流营业收入
		售后服务备件物流营业收入
	零部件物流从业人员/整车物流从业人员/售后服务备件物流从业人员	从业人员数
		其中：具有大学本科及以上学历人员
		具有行业水平认证的物流从业人员
	物流业务运营	流通加工量
		包装量
		装卸搬运量
		货代业务量
		期末货物储存量
	物流资产	资产总计
		流动资产合计
		固定货产合计
		固定资产原价
		累计折旧(其中：本年折旧)
	物流基础设施与设备	土地占用面积
		自有仓储面积
		租用仓储面积
		装卸设备数量
		包装设备数量
		停车区域面积
		车辆运输车数量
		城际物流用车数量
		城市配送车辆数量
		船舶数量
		铁路专用线数量
		物流信息系统数量

一级指标分类	二级指标	三级指标
效益	物流经济效益	主营业务利润
		主营业务税金及附加
成本	零部件物流成本/整车物流成本/售后服务备件物流成本	运输成本
		仓储成本
		包装成本
		装卸搬运成本
		流通加工成本
		配送成本
		货代业务成本
		货物损耗成本
		信息及相关服务成本
		物流管理成本
		利息成本
		保险成本
	物流价格	整车物流价格
		零部件物流价格
		售后备件物流价格
效率	零部件物流效率/整车物流效率/售后服务备件物流效率	调度及时率
		订单及时率
		车船利用率
		仓库设备利用率
		仓容利用率
		运输设备装载率
质量	零部件物流运行质量/整车物流运行质量/售后服务备件物流运行质量	订单准时率
		运输货损率
		仓储货损率
		运输货差率
		仓储货差率
		包装破损率
		设备完好率
		运输安全事故次数
		仓储安全事故次数
		仓储库位摆放准确率
		先进先出执行率
		账实符合率
		流通加工完好率
		客户满意率
		投诉与索赔次数
		—
		—

表 7-11 汽车生产企业物流统计指标体系

一级指标分类	二级指标	三级指标	一级指标分类	二级指标	三级指标
规模	零部件库存	在途库存量	成本	零部件物流成本/整车物流成本/成本售后服务备件物流成本	对外支付的物流成本
		总库存量			运输成本
	整车库存量(辆)	在途库存量			仓储成本
		总库存量			包装成本
	售后服务备件库存量	在途库存量			装卸搬运成本
		总库存量			流通加工成本
	营业收入	零部件物流营业收入			配送成本
		整车物流营业收入			货物损耗成本
		售后服务备件物流营业收入			外包业务成本
	从业人员(零部件物流/整车物流/售后服务备件物流)	从业人员数			信息及相关服务成本
		其中：具有大学本科及以上学历人员			物流管理成本
		具有行业水平认证的物流从业人员			利息成本
	物流业务运营	货运量			保险成本
		其中：外包货运量	效率	零部件物流效率/整车物流效率/售后服务备件物流效率	厂内运输时间
		期末货物储存量			厂外在途时间
	物流基础设施与设备	土地占用面积			搬运设备利用率
		自有仓储面积			仓库设备利用率
		租用仓储面积			仓容利用率
		装卸设备数量	质量	零部件物流运行质量/整车物流运行质量/质量售后服务备件物流运行质量	订单准时率
		包装设备数量			运输质损率
		停车区域面积			仓储货损率
		车辆运输车数量			运输货差率
		城际物流用车数量			仓储货差率
		城市配送车辆数量			运输安全事故次数
		船舶数量			仓储安全事故次数
		铁路专用线数量			流通加工完好率
		物流信息系统数量			客户满意率
		—			投诉与索赔次数

从以上两个统计指标体系来看，汽车物流的整体经营管理精益化程度相对比较高，服务汽车供应链体系也有一定的深度，未来在汽车物流标准体系建设和高质量发展方面有很好的精益管理基础和市场规模条件。

7.3.2 家电物流标准

家电制造业也是我国较早剥离物流功能而实行“第三方物流”模式的领域，典型代表是海尔集团所属的海尔物流(现“日日顺物流”)、美的集团所属的安得物流、TCL 的速必达物流(现“速必达希杰”)、长虹集团所属长虹民生物流等，现在已经演化出专业家电销售渠道为主的家电物流企业，如苏宁物流、国美物流等。

家电物流虽然规模较大、企业较多，但由于不同品牌企业的市场竞争十分激烈，在物流方面都自成一套体系，行业性合作并不紧密。这也造成了《物流标准手册》收录的家电物流标准仅有 5 条的局面，其中国家标准 2 条，行业标准 3 条(均为 2013 年发布)。

家电物流现行标准主要涉及家电物流的配送、服务、包装的管理服务规范及要求。其中《家电物流服务通用要求》(GB/T 33446—2016)、《家电物流配送中心管理规范》(WB/T 1084—2018)、《家电物流干线运输规范》(WB/T 1085—2018)3 个标准具有较好的行业代表性。

《家电物流服务通用要求》(GB/T 33446—2016)规定了家电物流服务的基本要求、服务流程、实施保障以及评价与改进的要求，适用于家电产品的仓储、运输、配送等物流服务。该标准重点给出了家电服务流程和家电物流服务质量评价指标。其中，包括订单确认、服务方案设计、订单履行(含仓储服务、运输服务、配送服务)3 方面；家电物流服务质量评价指标分为仓储、运输、配送 3 个环节，分别从时效性、安全性、信息服务和客户服务 4 个角度定义一级指标，并进一步分解出 31 个二级指标，家电物流服务质量评价指标见表 7-12。

表 7-12　家电物流服务质量评价指标

指标分类		指标名称
仓储	时效性指标	收货及时率
		收货准确率
		发货及时率
		发货准确率
		回单及时率
		回单准确率
	安全性指标	货损率
		货差率
	信息服务指标	信息反馈及时率
		信息反馈准确率
	客户服务指标	客户投诉率
		客户投诉处理及时率
运输	时效性指标	提货及时率
		送货及时率
		交货准确率
运输	时效性指标	回单及时率
		回单准确率
	安全性指标	交货完好率
	信息服务指标	信息反馈及时率
		信息反馈准确率
	客户服务指标	客户投诉率
		客户投诉处理及时率
配送	时效性指标	配送及时率
		交货准确率
		回单及时率
		回单准确率
	安全性指标	交货完好率
	信息服务指标	信息反馈及时率
		信息反馈准确率
	客户服务指标	客户投诉率
		客户投诉处理及时率

《家电物流配送中心管理规范》(WB/T 1084—2018)规定了家电物流配送中心的基本要求、运营管理、运营保障以及评价与改进的要求，适用于家电物流配送中心的管理活动。该标准给出了运营管理和运营保障方面的要求。其中，运营管理涉及订单管理、仓储管理和配送管理 3 方面。订单管理方面，应制定快速、高效的客户订单处理流程，并形成仓储作业指令和配送作业指令。仓储管理方面，应制定仓储运作方案，内容包括组织架构及职责、人员与设备、作业流程、作业绩效指标等，其中人员的配备、设备的投入、作业流程的设计应根据家电销售淡旺季进行动态调整；应建立车辆预约和到场登记制度，保障车辆在配送中心有序装货；应制定装载作业规范，避免野蛮装卸；应建立仓库备货机制，保证家电产品及时出仓；应建立货物交接制度，明确仓储作业人员与配送作业人员的权责。配送管理方面，

应制定配送方案,包括车辆调度、订单集拼、配送线路等;应对配送实施跟踪管理,实现配送过程可控;应建立货物交付制度,明确有效签收的要求;应对配送回单进行有效管理,建立反馈机制。该标准还重点给出了"运营保障"的相关要求,涉及人员管理、设备设施管理、安全管理、客户管理、分包商管理、应急管理6方面。

《家电物流干线运输规范》(WB/T 1085—2018)规定了家电物流干线运输服务的基本要求、服务流程、实施保障和服务质量,适用于利用公路干线进行家电产品运输的服务。该标准重点给出了家电物流干线运输服务流程及具体规范要求,包括订单确认、车辆调度作业、装车和码放作业、在途跟踪、交付作业、回单交接6个环节。此外,还对《家电物流服务通用要求》(GB/T 33446—2016)给出的家电物流干线运输服务指标进行了计算方法的设计。

7.4 特殊管理物流领域

7.4.1 危化品物流标准

化学危险品物流,简称为"危化品物流",是指危险化学品在供应链上下游进行流转过程中,对危险化学品进行运输、储存、装卸、包装、流通加工、配送和信息处理等相关活动的总和。由于所服务的货物对象的危险性,以及出现危险品事故后果的严重性,化工和危险货物物流是一个市场准入门槛较高的细分物流领域,我国对此实行严格的准入管理制度。《物流标准手册》收录的63项现行化工和危险货物物流标准中,国家强制性标准24项,国家推荐性标准8项,行业标准31项。

由此可以看出,由于这个物流细分领域的特殊性,国家强制性标准的占比超出其他物流细分领域,行业标准也比较多。这些标准大致分为综合标准、作业技术标准、设施设备标准、作业服务标准、管理标准和信息标准6大类,主要涉及危险品分类与编码、道路运输规则及技术要求、危险品专用运输与存放设备、储存、保养、运输技术规范要求、安全管理规范等标准。其中,《危险货物分类和品名编号》(GB 6944—2012)、《危险货物道路运输规则 第6部分:装卸条件及作业要求》(JT/T 617.6—2018)、《危险货物道路运输规则 第7部分:运输条件及作业要求》(JT/T 617.7—2018)和《道路危险货物运输企业等级》(JT/T 1250—2019)充分体现了危险品物流行业的特点。

《危险货物分类和品名编号》(GB 6944—2012)规定了危险货物分类、危险货物危险性的先后顺序和危险货物编号,适用于危险货物运输、储存、经销及相关活动。该标准按危险货物具有的危险性或最主要的危险性分为9个类别,其中第1类、第2类、第4类、第5类和第6类再分成项别。类别和项别分列如下:第1类:爆炸品,包含1.1项:有整体爆炸危险的物质和物品;1.2项:有迸射危险,但无整体爆炸危险的物质和物品;1.3项:有燃烧危险并有局部爆炸危险或局部迸射危险或这两种危险都有,但无整体爆炸危险的物质和物品;1.4项:不呈现重大危险的物质和物品;1.5项:有整体爆炸危险的非常不敏感物质;1.6项:无整体爆炸危险的极端不敏感物品。第2类:气体,包含2.1项:易燃气体;2.2项:非易燃无毒气体;2.3项:毒性气体。第3类:易燃液体。第4类:易燃固体、易于自燃的物质、遇水放出易燃气体的物质,包含4.1项:易燃固体、自反应物质和固态退敏爆炸品;4.2项:易于自燃的物质;4.3项:遇水放出易燃气体的物质。第5类:氧化性物质和有机过氧化物，包含5.1项：氧化性物质；5.2项：有机过氧化物。第6类：毒性物质和感染性物质，包含6.1项：毒性物质；6.2项：感染性物质。第7类：放射性物质。第8类：腐蚀性物质。第9类：杂项危险物质和物品，包含危害环境物质。该标准还对危险货物的包装类别进行了划分，出于包装目的，除了第1类、第2类、第7类、5.2项和6.2项物质以及4.1项自反应物质以外的物质，根据其危险程度划分为3个包装类别，Ⅰ类包装：具有高度危险性的物质；Ⅱ类包装：具有中等危险性的物质；Ⅲ类包装：具有轻度危险性的物质。

"危险货物道路运输规则"(JT/T 617)系列标准是在《汽车运输危险货物规则》(JT 617—2004)的基础上修订发布的，分为7个部分，第1部分为"通则"，第2部分为"分类"，第3部分为"品名及运输要求索引"，第4部分为"运输包装使用要求"，第5部分为"托运要求"，第6部分为"装卸条件及作业要求"，第7部分为"运输条件及作业要求"。

《危险货物道路运输规则 第1部分：通则》(JT/T 617.1—2018)规定了危险货物的范围及运输条件、运输条件豁免、国际多式联运相关要求、人员培训要求、各参与方的安全要求以及安保防范要求。《危险货物道路运输规则 第2部分：分类》(JT/T 617.2—2018)规定了道路运输危险货物的分类，包括分类的一般要求和具体规定。《危险货物道路运输规则 第3部分：品名及运输要求索引》(JT/T 617.3—2018)规定了道路运输危险货物品名的一般要求、道路危险货物运输要求索引、特殊规定，以及有限数量危险货物和例外数量危险货物的道路运输要求。《危险货物道路运输规则 第4部分：运输包装使用要求》(JT/T 617.4—2018)规定了道路运输危险货物包装、中型散装容器、大型包装、可移动罐柜、罐式车辆罐体的使用要求。《危险货物道路运输规则 第5部分：托运要求》(JT/T 617.5—2018)规定了危险货物道路运输托运的一般要求、集合包装及混合包装的标记标志要求、包件标记与标志以及集装箱、罐体与车辆标志牌及标记、运输单据。

《危险货物道路运输规则 第6部分：装卸条件及作业要求》(JT/T 617.6—2018)规定了危险货物道路运输装卸作业的一般要求，包括运输装卸条件、散装运输装卸条件、罐式运输装卸条件和装卸作业要求，提供了《包件运输的装卸操作特殊规定》《具有VC标记的散装运输的装卸操作特殊规定》和《适用于特定种类或货物的装创操作特殊规定》3个规范性附录。

《危险货物道路运输规则 第7部分：运输条件及作业要求》(JT/T 617.7—2018)规定了危险货物道路运输的运输装备条件、人员条件及运输作业要求，适用于危险货物道路运输的运输作业。其中，运输装备条件包括运输单元、标志牌和标记、灭火器具、用于个人防护装备等方面的要求。人员条件主要包括驾驶员培训要求、驾驶员培训内容、危险货物道路运输相关人员的培训要求。运输作业要求主要包括携带单据和证件、车组人员要求、车辆停放要求、道路通行要求、运输作业特殊规定等。该标准还给出了两个资料性附录《运输作业特殊规定》和《隧道类别说明和隧道通行限制代码》。

《道路危险货物运输企业等级》(JT/T 1250—2019)规定了道路危险货物运输企业的登记划分和等级条件，适用于从事营业性道路危险品货物运输企业基于市场需求的自评、行业管理部门对道路危险货物运输企业的分级指导以及相关社团对道路危险货物运输企业的评定。按照管理水平、运输能力、资产规模、车辆条件、经营业绩、安全状况、服务质量、人员素质和科技应用9类指标对道路危险货物运输企业划分为特级、一级、二级、三级和四级。

其中，从资产规模来看，特级危货运输企业净资产应达到5亿元(含)以上，其中危险货物运输资产净值2.5亿元(含)以上；一级危货运输企业净资产应达到3亿元(含)以上，其中危险货物运输资产净值 1.5 亿元(含)以上；二级危货运输企业净资产应达到 1.5 亿元(含)以上，其中危险货物运输资产净值 7000 万元(含)以上；三级危货运输企业净资产应达到 5000 万元(含)以上，其中危险货物运输资产净值 2500 万元(含)以上；四级危货运输企业净资产应达到 800 万元(含)以上，其中危险货物运输资产净值 400 万元(含)以上。

7.4.2 烟草物流标准

烟草物流是我国发展起步较早、体系比较完善且信息化、自动化和智能化水平十分领先的专业物流细分领域。虽然烟草物流服务是烟草专卖管理制度下的特殊物流服务，其影响的范围存在一定的局限性，但对我国自动化立体库产业的发展与物流标准化的建设，发挥了积极的市场培育及持续促进的作用。

《物流标准手册》收录的烟草物流标准共有 40 条，其中国家标准 4 条，行业标准 36 条，标准化建设的行业性特色十分突出。标准可划分为基础标准、作业技术标准、设施设备标准、作业服务标准、管理标准和信息标准 6 大类，主要涉及烟草产品种类、产品质量和方法标准、烟草专用设施设备、加工技术及规范、包装、运输、仓储、安全规范等方面标准等。其中，《卷烟物流配送中心设计规范》(YC/T 335—2010)和《工商卷烟物流同城共库管理规范》(YC/T 518—2014)等标准具有一定的行业特色与代表性。

《卷烟物流配送中心设计规范》(YC/T 335—2010)规定了卷烟物流配送中心的实际规范，适用于烟草行业卷烟物流配送中心新建、改建和扩建工程的设计活动，卷烟物流配送分中心可参照执行。该标准包括规范性引用文件、术语和定义、设置及分类、场址选择、总平面及运输、工艺及设备、建筑结构、电气、采暖通风、空气调节和消防 10 个部分。其中，"设置及分类"设置了卷烟物流的 3 种配送模式，"一级配、一级送""一级配、二级送"和"一级配、二级送、中转站暂存"，并将卷烟物流配送中心按预测年销售量划分为 3 类，大于等于 20 万箱的为一类，大于等于 10 万箱但小于 20 万箱的为二类，小于 10 万箱的为三类。

该标准"工艺及设备"部分规定了烟草物流配送中心的作业工艺，主要包括进货整理工段、仓储工段、分拣工段、发货暂存工段和出货工段 5 个工艺环节。其中，进货整理工段的使用功能包括收货、卸货、打码、码盘整理。仓储工段的使用功能包括入库、储存、出库、出库席扫码，并对仓储形式进行了规定，一类卷烟物流配送中心可采用三层托盘货架或高架立体库存放，二类、三类卷烟物流配送中心宜采用三层托盘货架存放。分拣工段的使用功能包括分练备货、分拣补货、分拣、打码和包装，分拣备货可采用托盘地面存放或流利架存放方式，采用托盘地面存放时，分拣备货区的面积按 1.2 箱/m^2 计算，件烟的连续输送缓存设备宜选用辊道式、链板式、带式输送机等。发货暂存工段的使用功能为发货暂存，宜采用托盘或笼车堆码理货排队的方式暂存，发货暂存的方式可采用托盘(笼车)地面存放或货架存放，采用地面存放时，发货暂存工段的面积按 1.0 箱/m^2 计算。出货工段的使用功能包括出货和送货，配送车辆应根据配送路线与时间确定数量及车型，车型宜统一，出货月台车位数按每天配送车辆数的 1/3 至 1/2 计取。

《工商卷烟物流同城共库管理规范》(YC/T 518—2014)对于烟草工业企业和商业企业在成品卷烟物流中共用仓库、同城移库、行业卷烟生产经营决策管理系统(含相关支持的应用系统)进行了约束，涉及其中的销售出库扫码、入库扫码以及专卖准运证开具，适用于采用工商同城共库的烟草企业。该标准提出了两种同城共库模式,同城共库是指工业企业生产点和商业企业物流中心仓库在同一个城市,且双方采取供应链库存管理模式的情况。如果是共用商业仓库,则为“共在商业”模式；如果是共用工业仓库,则为“共在工业”模式。该标准针对不同的共库模式分别做了商业合作、人员对接、需求沟通、系统平台共用及培训、库存转移、准运证打印、系统收货、实施保证措施等方面的规定。

7.4.3 医药物流标准

医药物流是服务于我国医药产品生产制造业和商贸流通供应链的物流细分领域。由于药品生产及商贸流通均具有特殊的管理政策,事关人们的生命健康安全,因此医药物流和冷链物流一样也逐步成为社会各界高度关注的焦点。2019 年 12 月,《医药标准手册》首次发布,收录了我国 2007 年到 2019 年 12 月 1 日以前已颁布的现行医药物流国家标准、行业标准、团体标准和地方标准共计 96 项,充分体现了我国在供给侧结构性改革的背景下对医药物流标准体系建设的高度重视,同时也反映出了强烈的市场需求。

医药物流标准主要涉及医药物流设施设备(冷藏箱、保温箱等)、追溯管理、技术服务要求及规范、产品分类及代码等方面。其中,《药品冷链物流运作规范》(GB/T 28842—2012)、《药品物流服务规范》(GB/T 30335—2013)、《医药物流配送条码应用规范》(GB/T 36078—2018)和《药品批发企业物流服务能力评估指标》(SB/T 10767—2012)具有很好的医药物流行业代表性。

《药品冷链物流运作规范》(GB/T 28842—2012)规定了冷藏药品物流过程中的基本要求,包括收货、验收,贮存、养护,发货；运输,温度监测和控制,贮存、运输的设施设备,人员配备等方面的要求,适用于冷藏药品在生产与流通过程中的物流运作管理。其中,对于冷藏药品的贮存、养护方面,冷藏药品贮存的温度应符合冷藏药品说明书的要求。贮存冷藏药品时应按冷藏药品的批号堆垛,不同批号的冷藏药品不得混垛；垛间距不小于 5cm,与仓间墙、柱、温湿度调控设备及管道的设备间距不小于 30cm,与地面的间距不小于 10cm。在库冷藏药品按质量状态实行色标管理,待验冷藏药品库(区)、退货冷藏药品库(区)为黄色；合格冷藏药品库(区)、待发冷藏药品库(区)为绿色；不合格冷藏药品库(区)为红色。冷藏药品应进行在库养护检查并记录,若发现质量异常,应先行隔离、暂停发货、做好记录,及时送检验部门检验,并根据检验结果处理。养护记录应保存至超过冷藏药品有效期 1 年以备查,记录至少保留 5 年。疫苗的养护记录应保存至超过冷藏药品有效期间 2 年以备查,记录至少保留 5 年。冷藏药品贮存库应根据验证结果配置温度记录设备。我国已经连续多年开展《药品冷链物流运作规范》国家标准试点企业的评选工作,该标准成为我国医药物流领域贯标实施的主推标准。

《药品物流服务规范》(GB/T 30335—2013)规定了药品物流服务的基本要求,包括仓储、运输、配送、装卸搬运、货物交接、信息服务等作业要求,以及风险控制、投诉处理、物流服务质量的主要评价指标,适用于药品流通过程中的药品物流服务,药品生产过程中涉及的药品物流服务可参照执行。其中“药品在库储存、养护”部分规定搬运、装卸药品应轻拿轻放,严格按照药品外包装图示标志的要求码放和采取防护措施。药品堆码应实行分区、分类、按批号和货位管理。不同批号的药品不得混垛,药品与非药品、外用药与其他药品应分开存放，中药材和中药饮片与其他药品应分库存放。特殊管理的药品应按国家有关规定存放。药品应按规定的温湿度条件存储，应按药品外包装标示的温度要求储存药品，外包装上没有标示具体温度的，应按照《中华人民共和国药典》或药品说明书规定的贮藏要求进行储存；储存药品的相对湿度为35%～75%。在人工作业的库房储存药品应按质量状态实行色标管理：合格药品为绿色，不合格药品为红色，待确定药品为黄色。储存药品应当按照要求采取避光、遮光、通风、防潮、防虫、防鼠等措施。应根据库房条件、外部环境、药品质量特性等对药品进行养护并记录。建立重点品种的养护制度。对药品采取近效期预警及超过有效期自动锁定等措施，防止过期药品出库。对库存药品应进行定期或不定期盘点，做到账、物相符。药品丢失或损坏时，应及时查找原因、分清责任，制定预防措施并及时处理赔偿等。该标准还给出了评价服务质量的6项指标及其计算方法，包括验收准确率、出席差错率、账货相符率、货物准时送达率、货物质损率、运输订单完成率等。

《医药物流配送条码应用规范》(GB/T 36078—2018)规定了医药物流配送包装箱、托盘、单据及节点的代码结构、条码表示与技术要求，以及条码标签格式、放置位置等内容，适用于医药产品供应链中配送包装箱、托盘、单据及节点的代码编制、条码标签设计和数据自动采集等。其中医药物流配送包装箱代码由“医药物流配送标识代码”和“医药物流配送附件属性信息代码”组成，前者为必选项，当标识储运包装医药产品时采用医药产品表示代码，当标识物流单元的医药产品时采用物流单元标识代码。医药产品标识代码采用GTIN-13或GTIN-14代码。医药物流配送附加信息代码主要包括有效期、批号、系列号、生产日期、包装日期等物流单元内医药产品标识代码以及可变数量、客户方代码、客户订购单代码、货物托运代码、装运标识代码、路径代码、同一邮政区域内交货地的邮政编码、冷链物流分类代码等。该标准还对医药物流配送托盘代码、医药物流配送单据代码、医药物流配送节点代码、条码表示与技术要求、条码标签等做了具体要求，并给出了《医药物流配迭流程及应用示例》、《医药物流配送条码表示示例》和《医药物流配迭条码标签示例》3个资料性附录。

《药品批发企业物流服务能力评估指标》(SB/T 10767—2012)规范了药品批发企业物流服务能力的构成要素和评估指标，并对药品批发企业物流服务能力进行了划分，用于我国境内所有政府许可的药品批发企业，经食品药品监督管理部门批准从事药品委托储存、配送的第三方药品物流企业也适用于本标准。该标准按照7方面的指标进行药品物流服务能力评估，包括基本要求、物流配送规模、药品质量管理能力、药品安全风险控制能力、静态物流要素能力、物流服务基础能力、物流规划和创新能力。药品批发企业物流服务能力实行分级管理，用A表示，由高到低分为：AAA级、AA级和A级，依照标准规范性附录《分级标准》进行评定。该标准还给出了相关指标的计算方法，包括验收准确率、账货相符率、货物准时送达率、出库差错率、客户有效投诉率、冷藏设备完好率、运输过程信息可追溯率、冷藏药品温度控制合格率和运输包装完好率等。

7.4.4 出版物物流标准

出版物物流是指出版物产业链中运输、储存、包装、装卸、搬运、流通加工、配送、信息处理等活动的总称。由于国家对出版物的出版发行、流通管理实行特殊的管控政策，以及长期以来出版行业形成的商贸流通供应链模式，出版物物流业与之相适应，有着自身的典型特点，特别是数据接口管理、出版物退货管理成为其物流运作中比较典型的需求。

《物流标准手册》收录的出版物物流标准共有14条，其中国家标准11条，行业标准3条，可以划分为物流作业标准和物流信息标准2类，主要涉及出版物作业规范、条码标签、单证报文等方面。其中，《出版物物流 接口作业规范》(GB/T 28578—2012)、《出版物物流 退货作业规范》(GB/T 28579—2012)和《出版物物流作业规范 第1部分：收货验收》(CY/T 56.1—2009)具有很好的代表性。

《出版物物流 接口作业规范》(GB/T 28578—2012)给出了出版物物流接口的构成及接口作业的结构化命名，规定了出版物物流接口的作业分类、名称和作业内容，适用于从事出版发行活动的不同参与方之间出版物物流流程的衔接。该标准主要规定了出版物物流接口的构成，出版物物流接口的作业分类、名称及结构化命名，出版物物流接口作业的内容，出版物物流参与方与角色信息的描述格式。其中，出版物物流接口作业分类为业务请求类、发货类、收货类、退货类和查询类5大类。出版物物流接口的作业分类见表7-13。

表7-13　出版物物流接口的作业分类

作业分类	作业名称
业务请求类	数据发送方提出主动订货请求数据；发送方提出合同或质量退货请求；数据发送方提出召回或调剂退货请求
发货类	发货方发货前确认；发货方提供运输服务；发货方委托物流服务提供方提供运输服务
收货类	收货方对发货方提供收货服务；收货方对物流服务提供方提供收货服务；收货方委托物流服务提供方提供收货服务；收货方提供退回货物收货服务；收货方委托物流服务提供方提供退回货物收货服务
退货类	退货方直接提供退回货物的发货服务；退货方委托出版物物流服务提供方提供发货服务
查询类	收货方与发货方之间货物状态查询；收货方与发货方之间整销查询

《出版物物流 退货作业规范》(GB/T 28579—2012)规定了出版物的物流退货类型、退货作业基本要求和退货信息标识，适用于出版物发行及相关企业出版物的退货作业和管理。该标准将出版物物流退货划分为合同退货、质量退货、拒收退货、调剂退货、召回退货5种，并对退货作业的基本要求、退货的处理和期限以及退货信息标识等做了规范要求。该标准上升为国家标准说明了出版物物流退货现象较多、规模较大，是出版物物流的重要作业环节。

"出版物物流作业规范"(CY/T 56)系列的行业标准目前已经发布了4个部分，第1部分是"收货验收"，第2部分是"储存"，第3部分是"包装"，第4部分是"发运"。其中，《出版物物流作业规范 第1部分：收货验收》(CY/T 56.1—2009)规定了出版物收货验收的基本原则、程序和结果处理方法，适用于出版发行业收货验收作业。

由于电子商务对出版物物流冲击较大，原有的标准内容已经不能适应出版物物流的现状与趋势，《出版物物流 接口作业规范》(GB/T 28578—2012)和《出版物物流 退货作业规范》(GB/T 28579—2012)已于2019年启动修订程序。其中，《出版物物流 接口作业规范》(GB/T 28578—2012)的修订版拟进一步明确出版物物流参与方与角色之间多对多的关系，增加对线上销售出版物物流接口作业的描述，以及增加对出版物物流参与方与角色信息中数据元类型的描述。《出版物物流 退货作业规范》(GB/T 28579—2012)的修订版拟增加对电商退货作业的要求，其中包括把退货作业分为两种主要类型：线下销售退货基础作业和线上销售退货基础作业；拟新增对退货物流作业的质量要求，其中包括退货拣选质量、退货集货及复核质量、退货包装质量和退货验收质量，通过关键环节的规范实现退货物流流程的规范，以保证退货服务的质量。

7.4.5 应急物流标准

习近平总书记曾强调“要健全统一的应急物资保障体系，把应急物资保障作为国家应急管理体系建设的重要内容”。应急物流是指为应对严重自然灾害、突发性公共卫生事件、公共安全事件及军事冲突等突发事件而对物资、人员、资金的需求进行紧急保障的一种特殊的物流活动。这种特殊情形下的物流一方面需要提前做好未雨绸缪的标准化布局管理，另一方面需要在应急情形下能够按照标准化的流程、规范、信息和技术要求快速响应各种不同紧急情形下的物流需求。

尽管应急物流标准化建设十分重要，但是响应的物流标准数量目前并不多。《物流标准手册》仅收录到4项应急物流标准，标准主要涉及应急物流仓储设施设备配置、企业应急物流能力评估、应急物资投送包装及标识和应急物流服务成本构成与核算等方面。《应急物流基础信息分类与代码》、《应急物流数据交换格式》和《应急物流数据交换通用要求》这3项行业标准正在编制过程中。2020年3月6日，全国物品编码标准化技术委员会(SAC/TC287)归口上报及执行的《应急物资分类及编码》(GB/T 38565—2020)正式发布，2020年10月1日实施。以下对主要应急物流标准的主要内容做简要介绍。

应急物资分类编码是应急物流高效运作的核心基础。2012年国家安全生产应急救援指挥中心颁发了《安全生产应急平台信息资源分类与编码标准》。安全生产应急救援物资分类编码由应急救援物资资源分类和应急救援物资编码2段编码组成。2015年国家发改委制定了《应急保障物资分类及产品目录》，把应急保障物资分成了防护用品、生命救助、生命支持、救援运载、临时住宿、污染清理、动力燃料、工程设备、工程材料、器材工具、照明设备、通信广播和交通工具13类；也将应急装备分成工程设备类、危化救援类、地震救援类、矿山救援类、消防器材类、水上救援类、医疗救护类、交通运输类、电力救援类、通信类、应急器具类、环境监测类、气象监测类和其他类14类。

2020年3月，国家标准委发布了《应急物资分类及编码》(GB/T 38565—2020)，规定了应急物资的分类原则和方法、编码原则和方法，以及应急物资分类代码表，适用于应急物资的信息采集、分类、信息处理、信息交换以及应急资源组织等。该标准采用线分类法将应急物资分为大类、中类、小类和细类4个层次，编码采用层次编码，分为4层7位代码。

具体分层编码规则及编码扩充方法为，第一层命名为应急物资大类，采用阿拉伯数字1、2、3表示，其中：1代表基本生活保障物资，2代表应急装备及配套物资，3代表工程材料与机械加工设备；第二层、第三层、第四层分别命名为应急物资中类、应急物资小类和应急物资细类，均采用2位阿拉伯数字01～99表示；每层级代码采用数字“99”表示收容类目。当列出的应急物资分类不能满足实际应用需求时，可对中类、小类和细类进行扩充和细化，并形成标准修改单提交给国家标准化主管部门批准。

《企业应急物流能力评估规范》(GSB/T[①] 1076730674—2014)规定了企业应急物流能

① 指国家实物推荐性标准，后文类似。

力分类与分级方法和企业应急物流能力评估指标，适用于为应对自然灾害、事故灾难、公共卫生事件及社会安全事件等突发事件应急物资保障时企业应急物流能力的建设与管理。该标准按照服务可达到的范围和能力的不同，将企业的应急运输、应急储存和应急配送能力由高到低依次分为A、B、C 3个等级，并给出了3种不同类型企业应急物流服务能力的评估指标体系。

《应急物资投送包装及标识》(GB/T 30676—2014)规定了应急物资投送包装及包装标识的要求。适用于储存到应急物资储备仓库中的或由各级应急物资保障机构筹措的应急物资投送前的包装及标识，应急采购物资或社会捐赠物资投送前的包装及标识可参照执行。该标准给出了应急物流投送包装的基本要求、具体要求和特殊要求，对包装材料、包装件尺寸与质量、集合包装、防护包装(含防潮防湿包装、防锈包装、防震包装、防静电包装、保温包装)以及装箱作业做出了具体要求，对空运物资和空投物资给出了特殊要求。该标准还对应急物资投送标识给出了图示标识、文字标识与二维码标识的规范，标准要求物资投送包装后应有醒目的图示与文字标识，条件允许时可辅以二维条码标识；应急投送标识不应遮挡、破坏原包装件标识；夜间投送物资时应使用荧光带(条)捆扎或加挂荧光板，便于物资集散。

《应急物流仓储设施设备配置规范》(WB/T 1072—2018)规定了应急物流仓储设施设备的功能要求、分级原则与方法、配置指标适用于应急物流仓储设施设备的配置。在功能要求方面提出了快速响应、快速转换、快速出入库、快速流通加工和仓储信息管理5项功能要求。在此基础上，分别按照综合指标、设施配置指标、设备配置指标对仓储单位分级，每个单项指标都分为A、B、C 3级，A级最高。以3个单项指标中的最低级别作为该仓储单位的级别。该标准还给出了进行上述分级评估的应急物流仓储设施设备综合指标体系与应急物流仓储设备配置指标体系。应急物流仓储设施设备综合指标见表7-14。

表7-14 应急物流仓储设施设备综合指标

综合能力指标		级别		
		A级	B级	C级
应急响应时间(min)		≤30	≤60	≤120
应急投入仓储面积(m^2)[1]	24h	≥4000	≥2000	≥1000
	48h	≥9000	≥5000	≥3000
机械化作业程度(%)[2]		≥65	≥40	无要求
应急出库效率(m^3/h)[3]		≥240	≥120	≥60
应急入库效率(m^3/h)		≥100	≥60	≥40
流通加工能力(m^3/h)[4]		≥60	≥35	≥20

注：(1) 应急投入仓储面积是指在应对突发事件时可提供的存储应急物资的面积，等于普通库房面积和立体库房折算面积之和。高架自动化立体库折算面积按5倍普通库计算；10米以上中高层货架立体库按普通库面积的2.5倍折算。24h、48h是指接到应急保障任务后24h或48h内可投入应急的仓储面积。

(2) 机械化作业程度是指应急物资机械化作业量(体积)占总作业量的百分比。

(3) 应急出(入)库效率=连续4h出(入)库量/4。

(4) 流通加工能力是指对30种以上应急物资进行分拣、包装、标识综合处理能力。

总体而言，我国应急物流作为一种特殊管理的物流形态很难单独作为物流细分市场存在，应急物流往往还具有公益的属性，相应的应急物流标准化建设也需要社会各界专业团队的共同参与和支持。

第8章

CHAPTER 8

如何建设物流企业标准化体系

企业标准是在企业范围内需要协调、统一的技术要求、管理要求和工作要求所制定的标准，是企业组织生产、经营活动的依据。企业标准由企业制定，由企业法人代表或法人代表授权的主管领导批准、发布。企业标准是我国构建政府主导制定的标准和市场自主制定的标准协同发展、协调配套的新型标准体系的重要组成部分，国家实行团体标准、企业标准自我声明公开和监督制度。

根据《标准化法》，企业可以根据需要自行制定企业标准，或者与其他企业联合制定企业标准；国家支持在重要行业、战略性新兴产业、关键共性技术等领域利用自主创新技术制定团体标准、企业标准；国家鼓励社会团体、企业制定高于推荐性标准相关技术要求的团体标准、企业标准。

就物流行业而言，各生产制造、商贸流通等行业企业建设完善自身物流标准化体系、物流行业企业实现物流标准化不仅有利于企业自身运营管理水平的提升，而且有利于我国物流行业标准化体系结构与内容的完善，特别是物流细分领域的标准体系建设，将进一步推动相关企业的创新发展，对我国实现供给侧结构性改革具有重要的意义。

8.1 企业标准体系建设相关标准

为了指导我国企业深入开展标准体系建设及标准化工作，我国围绕标准化体系、企业标准体系、企业标准化工作、服务业组织标准化工作等方面发布了一系列的指导性标准，从基本要求、标准体系构建、企业标准体系表编制、基础保障、标准实施、评价与改进等多方面提供了工作内容、方法和要求的指导，详见表8-1。

表8-1 企业物流服务标准体系建设相关指导性标准

标准分类	标 准 号	标 准 名 称
企业标准化工作系列	GB/T 15496—2017	企业标准体系 要求
	GB/T 15497—2017	企业标准体系 产品实现
	GB/T 15498—2017	企业标准体系 基础保障

续表

标准分类	标 准 号	标 准 名 称
企业标准化工作系列	GB/T 19273—2017	企业标准化工作 评价与改进
	GB/T 35778—2017	企业标准化工作 指南
服务业标准化工作指南系列	GB/T 24421.1—2009	服务业组织标准化工作指南第 1 部分：基本要求
	GB/T 24421.2—2009	服务业组织标准化工作指南 第 2 部分：标准体系
	GB/T 24421.3—2009	服务业组织标准化工作指南 第 3 部分：标准编写
	GB/T 24421.4—2009	服务业组织标准化工作指南 第 4 部分：标准实施及评价
	GB/T 15624—2011	服务标准化工作指南
标准体系其他相关标准	GB/T 24620—2009	服务标准制定导则考虑消费者需求
	GB/T 28222—2011	服务标准编写通则
	GB/T 33719—2017	标准中融入可持续性的指南
	GB/T 13016—2018	标准体系构建原则和要求
	GB/T 13017—2018	企业标准体系表编制指南

深入学习研究上述指导性国家标准对于物流企业标准化体系建设具有十分重要的参考价值，根据企业标准体系建设需求，部分上述标准可以被纳入物流企业的标准体系当中。下面对表 8-1 中的 3 大类指导性标准进行简要解读。

8.1.1 企业标准化工作系列标准

企业标准化工作系列标准包括了 5 个国家推荐标准，侧重于生产制造企业的标准化工作，围绕产品实现标准体系，基础保障标准体系和岗位标准体系提出了企业标准体系的基本要求、产品实现和基础保障，并提供了企业标准化工作的评价与改进规范和指南。由于物流业属于现代服务业，因此，本书重点解读了《企业标准化工作 指南》(GB/T 35778—2017)、《企业标准体系 要求》(GB/T 15496—2017)和《企业标准体系 基础保障》(GB/T 15498—2017)这 3 项国家标准。

《企业标准化工作 指南》(GB/T 35778—2017)确立了企业标准化工作的 7 项基本原则，包括需求导向、合规性、系统性、适用性、效能性、全员参与和持续改进，并在此基础上进一步给出了企业标准化工作策划、企业标准体系构建、企业标准制(修)订、标准实施与检查、参与标准化活动、评价与改进、标准化创新和机构、人员与信息管理 8 方面的指南。该标准重点对企业标准范围进行了界定，对企业标准体系构建及整体工作流程给予了规定，对企业标准工作团队进行了构建，对参与标准化活动类别进行了分类。其中，该标准将企业标准范围界定为 4 种情形：一是没有相应或适用的国家标准、行业标准、地方标准、团体标准时制定的产品、服务标准；二是为满足相关方需求制定的产品实现标准，要素覆盖《企业标准体系 产品实现》(GB/T 15497—2017)的规定；三是为支持产品实现或服务提供制定的基础保障标准，要素覆盖《企业标准体系 基础保障》(GB/T 15498—2017)的规定；四是为支撑产品实现标准和保障标准的实施而制定的岗位标准以及满足生产、经营、管理的其他标准。

该标准提出，构建企业标准体系需编制企业标准体系表并能反映体系结构、相互关系以及标准明细等信息，企业标准体系表可包括编制说明、体系结构图、标准明细表等图表文件，要开展策划、企业标准制(修)订、标准实施与检查、评价与改进等流程化工作，同时也要开展标准化创新和参与各类标准化活动，包括采用国际标准或国外先进标准；参与国家标准、行业标准、地方标准制(修)订；参与团体标准制(修)订；参与标准化试点示范；参与国内标准化技术委员会活动；参与社会团体组织标准化活动；参与国际标准化活动等。此外，该标准还给出了包括最高管理者、标准化机构、部门和标准化人员的企业标准化工作组织保障体系。

《企业标准体系 要求》(GB/T 15496—2017)规定了企业标准体系总体要求以及标准体系构建、运行、评价与改进的要求，适用于各种类型、不同规模企业标准体系的构建。该标准重点给出了标准体系构建的要求，包括标准体系需求分析、结构设计、标准明细表和体系编制说明4方面。其中，需求分析设计是对相关方需求和期望的分解，识别相关方需求和期望的关键过程、资源和要素需确定标准化对象、进行企业标准化现状分析。该标准还给出了企业标准体系的结构，包括产品实现标准体系、基础保障标准体系和岗位标准体系3个体系，并对3个标准体系的结构进行设计。此外，该标准的资料性附录《企业标准体系其他参考模式》提出了企业标准体系建设的分类及选择建议：按照不同的分类规则，标准可分为不同类别，如按标准属性可划分为基础标准、技术标准、管理标准和工作标准等，按标准化对象可划分为产品实现标准、基础保障标准和岗位标准，按标准在服务提供过程中的位置可划分为服务通用标准、服务提供标准和服务保障标准。企业可以结合自身特色，根据本企业标准体系发展历史选择一种适合的标准分类方法。

《企业标准体系 基础保障》(GB/T 15498—2017)给出了基础保障标准体系结构及其各个子体系结构与相关要求。基础保障标准体系一般包括规划计划和企业文化标准、标准化工作标准、人力资源标准、财务和审计标准、设备设施标准、质量管理标准、安全和职业健康管理标准、环境和能源管理标准、法务和合同标准、知识管理和信息标准、行政事务和综合标准11个子体系，体系结构图参见图8-1。

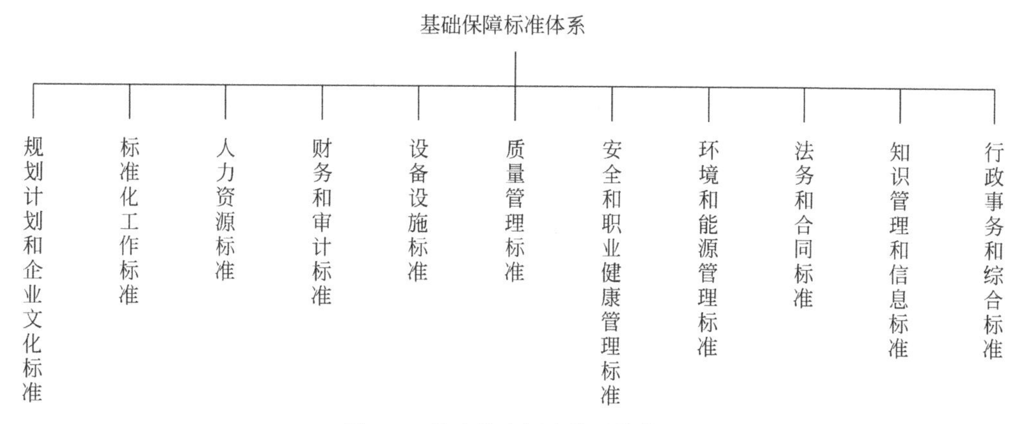

图8-1 基础保障标准体系结构图

8.1.2 服务业标准化工作指南系列

“服务业组织标准化工作指南”系列标准分为4部分，第1部分为基本要求，第2部分为标准体系，第3部分为标准编写，第4部分为标准实施及评价。物流业是全面深入服务于生产制造业、商贸流通业和其他现代服务业的基础性、战略性和先导性产业。因此，“服务业组织标准化工作指南”系列标准对于物流业企业标准体系建设具有一定的参考价值。

《服务业组织标准化工作指南第 1 部分：基本要求》(GB/T 24421.1—2009)规定了服务业组织标准化工作的术语和定义、基本原则、任务和内容、管理要求。其中，管理要求主要涉及机构管理、人员管理、工作管理和信息管理 4 个具体方面。

《服务业组织标准化工作指南 第 2 部分：标准体系》(GB/T 24421.2—2009)规定了服务业组织标准体系的术语和定义、总体结构与要求，以及服务通用基础标准体系、服务保障标准体系、服务提供标准体系的构成与要求。该标准重点给出了服务业组织的标准体系构成及对应的关系结构图。服务业组织的标准体系由服务通用基础标准体系、服务保障标准体系、服务提供标准体系 3 大子体系组成。服务通用基础标准体系是服务保障标准体系、服务提供标准体系的基础，服务保障标准体系是服务提供标准体系的直接支撑，服务提供标准体系促使服务保障标准体系的完善。该标准体系是服务业组织其他体系，如质量管理体系、环境管理体系等的基础和融合体，服务业组织应根据自身的特点研究建立协调配合、科学合理的标准体系，并有效运行。该标准重点对服务通用基础标准体系、服务保障标准体系内容和服务提供标准体系内容进行了构建，这 3 个子体系的关系结构图见图 8-2。

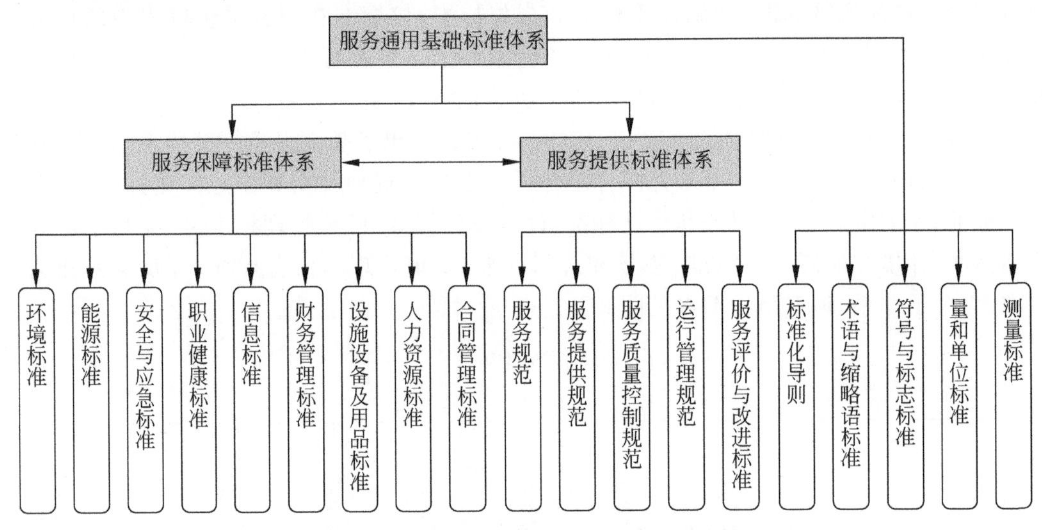

图 8-2 服务业组织的标准体系关系结构图

《服务业组织标准化工作指南 第 3 部分：标准编写》(GB/T 24421.3—2009)规定了服务业组织标准编写的基本要求、标准的构成及其服务要求的编写。该标准重点对服务要求的编写给出了服务规范，包括服务提供规范、人员资质、运行管理、安全、环境和设施、设备及用品 6 方面的规范要求。

《服务业组织标准化工作指南 第 4 部分：标准实施及评价》(GB/T 24421.4—2009)给出了服务业组织标准实施、标准实施评价及标准体系评价的要求，适用于服务业组织标准实施，并对标准实施和标准体系进行了评价。该标准给出了标准实施的 3 项基本原则——系统性原则、有效性原则和持续性原则，2 种实施方法——过程法和要素法，5 步实施流程——计划、准备(含组织、人员、物资和技术)、实施、信息反馈与改进以及实施评价。该标准还对标准实施评价及标准体系评价原则、依据、条件、内容、方法和流程等进行详细的规定。

《服务标准化工作指南》(GB/T 15624—2011)规定了服务标准化的范围、服务标准的类型、服务标准的制定、实施、评价和改进等内容。该标准给出了服务标准的3种类型,即服务基础标准、服务提供标准和服务评价标准,并对3种标准的主要内容进行列举,见图8-3。该标准指出,国家、行业、地方服务标准的制定一般可分为预阶段、立项阶段、起草阶段、征求意见阶段、审查阶段、批准阶段、出版阶段、复审阶段和废止阶段9个阶段,但是企业服务标准的制定可根据实际情况省略部分阶段,但是至少应包括起草阶段、征求意见阶段、审查阶段、批准阶段和复审阶段。此外,该标准还对实施服务标准的实施准备与实施过程、服务标准化工作评价方法、评价程序和持续改进做了具体要求。

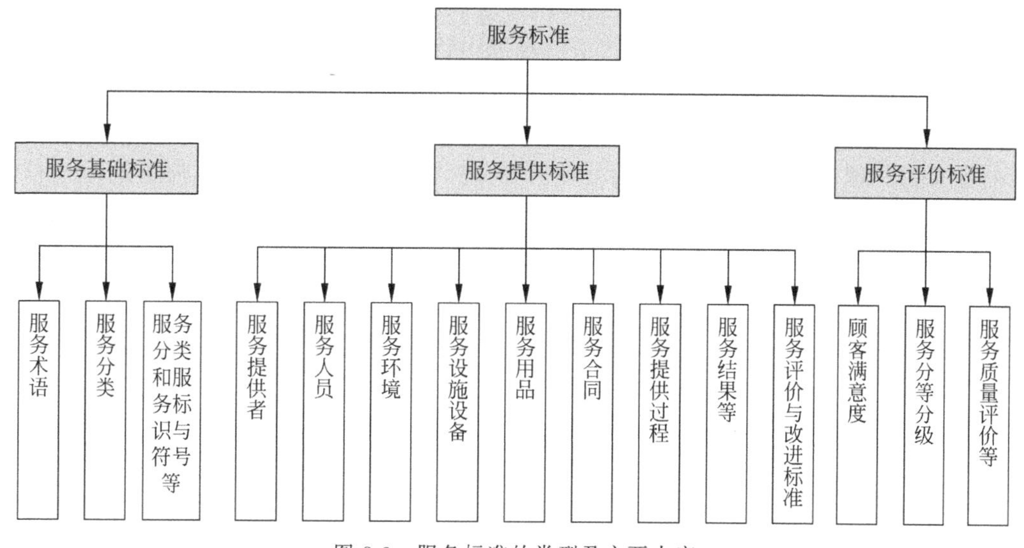

图8-3 服务标准的类型及主要内容

《服务标准编写通则》(GB/T 28222—2011)在《服务标准化工作指南》(GB/T 15624—2011)的基础上对服务基础标准、服务提供标准和服务评价标准的具体编写给出了基本要求。

8.1.3 企业标准体系其他相关标准

在与企业标准体系建设相关的其他标准方面,主要有2类指导类标准,一是对企业标准体系建设内容价值导向给予宏观指导的标准,如《服务标准制定导则考虑消费者需求》(GB/T 24620—2009)、《标准中融入可持续性的指南》(GB/T 33719—2017)和《标准体系构建原则和要求》(GB/T 13016—2018)等;二是对企业标准体系与具体标准编制给予微观指导的标准,如《服务标准编写通则》(GB/T 28222—2011)和《企业标准体系表编制指南》(GB/T 13017—2018)等。

《服务标准制定导则考虑消费者需求》(GB/T 24620—2009)等同采用ISO/IEC Guide 76:2008《服务标准制定 考虑消费者需求的建议》(英文版采标中文名称),为服务标准在制定如何考虑消费者的需求和利益方面提供了指导,在此基础上,可制定任一服务活动的具体标准,适用于服务活动的各个环节,不论是否订立正式合同或结算。该标准首先重点给出了消费者关注的主要内容,包括信息、可获得性与公平性、选择、安全和保密、质量、赔偿、环境、消费者代表、遵守法律法规等；其次是重点给出了服务要素及其相关内容，包括服务提供者、供方、职员、顾客、合同、支付、交付、服务结果、服务环境、设备、补救措施、服务提供者与顾客之间的沟通、服务组织内部沟通等方面的具体要求；最后，重点给出了与服务提供者有关的主题清单，与供方、职员和顾客有关的主题清单，与合同、支付和服务支付有关的主题清单，与服务结果、服务环境、设备和补救措施有关的主题清单，以及与各阶段沟通相关的主题清单。这些清单可供消费者代表和其他参与标准制定的人使用，依据此清单，消费者的利益将得到充分的考虑，包括儿童、老年人、残疾人以及来自不同种族和文化背景的人的需求。服务要素及沟通在服务提供每个阶段发挥的作用如图 8-4 所示。

此外，该标准还特别提出，制定标准时宜考虑下列文件：《标准中特定内容的起草 第 1 部分：儿童安全》(GB/T 20002.1—2008)、《标准中特定内容的起草 第 2 部分：老年人和残疾人的需求》(GB/T 20002.2—2008)、《标准中特定内容的起草 第 4 部分：标准中涉及安全的内容》(GB/T 20002.4—2015)、《质量管理 顾客满意 组织行为规范指南》(GB/T 19010—2009)、《质量管理 顾客满意 组织投诉处理指南》(GB/T 19012—2019)和《质量管理 顾客满意 组织外部争议解决指南》(GB/T 19013— 2009)等消费者相关的标准。

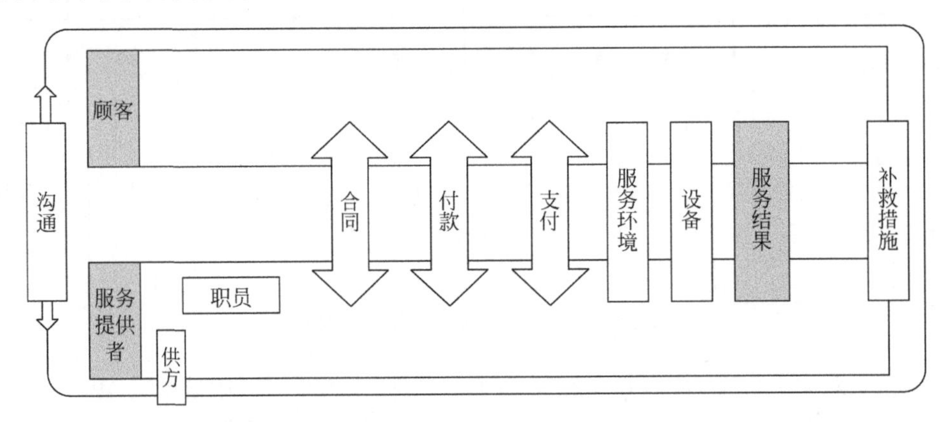

图 8-4 服务要素及沟通在服务提供每个阶段发挥的作用

《标准中融入可持续性的指南》(GB/T 33719—2017)使用重新起草法修改采用了 ISO GUIDE82：2014《标准中融入可持续性的指南》，给出了标准起草者在制(修)订标准、指导性技术文件及其应用中如何融入可持续性的指导，适用于标准起草者参照本标准提供的流程及确定可持续性问题的方法来融入基于特定主题的可持续性。该标准重点给出了标准中融入可持续性的 5 种方法，包括基于系统思维的方法、基于生命周期的方法、基于预防的方法、基于风险的方法和基于利益相关方的方法；给出了透明度、利益相关方的利益和道德考量 3 项基本原则；给出了对可持续发展的讨论通常围绕的环境、社会和经济 3 个核心维度，这些维度下每一个问题的相关性和重要性都应该由标准起草者在特定标准的背景下决定。可持续发展讨论通常围绕的 3 个核心维度如图 8-5 所示。

《标准体系构建原则和要求》(GB/T 13016—2018)是在《标准体系表编制原则和要求》(GB/T 13016—2009)的基础上修订发布的，规定了构建标准体系的基本原则、一般方法以及标准体系表的内容要求，适用于各类标准体系的规划、设计和评价。该标准给出了构建标准体系的 4 项原则，即目标明确、全面成套、层次适当、划分清楚；给出了构建标准体系的

环境	社会	经济
•自然资源的使用 •能源使用和气候变化 •土壤、水、空气污染 •生物多样性 •自然栖息地保护等	•社会公平 •劳动关系 •健康和安全 •教育、培训和扫盲 •社区参与 •文化 •生活质量等	•就业 •贫困 •商业 •收入 •经济效益和发展 •技术和创新 •价值和供应链等

图 8-5　对可持续发展的讨论通常围绕的 3 个核心维度

一般方法,包括确定标准化方针目标、调查研究、分析整理、编制标准体系表(含确定标准体系结构图、编制标准明细表、编写标准体系表编制说明)、动态维护更新等;给出了标准体系表的内容要求,包括标准体系结构图在符号与约定、层次结构、序列结构和其他结构方面的要求;给出了标准明细表、标准统计表和标准体系表编制说明的格式与内容要求。此外,该标准还提供了资料性附录《参考序列结构图》,对系统生命周期序列、企业价值链序列、工业产品生产序列、信息服务序列、项目管理序列 5 种标准体系序列结构进行了介绍和展示。

《企业标准体系表编制指南》(GB/T 13017—2018)在《标准体系构建原则和要求》(GB/T 13016—2018)的基础上进一步给出了企业标准体系结构图、标准明细表、企业标准体系表编制说明、企业标准统计表的形式等编制指南以及编制企业标准体系表的一般方法,并提供了常见的企业标准体系参考结构图以及典型企业标准体系表示例。该标准给出了 3 种类型的企业标准体系结构图,一是由产品实现/服务提供标准体系、基础保障标准体系和岗位标准体系 3 个子体系组成的功能结构图;二是由技术标准体系、管理标准体系和工作标准体系 3 个子体系组成的属性结构图;三是根据企业的实际情况,可以按企业、产品、服务、过程或项目等的工作序列构造的序列结构图,这种序列结构一般用于局部标准体系的构建。此外,该标准还重点给出了编制企业标准体系表的一般方法及 6 个步骤:确定目标和原则、界定范围和边界、明确结构、梳理标准明细表、统计分析和编写企业标准体系表编制说明。

8.2　物流企业标准体系建设框架

构建标准体系是运用系统论指导标准化工作的一种方法。构建标准体系的主要工作内容是编制标准体系结构图和标准明细表,提供标准统计表、编写标准体系编制说明是开展标准体系建设的基础和前提工作,也是编制标准制定、修订规划和计划的依据。因此,物流企业标准体系的构建最重要的是结合物流行业的特点,开展物流企业标准体系结构图的设计,并在此基础上完成标准明细表、标准统计表以及编写相应的体系编制说明,为企业物流标准化建设工作提供发展蓝图,为企业物流生产运营管理、质量评价与绩效考核等相关标准制定、修订提供指南。

8.2.1　物流企业生产经营管理特点

企业标准体系建设和企业的生产经营管理模式、组织架构及业务特点等因素紧密相关。实际上,各个物流企业的业务功能范围、涉及细分市场、企业属性与发展规模、经营管理意识与水平均存在差异和差距。这种现状一方面说明物流企业构建标准体系的必要性和重要性,另一方面则充分说明了物流企业构建标准体系的艰巨性和挑战性。总体而言,物流企业生产经营管理有以下8个特点。

一是劳动密集的物流功能管理。物流功能主要包含运输、储存、流通加工、配送、装卸搬运、包装和信息处理等方面。这些物流功能的传统运作具有典型的劳动密集型特点,特别是库房仓储、配送、装卸、包装、流通加工等物流功能,其中仓储功能由自动化立体库实现少人化发展,但对于相关配套装卸、包装、分拣、装卸及软硬件维护的人员需求不可或缺。这些分布在不同物流环节的密集劳动力是物流标准作业流程的最终执行者和相关标准化物流软硬件资源的最终用户,这些劳动者一般接受的教育程度有限,倾向按部就班工作,对管理变革容易产生抵触情绪。因此,物流企业标准体系建设必须考虑物流功能本身的标准化、物流功能之间的标准化衔接问题以及劳动者对标准的理解度和接受度问题。

二是快速敏捷的市场发展管理。众所周知,物流业是国民经济发展的晴雨表。一个国家或地区的经济发展形势可以通过物流市场需求和数据迅速得到反映,我国的物流行业景气指数(logistics prosperity index,LPI)由此应运而生。从物流企业的角度,市场发展方向、趋势与客户需求的变化调整都必须作出快速敏捷的反应,这种面对市场需求快速敏捷的服务特色是物流生存发展的重要基础。这种特点也决定了传统物流在标准化建设和物流服务产品化方面意识淡薄,相对固化而缺乏灵活机制的企业物流标准化体系与这种服务特点互相冲突,甚至成为"摆设"。

三是跨行业跨时空的业务管理。物流业服务于国民经济的各行各业,形成对不同行业供应链体系的深度渗透,由于这些行业和产业的全球化分工、地区性差异和季节性差异,产生了物流业务管理的跨行业、跨时空的特点。物流业务管理所涉及的关联方、关系方由此变得更加复杂,包括供应链上下游生产制造与商贸流通企业、物流服务体系上下游合作伙伴、物流软硬件供应商、物流服务配套体系生态合作方、物流相关政府管理机构,甚至包括国际物流相关方,这对于物流企业标准体系建设,特别是在业务流程及协同合作的标准化建设带来巨大的挑战。

四是持续发展的运作技术管理。物流运作技术一直处于持续发展的状态,从简单仓储保管和进销存作业已经演化出越来越多的适应市场需求的运作模式,如VMI(vendor management inventory,供应商管理库存)模式、JIT模式、越库作业(cross-docking)模式和暗灯拣货(andon-picking)模式等;从简单的运输装卸与交付作业已经进化到循环取货(milk-run)、甩挂运输、共同配送、带板运输、滚装运输、驮背运输等不同的运输模式,甚至演化为以时效为导向的"当日达""次日达""次晨达""三日达"等物流产品模式。与时俱进的物流运作技术的迭代创新在为物流企业标准体系建设提供源源不断的标准建设内容的同时,也给物流企业标准体系的建设本身提出了更高的要求,特别是在物流服务产品化的趋势下如何以物流产品标准化为核心进行标准体系建设是一个值得深入探讨和研究的课题。

五是降本增效的软、硬件管理。基于物流的降本增效是近年来国家政策导向的重点,而降本增效本身又是精益管理追求的最基本、最直接的结果。因此,在围绕如何基于物流降本增效的问题上,无论是国家政策导向,还是物流企业市场选择,都把大量的目光精力和投资聚焦于物流软硬件体系的新建或升级改造。软件方面，重点关注软件的业务功能、技术架构、数据对接与交换、实时交互和业务运作与管理场景等，减少不必要的纸质单据的传递、数据的录入核对和沟通协调等管理投入。硬件方面，重点关注标准托盘、高位货架、自动化立体库、自动分拣系统、无人搬运机器人、智能车辆跟踪管理设备、便于装卸作业的车用尾板和飞翼车改造等，以机械化、自动化、智能化和无人化为导向，提升物流作业效率，降低相应的人力成本投入和总体物流运作成本。这种发展态势给物流企业标准体系建设也提出了必须适应软硬件技术升级换代与日常维护管理的需求，软硬件设施设备及相关技术管理的标准化建设也是一个动态发展的重要工作。

六是步步惊心的经营风险管理。物流生产运营的过程是一个与不同货物在不同地点之间进行动态运作的过程，由此可能会带来的经营风险包括人员伤亡风险、货差货损风险、安全事故风险、法律风险、资金风险、市场风险以及其他不可抗力风险等。这些风险有些是可预料的，有些是不可预料的；有些是可预防的，有些是不可预防的。这种物流业务经营风险的不确定性意味着风险管理也是物流企业标准体系建设的重点和难点。

七是循环垫资的财务资金管理。物流企业在实际业务中往往是乙方的身份，负责为货主单位（甲方）提供基于各种资源整合的物流服务。在此过程中，物流企业往往是先提供物流服务，然后再进行开票结算，从物流服务提供到开票结算（按月结算），再到甲方按协议方式付款，甚至延迟付款，行业普遍的物流费用循环垫资周期为 3～6 个月。这种长周期结算付款的行业现状给物流企业，特别是第三方物流企业带来巨大的财务资金压力，也给物流企业财务资金管理提出了较高的要求，即必须提前介入物流生产运营的各个环节，在这些物流环节中考虑财务结算所需单证、信息取证等一系列问题。这种以最终物流服务财务结算兑现为导向的物流过程管理是物流企业标准建设必须充分考虑的重要内容。

八是千头万绪的后勤保障管理。由于物流企业生产经营过程中内外部相关方的数量较多，为了保证物流业务的正常运作，物流企业需要建立强大的后勤保障服务体系，对外需要处理好客户关系，包括各种政府行政管理部门关系（如市场监管、税务、路政、交通、公安、消防等）、物流运作合作伙伴关系和物流软硬件设施设备关系等，对内需要建立人力资源、软硬件配套、财务资金、工作环境、生产能源、职业健康等一系列保障体系，形成强大的物流企业服务后台支撑。这种内外交织、头绪繁杂、涉及面宽、地理范围广的物流企业后勤保障管理体系在标准体系建设中也应当占有重要的地位。

商界有一句名言："一流企业做标准，二流企业做品牌，三流企业做产品"。物流行业的特殊性与物流企业生产经营管理的特点说明了物流企业建设标准体系的必要性和重要性，同时也说明物流企业标准体系建设工作是一项需要统筹运作的系统工程。特别是对于达到一定发展规模的物流企业而言，在自身常规性运作标准作业流程（standard operation procedure，SOP）、质量管理体系（quality management system，QMS）、安全生产体系（safety management system，SMS）、财务管理制度等相关方面的基础上，建立具有自身特色的标准体系，从系统和全局的高度对物流生产运营体系进行标准化建设，并以此为基础参与团体性、行业性、全国性甚至国际性物流标准化工作，将企业标准转化为团体标准、行业标准甚至国家标准，具有十分重要的意义。

8.2.2 物流企业标准体系典型结构

基于物流企业生产经营管理的特点,物流企业建立企业标准体系的前提背景是企业有自身的发展战略方针和目标,加上相关方的需求和期望(特别是市场客户),结合企业的物流标准化现状,拟定企业的标准化工作规划方针与目标,参考相关法律法规、各项标准等。在这样的基础上,建立物流企业标准体系首先是要在现有物流通用基础标准的基础上解决3方面的问题,一是物流管理标准化,二是物流技术标准化,三是物流保障标准化,最终通过标准化的物流服务实现为客户完成货物最终交付的过程与结果。

基于这样的分析,物流企业标准体系就呈现出《企业标准体系表编制指南》(GB/T 13017—2018)中提到的功能结构图、属性结构图和序列结构图相结合的特点,形成了一种具有物流行业特色的典型结构。物流企业标准体系综合结构图如图8-6所示。

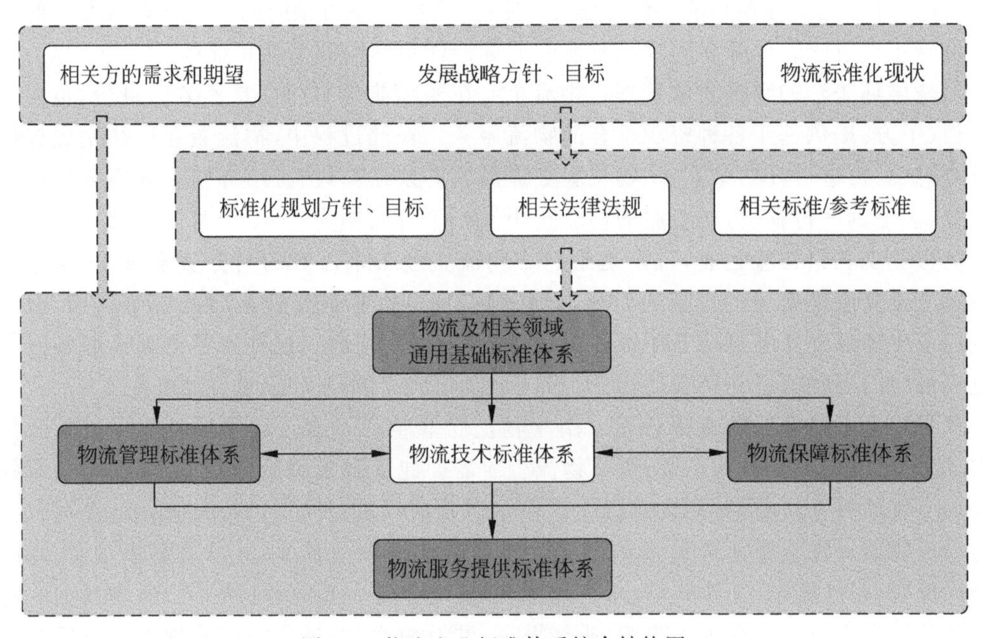

图8-6 物流企业标准体系综合结构图

通过图8-6可以看出,物流企业以最终提供物流服务为目标,物流技术标准体系是承上启下、左右协同的重点子体系。物流企业的物流服务模式好不好,技术含量高不高,专业程度如何,以及物流运作降本增效成效如何,均与物流技术标准体系的建设有密切的关系。就此而言,物流技术是物流服务的内在灵魂。

在这种综合性的标准体系结构中,由于物流业与各行业深度融合渗透的特点,物流服务不仅要有物流企业本身的通用基础标准体系,而且要遵循所服务对象所在行业领域的一些通用基础标准,因此,物流企业在建立自身企业标准体系时必须吸纳自身服务客户所在行业领域的通用基础标准,特别是从事细分物流专业化物流服务的企业,如冷链物流、医药物流、汽车物流和烟草物流等。通用基础标准体系主要包括物流行业通用基础标准及物流所服务对象行业领域的通用基础标准。物流及相关领域通用基础标准体系结构如图8-7所示。

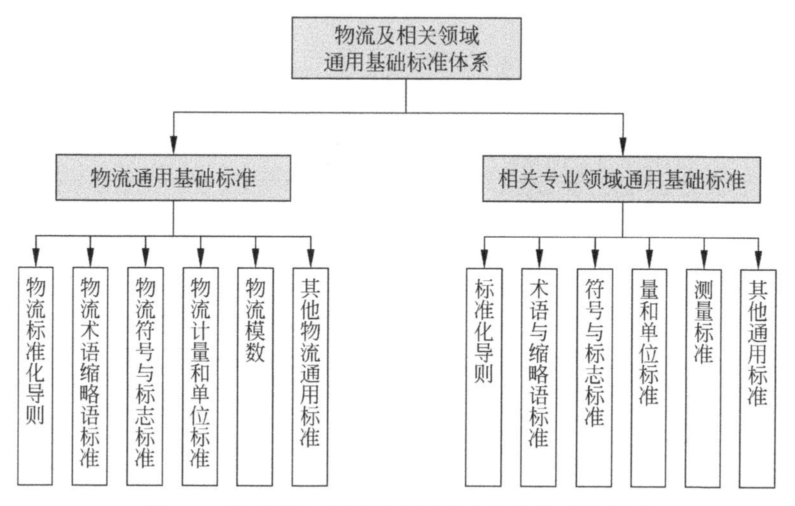

图 8-7　物流及相关领域通用基础标准体系结构图

物流管理标准体系主要涉及基于物流生产运作及物流服务过程直接相关的管理事项，包括品牌营销管理、市场销售管理、服务价格管理、供应商管理、市场客户管理、物流项目管理、商务合同管理、安全生产管理、物流成本管理、物流结算管理、服务质量管理、绩效评价管理、业务决策管理等方面的标准、规范。其中，服务质量管理标准主要包括服务质量控制规范、服务评价和改进标准。物流管理标准的体系结构图如图 8-8 所示。

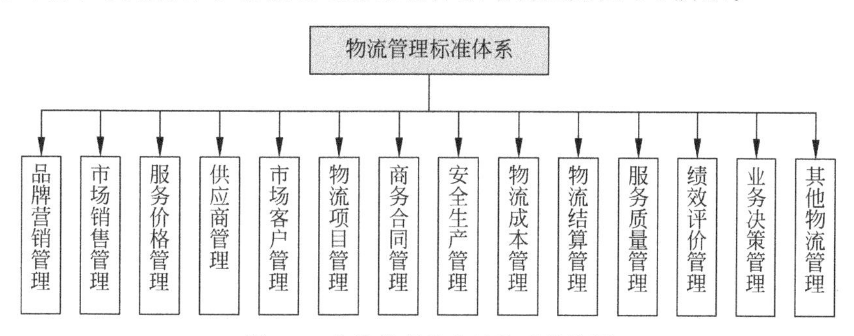

图 8-8　物流管理标准的体系结构图

物流技术标准体系主要涉及体现物流服务专业性和专业度的相关技术性标准、规范与模式，主要包括 4 方面，一是物流规划技术标准，涉及物流枢纽规划、物流园区规划、物流网络规划、物流路径规划、物流节点规划、仓储库房规划、设施设备规划、物流系统规划与选型、物流仿真技术、物流解决方案设计等方面；二是物流信息技术标准，主要涉及物流信息编码、物流信息单元、物流信息元素、物流条码、电子标签、物流管理信息系统、物流服务平台、物流数据交换、物流电子单证(报文)等方面；三是物流硬件技术标准，主要涉及基于物流硬件技术的物流运作方式标准，例如集装箱运输、减震车运输、超限货物运输、滚装运输、驮背运输、冷链运输、液罐车运输、高位货架仓储、自动化立体仓储、自动化分拣、智能机器人搬运、无人机配送等；四是物流组织技术标准，主要涉及通过对货物进行特殊的组织安排后进行物流运作的物流运作模式标准，例如供应商管理库存(VMI)、仓单质押监管、准时制配送(JIT)、循环取货(Milk Run)、带板运输(单元化运输)、甩挂运输、共同配送、集并运输、智能配载(拼箱运输)等。物流技术标准体系结构图如图 8-9 所示。

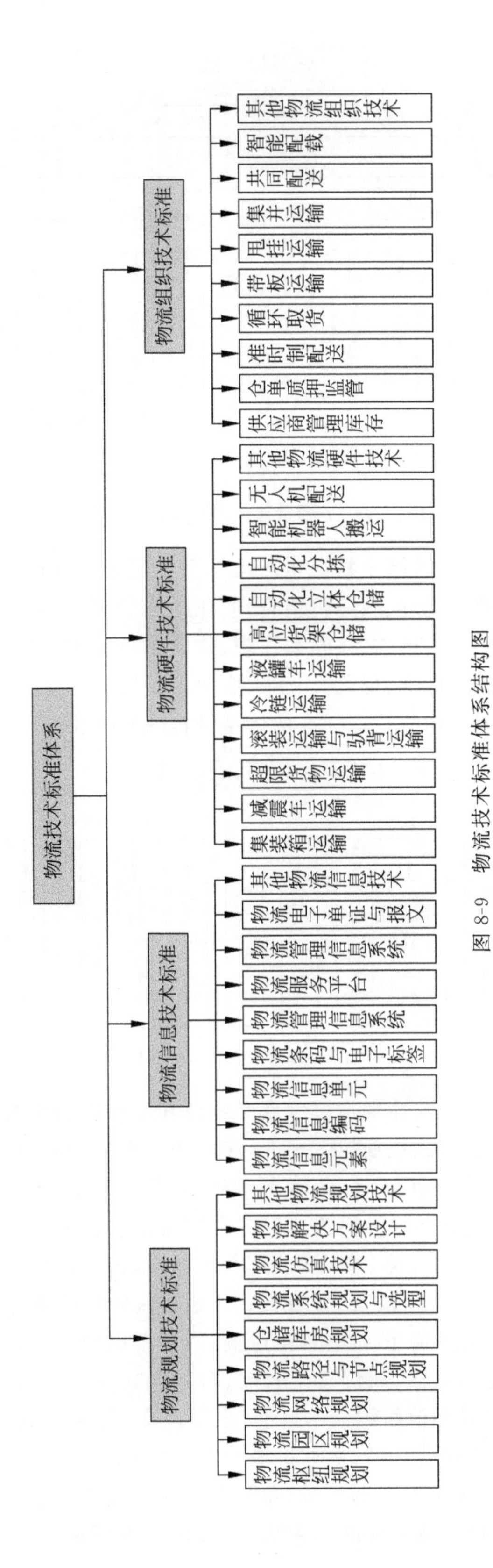

图 8-9 物流技术标准体系结构图

物流保障标准体系主要涉及为物流服务提供后勤保障的相关标准，主要包括人力资源保障（含岗位职责体系、人才生命周期管理体系、薪酬待遇体系等）、财务资金保障（含流动资金、垫付资金、业务结算、税务运筹等）、物流设施设备保障（含招投标、选型采购、工程建设、安装培训、行政许可、维护保养、报废处置等）、专业领域设施设备（如冷链物流所需的制冷设备、农产品物流所需的农药残留检测设备等）、物流耗材保障（如汽车轮胎、配件、物流包装、绑扎带等）、工作环境保障（如物流园区环境、库房环境、道路运输环境、办公室环境等）、生产能源保障（如油、电、水、气等）、职业健康保障、综合行政事务和社会公共关系等。物流保障标准体系结构图如图8-10所示。

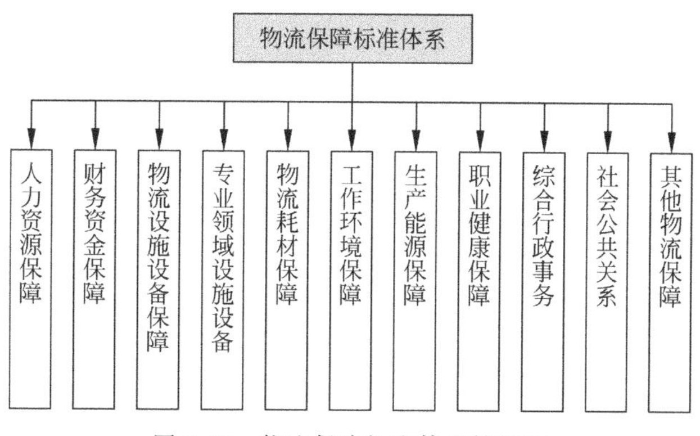

图8-10 物流保障标准体系结构图

物流服务提供标准体系主要涉及物流服务提供操作管理服务和过程运作服务两方面的标准，如服务规范、服务提供规范、服务运作流程、服务质量控制规范、服务过程管理规范、服务评价与改进标准等。其中，物流服务提供操作管理标准主要包括物流订单处理、车辆调度、现场管控、班组建设、应急响应、客户服务和信息反馈等，物流服务提供过程运作标准则主要包括干线运输、仓储保管、区域配送、装卸搬运、流通加工和货物交付等方面。物流服务提供标准体系结构图如图8-11所示。

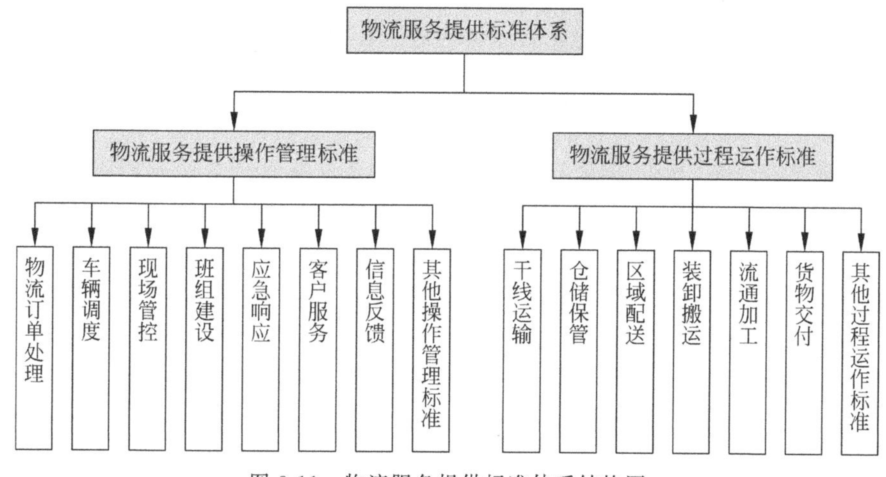

图8-11 物流服务提供标准体系结构图

对以上物流企业的标准体系结构从基础通用标准体系、物流管理标准体系、物流技术标准体系、物流保障标准体系和物流服务提供标准体系 5 个一级标准子体系进行了分析。其中,物流管理标准体系可以对应物流企业的市场部、业务部、项目部、质量管理部、安全管理部等管理部门,物流技术标准体系可以对应物流企业的发展规划部、企划部、信息部、技术部等部门,物流保障标准体系可以对应人力资源部、综合行政部、财务结算部、采购部、工程部、公共关系部等部门,物流服务提供标准体系可以对应物流公司下属的营运管理部、调度中心、物流车队、物流配送中心、流通加工中心、物流项目小组等部门。

通过这种标准体系和部门的对应关系可以更好地实现物流企业标准体系建设与其他现有的 ISO 质量管理体系、安全管理体系、职业健康管理体系等进行深度融合、互相促进。因此,从物流企业物流管理标准体系、物流技术标准体系、物流保障标准体系和物流服务提供标准体系 4 个角度进行标准体系的建设具有很好的适应性、灵活性和可操作性,是一个值得借鉴的物流企业标准体系框架结构。

8.3 物流企业标准体系推进策略

在确立物流企业标准体系框架之后,如何在物流企业内部推进实施标准体系建设和落地实施工作是一项具有挑战性的系统工程。对物流企业来说,要实现从传统运作模式向现代标准化体系模式的转变需要有一定的发展战略高度与格局,同时也要有从实际出发、脚踏实地进行企业标准体系建设和参与物流标准化工作的主动性和积极性。

为此,本节结合物流企业经营管理特点与利润率普遍不高的行业特点对物流企业标准体系推进建设与实施,主要从标准体系立项、项目保障、项目推动、宣贯实施和迭代更新 5 方面进行初步的探索和研究。

8.3.1 项目立项

每个企业都有自身内部的决策管理程序。为了推动物流企业标准体系建设项目在内部立项,并作为企业发展战略与规划的组成部分,需要“天时地利人和”,让企业决策层看到企业标准体系建设对于公司生存发展的重要价值。总体而言,作为有意开展物流企业标准体系建设的主推手,有以下 4 个切入点和具体策略。

一是标杆考察,眼见为实。可以选择在行业内外建设标杆企业进行考察交流,学习企业标准体系建设的思路、方法、框架和实施效果,特别关注标杆企业决定建设标准体系的过程、原因、方法路径及相应的内外部条件,形成与本企业的映射和借鉴。在标杆考察的基础上,形成“眼见为实”的书面考察报告(含思考与建议),通过各种渠道和方式提交给企业的管理决策层,让企业的领导团队对企业标准体系的建设有基本的了解。

二是培训研讨,建立圈层。适当参与物流行业内部的标准化专项培训或工作会议,通过培训及会议学习交流增进对标准化工作的理解,同时也扩大并建立本企业在行业内的圈层关系,条件成熟时,还可以输出自己的思考和观点形成在行业内企业标准化工作领域的知名度和影响力。

三是尝试编制,积累经验。可以选择适当的物流行业国家标准、行业标准、地方标准或团体标准编制机会,争取加入标准编制团队,熟悉标准编制的体例、要求和相关流程,积累标准化工作经验。甚至可以参与相关标准的后续宣贯培训、落地推动等工作，形成对标准化工作的完整认识。

四是局部试点，以案说法。在对标准化工作充分了解的基础上，可以尝试领导团队在企业内部进行标准化体系建设试点，针对某一个相对独立、标准化基础条件较好的业务板块或服务模块开展标准体系建设。这种试点可以依托内部团队，也可以聘请外部咨询专家团队。通过精心谋划和用心经营的局部试点努力打造标准体系建设在企业内部的样板，形成示范效应。这样才能“以案说法”，形成对公司决策管理层的吸引力和影响力。

通过以上4方面的铺垫，形成企业标准体系建设立项报告，有针对性地确定项目目标和原则、界定范围和边界、明确标准体系结构和预期投入产出，利用企业本身的发展战略修订调整，或者市场客户某个特定而强烈的物流标准化需求等机会获得企业决策管理层的立项支持。

8.3.2 项目保障

物流企业普遍依靠物流业务的规模效应而获得利润，且利润率不高。这样的行业特点决定了物流企业决策做一件可能改变内部管理体系的事情，甚至是一件需要花费巨资对外聘请专业咨询团队共同推动的项目相对艰巨。但是，只要是物流企业决策管理团队作出了企业标准体系建设项目的立项决定，那么在项目的推进过程中，必须寻求稳定可靠的项目保障。这种基于物流企业内部协同的项目保障主要包括项目经费、人力资源、项目团队结构和项目决策机制等方面。

项目经费首当其冲。无论是内部项目团队还是外部咨询团队都需要专项经费的支持。内部项目团队成员在标准体系建设过程中必须有和外部标准化工作相关的费用，包括但不限于培训、会议、考察、差旅等；外部咨询团队则需要按照项目合作进度及时支付相应的咨询顾问服务费用。

项目团队组织保障。企业标准体系建设项目组成员的遴选要充分考虑标准体系建设这项工作的特点，充分考虑成员的各种结构搭配，如资历经验、所属部门、年龄性别、职位层级、业务能力、动手动笔能力、沟通协调能力等。形成自下而上、结构合理的项目组团队对企业标准体系建设工作的效果十分重要。

项目组织结构保障。一般而言，这种涉及整个企业内部变革性质的项目必须是“一把手”工程。所以，对于项目组织结构而言，从项目领导小组层面必须由企业“一把手”担任组长，分管领导担任副组长，这样的项目组织结构才有高度，才有权威性和影响力，才有利于项目工作持续稳定的推动。在项目执行小组层面也应当结合企业自身特点，选择有能力、有威信、有干劲、善沟通的项目经理或组长，然后在项目组内设立不同的功能小组，选择最合适的小组负责人。这种从上而下的项目组织架构保障也是标准体系建设能否成功的关键之一。

项目决策机制保障。项目推动最怕一个“拖”字，拖得效率低下，拖得人心涣散，拖得无疾而终，这是很多项目走向失败的重要原因。因此，在项目组织建立之初，项目负责人就应该建立与项目管理制度对应的沟通协同机制和项目决策机制，其中沟通协同机制主要是项目执行层面的横向工作机制，项目决策机制是面向项目领导小组和公司决策管理层的纵向工作机制，纵横交错的管理制度是确保项目的决策机制高效畅通，确保项目顺利推进和最终取得成功的重要保障。

8.3.3 推动建设

项目组成立以后就进入了实质性的标准体系建设阶段，相应的项目管理制度与机制，以及项目方向目标等均得以确立。这个阶段，无论是否有外部咨询团队介入，都需要做好"两做到""两争取"工作。

首先，最重要的是拟定项目计划推进表，做到有章可循。应遵循标准体系建设的规律，结合项目团队资源条件，拟定有明确目标和评价标准的分阶段项目计划推进表，同时明确责任部门和责任人，确保标准体系建设工作能够按部就班地有效推进。确有需要调整的计划安排应及时更新动态，并保持执行团队和领导小组同步知晓，避免信息错乱。

其次，照表办事，深入调研，日结日清，做到及时纠错。项目团队在照表办事的基础上，应深入现场调研，听取第一线的声音，了解物流现场及各部门对于标准化建设的想法、困惑、观点和建议，为标准体系建设的落地实施打基础。与此同时，项目团队必须每天同步一次工作进度和工作成果，日结日清，并在相关工作进度会上交流成果经验与心得体会，同时也互相督促，及时查漏补缺，及时改善和优化。

再次，坚持头脑风暴与民主集中制原则，争取困局突破。对于标准体系中出现的技术性问题或者难题，项目团队应组织专门的研讨会议，甚至可以邀请外部专家参与，深度开展头脑风暴活动，进行智慧碰撞，寻求解决问题的方法和路径，并在项目组内最终以民主集中制原则达成共识，及时突破标准体系建设工作困局。

最后，标准体系如有涉及企业重大调整，争取快速决策。在标准体系建设过程中，为了确保标准体系的科学性、合理性和有效性，需要企业在某些管理环节、管理制度、运作模式等方面进行比较大的调整时，项目组执行团队应及时提出问题、建议思路和方案，争取项目领导小组与公司决策管理层的决策支持，快速形成决断。不能因为一个问题悬而未决就一直影响整个项目的推进进度。

8.3.4 宣贯实施

物流企业标准体系建设只是完成了书面作业，标准体系最核心的价值在于实际应用推广和落地实施。好的企业标准体系具有很好的落地性，因为在标准体系建设的过程中就已对落地场景进行了模拟推演。但是，这种推演不能确保万无一失，因此，物流企业标准体系在宣贯实施的过程中，依然还有一个重要任务，就是对标准体系进行持续完善、更新。

为此，项目团队在推进标准体系落地实施的过程中，应着重做好以下 6 方面的工作。

一是拟定实施方案，做好充分准备。应当在充分调研和酝酿的情况下拟定出台标准体系实施方案，组织落地实施团队(与标准体系建设团队成员应当有所调整，部分成员可能不太适合做落地实施)，并对实施过程中可能需要的材料、文档和相关问题均做好准备和应对预案，包括出现未曾预料的新问题时的应对策略与解决方法等。

二是召开宣贯大会，营造变革氛围。应按照实施方案的安排组织召开有公司"一把手"参加并做发言的宣贯大会，宣读企业标准体系发布文件，提出标准体系实施激励政策(包含团体和个人)，请项目实施负责人亮相宣讲，营造标准体系贯彻实施的变革氛围，树立项目实施团队的权威。

三是开展宣贯培训，发掘种子选手。宣贯大会结束后，实施团队就进入部分的业务板块、不同部门和不同物流生产场所开始着手落地实施工作。这个过程一般始于培训，所以实施团队成员应当在这个培训过程中注意观察，发掘对标准体系实施感兴趣的、有积极性的、学习领悟比较到位的种子选手作为重点突破对象，形成以点带面的宣贯实施效果。

四是推动标准体系，扫除工作障碍。在具体标准体系宣贯培训及实施过程中，实施团队还应观察发现对标准体系实施有抵触情绪，甚至有明确反对意见的"顽固分子"，或者其他影响标准体系实施及效果的内外部障碍因素，应有针对性地围绕"顽固分子"及其他内外部障碍因素多方面开展工作，逐步消除这些工作障碍。

五是直面问题暴露，快速应对解决。在物流企业标准体系宣贯实施过程中，实施团队还会遇到一些可预见的或不可预见的问题。这些问题暴露出来以后，应及时采取预案措施或解决办法，甚至动用高层力量，快速予以处理，并分析问题暴露的根本原因，对症下药加以彻底解决。

六是及时总结经验，适当调整优化。实施团队应根据实施进度安排或工作需要对企业标准体系实施工作进行回顾总结，总结经验，查漏补缺，及时对实施方案进行完善，及时对企业标准体系内容进行修订调整和优化，在实践中不断改善工作，不断完善企业标准体系。

8.3.5 迭代更新

即使物流企业已经完成企业标准体系宣贯实施的阶段，公司已经步入了标准体系支持下的良性运作阶段，物流企业依然不能放松对企业标准体系的持续迭代更新管理。一方面是物流市场需求、外部技术条件、国家标准或行业标准更新等因素的变化会影响企业标准体系实施的有效性，另一方面是企业内部的组织架构调整、业务方向调整、物流软硬件升级换代、运作模式优化等各种因素的变化同样需要对企业标准体系进行迭代更新。

所以，企业会为此专门设立企业标准化工作部门，或者与其他管理部门实行"一套班子，两块牌子"，始终保持对企业标准体系运行状态的监控，并随时服务于企业标准体系的修订、更新和完善，甚至根据需要重新编制企业标准。与此同时，这个专门的标准化工作部门还承担着参与物流行业标准化工作的重要任务，形成与国家标准、行业标准、地方标准以及团体标准等各个领域的工作联系——这也是企业标准体系迭代更新的重要信息窗口。总之，在我国深化标准化工作改革的背景下，《标准化法》进一步明确了企业标准的法律地位，并提供了企业标准自我声明备案的"宽松"政策支持，建设企业标准化体系势必成为未来物流企业的发展趋势。基于物流企业生产经营管理的特点，构建基于物流及相关领域的基础通用标准体系、以物流管理、物流技术、物流保障和物流服务提供为核心的企业标准体系框架具有很好的市场适用性、灵活性和可操作性。物流企业标准体系的建设与推进实施应从项目立项、项目保障、建设推动、宣贯实施和迭代更新5方面采取有效的流程、策略和措施确保企业标准化工作的有效开展和企业标准体系的持续完善更新。物流企业标准体系的建设及其应用场景的拓展也因此成为我国物流供给侧结构性改革的必然要求。

场景案例篇

PART

从物流企业标准体系的典型框架可以看出，物流技术标准子体系包含物流规划技术、物流信息技术、物流硬件技术和物流组织技术，是物流企业标准体系建设的精髓所在，也与我国物流行业供给侧结构性改革的“三大新支柱”遥相呼应。

无论是“智慧物流”“精益物流”还是“绿色物流”，其背后都与物流技术有着密切联系。这种内在联系把物流标准化与物流行业供给侧结构性改革紧密地链接在一起，也使得物流供给侧结构性改革可以在物流企业标准体系中以物流技术的形式生根发芽，并在实际物流服务中贯彻实施。

物流标准化的落地体现在具体的应用场景当中。本篇主要从“智慧物流”“精益物流”“绿色物流”和“专业物流”四大应用场景进行简要介绍，以及这些应用场景的物流技术应用和物流标准应用的做法和模式案例。

第9章

CHAPTER 9

智慧物流：物流标准集成应用者

智慧物流是将新一代信息技术、物联网技术、大数据与云计算技术等先进技术应用于物流业中，实现物流的自动化、透明化、可控化、智能化、网络化和平台化，从而提高资源利用率和生产力水平的新型物流服务模式。

智慧物流是物联网、大数据、人工智能时代下物流技术发展到一定阶段的必然产物，也是促进社会化生产不断发展的必然要求。面对新时代的种种挑战，“小米加步枪”式的传统物流设施设备已不能满足物流业的快速发展，传统降本增效的方式已行至尽头，只有通过大规模地推动物流设施设备的自动化、智能化、无人化升级或改造才能帮助物流企业走得更远，并保持持续发展。

当前，我国智慧物流主要体现为物流设施设备等基础硬件的自动化与智能化，以及物流管理信息系统的智能化与平台化。从智慧物流的政策导向和实际发展应用来看，我国的智慧物流表现出明显的多种物流硬件设施设备、多种相关实用技术和多种功能性系统软件高度集成的特点。例如 AS/RS(automated storage and retrieval system，自动存储取货系统)，作为智慧物流的经典案例，从库房的选址规划和设计开始就要充分考虑库房建筑、内部货架系统、AGV 输送机、堆垛机以及 RGV 穿梭机等相应智能化硬件的集成问题；还有网络货运平台系统，需要通过数据交换的方式集成来自车载硬件管理设备、物流企业物流管理信息系统、供应链上下游合作伙伴的业务管理系统，以及国家税务机构与交通运输部门监管系统等各方面的信息。这种智慧物流赖以“生存”的集成技术本质上是基于业务流程的物流标准集成与其他相关标准的集成。

可以说，智慧物流是物流标准集成应用的重要商业场景，通过智慧物流的相关案例，我们不仅可以看到不同物流标准内部之间的衔接与集成，而且可以看到物流标准与其他相关软硬件基础设施设备之间的衔接与集成，进而深刻地理解智慧物流“智联互通”的本质特征。

本章主要介绍 AS/RS、AGV、自动化无人码头与无人机配送和网络货运平台系统 4 方面的智慧物流应用场景，共同感受物流标准集成应用者的独特魅力。

9.1 AS/RS 自动存储取货系统

9.1.1 AS/RS 自动存储取货系统简介

AS/RS 也就是通常所指的自动化仓储系统，是由高层立体货架、堆垛机、输送系统、信息识别系统、计算机控制系统、通信系统、监控系统和管理系统等组成的自动化系统。

AS/RS 是采用高层货架储存货物，以巷道堆垛起重机为主力，以先进的计算机控制技术为主要手段，用起重、装卸、运输机械等先进设备进行货物出库和入库作业的系统，AS/RS 主要通过高层货架充分利用空间进行存取标准化单元化货物，所以称为"自动存储取货仓储系统"。AS/RS 高架仓库的高度从十几米到 40 多米不等，大部分在 24 米左右，最大库存量可达数万甚至 10 多万个货物单元，可以做到无人操纵按计划入库和出库的全自动化控制，并且对于仓库的管理可以实现自动化、智能化从而达到管理、监控、执行等功能的无人化和少人化，与传统普通仓储相比优势十分明显。AS/RS 自动化立体仓库与传统仓库的对比分析见表 9-1。

表 9-1　AS/RS 自动化立体仓库与传统仓库的对比分析

序号	对比项目	自动化立体库	传统仓库
1	空间利用率	充分利用仓库的垂直空间，其单位面积存储量远远大于普通的单层仓库（一般是单层仓库的 4～7 倍）	需占用大面积土地，空间利用率低
2	储存形态	动态储存：不仅使货物在仓库内按需要自动存取，而且可以与仓库以外的生产环节进行有机连接，使仓库成为企业生产物流中的一个重要环节；通过短时储存使外购件和自制生产件在指定的时间自动输出到下一道工序进行生产，从而形成一个自动化的物流系统	静态储存：只是货物储存的场所，保存货物是其唯一的功能
3	作业效率和人工成本	高度机械化和自动化，出入库速度快；人工成本低	主要依靠人力，货物存取速度慢；人工成本高
4	准确率	采用先进信息技术，准确率高	信息化程度很低，容易出错
5	可追溯性	采用条码技术与信息处理技术，准确跟踪货物的流向	物料的名称、数量、规格、出入库日期等信息大多以手工登记为主，数据准确性和及时性难以保证
6	管理水平	计算机智能化管理，使企业生产管理和生产环节紧密联系，有效降低库存积压	计算机管理很少，企业生产管理和生产环节紧密度不够，容易造成库存积压
7	对环境要求	能适应黑暗、低温、有毒等特殊环境的要求	受黑暗、低温、有毒等特殊环境影响很大

资料来源：智研咨询整理。

以自动存储取货系统为代表的自动立体仓库取代传统普通仓库已成为世界仓储建设发展的潮流。据不完全统计，美国拥有各种类型的自动化立体仓库 20000 多座，日本拥有

38000 多座，德国拥有 10000 多座，英国有 4000 多座。我国从 20 世纪 80 年代开始，以烟草行业、医药行业和部分物流企业为典型代表兴起的投资建设自动化立体仓库的热潮成为了这些企业通过短期智慧物流投入获取长期降本增效的重要举措。据有关部门统计，截至 2017 年 12 月，全国自动化立体库保有量超过 4300 多座。

AS/RS 是以高层货架为主体，以成套搬运设备为基础，利用自动化存储设备同计算机管理系统的协作来实现立体仓库的高层合理化、存取自动化、物流高效化以及操作简便化的机电一体化高科技集成系统。自动化立体仓库除了具有传统仓库的基本功能外，还具有分拣、理货的功能，以及在不直接进行人工处理的情况下，自动存储和取出物料的功能。

AS/RS 结合不同类型的仓库管理软件、图形监控及调度软件、条形码识别跟踪系统、搬运机器人、AGV 小车、货物分拣系统、堆垛机认址系统、堆垛机控制系统、货位探测器等，可实现立体仓库内的单机手动、单机自动、联机控制、联网控制等多种立体仓库运行模式，实现了仓库货物的立体存放、自动存取、标准化管理，可大大降低储运费用，减轻劳动强度，提高仓库空间利用。其中，与 AS/RS 配套使用的货物自动分拣系统可以完成货物自动进入分拣输送线后对货物进行自动识别，并将货物自动分流到指定的分配位置。货物自动分拣系统的基本原理如图 9-1 所示。

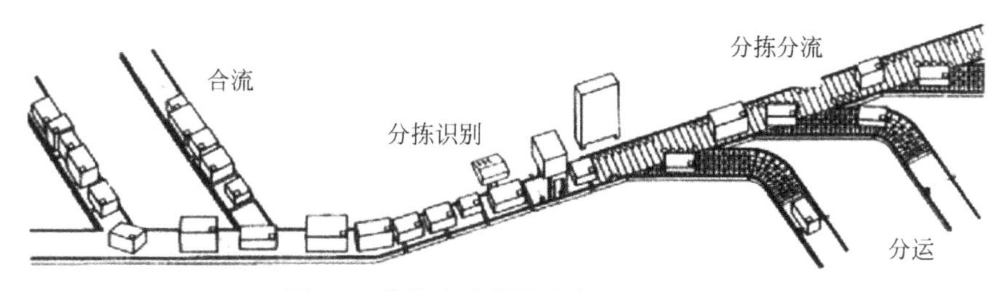

图 9-1 货物自动分拣系统的基本原理

从货物自动分拣系统技术看，可以有滑块式、斜导轮式、交叉带式和摇臂式 4 大类。每类分拣系统都有其优势特点和适用范围。货物自动分拣系统对比表见表 9-2。

表 9-2 货物自动分拣系统对比表

项目	滑块式分拣系统	斜导轮式分拣机	交叉带式分拣系统	摇臂式分拣机
分拣能力	18000 个/时	3000 件/时	6000～7700 个/时	7000 个/时
产品特点	1. 处理物件规格范围大； 2. 分拣时轻柔、准确； 3. 可向左右两侧分拣，占地空间小	1. 对商品冲击力小，分拣轻柔； 2. 分拣快速准确	1. 可处理极其多样化的货物； 2. 节省地面空间并且以较小的单元间距将生产量最大化	1. 分拣误差率极低； 2. 能连续、大批量地分拣货物； 3. 能最大限度地减少人员的使用，基本做到无人化
适用范围	适应不同大小、重量、形状的各种不同商品；用于快件、医药、图书、烟草、百货等行业	主要用于物件规格相对规整、分拣效率要求不是很高的箱包类物件	一般应用于机场行李分拣和安检系	主要用有连续分流的物流运作中

AS/RS 不仅集成了现代物流输送设备、自动控制系统、现代物流信息采集系统、计算机

网络与管理信息系统等高新现代物流技术，以搬运机械、控制自动化、管理微机化、信息网络化为特征，能够将信息流与物流进行有机结合，从而全面提高企业的综合物流仓储服务能力，而且可以与生产制造和商贸流通业的企业资源管理系统(ERP)以及生产线进行实时通信和数据交换，使自动化立体仓库成为 CIMS(computer integrated manufacturing systems，计算机集成制造系统)及 FMS(flexible manufacture system，柔性制造系统)必不可少的关键环节。可以说，自动化立体仓库成为智慧物流集成应用不同行业领域技术和标准的综合枢纽和平台。

9.1.2 标准集成与应用案例

从 AS/RS 的投资建设、内部构造及正常运营体系来看，其本身就是一项系统工程。从物流标准集成的角度来看，至少需要集成以下几方面的物流标准或相关领域的标准。

一是自动化立体库规划设计相关的标准。由于自动化立体库高度、承重和安全系统都比普通库房的要求更高，而且部分自动化立体库往往采取和库房建筑同步建设的技术，因此，库房建设本身的技术标准集成是最基础、最重要的要求。如《自动化立体仓库设计通则》(JB/T 10822—2008)、《自动化立体仓库设计规范》(JB/T 9018—2011)、《自动化立体仓库的安装与维护规范》(GB/T 30673—2014)等。此外，还有涉及库房建筑、机电安装、水电安全、弱电安装、网络环境建设等一系列工程类标准。

二是自动化立体库内货架系统相关的标准。包括不同货架类型的技术标准、安装验收标准与技术条件等等。包括但不限于自动化立体仓库货架系统相关标准，见表 9-3。

表 9-3 自动化立体仓库货架系统相关标准

序号	标 准 号	标 准 名 称
1	WB/T 1042—2012	货架术语
2	GB/T 27924—2011	工业货架规格尺寸与额定荷载
3	GB/T 28576—2012	工业货架设计计算
4	GB/T 30675—2014	阁楼式货架
5	GB/T 33454—2016	仓储货架使用规范
6	JB/T 5323—2017	立体仓库焊接式钢结构货架技术条件
7	SB/T 10166—1993	金属轻型组合货架
8	WB/T 1043—2012	货架分类及代码
9	WB/T 1044—2012	托盘式货架
10	WB/T 1045—2012	驶入式货架
11	WB/T 1066—2017	货架安装及验收技术条件
12	WB/T 1073—2018	库架合一式货架
13	WB/T 1074—2018	重力式货架
14	WB/T 1075—2018	悬臂式货架
15	WB/T 1076—2018	冷库用货架
16	WB/T 1077—2018	搁板式货架

三是 AS/RS 必需的货物单元化标准。由于货物单元化是自动化立体仓储和自动化分拣的前提条件，因此围绕货物单元化的托盘标准、周转器具标准，以及与之相适应的最小分

拣单元标准等。这些标准除了有国家标准以外，不同的细分物流行业，特别是服务于特殊商品领域的自动化立体库，有自己的行业标准，甚至内部系统的企业标准。以最基本的托盘为例，在不同细分领域的自动化立体库，可能集成的托盘标准就有所差异。我国现行的托盘相关标准，见表9-4。其中，《烟草行业联运通用托盘》(YC/T 215—2007)规定的烟草行业托盘平面外廓尺寸为1000mm×1250mm；《军用平托盘基本尺寸和额定载重量》(GJB 183A—1999)则规定优选的标准托盘尺寸为1200mm×800mm、1200mm×1000mm、1320mm×1100mm，非优选的尺寸为1100mm×1100mm、700mm×1100mm。随着我国物流标准化工作的推进，在自动存储取货系统自动化立体仓储系统使用《联运通用平托盘主要尺寸及公差》(GB/T 2934—2007)规定的标准托盘规格及600mm×400mm标准模数系列包装的情形已经越来越普遍。

表 9-4　我国现行的托盘相关标准

序号	类型	标准名称	标准号	备注状态
1	国家标准	托盘术语	GB/T 3716—2000	现行
2	国家标准	托盘单元货载	GB/T 16470—2008	现行
3	国家标准	联运通用平托盘主要尺寸及公差	GB/T 2934—2007	现行
4	国家标准	联运通用平托盘性能要求和试验选择	GB/T 4995—2014	现行
5	国家标准	联运通用平托盘试验方法	GB/T 4996—2014	现行
6	国家标准	一次性托盘	GB/T 20077—2006	现行
7	国家标准	纸基平托盘	GB/T 19450—2004	现行
8	国家标准	塑料平托盘	GB/T 15234—94	现行
9	国家标准	箱式、立柱式托盘	GB/T 18832—2002	现行
10	国家标准	铁路货运钢制平托盘	GB 10486—1989	现行
11	国家标准	木质平托盘用人造板	GB/T 23898—2009	现行
12	国家标准	组合式塑料托盘	GB/T 27915—2011	现行
13	国家标准	模压平托盘植物纤维类	GB/T 30672—2014	现行
14	国家标准	托盘编码及条码表示	GB/T 31005—2014	现行
15	国家标准	塑料箱式托盘	GB/T 31081—2014	现行
16	国家标准	联运通用平托盘木质平托盘	GB/T 31148—2014	现行
17	国家标准	平托盘最大工作载荷	GB/T 34394—2017	现行
18	国家标准	托盘共用系统木质平托盘维修规范	GB/T 34396—2017	现行
19	国家标准	托盘共用系统管理规范	GB/T 34397—2017	现行
20	国家标准	托盘共用系统 电子标签应用规范	GB/T 35412—2017	现行
21	国家标准	托盘共用系统塑料平托盘	GB/T 35781—2017	现行
22	行业标准	烟草行业联运通用托盘	YC/T 215—2007	烟草行业/现行
23	行业标准	卷烟联运平托盘电子标签应用规范	YC/T 272—2008	烟草行业/现行
24	行业标准	卷烟联运滑托盘应用规范	YC/T 577—2019	烟草行业/现行
25	行业标准	组合式塑木平托盘	BB/T0020—2017	包装行业/现行
26	行业标准	军用平托盘基本尺寸和额定载重量	GJB183A—1999	军用/现行
27	行业标准	军用立柱式托盘和箱式托盘基本尺寸和额定载重量	GJB184A—1999	军用/现行
28	行业标准	钢制平托盘技术条件	GJB 830—1990	军用/现行

续表

序号	类型	标 准 名 称	标 准 号	备注状态
29	行业标准	托盘单元货载	GJB 1918—1994	军用/现行
30	行业标准	船舶舾装件托盘编码	CB/T 4101—2008	船舶/现行
31	行业标准	托盘租赁企业服务规范	SB/T 11152—2016	国内贸易/现行
32	行业标准	托盘共用系统运营管理规范	SB/T 11153—2016	国内贸易/现行
33	行业标准	共用系统托盘质量验收规范	SB/T 11154—2016	国内贸易/现行
34	行业标准	木质箱式托盘	WB/T 1078—2018	物资管理/现行
35	行业标准	联运通用平托盘钢质平托盘	WB/T 1079—2018	物资管理/现行
36	行业标准	钢质箱式托盘	WB/T 1080—2018	物资管理/现行

四是自动化立体库进行智能运行必需的内外部信息编码、标识、识别和数据交换标准。主要包括围绕货架系统储位、自动化作业设备、标准单元(标准托盘)、业务单证和作业人员等进行编码、标识和自动识别的系列标准,以及仓储控制系统(warehouse control system,WCS)与内外部物流管理系统、上下游企业资源管理系统、商贸流通线上线下销售系统以及相关部门监管系统的数据交换标准等。更进一步而言,还会涉及这些信息系统开发建设所采用的相关技术标准。

五是基于自动化立体库和自动分拣系统的生产管理相关标准。包括但不限于智慧物流管理、智慧物流作业、智慧物流质量评价等标准,以及智慧物流信息安全、产品质量追溯相关标准等。

总之,AS/RS在标准集成应用方面具有很好的代表性。这种代表性从相关的实际案例中可以得到进一步的充分验证。例如华为松山湖供应链物流中心与苏宁南京物流基地自动化立体库等。

华为公司松山湖供应链物流中心占地面积达25000m^2,采用射频(radio frequency,RF)、电子标签拣货系统(picking to light,PTL)、货到人拣选挑选(goods to person,GTP)、旋转式传送带(carrousel)等多种先进技术,集物料接收、储存、挑选、齐套、配送功能于一体,是华为重要的样板物流基地之一。其中,货到人拣选区为中低频物料拣选,采用PTL技术、播种式拣选、自动关联条码打印,实现了可同时处理多个订单,以及全面作业质量防控和条码追溯。与此同时,依据交付对象设置不同的集货区以及对应的多个滑道,按任务令分滑道进行齐套,配合AGV无人智能送料小车,直接供应生产线,实现库房与产线无缝对接;自动物流日均可处理10000个订单行,日均出库16000个注册容器编码(license plate number,LPN)。

苏宁南京雨花物流基地建筑面积3.5万平方米、层高26米,一期仓储近500万平方米的物流仓储面积、12个自动化分拣中心,可存储150万SKU(stock keeping unit,库存保有单位)、2000万件商品,日处理包裹数量可达181万件,人均每小时可完成1200件商品的出货,从订单生成到商品出库最快可压缩到30分钟。苏宁物流的高密度自动存储系统,由3个重要模块集成,一是高达22米纵深90米的AS/RS自动托盘堆垛系统,主要用于中件及小件商品的大批量存储,可自动存取双循环90个托盘/小时(单循环150托盘/时)。二是Miniload高密度自动箱式堆垛机,能够实现存取双循环1400箱/时(单循环1800箱/时左右)的存取,能够实现每天近百万件商品的补货出库功能。三是货到人拣选系统SCS旋转货架，可以实现商品自动存储、自动盘点、自动补货、自动排序缓存等一系列动作，每个拣选工作站每小时完成500～600个订单行(1200件/时)，是传统拣选方式的10倍以上。

此外，该物流中心还集成了A字架自动拣选系统(A-frame)、自动分拣分拨系统、一步式装车系统等高效作业系统。其中，一步式装车系统替代了原来人工在分拨口完成的理货作业，在分拨之前设立了发货商品缓存立体库，按照发车时间在库内进行集货、排序处理，当车辆到达后一次性释放商品，通过输送设备直接导入车厢。

从这些AS/RS自动化立体库案例可以看出，作为智慧物流的典型代表，在不同行业的实际应用中都需要结合所服务对象的行业特点和商品特点，集成不同的软硬件技术和物流组织技术标准，集成不同的物流服务功能、管理功能和绩效评价相关的物流标准，集成供应链上下游与物流合作伙伴之间的信息交互传递相关标准，最终才能实现AS/RS自动化立体库的智能化、高效化、精准化和无人化运作，促进物流降本增效与物流供给侧结构性改革。

9.2 AGV自动导引车

9.2.1 AGV自动导引车简介

AGV或无人搬运车，属于轮式移动机器人(wheeled mobile robot，WMR)的一个分支，是指装备有电磁或光学导引装置，能够按照规定的导引路线行驶，具有小车运行和停车装置、安全保护装置以及具有各种移载功能的运输小车。自动导引车根据用途的不同有多种形式，可以是搬运车，也可以是牵引车或叉车。其基本特点都是无人驾驶自动导向运行，车载质量一般为50～5000kg。AGV自动导引车的分类见表9-5。

表9-5 AGV自动导引车的分类

分类方法	主要类型	功能介绍
按物料搬运的作业流程分类	牵引式AGV	牵引式AGV使用最早，它只起拖动作用，货物则放在挂车上，大多采用3个挂车，转弯和坡度行走时要适当减低。牵引式AGV小车主要用于中等运量或大批运量，运送距离在50～150米或更远，多用于纺织工业、造纸工业、塑胶工业、一般机械制造业，提供车间内和车间外的运输
	托盘式AGV	托盘式AGV，车体工作台上主要运载托盘。托盘与车体移载装置不同，有辊道、链条、推挽、升降架和手动形式。适合于整个物料搬运系统处于地面高度时，从地面上一点送到另一点。AGV的任务只限于取货、卸货，完成即返回待机点，车上可载1～2个托盘
	单元载荷式AGV	单元载荷式AGV，根据载荷大小和用途分成不同形式。根据生产作业中物料和搬运方式的特点，采用以单元化载荷的运载车比较多，适应性也强。一般用于总运输距离比较短、行走速度快的情况，适合大面积、大重量物品的搬运，且自成体系，还可以变更导向线路，迂回穿行到达任意地点

续表

分类方法	主要类型	功能介绍
按物料搬运的作业流程分类	叉车式AGV	叉车式AGV根据载荷装卸叉子方向、升降高低程度可分成各种形式。叉车式AGV不需复杂的移载装置，能与其他运输仓储设备相衔接，叉子部件根据物品形状，采用不同的形式，如对大型纸板、圆桶形物品则采用夹板、特种结构或采用双叉结构。为了保持AGV有载行走的稳定性，车速不能太快，且搬运过程速度要慢。有时由于叉车伸出太长，需活动面积和行走通道较大
	轻便式AGV	轻便式AGV是一种轻小简单、使用非常广泛的AGV。它的体形不大、结构相对简化许多、自重很轻、价格低廉。由于采用计算机控制，组成的AGVS具有相当大的柔性，主要用于医院、办公室、精密轻量部件加工等行业
	专用式AGV	专用式AGV根据其用途可分为：装配用AGV、特重型物品用AGV、特长型物品用AGV、SMT专用AGV、冷库使用的叉车式AGV、处理放射性物品的专用搬用AGV、超洁净室使用的AGV、胶片生产暗房或无光通道使用的AGV等
按自主程度分类	智能型AGV	每台AGV小车的控制系统中通过编程存有全部的运行线路和线路区段控制的信息，AGV小车只需知道目的地和到达目的地后所需完成的任务，就可以自动选择最优线路完成指定的任务。这种方式下，AGVS中使用的主控计算机可以比较简单。主控计算机与各AGV车载计算机之间通过通信装置进行连续的信息交换，主控计算机可以实时监控所有AGV的工作状态和运行位置
	普通型AGV	每台AGV小车的控制系统一般比较简单，其本身的所有功能、路线规划和区段控制都由主控计算机进行控制。此类系统的主控计算机必须有很强的处理能力。小车每隔一段距离通过地面通信站与主控计算机交换信息，因此AGV小车在通信站之间的误动作无法及时通知主控计算机。当主控计算机出现故障时，AGV小车只能停止工作

AGV的大脑是控制管理系统，它是由图形监控系统、无线电通信系统、激光引导系统、反射板导航系统、信息采集系统和自动充电系统组成。控制中心将工作任务通过无线设备发布出来，离任务点最近的AGV根据接收到的信息按照控制中心预先设定好的路径到达规定地点完成相关作业。在行驶过程中，AGV小车通过激光头对周围反射板的扫描和计算来导航并修正行驶线路偏差，保证行驶路径的精确。同时通过计算机系统汇报自己的行驶位置和作业完成进度，并在图像监控系统中反映出来。如果AGV行驶过程中出现交通堵塞的情况，控制管理系统会自动进行交通疏散和管理。当AGV出现电量不足无法正常工作时，AGV会发出充电请示信号，控制中心接收到信号后发出充电指令，AGV自动行驶到充电站完成充电任务。充电结束时，信号采集系统会采集结束信号反馈给控制中心，然后控制中心下达结束充电的指令，AGV完成充电任务。

由于AGV具有工作效率高、可靠性好、管理方便、小巧灵便、成本费用低、安全性能好，以及智能识别与控制系统可拓展性强等原因，AGV已经被广泛应用于仓储作业过程中，包括出入库转运、“货到人”拆零分拣、自动化密集仓储与盘存作业等环节，大幅提升了库房面积的利用效率，大幅减少了库内作业人员的数量，同时也提升了出入库作业效率与物资进出库存管理水平。

9.2.2 标准集成与应用案例

与高度复杂的AS/RS相比，AGV只是实现智慧物流的微型智能化设备。AGV不仅对环境的要求不高，还可提升物流自动化、提高工作效率、可以减少重复劳动力的成本投入，而且应用场景十分丰富，可以服务于邮电、商业、金融、食品、仓储、汽车制造、航空、码头等大多数行业。因此，AGV已经成为物流行业供给侧结构性改革的重要基础工具，成为越来越多的现代化库房的标准配置。

目前，我国已经开始制定与AGV相关的标准，为高速发展的AGV行业提供了一部分技术规范，见表9-6。而且，2018年，全国自动化系统与集成标准化技术委员会已经成立了机器人装备分技术委员会物流机器人工作组(SAC/TC159/SC2/WG15)，主要负责制定和修订物流机器人的国家标准，包括快递/邮件系统用机器人、工厂物流用机器人(包括自动导引车)、货物搬运用机器人、户外物流用机器人和其他机器人，这将对我国AGV的标准化发展提供强有力的组织保障。此外，中国移动机器人(AGV)产业联盟正在组织制定AGV的行业标准，这一产业联盟几乎涵盖了国内主流的AGV产业链企业，联盟企业成员已经突破130家。这意味着更多的物流机器人标准制定正在路上，它会推动物流行业变得更加有序和专业，也会促使这些企业更加规范地服务消费者。

表9-6 AGV相关现行标准

序号	标准编号	标准名称
1	GB/T 20721—2006	自动导引车 通用技术条件
2	GB/T 30030—2013	自动导引车(AGV)术语
3	GB/T 30029—2013	自动导引车(AGV)设计通则
4	GB/T 37669—2019	自动导引车(AGV)在危险生产环境应用的安全规范
5	YC/T 487—2014	自动导引车(AGV)存取烟丝箱式自动化物流系统设计规范
6	JB/T 5063—2014	搬运机器人 通用技术条件
7	T/ZAII 011—2019	包装用关节型搬运机器人通用技术条件

AGV的实际应用，除了产品本身的标准以外，依然存在与库房基础设施配置、物流单元化包装、标准托盘、配送车辆以及相关物流信息系统、货物分拣系统之间的标准衔接和集成的需求。因此，在AGV来往劳作于不同工作岗位的背后，离不开软硬件物流标准及相关标准的完美融合。

在某电子产品生产车间，物料拉动通常由线上人员通知物流人员进行，物流人员从线边拉料车到电梯并跟随电梯到达1楼成品仓库下料处，再将空料车拉回2楼生产线待用，依次循环，需专门配置多名物流人员进行物料运输。该车间引进AGV系统后，当某一条生产线完成加工后，线上人员给出拉料呼叫指令，接受指令的AGV将自动前往对应呼叫的生产线进行拉料；AGV将物料拉到电梯门口后，主动发出指令给电梯，待电梯抵达并自动开门后，AGV主动进入电梯，AGV给出抵达1楼的电梯指令；电梯抵达一楼后，AGV会在电梯门开后自动下电梯，并运行到成品仓库下料点自动下料，下料后前往空料车挂靠点，将空料车再自动拉回2楼的生产线，替代了原先需要人员拉料并跟随物料上下电梯的工作。如此往复，大幅减少了人力投入，同时也保障了物流运作效率。

实际上,AGV在不同行业的实际应用案例十分普遍,特别是在汽车制造、机械加工、家电生产、微电子制造、卷烟等生产制造领域,以及电商物流、冷链物流等专业物流领域,AGV已经成为智慧物流场景中"不知疲惫"而忘我劳动的"优秀员工"。

9.3 自动化集装箱码头系统

9.3.1 自动化集装箱码头简介

2017年2月,交通运输部印发《推进智慧交通发展行动计划(2017—2020年)》(以下简称《行动计划》)。根据《行动计划》,智慧港口建设成为水运智能化发展的重点。之前,为加快智慧港口建设,交通运输部已印发《关于开展智慧港口示范工程的通知》,提出选取一批港口开展智慧港口示范工程建设,全面带动我国港口信息化、智能化水平的提升。国家针对智慧港口建设的制度和支持力度,表明了国家发展智能化港口的决心。

截至目前,全球已经有30多个自动化集装箱码头建成,在节省码头人力成本、提高港口通过能力、降低设备能源消耗、提升港口形象等方面具有显著优势,自动化集装箱码头已成为未来集装箱码头发展的必然趋势。

1993年世界第一个自动化集装箱码头投入运营,目前已经发展到第四代。其中,第一代自动化集装箱码头以1993年投入运营的鹿特丹港ECT码头为代表,其AGV运行速度为3m/s,采用内燃机液压驱动,AGV线路为固定圆形路线,岸桥为单小车结构,每个堆场只有一台轨道吊。第二代自动化集装箱码头以2002年投入运营的德国汉堡港CTA码头为代表,特点是岸桥是双小车结构,水平运输采用的AGV为灵活路线运行,堆场每一个堆区内的两台轨道吊为穿越式布置,码头的路径规划设计和设备调度采用了计算机模拟技术,AGV起初采用内燃机液压驱动,后来采用柴油发电机供电的电力驱动,2009年逐步升级为动力电池供电的电力驱动以便减少排放。第三代自动化集装箱码头以2010年投入运营的荷兰鹿特丹港Euromax码头为代表,隶属于和记黄埔港口集团,与第二代相比,堆场每个堆区内的轨道吊为接力式对称布置,岸桥装卸效率每小时40个标准集装箱,AGV采用柴油发电机电力驱动。第四代自动化集装箱码头则以我国自2014年以来投资建设的厦门远海、青岛港和上海洋山四期为典型代表。

我国推出的第四代自动化集装箱码头,不是单纯的资金投入与技术革新,更是人才储备、产业链升级的必经之路。随着集装箱船的大型化,集装箱码头面临吞吐量急剧增加的巨大压力。加之劳动力成本的增加和劳动力资源匮乏,以及环保理念的深入人心,高效节能的自动化码头已成为码头发展的趋势。我国港口若要参与国际竞争,就必须顺应这一发展趋势,加快自动化集装箱码头的建设进程,洞悉其发展的潜在规律,探索自动化码头的标准化建设,建设具有我国自主知识产权的自动化集装箱码头。

自动化集装箱码头有以下5方面的优势,一是提高作业的安全性和可靠性,降低劳动强度,减少码头人工成本;二是极好地改善港区内交通组织情况;三是形成"高密度"集装箱码垛堆场,堆场利用率提高,堆存容量增大;四是装卸设备采用电驱动,能耗低,高环保,噪声小;五是有效缓解码头作业的压力,提高码头生产效率,满足船舶大型化的要求。

9.3.2 标准集成与应用案例

自动化无人码头的规划建设与运营管理同样是一个复杂的系统工程。一方面是内部需要集成港口装卸设备、搬运设备、堆存设备以及相关场地配套设施、进出港卡口设施之间的软硬件标准，另一方面还要集成外部的大型船舶、国际标准集装箱、提送货集装箱卡车等软硬件标准，以及集成港口业务作业管理系统、国际海船公司电子舱单系统、电子口岸系统、海关业务系统、边检查验系统以及相关第三方数据交换平台、政府公共物流信息平台等相关软件的数据交换标准。

因此，自动化无人码头，特别是涉外国际集装箱码头，不仅要解决港口运作的自动化、智能化等技术标准问题，还要对接进出口物资相关监管部门、国际货运代理、国际船舶代理等各方面的行政监管、业务运作相关的标准，如前文提到的进出口物流系列标准。从这个层面而言，自动化无人码头还是一个高度集成进出口物流标准与港口内部自动化、智能化软硬件标准的智慧物流应用场景。

从自动化无人码头建设的角度看，我国自动化无人码头建设方案仍以独特且定制化的解决方案为主，亟需一套标准化方案，可以由单次执行“复制粘贴”到下一次，取代每个码头重新开发新解决方案的方式。而且，自动化无人码头标准体系的建设有利于满足港口的公共信息服务和管理的需要以及实现各大港口相同业务之间的无缝衔接，提升了货物运输与口岸服务效率；同时进一步加快港口信息化进程，拓宽港口的服务领域，促进港口的转型发展。

为此，我国在投资建设自动化无人码头的同时，也深入开展了相关标准化工作。青岛港在一期工程中已制定12项自动化码头相关标准；天津港同时也在推动建设集装箱业务信息标准化体系，修订完善了54项信息标准，推进港口内部信息的资源整合，全面提升大数据的集成与运营能力，逐步推动企业经营决策由“业务驱动”向“数据驱动”转变。2019年10月25日，上海组合港管理委员会办公室发布的《长三角智能航运发展报告(2019)》指出，我国自动化码头建设水平目前已经位于世界前列水平，自动化码头已具相当规模，关键技术、设施的研发已取得重大突破，全自动化码头的标准体系正在形成，并逐步被国外港口所接受。

上海洋山深水港区四期工程是我国首个全自动化集装箱码头工程。该码头位于杭州湾口外的浙江省嵊泗崎岖列岛，总用地面积223万平方米，为中国最大的集装箱深水港。2014年12月23日，该项目正式开工建设，并于2017年12月10日投入试运营。与劳动密集型的传统集装箱码头相比，洋山四期码头劳动力成本能降低70%，而生产效率将提高30%。洋山四期码头开港运行后年吞吐量将达400万标准箱，远期为630万标准箱。

洋山四期采用“桥吊(远程操控双小车集装箱桥吊)+AGV+轨道吊(自动操控轨道式龙门起重机)”的自动化生产方案，实现了码头作业船舶装卸、集装箱水平搬运和集装箱上下车等一系列动作的自动化、智能化处理。上港集团自主研发的TOS系统，犹如洋山四期的“聪明大脑”，首次实现桥吊“边装边卸”作业。该系统覆盖码头的全部业务环节，包括船舶和堆场计划、配载计划、生产作业计划、码头集装箱装卸、水平运输、堆场装卸环节等，这些原本必须由专业人员手工完成的任务现在系统都能实现自动智能化操作；提供了智能的生产计划模块、实时作业调度系统及自动监控调整的过程控制系统衔接业务受理、集卡预约、数据分析、统一调度等信息平台；创新研发了指令调度架构平台，通过设备调度模块与协同过程控制系统高效组织现场生产。其中，AGV 新增了无人驾驶、自动导航、路径优化、主动避障、自我故障诊断和自我电量监控等功能在桥吊和堆场间转运集装箱，借助无线通信、自动调度、精密定位系统和地面敷设的 6 万多个磁钉引导，AGV 能在繁忙码头穿梭自如，准确到达指定位置。锂电池充满后，可持续运行 8 小时；电力不足时求助换电机器人，为一台 AGV 换一次电池只需 6 分钟。

青岛港全自动化集装箱码头一期工程 2017 年 5 月 11 日正式投入商业运营，成为全球领先、亚洲首个真正意义上的全自动化码头。该码头岸线长 660 米，建设 2 个泊位，设计吞吐能力 150 万标准箱/年，配备 7 台双小车岸桥(STS)、38 台高速轨道吊(ASC)和 38 台自动导引车(L-AGV)。2019 年 11 月 28 日，青岛港全自动化码头(二期)投产运营，二期工程岸线长 660 米，2 个泊位，设计吞吐能力 170 万标准箱/年，配备 9 台双小车岸桥(STS)、40 台高速轨道吊(ASC)和 45 台自动导引车(L-AGV)。

青岛港全自动化集装箱码头推出了山东港口自主研发、集成创新的氢动力自动化轨道吊、5G＋自动化技术、机器视觉＋自动化技术、智慧监管系统、三维可视化运维平台和基于商业智能(business intelligence，BI)的自诊断系统 6 项全球首创科技成果，领军当今世界最先进的全自动化码头科技水平，并形成了相应的科技标准体系。在此基础上，青岛港采用世界一流的全自动化技术设备，颠覆了传统集装箱码头作业模式、管理模式，实现了决策智能化、生产流程化、操作自动化、现场无人化和能源绿色化。与传统人工码头相比，码头整体效率提高了 30%，平均装卸效率已达到 36.2 自然箱/小时，最高效率达到 43.8 自然箱/小时，比国外同类码头(鹿特丹 RWG 和 MV2 等)高 50%，是首个超过人工码头作业效率的自动化码头，而且相应的工作人员大大减少了 85%，9 个远程操控员即可以承担传统码头 60 名员工的工作。

以青岛港为龙头，我国在全自动化码头和“智慧港口”领域正在积极推进人工智能、5G 运用、大数据、云平台、自动化控制技术等现代科学技术应用与标准的集成，持续开发应用新的世界一流科技成果使码头的生产装备自动化、生产管理系统智能化更高更强，加速信息与业务全面深度地融合，为全球“智慧港口”的发展贡献更多的“中国方案”“中国智慧”和“中国标准”。

9.4 无人机物流配送系统

9.4.1 无人机物流配送系统简介

无人机物流配送系统是目前我国智慧物流最前沿的科技应用场景，即通过利用无线电遥控设备和自动化智能化程序控制装置操纵的无人驾驶的低空飞行器将运载包裹自动送达目的地的短距离配送系统。该系统旨在解决偏远地区的配送问题，以及特殊条件下的高空配送问题。目前，无人机配送系统的应用主要局限于电商物流领域，京东、顺丰快递、菜鸟等头部电商物流企业均在探索和尝试无人机配送技术。

无人机配送系统核心模块主要包括快递无人机、自助快递柜、快递盒、快递集散分点、快递集散基地和区域调度中心 6 方面。即通过区域调度中心实现对快递盒的无人机配送，而自助快递柜、快递集散分点和快递集散基地主要作为客户交互、无人机停靠和快递集散的场所。其中，快递盒内置蓝牙和记忆模块，主要用于封装快递，便于无人机携带以及对快件的身份识别。从目前的发展来看，后面的4项基础设施建设尚未进入实施阶段，主要还停留在快递无人机携带快递盒在人工操控的调度指挥下完成偏远山区配送、快速跨江跨湖配送和高空无接触配送等特殊场景下的无人机配送。

目前，无人机采用八旋翼飞行器，配有GPS(global positioning system，全球定位系统)、iGPS(indoor GPS，室内GPS)接收器、各种传感器以及无线信号收发装置。无人机具有GPS自控导航、定点悬浮、人工控制等多种飞行模式，集成了三轴加速度计、三轴陀螺仪、磁力计、气压高度计等多种高精度传感器和先进的控制算法。无人机配有黑匣子，以记录状态信息。同时无人机还须具有失控保护功能，当无人机进入失控状态时将自动保持精确悬停，失控时将就近飞往快递集散分点。

无人机通过4G或5G网络和无线电通信遥感技术与调度中心和自助快递柜等进行数据传输，实时的向调度中心发送自己的地理坐标和状态信息，接收调度中心发来的指令，在接收到目的坐标以后采用GPS自控导航模式飞行，在进入目标区域后向目的快递柜发出着陆请求、本机任务报告和本机运行状态报告，在收到着陆请求应答之后，由快递柜指引无人机在快递柜顶端停机平台着陆、装卸快递以及进行快速充电。

2018年5月，《民航局关于促进航空物流业发展的指导意见》(民航发〔2018〕48号)提出鼓励传统方式与新业态融合发展，即"支持物流企业利用通用航空器、无人机等提供航空物流解决方案"，民航局还将加快各方面工作，推动新兴商业模式的健康发展。在此之前，2017年，民航局先后发布了《民航局关于在江西省赣州市南康区开展无人机物流配送应用试点的通知》(民航函〔2017〕914号)和《民航局关于在陕西省使用无人机开展物流配送经营活动试点的通知》(民航函〔2017〕1372号)，意味着我国在探索无人机物流配送领域已经进入区域性试点阶段。

9.4.2　标准集成与应用案例

无人机物流配送从技术层面而言需要集成无人机产品本身的技术标准、无人机运行条件相关标准以及快递物流相关软硬件标准。随着我国无人机技术的不断成熟，无人机产品体系不断丰富，无人机载重能力不断提升，无人机物流配送的商业化和标准化也将逐步进入发展的议事议程。

在陕西省推进使用无人机开展物流配送经营性活动试点的过程中，试点企业京东天鸿科技公司在总结常态化运营经验的基础上进行了相关标准化的建设探索，围绕"制定无人机从事物流配送经营活动的安全生产标准体系、推动试点企业制定安全运营标准"的试点目标，按照中国航空运输协会2019年第一批团体标准立项建设的要求，起草了《轻小型物流无人机安全运营规范》标准草案。该标准草案明确了物流无人机配送活动相关术语的定义、适用范围、运营条件、运营流程、维修保养、特情处置、安全保障、服务管理以及其他相关要求，先期将申报作为行业团体标准予以发布。2019年10月，"轻小型物流无人机安全运营规范"标准研讨会提出要进一步完善标准草案，积极支持试点企业，争取申报行业团体标准，共同探索适合我国国情的无人机物流配送标准体系，切实推动和规范无人机物流配送新业态的发展。

尽管在无人机物流配送领域的标准建设尚处于萌芽阶段，但无人机相关的标准建设已经成为标准建设的热点领域，这也为无人机物流配送领域的标准建设与集成创造了良好的氛围和条件。截至2019年年底，我国已经发布了无人机相关团体标准44项，行业标准9项，无人机相关现行行业标准见表 9-7，说明无人机技术在不同行业的应用已经成为发展趋势。

表 9-7　无人机相关现行行业标准

序号	标准编号	标准名称
1	CH/Z 3001—2010	无人机航摄安全作业基本要求
2	CH/Z 3002—2010	无人机航摄系统技术要求
3	DL/T 1482—2015	架空输电线路无人机巡检作业技术导则
4	SY/T 7344—2016	油气管道工程无人机航空摄影测量规范
5	MH/T 2009—2017	无人机云系统接口数据规范
6	MH/T 2008—2017	无人机围栏
7	GA/T 1411.1—2017	警用无人机驾驶航空器系统 第 1 部分：通用技术要求
8	LY/T 3028—2018	无人机释放赤眼蜂技术指南
9	QX/T 466—2018	微型固定翼无人机机载气象探测系统技术要求

在无人机物流配送实际商业运营方面，拉扎斯网络科技（上海）有限公司（即“饿了么”）已经走在了行业的前列。2018 年 5 月，“饿了么”在上海宣布获准开辟中国第一批无人机及时配送航线，将送餐无人机正式投入商业运营。“饿了么”获准飞行的 17 条无人机航线均在上海金山工业园区内，平均路程为 2.2km，每条航线每天飞行 3～4 架次，覆盖的配送面积为 $58km^2$，可以服务 100 多家外卖商家。“饿了么”前期投入使用的无人机由合作方提供硬件，最高飞行速度为 65km/h，最大载重可达 10kg，满载续航距离最远为 20km，“饿了么”在无人机物流配送核心技术上提供统一标准。“饿了么”无人机外卖配送主要承担集散点之间的干线运送，具体流程：首先是骑手负责将外卖送到 A 集散点，并将其放入无人机的保温箱内；然后，无人机在“饿了么”无人机调度系统的指挥下起飞，将外卖从 A 集散点送至 B 集散点；最后，另一名骑手在 B 集散点将外卖取出，送达下单的用户手中。“饿了么”无人机物流配送场景如图 9-2 所示。

图 9-2　“饿了么”无人机物流配送场景

此外，国外的商业无人机交付服务也已经起步。2019 年 4 月，谷歌兄弟公司 Wing 获得了美国联邦航空局（federal aeronautics administration，FAA）的批准，可在美国境内进行商业货物运输业务，成为全美首个获得无人机商业配送许可的企业。2019 年 10 月 18 日，Wing 旗下的无人机送货业务在美国正式上线，比预定在 2019 年 12 月 7 日推出商业无人机快递 Prime Air 的亚马逊和 Uber Eats 的无人机送餐计划都快了一步，是全美首个商业无人机交付服务，率先开启了美国无人机运输的商业时代。前期该项服务只向居住在弗吉尼亚州克利斯汀堡的居民开放，主要提供非处方药、零食和保健品等的无人机配送服务。此前，Wing已经在澳大利亚首都堪培拉郊外的3个郊区上线了商业无人机配送。

由此可以看出，无人机物流配送的商业化服务时代已经开启，基于无人化的智慧物流又增加了新的时代内涵，一个崭新的智慧物流标准体系建设领域也已拉开了帷幕。

9.5 网络货运平台系统

9.5.1 网络货运平台简介

根据交通运输部、国家税务总局2019年9月印发的《网络平台道路货物运输经营管理暂行办法》(交运规(2019)12号)，网络货运经营是指经营者依托互联网平台整合配置运输资源，以承运人身份与托运人签订运输合同，委托实际承运人完成道路货物运输，承担承运人责任的道路货物运输经营活动。网络货运经营不包括仅为托运人和实际承运人提供信息中介和交易撮合等服务的行为。

网络货运平台是网络货运经营者通过移动互联网等技术搭建物流信息平台，通过管理和组织模式的创新，集约整合和科学调度车辆、站场、货源等零散物流资源，并对自身以承运人身份与托运人签订的运输合同进行全程管理的互联网信息平台。网络货运经营者一般不从事具体的运输业务，只从事运输组织、货物分拨、运输方式和运输线路的选择等工作，并通过自身拥有的网络货运平台对自身签约业务进行全程跟踪管理和服务，并实现与省级网络货运信息监测系统进行数据对接，接受政府的行政监管。

网络货运经营者与货运代理人的本质都是运输中介组织，均属于轻资产运营模式，在整个运输过程中都发挥组织者的作用，但是二者又有着十分明显的区别。一是法律地位不同，网络货运经营者属于承运人的范畴，其业务活动是以承运人的身份接受货载，并以托运人的身份向实际承运人委托承运，签发自己的单据，并对货物的安全负责；而货运代理人则是收货方委托，代货方办理货物运输的人，属代理人范畴，其业务活动是代理货主办理订舱、报关等业务，不对货物的安全运输承担责任。二是身份不同，网络货运经营者是处于中介组织与实际承运人之间的一种特殊身份，对于托运人而言，它是承运人，而对于实际承运人来讲，它又是托运人；货运代理则是受他人委托办理服务事项，与托运人是被委托方与委托方的关系，与收货人则不存在任何关系。三是收费性质不同，网络货运经营者是以承运人的身份向货主收取运费，并通过委托实际承运人完成运输，并向其支付运费，可以赚取运费差价；货运代理人收取的是服务中介费，不赚取其中的差价。四是成立的条件及审批程序不同，货运代理企业除非经营国际货运代理业务需要备案登记，从事国内货运代理业务无需审批和备案，而申请从事网络货运经营，须拥有网络货运平台且达成以下条件后方可申请从事相关业务：一是取得增值电信业务许可证(公司名称与网络货运经营申请人名称一致)；二是符合国家关于信息系统安全等级保护的要求(单位名称与网络货运经营申请人名称一致，建议取得三级及以上信息系统安全等级保护备案证明及相关材料)；三是接入省级网络货运信息监测系统；四是具备有关文件要求的所有功能；五是实现与当地税务部门系统的对接。因此，网络货运经营与货运代理经营的区别还是比较明显的，网络货运与货运代理的主要区别如图9-3所示。

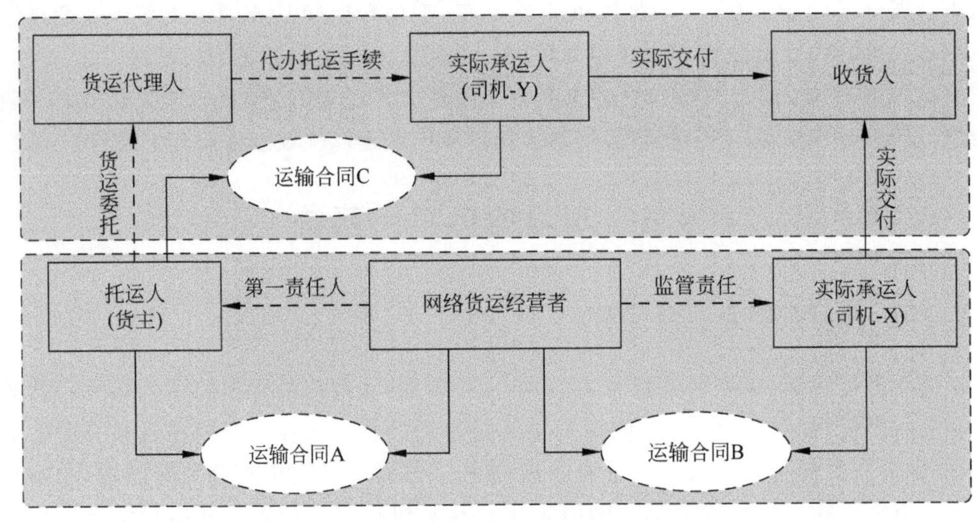

图 9-3　网络货运与货运代理的主要区别

此外，根据交通运输部发布的《省级网络货运信息监测系统建设指南》，省级交通运输主管部门应实现与网络货运经营者信息平台、交互系统的对接和数据传输，对接省级道路运政管理信息系统、全国道路货运车辆公共监管与服务平台，并建立与税务、保险等部门的信息共享机制，共同规范网络货运市场，提升网络货运管理水平，并提出了省级网络货运信息监测系统业务架构图和系统功能框架图，分别如图 9-4、图 9-5 所示。

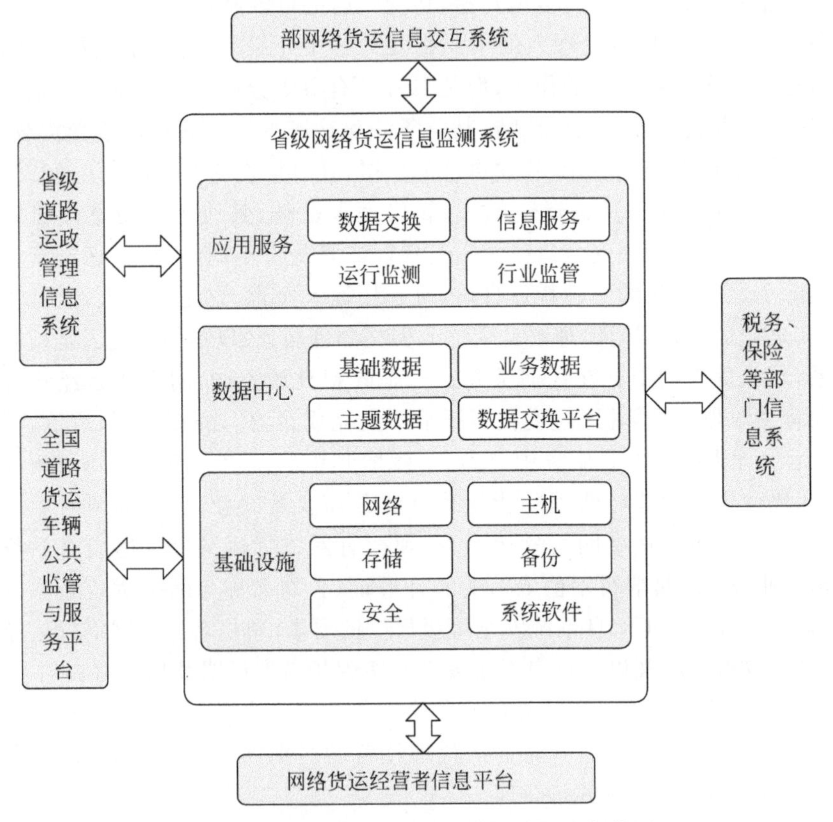

图 9-4　省级网络货运信息监测系统业务架构图

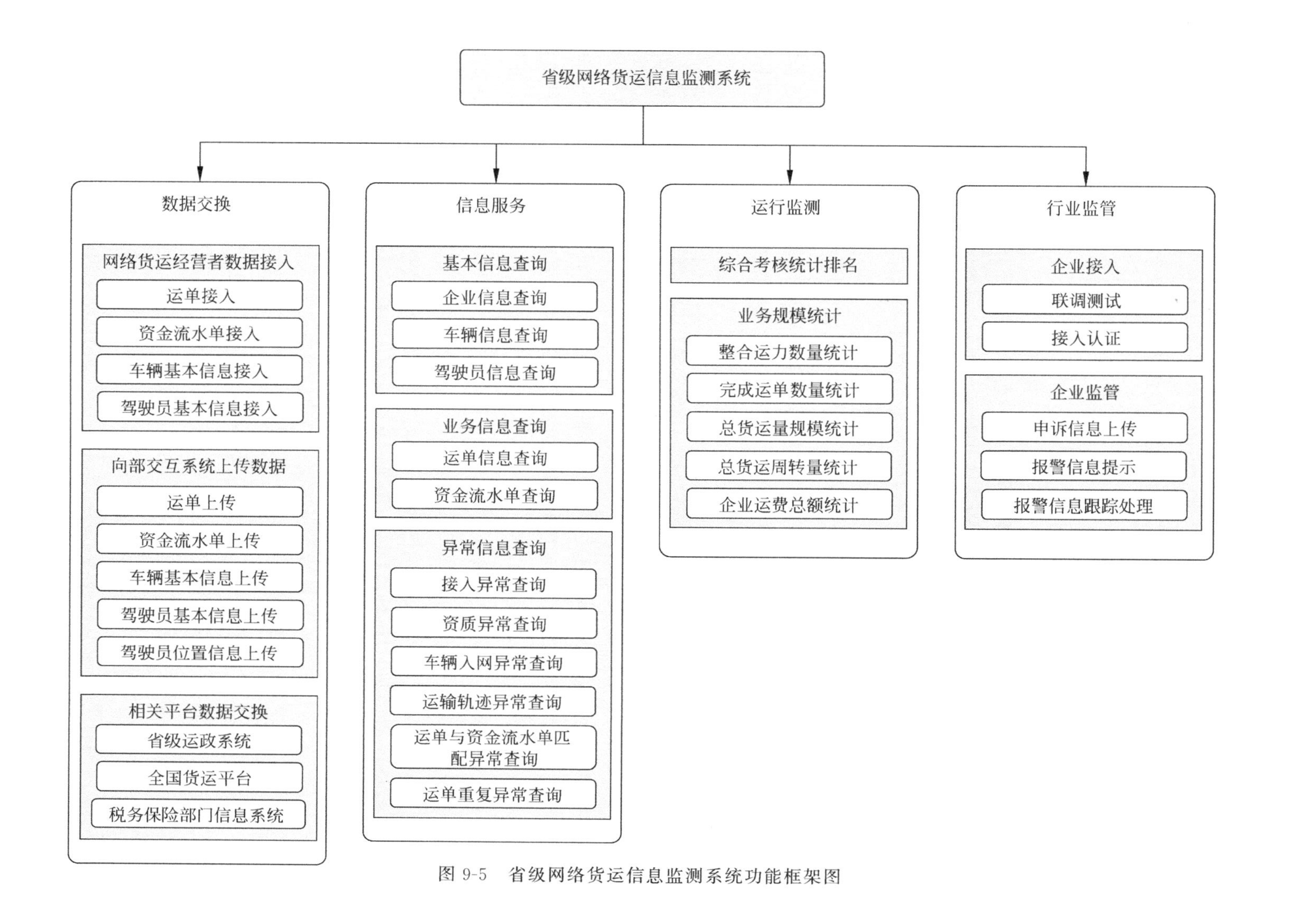

图9-5 省级网络货运信息监测系统功能框架图

从以上网络货运平台的运作模式以及省级网络货运信息监测系统的框架结构可以看出，网络货运经营虽然是以轻资产运作为主，基本上没有重资产投入，但其本身运作平台必须实现与部级网络货运信息监测系统的无缝对接以及大量业务数据的交换，必须实现对实际承运人运输过程的全程监管并对货物的最终交付结果负责任。因此，网络货运平台也可以认为是我国智慧物流运作模式的创新，并成为我国探索“互联网＋物流”的成功范例。

9.5.2 标准集成与应用案例

根据我国对网络货运平台的管理要求及平台自身经营管理的需求，网络货运平台的开发建设除了需要遵循《物流公共信息平台应用开发指南第 1 部分：基础术语》(GB/T 22263.1—2008)、《物流公共信息平台应用开发指南第 2 部分：体系架构》(GB/T 22263.2—2008)、《物流公共信息平台应用开发指南 第 7 部分：平台服务管理》(GB/T 22263.7—2010)、《物流公共信息平台应用开发指南 第 8 部分：软件开发管理》(GB/T 22263.8—2010)、《物流公共信息平台服务质量要求与测评》(GB/T 37503—2019)等国家标准以外，还需要面向省级网络货运信息监测系统实时上传运单、资金流水单、车辆及驾驶员基本信息、驾驶员位置信息，需要通过省级网络货运信息监测系统与省级道路运政管理信息系统、全国道路货运车辆公共监管与服务平台、税务保险信息系统进行对接。

为了实现以上平台功能，网络货运平台实际上还要与客户供应链管理系统、物流合作伙伴的物流管理系统进行自动化、智能化、实时化的数据交换与对接，这些都需要相关软硬件数据标准的集成。此外，从网络货运标准建设的角度看，相关的标准尚处于起步阶段，截至 2019 年年底，我国正式公布或自主声明了两个地方标准、一个团体标准和一个企业标准。其中，两个地方标准分别是 2019 年 4 月 16 日四川省发布的《无车承运人物流信息平台建设与运行规范》(DB51/T 2568—2019)，2019 年 5 月 1 日开始实施，以及 2019 年 6 月 25 日陕西省发布的《无车承运人服务质量规范》(DB61/T 1260—2019)，2019 年 7 月 25 日开始实施。一个团体标准是 2019 年 11 月 5 日中国物流与采购联合会发布的《网络货运平台服务能力评估指标》(T/CFLP 0024—2019)，2019 年 12 月 30 日开始实施。以及希杰荣庆物流供应链有限公司 2019 年 6 月通过自我声明的方式公布的企业标准《无车承运人物流货运平台管理》(Q/RQ BZ 205.28—2019)。随着《网络平台道路货物运输经营管理暂行办法》自 2020 年开始的全面贯彻实施，网络货运领域的标准化建设也将进入快速发展的阶段。

实际上，受 2016 年开始的“无车承运人”试点政策影响，网络货运平台在市场上已经得到了广泛的应用，200 多家无车承运人试点企业是第一批网络货运平台的探索者、建设者、使用者和受益者。其中，北京中交兴路信息科技有限公司(以下简称“中交兴路”)是我国网络货运平台建设领域的“领头羊”。2019 年 8 月 27 日，中交兴路与阿里云在北京联合推出“智云”计划，旨在构建“智运网络货运平台系统”，健全网络货运平台生态系统。2019 年 10 月 24 日，中交兴路旗下“车旺智运无车承运人云平台系统”通过了由公安部核准颁发的“国家信息系统安全等级保护三级认证”，是在网络货运行业率先通过这一安全认证的公司。中交兴路“智运网络货运平台系统”构建了一套“人、车、企、货”四核一体化的网络货运平台系统，实现找车、找货、交易、评估、风控、保险等全业务流程的智能化、集成化，动态跟踪物流节点并与省部级监测平台对接，确保流程合规。中交兴路拥有庞大而权威的卡车大数据以及车辆智能管理软硬件基础技术，加上车旺智运无车承运人云平台系统的对外数据接口能力，已经构建了一套基于“无车承运”模式的标准集成应用体系。

由于我国自2020年开始放开网络货运经营政策，更多的网络货运经营者将不断涌现。这对于整体提升我国传统货运行业的智慧物流水平将发挥重要的引领作用，进而对我国智慧物流标准体系的建设及其标准的集成化应用发挥重要的促进作用。基于物流标准集成应用的智慧物流场景也会因此而越来越丰富，为我国物流供给侧结构性改革与高质量发展注入更加持续稳定的内驱动力。

第10章

CHAPTER 10

精益物流：物流标准落地实践者

精益思想源于麻省理工学院对于日本丰田生产系统(Toyota production system,TPS)的研究。1985 年美国麻省理工学院组建了一个名叫“国际汽车计划”(IMVP)的研究项目。在丹尼尔·鲁斯教授的领导下,组织了 53 名专家、学者,用了 5 年时间对 14 个国家的近 90 个汽车装配厂进行实地考察,并查阅了几百份公开的简报和资料,最后于 1990 年著出了《改变世界的机器》一书,第一次把丰田生产方式定名为 Lean Production,即精益生产方式,形成了精益物流实践发展的理论基础。2001 年,丰田汽车出版了 *The Toyota Way*,即《丰田之路》,确立了丰田发展的两大核心支柱——“持续改善”(continuous improvement)与“尊重人”(respect for people)。其背后的本质,就是把原有的精益理论和实践上升为一种“做事”和“做人”的方法论。

按照我国台湾精益大师蒋维豪的研究,精益是以丰田汽车公司为学习标杆,指导企业从自己的现状出发,借鉴 TPS 原理、转型的经验、过程与方法,一步一步地打破制约,持续改进自身运营管理章法,最终实现与丰田汽车公司一样卓越的方法论。长期以来,精益物流是一个局限于制造业领域的概念,社会上很多关于精益物流的培训都停留在这个领域,这其实是对精益物流的一种误解。实际上,精益作为一系列方法论的组合,物流是一系列细分行业、物流产品和运营体系的组合,这种“大精益”与“大物流”的有机融合才是真正的精益物流。国家标准《物流术语》(GB/T 18354—2006)中也提到,精益物流是在物流系统优化的基础上,剔除物流过程中的无效和不增值作业,用尽量少的投入满足客户需求,实现客户的最大价值,并获得高效率、高效益的物流。所以,这种方法论不应该只局限于制造业,在其他行业均可借鉴使用。

因此,我们一方面继承和发扬先进制造业精益物流在标准化、准时化、自动化和智能化方面的经验,另一方面结合我国现代物流服务国民经济各行各业对于降本增效、转型升级的客观需要发展广泛意义上的“精益物流”。实际上,精益物流已经成为我国近年来物流政策的重要指导思想,“降本增效”只是最简单直观的提法。从精益物流的实践来看标准化是精益物流的基本前提,例如对物料编码、物料包装类型及规格大小、物料运作模式、运行路径和时间窗口等进行一系列的软硬件相关的标准化设计,创造一个敏捷高效、成本经济、持续优化的精益物流体系。

在具体运作模式方面也涌现出了基于标准物流器具的循环取货模式、基于标准货位管理的智能化密集仓储模式、基于标准仓储单元的“货到人”分拣模式、基于标准信息集成的JIT/JIS配送模式以及基于国际标准集装箱的多式联运模式等。这些模式不仅适用于制造业，而且适用于其他的各行各业，所以我们需要做的工作是结合行业特点和需求进行适当调整。由于精益物流运作模式本身对于物流标准化的前置性要求，因此精益物流不仅是自行建立的一套标准化运作体系，更是对现有物流标准及相关领域标准的集成化、高效化的应用执行，精益物流就是一个天生的物流标准高效应用者。

本章将重点介绍循环取货、智能化密集仓储、“货到人”分拣、JIT/JIS配送、多式联运等精益物流运作模式，及其在物流标准高效应用方面的做法和案例。

10.1　基于标准物流器具的循环取货模式

10.1.1　循环取货模式基本简介

循环取货(Milk run)模式源于国外牛奶公司到不同牧场逐个收购牛奶的物流运作模式，引入制造业以后被广泛推广应用。特别是在汽车制造业，无论是美系、日系还是其他成熟汽车产业国家的汽车品牌企业都在使用这种模式，只是在模式名称上会有所变化。

循环取货的基本做法是供应链核心企业指定一家第三方物流企业，按照事先规划设计的订单策略、包装方案、路线方案、配载方案和时间窗口等标准化规范，安排合适的卡车依次按顺序和时间节点到2个以上的供应商或提货点上门提取标准包装货物，在完成一个取货循环任务后将货物一次性送达供应链核心企业指定的地点进行准时化交付。在这个过程中，提货车辆还可以同时负责提供逆向物流服务，例如返还可循环使用的标准物流器具等。循环取货运作模式示意图如图10-1所示。

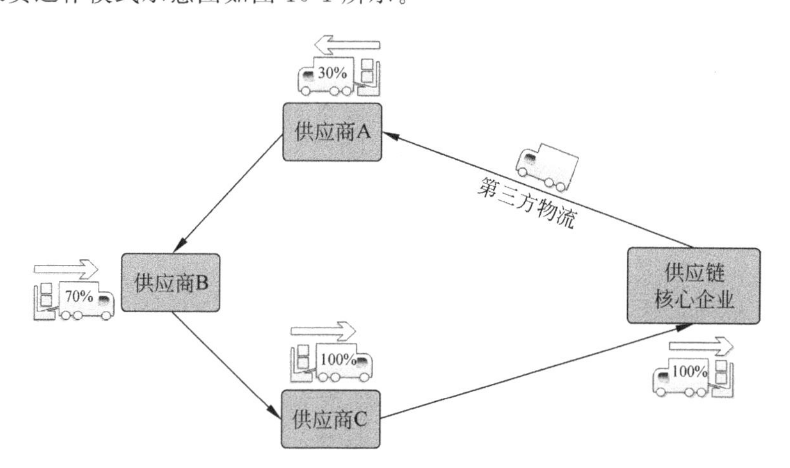

图10-1　循环取货运作模式示意图

由此可以看出，循环取货模式对供应链核心企业、对供应商、对第三方物流企业都是有好处的。对于供应链核心企业而言，有利于灵活管理库存、降低仓库面积，有利于有效管理物流作业时间及作业资源，有利于加强供应商管理和成本透明化，有利于控制标准物流器具的投入和管理等。对于供应商而言，有利减轻自身物流压力而专注生产，有利于降低库存、减少仓库面积，有利于自身生产供货安排和成本控制，有利于提升企业标准化经营管理能力等。对于第三方物流而言，有利于合理规划物流资源配置、提高运作效率和效益，有利于形成长期稳定的业务合作关系，有利于提升企业物流标准化运作水平等。

由此可见，循环取货模式的推广实施有4个基本前提条件，一是产品销售价格中的包装费用与物流费用的剥离，这是供应链核心企业组织物流供应商上门取货的商业基础；二是产品的物流包装器具必须统一化、标准化甚至可循环使用，这是循环取货效率的基本保障；三是所有参与方必须就循环取货具体技术方案及标准达成一致，包括器具标准、路线安排、时间窗口、频次批量等；四是必须建立一套所有参与方互联互通的物流管理信息系统，能够及时准确地进行信息传递、处理和反馈。

因此，循环取货模式能够优化配送路径、降低提货批量、提高产品供货频次、整合多家供应商货源、合理控制运输成本，不仅是一种非常精益优化且实现多赢局面的物流运作模式，而且是一种基于物流器具标准化、物流路线标准化、时间窗口标准化、库存管理标准化、贸易条件标准化的精益物流运作模式。其中，最基本的是物流器具、物流包装、物流车辆等硬件资源的标准化，然后才是业务流程、运作规则的标准化。

10.1.2 物流器具标准化及其应用

在循环取货模式中，物流器具的标准化主要体现在可循环使用周转器具的标准化、托盘标准化、运输车辆标准化以及相关配套装卸设备标准化等方面。

物流器具标准化方面。为了提高车辆的装载率，方便装卸与运输，一般选择符合600mm×400mm标准模数的周转器具。这些周转器具符合相关运输包装国家标准的要求，如《一般货物运输包装通用技术条件》(GB/T 9174—2008)、《运输包装件 性能测试规范》(GB/T 35774—2017)和《运输包装件 尺寸与质量界限》(GB/T 16471—2008)等，甚至需要满足特定行业对于物流器具的相关标准化需求和其他特殊需求。

托盘标准化方面。循环取货过程中如有需要托盘装载的货物，则一般选择符合1200mm×1000mm平面外廓规格的标准托盘，且满足《联运通用平托盘 主要尺寸及公差》(GB/T 2934—2007)、《托盘单元货载》(GB/T 16470—2008)、《联运通用平托盘 性能要求和试验选择》(GB/T 4995—2014)、《模压平托盘植物纤维类》(GB/T 30672—2014)、《塑料箱式托盘》(GB/T 31081—2014)和《联运通用平托盘 木质平托盘》(GB/T 31148—2014)等国家标准的要求或特定行业的相关标准要求。

运输车辆标准化方面。循环取货的运输工具主要有厢式车、侧帘式卡车和飞翼车，并以飞翼车为主。为了配合标准物流器具和标准托盘的有效摆放，车辆长宽规格应符合《汽车、挂车及汽车列车 外廓尺寸、轴荷及质量限值》(GB 1589—2016)，如有对车辆进行飞翼车等改造或需要安装车用尾板应遵循国家有关车辆改造的规范要求，如《车用起重尾板 安装与使用技术要求》(GB/T 37706—2019)等。

在实现物流器具标准化的基础上，循环取货运营物流企业就可以根据供应链核心企业的需求，对循环取货频次和批量进行精确计算，对取送货物的配载方式进行科学的规划，同时对运输线路及其抵达离开时间窗口进行合理的设计，充分体现精益物流“降本增效”的要求。

以最早广泛推广应用循环取货模式的汽车制造行业为例，由于整车生产商一般要面对上百家全球各地的供应商，采购上万种零部件，而且这些零部件形状、材质、重量、性能和管理要求各不相同，所以形成了十分繁杂的入厂物流供应链体系。面对这种局面，国内大部分汽车制造企业都采取了循环取货模式，化繁为简，确保其汽车零部件供应链有条不紊高效运行的核心秘诀就在于用了精益物流的理念，对所有的零部件进行分类管理，并对其中大部分零件实行基于物流标准器具的循环取货模式。

重庆长安民生物流是国内起步较早的汽车物流企业，并为长安福特提供面向华东、华中地区供应商的零部件循环取货服务。长安福特从一开始就已经对每个车型的每个零部件做了一个 PFEP(plan for every parts，物流计划)，对不同的零部件都指定了合适的符合 600mm×400mm 标准模数的周转器具，主要用于长安民生 RDC 到长安福特总装车间之间的循环使用。以此为基础，在推动循环取货项目的过程中，为了保持不同零部件的供货同步性，又对不同供应商的零部件进行了物流周转器具的标准化工作，部分体积较大的零部件采用符合 1200mm×1000mm 的带托围板箱进行运输。先对基于零部件的包装器具进行优化调整，然后根据长安福特的产能计划进行了取货频次、批量的测算，结合华东地区供应商的地理位置分布等综合因素，同时从整个供货周期和物流成本考虑，最后决定采取"华东中转仓＋循环取货＋长江集装箱运输"的解决方案。对部分体积较大批量大的零部件，采取国际标准集装箱上门循环取货方式，完成多家循环取货后将集装箱直接送指定港口装船。对部分体积较小、频次较低的零部件，采取小型货车上门循环取货，通过中转仓集并、装箱再送抵港口装船。紧急情况下，从上海直接将零部件公路运输抵达重庆。

通过该项目的实施，长安福特国内零部件库存得到了有效控制，产品品质也得到了提升，降低了总体物流成本。而零部件供应商也减少了在重庆独立设仓的成本和长期委托零担运输的麻烦，专心于生产供货。长安民生物流则因此扩展了物流服务范围，增加了运营收入，同时还建立了专门的循环取货管理信息系统，进一步提升了零部件物流专业化水平，赢得了市场和客户的信赖。

10.2 基于标准信息集成的 JIT/JIS 配送模式

10.2.1 JIT/JIS 配送模式简介

JIT 是英文"Just-In-Time"的缩写，可翻译为准时制。准时供应生产是丰田汽车 20 世纪 60 年代实行的一种生产方式，追求的是一种无库存或使库存达到最小的生产状态。为了实现这一目标，丰田汽车开发了包括"看板"(KanBan)管理在内的一系列具体方法，并逐渐形成了一套独具特色的生产经营体系，并被列为丰田生产系统(TPS)的两大支柱之一。

与之相对应，JIT 配送就是为满足 JIT 生产需要，按照生产线(客户端)实际消耗情况，及时进行"恰恰刚好"的补货行为，只在"需要的时间供应所需要品质和数量的产品"，因此，JIT 配送实际上是一种多品种、小批量、高频次和低成本的物流运作方式，目的是降低库存，减少浪费，满足客户多样化、个性化需求。这种配送模式实际上与超市的货架补货逻辑类似——发现某个商品缺货或即将缺货，马上从超市缓冲库房取货进行货架补充，有多少空位补多少空位。基于看板管理拉动的汽车零部件 JIT 配送参考模型如图 10-2 所示。

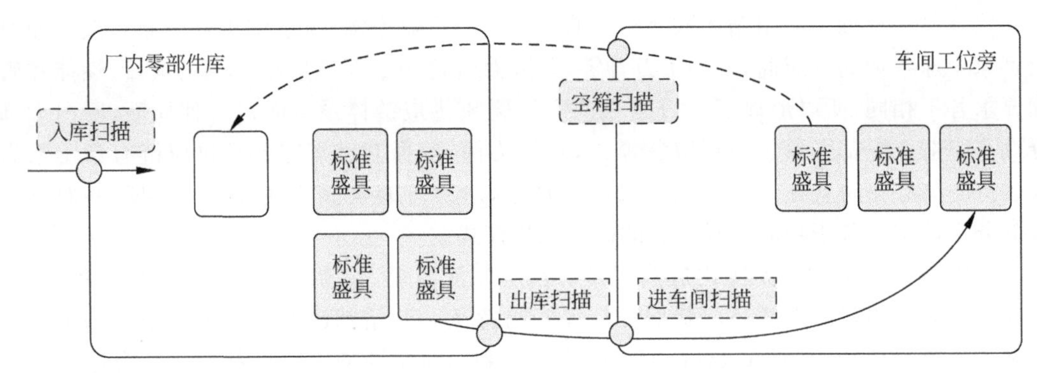

图 10-2 基于看板管理拉动的汽车零部件 JIT 配送参考模型

JIS 是“Just In Sequence”的英文缩写，JIS 配送本质上是 JIT 配送的一种特殊而极端的情景，可以翻译为“顺序供货”。JIS 配送主要运用规模化离散型制造业的柔性化生产体系，目的是用物流配送的高度精准化、服务柔性化实现生产线产品生产组装的高效化以及线边库存场地的最优化。例如，在一条柔性化汽车生产线上，上线生产的汽车车型、配置和颜色肯定有一定的随机性和混合性，直到进入总装车间第一工位前几分钟车身扫描点才能确定下一个要上线生产车身的车型、配置和颜色等信息。

对于部分体积较大、SKU 品类繁杂且会因汽车车型、配置和颜色而异的零部件而言，如果不采用 JIS 配送模式，就必须在生产线边对这些零部件穷尽所有可能的配置和颜色准备安全库存以确保均衡稳定生产，例如汽车保险杠、轮胎、座椅、发动机、门把手甚至方向盘等。为了避免同一品种不同配置、不同颜色的零部件占用大量的车间现场面积和库存资金，采取根据上线车身顺序的方式有针对性地精准供货是最佳的解决方案，JIS 由此而来。不同规格型号(颜色)汽车零部件的 JIS 配送示意模型如图 10-3 所示，当车身经过上线扫描点时，对应的车身标准信息(配置、颜色等)会第一时间传输到物流供应商的排序作业系统中，物流供应商根据车身信息的先后顺序，对需要排序供货的零部件按顺序摆放在标准

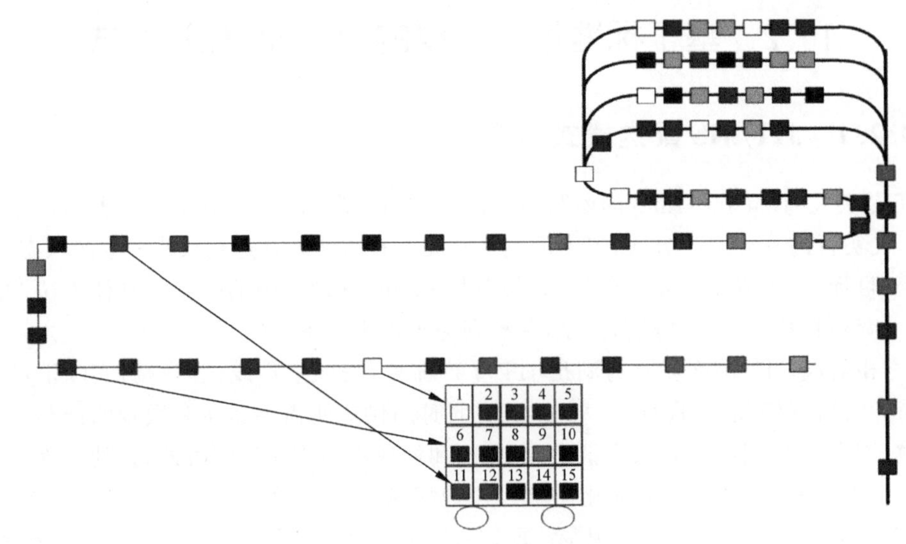

图 10-3 不同规格型号(颜色)汽车零部件的 JIS 配送示意模型

物流器具上，每完成一个标准器具的摆放就立即安排配送到指定的生产线工位，如此往复。

因此，JIT/JIS配送作为精益物流的经典代表，物流需求方和物流供应商之间必须就物料需求信息进行标准化处理，包括车辆配置、标准容器和零部件等重要数据的字段、编码、含义以及交换格式、实时传送渠道、反馈方式等，这样才能确保双方协同配合做好JIT/JIS配送服务。离开了这些信息的标准化处理和高效集成应用，JIT/JIS无从谈起。

目前，JIT这种源自汽车制造业的定时配送物流方式已经演变成为了我国快递快运行业以"时效"为衡量标准的"物流产品"，例如当日达、次日达、次晨达和三日达等。二者的区别在于，JIT配送是市场客户定义的按照指定时间窗口要求进行的配送，主动方在客户手上，而现有的时效物流产品是物流公司自己按照承诺的时间窗口为客户提供服务，主动权掌握在物流公司自己手上。

10.2.2 物流信息标准化及其应用

JIT/JIS配送模式必须基于功能强大的专业物流管理系统，这个专业物流管理系统要解决的首要问题就是基础数据的标准化问题。

这些需要标准化处理的基础数据包括但不限于以下6方面：一是商品物料基础数据，主要包括物料编号、型号、规格大小、包装类型、重量、基本单位、供应商关系、有效期、价值高低、保管要求、负责人员等；二是物流包装基础数据，主要包括包装的代码、规格型号、包装容量、承重能力、重量体积、编码编号、流转模式等；三是库房设施基础数据，主要包括库房的库区库位设置代码和库位编码、月台编码、作业区代码、时间窗口设置等；四是客户订单基础数据，主要包括订单类型、订单编号、需求品类代码、规格型号、需求数量、交付时间、交付地点及特殊要求等；五是配送车辆基础数据，主要包括车型、品牌、车牌号、车架号、行驶证号、车厢规格、车厢容积、车辆载重以及责任司机等；六是JIT/JIS管理策略信息，主要包括零件收货上架策略、零件存储策略、分拣发货策略等。

在对基础数据进行标准化处理的同时，还必须考虑多系统数据对接与集成问题，如与财务系统、SAP系统(systems applications and products in data processing，企业管理解决方案)、ERP系统(enterprise resource planning，企业资源计划系统)、运输管理系统(transportation management system，TMS)、制造执行系统(manufacturing execution system，MES)、订单管理系统(order management system，OMS)、PDA(personal digital assistant，手持终端)、WCS(warehouse control system，仓储控制系统)，以及AGV小车、智能机器人、智能叉车等智能仓储设备的对接集成，打破信息孤岛，提高系统之间传输的时效与安全性。因此，为了确保这种物流信息标准化和集成化效果，在相关物流信息系统建设过程中有必要遵循《物流管理信息系统应用开发指南》(GB/T 23830—2009)、《物流管理信息系统功能与设计要求》(GB/T 26821—2011)、《物流装备管理监控系统功能体系》(GB/T 32827—2016)和《仓储物流自动化系统功能安全规范》(GB/T 32828—2016)等国家标准。

东风悦达起亚从韩国导入了汽车行业先进的生产管理模式，并进行了相应的本地化改造。整个工厂利用先进的信息技术，通过现场设备总线、现场控制总线、工业以太网、现场无线通信、数据识别处理设备以及其他数据传输设备将智能自动化装备的各个子系统连接起来，使生产流程进一步由自动化提升到智能化，使智能自动化生产线从本质上实现高效、安全、柔性制造。客户下订单后，订单信息迅速由 DMS(dealer management system，汽车经销商管理系统)传入 APS(advanced planning and scheduling，高级计划与排程)系统，APS根据客户订单紧急程度进行对应的操作，迅速计算出所需物料，并计算出对其他订单的联动影响(物料供应、交货期等)。MES 在接收到排产信息后，迅速安排车辆上线生产，所有的物料及工序信息通过控制台发往各终端(含物流仓库)，在生产线边的 Onekit 智能化线边物流对产线物料的消耗、所有相关的产量、物料消耗信息以及序列信息都及时地在现况板上进行展示。通过 MES 物流模块的实施实现了 JIT 配送、JIS 配送、电子看板配送，可以应对混线生产和并线生产等多种生产模式的物流配送，全物流配送过程通过系统指令进行调度，实现了趋于零库存的管理，降低了物流成本和库存成本，使现场物流配送准确率达到 99%。

10.3 基于标准货位的智能化密集仓储模式

10.3.1 智能化密集仓储模式简介

密集式仓储技术是现代仓储发展到一定程度的必然产物。特别是在土地资源越来越稀缺、智能仓储技术越来越发达的背景下，利用有限的空间存放更多的货物、产生最大的效能是许多产品、零配件体积小、品种多的先进制造业和商贸流通企业正在探索和实践的重要方向和仓储物流模式。密集式仓储的最高境界就是在密集存储的基础上，追求高效和自动化，通过调度和优化策略提升系统的效率是未来我们需要努力的方向。密集化仓储一般是指利用特殊的存取方式或货架结构实现货架深度上货物的连续存储达到存储密度最大化的仓储系统，但密集化仓储系统同时也伴随着作业通道少而带来的作业效率低等固有特点。因此密集化仓储系统更多地被应用在食品、饮料、化工、烟草等单品种批量大，品相相对单一的行业。

从目前的发展态势看，智能化密集仓储模式主要有 3 个技术方向。一是在有限的面积上寻求高度上的突破和仓储容积利用率最大化。建设高密度的自动化立体仓，由叉车或堆垛机设备深入密集货架通道内进行存取作业主要包括窄巷道货架、驶入式货架、重型移动式货架等传统的密集仓储技术，这种物流场景主要见于电子、医药、食品饮料、烟草、电商等领域。二是在有限的面积上寻求面积利用率的最大化，主要是通过压缩、减少通道面积，甚至取消通道，借助巷道导轨、智能搬运机器人等硬件辅助技术完成货物进出存作业。三是采用“设备不动、货物运动”的“货到人”运作模式，即通过在深货格货架内安装动力装置，使位于货位内的货物具有运动自发性，不需要其他运行载体来存取，货物就可以自动到达指定位置，这是一种既能满足高密度仓储又能保证高吞吐效率的全新密集仓储技术。第一种属于被动式密集仓储技术，第三种属于主动式密集仓储技术，而第二种则是既可主动又可被动的综合性密集仓储技术。

目前，除了传统的巷道导轨式密集仓储设备以外，我国已经在推广应用的智能化密集仓储系统有以下 5 种典型类型：

一是托盘式立体库。以托盘为存储单元的自动化立体库，适用于补货和大宗批发业务。这是一种寻求库房高度及容积利用率最大化的密集仓储方案，使用比较普遍。这种立体库的空间利用率为普通仓库的2～5倍，能够实现货物存储的高度自动化、存储高速化和信息的一体化。

二是料箱式立体库。以料箱或纸箱为存储单元的自动化立体库，存取方式与托盘式立体库一样，只是这个系统的存储单元是塑料箱而不是托盘，由于大幅降低了输送单元的重量，所以吞吐量是托盘式立体库的若干倍，适用于补货、箱拣等作业。

三是智能搬运机器人无人库。以可移动式货架为单元进行货物的仓储，这些可移动货架可以高密度水平摆放，依靠智能搬运机器人按指令采取背负式搬运，实现货物的进出存管理或"货到人"管理。基于智能搬运机器人的密集仓储模式如图10-4所示。

图10-4 基于智能搬运机器人的密集仓储模式

四是"货到人"立体库系统。利用穿梭车和垂直升降机将补货、分拣、存储、理货、排序和缓存、退货、盘点、发货集货等不同的作业环节集成到了一个系统中。

五是"货到人"旋转货柜系统。主要适用于大密度小批量中低吞吐量拣选，如零部件、首饰等特定商品的存储。该系统有很多的货格，通过旋转将选中的货格送到拣货人员面前，捡完后系统再次旋转，将第二个货格送到拣货者面前，以此类推，完成拣货。

无论是哪种密集仓储模式，整个系统都由硬件和软件两部分构成。其中，硬件包含穿越车(也可包含子母车)、货架、起落机、堆垛机、运送线等，组合应用有堆垛机＋穿越车＋货架＋运送线、起落机＋穿越车＋货架＋运送线、叉车＋子母车、叉车＋穿越车等。软件主要是WCS(warehouse control system，仓库控制系统)、WMS(warehouse management system，仓库管理系统)和电控体系3大类。智能化密集仓储系统在WCS设备调度系统的控制下，通过起重、装卸、运输机械设备进行货物的自动出库和入库作业，大大降低了物资库存周期，提高了资金的周转速度，减少了物流成本和管理费用。

10.3.2 仓储货位标准化及其应用

实际上，智能化密集仓储技术都是基于标准货位，只是不同的密集仓储技术所使用的标准货位大小和形态有所差异、对货物的储存保管形式有所不同而已。密集仓储模式最先要解决的就是针对计划仓储保管货物的包装形态与对应储存货位的标准化问题，然后以此为基础进行标准货位的密集化“复制粘贴”，并结合货架系统、升降作业和平行搬运系统等硬件形成不同类型的最有利于“降本增效”的密集仓储模式。

在进行标准货位设计的过程中，应参考国家标准《硬质直方体 运输包装尺寸系列》(GB/T 4892—2008)的 600mm×400mm 标准模数系列的包装及周转容器或符合《联运通用平托盘　主要尺寸及公差》(GB/T 2934—2007)的 1200mm×1000mm 标准托盘的基本要求。与此同时，对于标准货位及对应托盘的编码也应遵循《物流仓库货架储位编码》(SB/T 10846—2012)、《托盘编码及条码表示》(GB/T 31005—2014)、《商品条码 物流单元 编码与条码表示》(GB/T 18127—2009)等标准。即使是近年来刚刚兴起的基于 AGV 智能搬运机器人的密集仓储模式，其在地面上进行网格化标准库位的规划设计也应当如此。

重庆长安民生物流 2018 年率先在国内汽车物流领域采用了基于 AGV 密集仓储无人仓技术。首批改造升级的密集仓储无人仓总面积 6000 平方米，标准库位 1469 个，投入 AGV 智能搬运机器人 40 台，是国内汽车物流行业最大规模的无人仓。长安民生物流智能化密集仓储无人仓规划示意图如图 10-5 所示。

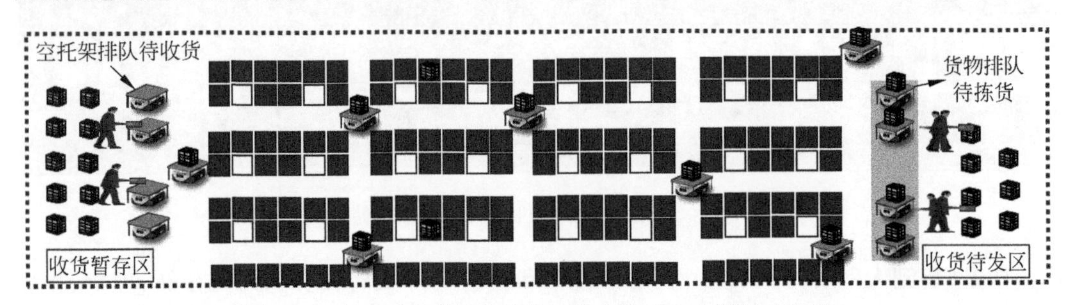

图 10-5　长安民生物流智能化密集仓储无人仓规划示意图

该无人仓通过大规模引入 AGV 智能搬运机器人进行系统集成，辅以具有多路径规划、多任务分配、交通动态管理、存储优化管理、应用仓储管理和机器人调度等多功能的信息系统(包括但不限于设备控制系统、反应控制系统、仓储管理信息系统)，形成了具有一定感知能力、自行推理判断能力、自动操作能力的智能仓储、分拣和搬运系统。几十台 AGV 智能搬运机器人由系统统一控制，共同满足频繁地出入库需求，同时通过物流载具上的 RFID 实现货物状态信息与系统信息的自动对接。

具体运作模式是当有入库需求时，员工在无人区外利用标准托盘、标准周转箱、料架等物流载具码放好零部件，同时通过系统发布入库指令给 AGV 智能搬运机器人，AGV 接受指令准时到达指定取货位置，并按照设置的路线智能搬运货物至无人区指定存储位置，完成入库；当有出库需求时，主机厂发布订单信息给长安民生物流的仓储管理系统，员工即时接受出库需求，并通过系统发布出库指令给 AGV 智能搬运机器人，AGV 智能搬运机器人即时接受指令，自动找到待出库货物存储位置，再将待出库货物搬运出无人区至指令指定出库作业位置。仓库员工只需在工作台操作终端就可实现零部件的准确出入库作业管理。

10.4 基于标准仓储单元的“货到人”分拣模式

10.4.1 “货到人”分拣模式简介

“货到人”(goods to person,G to P)拣选，即在物流拣选过程中，拣选工作人员不动，货物被自动输送到拣选人面前，供人拣选。“货到人”拣选是现代物流配送中心一种重要的拣选方式。这种“货到人”的拣选模式由来已久，最早的“货到人”拣选是由自动化立体库完成的，托盘或料箱被自动输送到拣选工作站，完成拣选后，剩余的部分仍然自动返回立体库中储存。现在已经发展为越来越多元化的“货到人”拣选模式。

一般“货到人”系统主要由储存系统、输送系统、拣选工作站3大部分组成。储存系统是基础，其自动化水平决定了整个“货到人”系统的存取能力，随着拆零拣选作业越来越多，货物存储单元也由过去的以托盘为主转向纸箱/料箱；输送系统负责将货物自动送到拣货员面前，它需要与快速存取能力相匹配，简化输送系统、降低成本是目前的研究重点；拣选工作站完成按订单拣货，其设计非常重要，拣货人员借助电子标签、RF、称重、扫描等一系列技术提高拣货速度与准确率。

目前，主流的“货到人”拣选方案主要包括Miniload“货到人”解决方案、穿梭车“货到人”解决方案、Kiva智能搬运机器人“货到人”解决方案、Autostore“货到人”解决方案和旋转货架“货到人”解决方案。

一是Miniload“货到人”解决方案。该方案主要依托Miniload轻型堆垛机系统，与托盘式自动化立体仓库AS/RS结构相似，但存储货物单元为标准料箱或纸箱，因此也被称为“料箱式立体仓库”。该系统早在20世纪八九十年代就已经在欧洲得到广泛应用，目前技术相对成熟，堆垛机运行速度普遍能达到300m/min，部分产品能达到360m/min及以上。由于堆垛机的货叉和载货台形式十分灵活多变、品种繁多，因此Miniload系统具有广泛的适应性，是最重要的“货到人”拆零拣选解决方案之一。2016年“双11”期间，德马与菜鸟网络联合打造的Robot Miniload智能快存系统凭借其高效率、低成本、易于维护等特点受到业内的普遍关注。

二是穿梭车“货到人”解决方案。穿梭车系统以其能耗低、效率高、作业灵活等突出优势成为“货到人”拆零拣选的最佳方式，近年来得到快速地发展和大范围应用。穿梭车系统根据作业对象的不同主要分为托盘式穿梭车系统和箱式穿梭车系统，前者主要用于密集存储，后者则用于“货到人”拣选。箱式穿梭车系统是由收货系统、货架及轨道、穿梭车和提升机等组成的储存与搬运系统，拣选与包装工作站和输送系统等发货系统。

三是类Kiva智能搬运机器人“货到人”解决方案。该方案具有几方面的优势，一是高度自动化，可以大幅度替代人工；二是项目实施速度快，交付周期短；三是系统投资相对固定式自动化系统更低；四是灵活性非常强，易于扩展，非常适用于SKU量大、商品数量多、有多品规订单的场景。因此，AGV智能搬运机器人近年来在电商、商超零售、医药、快递等多个行业实现了成功应用，不仅可以实现货物的密集仓储、提升仓库的利用效率，而且可以根据业务需要由AGV智能搬运机器人提供精准的“货到人”分拣服务。

四是Autostore“货到人”解决方案。Autostore系统是由Swisslog针对中小件商品存储拣选而推出的“货到人”解决方案，同时也是一种智能化密集仓储解决方案。Autostore系统将料箱一个个堆叠起来存储于铝制立式货格内。Autostore机器人行走于立式货格的上方，机器人采用无线控制、电池供电方式运行，它往返于货格和拣选站台之间存取料箱。拣选站台由WMS仓储管理系统控制，用来将货物存入和取出料箱。Autostore控制系统对WMS释放的拣选订单进行排序，它通过全程检测计划并控制机器人的行走路线，实时监控机器人、料箱和站台的状态。

五是旋转货架“货到人”解决方案。旋转货架系统与Miniload系统一样，也是非常成熟的“货到人”拣选解决方案，也适合存储小件商品，具备高密度存储功能，可以实现自动存储、自动盘点、自动补货、自动排序缓存等一系列分拣动作。旋转货架系统有垂直旋转和水平旋转2种方式。通过该系统驱动货品向拣选作业面流转，当订单商品到达拣选口时，系统将自动识别停止运转的设备，拣货员看到灯光提示即可过去完成拣货作业。

总体而言，“货到人”分拣模式主要使用于中小体积包装和轻便型货物的精益化处理，而且往往与智能化密集仓储技术紧密衔接形成一套基于标准仓储单元(一般是标准料箱)的“货到人”分拣系统。

10.4.2 仓储单元标准化及其应用

在5种类型的“货到人”分拣解决方案中，最小仓储单元的标准化始终是整个系统运行的重要基础。基于这些最小标准仓储单元，按照一定的物理条件和技术要求进行有序的排列组合，构成一套自动化、智能化的“货到人”分拣系统是大势所趋。

以Autostore“货到人”解决方案为例，该方案是建立在推广使用2种高度(310mm和220mm)的标准料箱(内径400mm宽×600mm长)基础之上的。根据这些标准料箱的尺寸规格，构建起一套铝制立式货格面积仓储系统，这些标准料箱存放在立式货格内，从仓库地面垂直向上堆叠。每个料箱垛最高可堆叠至16层(4.9m)，料箱垛彼此相邻，能够根据系统内料箱存储需求向X轴和Y轴方向扩展。数千只料箱彼此相邻，每16个一垛存放在密集货格中，省去了巷道，形成了巨大的、高密度的存储区。

通过一组智能机器人在立式存储货格顶部的铝制轨道上水平行走，以向下抓放的方式存取料箱。每台智能机器人有8个轮子，其中4个沿X轴方向行走，另外4个沿Y轴方向行走。智能机器人的大小也与标准仓储单元料箱的尺寸相匹配。每台智能机器人配有包括4条钢索的伸缩提升装置，通过向下伸展抓取这一垛中最上方的标准料箱，并将标准料箱垂直提升至货格顶部。然后，智能机器人根据订单拣选站的需求将“抓”上来的标准料箱水平移动至“出货”位置。标准料箱随后由提升索降至指定的拣选工作站台，操作人员从中拣取需要的货物，实现“货到人”的拣选作业。确认拣选完毕后，一台空闲的智能机器人又将料箱提升到存储区的顶部，放在一个空闲的标准货位内，料箱重新回到存储货格内。这个新的货位不一定是原先的货位，可以是一个空闲料箱垛的顶层。每当有拣选作业订单产生时，空闲的智能机器人或工作量最少的机器人就会收到指令到指定的料箱所在货格进行“抓取”作业，并重复以上流程。Autostore“货到人”系统整体示意图如图10-6所示。

Autostore“货到人”系统可以根据货物的订单频次自动地将这些货物的标准料箱放

资料来源：https://www.swisslog.com。

图 10-6 Autostore“货到人”系统整体示意图

置在料箱垛顶层，由此形成频繁出货的货物往往放在靠上的货格，出货频次低的货物往往放在靠下的货格，从而提高整个分拣的整体效率。

此外，在实际分拣系统规划设计与运营的过程中，《自动分拣过程包装物品条码规范》(GB/T 31006—2014)、《自动分拣设备管理要求》(WB/T 1041—2012)等相关标准也是基于标准仓储单元的“货到人”分拣模式应遵循的基本要求。

第11章

CHAPTER 11

绿色物流：物流标准的创新探索者

绿色物流是指在物流过程中最大限度地提高物流资源的使用效率，通过加强储存、运输、包装、装卸机流通等环节的环境管理和监督，抑制物流活动中可能造成的环境污染和资源浪费，减少对环境造成的负面影响，实现对物流环境的净化，使物流资源得到最充分的利用。发展绿色物流对于实现节能减排目标、推动绿色发展以及加快物流行业的现代化转型都有着巨大的促进作用，主要内容包括了低碳运输、高效仓储、绿色包装、绿色流通加工、逆向物流，以及信息化建设等。绿色物流的最终目标是可持续性发展，实现该目标的准则是经济利益、社会利益和环境利益的统一。

发展绿色物流是企业优化经营模式、提升自身竞争力的重要选择。一方面，发展绿色物流，采用绿色物流技术和运作模式有助于企业降低成本，另一方面，发展绿色物流可以增强企业的社会责任感，给企业带来明显的社会价值，包括良好的企业形象、企业信誉、企业责任等，赢得公众信任。

此外，可以通过积极申请 ISO 14000 环境管理体系标准的认证提升物流服务产品在设计、生产、加工、交付和配套服务方面的环境标准，用国际标准来规范自身的物流行为、塑造绿色物流形象，进而增强在国际市场的竞争能力。

本章主要介绍我国近年来在绿色物流领域的创新探索，包括基于标准托盘循环共用的带板运输模式、基于标准牵引头和挂车的甩挂运输模式、基于标准挂车单元的铁路驮背运输模式和基于标准轿车单元的汽车滚装运输模式。

11.1 基于标准托盘循环共用的带板运输模式

11.1.1 带板运输与循环共用模式简介

带板运输是指以标准托盘作为货载单元，在整个物流过程中以“不拆托”“不倒箱”的模式对标准托盘货载单元进行托运、装卸、配载、堆存和仓储管理的先进物流运作模式。循环共用是指在开展以标准托盘为典型代表的单元化物流运作过程中，对承载货物的标准托盘、周转器具等货载工具进行回收保管、租赁共用和循环利用的运作模式。

因此，带板运输关注的对象是单元化货物，而循环共用关注的对象是承载单元化货物的标准化货载工具，如标准托盘、标准围板箱、标准周转箱等。二者既有明显的区别，又紧密相连。社会化的带板运输服务离不开循环共用模式的建立，而循环共用模式的生存和发展必须依托于带板运输等单元化运输模式的市场化和社会化。

显而易见，通过对单元化货物与标准化货载工具的统一运作、分开管理对于提高物流运作效率、促进绿色物流具有十分重要的意义。基于标准托盘的带板运输实现了由零星小包装的运作到以“托盘”为单位集成化单元化的运作，装卸作业效率大幅提升，车辆司机等待时间大幅下降，货物品质保障性更高，供应链上下游管理更加高效简便，绿色经济价值也有所体现。而且带板运输结束且单元化货物最终解散之后，标准托盘等单元化货载工具通过循环共用模式和对应的管理体系进入下一轮带板运输单元化运作体系，周而复始，从而实现了标准托盘等单元化货载工具的高效重复利用，大幅减少了标准托盘等单元化货载工具的一次性使用带来的森林木材浪费、生产加工过程浪费以及废弃处理带来的浪费等，实现了整个物流过程中物流服务本身的绿色化和物流服务基础工具的绿色化。因此，我国近年来大力推动以标准托盘为核心的物流标准化试点工作，主推标准托盘循环共用体系建设。带板运输与标准托盘循环共用基本原理如图 11-1 所示。

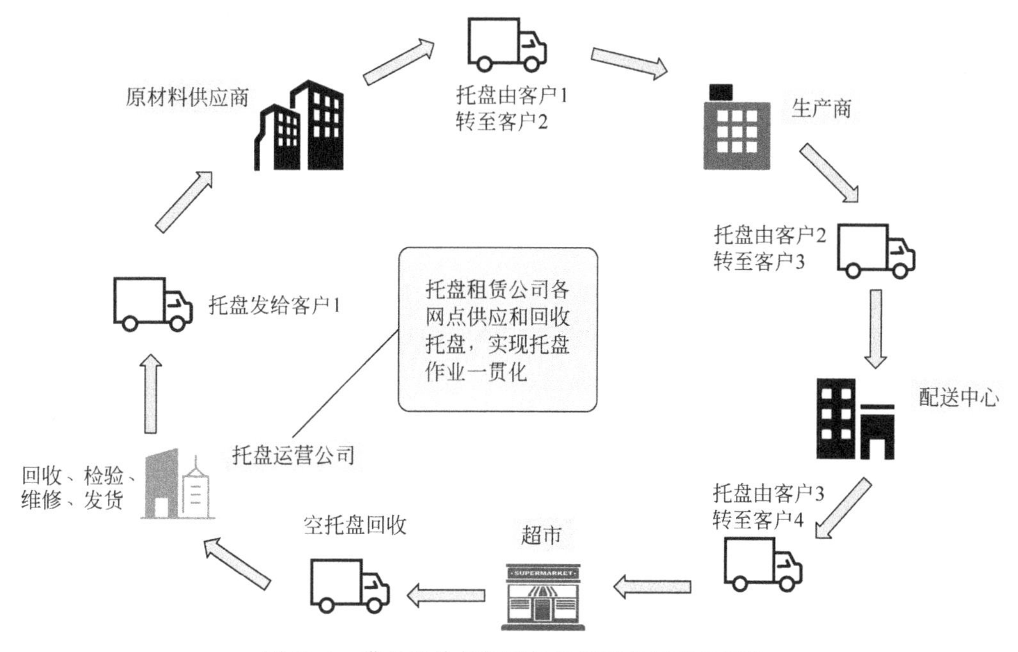

图 11-1 带板运输与标准托盘循环共用基本原理

带板运输作为标准托盘应用的新趋势，已在各行各业得到了一定的认同，而且逐渐打破闭环格局，从企业内部走向企业外部，开始实现供应链上不同企业之间的协同合作，这意味着物流领域倡导了多年的单元化物流载具循环共用已经迈入实质性的发展阶段。在具体带板运输循环共用模式上，主要有托盘交换与托盘转移 2 种模式，二者的核心区别在于标准托盘租金支付与保管责任是否随带板运输向供应链的下游环节进行转移。2 种带板运输与循环共用模式的对比如图 11-2 所示。

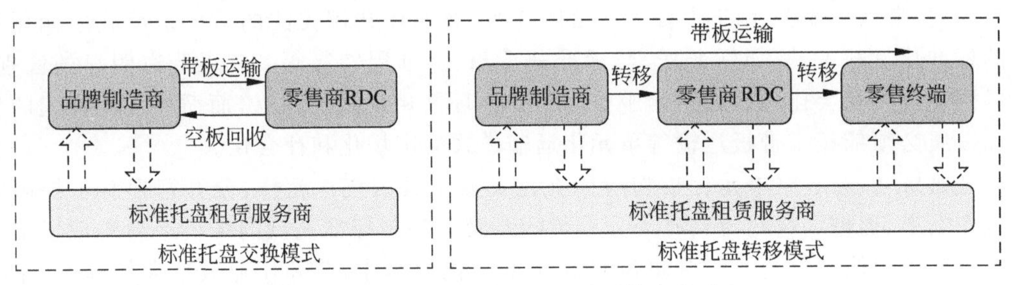

图 11-2　2 种带板运输与循环共用模式的对比

其中，交换模式是带板运输初期最容易推进的模式，而且主要局限于企业内部，参与主体也可通过此方式逐渐熟悉和掌握带板运输操作流程。但是，在这种模式下，通常由供应商完全承担标准托盘租赁责任，当标准托盘在上下游之间进行流转时，由于供应链物流配送体系的复杂性，标准托盘在下游环节被占用的情况无法避免，与标准托盘相关的责、权、利难以明确界定，由此将带来许多具体问题。因此，长远来看，转移模式具有“责权利”随标准托盘流转而变化的特点，由带板运输的各个环节参与者均承担相应的托盘租赁与保管责任可从根本上避免不必要的争议，是标准托盘带板运输和循环共用模式的主流方向。

2015 年 3 月，商务部流通业发展司、国家标准委服务业标准部、商务部研究院和中国仓储协会等还特别编制了《托盘标准化与托盘循环共用手册》，指导国内带板运输与循环共用体系建设。

11.1.2　托盘循环共用模式的探索与实践

托盘循环共用模式在国外发展起步较早，在国内主要集中于快消品零售及电商物流领域，这种模式在国内的全面兴起始于 2014 年年底开始的物流标准化试点。随着我国物流标准化试点的全面深入推广，相应的标准建设也取得了一定的创新突破，2016 年开始，我国陆续发布了《托盘租赁企业服务规范》(SB/T 11152—2016)、《托盘共用系统运营管理规范》(SB/T 11153—2016)、《共用系统托盘质量验收规范》(SB/T 11154—2016)、《托盘共用系统木质平托盘维修规范》(GB/T 34396—2017)、《托盘共用系统管理规范》(GB/T 34397—2017)、《托盘共用系统电子标签(RFID)应用规范》(GB/T 35412—2017)和《托盘共用系统塑料平托盘》(GB/T 35781—2017)等一系列与标准托盘循环共用体系建设相关的国家标准和行业标准。

沃尔玛与宝洁是我国较早致力于标准托盘带板运输和循环共用运作的企业，为我国标准托盘循环共用模式的探索与实践提供了很好的标杆案例。

目前，沃尔玛在中国已开店 200 家以上，而宝洁在沃尔玛分销 800 个以上的商品，每天有成千上万的商品向沃尔玛位于深圳、天津、上海的 3 个配送中心发送。配送中心的运作关系整个沃尔玛商品的流通，而优化的库存管理、密集的下单频率要求快捷的流通以便于最大化减少在流程中积压的库存。

经双方专业的“价值链流程分析”，诊断出装卸货环节是双方供应链衔接的“瓶颈”。传统的人工散箱装卸的模式虽然有成本优势，但时效性十分差。双方在供应链的一端装货、另一端卸货都占用了大量的时间、人力和空间等资源。例如一辆装约 3000 包洗衣粉的车，装卸共达 8 小时，占整个发货收货时间的 80%，并且宝洁的送货车辆与双方配送中心码头都被长时间占用，资源利用率低。因此，双方一致产生对高效率运作模式的诉求，并把出路瞄向托盘化运输的创新与尝试。

为此，宝洁与沃尔玛成立项目专案小组，以天津配送中心为试点，建立共同目标，发挥团队合作精神，针对托盘化运输的主要障碍，制定了适合双方的托盘化运输模式与解决方案。主要分为以下 4 个模块。

模块一：实时的信息流。信息流是实现快捷物流的关键。沃尔玛与宝洁通过 EDI 的方式传输订单。宝洁及时收到沃尔玛详细的订单信息后，在 SAP 系统分货，并当天反馈沃尔玛分货情况以便沃尔玛配送中心安排收货资源。同时，宝洁天津配送中心 RTCIS(real time continuous & information system，实时数据传输系统)自动进行托盘拣货以减少人工组拼托盘，并打印托盘标签，标注商品号、数量等信息方便沃尔玛收货。

模块二：组托盘及带板装卸。宝洁配送中心团队制定精细的内部组托盘标准流程，使每一个托盘都最合适地承载货物。货物托盘化后，宝洁只需用叉车就可以将整托盘的货装载入车，从而避免原来一箱箱人工搬运上车的过程。同样，在沃尔玛也可以用叉车实现快速收货。货物的装或卸从原来的 3～4 小时/车，缩短到约半小时左右，宝洁的车辆与双方的码头很快就被释放，可以继续新的作业。沃尔玛后续的收货环节也因卸货时间减少而提早进行，大大增加了当天的收货能力。

模块三：循环车辆带板运输。双方通过“活动的”“循环”的车辆运输模式抵消由于单次运输带来的货量损失。同时，基于对彼此服务质量的信任，双方推动实行“按托盘数量确认收货”。宝洁车辆到达沃尔玛配送中心，半小时卸货，并按照托盘上的标签数量直接完成交收。宝洁车辆可以在 1 小时内迅速离开沃尔玛配送中心返回宝洁提下一批货物。宝洁从原来每天发 3～5 台车，每台车只能送货一次的状况改变为只用两台车左右，每台车真正“活动”起来，实现每天平均 3.3 次的循环利用。

模块四：托盘的回收利用与托盘池的建立。宝洁与沃尔玛从战略性的角度出发，选择共同的全球领先的托盘供应商为合作伙伴。三方共同建立托盘池，通过免租期等制定，使标准托盘在宝洁、沃尔玛及托盘供应商间流通。

通过“4 个模块”的改进和完善，宝洁与沃尔玛间的配送合作效果明显。沃尔玛订单系统每日根据历史销售自动产生订单，以 EDI 的形式发送给宝洁；宝洁客户服务中心接收后，即日在系统作分货处理。宝洁配送中心根据分货情况进行实物拣货、组托盘、标签、迅速装车。由于托盘的应用，宝洁配送中心比过去实现更早的发货。从原来在收到订单的第二天早上送货提早到当天晚上就可以开始第一辆车的发送。双方为托盘运输开放了 24 小时的配送中心作业时间并制定每批货物到达的时间表。遇上特殊事件，双方会灵活制定应对措施。车辆到达沃尔玛配送中心后，在半小时内完成卸货，按托盘数完成双方签收后立即返回宝洁继续提货，而沃尔玛收货部人员会继续其内部的收货流程。一般商品逐箱贴标后，会移到沃尔玛门店的分货运输带。对于整托盘到门店的商品，沃尔玛会直接贴上托盘标签，跳过分货运输带环节直按送到门店出货码头。总体而言，沃尔玛因此将整个供应链的处理时间缩短了 1 天，提升沃尔玛配送中心的处理能力高达 2 倍，而对于宝洁，除了自身配送中心效率的提升以及支持了双方业务的发展外，还实现了更优化的车辆运输资源利用,把车辆灵活地调动运用以更少的资源完成更多的任务。

宝洁与沃尔玛在天津配送中心的托盘化带板运输项目引领了行业供应链物流模式的创新,把标准托盘带板运输从概念转变为营运的现实。2010 年 11 月,该项目获得中国连锁行业协会授予的“零售创新奖”,宝洁公司是唯一获奖的供应商企业。

11.2 基于标准牵引车和挂车的甩挂运输模式

11.2.1 甩挂运输模式简介

甩挂运输在我国水运领域和铁路货运领域早有实际应用。水路甩挂运输即 20 世纪在我国江海航运领域盛极一时的拖驳顶推运输;铁路甩挂运输即是依托铁路编组站、货运站对火车车皮进行甩挂与编组作业的运输方式,长期以来在铁路货运体系中占据重要的位置。由此可见,甩挂运输从来就是提升货物运输能力、提高货运综合效率的重要运输方式。

按照我国《物流术语》(GB/T 18354—2006),甩挂运输是指“用牵引车拖带挂车至目的地,将挂车甩下后,牵引另一挂车继续作业的运输”。在实际物流运作中,甩挂运输是一种以牵引车为运输动力,可以连续拖带无动力的承载装置(半挂车)进行灵活运输作业的先进运输组织方式。也就是说在甩挂运输的运输过程中,货运车辆由两部分组成,分别是有动力的牵引车和无动力的挂车,两部分可以通过专门的连接装置自由地进行组合或脱离,而且其中无动力的挂车不会受到企业、地区和号牌的限制,可以进行自由流动。

在传统的运输模式下,牵引车和挂车采取“一对一”配套的方式提供运输服务,产生了长期卸货等待时间过长、返程车辆空驶、牵引车及驾驶员资源利用效率不高等问题,以及同等规模货物需要更多车辆参与运输(含返程空驶)等增加碳排放的问题。所以通过甩挂运输实行牵引车和挂车之间的“一对多”的配套关系(一般按一个牵引车至少配 1.5 个以上挂车的比例进行运输组织)不仅可以大大提升牵引车及其驾驶员的利用效率,也可以大幅减少车辆空驶和碳排放、提升整体运输效率、增加营业收入。因此,甩挂运输是世界公认并广泛采用的先进运输组织方式,也是提高运输和物流效率的有效手段,对节能减排、建设资源节约型、环境友好型社会意义重大。传统运输模式与甩挂运输模式的对比如图 11-3 所示。

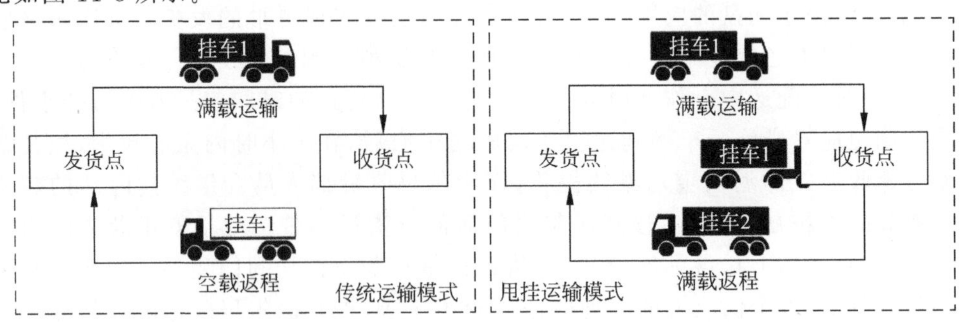

图 11-3 传统运输模式与甩挂运输模式的对比

甩挂运输根据货场和甩挂点的不同采用不同的运输和组织模式。目前，国内外甩挂运输中主要采取的运输模式有：一线两点，两端甩挂；一线多点，沿途甩挂；多线一点，轮流拖挂；多点多线以及循环甩挂等。图 11-3 给出的是典型的一线两点、两端甩挂模式。

11.2.2　甩挂运输模式的探索与实践

2011 年至今，按照"以科学发展为指导，以发展现代交通运输业、转变道路运输业发展方式、促进节能减排为宗旨"的指导思想，交通运输部已联合财政部、国家发改委开展了多个批次的公路甩挂运输试点，取得了显著的经济效益和社会效益。与传统单体车运输相比，甩挂运输具有运输成本低、节能效果佳、运行效率高、融合物流好等显著优势。

截至目前，我国已经在甩挂运输试点的基础上不断探索总结出了许多模式和经验，甩挂运输模式已经成为许多大中型干线运输企业自觉自发采用的运输方式，为我国甩挂运输相关国家标准和行业标准的制定提供了广泛的市场支撑，而《汽车、挂车及汽车列车外廓尺寸、轴荷及质量限值》(GB 1589—2016)、《牵引车》(GB/T 10750—2018)和 JT/T 886 等系列标准为甩挂运输标准化、持续化的健康发展提供了统一的标准支持。甩挂运输相关国家标准和行业标准见表 11-1。

表 11-1　甩挂运输相关国家标准和行业标准

序号	标准号	标准名称
1	GB 1589—2016	汽车、挂车及汽车列车外廓尺寸、轴荷及质量限值
2	JB/T 10750—2018	牵引车
3	JT/T 886.1—2014	道路甩挂运输车辆技术要求第 1 部分：半挂牵引车
4	JT/T 886.2—2014	道路甩挂运输车辆技术要求第 2 部分：半挂牵引车
5	GB/T 6420—2017	货运挂车系列型谱
6	GB/T 13873—2015	道路车辆货运挂车试验方法
7	GB/T 17275—1998	货运全挂车通用技术条件
8	GB/T 32861—2016	道路车辆牵引车与挂车之间的电气和气动连接位置
9	GB/T 35782—2017	道路甩挂运输车辆技术条件
10	JT/T 932.1—2014	甩挂运输数据交换第 1 部分：运输站场信息
11	JT/T 932.2—2014	甩挂运输数据交换第 2 部分：运单信息

以国内零担快运龙头企业德邦快递为例，其开展的全网络集中化甩挂运输模式被中国物流与采购联合会公路货运分会颁发了 2018 年度中国公路货运行业"金运奖——最佳实践奖 TOP10"。

德邦快递成立于 1996 年，是覆盖快递、快运、整车、仓储与供应链、跨境等多元业务的综合性物流供应商。截至 2018 年 9 月，德邦快递拥有全国转运中心总面积 149 万余平方米，网点 10000 余家，覆盖全国 96％的区县、94％的乡镇，为客户提供标准定价、一单到底的快递服务。目前，德邦正从国际快递、跨境电商、国际货代 3 大方向切入港澳台及国际市场，已开通港澳台地区以及美国、欧洲、日韩、东南亚、非洲等国家线路，全球员工人数超过 14 万名。

基于德邦快递的全国网络、中转场站及充足稳定的货量，德邦全网络集中化甩挂运输主要采取 2 种甩挂模式：对点甩挂和大循环甩挂。

对点甩挂模式是指在两个场站间对发甩挂，车辆到达场站后卸柜、挂柜发车，充分节约装车卸车等待时间，中途间歇时间大大缩短，提升了效率。以顺德—重庆线为例，基本资源配置为2车4挂6司机，两个场站各停靠一个挂车用于装车，两个车头带挂分别往对方场站行驶，到达对方场站后甩挂卸货，同时带上已装好的挂车返回，达到一个对点甩挂模式。该模式将1600千米的线路时效缩短至23个小时左右，基本上可以做到定点发车、定时抵达。这种模式的前提是两场地货量、设施、高速直达等条件均满足甩挂需求。德邦快递顺德-重庆线对点甩挂模式时间表见表11-2。

表11-2　德邦快递顺德—重庆线对点甩挂模式时间表

线路	里程	发车时间	运行时效	到达时间	场地停留时长
顺德-重庆	1600km	3:30	23h	次日2:30	0.5h
重庆-顺德	1600km	3:00	23h	次日2:00	1.5h

循环甩挂模式是指利用完善的线路网络，针对货量零散不对等的单条线路，采用大循环闭合甩挂模式达到单边货量的稳定充足，从而实现降本增效的目的。以武汉—贵阳—遵义—武汉循环线为例，基本资源配置为2车4挂6名司机的最优模式，该循环起点为武汉，贵阳和遵义各有一个挂车用于装车，第1天早上A车带挂从武汉出发，到达贵阳后甩挂带挂发往遵义，到达遵义后甩挂带挂发往武汉，第2天晚上返回武汉，卸货装货第3天早上发车；第2天是由B车带挂从武汉出发，运营模式与A车一致，返回武汉后第4天早上发车。该循环甩挂模式将3条独立的线路搭建为长2200多千米的循环线路，节省人、车、挂的同时时效约39小时，实现2天内运行一循环，在成本实现下降的情况下，时效提升1天。德邦快递武汉—贵阳—遵义—武汉循环甩挂模式时间表见表11-3。

表11-3　德邦快递武汉—贵阳—遵义—武汉循环甩挂模式时间表

线路	里程	发车时间	运行时效	到达时间	中途停留时长
武汉-贵阳	1080km	5:00	19.5h	次日2:00	5h
贵阳-遵义	133km	7:00	3h	当日10:00	0.5h
遵义-武汉	1023km	10:30	16.5h	次日3:00	2h

德邦快递通过推进全网络集中化甩挂运输取得了良好的实施效果。主要体现在以下4方面：

一是降低物流成本方面。首先降低了运营成本，甩挂运输要求“一拖”配“多挂”，能有效减少牵引车和驾驶员的配置数量，节省牵引车购置费、人工费和管理费等运营成本；其次降低了仓储成本，甩挂运输创造的时间效益使得材料的随订随到变为可能，有效地增强了货物的流动性，为实现零库存创造了条件，节省了货物仓储成本。

二是提高运输效率方面。甩挂运输使牵引车和挂车能够自由分离，减少了货物装卸的等待时间，加速了牵引车的周转，相比传统单车运输，牵引车车辆出勤率由80%提高到98%，单车年完成周转量高出92.73%，提高了接近一倍，由此可见采用甩挂模式可以大幅提高车辆运输效率。

三是提高集约化程度方面。甩挂运输客观上需要建立一个较为完善的全国性或地区性运输网络，在不断满足市场运输服务需求的同时对物流资源进行有效整合，保证供应链达到整体最佳，而这些客观要求能够有效地促使道路运输资源不断集中，推进道路货运业的集约化经营。

四是实现节能减排方面。一方面，运输同等重量的货物，相比传统单车运输，甩挂模式下牵引车百吨千米油耗可降低4%。另一方面，利用甩挂模式能够减少车辆空驶和无效运输，从整体上降低能耗和减少废气排放。传统单车运输模式下，车辆的核定载重质量为30吨，车辆平均里程利用率为0.95，平均油耗为43升/百千米。甩挂运输模式车辆均为核定载重质量30吨的厢式车，车辆平均里程利用率为0.95，平均油耗为32升/百千米，根据上述指标，可以对传统运输模式和甩挂运输模式的能源消耗进行对比分析。与传统运输模式相比，甩挂运输模式下的单车百千米可节油5升，节油率为11.63%；单车百吨千米[①]可节油0.23升，节油率为11.62%。柴油的比重为0.86千克/升，柴油的碳排放因子为2.72千克/升，柴油折算标煤的系数[②]为1.4571，由此计算甩挂模式下碳排放可降低11.7%，二氧化硫排放可降低13.2%。

11.3　基于标准挂车单元的铁路驮背运输模式

11.3.1　驮背运输模式简介

驮背运输，也叫作拖车装于平车之上的运输（trailer-on-flatcar，TOFC），是指在始发地铁路货场装载货物的公路货车或半挂车自行开上或吊装至铁路的专用车辆（驮背车），通过铁路完成长距离运输，到达目的地铁路货场后，公路货车或半挂车自行开下（滚装技术）或吊离（吊装技术）铁路专用车辆并驶往最终目的地的公铁联运方式。驮背式甩挂运输继承了铁路与公路两者的优势，是合作共赢的发展模式。一方面继承了铁路的大运量、长距离、价格低廉、安全高效、节能环保、全天候等优势，还可缓解干线公路的货运压力、降低公路的维护成本、减少燃油消耗和污染排放；另一方面又兼具公路方便灵活、门到门的优势，可实现高效、便捷的全程门到门的物流运输。传统公路运输、铁路运输与驼背运输的模式对比见图11-4。

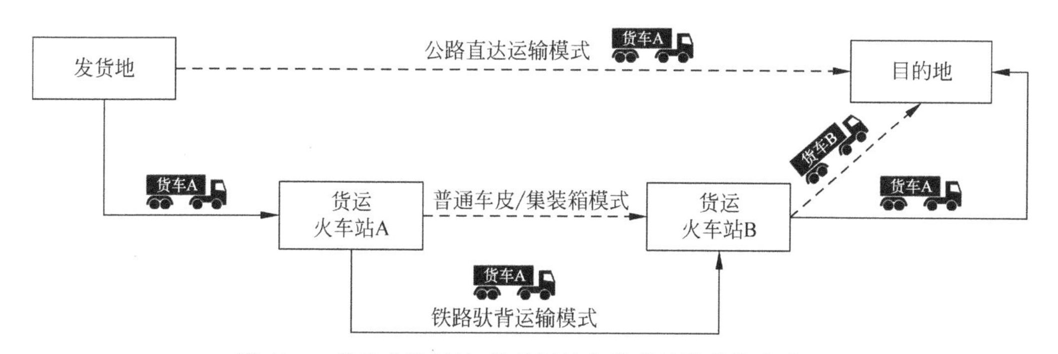

图11-4　传统公路运输、铁路运输与驼背运输的模式对比

① 每载重一百吨行驶一千米。

② 每吨柴油折算成标准煤的系数。

这种运输方式运用于铁路运输领域，在北美和欧洲已经十分普遍。自20世纪30年代驮背运输方式在美国出现以来，即以其整合了铁路节能环保和公路方便灵活的优势得到迅速的发展。在20世纪90年代以前，美国驮背运输长期处于公铁联运的主导地位。由于美国具备铁路限界轮廓较高、普遍轴重为32.5～35.7吨等有利条件，所以19世纪80年代就开始兴起双层集装箱运输(由于我国铁路限界轮廓较小、轴重为23吨，因此，目前不具备大规模开展双层集装箱运输的条件)，特别是2000年以后美国双层集装箱运输发展快速，由于其成本和效率均优于公路运输，所以促进了美国集装箱运量的快速增长，而驮背运输运量基本处于稳定状态。2010年以来，两者在公铁联运市场上的份额约为85%～89%和11%～15%。

20世纪60年代末，驮背运输引入欧洲。当时欧洲铁路运输企业看到美国驮背运输的蓬勃发展并取得了很好的经济效益，于是也开始在本地区推进此类业务，驼背运输在欧洲尤其是法国、德国、意大利等国政府的大力支持和推动下，得到了较大发展。驮背运输年运量占比从2005年的19.5%提升到2011年的24.2%(其中，厢式半挂车约10.4%，同比增长5.9%；汽车整车约13.8%，同比下降4.9%)，且处于稳步上升状态。

近年来，北京驮丰高新科技股份有限公司一直致力于将国际上发展较成熟的公铁驮背运输形式引进到国内，自2010年以来，该公司联合中国社会科学院、交通运输部公路科学研究院、中国铁道科学研究院、中车齐齐哈尔车辆有限公司等单位组成课题组，历经4年完成了有关驮背运输的调研、分析、论证等一系列前期工作。《公铁驮背运输产业化在中国的研究与实践》是其中的重要研究成果之一。

根据该项研究成果可知公铁驼背运输与单一铁路、公路运输相比，在时效性、服务质量、运输能力、安全性、节能环保等诸多方面均有其独特的优势。公铁驮背运输与单一铁路、公路运输的对照表见表11-4。

表11-4 公铁驮背运输与单一铁路、公路运输的对照表

模式	铁路运输	公路运输	驮背运输
时效性	① 旅行速度快、准时、全天候 ② 灵活性差、倒装和待运时间长 ③ 手续和环节繁杂	① 平均速度较慢，气候影响大 ② 灵活性强，无倒装 ③ 手续和环节简便、时间短	① 旅行速度快、准时、全天候 ② 灵活性强，无倒装 ③ 手续和环节简便、时间短
服务质量	① 环节多，时间长，效率低 ② 货损多，理赔难	① 环节少，门到门 ② 货损小，好理赔	① 环节少，门到门 ② 货损小，好理赔
运输能力	① 长距离，大运能 ② 物流体系完善	① 运能小，多、小、散、弱 ② 中短距离更灵活	① 铁路长距离，大运能，两端公路更灵活 ② 中长距离优势明显
安全性	① 安全性高，无超载、疲劳驾驶 ② 全天候、准时	① 安全性差，超载、超速、疲劳驾驶严重 ② 气候影响大 ③ 道路、车辆损失大	① 安全性高，无超载、疲劳驾驶 ② 全天候、准时，道路、车辆损伤小
节能环保	① 能耗低、排放少、环境友好 ② 不受特殊区域限制	① 能耗高、排放多 ② 受特殊区域限制通行	① 能耗低，排放少，环境友好 ② 不受特殊区域限制

续表

模式	铁路运输	公路运输	驮背运输
总结	① 铁路、公路运输量平均能耗比约为 1∶8。 ② 铁路货运产生的二氧化碳污染量仅为公路的 1/30。 ③ 驮背运输依托铁路完成长距离运输，依靠公路完成“门到门”服务，因而具有显著的节能环保等社会效益。同时，驮背运输可以大幅度提高货运的安全性，减少公路车辆损坏及对高速公路的破坏，其公益效果也十分显著。 欧美实践表明驮背运输提高运输效率 30%左右、减少货损差 10%左右、降低运输成本 20%左右、减少高速公路拥堵 50%以上、促进节能减排 30%以上		

资料来源：北京驮丰高新科技股份有限公司《公铁驮背运输产业化在中国的研究与实践》。

在实际运作流程上，一般的集装箱运输因送箱、取箱、吊箱等环节存在多次吊装作业，而驮背运输在装载、发运、卸载过程中可直接装车。从理论上讲(实际操作过程可能会略有差异)，集装箱运输“门到门”服务需要 16 个环节，驮背运输 “门到门”服务需要 7 个环节，驮背运输作业流程比集装箱运输简捷。公铁驮背运输与单一铁路、公路运输对照表如图 11-5 所示。

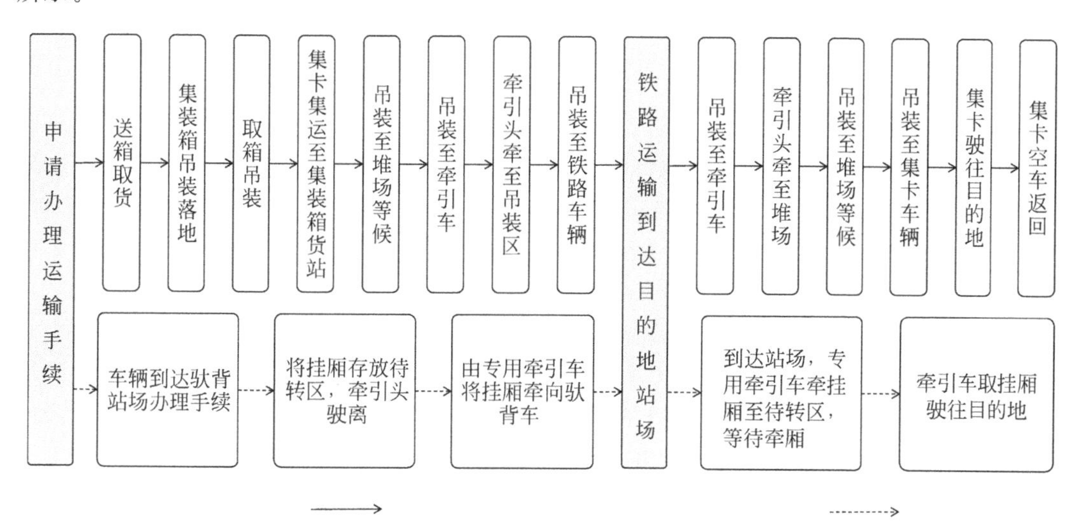

图 11-5 公铁驼背运输与单一铁路、公路运输对照表

11.3.2 驮背运输模式的探索与实践

随着我国产业结构的调整和经济发展进入新常态，我国加速了供给侧结构性改革，全社会运输需求结构发生了重大变化，大宗货物运输需求下降，白货和散货公路运输需求快速增加，这些都给铁路传统货物运输带来了挑战。作为新兴的多式联运方式，驼背运输模式得到了国家的鼓励和政策支持。《物流业发展中长期规划(2014—2020 年)》(国发〔2014〕42 号)提出：“探索构建以半挂车为标准荷载单元的铁路驮背运输等多式联运体系”；国务院办公厅《关于进一步推进物流降本增效促进实体经济发展的意见》(国办发〔2017〕73 号)提出：“有序发展驮背运输”。在这些政策的引领下，我国从 2015 年开始，正式开启了驮背

运输的商业化运作历程，北京驮丰高新科技股份有限公司的组建成立是重要标志。

2016 年 6 月，交通运输部、国家发改委公布的第一批多式联运示范工程项目名单中，将北京驮丰高新科技股份有限公司、中铁特货运输有限责任公司、中车齐齐哈尔车辆有限公司、中国邮政集团公司联合列入"驮背运输（公铁联运）"工程示范企业，这标志着我国公铁驮背运输工程正式起步。同年 11 月，由驮丰公司与中车齐齐哈尔车辆有限公司联手研制的我国第一代多式联运驮背运输专用车（QT1、QT2 型）在由中国铁路总公司组织召开的专家评审会上通过了样车试用评审。该车型填补了我国铁路装备技术上的一项空白，并获国家发明专利 8 项，实用新型专利 34 项。QT1 型驮背运输车空车状态和整车满载状态如图 11-6 所示。

图 11-6　QT1 型驮背运输车空车状态和整车满载状态

2018 年 9 月，中车齐车集团成功开行了国内首趟铁路驮背运输试验班列，从鄂尔多斯市东胜区南郊货场始发至沧港铁路沙胡同站，运行总里程约 1000 千米，标志着《"西北地区—京津冀"多功能车智慧公铁水联运项目》成为第二批国家多式联运示范工程中首个落地项目。本次试验班列由中车齐车集团研制的 STX1 型、STX2 型、STX3 型、STX4 型 4 种多功能运输车编组而成。此举也意味着我国驮背运输已经进入试验运行阶段。

2019 年 3 月，交通运输部公路科学研究院、北京驮丰高新科技股份有限公司、眉山中车物流装备有限公司等单位编制的《驮背运输 道路运输车辆技术要求》(JT/T 1243—2019)适用于参与驮背运输的厢式半挂车和半挂牵引车的生产与使用，其他结构的半挂车可参照使用，于 2019 年 7 月 1 日正式实施。2019 年 7 月，《驮背运输 装载栓固技术要求》(JT/T 1271—2019)正式发布，适用于驮背运输车辆及最高运行速度不大于 120km/h 的铁路驮背运输车，2019 年 10 月 1 日开始实施。

由此我国驮背运输开启了标准化建设与业务运行同步发展的新时代。

11.4　基于标准车辆单元的汽车滚装运输模式

11.4.1　汽车滚装运输模式简介

根据全国科学技术名词审定委员会的定义，滚装运输（roll-on and roll-off transportation，RORO）是指将装有集装箱的货车、装有货物的带轮托盘或各种机动车作为货运单元牵引进船舶的货舱后，进行货物运输的一种运输方式。这个滚装运输的定义范围相对比较广泛，而我国交通运输部颁布的《水路货物滚装运输规则》(交通部令〔1997〕年第 6 号)则将水路货物滚装运输定义为：以一台不论是否装载旅客或货物的机动车辆或移动机械作为一个运输单元，由托运人或其雇佣人员直接驶上、驶离船舶的水路运输。这种定义又相对比较狭隘。

但不管如何定义滚装运输，都有几个相同的要素，首先必须是船舶作为基本的运输工具，否则不是滚装运输，例如基于铁路运输和公路运输的应该属于驮背运输范畴；其次被运输的对象都应该带有轮胎或轮子(是否有自驱能力不论)，且能够在船舶与码头之间进行主动或被动的“滚上滚下”；最后是整个带轮承运对象作为整体单元会固定在船舶上，随着船舶一起运抵目的地码头。由此可见，滚装运输至少包含了3大要素：滚装运输的对象——滚装货物(ro-ro cargo)、滚装运输的运输工具——滚装船舶(ro-ro ship)、滚装运输中货物装卸的节点——滚装码头(ro-ro terminal)。

滚装运输有不同的分类方法。按滚装运输的货物对象，滚装运输可以划分为重型滚装运输和商品车滚装运输，重型滚装运输主要承运重型卡车、货车甚至火车等，例如重庆-宜昌之间的重型滚装运输线路、大连-烟台之间的重载滚装运输线路以及琼州海峡之间的重载滚装运输线路；而商品车滚装运输则以运输新出厂面向市场销售的商品车为主，国内航线主要分布于长江沿线和沿海近洋，主要服务于我国东北、华北、华东、华南、华中和西南大汽车生产基地的商品车销售物流，形成了规模巨大的细分物流市场，相应的国内滚装运输企业的基本情况见表11-5。

表11-5 国内滚装运输企业的基本情况

企业名称	成立时间	股东背景	主要航线	滚装船舶数量
上海安盛船务有限公司	1994年	上海安吉汽车物流有限公司(上汽集团)	天津—上海；烟台—天津；天津—广州；大连—烟台—上海—东莞—南沙；武汉—重庆；上海—南京—武汉	21艘(江轮6艘)
深圳长航滚装物流有限公司	1992年	中外运长航集团	大连—青岛—广东；上海—广东；天津—上海—广东；广东—海口—上海—天津；上海—南京—芜湖—武汉—重庆	25艘(江轮10艘)
广州中远海运滚装运输有限公司	2016年	中远海运集团	广州—上海—天津—大连	5艘
中甫(上海)航运有限公司	2011年	中世国际物流(长久物流、奇瑞汽车、大连港)	大连—烟台—天津；大连—上海—广州；大连—芜湖；重庆—武汉—芜湖	15艘(江轮5艘)
民生轮船股份有限公司	1999年	民生实业集团/上港集团	重庆—武汉—南京—芜湖—上海	18艘(均为江轮)
重庆华阳嘉川船务有限公司	2015年	长春华阳储运/重庆嘉川物流	重庆—武汉—南京—芜湖—上海	4艘(均为江轮)

上述从事内贸滚装运输的企业中，在沿海地区投入滚装运力44艘，总的舱位数可以达到7.5万辆，每年大概可以到270万～300万台的运量；在长江内投入26艘滚装船，总的舱位数可达到3.3万辆，每年大概可以到30万～50万台的运量。长江内河1300标准车位大型商品滚装船首发仪式(2011年8月)如图11-7所示。

按滚装运输的地域范围，滚装运输可以划分为国际滚装运输和国内滚装运输，国内滚

图 11-7　长江内河 1300 标准车位大型商品滚装船首发仪式(2011 年 8 月)

装运输以长江沿线与近洋航线为主,而国际航线则由 Höegh Autoliners(挪威礼诺航运)、Wallenius Wilhelmsen(华轮威尔森)、“K”Line(川崎汽船)、Siem Car Carriers、Hyundai Glovis、NYK(日本邮轮)、MOL(商船三井)、EUKOR(威克滚装船务)、CSAV(南美邮船)、ECL(日本东车轮船)、CCNI(智利航运滚装船务)等国际滚装运输企业划分,承担国际进出口商品车及部分重载货物的滚装运输。

与滚装运输相配套的滚装码头是滚装运输所依赖的重要基础设施。近年来,国内沿江沿海公共滚装码头的快速建设为汽车滚装物流发展提供了较好的条件。长江沿线主要的公共商品车滚装码头包括泸州港滚装码头、重庆港果园港滚装码头、寸滩港滚装码头、东港滚装码头、佛耳岩滚装码头、城陵矶港滚装码头、长沙新港滚装码头、武汉港沌口滚装码头、武汉江夏港滚装码头、九江港城西港区滚装码头、芜湖奇瑞滚装码头、南京港新生圩滚装码头、南京港江盛汽车滚装码头和南京港龙潭港区汽车滚装码头等。沿海主要的公共汽车滚装码头包括天津港滚装码头、大连汽车滚装码头、上海海通国际汽车滚装码头、宁波舟山港梅山港区滚装及杂货码头、广州港集团新沙滚装码头和广州港南沙汽车滚装码头等。其中,天津、上海和广州 3 地的国际滚装码头是我国进口汽车的重要集散地。

滚装运输的快速发展一方面是受益于我国汽车工业的爆发式发展,另一方面则得益于这种运输模式本身所具有的“运量大、成本低、安全性高、节能环保”的独特优势。首先是运量规模大,长江上最大的商品滚装船可装载 1300 辆小型商品车,普遍装载能力都在 800 个标准车位左右,汽车运输和火车运输难以相比;其次,运输成本低,公路运输和铁路运输普遍每辆商品车的运输成本均在 1～2 元/千米的水平,而水路滚装运输仅不到 0.5 元/千米;再次,滚装运输安全可靠,货差货损事故较低,质损率不到 5‰,远低于公路运输和铁路运输;最后,滚装运输的环境污染小,二氧化碳排放量比公路运输减少 60%,是典型的绿色物流模式,在目前全国运输结构调整的大背景下,公路板车运输汽车能耗高、效率低、污染大、易超载,正逐步被水运和铁路运输所替代。

鉴于滚装运输与我国港口生产经营以及汽车产业发展之间的密切关系,2017 年 12 月 29 日,武汉航运交易所联合长江航运发展研究中心共同发布中国长江商品汽车滚装运输运价指数(CARFI 指数),这是长江流域首个汽车滚装运输运价指数,也是武汉航运中心发布的首个航运指数，充分体现了滚装运输在我国水路运输领域的特殊地位。

11.4.2 滚装运输模式的探索与实践

滚装运输自20世纪80年代从沿海起步，自20世纪90年代从长江沿线迅速崛起，成为我国汽车工业快速发展的重要历史见证者，并在进入21世纪以后快速形成了汽车物流专业细分市场，在服务和促进我国汽车工业发展的同时，还带动了我国沿海、沿江地区专业滚装码头的投资发展，成为我国现代物流发展和标准化建设领域的重要力量。

在长期的滚装运输发展过程中，特别是随着商品车滚装运输的快速发展，我国的滚装运输相关标准建设步伐持续加快，2017年以来就连续发布了《滚装船用跳板技术条件》(GB/T 4469—2017)、《滚装船用坡道盖技术条件》(GB/T 4468—2017)、《交通运输企业安全生产标准化建设基本规范 第11部分：港口客运(滚装码头、渡船渡口)企业》(JT/T 1180.11—2018)《滚装船汽车理货作业规程》和(JT/T 1227—2018)、《商品车多式联运滚装操作规程》(JT/T 1194—2018)等滚装运输相关标准。在国家层面加快推动运输结构调整的背景下，这些标准的发布实施对于促进滚装运输市场的持续稳定发展具有十分重要的引领和指导意义。

滚装技术除了用于汽车长距离运输以外，还广泛应用于普通仓库货物分拣的带轮分拣笼车，以及国际海运滚装运输中的玛菲板(MAFI Trailer)。其中，玛菲板是德国MAFI Transport-Systeme GmbH公司研发出来的一种带轮平板集装器(带实心橡胶轮胎或超弹性轮胎)，可以通过被动牵引的方式滚上、滚下而实现被承载货物的滚装运输。玛菲板(MAFI)规格、尺寸及额定负荷一览表见表11-6。

表11-6 玛菲板(MAFI)规格、尺寸及额定负荷一览表

玛菲板规格	尺　寸(m)	额定负荷	自　重(t)
20尺MAFI	约6.5×2.6×0.7	20	5
42尺MAFI	约12.8×2.6×0.8	80～120	8
62尺MAFI	约18.8×2.6×0.8	80～100	8
72尺MAFI	约21.8×2.6×0.8	80～100	8
82尺MAFI	约25.0×2.7×0.8	60～80	8
备注	MAFI牵引车头是专用的，型号不同，其顶升、推动能力不同		

MAFI是滚装船的一种新型载货方式，既有集装箱运输的安全可靠性，又有滚装运输的灵活性，可以更好地运输无动力重大件设备以及价值较高的货物，在原有滚装船高品质运输特性的前提下，更好地解决各类超重、超宽、超长、高价值的大型设备的运输。MAFI可承载的货物重量可在80～250吨之内，货高在5米之内，主要通过MAFI牵引车顶推方式上下滚装船。该系统的优点是操作简单、通用性强、设计坚固、维护成本低，为货物的高效运输和移动存储提供了解决方案，MAFI牵引车在船桥斜坡上顶推着载货玛菲板上滚装船如图11-8所示。

在滚装运输模式探索实践方面，深圳长航滚装物流有限公司(简称“深圳滚装”)具有很好的代表性。深圳滚装成立于1984年，是招商局集团旗下的专业化汽车滚装物流企业，是国内涉足滚装运输时间最早、船队规模最大、物流网络最完善、市场占有率最高、服务客户

图 11-8 MAFI 牵引车在船桥斜坡上顶推着载货玛菲板上滚装船

最优的滚装物流企业,迄今已有 30 多年的历史。深圳滚装的物流服务覆盖长江、沿海及近洋,可以提供集水运、陆运、仓储、配送、可视化信息系统为一体的汽车物流综合服务。深圳滚装的客户包括丰田、一汽、广汽、上汽、东风、海马、奇瑞、长安、吉利等国内外大型汽车厂商。

目前,深圳滚装拥有汽车滚装船 25 艘,3 万多个车位,年运输量超过 100 万辆,分别在重庆、武汉、南京、上海、天津、青岛、烟台、东莞等地建有中转库,库场面积 60 多万平方米,年周转能力 60 万辆以上,配备有 30 辆公路轿运车。深圳滚装在武汉、香港、重庆、舟山、宁波、广州、上海、海口、大连、东莞、天津、南京、成都等地设有公司或办事机构。

深圳滚装着力打造“江海连通、江洋衔接、干支配合”的内外滚装联运能力,形成“水陆相接、库场配套、公路到店”的全程滚装物流能力,不断提升企业发展的软实力和原动力。

第12章

CHAPTER 12

专业物流：物流标准的高效实践者

在现代物流1.0时代的“第三方物流”发展浪潮中，不少大中型生产制造企业和商贸流通企业纷纷剥离自身物流功能，产生了一大批服务于某个特定产业行业及其供应链的专业物流企业。这种物流市场发展的行业细分现象是我国现代物流发展的重要特色。而且，随着这些专业物流企业的数量越来越多、市场的整体规模越来越大，将会在现代物流大行业内产生许多垂直细分的物流行业，甚至形成全国性商协会组织以及各省市各自不同的细分物流行业民间社团组织。

目前，我国已经形成了具备一定市场规模和行业影响力的专业物流，其细分领域包括汽车物流、家电物流、IT物流、医药物流、烟草物流、钢铁物流、煤炭物流、粮油物流、电商与快递物流、冷链与生鲜物流、棉花物流、图书物流、进出口物流、化学危化品物流、服装物流、花卉物流、木材物流、酒类物流和外卖物流等。这些专业物流领域的物流企业聚焦于服务特定的货物品类，甚至特定的货物品类品牌企业，从而可以根据特定货物的物流服务需求与特点建立起一套专业物流标准作业流程规范甚至物流标准体系。

物流市场的高度垂直细分现象加速了我国物流标准化发展的进程。在这个发展过程中，以汽车物流、电商物流、冷链物流和化学危化品物流为代表，不仅为我国物流标准化建设提供了比较全面丰富的应用场景，而且也成为我国物流标准的高效实践者。

12.1 汽车物流：物流标准化的“先行者”

12.1.1 汽车物流相关介绍

汽车物流是我国汽车制造业高度专业化发展过程中剥离自身物流功能的产物，是指服务于汽车制造业供应链上下游原材料、零部件、整车以及售后配件等各个环节物流需求的专业化物流服务。汽车物流是实现汽车产业价值顺畅流动的重要保障，特别是在零部件入场物流领域，由于汽车生产制造业的离散性和柔性化生产特征，同一个生产车间可以同时生产多种品牌的车型、不同参数配置的汽车，每个车型包含的成千上万个零部件计量单元(stock keeping unit，SKU)需要从供应商工厂按照生产计划和生产线节拍恰到好处地供给到生产线的上百个生产工位现场，确保生产的精准性和不间断性，对于整个物流体系的运作提出了极高的要求。

因此，汽车物流被业界誉为物流运作技术含量最高、物流组织难度系数最大、覆盖面积最广、专业化发展程度最高的专业物流领域。全球的生产制造体系的起步发展、技术革新和经营管理在很大程度上都受汽车工业的影响，无论是福特汽车首创的生产线生产模式，还是丰田汽车首创的看板供货与准时制(JIT)配送模式，以及进一步衍生出来的精益管理思想，都是影响全球生产制造业生产经营发展的底层技术和运行逻辑。

正是基于汽车制造业历史悠久、底蕴深厚的技术管理背景，加上汽车制造业对于国民经济的战略支柱价值与广泛的社会消费需求规模，与之相适应的汽车物流体系也成为了专业物流领域的先行者和领头羊，在物流标准化建设领域也是如此。

由于汽车生产制造业产业链很长，产业集群效应十分明显，因此，对应的汽车物流服务环节也比较多，从供应链环节角度看，汽车物流包括产前设备物流、原材料物流、零部件入厂物流(leader logistics provider，LLP)、厂内生产物流(lean logistics provider，LLP)、商品车销售物流(vehicle logistics service provider，VLSP)、售后零部件物流(spare-parts logistics，SPL)和逆向回收物流6种类型。基于产业供应链环节的汽车物流类型如图12-1所示。

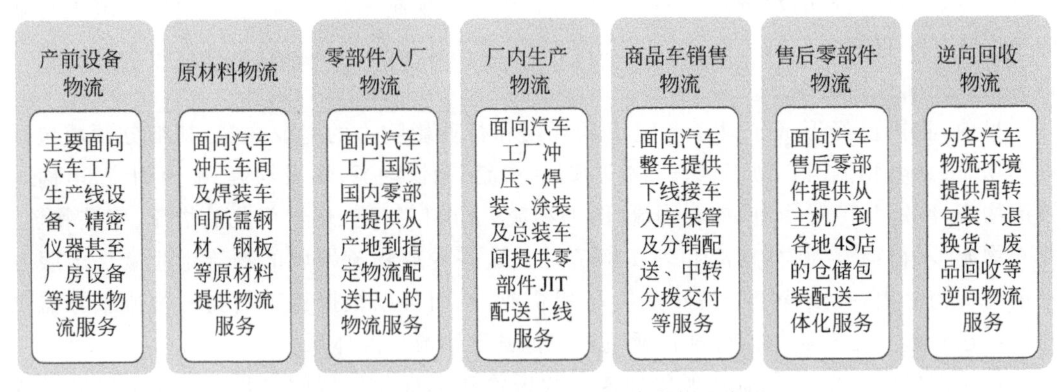

图12-1　基于产业供应链环节的汽车物流类型

从物流功能角度，汽车物流包括干线运输物流(含原材料、零部件和整车等)、零部件仓储物流、JIT配送物流、整车分拨中心(vehicle distribution centre，VDC)保管物流、商品车(vehicle shipping centre，VSC)中转分拨物流、零部件流通加工(如轮胎分装)及其他物流增值服务，如零部件包装生产、加工和租赁服务，进出口KD(knockdown)件与汽车整车包装服务等。

从物流地理范围角度，汽车物流包含进口KD件物流(含CKD、SKD、DKD等模式[①])、KD件保税物流、进出口零部件应急物流、出口KD件物流、出口整车物流等类型。

从运营组织技术角度，汽车物流涉及供应商管理库存(vendor management inventory，VMI)、循环取货物流(milk-run)或调达物流、顺序供货(just-in-sequence，JIS)、P链供货(P-

① KD为knocked-down英文缩写，包含CKD(complete-knocked-down，全散件组装)、SKD(semi-knocked-down，半散件组装)以及DKD(direct-knocked-down，白车身大总成)3种物流形式。

lane，进度吸收链）、成组打包供货（kitting）、SPS（set parts supply，成套零件供应）、滚装集装箱船（roll-on/rolloff ship，船舶RO-RO）和商品车驮背运输（卡车及火车）等。

从物流运作技术特色角度，汽车物流还可以根据汽车品牌的国别特征划分为以丰田汽车为代表的日系汽车物流，以福特汽车、通用汽车为代表的美系汽车物流，以及大众汽车、奔驰汽车和宝马汽车为代表的欧系汽车物流等，国内品牌汽车物流继承发扬这些国际汽车品牌物流体系的做法，已经形成了汽车物流运作体系融合发展的局面。

从以上汽车物流的分类可以看出，汽车物流的专业性和复杂度是相当高的，加上汽车生产制造企业对汽车物流的精益管理要求，使我国汽车物流，特别是零部件物流和厂内物流对于汽车主机厂的依赖度也很高。因此，在我国进入现代物流1.0时代后，随着各汽车主机厂剥离物流功能，诞生了一大批专业汽车物流企业，我国主流汽车物流企业名单的不完全统计见表12-1。其中，以零部件物流为主的汽车物流企业以及综合物流型汽车物流企业都与特定品牌的汽车企业有着一定的资本纽带关系。

表12-1　我国主流汽车物流企业名单的不完全统计

序号	企业名称	注册时间	核心客户	业务特点
1	深圳招商滚装	1984-10-22	东风集团	整车物流为主
2	东风车城物流	1993-5-21	东风集团	综合物流型
3	上海通汇物流	1996-10-7	上海通用汽车	零部件物流为主
4	民生轮船	1997-8-18	长安集团	整车物流为主
5	富田-日梱储运	1997-10-31	广汽集团	综合物流型
6	安吉汽车物流	2000-9-8	上汽集团	综合物流型
7	辽宁联合物流	2001-3-12	宝马、通用	综合物流型
8	长安民生物流	2001-8-27	长安集团	综合物流型
9	广州风神物流	2002-9-3	东风集团	综合物流型
10	长久物流	2003-9-10	一汽/奇瑞/重汽	整车物流为主
11	中铁特货	2003-11-4	上汽/长安/一汽	整车物流为主
12	武汉东本储运	2004-4-16	东风本田	综合物流型
13	陆友物流	2004-4-29	日产/VOLVO	整车物流为主
14	原尚物流	2005-8-15	本田汽车	零部件物流为主
15	中集汽车物流	2005-9-6	长安/东风小康	整车物流为主
16	一汽国际物流	2006-2-20	一汽集团	综合物流型
17	天津滨海泰达物流	2006-6-26	丰田汽车	综合物流型
18	中联物流	2006-11-20	江铃汽车	综合物流型
19	同方环球物流	2007-7-16	丰田汽车	零部件物流为主
20	广汽本田物流	2007-8-13	广汽本田	综合物流型
21	中都物流	2008-1-8	北汽集团	综合物流型
22	日邮汽车物流	2010-3-11	宝马汽车	整车物流为主
23	华晨汽车物流	2010-9-28	华晨中华汽车	零部件物流为主
24	中世国际物流	2011-1-26	奇瑞汽车	综合物流型
25	华通物流	2012-12-17	宝马/金杯	整车物流为主

从表12-1可以看出，我国汽车物流起步整体比较早，国内汽车物流排名靠前的企业几乎都是在21世纪前十年之内诞生的。由于汽车物流从一诞生开始就是源于并服务于汽车

生产制造业这种高度标准化、精益化的生产运作体系，这意味着汽车物流在物流标准应用方面拥有与生俱来的内在基因，我国汽车物流标准化工作是走在我国现代物流领域前列的，前面提及的智慧物流、精益物流和绿色物流3大物流标准的实际应用场景都有汽车物流的一席之地。从这个意义来讲，汽车物流是我国物流标准化当之无愧的先行者。

12.1.2 汽车物流标准化发展继往开来

由于我国汽车物流发展起步较早，相应的汽车物流企业规模及影响力都比较大，带动的汽车供应链上下游的中小型汽车物流企业也比较多，所以汽车物流行业在进入21世纪以后迅速形成规模化、行业化发展趋势，中国物流与采购联合会汽车物流分会（China automotive logistics association of CFLP，CALA）由此应运而生。CALA成立于2004年5月，是中国物流与采购联合会最早成立的专业分支机构，主要负责汽车物流行业的政策协调、行业标准制定、行业自律、专业交流和国际交流等行业工作，相关业务贯穿于汽车零部件供应商物流、汽车零部件入厂物流、汽车供应链管理规划、商品车整车物流、汽车售后备件物流和汽车进出口物流的全过程。

在CALA的促进下，我国汽车物流行业标准化起步较早，以《乘用车运输服务规范》（WB/T 1021—2004）的发布实施为起点，以《汽车物流术语》（GB/T 31152—2014）为重大突破，逐步形成了我国汽车物流标准体系轮廓，我国汽车物流相关标准见表12-2。

表12-2 我国汽车物流相关标准

序号	发布年度	标准编号	标准名称
1	1994	CB/T 3585—1994	滚装船门桥修理技术要求
2	1997	QC/T 238—1997	汽车零部件的储存和保管
3	2000	GB/T 4780—2000	汽车车身术语
4	2004	QC/T 265—2004	汽车零部件编号规则
5	2004	WB/T 1021—2004	乘用车运输服务规范
6	2005	MH/T 1017—2005	车辆的航空运输
7	2007	QC/T 775—2007	乘用车类别及代码
8	2009	GB/T 23433—2009	三峡枢纽过坝载货汽车滚装船船型尺度系列
9	2010	JT/T 786—2010	滚装船舶载运危险货物车辆积载与隔离技术要求
10	2012	GB/T 28399—2012	商品车辆滚装专用码头滚装作业安全操作规程
11	2014	GB/T 31152—2014	汽车物流术语
12	2014	GB/T 31150—2014	汽车零部件物流塑料周转箱尺寸系列及技术要求
13	2014	GB/T 31149—2014	汽车物流服务评价指标
14	2014	GB/T 31151—2014	汽车整车物流质损风险监控要求
15	2015	WB/T 1058—2015	汽车零部件物流器具分类及编码
16	2015	WB/T 1057—2015	商用车背车装载技术要求
17	2017	GB/T 4469—2017	滚装船用跳板技术条件
18	2017	WB/T 1067—2017	乘用车水路运输服务规范
19	2017	GB/T 34393—2017	汽车整车出口物流标识规范
20	2017	WB/T 1069—2017	乘用车运输服务通用规范

续表

序号	发布年度	标准编号	标准名称
21	2017	WB/T 1068—2017	乘用车物流质损判定及处理规范
22	2017	T/CFLP 0004—2017	汽车物流信息系统基本要求及功能
23	2018	WB/T 1034—2018	乘用车仓储服务规范
24	2018	JT/T 1227—2018	滚装船汽车理货作业规程
25	2018	JT/T 1180.11—2018	交通运输企业安全生产标准化建设基本规范 第11部分：港口客运(滚装码头、渡船渡口)企业
26	2018	WB/T 1070—2018	汽车物流统计指标体系

实际上，从国内汽车物流行业来看，我国汽车物流标准化工作远远滞后于现代汽车物流业的发展。国内汽车物流的国家标准、行业标准、团体标准的制定还刚刚处于起步阶段。虽然很多汽车物流企业根据实际运作情况总结出了符合自身需要的各类标准，但均未进行统一筛选和必要的整合，难以在广阔的领域中发挥作用，因而造成了国家、企业资源的浪费和效率低下，使得汽车物流成本居高不下，这也成了国内现代汽车物流业发展的一大瓶颈。而从汽车物流的标准化基因条件和发展历史、市场规模和技术应用等角度看，现有的汽车物流标准也还没有包含内容丰富、模式多样、特色鲜明的物流服务及运作体系，汽车物流标准体系的建设不仅有利于汽车物流行业本身的健康发展，而且对于我国汽车产业的供给侧结构性改革和高质量发展均具有十分重要的战略支撑意义。因此，我国汽车物流标准化发展在现有的基础上还需继往开来，戮力前行，加快汽车物流标准化的工作进程，切实解决我国汽车物流标准化比较滞后的问题。

可喜的是，由于汽车产业链和供应链比较长，随着物流专业化分工的持续细化以及市场竞争的加剧，我国汽车物流行业目前已经出现了以下6方面的重要发展趋势。

一是汽车物流市场细分化。我国已经涌现出专注于汽车供应链某个细分环节的汽车物流企业，如售后零部件物流企业等。也涌现出专注于商用车后市场零部件流通业务的江苏正大富通股份有限公司，以及为长安马自达提供全国售后备品备件服务的南京国晟物流有限公司等。

二是汽车物流运营一体化。随着汽车供应链一体化的发展趋势，原来只提供零部件物流或整车物流的汽车物流企业纷纷对自身汽车物流业务范围向上下游延伸，形成供应链物流一体化服务格局。比较典型的是长久物流以整车物流起家，目前发展为综合型汽车物流企业。

三是汽车物流模式趋同化。在我国汽车物流行业随着我国汽车工业的持续高速发展而突飞猛进的过程中，主机厂高级管理人才和汽车物流人才的流动加速了不同汽车品牌特色的物流模式及标准的相互借鉴与融合发展。与此同时，不同的汽车主机厂面向相同供应商采购同类零部件也促进了零部件物流包装及运作模式的趋同化与标准化。

四是汽车物流发展生态化。受“互联网＋物流”与创新创业政策的影响，同时也是为了突破汽车物流领域的业务边界，安吉汽车物流、长安民生物流等龙头企业积极探索汽车物流领域的商业生态系统，为汽车供应链物流上下游企业提供汽车物流本身以外但紧密相关的生态化服务，如车辆加油、路桥ETC、维修保养、备品备件销售以及供应链金融等，积极建立互联网平台拓展面向二手车、个人旅游越野车等跨区域运输业务等。

五是汽车物流技术前沿化。汽车物流属于比较典型的劳动密集型行业，特别是零部件物流领域，需要大量的劳动力在库房进行零部件的装卸、拆包、上下架、分拣、排序、扫描、订单处理和JIT配送交付工作，而且大部分属于简单重复性劳动。在我国人力成本持续高涨的背景下，围绕零部件物流的自动化立体库、智能搬运机器人无人库、AGV、整车运输RFID自动识别以及无人机整车盘点等"黑科技"逐步进入汽车物流领域，成为汽车物流降本增效的利器。

六是汽车物流企业联盟化。为了在日益艰难的环境中求生存求发展，不同背景的汽车物流企业通过联盟化发展实现资源优化整合的趋势已经日益明显。比较典型的是长安民生物流与一汽物流有限公司、东风系物流企业共同构建的"1＋1＋3"物流企业[①]战略合作新模式，构建"T3物流战略合作联盟"，通过全方位深化合作，增强各方的核心竞争力，为中国一汽、东风汽车、长安汽车提供优质安全的物流保障，带来更大的价值创造，为推动物流行业集约化、智能化、生态化建设作出更大的贡献。

我国汽车物流发展这6个趋势的背后，实际上都与汽车物流标准化发展息息相关。汽车物流市场细分化意味着物流服务更加注重专业细节，相关标准建设更有针对性；汽车物流运营一体化意味着综合型汽车物流市场主体规模更多，物流标准化的内在需求更加旺盛；汽车物流模式趋同化意味着不同汽车物流行业的物流标准化更容易达成广泛共识；汽车物流发展生态化意味着汽车物流标准体系建设的内容更加丰富和具有影响力；汽车物流技术前沿化意味着汽车物流与前沿技术标准化形成融合共生效应；汽车物流企业联盟化有利于汽车物流行业团体标准的建设和发展。因此，从发展趋势来看，本身在物流标准化建设方面具有先天基因优势和应用场景条件的汽车物流标准体系建设及标准化工作未来可期。

12.2 电商物流：物流标准化的"实干家"

12.2.1 电子商务物流简介

根据我国2015年11月9日发布的《电子商务物流服务规范》(SB/T 11132—2015)，电子商务物流是指为电子商务提供运输、存储、装卸、搬运、包装、流通加工、配送、代收货款、信息处理、退换货等服务的活动，以下简称"电商物流"。

我国电商物流的萌芽始于2005年。当年1月8日，国务院办公厅发布的《关于加快电子商务发展的若干意见》(国办发〔2005〕2号)明确提出，"发挥电子商务与现代物流的整合优势，大力发展第三方物流，有效支撑电子商务的广泛应用"。2014年9月，国务院印发的《物流业发展中长期规划(2014—2020年)》5次提及电子商务物流，正式将其列为物流专业化细分领域之一，并将电子商务工程列为"十三五"期间物流业13大工程之一。2016年3月，为加快电子商务物流发展、提升电子商务水平、降低物流成本、提高流通效率，商务部联合6个部委共同发布《全国电子商务物流发展专项规划(2016—2020年)》(商流通发〔2016〕85号)，全面描绘电子商务物流发展蓝图。2018年1月，国务院办公厅发布《关于推进电子

---

① 分别指一汽物流有限公司、重庆长安民生物流股份有限公司、东风集团相关的东风车城物流股份有限公司、风神物流有限公司和武汉东本储运有限公司5家企业。

商务与快递物流协同发展的意见》(国办发〔2018〕1号),进一步对电商物流提出发展方向。

具体而言,电商物流是服务于电子商务供应链体系,特别是面向终端消费者的物流细分领域。电商平台是电子商务供应链的"链主",负责整个供应链体系的规则制定和物流资源整合。因此,电商平台除了构建自己的电子销售平台和品牌营销渠道以外,还需建立从电商物流基地到城市分拨中心、到社区服务网点并最终交付给终端消费者的物流服务网络体系,以及面向上游供应商的批量化采购体系,形成电子商务供应链物流的良性闭环,我国主流汽车物流企业名单的不完全统计如图12-2所示。

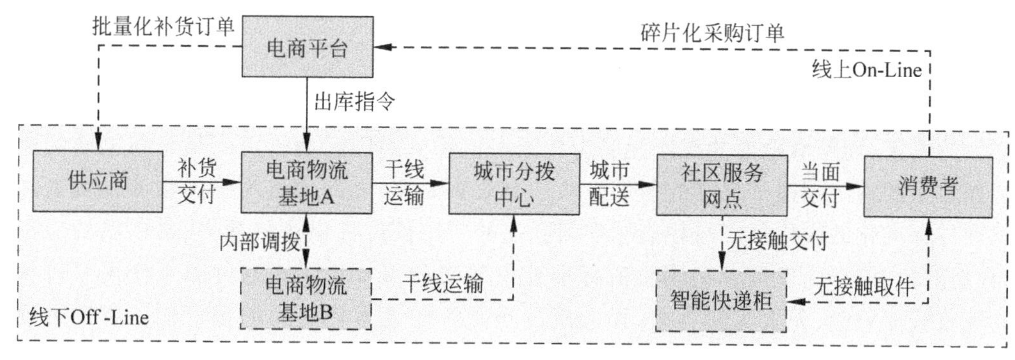

图12-2 国内电子商务供应链物流运作流程图

从实际运作模式的角度,我国电商物流可以区分为国内电商物流和跨境电商物流2个不同的市场领域,各自拥有不同的物流运作模式。

国内电商物流通过10余年的高速发展,已经形成了以菜鸟物流为典型代表的平台整合物流模式、以京东物流为典型代表的平台自建物流模式、以中小电商平台为主的电商物流服务外包模式以及以美团、饿了么为典型代表的即时配送物流模式。

其中,平台整合物流模式以"轻资产运营+数据化运营"为基本特点、以物流整合资源为运作手段、以数据标准对接和数据驱动赋能为核心纽带、以智能仓储为网络节点为电商平台提供专业化的电商物流服务,这种模式的重点是数据资产、物流技术和关键网络节点。平台自建物流模式以"重资产运营+网络化运营"为基本特点,基于自建的物流基础设施平台配置自有的物流技术和装备,对接自有电子商务平台,提供高效快捷的物流配送服务,这种模式的重点是基础设施、物流技术和配送网络。电商物流服务外包模式是以物流服务整体外包给第三方物流企业(主要为快递物流企业)为基本特点,电商平台产生订单后将物流指令传给第三方物流企业,由第三方物流企业按指令要求完成从货物进出存处理及运输配送交付服务,这种模式的重点是服务外包、供应商管理和成本控制。即时配送物流模式是近几年外卖配送、新零售和电子商务物流等在配送末端推出的一种新的物流资源组织服务模式,这种模式的主要特点是提供不经过仓储网点的点对点配送服务,这种模式的重点是智能调度、平台管理和服务体验。目前,同城邻近区域的本地生活服务类电商普遍使用这种物流服务模式。在电商物流实践中,部分电商平台可能会根据需要采取2种或以上的模式组合,例如生产企业B2C电商一般是"自建自营+服务外包模式"的组合。

与此同时,我国跨境电商物流近年也取得了快速的发展,并逐步形成了邮政包裹、国际快递、国内快递、专线物流和海外仓5种模式。邮政包裹模式主要基于万国邮政联盟和卡哈拉邮政组织(KPG),中国跨境电商卖家也可以选择其他邮政模式,包括中国香港邮政、新加坡邮政等。国际快递模式主要基于 DHL、TNT、FEDEX 和 UPS 4 大商业快递巨头，依托这些国际快递商自建的全球网络、强大的 IT 系统和遍布世界各地的本地化服务为我国跨境电商卖家提供遍布全球、体验良好的跨境物流服务。国内快递模式主要依托发力国际跨境物流业务的国内快递物流企业，如 EMS、顺丰、申通、圆通等快递企业。专线物流模式主要通过航空包舱方式将跨境电商物资运输到国外，再通过目的地合作伙伴进行目的国的派送，这些专线一般以国别或地区进行线路命名和物流运作。海外仓储模式是指跨境电商卖家提前通过头程运输将批量商品运抵海外仓，然后通过物流管理系统对海外仓库房进行实时进出存管理，并最终在实现销售后通过本土化邮政快递物流系统快速响应跨境电商的订单需求。

我国电子商务的高速发展为电商物流的高科技软硬件投入以及标准化运营管理提出了必然的要求，而跨境电商的高速发展为我国跨境物流的国际物流资源整合与电商物流标准运作体系的输出创造了良好的条件。从这个意义而言，电商物流为我国物流领域的高科技软硬件标准化的应用推广与物流标准国际化的应用推广提供了最深入、最广阔的应用场景，在新时代背景下，发挥着我国物流标准化引领者的重要作用。这种引领作用可以从电商物流在智能仓储、无人驾驶货车、无人机配送和智能无人化交付的技术创新应用可见一斑。特别是菜鸟物流、京东物流、苏宁物流、唯品会等国内头部电商平台企业身先士卒，纷纷组建智慧物流研究机构，建立了自身的无人化智能仓储系统、机器人分拨中心、高级别的自动驾驶重型卡车、无人驾驶配送车、货运无人机等贯穿电商物流所有环节的智慧物流场景，引领我国现代物流前沿科技的研发与商业应用，实干引领我国物流标准化走向更加前沿、更加宽广、更加超越的发展道路。

12.2.2 电子商务物流标准化发展未来可期

我国的电子商务标准化起步于 20 世纪 90 年代，1993 年已完整建立基于 EDI (electronic data interchange，电子数据交换)的电子商务标准体系。2006 年，为贯彻落实《国务院办公厅关于加快电子商务发展的若干意见》(国办发〔2005〕2 号)对电子商务标准化工作提出的要求，国家标准化管理委员会组建成立了“国家电子商务标准化总体组”。2013 年，国家标准化管理委员会、国家发改委和商务部联合改组总体组，旨在提高统筹协调能力满足电子商务产业高速发展的迫切需要。总体组成立以来，初步建立了国家电子商务标准体系，制定了一系列关键技术标准，保障电子商务的快速发展。2016 年 4 月，“全国电子商务质量管理标准化技术委员会”(SAC/TC563)在杭州正式成立，标志着我国电子商务标准化发展进行新时代。

在此过程中，我国围绕电子商务物流的标准化工作也在持续推进。2015 年 11 月 9 日，由中国电子商务协会物流专业委员会、中国电子商务物流企业联盟组织起草的我国电子商务物流领域的第一个行业标准《电子商务物流服务规范》(SB/T 11132—2015)正式对外发布并实施。2016 年 9 月，《电子商务物流信用评价体系》(SB/T 11156—2016)、《电子商务物流服务信息系统成熟度等级规范》(SB/T 11155—2016)2 项电商物流行业标准发布。这些标准的发布一方面具有标志性的意义，但另一方也暴露了我国电商物流标准化建设的不足，尽管其在前沿物流技术及其相关技术标准应用引领方面实实在在走在了物流行业的前列，尽管不少品牌电商平台或其相关物流企业纷纷纳入国家标准化试点企业，尽管这种“实干家”埋头苦干的做法虽然令人关注、值得称道，但对应的电商物流标准体系尚未形成，专业的电商物流标准建设欠缺，这些都值得电商物流行业深思，特别是中国物流与采购联合会《物流标准手册》把电商物流与快递作为一个总的行业标准类型进行统计，更能充分看出这一点。

实际上，由于电商物流已经具备了影响广泛、规模宏大、发展前景良好的成熟市场，电商物流本身的标准化发展就具有很好的市场基础、应用场景和技术基础。特别是电商物流本身所具备的特点对于电商物流的标准体系建设和标准化发展提供了明确的发展方向和丰富的内容素材。这些特点包括以下 6 方面。

一是物流运作时效的精准化。电商物流本身是一个系统工程，但其最典型的特点是通过快递快运服务体系形成有明确时效承诺的物流产品，使客户在电商购买下单时明确地知道预计货物送达时间。这种精准化的时效承诺意味着电商物流驱动的快递快运服务是我国物流服务产品化的引领者，可以在运作时效方面实现标准化、建立相关物流产品标准。

二是物流过程信息的透明化。电商物流从客户下单的那一刻起就开始启动，整个物流订单处理过程和物流运作环节、过程状态和运行轨迹都能够实时反馈到电商平台或告知客户，实现整个电商物流过程的完全透明化。这种透明化意味着电商物流必须实现信息化、智能化和物联化。电商物流作为我国物流过程管理透明化的引领者，可以在物流过程及其信息处理方面实现标准化，建立物流产品生产运作标准和信息透明化标准。

三是物流运作技术的前沿化。电商物流的整个过程需要经过订单数据无缝对接、订单货物库内分拣、打包、装箱、装车等作业环节，以及干线运输环节、同城配送环节、最后 100 米交付环节，期间如果投入大量从事这些的重复劳动，不仅成本巨大，而且效率低下，因此，电商物流整个运作体系都是以自动化、智能化、物联化等前沿技术为导向进行设计的，包括自动化立体库房、自动化快件分拣系统、快递智能搬运机器人等智能仓储物流设施设备，以及面向终端服务的智能快递柜、无人配送车、无人机配送、无纸化签收等。电商物流作为我国先进前沿物流科技应用的引领者，可以在无人化物流运作技术领域探索建立融合物联网、大数据、云计算甚至区块链等技术的行业标准。

四是物流服务体系的网络化。电商物流的高效运行，必须依赖一张合理规划、高度发达的快递快运物流服务网络，包括电商物流中央仓、区域分仓、前置仓的设置和库存合理规划分布，快递快运服务场站网络及运行线路分布，以及高速公路运输、高速铁路和航空运输相结合的服务时效保障体系。强大的线下物流服务网络是电商物流高速稳定发展的基础保障。电商物流作为我国物流服务深度网络化的引领者，可以在线下网络建设与线上网络互联互通等方面建立行业标准。

五是物流服务过程的合规化。与普通物流不同，电商物流服务受到《中华人民共和国电子商务法》《中华人民共和国邮政法》《邮件快件实名收寄管理办法》和《快递暂行条例》等法律规范条例的合规性管理，不能违反这些法律规范条例的有关规定。电商物流作为我国物流细分市场行业规范管理的引领者，可以围绕行业发展合规性及其评价体系等方面建立行业标准。

六是物流运作体系的绿色化。电子商务高速发展带来了大量快递包裹、包材、耗材和辅材一次性使用带来的资源浪费问题和节能环保问题。这些问题比较突出地体现在电商物流环节，因此，在我国坚持“五大发展理念”和开展供给侧结构性改革的背景下，以邮政、快递企业为重点的电商物流已经开始大力推动电子面单、无纸化签收、环保胶带、包装袋和填充物、瘦身胶带和可循环使用快递袋。推动快递包装的绿色化、减量化和可循环得到了阿里巴巴、京东、苏宁等电商平台及广大邮政、快递企业的实质性响应和执行。电商物流因此又成为了我国绿色物流的前沿阵地和引领者，可以建立电商物流融合绿色物流的行业标准。

总之，我国电商物流通过长期的实干探索已经取得了高速而引人注目的发展，且基于其自身的独特特点拥有丰富的标准体系建设内容，但如何实现把电商物流的实践与标准化工作相结合，如何通过跨境电商物流实践及其标准化工作促进我国物流标准走出国门，的确还有较长时间的道路要走。但无论如何，我国电商物流的实际影响力和前沿物流科技应用已经处于国际先进水平，电商物流的这种“实干家”精神值得钦佩，电商物流标准化发展依然未来可期。

12.3 冷链物流：物流标准化的“独角兽”

12.3.1 冷链物流简介

根据《物流术语》(GB/T 18354—2006)，“冷链”是指为保持新鲜食品及冷冻食品等的品质，使其在从生产到消费的过程中，始终处于低温状态的配有专门设备的物流网络。以此定义为基础，冷链物流是指依托冷链基础设施和服务网络实现特定货物在供应链各个环节均处于特定温度控制环境下的特殊物流领域，又可称为“温控物流”。

冷链物流主要服务于在供应链体系下需要保持低温环境保管和运输的货物。根据《冷链物流分类与基本要求》(GB/T 28577—2012)可以进一步细分为肉类冷链物流、水产品冷链物流、冷冻饮品冷链物流、乳品冷链物流、果蔬花卉冷链物流、谷物冷链物流、速冻食品冷链物流、药品冷链物流和其他特殊物品冷链物流等细分领域。

在冷链物流市场领域，还可以根据冷链物流适用的行业进行划分，如农产品冷链物流、医药冷链物流、生鲜冷链物流、快消品冷链物流和化危品冷链物流等。其中，根据《农产品冷链物流发展规划》(发改经贸〔2010〕1304 号)，农产品冷链物流是指使肉、禽、水产、蔬菜、水果、蛋等生鲜农产品从产地采收(或屠宰、捕捞)后，在产品加工、贮藏、运输、分销、零售等环节始终处于适宜的低温控制环境下，最大限度地保证产品品质和质量安全、减少损耗、防止污染的特殊供应链系统。

冷链物流的发展与制冷技术、温控技术以及社会经济发展与消费习惯的发展息息相关。冷链物流的发展也是起源于冷冻仓库设施的建设。我国第一座冷库是 20 世纪 50 年代苏联在武汉肉联厂援建的，该冷库装机总容量 385 万千卡/小时，冷凝面积 1562m^2，可以承担 2.2 万吨低温冷藏、急冻 365 吨/日、预冻 1 万头/日以及制冰、高温库、速冻等制冷设备的降温任务。从此以后，20 世纪 60 年代，冷链物流开始萌芽发展，主要依托冷库、铁路冷藏车和水运冷藏船舶等方式运输冷冻肉类、禽类以及水产品类等。20 世纪 80 年代，我国颁布的《食品卫生法》从法律层面提出了食品冷链方面的要求，我国农产品冷链开始起步发展。到 20 世纪 90 年代中期，北京、上海、广州等一线城市的超市连锁业萌芽，通过建立冷柜销售冷冻食品的冷链消费模式，加速推进了我国食品冷链物流的发展，成立了一批冠以“冷藏”“低温”的冷链物流服务企业。

我国冷链物流的首次爆发式增长则始于2008年的北京奥运会对于冷链食品的高标准要求，一些有冷链服务基础的企业成了北京奥运会的冷链配送供应商，这不仅提升了这些企业的服务品牌、服务能力和服务水准，而且也激发了社会各界对于冷链消费的更多需求。此后的几年时间里，我国冷链物流相关的国家法规政策、国家标准和行业标准、新兴细分市场纷纷崭露头角，我国冷链物流进入快速创新发展阶段。2008—2010年，《易腐食品控温运输技术要求》(GB/T 22918—2008)、《冷藏食品物流包装、标志、运输和储存》(GB/T 24616—2009)、《冷库设计规范》(GB 50072—2010)等一系列冷链物流标准先后颁布实施，2009年，《食品安全法》正式实施，进一步强调了冷链物流对食品安全的保障作用，我国冷链企业如雨后春笋般成立。

2010年，国家发改委出台了《农产品冷链物流发展规划》，中国物流与采购联合会成立冷链物流专业委员会，并推出《中国冷链物流发展报告》(2010版)，与此同时，国际冷链企业相继进入中国市场，例如招商局物流集团有限公司和Americold Realty Trust合资成立招商美冷(香港)控股有限公司，日企三井物产收购上海锦江国际低温物流发展有限公司49%的股权。2012年，中国物流与采购联合会冷链委和央视财经联手推出了《断裂的冷链》节目，冷链物流全面进入公众视野。与此同时，京东商城、1号店、沱沱工社等电商企业开始试水冷链宅配业务。2013年，新版GSP的发布实施又成为药品冷链物流加快发展的重要转折点。2015年，在“互联网+”的政策浪潮推动下，冷链物流进入“互联网+”时代，平台型冷链物流企业开始出现。

近年来，我国高度关注冷链物流的发展，出台了一系列冷链物流相关的政策文件，如《关于进一步促进冷链运输物流企业健康发展的指导意见》(发改经贸〔2014〕2933号)、《关于加快发展冷链物流保障食品安全促进消费升级的意见》国办发〔2017〕29号、《关于积极推进供应链创新与应用的指导意见》(国办发〔2017〕84号)、《关于推动农商互联完善农产品供应链的通知》(财办建〔2019〕69号)、《关于进一步优化鲜活农产品运输“绿色通道”政策的通知》(交公路发〔2019〕99号)和《关于印发〈绿色高效制冷行动方案〉的通知》(发改环资〔2019〕1054号)等。

随着冷链物流国际层面的政策频繁出台，对我国冷链物流产业发展目标、冷链运输行业标准以及冷链物流供应链体系建设等方面给予了指导，政策效应拉动了冷链物流行业市场规模的增长。加之我国电子商务发展迅猛，农产品、生鲜、乳制品等细分冷链行业订单数量增多，大幅推动我国冷链物流行业不断发展。我国冷链物流基本运作总体框架如图12-3所示。

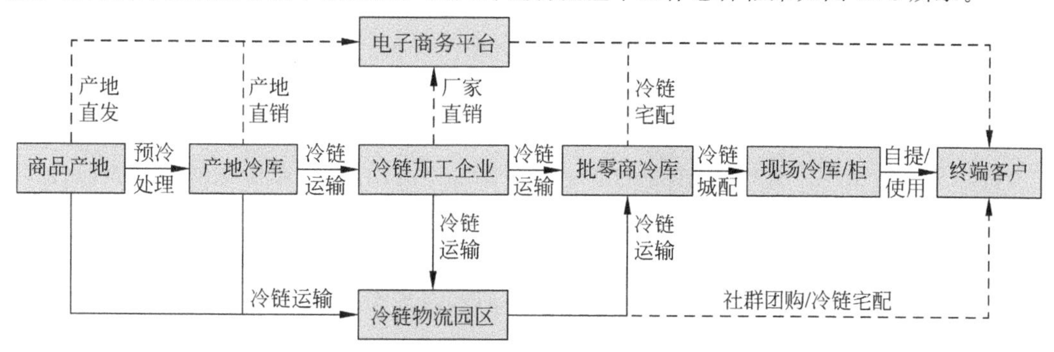

图12-3 我国冷链物流基本运作总体框架

从图 12-3 可以看出，冷链物流从产地、加工、批发、零售等供应链环节贯穿整个冷链商品，特别是在冷链生鲜类电子商务平台(含社群团购平台等)的刺激下，不断压缩了冷链环节，不断提升了冷链物流效率，并由此产生了一大批不同类型的冷链物流企业类型。

这些企业大致可以划分为运输型、仓储型、快递型、城配型、综合型、交易型、供应链型、电商型和平台型 9 种类型，而且每个模式下均具有特色明显的代表企业。我国冷链物流企业的主要类型见表 12-3。

表 12-3 我国冷链物流企业的主要类型

类型	主要业务	代表企业
运输型	以开展货物低温运输业务为主	双汇物流、众荣物流、荣庆物流
仓储型	以提供货物低温仓储业务为主	太古冷链、中外运普菲斯
城配型	以提供城市低温仓储＋配送为一体业务为主	快行线、唯捷物流、上海新天天、深圳曙光
快递型	以提供高时效的冷链快递、快运、零担及宅配到家业务为主	顺丰冷运、京东冷链等
综合型	以开展低温仓储、干线运输、城市配送等综合业务为主	广德物流、中冷物流、招商美冷
交易型	农产品批发市场为主体从事低温仓储业务	联想白沙洲、深圳农产品、江苏润恒、万吨冷链、明品福冷链
供应链型	从采购到终端整个供应链条的运输、加工、仓储、配送等服务	鲜果易供应链、九曳供应链
电商型	为生鲜电商商家提供极速配送生鲜服务商	菜鸟网络、武汉良中行
平台型	依托大数据、物联网、IT 技术、融合物流金融、保险等增值服务，构建成为冷链资源交易平台	冷链马甲、码上配

从整个冷链物流的相关产业来看，冷链产业链涉及面比较广。冷链物流上游需求方主要涉及农产品生产基地、养殖基地、食品加工企业、产品流通企业、农贸批发市场、大型商超、便利店、餐饮企业、生鲜电商等商贸流通参与者。冷链物流下游主要涉及冷库设计建设、库房制冷设备研发设计与生产制造、冷藏运输车辆与集装箱生产制造、终端制冷保鲜设施设备与包装研发与生产制造以及制冷剂等其他相关生产领域，为冷链产业提供强有力的技术支撑和基础设施配套体系。冷链物流本身主要涉及冷链物流园区、冷链物流配送中心、多种冷链物流干线运输方式(公路、铁路、水运、航空等)、冷链物流信息系统与平台、城市配送以及最后 100 米交付等相关市场主体和运作模式。

由于冷链涉及的货物品类、软硬件设施设备、辐射地域极广，涉及的供应链上下游环节与行业参与主体众多，由此给冷链物流细分行业的管理和发展带来巨大的挑战，包括以下 5 方面：一是冷库、冷藏车等设施设备增量可观、总量不足；二是冷链流通率低、损腐率高，物流过程断链现象比较普遍；三是企业呈现规模小、集中度低的粗放型经营模式特点；五是冷链物流企业结构不合理，以单纯的运输型企业占主流，综合型和供应链型的企业较少，服务水平有待提高。

冷链物流的这种发展现状，客观上也为冷链物流标准化建设带来了巨大的市场空间，特别是在国家政策的主导下，面向冷链物流相关的不同货物品类、软硬件设施设备、不同的地理区域以及供应链上下游环节所涉及的各行各业的市场参与主体，深入开展冷链物流标准体系建设和冷链物流标准化工作尽管工程十分巨大，但其对于满足人民群众日益增长的高质量生活需求意义重大。

12.3.2　冷链物流标准化发展“一枝独秀”

正如前文所述，中国物流与采购联合会自2014年开始就编制发布了《冷链标准手册》，这是我国现代物流领域首个细分物流市场领域的标准目录手册，虽然只收录了64项标准，但历经多年的积累，到2019年版本，已经收录国家标准、行业标准和团体标准共计283项，是2014年首次发布的4倍以上，远远超出其他物流市场领域标准的收录规模。从这个意义而言，无论是从标准化发展起步时间还是标准数量规模，以及中国物流与采购联合会冷链物流专业委员会在冷链物流标准化工作层面的探索与创新来看，都是遥遥领先的，在我国物流标准化领域可谓“一枝独秀”。

从冷链物流市场规模发展来看，冷链物流近年来持续保持稳定增长态势，近10年持续保持两位数以上的增长速度，呈现出一片欣欣向荣的发展景象，成为我国现代物流细分市场领域的“后起之秀”。据中国物流与采购联合会统计数据，2019年我国食品冷链物流需求总量达到2.352亿吨，比2018年增长4653万吨，同比增长24.65%；2019年冷冻冷藏水产和肉制品进口量上涨至1000万吨左右，果蔬、肉制品、水产品、乳制品总产量预计将突破13亿吨；2019年我国食品冷链物流总额约为6.1万亿元，比2018年同比增长27.08%；2019年我国冷链物流市场总规模预计将达到3391.2亿元，比2018年增长505.2亿元，同比增长17.60%。我国历年冷链物流的市场规模如图12-4所示。

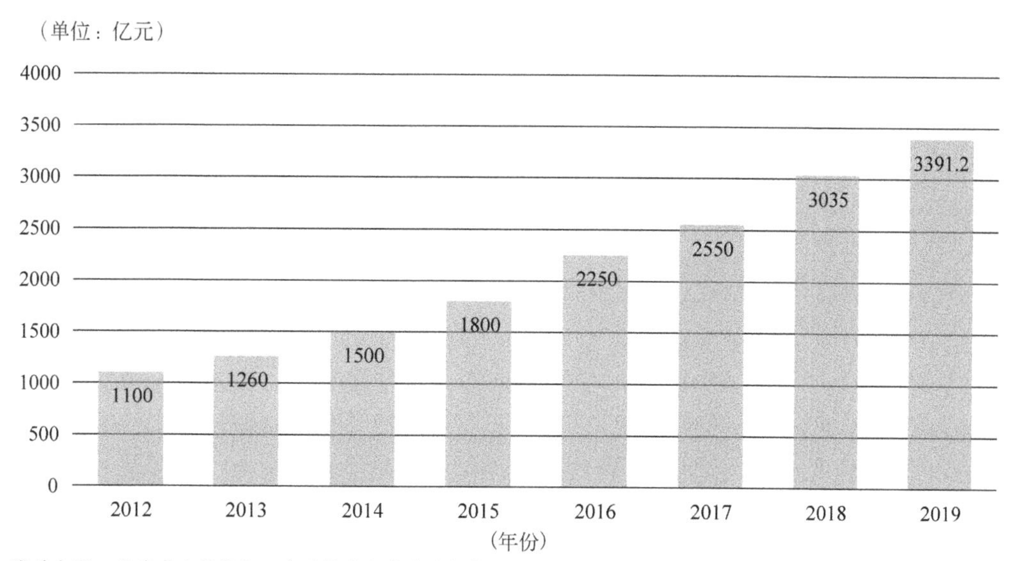

资料来源：前瞻产业研究院、中国物流与采购联合会。

图12-4　我国历年冷链物流的市场规模

冷链物流标准化的“一枝独秀”还充分表现在冷链物流服务产品化方面为我国其他物流细分市场领域的标准化发展树立的示范。其中，最典型的代表是具有电商基因的安鲜达及驯鹿冷链、具有快递物流基因的顺丰冷运和同样具有电商基因的京东物流，分别构建了自身的冷链物流服务网络体系，基于遍布全国的冷链物流基础设施及运作能力推出了标准化的冷链物流服务产品。

2013年7月,天猫宣布试水生鲜冷链物流,为全国26个热门城市提供配套冷链服务。2015年6月,菜鸟网络宣布推出生鲜仓储配送中心。2015年11月,接受阿里及云锋基金投资的生鲜电商平台易果生鲜,正式将物流部门安鲜达升级为物流子公司。2018年5月16日,阿里巴巴旗下易果集团发布“驯鹿冷链”品牌,立足于打造全新的生鲜冷链模式,将在中国建立3纵3横的干线运输网络,并结合上海、武汉、北京、广州、西安、成都、沈阳7大冷链转运中心联通中国各大生鲜产区,赋能优质农产品流通;同时,结合同属易果集团旗下成员的安鲜达品牌15地24个冷链物流基地、310个城市的配送网络以及为新零售布局的前置仓网和社区微仓网将实现农产品从源头到餐桌的全链路全场景冷链物流服务覆盖。安鲜达主要面向新零售、商超餐饮、生鲜原产地和食品工业提供行业解决方案和供应链解决方案,并按照物流服务标准化理念打造了5个冷链物流基础产品和4个冷链物流附加产品。阿里巴巴旗下安鲜达标准化冷链物流产品系列如图12-5所示。

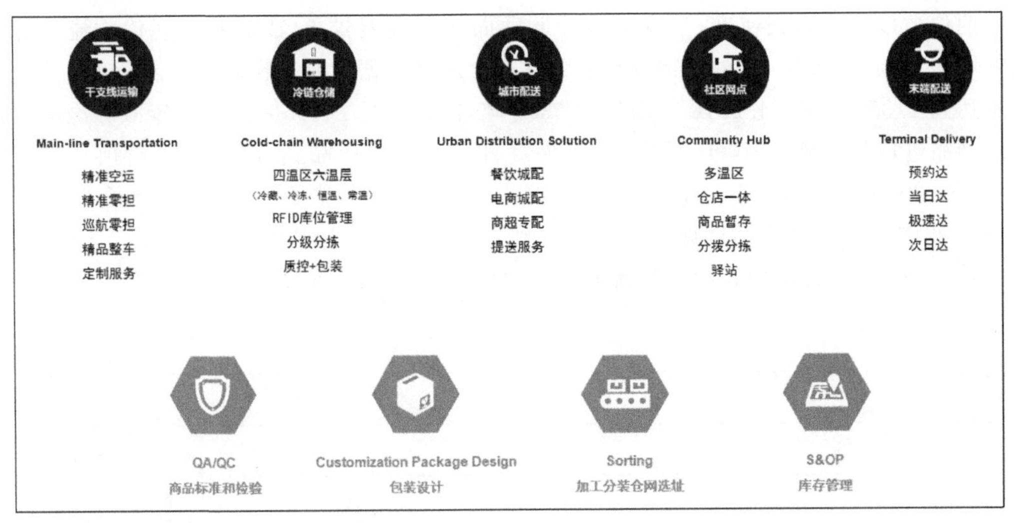

资料来源:安鲜达官网(https://www.exfresh.com.cn)。

图12-5 阿里巴巴旗下安鲜达标准化冷链物流产品系列

2014年9月25日,顺丰速运有限公司成立冷运事业部,推出的顺丰冷运(SF cold chain)依托顺丰强大的运输网路、领先的仓储服务、专业的温控技术和先进的管理系统致力于为生鲜食品行业客户提供专业、安全、定制和高效的综合供应链解决方案。顺丰冷运在全国拥有25个食品冷仓,仓库总面积约19万m^2;拥有食品干线59条,覆盖35个城市,264个区县,共529条流向,贯通东北、华北、华东、华南、华中、华西等重点核心城市;拥有自有食品冷藏车476辆,1万余辆外包储备冷藏车,皆配备完善的物流信息系统及自主研发的TCEMS全程可视化监控平台。2016年8月,顺丰冷运食品陆运干线网正式发布,成为国内唯一一家覆盖东北、华北、华东、华南、华中、华西等重点核心城市的冷链物流企业。

顺丰冷运继承和发扬其快递物流产品方面的做法,打造了冷运特惠、冷运到店、顺丰冷运零担、冷运仓储、冷运专车和冷运速配6大标准化冷链物流产品。顺丰冷运对每个冷链物流产品均会从产品介绍、产品特性、服务范围、服务定价、服务时效、增值服务和使用须知7个维度进行标准化参数设计,并按照设定的标准参数进行物流产品生产交付运作。顺丰冷运零担物流产品及其标准参数见表 12-4。

表 12-4 顺丰冷运零担物流产品及其标准参数

产品参数	顺丰冷运零担产品参数说明
产品介绍	为了满足客户货物不足整车运输的需求，根据货物的属性和温、湿度要求，通过集拼或分拨、多温控制、多产品配载等技术和管理手段，为客户提供的多批次、小批量的零担物流服务
产品特性	班车化运作：每天固定时间发车、固定时间到车。时效稳定：固定时间发车，有稳定的整体运输时效。覆盖范围广：覆盖全国大部分一二线城市
服务范围	覆盖范围广：覆盖全国大部分一二线城市
服务定价	运费价格计费规则： 价格按 $X<50$kg、50kg$\leqslant X<200$kg、200kg$\leqslant X<1000$kg、$X\geqslant 1000$kg 4 个重量段计算，体积（轻抛）重量转换系数：3000，例：体积（轻抛）重量＝长×宽×高(cm)/3000，体积（轻抛）重量和实际重量取较大值计费
	提送货费计费规则： 同城计费规则：单公斤价格＋最低收费，设置最高收费；非同城计费规则：按距离范围，不同车型整车收费，具体收费标准请咨询当地分公司或 9533881； 可按重量、体积、件数计费：轻抛系数：3000，例：体积（轻抛）重量＝长×宽×高(cm)/3000；积（轻抛）重量和实际重量取较大值计费
服务时效	提 80％流向时效 5 天内
增值服务	提货服务、送货服务（不含上楼）、保价、签回单、货物保管、特殊入仓、装卸、二次派送
使用须知	客户类型：月结、散单客户，月结客户需签订《物流及物流辅助服务合同（主合同）》
	托寄物内容： 初级农产品：蔬菜、水果；畜禽肉、禽蛋、水产品等； 加工食品：速冻食品、畜禽肉制品、禽蛋制品、水产等半成品或制成品；奶制品；餐饮原料等； 其他：新鲜花卉等
	客户资质要求：根据托寄物的内容，需要提供相应的资质
	运输温度区间：冷藏（0℃～10℃）；冷冻（不含深冻）；常温（环境温度）

资料来源：顺丰冷链官网(http://p.sf-express.com)。

京东物流早在 2014 年就开始搭建冷链物流体系，通过强有力的供应链服务体系、智能科技的前瞻布局以及标准化的冷链物流产品运作，迅速发展成为国内冷链物流领域的一匹“黑马”。2015 年 11 月，京东物流正式对外推出了面向商家全面开放的生鲜冷链物流解决方案，标志着京东物流全面进入国内生鲜冷链物流配送领域。2018 年 8 月，京东正式推出京东冷链(JD coldchain)品牌，专注于生鲜食品、医药物流，依托冷链仓储网、冷链运输网、冷链配送网“三位一体”的综合冷链服务能力，以产品为基础，以科技为核心，通过构建社会化冷链协同网络，打造全流程、全场景的 F2B2C(factory-to-business-to-customer，工厂到企业到用户）一站式冷链服务平台。

此后，京东冷链在支撑高速增长的 B2C 订单的同时，重点打造服务产地、工业、餐饮、零售、进口等行业 B2B 冷链物流的服务能力以及冷链整车、冷链卡班、冷链城配、生鲜速达和生鲜专送等标准 B2B 产品的先后上线。与此同时，为了保障生鲜产品短保、易损腐的配送时效，京东物流联合生鲜商家在农产品原产地打造了“协同仓”模式，将仓储、分拣同步进行，缩短中间环节，实现产地直发。通过这种可复制的标准化运作模式，烟台樱桃、茂名荔枝、浙江仙居杨梅、四川猕猴桃和阳澄湖大闸蟹等原产地生鲜通过京东物流生鲜冷链源源不断地运到全国各地，送到百姓餐桌上。2018 年京东物流在航空和陆运的冷链物流创新推出"陆空铁"联合的冷链解决方案。京东原产地生鲜产品冷链物流服务运作解决方案如图 12-6 所示。

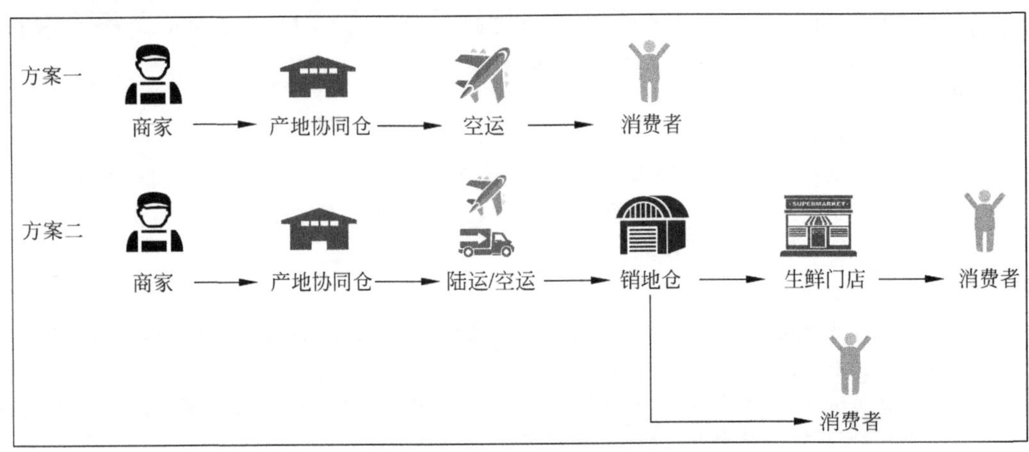

资料来源：京东物流官网(https://www.jdwl.com/logis/cold)。

图 12-6　京东原产地生鲜产品冷链物流服务运作解决方案

此外，申通、圆通、苏宁等快递、电商企业也纷纷布局冷链物流。申通快递 2017 年 4 月成立上海申雪供应链管理有限公司，主要提供冷藏、冷冻仓储并提供冷链当日配、次日配、隔日配等标准物流产品。2017 年，圆通速递在 2016 年"大闸蟹项目"的基础上推出"圆通冷运"，打造一站式冷链配送服务体系，主要提供圆通鲜仓(冷链仓储服务)、圆通鲜运(B2B 同城低温运输)、圆通鲜配(B2C 同城低温宅配)等标准化冷链物流产品。苏宁冷链物流成立于 2017 年 10 月，并在 2018 年加大城市冷链仓布局力度，推出服务线上生鲜的半日达、次日达标准化时效物流产品，提供苏鲜生、苏宁小店和前置仓的 3 千米范围内 30 分钟、1 小时即时配冷链物流产品等。

因此，从我国冷链物流行业来看，无论是冷链物流标准建设本身，还是冷链物流服务的标准化和产品化，都是走在我国现代物流行业的前列。虽然还存在诸多方面的不足，但从发展态势及未来趋势而言，冷链物流标准化发展的空间与潜力很大，并依然会成为物流标准化领域的细分市场领导者。

12.4　危化品物流：物流标准化的"潜力股"

12.4.1　危化品物流简介

危化品物流是以危险化学品为物流对象，根据商贸流通需要，严格遵守相关安全管理制度的前提下，对其进行运输、储存、装卸、包装、流通加工、配送和信息处理等系列活动的总和。危化品物流是我国现代物流行业之中的重要细分行业，也是行业内准入门槛较高、政策管制最严格、安全运作技术要求最高的细分物流行业。

根据《危险货物分类和品名编号》(GB 6944—2012)，危险货物(也称危险物品或危险品)是指具有爆炸、易燃、毒害、感染、腐蚀和放射性等危险特性，在运输、储存、生产、经营、使用和处置中容易造成人身伤亡、财产损毁或环境污染而需要特别防护的物质和物品，并按照危险货物的危险性，将危险品分为9类共22项，每一项中又包含具体的危险货物。《危险货物品名表》(GB 12268—2005)中在册的已达2763个品名，到2015年发布的《危险货物品名表》时，危险货物品名已经达到2828个。同时，由于危化品物理和化学性质差异很大，固态、液态和气态均有，对应的危化品物流也成为物流领域少有的可以同时采用公路、水路、铁路、航空和管道5种运输方式的细分物流领域。危化品物流5种运输方式的基本情况见表12-5。

表12-5　危化品物流5种运输方式的基本情况

运输方式	主要特点
道路运输	占据50%以上危险品运输市场，2018年度货运量月12亿吨，行业企业相对数量较多，有一定的竞争关系。随着"公转铁、公转水"，道路运输市场有一定的影响，但总体影响不大
铁路运输	由于铁路货运对危险品的限制政策较多，铁路危化品物流占比较小，但近年受铁路货运改革政策影响，货运量呈现增长趋势，2018年货运量月1.26亿吨
水路运输	水路运输也是危险品运输的主要通道，特别是国际海运方式，包括散货运输、普通集装箱运输和罐式集装箱3种不同方式
航空运输	由于航空运输对于安全管控的特殊要求，运输危险货物的条件十分严格，是所有运输方式中市场使用率最低的运输方式
管道运输	管道运输危险品具有比较明显优势，特别是运输液态、气态危险品，但总体运力规模有限。由于运输历史比较久，相关技术条件、设备、标准有较好的基础

按照国家《危险化学品安全管理条例》中第三条，危化品是指具有毒害、腐蚀、爆炸、助燃等性质，对人体、设施、环境具有危害的剧毒化学品和其他化学品。因此，相比较普通货物，危化品物流在运营管理、物流、操作方面更具复杂性，过程管理中的风险性更高，所造成的事故更具社会危害性与自然危害性，因而危化品物流具有品类繁多、化学性质各异、危险性程度高、运输仓储管理管制较多和专业性极强等特点，危化品物流资质门槛较高。

目前，我国已经成为世界化学品的第一生产大国，目前产销地分布不均，95%以上需要运输。近年来，我国危险货物运输规模以大约10%的速度增长。据统计，2018年我国危化品物流运输量超过16.5亿吨，危化品物流市场规模达到15 210亿元，运输方式仍以公路为主，见图12-7。从地理分布来看，我国2018年危险品的行业市场消费企业主要集中在东南沿海省份，华东地区和华南地区合计占据着全国70%以上的危化品物流市场比例。我国近年危化品物流的市场规模如图12-7所示。

从危化品仓储方面看，总体市场需求发展十分旺盛。同时，由于危化品仓储基础设施资质审批难度大、周期长、建设投资大、技术门槛高和安全风险大等诸多原因，尽管每年有6%～7%的危化品仓储能力增长，但危化品仓储能力依然长期滞后于市场发展需要，供需缺口在30%左右，危化品异地存放于"黑仓库"的现象十分普遍，带来了安全隐患。

据中国物流与采购联合会危化品物流分会调研显示，危化品生产或流通企业自建自用危化品仓(罐)比例达50%以上，危化品公共仓储企业或流通企业自建仓库(罐)对外服务占

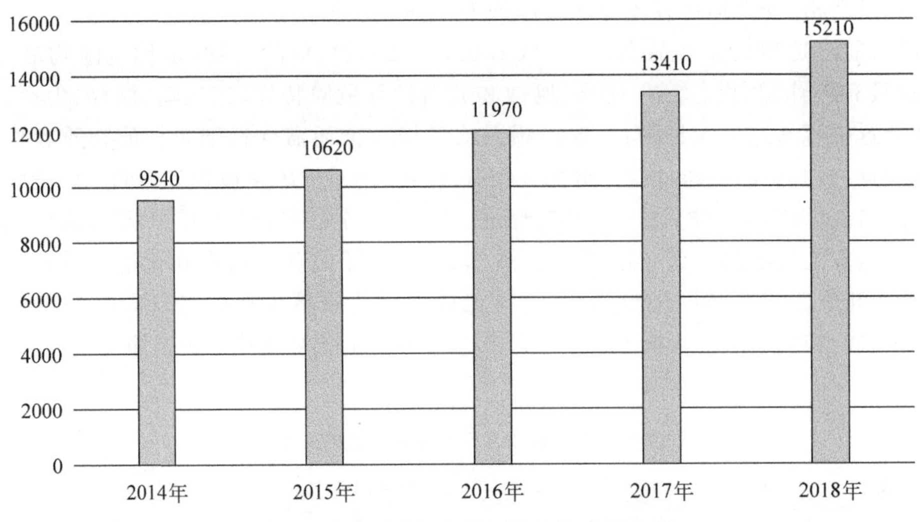

图 12-7　我国近年危化品物流的市场规模

比 30%，租用危化品仓(罐)自用自管的企业约占 15%，租库对外经营企业和物流地产业合计占比不足 5%。与此同时，危化品仓储还呈现出单一仓储服务为主的市场特点，大约 60%的危化品物流企业只做危化品仓储，不涉足运输、包装、配送等其他危化品物流功能，以国有企业和小型民营企业为主，而外资、合资及大型民营企业则往往涉足危化品物流的多项功能。此外，由于危化品仓储库房的《常用化学危险品储存通则》(GB 15603—1995)等相关标准的限制，所以单体库房容积较小、库体之间的间距较大、库区容积率低于 20%，加上资质审批困难，人力物力专业性、专用性强，因此在市场投资建设的积极性受到很大程度的抑制。

随着我国化工产业的高速发展，我国危化品物流行业还有巨大的发展空间，并将在危化品储存技术、物流外包、行业聚集、准入门槛提升以及智慧物流管理等方面有所创新和突破。

一是危化品储存技术领域，立体式储罐仓库将成为我国危化品仓储的新主流，储罐技术和自动化立体仓储技术将越来越多地进入危化品物流领域。

二是危化品物流外包比例将越来越多，主要受益于精细化工行业的高速发展带来多样化的物流需求必须依托第三方物流完成，以及部分综合性生产及贸易流通企业剥离自有危化品物流部门，组建专业的第三方物流企业，这样不仅可以服务母公司危化品物流业务，还可以提供社会化物流服务，促进危化品行业降本增效与高质量发展，精益物流也是危化品物流发展的重要走向。

三是危化品物流园区或配套功能区将成为化工园区的标准配置，这有利于形成危化品物流行业的集聚效应。特别是沿海、沿江、化工经济重心区域和化工资源产地往往临近港口码头和公铁路交通要道，成为危化品物流产业集聚的理想区域。

四是受国家环保、安全等相关政策的影响，危化品物流的市场准入门槛将持续提升。国家层面发布的《安全生产法》、《废弃危险化学品污染环境防治办法》(国家环境保护总局令第 27 号)、《化学危险物品安全管理条例实施细则》(化劳发〔1992〕677 号)、《危险化学品安全管理条例》(国务院第 591 号)、《常用化学危险品储存通则》(GB 15603—1995)和《道路危险货物运输管理规定》(中华人民共和国交通运输部令〔2019〕42号)等一系列法规和标准文件，均对危化品物流企业的环保工作提出了高标准、严要求，这些标准和要求已成为危化品仓储企业准入门槛和运营许可的硬道理，绿色物流将是危化品物流行业发展的终极目标。

五是危化品物流在"互联网＋物流"的影响下，同样成为智慧物流发展的重要业务场景，依托智慧物流技术，提升危化品物流的风险管理能力，特别是人工智能、物联网、大数据、云计算和主动安全防护等新技术的应用推广，将大幅提升危化品物流运作过程中的事故预警能力和风险管控能力。

12.4.2 危化品物流标准化建设的现状与挑战

长期以来，为保障危化品物流行业实现健康持续发展，中外标准化组织也逐步加强了危化品物流标准化建设的力度。国际层面来看，相关国际组织在各国家与国际组织危险品管理工作成功经验的基础上产生了一系列危化品物流规则，加之国际贸易的不断发展，这些规定已被国际社会广泛接受，相关的规则主要包括联合国危险货物运输专家委员会编写的《关于危险货物运输的建议书·规章范本》(橘皮书)、国际海事组织(international maritime organization，IMO)制定的《国际海运危险货物规则》(IMDGCode)、国际航空组织(ICAO)制定的《空运危险货物安全运输技术》、欧洲铁路运输中心局(european railway transport center，OCTI)制定的《国际铁路运输危险货物技术规则》(RID)、欧洲经济委员会(economic commission of europe，ECE)制定的《国际公路运输危险货物协定》(ADR)和《国际内河运输危险货物协定》(ADN)，这6部规则都简称为《国际危规》，其对危险品的分类、包装和标签等要求基本一致，只是由于运输方式和运载工具的不同对于具体运输作业程序的要求有所差异。

此外，国际标准化组ISO出台了包括《ISO 16495—2013包装危险物品的运输包装试验方法》《ISO 16103—2005包装危险品运输包装回收塑料》等近10项国际标准，主要集中在危化品物流的包装领域；美国、法国、英国、德国和澳大利亚等发达国家也先后出台了相关标准，如《MS 1990—2008危险货物运输准则和试验手册》《NF M88—100—2013危险物品运输用容器——术语》《BS EN 12561—1—2011铁路工具有轨车危险货物运输油罐车标记》《DIN EN ISO 16103—2005包装危险品运输包装回收塑料》和《AS/NZS 5026—2012 4级危险品的储存和处理》等近百项标准，大都集中在对存储设备、运输设备等产品标准、标识标准及相关设施设备的检测标准方面。因此，从国际层面来看，涉及危化品物流硬件及相关技术方面的标准较多，而危化品物流管理、服务方面的标准相对比较少。

从国内情况来看，虽然我国已经发展成为化学品第一生产大国，化工业产业比较齐全，产量规模较大，但对应的危化品物流起步较晚，在法律法规、标准方面仍不够完善，专业危化品物流实施严重不足，且缺乏统一规划，危化物流企业整体水平不高，难以适应高速发展的要求。而且，我国涉及危化品安全管理的政府部门多达10余个，各部门管理之间标准不统一，安全监管体系不健全，缺乏统一的安全监控系统平台。虽然我国在20世纪80年代将橘皮书中的"危险货物一览表"转化成《危险货物分类及品名编号》(GB 6944—1986)和《危险货物品名表》(GB 12268—1990)，并将国际危规以国家标准的形式逐步引入我国且已初步成为体系，但在危化品物流标准化建设方面却显得比较落后，并且中国物流与采购联合会编制的《物流标准手册》中收录的64项危化品物流标准与危化品物流的整体市场规模以及未来发展趋势不相适应。

从标准的内容来看，我国现有危化品物流标准侧重于道路运输安全及危化品包装等领域，对危化品在其他运输方式下的安全管控标准和技术要求、危化品仓储管理技术要求、危化品进出口货运代理服务规范、危化品物流从业人员要求、危化品物流信息交换共享以及危化品物流服务评价等诸多领域均缺乏相应的标准支撑。另一方面，危化品物流行业的多头管理现象造成了既有标准之间缺乏有效衔接和协调，如设施设备在模数和接口上存在不兼容、技术标准要求不一致等，在实际推广应用中无法真正促进物流降本增效，反而给企业带来经营成本压力，导致标准推广应用率不足，整体标准化建设水平偏低。因此，我国危化品物流标准建设存在着巨大的潜力等待发掘，需要一系列精准有效的标准规范市场。

2014年12月成立的中国物流与采购联合会危化品物流分会在其发布的《中国危化品物流行业发展报告》中明确指出，危化品物流发展的基础就是标准化，但整体上我国的危化品标准化研究尚处于初级阶段，远远落后于发达国家，难以满足市场经济的发展需求；而且我国危化品物流企业在标准化和信息化建设方面相对滞后，难以全方位、多层次的监管危化品生产、存储、装卸以及搬运各环节。由于目前我国有关危化品物流的水平还相对滞后，存在行业标准、监管困难的难题，因此，我国应该制定一个统一的行业标准，建立危化品行业监管体系的标准，并为危化品物流的可持续发展打好基础。与此同时，该报告还提到，应充分发挥多式联运在危化品物流领域的综合优势，加快危化品联运服务规则和作业标准的衔接协同，推进危化品铁公海联运在货类品名代码、危险货物划分、包装和装载要求、货物交接服务规范、保险理赔标准、责任识别等方面的衔接协调；制定罐式集装箱在公司集疏运、铁路班列运输、海上运输以及联运站场装卸、堆存作业过程中的作业操作规范及全过程的安全监管规范。

从企业层面来看，我国从事危化品物流的大型企业中，虽然参照其他国家的管理经验探索出台了一些内部规章制度、标准作业流程与规范，但局限于企业内部，没有形成行业标准、团体标准。而且部分化工生产企业出于经营效益的角度考虑，对危化品物流的运作管理仅停留在国家法律法规所要求的最低要求水平，加上危化品的品类繁多，物理化学属性各异，物流基础设施设备专用性强以及物流监管政策中明显的区域性特点，因此，第三方物流外包运作模式尚未得到广泛推广，专业化的危化品物流头部企业尚未形成，大部分危化品物流组织还是化工行业附属物流功能部门或分公司，危化品物流行业标准化工作面临比较大的挑战。

12.4.3 危化品物流标准建设潜力大：以锂电池为例

锂电池是一类由锂金属或锂合金为负极材料、使用非水电解质溶液的电池，可以分为不可充电的锂金属电池和可以充电的锂离子电池。与传统电池比较，锂电池具有能量密度高、工作电压高、重量轻、体积小、自放电小、无记忆效应、循环寿命长和充电快速等优势，同时由于不含铅、镉等重金属以及无污染、不含毒性材料，因此被认为是“清洁能源”，广泛应用于智能手机、笔记本、平板电脑等消费电子产品，以及新能源汽车和储能领域等。

在绿色环保政策的推动下，锂电池成为绿色环保电池的首选，锂电池产业作为重点发展的新能源、新能源汽车和新材料3大产业中的交叉产业，在“十二五”和“十三五”期间，连续得到了国家层面一系列政策的支持，获得了稳定高速的增长，特别是新能源汽车的快速崛起更是成为锂电池快速发展最大的市场推动力。2017年全球新能源汽车销量162.10万辆，2012—2017年CAGR(compound annual growth rate，复合年均增长率)达69.46%；2018年仅新能源乘用车的销量就达到201.82万辆，同比增长64.47%。中国作为汽车产销大国，2018年销量突破百万，达到125.62万辆，同比增长61.67%；2019年，我国新能源汽车产销量虽然有所下降，但依然保持稳定，分别达到124.2万辆和120.6万辆，同比分别下降2.3%和4.0%。

虽然锂电池以优异的性能在这些产品中得到大规模的广泛应用，但存在的潜在的风险也是众所周知的，因为锂电池故障引发的火灾和事故也时有发生。特别是三星电子在2016年8月推出Galaxy Note7手机的第一个月，就在全球范围内发生30多起爆炸和起火事故，更是成为全球航空业界加强锂电池携带与托运管理的重要原因。

由于锂电池的电极材料、电解质等均是易燃物，在操作不当的情况下极易被点燃，以及锂电池在过度充电等错误操作的情形下可能造成电池短路、漏液、自燃甚至爆炸等危险，而且适用锂电池火灾的灭火剂很少，火势极易蔓延，所以，《联合国关于危险货物运输的建议书 规章范本》明确把锂电池列为第9类危险品(杂项危险物品)，对应的联合国UN编号分别为UN3090、UN3091、UN3480和UN3481，锂电池联合国UN编码及相关规定详见表12-6。

表12-6 锂电池联合国UN编码及相关规定

<table>
<tr><th>UN编号</th><th>托运名称</th><th>特殊规定</th><th>包装导则</th></tr>
<tr><td>3090</td><td>锂电金属蓄电池(包含锂合金蓄电池)</td><td rowspan="4">188
230
310
348(UN3480、UN3481适用)
360(UN3091、UN3481适用)
376
377
384</td><td rowspan="4">P903
P908
P909
P910
LP903
LP904</td></tr>
<tr><td>3091</td><td>装在设备中的锂金属蓄电池或同设备包装在一起的锂金属蓄电池(包含锂合金蓄电池)</td></tr>
<tr><td>3480</td><td>锂离子蓄电池(包含锂离子聚合物蓄电池)</td></tr>
<tr><td>3481</td><td>装在设备中的锂离子蓄电池或同设备包装在一起的锂金属蓄电池(包含锂离子聚合物蓄电池)</td></tr>
</table>

为此，我国从20世纪90年代左右开始就陆续出台了锂电池的相关技术标准，特别是2010年以后，围绕锂电池的标准建设步伐明显加快。2015年是我国历年来发布电动车蓄电池和锂电池相关国家标准数量最多的一年，达到了8项标准之多，为我国新能源汽车的快速发展提供了很好的标准支撑。截至目前，我国现行的锂电池相关标准近40项。锂电池相关标准的不完全统计表见表12-7。

表12-7 锂电池相关标准的不完全统计表

序号	发布日期	文件名称	标准号	状态
1	2019年8月	动力锂电池用橡胶密封件	GB/T 37996—2019	现行
2	2019年8月	锂电池用四氧化三锰	YB/T 4736—2019	现行

续表

序号	发布日期	文 件 名 称	标 准 号	状态
3	2018年12月	通信用48V磷酸铁锂电池管理系统技术要求和试验方法	YD/T 3408—2018	现行
4	2018年12月	电动自行车用锂离子蓄电池	GB/T 36972—2018	现行
5	2018年3月	锂电池航空运输规范	MH/T 1020—2018	现行
6	2017年12月	锂离子电池企业安全生产规范	T/CIAP S0002—2017	现行
7	2017年5月	锂电池用纳米负极材料中磁性物质含量的测定方法	GB/T 33827—2017	现行
8	2016年10月	锂电池电极保护胶粘带	HG/T 5055—2016	现行
9	2016年6月	出口锂电池和电池组包装检验规程	SN/T 4548—2016	现行
10	2015年9月	进出口蓄电池安全检验方法　第3部分：锂离子电池	SN/T 1414.3—2015	现行
11	2015年7月	通信用磷酸铁锂电池组　第2部分：分立式电池组	YD/T 2344.2—2015	现行
12	2015年5月	电动汽车用动力蓄电池循环寿命要求及试验方法	GB/T 31484—2015	现行
13	2015年5月	电动汽车用动力蓄电池安全要求及试验方法	GB/T 31485—2015	现行
14	2015年5月	电动汽车用动力蓄电池电性能要求及试验方法	GB/T 31486—2015	现行
15	2015年5月	电动汽车用锂离子动力蓄电池包和系统　第1部分：高功率应用测试规程	GB/T 31467.1—2015	现行
16	2015年5月	电动汽车用锂离子动力蓄电池包和系统　第2部分：高能量应用测试规程	GB/T 31467.2—2015	现行
17	2015年5月	电动汽车用锂离子动力蓄电池包和系统　第3部分：安全性要求与测试方法	GB/T 31467.3—2015	现行
18	2014年12月	便携式电子产品用锂离子电池和电池组安全要求	GB 31241—2014	现行
19	2013年10月	动力锂电池用铝壳	YS/T 914—2013	现行
20	2013年7月	移动电话用锂离子蓄电池及蓄电池组总规范	GB/T 18287—2013	现行
21	2013年1月	航空运输锂电池测试规范	MH/T 1052—2013	现行
22	2012年12月	电动自行车用锂离子电池产品　规格尺寸	QB/T 4428—2012	现行
23	2011年12月	通信用磷酸铁锂电池组 第1部分：集成式电池组	YD/T 2344.1—2011	现行
24	2011年1月	一次柱式锂电池绝缘子	GB/T 26047—2010	现行
25	2008年12月	原电池　第4部分：锂电池的安全要求	GB 8897.4—2008	现行
26	2008年6月	锂原电池分类、型号命名及基本特性	GB/T 10077—2008	现行
27	2008年6月	锂原电池和蓄电池在运输中的安全要求	GB 21966—2008	现行
28	2006年11月	进出口危险货物分类实验方法第14部分：锂电池组	SN/T 1828.14—2006	现行
29	2006年3月	电动汽车用锂离子蓄电池	QC/T 743—2006	现行

续表

序号	发布日期	文件名称	标准号	状态
30	2005年10月	锂电池组危险货物危险特性检验安全规范	GB 19521.11—2005	现行
31	2003年6月	移动通信手持机锂电池及充电器的安全要求和试验方法	YD/T 1268—2003	现行
32	2001年3月	电动道路车辆用锂离子蓄电池	GB/Z 18333.1—2001	现行
33	2000年12月	锂离子蓄电池总规范	QB/T 2502—2000	现行
34	1998年3月	锂电池标准	SJ/T 11169—1998	现行

其中，与锂电池物流相关的标准包括《锂电池组危险货物危险特性检验安全规范》(GB 19521.11—2005)、《锂电池航空运输规范》(MH/T 1020—2018)、《航空运输锂电池测试规范》(MH/T 1052—2013)、《锂原电池和蓄电池在运输中的安全要求》(GB 21966—2008)和《进出口危险货物分类实验方法第14部分：锂电池组》(SN/T 1828.14—2006)5项。这些标准只是明确了锂电池在航空运输方面的安全要求、测试和试验方法，这说明锂电池的运输、仓储、包装、检验等物流运作和管理标准尚未完善，按照标准体系建设的思路，在随着国际国内锂电池物流市场规模的不断发展扩大，建立专门的细分物流领域的锂电池物流标准体系也是一件值得期待的事情。

在锂电池物流实际运作和管理领域，国内物流运作领域除《锂电池组危险货物危险特性检验安全规范》(GB 19521.11—2005)、《锂电池航空运输规范》(MH/T 1020—2018)、《航空运输锂电池测试规范》(MH/T 1052—2013)和《锂原电池和蓄电池在运输中的安全要求》(GB 21966—2008)4项标准可以作为指导外，没有其他更多的参考标准依据，这造成国内锂电池物流管理比较混乱，特别是在公路运输领域，将锂电池视为普通货物运输、仓储和运作的现象十分普遍，也发生了一些相关的安全事故——这种现象也充分说明了我国加强锂电池物流标准建设的必要性和重要性。但从锂电池的国际物流运作来看，必须遵循《国际海运危险货物规则》《联合国关于危险货物运输建议书规章范本》《IATA危险品规则(DGR)》《国际铁路货物联运协定》(附件第2号)以及《危险货物运送规则》等关于锂电池运输运作的规定，其中，IATA还会针对DGR进行每2年一次的修改。这些基于国际规则的锂电池物流运作要求可以作为我国锂电池物流标准建设的重要参考。以锂电池的航空运输为例，针对锂电池的包装、标签、文件和重量等均作出了明确的规范。

锂电池包装和文件要求方面。首先是在不考虑例外的情况下，这些电池必须遵守规则里(DGR 4.2适用的包装说明)的限制进行运输，它们必须依据适用的包装说明指导装在DGR危险品规则所规定的UN规格包装里，并在包装上完整的显示对应编号。其次，符合要求的包装除标有适用的正确运输专用名称和UN编号的标记外，还必须贴9类危险性标签。最后，托运人须填写危险品申报单，提供相应出入境货物包装性能检验结果单，提供获得认证的第三方机构出具的运输鉴定报告，并显示为符合标准的产品(含UN38.3测试，1.2米的跌落包装试验)。

锂电池航空运输要求方面。一是锂电池须通过UN38.3测试要求及1.2米的跌落包装试验。二是托运人提供的危险品申报文件要标注UN编号。三是外包装均须贴9类危险品标签以及“仅限全货机运输”操作标签。四是其设计应保证在正常运输条件下防止爆裂，并配置有防止外部短路的有效措施。五是要有坚固的外包装，电池应被保护以防止短路，在同一包装内须预防与可引发短路的导电物质接触。六是电池安装在设备中运输时应满足额外要求，包括设备应进行固定以防止电池在包装内移动，包装的方式应防止电池在运输途中意外启动；外包装应能够防水，或通过使用内衬(如塑料袋)达到防水，除非设备本身的构造特点已经具备防水特性。七是锂电池应使用托盘装载，避免搬运过程中受到强烈振动，托盘的各垂直和水平边使用护角保护。八是单个包装重量小于 35kgs 等。

从危化品物流中细分的锂电池物流案例可以看到，尽管锂电池物流标准建设刚刚起步尚未形成标准体系，但可以针对危化品家族的不同化学属性、物理属性和复杂应用场景的某个具体危化品进行一系列的标准建设，甚至上升为细分的基于具体危化品的物流标准体系建设。从这个意义来看，危化品物流的标准建设工作潜力十分巨大，而且这样的标准化工作事关产业经济发展和社会安全稳定，也具有十分重要的社会意义。

因此，我们十分期待，在我国深化标准化工作改革的促进下，在我国危化品行业及相关物流行业协会的共同努力下，早日能够实现我国危化品物流标准体系的建设和持续完善。

12.5 应急物流：物流标准化的“特种兵”

12.5.1 应急物流简介

根据《物流术语》(GB/T 18354—2006)，应急物流是指针对可能出现的突发事件已做好预案，并在事件发生时能够迅速付诸实施的物流活动。根据《应急物流服务成本构成与核算》(WB/T 1099—2018)，应急物流服务是指企业按照应急物流保障指令所实施的应急物资运输、储存、装卸、搬运、包装、加工、配送、信息处理等作业及相关管理活动。

从实际场景的角度来看，应急物流可以划分为宏观的应急物流和微观的应急物流。宏观的应急物流是指在发生严重自然灾害、突发性公共卫生事件、公共安全事件及军事冲突等重大事件时，为了确保国家主权财产和人民生命安全而紧急提供物资、人员、资金保障的特殊物流活动。这种社会性的宏观应急物流一般具有突发性、局部性、不确定性和风险性等特点，需要在极短的时间内快速形成持续稳定的物流保供能力(含物资储备供应能力、物流通道畅通能力、最后 100 米交付能力等)，并形成科学的物流管理机制和物流信息渠道。而微观的应急物流是指供应链体系框架下的企业，由于各种内外部原因造成物资供应出现中断或不能按时交付时，为了确保供应链不断链而采取的应急性物流解决方案，包括选用替代品、采用更快捷的物流方式以及采取其他非常规保供措施等。这种企业级微观应急物流是企业供应链与物流管理实际中比较常见的现象，除非出现前述宏观应急物流相关的不可抗力情形，一般而言均具有一定的可预见性，企业可以建立相关应急物流预案予以敏捷的快速响应，提升柔性化物流服务水平。

总体而言，宏观性的应急物流是社会各界关注的重点，也是我国进行相关战略储备物资体系布局与军民融合发展的重要内容。特别是每次爆发突发性公共卫生事件或自然灾害事件时，官方的战略储备物资立即启用、民间的捐赠物流快速集结，甚至军队救援物资与官兵驰援一线，形成了一套比较成熟的应急物流体系。2020 年年初，武汉地区暴发“新冠肺炎”疫情后，总体上快速形成了全面高效、科学稳定的应急物流保障体系，各方面物流资源协同配合，为全面战胜疫情做出了重要贡献。

从应急物流具体运作体系和流程来看，主要包含应急物流指挥体系和应急物流运作体系 2 个组成部分，应急物流运作管理体系的基本框架如图 12-8 所示。

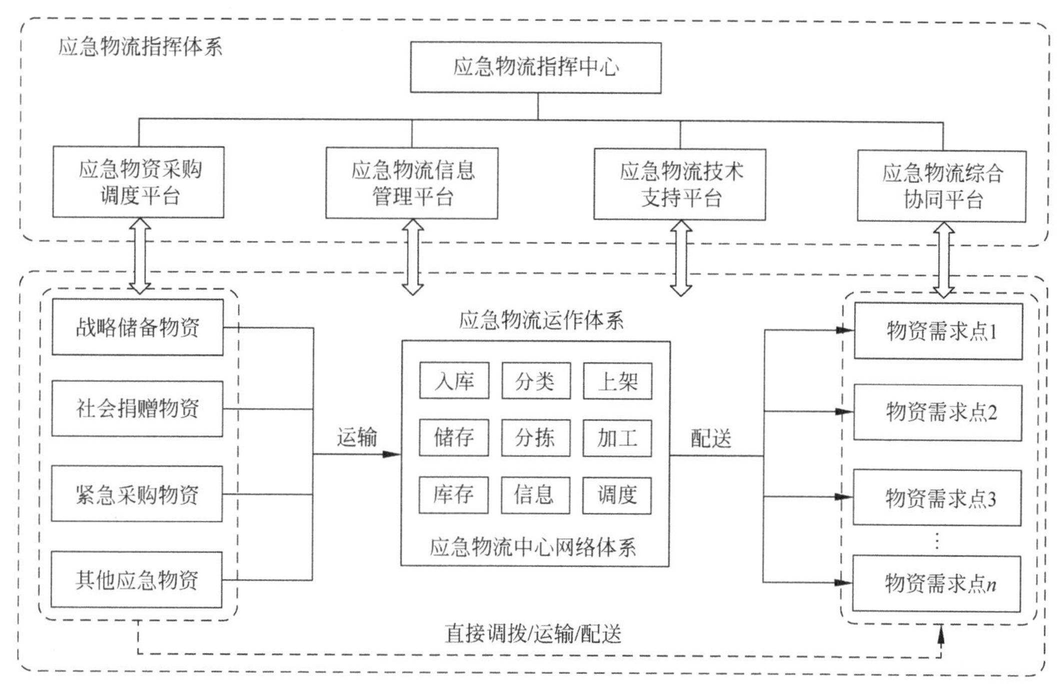

图 12-8　应急物流运作管理体系的基本框架

其中，应急物流指挥体系主要包括应急物资采购调度平台、应急物流信息管理平台、应急物流技术支持平台和应急物流综合协同平台。应急物资采购调度平台主要负责战略性重点物资的统筹采购和调度分配，应急物流信息管理平台主要负责应急物流动态监控管理，应急物流技术支持平台主要负责应急物流信息技术、物流运作技术及专家智库服务，应急物流部门协同平台主要负责应急管理部门、交通运输部门、商务部门以及其他相关专业部门(如环境保护、卫生保健、土地资源、海关等)之间的横向协同，以及与相关地方政府部门、行业组织的纵向协同，解决应急物流过程中的行政许可、管制与物流便利化等方面的问题。

应急物流运作体系主要解决各类应急物资如何快速、精准交付到应急物资需求点的问题，主要包含经由应急物流中心集中配送模式和直接调拨/配送模式，根据应急物资的来源渠道、管理属性及区域特征等，决定使用哪种物流模式。一般而言，对于战略性重点物资，原则上都会采取集中配送模式保供，避免出现应急物资供需之间的错乱和物资管理混乱。

为引导和促进我国应急物流事业的发展，2006 年 11 月，中国物流与采购联合会应急物流专业委员会(以下简称应急委)正式成立。应急委是应急物流行业唯一的全国性专业社团组织，是政府和军队开展应急物流建设与管理的辅助力量。在国家相关部委和中国物流与采购联合会的领导下，作为政府和企业、军队和企业、相关企业之间进行应急物流建设的桥梁和纽带，担负引领行业发展、促进行业规范的重任。应急委基于军民融合的原则整合军地力量，致力于应急物流的理论研究、技术创新、标准制定、决策咨询和人才培训，旨在为应急物流企业服务、提高国家应急管理水平、推动应急物流事业的发展。

长期以来，我国始终致力于和平发展建设，军事领域的应急物流相对比较少，而严重自然灾害、突发性公共卫生事件和公共安全事件等发生的概率相对较大，如2003年的“非典”疫情、2008年的“汶川大地震”以及2020年的“新冠肺炎”疫情等，所以相应的应急物流体系建设，包括应急物流标准建设，已经得到越来越多的关注和重视。

目前，中国物品编码中心已经启动“公共卫生领域应急物资管理标准体系及数据平台”项目，主要建设内容包括标准体系研究与关键标准制定、基于商品条码的应急物资产品数据库建设，以及基于商品条码的国家应急物资信息共享服务平台建设。其中，标准体系研究与关键标准制定计划深入开展了应急物资管理标准体系框架的研究，开发了20项应急物资编码、信息采集与共享的关键国家标准，并在现有的“应急物资分类及编码”标准上进一步制定了公共卫生应急物资基准名称和代码、数据元、数据模型等标准以及包装标签标准、信息自动采集标准、信息交互和共享标准。

基于商品条码的应急物资产品数据库建设方面，主要依托于中国物品编码中心现有的中国商品基础信息库，将现有的基于条码的中国商品基础信息库同应急物资分类代码逐条对应，完成商品条码同应急物资分类代码的映射，将应急物资名称、生产企业、地理位置、执行标准、物资分类、型号、规格、数量、用途、性能、生产日期和使用年限等基础信息存入应急物资产品数据库。服务于在此基础上的各种应用。

基于商品条码的国家应急物资信息共享服务平台建设方面，主要是在基于商品条码的应急物资产品数据库的基础上，进一步搭建基于商品条码的国家应急物资信息共享服务平台，开发移动互联网端的App，服务于我国公共卫生应急物资管理大局。

12.5.2 应急物流标准建设开启冲刺式发展

从国家标准或行业标准层面看，截至2019年年底，应急物流直接相关的标准只有《企业应急物流能力评估规范》(GB/T 30674—2014)、《应急、物资投送包装及标识》(GB/T 30676—2014)、《应急物资仓储设施设备配置规范》(WB/T 1072—2018)和《应急物流服务成本构成与核算》(WB/T 1099—2018)4个。从这个角度而言，我国的应急物流标准建设尚处于刚刚起步的阶段，任重而道远。

实际上，随着这些标准的出台，应急物流作为应急管理的重要组成部分，已经有了越来越强有力的政策保障、组织保障和市场保障。2015年3月，我国正式提出把军民融合发展上升为国家战略；2018年3月，我国正式设立应急管理部；2020年上半年，全国性的“新冠肺炎”疫情，使我国应对突发性公共卫生事件的能力与应急物流保障能力得到了充分的检验。在深刻吸取了2003年“非典”疫情、2008年“汶川大地震”和2020年“新冠肺炎”疫情等一系列重大突发公共卫生事件和严重自然灾害事件经验教训的基础上，我国应急物流管理，特别是应急物流标准建设工作，已经步入了一个“政府主导、市场参与、军民融合、标准先行”的特殊时代。

由于军用物资是应急物流的重要组成部分，所以相关物资的军民标准化融合是应急物流必须重点解决的问题，而且该项工作也赋予了应急物流更加丰富的内涵。2018年7月31日，2017年1月成立的中央军民融合发展委员会召集召开的专题会议审议通过了《统筹推进标准化军民融合工作总体方案》。该方案明确提出用3～5年时间基本消除军民标准交叉重复的问题、及时更新老旧标准、军民通用标准有效供给以及重点领域新增标准军民通用化率达到60%以上，初步建立起军地衔接、精干高效、兼容发展的军民通用标准体系，有力保障军民融合发展战略实施。

与此同时，国家市场监管总局在关于印发贯彻实施《深化标准化工作改革方案》重点任务分工(2019—2020年)的通知中明确要求扎实推进标准化军民融合。一是强化标准化军民融合制度建设，建立国防和军队建设中采用的民用标准制度，完善军民通用标准制定、修订程序，形成军民共商、共建、共享的标准化工作模式。二是推进实施军民标准通用化工程，加强重点领域军民通用标准制定。三是推进军民标准化信息资源共享，努力为军队和国防建设提供更加有效的国家标准、行业标准等信息资源服务。为此，全国物流信息管理标准化技术委员会(SAC/TC267)2018年牵头立项了"军民通用资源"系列标准，截至2019年年底，已经有4项"军民通用资源"标准发布，并于2020年3月1日开始实施，另有十余项标准正在开发过程中。加上全国物品编码标准化技术委员会(TC287)和全国物流信息管理标准化技术委员会(TC267)在2020年3月底研究提出的《应急物资物流单元标签设计指南》、《应急物流信息共享规范》等11项国家标准，我国应急物流相关标准建设进入了快车道。"军民通用资源"系列标准与其他应急物资标准的开发计划见表12-8。

表12-8　"军民通用资源"系列标准与其他应急物资标准的开发计划

序号	标准号/计划号	标 准 名 称	发布日期	实施日期
1	GB/T 38003.3—2019	军民通用资源 分类与编码 第3部分：器材类 航材	2019-8-30	2020-3-1
2	GB/T 37936—2019	军民通用资源 信息分类与编码编制要求	2019-8-30	2020-3-1
3	GB/T 37944—2019	军民通用资源 数据模型编制要求	2019-8-30	2020-3-1
4	GB/T 37948—2019	军民通用资源 数据元编制要求	2019-8-30	2020-3-1
5	GB/T 38003.1—2019	军民通用资源 分类与编码 第1部分：物资类 油品	2019-8-30	2020-6-1
6	20182124-T-469	军民通用资源 数据模型 第2部分：设备类民用运输船舶	2020-11-19	2021-6-1
7	20182094-T-469	军民通用资源 元数据 第6部分：设施类	2020-11-19	2021-6-1
8	20182119-T-469	军民通用资源 分类与编码 第2部分：设备类民用运输船舶	2020-11-19	2021-6-1
9	20182121-T-469	军民通用资源 分类与编码 第5部分：人员类	2020-11-19	2021-6-1
10	20182122-T-469	军民通用资源 分类与编码 第6部分：设施类	2020-11-19	2021-6-1
11	20182123-T-469	军民通用资源 数据模型 第1部分：物资类 油品	2020-11-19	2021-6-1
12	20182125-T-469	军民通用资源 数据模型 第3部分：器材类 航材	2020-11-19	2021-6-1
13	20182126-T-469	军民通用资源 数据模型 第5部分：人员类	2020-11-19	2021-6-1
14	20182127-T-469	军民通用资源 数据模型 第6部分：设施类	2020-11-19	2021-6-1
15	20182128-T-469	军民通用资源 元数据 第1部分：物资类 油品	2020-11-19	2021-6-1
16	20182131-T-469	军民通用资源 元数据 第5部分：人员类	2020-11-19	2021-6-1
17	2020100850-T-267	末端应急物资运输管理信息系统基本要求	2020-11-19	2021-6-1
18	2020100783-T-267	末端应急物资调度管理信息系统基本要求	2020-11-19	2021-6-1
19	2020100844-T-267	应急物资储运包装单元标签设计指南	2020-11-19	2021-6-1

续表

序号	标准号/计划号	标准名称	发布日期	实施日期
20	2020100841-T-267	应急物资物流单元标签设计指南	2020-11-19	2021-6-1
21	2020100849-T-267	应急物流信息共享规范	2020-11-19	2021-6-1
22	2020100850-T-287	末端应急物资运输管理信息系统基本要求	2020-11-19	2021-6-1
23	2020100877-T-287	应急物资编码与属性描述 数据模型 第1部分：个人防护装备	2020-11-19	2021-6-1
24	2020100876-T-287	应急物资编码与属性描述 数据元 第1部分：个人防护装备	2020-11-19	2021-6-1
25	2020100861-T-287	应急物资编码与属性描述 数据元 第2部分：洗消器材及设备	2020-11-19	2021-6-1
26	2020100860-T-287	应急物资编码与属性描述 数据模型 第2部分：洗消器材及设备	2020-11-19	2021-6-1
27	2020100859-T-287	应急物资编码与属性描述 数据元 第3部分：搜救设备	2020-11-19	2021-6-1
28	2020100857-T-287	应急物资编码与属性描述 数据模型 第3部分：搜救设备	2020-11-19	2021-6-1

此外，应急救灾、物资储备、防汛抗旱、灭火救援、反恐防范等应急管理相关领域的标准，大部分与应急物流有着十分紧密的关系，也是应急物流标准建设的重要组成部分。截至2019年年底，相关国家标准主要为行业标准和地方标准，应急物流相关的行业标准与地方标准的不完全统计见表12-9。

表12-9 应急物流相关的行业标准与地方标准的不完全统计

序号	标准号	标准名称	发布日期	实施日期
1	SL 298-2004	防汛物资储备定额编制规程	2004-4-16	2004-5-20
2	SL 297-2004	防汛储备物资验收标准	2004-4-16	2004-5-20
3	SB/T 10385-2004	中央储备糖储存库资质条件	2004-8-4	2004-9-1
4	GB/T 24439—2009	救灾物资储备库管理规范	2009-9-30	2009-12-1
5	SB/T 10560-2010	中央储备边销茶储存库资质条件	2010-4-30	2010-12-1
6	DB13/T 1431-2011	森林消防物资储备库建设和管理规范	2011-7-29	2011-8-15
7	DB32/T 2631-2014	储备粮可视化管理系统功能规范	2014-1-10	2014-2-10
8	SB/T 10408-2013	中央储备肉冻肉储存冷库资质条件	2014-4-6	2014-12-1
9	SB/T 10384-2013	中央储备肉活畜储备基地场资质条件	2014-4-6	2014-12-1
10	SB/T 11093-2014	中央储备 冻卷羊肉	2014-7-30	2015-3-1
11	DB31/T 830-2014	粮食储备仓库技术管理规范	2014-8-22	2014-12-1
12	DB51/T 1931-2014	救灾备荒种子储备管理规范	2014-12-22	2015-1-1
13	GA 1282-2015	灭火救援装备储备管理通则	2015-12-22	2016-2-1
14	GA/T 1294-2016	公安应急物资储备管理信息系统接口参数	2016-5-11	2016-5-11
15	DB22/T 2502-2016	救灾储备物资管理规范	2016-10-15	2016-11-15
16	DB14/T 1255-2016	疾控机构卫生应急物资储备规范	2016-12-30	2017-2-28
17	DB21/T 2879-2017	防控重大动物疫病应急物资储备及储备库建设规范	2017-11-16	2017-12-16
18	DB62/T 2845-2017	救灾物资储备库设备配备规范	2017-12-5	2018-1-1

续表

序号	标 准 号	标 准 名 称	发布日期	实施日期
19	DB42/T 1331-2018	救灾物资调拨、使用与储备管理规范	2018-1-24	2018-5-1
20	DB37/T 3140-2018	山东省民政救灾物资储备库管理规范	2018-2-13	2018-3-13
21	DB41/T 1601-2018	民政救灾物资储备管理规范	2018-4-17	2018-7-17
22	DB32/T 3399-2018	人民防空食品药品储备供应站设计规范	2018-5-10	2018-6-10
23	SB/T 11218-2018	国家生丝储备仓库条件要求及管理规范	2018-6-20	2019-4-1
24	DB21/T 2987.2-2018	公共场所安全技术防范 第2部分：国家物资储备仓库	2018-6-30	2018-7-30
25	DB33/T 2158-2018	避灾安置场所内救灾物资储备和管理规范	2018-11-7	2018-12-7
26	DB62/T 2961-2018	救灾物资储备库管理操作规程	2018-12-13	2019-1-1
27	DB4401/T 10.29-2019	反恐怖防范管理 第29部分：粮食和物资储备仓库	2019-12-7	2020-2-10

从表12-9可以看出，我国部分地方政府加大了应急物流相关地方标准的建设，特别是在2018年新《标准化法》正式实施以后表现更加明显。这意味着应急物流标准建设已经日益得到各地政府的高度重视，进入快速发展的轨道。

由于物流与各行各业均有着十分紧密的嵌入式融合发展关系以及相应的各行各业均有自身的应急物流需求，所以进行相应的应急物流标准建设，甚至在条件成熟的条件下进行应急物流标准体系建设是确保整个社会和相关企业从容应对紧急情况必不可少的“特种兵”。开展应急物流体系建设（含标准体系）虽有“养兵千日用兵一时”的感觉，但这种具有前瞻性、预见性和预备性的工作也是十分必要的。

总之，应急物流标准建设围绕军民融合、灾备储备和应急物流运作管理3大核心支柱，是我国物流标准化领域一项十分有意义的工作。在2020年全国性乃至全球性“新冠肺炎”疫情的冲击下，我们预测，我国的应急物流标准建设将进入一个崭新的冲刺发展阶段。

结束语

目前,现代物流在国民经济中基础性、战略性和先导性地位已得到越来越广泛的认同。以降本增效为核心的精益物流,以智联互通为核心的智慧物流和以节能环保为核心的绿色物流,在物流标准化的支撑下,已经成为我国物流供给侧结构性改革的3大核心支柱。

随着《标准化法》的贯彻实施以及深化标准化工作改革的持续推动,我国现代物流领域的标准化工作已经取得了前所未有的快速发展,全国物流信息管理标准化技术委员会(SAC/TC269)、全国物流标准化技术委员会(SAC/TC267)、全国综合交通运输标准化技术委员会(SAC/TC571)等全国性物流标准化组织,以及部分地方性的物流标准化工作机构与行业协会团体组织,已经成为我国物流供给侧结构性改革的主要推动力量。

我国现代物流业不仅逐步形成了比较成熟的现代物流标准体系,并在众多细分领域的标准建设方面取得了可喜的成绩,在国家政策的大力推动下,部分物流标准也得到了广泛而有效的宣贯实施。以精益物流、智慧物流和绿色物流为价值导向的物流供给侧结构性改革正逐步深入影响我国现代物流行业的科学发展,乃至国民经济各行各业的高质量发展与可持续发展。

但是,我们应该看到,无论是从宏观层面还是微观层面,我国物流标准化工作都还存在一些亟须改善的问题和不足,还需要政府、行业、企业等社会各界群策群力,进一步做好物流标准在供给结构、均衡发展、体系建设、修订更新、机制建设、国际采标6方面的工作,进一步改善我国物流标准化工作的环境、提升物流标准的数量和质量以及物流标准的国际化发展水平,真正发挥物流标准在我国国民经济发展与现代物流业供给侧结构性改革中的基础性、战略性和先导性作用,真正成为我国社会经济与物流行业高质量发展的重要支撑力量和驱动力量。概括总结如下。

一是不断完善物流标准供给结构。尽管我国物流标准体系结构已经越来越贴近物流行业整体与细分领域的发展需求,但在内容供给结构上依然需要进一步改善。目前我国物流标准体系是以物流技术(含物流设备及装备)、物流基础和物流管理类标准的建设为主,对应占比为37%、24%和18%(合计占比接近80%),产品、服务、信息和作业类占比总体处于10%以下,特别是服务类与信息类标准存在较大的不足。从标准在物流标准体系中的层次地位看,基础类标准大约占比5.5%,公共类标准大约占比44%,专业类标准大约占比

50.5%,基础类和公共类标准存在短板。从标准内涵的物流经营价值理念看,精益物流类标准占比53%,智慧物流类标准大约占比41%,而绿色物流类标准所占比例仅为6%,绿色物流类标准与智慧物流标准还需要进一步加强。

因此,我国在深化标准化工作改革的过程中,一方面需要进一步改进物流相关国家标准、行业标准、地方标准和团体标准之间的供给结构,进一步推动物流企业标准的自我声明公开,鼓励企业做标准的"领跑者",创造更多优质供给,更好满足我国物流业供给侧结构性改革的需要;另一方面,在物流标准内容组成方面进行完善,鼓励制定和贯彻实施物流基础类和公共类物流标准。加大绿色物流标准和智慧物流标准制定力度,充分发挥全国物流标准化技术委员会逆向物流标准化工作组(TC/269/WG4)的工作职能及其作为ISO/TC297(废物收集和运输管理)国内技术对口单位的作用,积极借鉴国际先进的逆向物流相关标准,促进物流行业节能减排与降本增效,更好地满足我国现代物流业高质量、高水平的发展需求。

二是促进物流标准建设均衡发展。我国物流标准建设存在比较明显的行业发展不均衡和地区发展不均衡的问题。从标准制定的行业属性来看,长期以来,我国物流标准主要来源于国内贸易、交通、物资管理、邮政业4大重点领域,分别占物流行业标准的比例为18.2%、17.4%、11.3%和9%,而其他领域物流标准的输出比例则比较低。从《物流标准手册》收录的16个细分物流领域及其他物流领域对应的标准数量可以看出,农副产品与食品冷链物流以占标准总量15.34%的比例位居榜首,其次是电子商务物流与快递物流、化工和危险货物物流、粮油物流、进出口物流、烟草物流等,占比分别为5.72%、5.72%、5.08%、4.45%和3.63%。

与标准数量较多、已经建立自身专业领域标准体系的物流细分市场相比,我国部分发展起步比较早、市场规模较大,甚至写进物流标准体系专业类物流标准序列的细分物流行业,如钢铁物流、煤炭物流、汽车物流、医药物流等,则整体上标准建设比较落后,形成了与其所处行业地位及其发展水平的鲜明落差。例如,家电物流领域总共5项标准,其中有3项标准是2018年新发布的,即《家电物流配送服务要求》(WB/T 1083—2018)、《家电物流配送中心管理规范》(WB/T 1084—2018)和《家电物流干线运输规范》(WB/T 1085—2018)。与家电物流标准情况类似,煤炭物流行业标准仅8项,钢铁物流行业标准仅6项,棉花物流行业标准仅3项。

因此,针对我国物流行业细分领域发展不平衡的现象,特别是在国民经济中处于重要地位并且整体物流发展水平较高的专业细分物流领域,应加大标准建设力度,给予政策鼓励和支持,在确保标准质量的同时加快物流标准的数量规模建设与专业物流领域标准体系建设。

与此同时,从国家地方标准信息服务平台已经备案的854项地方标准来看(截至2019年年底),我国物流相关的地方标准建设也呈现出极不均衡的特点。其中,山东、江苏、天津、辽宁和内蒙古物流相关地方标准数量排名位居前五,均在50项标准以上,而经济发达的广东、上海和浙江等省市排名并不靠前,处于20～30项标准。这个统计结果表明,我国物流地方标准的发展与地方经济发展水平没有必然的内在联系。但这种现状也正好反映了我国地方物流标准发展的不均衡性,同样需要有政策机制激发地方政府和当地物流行业协会的积极性,使其致力于研制开发具有当地服务特色、要求高于国家标准的地方性物流标准。

三是持续推进物流标准体系建设。目前,我国物流标准体系已经得到了系统的整理和构建,整体框架比较完整,并得到了市场的检验。依托国标委、全国物流信息管理标准化技术委员会、全国物流标准化技术委员会及相关技术委员会的力量，在我国物流标准体系的框架下，已建立了以物流信息编码与标识、交换为代表的物流信息标准体系；以托盘、集装箱与物流仓储设备为代表的通用设施设备标准体系；以交通运输标准体系为代表公共类物流标准体系；以烟草物流为代表的专业类物流标准体系。

在上述工作成果的基础上，我国物流标准体系建设的工作仍需进一步改进，物流标准体系下的子项标准体系数量屈指可数，一些领域目前仍然处于空白状态，即使是已经建立的子项目标准体系也需要进一步补充完善。特别在专业类物流板块，是我国物流标准真正应用推广的重要领地，同时也是最具个性特征的物流标准需求方，建立相应的专业物流标准体系是促进该专业物流细分市场高质量发展的基础动力。

因此，持续深化我国物流标准体系子项领域标准体系建设，特别是专业物流类子项标准体系建设，对于促进我国物流标准化工作均衡发展、改善物流标准结构、提升我国现代物流发展水平均有十分重要的意义。

四是及时开展物流标准的修订更新。按照国际标准组织（ISO）的惯例，一项国际标准必须在发布实施5年以后重新进行一次复审评估。在这一点上，我国《标准化法》（1988年版）没有明确规定，只是要求"标准实施后，制定标准的部门应当根据科学技术的发展和经济建设的需要适时进行复审，以确认现行标准继续有效或者予以修订、废止"。2017年修订版《标准化法》已经明确规定，"标准的复审周期一般不超过5年，经过复审，对不适应经济社会发展需要和技术进步的应当及时修订或者废止"。因此，目前面临的一个问题是——之前已经发布实施超过5年以上的标准，如果大规模启动复审程序将面临巨大的挑战。

实际上，即使没有法律的强制性规定，从物流标准的实际应用推广来看，随着时代科技与物流市场的变化，物流标准本身就有迭代更新的需要，这样才能真正体现标准的实用价值。通过对《物流标准手册》收录标准进行标龄分析，在现行物流标准中，截至2019年年底，标龄1～5年的（前后含，下同）占比仅33%，6～10年的占比26%，11～20年的占比33%，21年以上的还有8%，即超过5年以上标龄的达到67%的水平。总体而言，我国物流标准相对陈旧，而且存在新制定、修订标准与老标准的交叉重复甚至矛盾冲突的情况，这种现状显然已不能适应现代物流行业的发展需求。

因此，在《标准化法》已经明确需要对标准每5年进行一次复审的政策要求下，加快对我国现行物流标准的梳理、及时开展物流标准修订工作是一项十分重要的系统工程，更是我国物流标准化工作持续改进的重要内容。

五是建立健全物流标准发展机制。在我国深化标准化改革的背景下，《物流标准化中长期发展规划（2015—2020年）》提出了物流标准化工作的6项主要任务，包括3大类标准制定、修订重点领域和物流标准化建设8大重点工程。在新的历史条件下，这项阶段性的发展规划能解决现有的一些问题，但从我国现代物流业长期可持续发展和供给侧结构性改革来看，无论是物流标准供给结构的改善，还是物流标准建设的均衡发展，以及物流标准体系的持续建设，都需要一套比较科学、合理、完善的发展机制作为支撑。

总体来看，结合标准化工作的特点，应从市场激励、制度保障、应用推广、标准更新、监督管理、人才培养和国际转化7个维度，建立健全我国物流标准全生命周期的发展机制，同时兼顾物流标准化工作人才培养和国际影响力拓展。

具体而言，市场激励机制的核心是要通过各种政策措施与工具，激发物流行业及相关领域制定、修订和贯彻实施物流标准的积极性，丰富物流标准供给的渠道结构、内容结构与总体规模，提升物流标准的品质及其应用推广水平。制度保障机制重点在于以市场激励及人才培育为导向，拟定具有持续促进作用的具有普惠价值的物流标准制定、修订与应用推广政策，为物流标准化工作营造一个良好的政策氛围。更新迭代机制则主要强调按照《标准化法》的要求，进一步明确物流标准的修订更新管理办法，对标准修订责任主体及具体操作方式，以及奖惩措施等加以明确。监督管理机制主要关注物流标准的全生命周期管理及其过程的合规性。人才培养机制强调依托物流标准化相关高等院校、社会团体和企事业单位建立物流标准人才培养体系，以及对应的物流标准人才开发利用与评价机制。国际转化机制重点是充分利用我国物流相关标准化技术委员会与国际标准组织技术对口合作平台，或其他区域性国际合作组织，建立我国物流标准转化升级为国际标准、区域性合作标准的渠道、流程和激励措施。应用推广机制则重点强调物流标准发布实施后的宣贯、应用和推广管理体系，以及对应的评价评估机制，提高我国物流标准的实际应用范围及效果。

六是加快物流标准的国际化接轨。在我国加快"一带一路"建设和全球经济一体化发展的背景下，加快我国物流标准与国际物流标准接轨已经成为必然的发展趋势。因此，我们可以从提升国际标准采标率和国家标准国际转化率两方面，加快推进我国物流标准的国际化接轨工作。

采用国际标准和国外先进标准（简称"采标"）是我国的一项重要技术经济政策。在物流领域，由于国际标准组织没有设立专门的物流(logistics)技术委员会，因此我国在国际采标的过程中，主要围绕物流相关基础运作单元和设施设备为主的标准，例如标准托盘、集装箱、挂车以及物流分拣输送设备等。与此同时，我国物流标准采标对象不局限于国际标准组织，也包含其他先进国家的相关标准。因此，广泛研究国际标准组织及先进国家标准化的最新发展情况，结合我国物流业发展实际情况及需求，有针对性的采标，提升我国物流标准的国际采标率，也是我国物流标准化工作的一项重要内容。

此外，虽然我国已经实现了《ISO18186：2011 集装箱-RFID 货运标签系统》及《高速铁路实施》(IRS 70100～70105)系列标准的国际转化，但实现我国物流标准国际化转化而"走出国门"还有很长的一段路要走。随着我国 5G 技术和北斗全球定位等基础技术的全球领先发展，基于这些先进技术的物流软硬件相关标准是我国物流标准"走出国门"的重要力量。因此，深入开展基于先进技术和环保理念的智慧物流与绿色物流标准，然后进行国际转化发展，将是我国物流标准化工作国际化接轨的重要方向。

总之，我国物流标准化工作硕果累累、亮点纷呈，但也存在一些结构性、均衡性、体系性和机制性方面的不足，内部改善提升的空间还很大，需要我国物流标准化工作领域的相关方持续共同地努力。

我们相信，在物流标准化的加持和赋能之下，我国物流供给侧结构性改革将沿着精益物流、智慧物流和绿色物流的发展方向，推动我国现代物流业走向越来越宽广的智能化、高效化、专业化、全球化的发展道路。

参考文献

[1] 田世宏.国新办举行中国标准化改革发展成效新闻发布会［EB/OL].北京：国新网，http://www.scio.gov.cn/xwfbh/xwbfbh/wqfbh/39595/41645/,2019-09-11.

[2] 徐风.把握重大突破 依法深化改革——访国家标准委副主任于欣丽［N]. 中国质量报. 2017-11-10.

[3] 中国物流与采购联合会，全国物流标准化技术委员会秘书处.物流标准目录(2019).2019.

[4] 中国物流与采购联合会，全国物流标准化技术委员会冷链物流分技术委员会.中国冷链物流标准目录手册(2019 版),2019.

[5] 中国物流与采购联合会，全国物流标准化技术委员会医药物流标准化工作组.中国医药物流标准目录手册，2019.

[6] 章合杰.智慧物流的基本内涵和实施框架研究[J].商场现代化.2011,21.

[7] 张敬轩.国际标准化集装箱技术委员会北京会议概况[J].交通标准化.1998(1).

[8] 刘晓雷，徐婧，王婉佼，等.关于水路运输标准体系框架的探讨[J]；中国水运；2018(8).

[9] 中国政府网.我国铁路主持的 2 项 IEC 国际标准正式颁布［EB/OL].(2020-01-20)[2020-01-20].http://www.gov.cn/xinwen/2020-01/20/content_5470942.htm.

[10] 贸易单证指南.国际贸易单证标准化应用指南[EB/OL].(2012-6-20)[2012-6-20].http://tradedoc.mofcom.gov.cn.

[11] 朱洁琳，高俊莉，尚边.UIC 关于国际多式联运标准化工作的研究.[J].铁路技术研究.2017(4)：1-3.

[12] 商务部流通业发展司，中国商贸物流标准化行动联盟.中国物流标准化发展监测分析报告(2017 年度)[M]. 2018.

[13] 张鲁明，张啸林，孙海涛.玛菲板的物流工艺及应用[J]. 物流技术与应用，2018,23(5)：99-100.